이승만과 김구

제6권

제3부 어떤 나라를 세울까 1945~1950 (I)

손세일 지음

ChosunMedia
조선뉴스프레스

차 례

4

74장

미군 진주와 양분되는 정국

1. 하지 사령관의 포고문이 뿌려지다

1

일반국민들이 남한에 미군이 진주한다는 사실을 확인한 것은 해방의 흥분 속에서 두 주일이나 지난 1945년 9월 1일에 이르러서였다. 이날 B24 폭격기 한대가 날아와서 부산, 서울, 인천 세 도시에 오키나와(沖繩)에 있는 미군 제24군단장 하지(John R. Hodge) 중장의 포고문이 인쇄된 전단을 뿌리고 갔다. 하지는 8월 19일에 태평양 방면 미육군사령관 맥아더 (Douglas MacArthur) 원수로부터 미육군 남한주둔군사령관에 임명되었다. 전단은 13만장을 인쇄하여 부산에 3만 5,000장, 서울에 7만장을 뿌리고, 나머지는 인천에 뿌렸다.[1]

> 한국민에게 고함
> 미군은 일본군의 항복 및 항복조건을 이행하고 한국의 재건 및 질서있는 정치를 실시하고자 근일 중에 귀국에 상륙하겠습니다. 이 사명은 엄격히 실행될 것인데, 그것은 불행한 국민에게 자비심 깊은 민주국인 미국이 실시하는 것이므로 확실한 것입니다.… 주민의 경솔하고 무분별한 행동은 부질없이 인명을 잃고 아름다운 국토를 황폐하게 만들고 재건을 지체시킬 것입니다.
> 현재의 상태가 여러분이 생각하는 것하고는 맞지 않더라도 장래의 한국을 위해서는 평정을 지켜 국내에 동란을 야기시키는 행동이 있어서는 절대로 안되겠습니다.
> 여러분은 장래의 귀국의 재건을 위하여 평화적 사업에 전력을 다하여야 되겠습니다. 이상의 지시를 충실히 지키면 귀국은 급속히 재

---

1) 『駐韓美軍史(1)』(*FUSAFIK*), 돌베개影印版, 1988, pp.83~84.

건되고 동시에 민주주의 아래서 행복하게 생활할 시기가 속히 도달할 것입니다.[2]

9월2일에는 일본의 도쿄만(東京灣)에 정박한 미해군의 미주리 호(USS Missouri) 함상에서 일본의 항복조인식이 거행되고, 연합군이 점령할 지역을 자세히 밝힌 태평양 미육군 최고사령관 맥아더 대장의 「일반명령 제1호」가 공표되었다. 거기에는 북위38도선 이남의 한국은 미군이 점령한다고 명시되어 있었다. 일본의 항복조인식과 맥아더의 「일반명령 제1호」에 관한 뉴스는 서울의 유일한 한글신문인 《매일신보(每日新報)》의 전면 호외로 보도되었다. 그리고 같은 날짜로 된 하지 사령관의 두번째 포고문이 다시 한국의 중요 도시에 뿌려졌는데, 그것은 앞서 살포된 포고문보다 한결 구체적으로 진주군의 목적과 한국인들에 대한 요구사항을 밝힌 것이었다.

그러나 하지의 포고문은 미군의 진주에 큰 기대를 걸고 있는 일반국민들에게는 매우 실망스러운 내용이었다. 포고문은 먼저 "우리 군은 오늘 도쿄에서 조인된 일본 항복에 따라 연합군 대표로서 상륙하는 것으로서, 귀국을 민주주의제도 아래 있게 하고 국민의 질서유지를 도모하는 것이 그 목적"이라고 말하고, 그러나 "국가조직의 개혁은 일조일석에 이루어지는 것이 아니며, 따라서 그 안녕 유지에는 큰 혼란과 유혈이 따른다는 것을 명심해야" 한다고 강조했다. 포고문은 이어 "어떠한 개혁도 서서히 진행된다"고 언명하고 "민중에 대한 포고나 명령은 현존하는 제 기관을 통하여 공표되는 것"이라고 하여 우선 조선총독부를 통한 현상유지 정책을 채택할 것을 천명했다. 그리고 "그것을 위반하는 자는 처벌당

2) 《每日新報》 1945년9월1일자, 「B24삐라撒布」; 森田芳夫·長田かな子 編, 『朝鮮終戰の記錄 資料篇(一)』, 巖南堂書店, 1978, p.278; 서울新聞社 編, 『駐韓美軍30年』, 杏林出版社, 1979, p.484.

할 것"이라고 경고했다.[3]

하지 사령관의 이러한 포고는 8월29일에 맥아더의 전보를 통하여 알게 된 조선총독 아베 노부유키(阿部信行)의 북한상황에 대한 부정확한 보고와 8월31일부터 직접 연결된 조선군사령관 고즈키 요시오(上月良夫)의 무전 내용에 영향을 받은 것이었다. 하지와 고즈키 사이에는 9월4일까지 닷새 동안에 무려 40회 이상의 전신이 오갔다.[4] 고즈키는 9월

주한 미 제24군단 사령관 하지 중장. 1945년9월1일에 뿌려진 하지 중장의 포고문은 한국인을 크게 실망시켰다.

1일에 한국에서는 "목하의 혼란상태를 악용하여 평화와 질서를 교란시키려고 음모를 꾸미는 공산주의자들과 독립을 선동하는 자들이 횡행하고 있다"고 타전한 데 이어, 9월3일에는 인천항의 300여 하역노동자들이 임금과 식료품에 대한 과도한 요구를 하고 있고, 미군의 한국상륙은 아마도 적색 노동조합의 사보타지에 직면할 것이라고 경고했다. 또한 한국인 폭도들의 일본인 경찰관에 대한 폭력행위 및 탄약탈취와 빈발하는 파업에 대해서도 보고했다. 그러면서 고즈키는 자기의 입장은 극히 곤란하며, 미군의 도착을 절실히 기다리고 있다고 보고했다. 하지는 고즈키에게 미군이 도착할 때까지 질서를 확보하고 기존의 통치기구를 유지하라고

---

3) 서울新聞社 編, 위의 책, p.485.
4) 鄭秉峻, 「남한진주를 전후한 주한미군의 對韓정보와 초기 점령정책의 수립」, 《史學研究》 제51호, 韓國史學會, 1996, p.141.

지시했다.[5]

일리노이주의 벽촌 골콘다(Golconda)에서 성장한 하지는 정규 웨스트포인트[West Point: 미육군사관학교] 출신이 아니었다. 1917년에 고등사관양성소에 입학함으로써 직업군인으로 출발한 하지는 맥아더 장군과 같은 정치가형이 아니라 "군인 중의 군인"이라는 평판을 듣는 전형적인 야전지휘관이었다. 하지를 지휘관으로 하여 1944년 4월에 하와이에서 창설된 제24군단은 태평양지역의 여러 전투에서 전공을 쌓은 정예 전투부대였다. 태평양지역에서의 마지막 전투였던 오키나와 상륙전에 참가했던 제24군단이 한국점령군으로 선정된 것은 한국과 가장 가까운 지역에 위치한 병력이었기 때문이다.

하지 장군은 9월8일에 인천항에 상륙할 때까지 본국정부나 맥아더 사령관으로부터 한국점령에 관한 명확한 지침을 하달받지 못한 상태였다. 그가 인식하고 있던 한국의 장래 문제에 대한 본국정부의 정책은 카이로 선언에 따라 한국은 독립될 것이고, 당면해서는 남한에 군정을 실시한다는 것뿐이었다. 그가 오키나와에서 입수할 수 있었던 유일한 한국에 관한 자료는 『제니스(*JANIS*)75』라는 연구보고서였다. 미 육군과 해군의 정보국은 제2차 세계대전기에 국가별로 정보를 집대성한 편람형식의 연구보고서를 공동으로 작성했는데, 『제니스75』는 그 보고서의 '한국편'이었다. 1945년 4월에 완성된 『제니스75』는 상세한 지도와 함께 한국의 지리와 문화, 정치, 경제, 사회 전반에 걸친 정보를 요령 있게 집대성한 보고서였지만, 기본적으로 점령작전보다는 전술적 공격작전에 이용할 목적으로 작성된 것이었다.[6] 대마도에 관한 설명이 포함되어 있는 것이 그것을 말해 준다.

하지는 점령지에 대한 구체적인 정보와 군정수립에 대한 상부의 지원

---

5) 『駐韓美軍史(1)』, pp.72~73, pp.84~85.
6) 鄭秉峻, 앞의 글, p.138; 『*JANIS*75』의 전문은 李吉相 編, 『解放前後史資料集(I) 美軍政準備資料』, 原主文化社, 1992, pp.264~295 참조.

을 기대하고 8월 21일에 군단 군정장교 해리스(Charles S. Harris) 준장을 대동하고 마닐라로 갔다. 그러나 마닐라 주재 미국총영사관의 존슨(U. Alexis Johnson) 영사로부터 한국문제에 대해서는 합동참모본부나 그밖의 어떤 기관으로부터도 훈령이 아직 접수되지 않았고, 따라서 대일훈령을 적당히 수정하여 한국에 적용하는 것, 곧 미 군정관의 지시 아래 조선총독과 그의 참모들을 한국행정에 활용하는 것이 기본계획인 것이 틀림없다는 말만 듣고 8월 25일에 오키나와로 돌아왔다.[7]

미태평양사령부는 일본에서는 군정을 실시하지 않고 기존의 일본정부기구를 통하여 행동하기로 결정하고, 8월 29일에 하지에게 보낸 지령에서 항복조건을 실행하기 위해서는 일본정부 및 모든 이용 가능한 공공기관들을 최대한 활용하라고 지시했다.[8] 제24군단사령부는 태평양사령부의 이러한 지령에 따라 한국점령에 대한 독자적인 지침을 작성하고 9월 1일에 「군단야전명령 제55호(Corps Filed Order No.55)」에 첨부하여 각급부대에 시달했다. 이 문서는 한국의 군사점령의 직접적 목적은 "군국주의의 폐지, 전쟁범죄자의 즉시 체포와 처벌… 인종, 국적, 신앙 또는 정치적 신념에 의한 차별의 철폐… 정치, 경제, 사회적인 자유주의의 고양, 국내문제를 관리할 수 있고 다른 국가들이나 국제연합과 평화적 관계를 유지할 수 있는 책임 있는 한국정부의 수립"이라고 천명했다. 그리고 정부행정에 대해서는 다음과 같이 구체적으로 기술했다.

(1) 점령군은 한국의 행정에서 계속 기능을 수행할 수 없는 정부기구를 제외하고는 공인된 요원들이나 조직개편 등을 통하여 기존의 정부기구를 활용한다.

(3) 일본의 군국주의적 민족주의와 침략에 적극적으로 가담했던 사람

---

7) Steintorf to Byrnes, Aug. 26, 1945, *FRUS 1945*, vol. Ⅵ., 1969, p.1041.

8) C. Leonard Hoag, *American Military Government in Korea: War Policy and the First Year of Occupation 1941~1946* (draft manuscript), Department of the Army, 1970, pp.102~103. 번역문은 C. L. 호그 지음, 신복룡·김원덕 옮김, 『한국분단보고서(상)』, 풀빛, 1992, p.97.

이나 그러한 단체의 활동에 협조한 사람은 공직이나 그 밖의 책임 있는 직위 또는 공기업이나 사기업의 영향력 있는 자리에 취임하는 것이 허용되지 않는다.

(4) 종교의 자유는 보장된다. 언론, 출판, 집회의 자유와 대의정부는 군사점령의 안전과 그 목적달성을 저해하지 않는 한 장려된다. 일본의 군국주의적, 신토주의[神道主義]적, 초국가주의적 이데올로기와 선전을 전파시키는 일은 어떤 형태의 것이든 금지한다.

(5) 정당, 조직, 사회단체는 통제를 받는다. 군정부의 필요와 목적에 부합되는 것은 장려할 것이며, 그 활동이 군정의 필요와 목적에 위배되는 경우에는 폐지될 것이다.

(6) 법과 질서의 유지를 위하여 현재의 경찰조직과 요원을 유지한다. 그리고 일본인을 한국인으로 대체하기 위하여 별도의 지시를 기다려야 하는 경우를 제외하고는 일본인 경찰관은 가능한 한 빨리 한국인으로 대체하는 조치를 취한다.[9]

그런데 이「군단야전명령 제55호」는 태평양사령부의 지령과는 모순된 점이 없지 않았다. 조선총독부를 비롯한 이용 가능한 모든 일본기관들과 총독을 비롯한 일본인 요원들을 활용하면서 전쟁범죄자를 체포하여 처벌하는 것과 같은 일은 불가능했기 때문이다.

이보다 앞서 하지는 8월18일에 본국정부에 대하여 국무부 대표 한 사람을 정치문제를 담당할 자신의 참모로 파견해 줄 것을 요청했고, 국무부는 극동사정에 밝은 극동국의 베닝호프(H. Merrell Benninghoff)를 연락관 겸 정치고문으로 임명했다. 베닝호프는 9월3일에 오키나와에 도착했다.[10]

---

9) C. Leonard Hoag, *op. cit.*, pp.104~105; C. L. 호그 지음, 신복룡·김원덕 옮김, 위의 책, pp. 98~99.
10) 『駐韓美軍史(1)』, p.78.

해방 이튿날부터 각 계파별로 정당 결성을 추진하고 있던 조선민족당(朝鮮民族黨), 한국국민당(韓國國民黨), 고려사회민주당(高麗社會民主黨) 등의 우익정당 발기인들은 건국준비위원회(이하 건준)와 대결하기 위한 민족주의 세력의 대동단결의 필요성을 절감하고 통합작업을 서둘렀다. 중경임시정부의 추대를 주장하면서 정당결성의 시기상조론을 주장하면서 정국을 관망하던 송진우(宋鎭禹)도 8월 말부터 행동을 개시했다. 송진우가 중요하게 생각한 것은 국민대회준비회를 결성하는 일이었다. 송진우가 구상한 국민대회란 한번으로 끝나는 행사가 아니라 건준을 의식한 매우 광범위한 조직체를 말하는 것이었다.

송진우는 8월 하순의 어느 날 조선민족당 발기를 주동하고 있는 이인(李仁)을 자기 집으로 불러 다음과 같이 말했다.

"국가가 건립되자면 국회가 있어야 하지 않겠소? 나는 국회개설준비로 각계각층을 망라한 국민대회준비회를 발기할까 하오. 이것은 결코 애산(愛山: 李仁)을 위시한 동지들이 만드는 정당을 방해하는 것이 아니고 또 별도로 깃발을 들고 나오자는 것이 아니니 양해하고 협력해 주기 바라오."[11]

이처럼 송진우가 구상하는 국민대회준비회는 국회개설운동과 같은 것이었다. 그리하여 이인, 조병옥(趙炳玉), 원세훈(元世勳) 등의 주동으로 8월17일에 반도호텔에서 결성된 임시정부 및 연합군환영준비회는 국민대회준비회를 결성하기 위한 조직기반이 되었다. 임시정부 및 연합군환영준비회는 8월25일에 사무실을 반도호텔에서 종로의 YMCA 회관으로 옮기고 조직 확대에 주력하여, 9월3일에는 위원장 권동진(權東鎭)과 함께 부위원장으로 동아일보 그룹의 총수 김성수(金性洙)와 변호사 허

___
11) 李仁, 「解放前後片片錄」, 『愛山餘滴 第3輯』, 世文社, 1970, pp.271~272.

헌(許憲)과 이인 세 사람, 그리고 이들을 포함한 50명의 위원 명단을 발표했다. 위원에는 오세창(吳世昌), 송진우, 유억겸(兪億兼), 김약수(金若水), 김준연(金俊淵), 백관수(白寬洙), 김병로(金炳魯), 홍명희(洪命熹) 등 각파의 지도급 인사들이 망라되었고, 임영신(任永信), 황신덕(黃信德) 같은 여성계 대표들도 포함되었다. 또 조병옥 사무장과 구자옥(具滋玉), 조헌영(趙憲泳) 두 사무차장 아래 총무, 접대, 회계, 설비, 선전, 정보, 경호, 교통의 8부 실행위원 100여명을 선임했다.[12] 그런데 장덕수(張德秀)와 허정(許政)은 준비회의 위원이나 실행위원에도 빠진 것을 보면 우익인사들 사이에서도 의견일치가 되지 않고 있었음을 알 수 있다. 부위원장으로 선정된 허헌은 이튿날 건준의 부위원장에 추대되었다.

준비회는 연합군이 서울에 진주하는 날 시민들을 대대적으로 동원하여 가두환영행진을 하기로 준비했는데, 9월5일에 이르러 다음과 같은 「급고(急告)」 전단을 살포하지 않으면 안되었다.

연합군 일부 입경시에 본 준비위는 우리 시민 전체를 동원하야 가두환영할 행렬 준비를 진행 중이던 바, 잠시적이나마 아직 경찰력이 일본인의 손 안에 있는 것을 기화로 하야 저들은 우리를 일본 국민의 형식으로 가두환영행렬에 참가시키고자 탄압하고 있습니다.… 우리는 은인자중하야 근일 중 우리 임시정부 및 연합군 전체가 입경할 때에 우리 백의동포의 고결한 본질을 자유롭게 발휘하면서 성의껏 가두환영행렬하기를 약속하고 8일에 연합군 일부 입경 때에는 우리는 환영 참가를 거부합시다.…[13]

조선총독부는 항복문서에 서명하는 시간까지는 한국은 일본 영토의

---

12) 國史編纂委員會 編, 『資料 大韓民國史(1)』, 國史編纂委員會, 1968, pp.50~51.
13) 李革 編, 『愛國삐라全集(第一輯)』, 祖國文化社, 1946, pp.37~38.

일부라는 뜻에서 한국인들에게 일본인의 자격으로 가두환영행렬에 참가하도록 획책했던 것이다.

미군의 진주가 확실해지자 정국은 회오리쳤다. 좌파와 우파의 당동벌이가[黨同伐異: 뜻 맞는 사람끼리 한패가 되고, 그렇지 않은 사람은 배척함]가 한결 활발해졌다. 대동단결이라는 명분 아래 통합활동을 벌여온 우파 민족주의 인사들은 9월6일 오후 4시에 종로의 협성실업학교(協成實業學校) 강당에 700명가량이 모여 우파 단일정당 결성을 위한 통합발기총회를 개최했다. 당명은 한국민주당(韓國民主黨: 이하 한민당)으로 결정되었다. 회의는 9개부의 임원 90명을 선정했는데, 각부의 책임자는 다음과 같았다.

총무부 김병로(金炳魯)   선전부 함상훈(咸尙勳)
계획부 장덕수(張德秀)   정보부 박찬희(朴瓚熙)
조직부 김약수(金若水)   조사부 이중화(李重華)
지방부 정로식(鄭魯植)   심사부 김용무(金用茂)
재정부 박용희(朴容喜)[14]

회의는 또 다음과 같은 「강령」과 「정책」을 채택했다. 「강령」은 (1) 조선민족의 자주독립국가 완성을 기함, (2) 민주주의의 정체수립을 기함, (3) 근로대중의 복리증진을 기함, (4) 민족문화를 앙양하야 세계문화에 공헌함, (5) 국제헌장을 준수하야 세계평화의 확립을 기함이라는 5개항이었고, 「정책」은 (1) 국민기본생활의 확보, (2) 호혜평등의 외교정책 수립, (3) 언론, 출판, 집회, 결사 및 신앙의 자유, (4) 교육 및 보건의 기회균등, (5) 중공주의(重工主義)의 경제정책 수립, (6) 주요산업의 국영 또는 통제관리, (7) 토지제도의 합리적 재편성, (8) 국방군의 창설이라는 8개항

---

14) 《每日新報》 1945년9월9일자, 「大韓民國臨時政府支持의 韓國民主黨을 結成」; 許政, 『내일을 위한 證言 許政回顧錄』, 샘터, 1979, p.103.

이었다.[15)]

「강령」과 「정책」의 기초과정에서 논란이 가장 많았던 것은 역시 국민적 관심사인 토지제도 개혁문제였다. 좌익들은 "무상몰수 무상분배"를 주장하고 있었는데, 신도성(愼道晟)이 작성한 초안에는 "유상매입 무상분배"로 되어 있었다. "유상매입 유상분배"로 할 것이냐 "유상매입 무상분배"로 할 것이냐를 두고 초안의 심의단계에서 중진들 사이에 의견의 일치가 이루어지지 않았다. 그리하여 결국 "합리적 재편성"이라는 두루뭉술한 표현이 되고 말았다.[16)]

한민당의 「정책」에서 또 하나 눈에 띄는 점은 토지문제와 함께 국민적 논란거리였던 친일파 및 민족반역자의 처리문제에 대해 전혀 언급이 없는 점이었다. 이 점에 대해 이날의 대회에서 총무부 임원으로 선정된 허정의 다음과 같은 술회는 새겨볼 만하다.

처음 우리가 한민당을 준비할 때에는 독립조국의 주류 형성을 목적으로 하고 있었으므로, 인물의 엄선이 확고한 원칙이었다. 친일파나 국민으로부터 지탄을 받는 사람들은 제외하기로 했던 것이다. 그러나 시간이 지남에 따라 객관적 정세는 급변해 갔다. 건준의 독주만이 아니라 공산당의 재건, 사회주의 계열의 정당 사회단체의 난립 등은 우리들의 이상만을 고수하여 민주진영 밑에 뭉치려고 하는 사람들을 배척할 수 없는 형세였다. 우리는 인선에서 융통성을 갖기로 했고, 이것이 후일 한민당의 일각을 친일파가 점령했다는 비난을 받게 된 원인이었다.…[17)]

그러나 그것은 한민당이 친일파나 민족반역자들을 포용하는 듯한 인

---

15) 《每日新報》 1945년 9월 9일자, 「大韓民國臨時政府支持의 韓國民主黨을 結成」.
16) 愼道晟, 「轉換期의 內幕 (37) 韓民黨創黨 ⑤」, 《朝鮮日報》 1981년 2월 28일자.
17) 許政, 앞의 책, p.102.

상을 주었고,[18] 공산당과 좌익인사들이 한민당을 친일파 집단이라고 공격하는 빌미가 되었다.

이날의 발기인 회의에서 채택한 「선언」의 주목되는 점은 중경임시정부를 "광복벽두의 우리 정부"로 맞이하겠다고 천명한 것이었다.

우리는 머지않아 해외의 개선동지들을 맞이하려 한다. 더욱이 이웃 나라 중경(重慶)에서 고전역투하던 대한임시정부를 중심으로 결집한 혁명동지들을 생각컨데, 그들은 두번 거듭하는 세계의 대풍운을 타서 안으로 국내외 혁명을 고동하며 밖으로 민족 생맥(生脈)을 국제간에 떨치면서 나중에는 군국주의 박멸의 일익으로 당당한 명분 아래 맹방 중, 미, 소, 영 등 연합군에 끼어 빛나는 무훈까지 세웠다. 오늘의 가까운 광복성취가 이 어찌 우연한 바랴. 우리는 맹세한다. 중경의 대한임시정부를 광복벽두의 우리 정부로서 맞이하려 한다.…[19]

한민당 발기인대회의 이러한 「선언」은 대한민국임시정부의 실체에 대하여 잘 알지 못하고 있는 일반국민들의 임시정부에 대한 인식과 기대를 제고시키는 데 크게 기여했다.

---

18) 沈之淵, 『韓國民主黨研究 I 』, 풀빛, 1982, p.63.
19) 李革 編, 앞의 책, pp.51~52.

2. 건국준비위원회에서 조선인민공화국으로

1

한민당의 통합발기인대회가 열리고 두세 시간쯤 지나서 좌파인사들은 조선인민공화국(朝鮮人民共和國) 선포를 위한 인민대표대회를 열었다. 그것은 건준의 실권 장악에 성공한 재건파공산당의 박헌영(朴憲永)의 주동으로 부랴부랴 소집된 회의였다.

해방정국의 큰 혼란의 불씨가 된 조선인민공화국의 선포과정에 대해서는 정확히 규명해야 할 점이 아직도 남아 있다. 남로당(南勞黨) 간부였던 박일원(朴馹遠)은 좌익들이 인민공화국을 만든 목적은 첫째로 국민의 해방의 환희와 애국심을 이용하여 계급독재와 계급전제의 정권을 수립하려고 한 것, 둘째로 중경임시정부의 무력화를 기도한 것, 셋째로 미군상륙을 앞두고 기성정부로서 미군과 상대하고자 한 것, 넷째로 정부의 권위로 공산당 내부의 반대파를 제압하고자 한 것 등이었고, 그 구체적인 것은 9월4일에 허헌이 입원해 있는 경성의전(京城醫專) 병원에서 박헌영, 여운형(呂運亨), 허헌, 정백(鄭栢) 네 사람이 비밀히 만나 협의하여 결정했다고 기술했다.[20] 한편 건준의 조직에 깊이 관여했던 여운형계의 이영근(李榮根)은 여운형에게 인민공화국 수립문제를 맨 먼저 제의한 사람은 박헌영과 여운형 사이의 연락을 맡고 있던 이강국(李康國)과 최용달(崔容達) 두 사람이었다고 술회했다.[21] 이강국과 최용달은 9월4일에 열린 건준확대위원회에서 건준 중앙집행부의 두 핵심부서인 조직부와 치안부의 부장에 각각 선임된 재건파공산당의 두 핵심 인물이었다.

건준은 위원장 여운형과 부위원장 안재홍(安在鴻)을 비롯한 간부들

---

20) 朴馹遠, 『南勞黨總批判(上卷)』, 極東情報社, 1948, p.32.
21) 李榮根, 「八・一五解放前後のソウル③ 人民共和國(下)」, 《統一朝鮮新聞》 1970年9月10日字. 번역문은 《月刊朝鮮》 1990년 9월호, p.430.

전원이 총사퇴한 상황에서 9월4일에 안국동 사무실에서 제1회 확대위원회를 열었다. 회의에는 통첩을 받은 135명 가운데 재경위원의 반수가 넘는 57명이 참석했다고 한다. 안재홍은 개회인사를 통하여 그동안 회의가 여러 차례 연기된 것은 내외의 여러 가지 사정으로 건준의 사업이 극히 난관에 봉착했기 때문이라고 설명했다. 이어 서기국의 고경흠(高景欽)이 자세한 경과보고를 했다.

회의는 여운형과 안재홍의 유임을 결의한 다음, 부위원장 한명을 증원하기로 결의하고 허헌을 추대했다. 조선변호사회 회장, 신간회(新幹會) 중앙집행위원장 등을 역임하면서 좌우익 독립운동자들을 변호했던 허헌은 1943년의 단파방송사건으로 구속되었고, 옥중에서 건강을 해쳐 1945년 4월에 병보석으로 출감한 뒤에는 처가가 있는 황해도 신천(信川) 온천에 가서 요양하고 있었다. 그는 8월30일에야 서울로 올라왔다.[22] 회의의 가장 중요한 안건인 중앙집행위원 선거는 위원장단에 일임하기로 했다.[23]

이렇게 하여 건준 지도부의 총사직문제는 일단락되었다. 그러나 건준의 성격에 대하여 합의가 이루어지지 않는 한 안재홍이 계속 건준에 참여하기를 기대할 수는 없었다. 실제로 그는 이미 사흘 전에 결성된 조선국민당(朝鮮國民黨)의 위원장으로 추대된 상태였다.[24]

문제는 새로 조직된 건준 중앙집행부의 진용이었다. 8월22일에 구성했던 집행부 가운데 안재홍계의 김교영(金敎英), 이승복(李昇馥), 이의식(李義植), 함상훈, 홍기문(洪起文)을 포함한 우파 민족주의쪽의 김도연(金度演), 김준연, 이규갑(李奎甲), 이용설(李容卨), 김약수, 여운형계의 이동화(李東華), 그리고 여운형이 건준을 결성하면서 맨 먼저 상의한 장안파공산당의 정백과 권태석(權泰錫), 정순용(鄭珣容)의 14명을 탈락시

22) 심지연, 『허헌연구』, 역사비평사, 1994, pp.84~91.
23) 《每日新報》 1945년9월4일자, 「委員會全體大會」.
24) 《每日新報》 1945년9월4일자, 「大同合流를 目標로 朝鮮國民黨結成」.

키고, 박헌영이 이끄는 재건파공산당의 김형선(金炯善), 이순근(李舜根), 이정구(李貞求) 등 11명을 새로 선임했는데,[25] 핵심부서인 조직부, 기획부, 교통부, 치안부의 부장 자리는 재건파공산당의 이강국, 박문규(朴文圭), 김형선, 최용달이 각각 차지했다.[26] 건준은 이 인선을 조선인민공화국이 결성된 9월6일에 발표하면서 "이 인민대표위원으로 조직된 부서가 결성될 때까지는 건준 집행부가 그냥 계속될 것"이라고 발표했다.[27]

8월 말까지도 서울에 소련군이 진주할 것이라고 믿었던 좌익인사들은 9월7일에 미군이 진주한다는 뉴스에 여간 당황하지 않았다. 그리고 정권수립을 서둔 것은 소련군이 북한에서 하는 것을 보고 미군도 진주하면 똑같은 방법을 취하여 행정 일체를 한국인 기관에 넘길 것으로 기대했기 때문이다.[28] 인민공화국 결성을 주동한 좌익인사들이 시국전망을 얼마나 안이하게 하고 있었는가는 건준의 마지막 회의가 열리던 날 안재홍과 허헌 사이에 오간 다음과 같은 대화가 단적으로 말해 준다. 좌익들이 바쁘게 움직이는 것을 보고 안재홍은 허헌에게 말했다.

"연합군이 들어와서 당신들을 상대하지 않는 때에 가서 뒷일을 어떻게 수습할 것인가?"

그러자 허헌은 다음과 같이 반문했다.

"어째서 상대를 아니 할 이유가 있는가? 민세(民世: 安在鴻)가 어째 시국을 그렇게 보는가?"[29]

또한 한달 뒤인 10월5일에 열린 각 정당 수뇌 간담회에서 인민공화국을 만든 뜻이 무엇이냐는 송진우의 질문에 허헌이 다음과 같이 대답한 것이 시사적이다.

25) 李萬珪, 「呂運亨先生鬪爭史」, 民主文化社, 1946, pp.221~222.
26) 李庭植, 「呂運亨과 建國準備委員會」, 《歷史學報》 第134·135合輯, 1992, pp.70~71.
27) 《每日新報》 1945년9월7일자, 「各部署도新組織」.
28) 李萬珪, 앞의 책, p.185.
29) 安在鴻, 「八·一五 당시의 우리 政界」, 安在鴻選集刊行委員會 編, 『民世安在鴻選集 2』, 知識産業社, 1983, p.474.

"우리 조선 사정을 잘 모르는 소련군이 들어온다 해도, 우리는 행정이라는 이것을 모르니 너희한테 무슨 준비가 있으면 같이 하자, 이렇게 할 줄 알고 있었던 것입니다. 그렇게 되면 법적 근거가 있는 무슨 단체가 필요하지 않을까, 이러한 나의 견해는 여운형씨하고 같아서 불완전하지만 —— 누가 부르더라도 완전치는 못할 것입니다. 미조직, 미훈련의 민중을 상대로 완전한 것을 요구하는 것은 무리라고 생각합니다 —— 제1차 인민대회를 소집하였던 것입니다.…"[30]

인민공화국을 만든 사람들은 이처럼 이 시점에도 소련군이 단독으로 진주하거나 적어도 연합군의 일원으로 서울에 진주할 것이라고 예상하고 있었다.

이렇게 하여 박헌영과 허헌은 여운형을 설득하여 벼락치기로 정권수립 작업을 강행한 것이었다. 그들은 하지와 고즈키 사이에 전신이 오가고 있는 사실을 전혀 감지하지 못했다.

2

전국인민대표대회는 9월6일 저녁 9시부터 이튿날 새벽 1시까지 안국동의 경기고녀[지금의 창덕여고] 강당에서 열렸다. 비가 내리는 밤이었다. 그곳은 일본군 만주국군 출신들로 조직된 치안단(治安團)의 본부로 사용되고 있어서 경호에 염려가 없었다. 이날의 회의는 우선 '인민대표'의 대표성에 결정적인 하자가 있었다. 주최쪽 문헌에는 이날의 회의참가자들은 건준의 "지정추천"으로 선정되었다고 기술되어 있는데,[31] 그 말은 이 대회가 주최쪽의 일부 사람들과 그들이 서둘러 동원한 군중집회였음을 말해 주는 것이다. 그러므로 이날 밤에 급조된 조선인민공화국은 정

---

30) 《朝鮮週報》 創刊號(1945.10.15.),「新朝鮮建設의 大道 」, 夢陽呂運亨先生全集發刊委員會 編,
   『夢陽呂運亨全集 1』, 한울, 1991, pp.224~225.
31) 民主主義民族戰線 編, 『朝鮮解放一年史(朝鮮解放年報)』, 文友印書館, 1946, p.85.

1945년 9월 6일 밤에 '조선인민공화국'이 조직되었음을 알리는 9월 7일자 《매일신보》 지면.

통성이 있을 수 없었다. 이영근에 따르면, 이날의 인원동원은 박헌영의 재건파공산당계가 맡았는데, 실제로 모인 사람들은 재건파공산당의 오르그[상부기관에서 파견된 조직요원]가 파견되어 있는 철도노동자를 중심으로 경인(京仁)지역의 공장에서 동원된 노동자들이었다.[32]

건준의 간부라고 자처하던 인사들이나 여운형의 개인적 막료들인 건

─────────
32) 李榮根, 앞의 글, 《統一朝鮮新聞》 1970年 9月 10日字. 번역문은 《月刊朝鮮》 1990년 9월호, p.432.

국동맹과 건준의 비공산계 인사들은 인민공화국 설립과정을 모르고 있었다. 여운형의 측근이던 이동화(李東華)는 "그날 나도 연락도 없다가 회의를 한다고 해서 밀려 가니까 그런 일이 있었다.… 그것은 사실 박헌영이 미리 계획을 해 가지고 몽양(夢陽: 呂運亨) 선생과 협의를 해서 몽양 선생이 동의를 하시니까 갑자기 부랴부랴 모여 가지고 그런 방법을 쓴 것"이었다고 술회했다.[33] 그러나 재건파공산당이 주도권을 장악하게 된 건준이 8월28일에 발표한 「선언」은, 앞에서 본 대로, "진정한 민주주의의 실현을 위하여 강력한 민주주의 정권을 수립해야" 하고, 그 정권은 "전국적 인민대표회의에서 선출된 인민위원으로 구성될 것이며…"라고 하여 정권수립 계획을 천명했었다.

이렇게 하여 황급히 열린 전국인민대표대회에는 1,000여명의 전국대표가 모인 것으로 보도되었으나,[34] 이날 대회에서 인민위원으로 선출된 것으로 발표된 같은 재건파공산당의 김철수(金綴洙)에 따르면 모인 사람들은 600여명이었다.[35]

테러를 당한 머리를 붕대로 감고 나온 여운형이 의장으로 선출되어 회의를 진행했다. 여운형은 다음과 같은 요지의 개회사를 했다.

"비상한 때에는 비상한 인물들이 비상한 방법으로 비상한 일을 하지 않으면 안된다. 전후문제의 국제적 해결에 따라 우리 조선에도 해방의 날이 왔다. 그러나 우리 민족의 완전한 해방을 위한 허다한 투쟁은 아직 남아 있다. 우리의 새 국가는 노동자, 농민, 일체 근로인민대중을 위한 국가가 아니면 안된다. 우리의 새 정권은 전 인민의 정치적, 경제적, 사회적 기본요구를 완전히 실현할 수 있는 진정한 민주주의 정권이 아니면 안된다. 그러므로 우리는 다만 일본제국주의의 잔재세력을 일소할 뿐만 아니라 모든 봉건적 잔재세력과 반동적, 반민주주의적 세력과도 과감한 투쟁

---

33) 李東華 증언, 이정식, 『여운형: 시대와 사상을 초월한 융화주의자』, 서울대학교출판부, 2008, p.534.
34) 《每日新報》 1945년9월7일자, 「國號는 朝鮮人民共和國」.
35) 金綴洙, 「解放後動作槪要記」, 『遲耘 金綴洙』, 한국정신문화연구원 현대사연구소, 1999, p.35.

을 전개하지 않으면 안된다. 오늘 이곳에 모인 여러분은 과거 일본제국주의의 야수적 폭압 아래에서도 백절불굴하고 싸워 온 투사들이다. 우리가 서로 손을 잡고 나아갈 때에 우리는 우리의 앞길에 가로놓여 있는 어떠한 곤란도 능히 극복할 수 있을 것이다.…"36)

비상한 때에는 비상한 인물들이 비상한 방법으로 비상한 일을 할 수 있다는 이날의 여운형의 연설은 이내 대표성이 없는 이날의 회의와 그러한 회의에서 선포된 조선인민공화국의 정통성을 변명하는 논리로 두고두고 인용되었다.

회의는 허헌의 경과보고에 이어 "인민의 정부"를 즉시 수립하기로 결의하고 국호를 조선인민공화국으로 결정했다. 이만규(李萬珪)는 "국호는 건국동맹안이 조선공화국으로 제출한 것을 석상의 다수 의결로 조선인민공화국이라고 개정하였다"라고 기술했는데,37) 앞에서 본 이동화의 증언 등으로 미루어 보아 건국동맹 인사들이 국호까지 준비하여 회의에 참석했는지는 적이 의심스럽다. 회의는 이어 조선인민공화국의 「조직기본법안」을 상정하여 축조 낭독하고 다소의 수정을 가하여 통과시켰다고 하는데,38) 그 「조직기본법안」이 어떤 것이었는지는 알려진 것이 없다. 제1장 제1조가 "조선인민공화국의 주권은 인민에게 재(在)함"이라고 되어 있었다는 것만 알려져 있다.39) 「기본법안」뿐만 아니라 이 중대한 회의의 회의록도 남기지 않은 것을 보면 회의가 얼마나 경황 없이 진행되었는지 짐작할 수 있다. 이동화의 다음과 같은 술회로 미루어 보아 이날 통과된 인민공화국의 「조직기본법」이란 인민공화국의 헌법이었던 것으로 판단된다.

"최용달이 헌법 초안이라는 것을 가지고 나왔는데, 허헌씨하고 만들

---

36) 李萬珪, 앞의 책, pp.259~260; 『朝鮮解放一年史』, p.86.
37) 李萬珪, 위의 책, p.260.
38) 《每日新報》 1945년9월7일자, 「國號는 朝鮮人民共和國」.
39) 《解放日報》 1945년10월18일자, 「社說: 제2차 全國代表者大會의 政治的方向에 대한 提議」.

었다고 하는 건데, 일본헌법을 그대로 할 수 없으니까… 거기서 진보적인 성격을 띠는 헌법이라고 해 놓고 내용은 낡은 옛날 구식 헌법을 대체로 그대로 번역해 가지고 나왔어요. 바이마르(헌법 수준)도 못되지요.…"[40]

다음 순서는 중앙인민위원 선거였다. 여운형과 허헌을 포함한 다섯 사람의 전형위원이 지명되고, 이들이 그 자리에서 중앙인민위원 55명, 후보위원 20명, 고문 12명을 선정했다고 발표했다. 발표된 인민위원 가운데는 아직 미국에 있는 이승만을 비롯하여 중경(重慶)에 있는 임시정부의 김구, 김규식(金奎植), 이시영(李始榮), 김원봉(金元鳳), 신익희(申翼熙)와 연안(延安)에 있는 독립동맹의 무정(武亭), 하바로브스크의 소련군 제88특별저격여단의 김일성[金日成: 발표에는 金一成] 등 아직 해외에 있는 인사들 9명과 김성수, 조만식(曺晩植), 안재홍, 김병로, 이용설, 김준연 등 국내의 우익인사들 10명도 포함되어 있었다. 그 가운데 재건파공산당이 중앙위원 30명, 후보위원 10명으로서 절반 이상을 차지했다. 여운형계는 중앙위원 4명, 후보위원 3명밖에 되지 않았다. 그리하여 재건파공산당과 장안파공산당, 거기에 연안파와 김일성을 합하면 총원 75명 가운데 52명이 공산주의자들이었다.[41] 중앙인민위원 명단에서 야릇한 느낌을 주는 것은 재건파공산당의 중심인물인 박헌영과 우파 민족주의자의 대표격인 송진우와 연안의 독립동맹 위원장 김두봉(金枓奉) 세 사람의 이름이 빠진 점이다. 그런데 이러한 중앙위원회 제도와 후보위원 제도는 정부 조직이기보다는 공산당의 조직구조를 본뜬 것이었다.[42]

이날의 회의가 얼마나 기만적이었는가는 회의장의 열기를 유도하느라고 전 만주국군 중위였던 박승환(朴承煥)이라는 인물이 벌인 촌극으로도 여실히 드러났다. 군인대표라면서 등단한 그는 "조선의용군 7만명

---

40) 李東華 증언, 이정식, 앞의 책, p.550.
41) 이정식, 위의 책, pp.547~548; 朴馹遠은 중앙위원 가운데 29명, 후보위원 가운데 16명이 共産黨 출신이라고 했다(朴馹遠, 앞의 책, p.34).
42) 이정식, 같은 책, p.546.

이 오늘 신의주를 통과했고, 모레면 서울에 입성한다"라고 허위보고를 한 것이었다. 이 무렵 조선의용군은 무정 등 간부들은 나귀를 타고, 일반 대원들은 걸어서 화북(華北) 산야를 지나가고 있었다.[43]

3

건준은 이튿날 전체회의를 열고 전날 밤의 인민대표대회 문제를 심각하게 토의했다. 이 회의에서도 여운형은 인민공화국 반대론을 무마하는 발언을 해야 했다. 그러나 그 자신이 속으로 갈등을 느끼고 있는 여운형의 주장이 설득력이 있을 수 없었다.

"어제 저녁에 급히 전국인민대표대회를 개최한 데 대하여 여러분에게 미처 알리지 못한 것은 나로서 사과한다. 그러나 지금은 건국의 비상시이니 비상조치로서 그렇게 할 수밖에 없었다. 선출된 인민위원은 각계각층을 망라하였다고는 하나 완전하다고 할 수 없고, 이제부터 인민총의에 의한 대표위원이 나올 때까지의 잠정적 위원이라고 볼 수 있다. 선출된 위원은 대개는 승낙할 것으로 생각한다."

이러한 말은 외국에 있는 인사들은 말할 나위도 없고 국내에 있는 인사들의 사전 승낙도 받지 않았음을 뜻하는 것이었다. 여운형은 인민공화국의 결성으로 건준의 사무는 끝날 것이라고 다음과 같이 말했다.

"그러나 연합군의 진주가 금명일 중에 있을 것이요, 연합군과 절충할 인민총의의 집결체가 있지 않으면 안될 것이니, 그 집결체의 준비공작으로 이리 급히 전국대표회의를 개최하지 않으면 안되게 된 것이다. 대표위원들은 일치단결하여 힘있는 대로 건국대업에 노력해 주기 바란다. 앞으로 사업의 진전에 따라서는 건국준비위원회는 사무가 종료될 것이다. 그때까지는 일치단결하여 불면불휴로 일해 주기 바라며 또 외부동지들도

---

43) 李榮根, 앞의 글, 《統一朝鮮新聞》 1970年 9月 10日字. 번역문은 《月刊朝鮮》 1990년 9월호, p.432.

함께 분투하여 주기 바란다. 이제부터 우리 사업은 외국인을 상대하여야 한다. 3천만 민중의 자격이 그들의 앞에 드러나게 된다. 또 우리는 두분의 손님을 맞이하게 되어 난처한 것도 있다.…"[44]

인민공화국을 인정한다면 건준은 여운형의 말대로 존재할 이유가 없게 될 것이었다. 여운형의 가장 가까운 측근인 총무부장 최근우(崔謹愚)를 비롯하여 인민공화국을 반대하는 사람들은 건준의 존속을 강력히 주장했다.

이날 여운형은 원서동에서 계동으로 넘어가는 집 근처 길에서 정체불명의 청년들에게 또다시 테러를 당했다. 그는 심호섭(沈浩燮) 박사에게서 응급치료를 받은 다음 심호섭의 가평 시골집으로 내려가서 가료를 받으며 정양했다.[45]

9월6일 밤 안국동의 경기고녀 강당에서 이른바 인민대표대회가 열리고 있는 바로 그 시간에 조선호텔의 한 방에서는 해리스 준장을 대표로 한 미군 제24군단의 선발대 장교들과 조선총독부 및 일본군 간부들이 예비회담을 하고 있는 것을 아는 한국인은 없었다. 미군 선발대는 날씨 관계로 9월4일과 6일 오후에 나뉘어 김포공항에 도착했다.[46] 선발대는 행정 각 분야에 대한 광범한 참고자료 제출시한을 9월7일 정오까지로 못박는가 하면 진주군이 사용할 사령부 사무실과 장병의 숙소, 병원, 창고 등을 제공할 것을 요구하고, 총독부 청사와 총독 관저, 반도호텔과 조선호텔 등 주요 건물은 9월8일 오후 4시까지 비우라고 했다. 미군들은 "이것은 부탁이나 요구가 아니다. 명령이다"라고 단호하게 말했다. 일본군은 경인지역에서 바로 철수하기로 결정되었다. 한편 이날 연합군 총사령부는 일본정부에 대해 인천항에 노무자 1,500명가량을 대기시킬 것과 7

44) 呂運亨, 「朝鮮人民共和國發足」, 《白民》 創刊號(1945.12.), p.13; 李萬珪, 앞의 책, pp.261~262.
45) 呂運弘, 『夢陽 呂運亨』, 靑廈閣, 1967, p.159.
46) 『駐韓美軍史(1)』, pp.237~241; 山名酒喜男, 「終戰前後に於ける朝鮮事情槪要」, 森田芳夫·長田かな子 編, 앞의 책, p.27.

만5,000배럴의 석유를 급유할 준비를 하도록 명령했다.[47]

미군의 점령정책의 기본방침은 9월7일 오전 10시부터 한시간 동안 진행된 해리스 준장과 정무총감 엔도 류사쿠(遠藤柳作)의 회담에서 확실하게 표명되었다. 해리스는 당면한 중대한 문제는 일본의 항복조건을 이행하는 것이라고 말하고, 그 제일요건으로서 진주군은 한국의 치안유지를 확보하고 현재의 경제 산업 상태를 혼란시키지 않고 현상을 계속시킬 방침이라고 말했다. 행정방침과 관련해서는 다음과 같이 말했다.

"현재의 관청 집무 중의 관리와 관청의 건물 설비를 계속 사용하고 싶다. 계속 사용이 가능한가?"

그러자 엔도는 "그것이 군정을 실시한다는 뜻이냐"고 물었다. 해리스는 다음과 같이 대답했다.

"군정을 실시한다고 명확하게는 말할 수 없다. 한국은 여전히 총독과 총감의 총괄 아래 두고, 미군사령관은 그 행정의 관리 감독을 할 의향이다."

엔도는 노회한 정치인이었다. 그는 해리스의 말을 서면으로 작성하기를 제의했다. 그러나 해리스는 이 일은 미군사령관의 결정권에 속하는 것이고, 자기는 사전에 자기의 대략적인 의사를 전하여 당신들의 준비에 도움이 되게 하는 것이라고 설명했다. 그러자 배석했던 야마나 미키오(山名酒喜男) 총무과장이 구체적으로 물었다.

"행정의 관리 감독은 실제로는 개개의 안건에 대하여 일일이 군사령관의 결재가 필요한가, 아니면 군사령관은 행정의 대강을 지시하고 그 취지를 실시하는 총독의 재량에 맡기는 것인가?"

해리스는 미군사령관은 행정의 대강을 총독에게 지령하고 구체적 안건에 대해서는 총독에게 결재권을 부여하는 것으로 생각한다고 대답했다. 야마나는 다시 "그러한 행정체제는 언제까지 계속하는가" 하고 물었고, 해리스는 "행정체제의 계속시한은 최고사령관이 결정한다"라고 대답

---

47) 森田芳夫, 『朝鮮終戰の記錄』, 巖南堂書店, 1967, p.270.

했다.

해리스가 총독과 정무총감에게 "호위병을 붙일 필요가 있느냐"고 묻자, 엔도는 "지금은 일본군대와 일본경찰이 경호하고 있으나 일본군이 서울에서 철수하면 미군의 경호를 받을 필요가 있다"고 말했다. 그 이유를 그는 다음과 같이 설명했다.

"38도 이북 지방으로부터 많은 공산당원이 잠입하고 있는데, 최근 1주일 동안의 정보에 따르면 총독, 정무총감, 군사령관, 참모장 등은 그들의 테러행위의 표적 인물이 되어 있다. 그들 공산당원은 미일 사이의 충돌을 이용하려고 책동하고 있다."

그러자 해리스는 총독부 청사는 꽤 많은 사람들이 집무하고 있는 것 같으므로, 미군사령관의 사무실은 따로 있어야겠다고 말했다. 그리하여 반도호텔을 하지의 사무실 건물로 쓰게 되었다.

회담은 오후에도 계속되었고, 엔도는 미리 준비한 「조선시정사정일반」 및 「조선총독부 희망사항」을 건네주고 설명했다.[48]

---

48) 森田芳夫 · 長田かな子 編, 앞의 책, pp.28~30.

3. 한국민주당 발기인들의 인민공화국 성토

1

우익인사들도 바쁘게 움직였다. 해리스 장군이 엔도 정무총감을 만나고 있는 시간인 9월7일 오후 3시부터 송진우가 추진하는 국민대회 준비회의 결성대회가 광화문의 동아일보사 강당에서 개최되었다. 동아일보사는 조선총독부에 의하여 강제 폐간된 뒤 1942년 11월에 사옥의 임대차 및 부대사업을 위해 설립한 동본사(東本社)가 되어 있었다. 사장은 송진우였다.[49]

회의에는 8월15일 이후에 서울로 모여든 전국의 우파 민족주의 인사 300여명이 모였다.[50] 대회의 주지는 송진우의 지론대로 중경임시정부를 절대 지지한다는 것을 천명하자는 것이었다.[51] 대회는 김준연의 개회사에 이어 대구에서 올라온 서상일(徐相日)을 의장으로 추대했다. 경과보고는 송진우가 했다. 이어 안건토의에 들어가서, 먼저 대한민국임시정부에 대한 지지를 참석자 전원의 기립으로 결의했다. 두번째로는 연합국에 대한 감사표시를 하기로 결의하고, 시행위원으로 송진우, 장택상(張澤相), 윤치영(尹致暎), 김창숙(金昌淑), 최윤동(崔允東), 백상규(白象圭) 6명을 선출했다. 유림의 중심인물인 김창숙은 송진우가 직접 여관으로 찾아가서 고문이 되기로 응락을 받았다. 송진우는 홍명희와 공산당의 김철수에게도 협력을 요청했지만 두 사람은 거절했다. 홍명희는 인민공화국의 고문으로, 김철수는 중앙인민위원으로 발표되었다. 셋째로는 전국적인 국민대회를 대대적으로 개최하기로 결의하고, 준비위원장에 송진우, 부위원장에 서상일과 고려사회민주당의 원세훈을 선출했다. 그리고 국민대회

---

49) 『東亞日報社史(一)』, 東亞日報社, 1975, pp.393~394.
50) 《每日新報》 1945년9월9일자, 「全國各層을 網羅하야 國民大會召集準備」.
51) 金俊淵, 「國民大會의 發端」, 『獨立路線(第六版)』, 時事時報社出版局, 1959, p.13.

소집에 대한 준비는 전국 각지의 각계를 망라하는 집행위원 100명을 선출하여 그들에게 일임하기로 했다.[52] 회의는 다음과 같은 「국민대회준비회 선언」을 채택했다.

강토는 잃었다 하더라도 3천만의 마음에 응집된 국혼의 표상은 경술국변(庚戌國變) 이래로 망명지사의 기백과 함께 해외에 엄존하였던 바이니, 오늘날 일본의 정권이 퇴각하는 이 순간에 이를 대신할 우리의 정부, 우리의 국가대표는 기미 독립선언 이후로 구현된 대한임시정부가 최고요 또 유일한 존재일 것이다. 당파와 색별을 초월하여서 이를 환영하고, 이를 지지하고, 이에 귀일함이 현하의 내외정세에 타당한 대의명분이니… 우리 전 국민의 당면한 관심사는 우선 (1) 국민의 총의로써 우리 재중경 대한임시정부의 지지를 선언할 것, (2) 국민의 총의로써 연합각국에 사의를 표명할 것, (3) 국민의 총의로써 민정수습의 방도를 강구할 것 등이다.…[53]

이처럼 우파 민족주의자들은 좌익인사들이 급조한 인민공화국을 부인하는 명분으로 중경임시정부의 정통성을 강조하고 나선 것이다.

국민대회준비회를 마친 송진우는 해방정국을 취재하러 온 중국의 유력지《대공보(大公報)》의 기자를 만나서도 중경임시정부가 한국의 정통정부임을 강조했다.《대공보》기자는 군복 차림에 권총까지 차고 있었다. 통역은 정래동(丁來東)과 이상은(李相殷)이 했다. "한국은 장기간 일본의 식민지 노예생활을 해 왔으므로 독립하기까지 후견(後見) 또는 신탁통치를 받는 과도적 과정을 밟는 것이 현실적이지 않느냐"는《대공보》기자의 질문에 송진우는 다음과 같이 대답했다.

---

52)《每日新報》1945년 9월 9일자, 「全國各層을 網羅하야 國民大會召集準備」.
53) 薛義植, 『解放以前』, 東亞日報社, 1947, pp.15~16.

"당신은 카이로선언에 조선은 적당한 시기에 독립될 것이라고 한 조항을 염두에 두고 질문하는 것 같은데, 나와 우리 국민은 어느 국가 또는 어느 국제기구의 신탁 또는 후견도 원치 않는다. 미국, 중국, 영국이 경제적으로 또는 군사적으로 원조만 해주면 우리는 독립국가로 훌륭히 자립할 수 있다."

이어 《대공보》 기자는 "한국이 독립국가가 되는 데 주동적 역할을 할 사회계층은 어떤 것이냐"고 물었다. 송진우는 다음과 같이 대답했다.

"비록 식민지 교육일지라도 전문학교 이상 대학교육을 받은 수십만의 지식계급과 해외에 나가서 조국의 독립을 위하여 항일투쟁을 해 온 혁명세력이 주축이 되어 독립국가 건설이 달성될 것으로 믿는다."

《대공보》 기자는 다시 박헌영과 공산당에 대하여 물었다.

"조선공산당의 박헌영에 대한 벽보가 여러 곳에 붙어 있는 것을 보았다. 박헌영씨는 어떤 인물이며, 공산당세력은 현재 어느 정도인가?"

그러자 송진우는 대수롭지 않게, 그러면서도 단호하게 대답했다.

"크게 관심을 가질 필요조차 없는 인물로 안다. 현재의 조선공산당세력도 보잘것없다. 출옥한 극소수의 공산분자를 중심으로 철모르는 젊은이들이 부화뇌동해서 만든 것이 조선공산당이다."

자신의 정치적 구상과 활동목표를 묻는 질문에는 송진우는 임시정부가 빨리 귀국할 것을 강조하면서 다음과 같이 주장했다.

"우리 국민은 하루바삐 중국에 있는 망명정부가 환국하기를 바라고 있다. 임시정부의 혁명원로를 중심으로 굳게 뭉쳐서 민주주의 신생 독립국가를 세우자는 것이 나의 정치구상이다."

그러고는 《동아일보(東亞日報)》 등 언론기관의 부활이 시급하다고 힘주어 말했다. 그는 "건전한 신문과 방송국만 우리 수중에 있다면 공산주의를 두려워할 것이 없다"라고 강조했다. 송진우는 또 이튿날에는 프

랑스의 공산계 신문 기자를 만났다.[54]

송진우는 이때에 만난《대공보》기자편에 김구에게 편지를 보냈던 것 같다. 임시정부의 국무위원 겸 국무원 비서장이던 조경한(趙擎韓)은 이때에 송진우가 보낸 편지에는 국내 사정이 "정확 치밀하게" 적혀 있었다고 썼다.[55]

국민대회준비회가 결성된 이튿날인 9월8일에 한국민주당(이하 한민당)은 발기인 명의로 건준과 인민공화국 주동자들을 격렬하게 매도하는「결의」와「성명서」를 발표했다. 발기인 명단에는 무려 648명에 이르는 전국의 우익인사들 이름이 망라되어 있는데, 전날 국민대회준비회 결성을 주도한 송진우, 김성수, 서상일, 김준연 등의 이름은 빠져 있다. 이들은 아직 한민당 발기에는 참여하지 않았던 것이다.

2

한민당의「결의」는 "우리 독립운동의 결정체요 현하 국제적으로 승인된 대한민국임시정부 이외에 소위 정권을 참칭하는 일체의 단체 및 그 행동은 그 어떤 종류를 불문하고 이것을 단호히 배격함"이라고 하여 인민공화국을 정면으로 부인했다.

장문의「성명서」는 크게 4개항에 걸쳐서 한민당의 입장을 천명했다. 제1항은 "국내적으로 사상을 통일하고 결속을 공고히 하여 돌아오는 대한민국임시정부를 맞이하고, 이 정부로 하여금 하루바삐 4국 공동관리의 군정으로부터 안전한 자유독립정부가 되도록 지지 육성한다"는 것이었다. 그러나 이러한 주장은 미군과 소련군에 의한 한반도 분할점령을 단순히 일본군의 무장해제를 위한 잠정적 조처로만 생각한 안이한 판단에

---

54) 古下先生傳記編纂委員會 編,『古下宋鎭禹先生傳』, 東亞日報社出版局, 1965, pp.311~316; 李相敦,「눈부신 政治工作, 쓰러진 巨木」,《新東亞》1977년8월호, pp.124~125.
55) 趙擎韓,『白岡回顧錄 國外篇』, 韓國宗敎協議會, 1979, p.367.

따른 것이었다.[56] 제2항과 제3항에서는 건준의 여러 가지 실책과 분열상을 구체적으로 들어 비판했다. 제4항은 인민공화국 선포의 부당성에 대한 규탄이었다. 「성명서」는 다음과 같이 성토했다.

그들은 이제 반역적인 소위 인민대회란 것을 개최하고 조선인민공화국 정부란 것을 조직하였다고 발표하였다. 가소롭다하기에는 너무도 사태가 중대하다. 출석도 않고 동의도 않은 국내 지명인사의 이름을 도용한 것은 말할 것도 없고, 해외 우리 정부의 엄연한 주석, 부주석, 영수되는 제영웅의 이름들을 자기의 어깨에다 같이 놓아 모모위원 운운한 것은 인심을 현혹하고 질서를 교란한 죄, 실로 만사[萬死: 아무리 하여도 목숨을 건질 수 없음]에 해당한다.···

이때는 아직 인민공화국의 각료 명단이 발표되기 전이었으므로, 위와 같은 규탄은 이승만과 김구 등 임시정부 요인들이나 조만식, 김성수, 김병로 등 국내인사들의 이름이 인민위원 명단에 포함된 것을 두고 하는 말이었다. 좌익인사들이 중경임시정부를 우리 정부로 인정할 수 없다고 하는 데 대해서는 다음과 같은 말로 반박했다.

오호라 사도(邪徒)여, 그대들은 현 대한임시정부의 요인이 기미 독립운동 당시의 임시정부의 요인들이었으며, 그 뒤 상해사변, 중일전쟁, 태평양전쟁 발발 후 중국 국민당정부와 미국정부의 지지를 받아 중경, 워싱턴, 사이판, 오키나와 등지를 전전하여 지금에 이른 사실을 모르느냐. 동 정부가 카이로회담의 3거두로부터 승인되고 샌프란시스코 회의에 대표를 파견한 사실을 그대들은 왜 일부러 은폐하려 하는가?

---

56) 許政, 앞의 책, p.103.

임시정부가 사이판과 오키나와 등지를 전전하고 카이로회담의 3거두로부터 승인되었다는 말은 물론 사실이 아니다. 그러나 임시정부에 대한 한민당의 이러한 과장된 선전은 일반국민들의 임시정부에 대한 기대를 실제 이상으로 크게 갖게 한 것은 말할 나위도 없다. 그리고 그것은 바로 좌우대립의 치열한 논쟁점이 되었다.

「성명서」는 마지막으로 여운형 등이 지난날 다음과 같은 친일행동을 했다고 신랄하게 고발하고 있어서 눈길을 끈다.

> 저명인사의 이름을 빌려다 자기 위세를 보이려는 도배야. 일찍이 그대들은 고이소 쿠니아키(小磯國昭) 총독관저에서 합법운동을 일으키려다 잠꼬대라고 웃음을 샀던 도배이며, 해운대 온천에서 일인 마나베(眞鍋) 아무개와 조선의 라우렐(Jose P. Laurel)이 될 것을 꿈꾸던 도배이며, 일본의 압박이 소멸되자 정무총감, 경기도 경찰부장으로부터 치안유지 협력의 위촉을 받고 피를 흘리지 않고 정권을 탈취하겠다는 야망을 가지고 나선 일본제국의 주구들이다.[57]

이러한 주장은 여운형 그룹이 친일행위자들임을 강조한 것이었다. 한민당의 주장에 따르면, 여운형은 1944년 2월쯤에 고이소 총독을 통하여 흥아동맹(興亞同盟)이라는 정치단체를 조직하려고 13도 대표 한 사람씩을 뽑아 총독관저에서 성대한 만찬회를 열었다. 참석자들은 경기도의 공진항(孔鎭恒), 함경북도의 김기도(金基道), 전라남도의 고경흠 등 여나믄명이었는데, 이 일을 주선한 사람이 고이소의 개인비서인 마나베였다. 그러나 이 일은 본국에 다녀온 다나카(田中) 정무총감의 단호한 반대로 성사되지 못했다. 또한 여운형은 일본의 어용학자 오카와 슈메이(大川周明)와 상통하여 해운대 온천 등지에서 이른바 황민화운동(皇民化運動)

---

57) 李革 編, 앞의 책, pp.46~50.

을 일으키기로 한 사실이 당시의 《경성일보(京城日報)》에 보도되기도 했다는 것이었다.

「성명서」는 끝으로 인민공화국에 대한 선전포고와 함께 국민에게 자기들이 벌이는 "민족적 일대운동"에 동참할 것을 촉구했다.

> 우리는 장구히 방약무인한 민심혼란의 광태를 묵인할 수는 없다. 정부를 참칭하고 광복의 영웅을 모욕하는 군등의 행위는 좌시할 수 없다. 우리의 정의의 쾌도는 파사현정(破邪顯正)의 대의거를 단행할 것이다. 3천만 민중이여 제군은 이 같은 도배들의 반역적 언동에 현혹치 말고 민중의 진정한 의사를 대표한 우리의 주의에 공명하여, 민족적 일대운동을 전개하지 않으려는가.[58]

이 「성명서」에서 눈에 띄는 것은 공격의 주된 대상으로 여운형을 지목하고 있는 점이다. 인민공화국을 결성한 것도 건준의 실패에 따른 "반역적인" 기만행위라는 것이었다. 그러고는 그들의 지난날의 친일행적을 들면서 "일본제국의 주구들"이라고 극언했다. 이에 비하여 정작 인민공화국 수립을 주도한 박헌영이나 재건파공산당에 대해서는 「성명서」는 지목하여 비난하지 않았다. 인민공화국의 수립이 박헌영 그룹의 우격다짐에 의한 것이라는 사실을 모르지 않았을 한민당으로서는 다분히 정략적인 고려를 한 것이었다.

여운형의 친일행위에 대해서는 공산당 내부에서도 문제제기가 있었다. 이 무렵에 작성된 한 문서는 일본이 중국침략전쟁을 개시한 때부터 8·15해방까지가 조선혁명자에게는 일제와의 투쟁의식상의 시험기였는데, 이 기간에 여운형은 "일제와의 투쟁의식이 연약하였고, 그의 태도는 정확하지 못하였다"고 비판했다. 그러면서 이 문서는 1931년 이래의 여

---

58) 韓國民主黨宣傳部, 『韓國民主黨小史』, 1945, 沈之淵, 『韓國現代政黨論(韓國民主黨研究Ⅱ)』, 創作과批評社, 1984, pp.272~273.

운형의 행적을 그 실례로 들었다. 첫째로 1931년에 대전형무소에서 옥중 생활을 할 때에 적의 상장을 타고 형기를 마치기 전에 가출옥한 것, 둘째로 출옥하자 즉시 조선중앙일보사(朝鮮中央日報社) 사장이 되어 조선총독부와의 왕래가 빈번했던 것, 셋째로 1937년에 중일전쟁이 발발한 이후로 일본 내왕이 있을 뿐만 아니라 일본에 있는 아세아협회(亞細亞協會) 특무기관 인물들과 접촉이 빈번했던 것, 넷째로 독소전쟁과 태평양전쟁이 개시된 뒤 공개적으로 일본 도쿄의 야마토주쿠(大和塾)에 가 있었고, 학도지원병 권고문을 발표한 것, 다섯째로 조선총독부와 밀접한 관계로 감옥에 있는 사회주의자를 전향시켜 석방하는 운동을 감행하여 투쟁의식이 미약한 혁명자를 타락적 경향에 빠지게 한 것[보기 김태준(金台俊)] 등을 들었다. 이 문건은 결론으로 다음과 같이 주장했다.

이상에 말한 여러 가지 사실에 비추어 볼 때에 여씨는 신조선건설에 참가할 지도인물의 자격은 도저히 언급할 수 없을까 하며, 특히 친일분자의 소멸을 당면적 정치투쟁 구호로 (내세우는) 우리로서 아름답지 못한 여씨의 명단을 신정권 지도인물로 제출하게 된다면 그는 반동진영에 구실만 줄 뿐 아니라 친일분자 소멸투쟁에 불리한 영향을 미칠 것은 명약관화한 일인가 한다.…[59]

이 문서가 공산당 내부의 어느 그룹에 의하여 작성되었는지, 그리고 그러한 문제제기가 당내에서 얼마나 심각하게 토론되었는지는 확실하지 않다.

---

59) 「呂運亨氏에 關하야」, 翰林大學校아시아文化研究所 編, 『朝鮮共産黨文件資料集(1945~46)』, 翰林大學校出版部, 1993, pp.227~228.

4. 사흘 만에 취소된 총독부존치 계획

1

하지 사령관이 탄 캐톡틴 호(*USS Catoctin*)를 비롯한 스물한척의 군함에 분승한 제24군단 장병들은 9월5일에 태풍 속의 오키나와를 출발하여 9월8일 새벽에 인천항에 입항했다. 상륙일은 7일로 예정되어 있었으나, 태풍 때문에 하루가 지연되었다. 이때에 생뚱맞은 일이 벌어졌다. 여운형이 파견한 백상규, 여운홍(呂運弘), 조한용(趙漢用) 세 사람이 캐톡틴 호 함상에 올라와서 하지 장군과의 면담을 요청한 것이다. 백상규는 미국의 명문 브라운대학교(Brown University) 졸업생이었고, 여운형의 동생 여운홍은 오하이오주의 우스터대학(College of Wooster) 졸업생이었다. 조한용은 여운형의 가장 가까운 측근의 한 사람이었다. 여운형은 조선총독부의 일본인들이나 한국인 어느 누구보다도 먼저 하지에게 자신의 뜻을 전하고자 했던 것이다.

그러나 하지는 이들을 만나기를 거부했다. 대신에 제24군단 참모장 가빈(Crump Garvin) 준장이 세 사람을 만났다. 세 사람은 가빈 준장에게 여운형의 편지를 전했다. 이만규는 여운형의 편지 내용은 조선인민공화국을 대표하여 하지 사령관과 연합국 장병에게 감사의 뜻을 표명하고 "인민공화국은 조선 전 민족, 해내 해외의 각계각층의 대표를 망라한 전국인민대표대회에서 선출된 인민위원 50명에 의하여 그 지도부를 구성한 조선민족의 통일적 공화국"임을 알리는 것이었다고 기술했다.[60] 그러나 여운홍과 조한용은 뒷날 자신들은 9월5일부터 사흘 동안 바다 위에서 지냈으므로 인민공화국이 선포된 사실을 몰랐다고 술회했다. 조한용에 따르면, 가빈 참모장은 소련군의 동태, 공산주의자들의 활동상황, 발

---

60) 李萬珪, 앞의 책, pp.237~238.

전소의 현황, 건준의 성격 등에 대하여 자세히 물었고, 자신들은 열심히 설명했다. 그러나 건준에 대한 설명에 대해서는 가빈은 고개를 갸웃거리며 회의적인 반응을 보였는데, 그 이유는 자기들이 인민공화국의 성립에 대하여 알지 못했기 때문이었던 것 같다고 술회했다.[61]

　　미군의 정보기록도 비슷하게 기술했다. 「G-2 일일보고(G-2 Periodic Report)」는 세 사람은 임시한국위원회(the Provisional Korean Commission)의 대표라고 말했다고 했다. 세 사람은 건준을 그렇게 간략하게 표기한 것이었다.[62] 세 사람은 미군 참모들에게 망명 한국정부 가운데 어느 것을 승인해야 될 것인지 어떤지를 묻고, 자기들은 미 군정부를 인정한다고 말하면서 미 군정부와 한국 민중 사이에서 연락 역할을 하겠다고 제의했다. 세 사람은 또 미군 참모들에게 "성실하고 믿을 수 있는" 한국인 17명과 "친일파" 14명의 이름이 적힌 명부를 수교했는데, 그것은 여운형과 그의 측근들이 그토록 모험적으로 하지를 면담하려고 기도한 진정한 목적이 무엇이었는가를 짐작하게 한다. "믿을 수 있는" 한국인 명부에는 여운형 다음으로 자신들의 이름이 여운형의 다른 측근들인 이만규, 황진남(黃鎭南), 이임수(李林洙)와 함께 열거되어 있고, 안재홍, 김성수, 조만식, 김창숙, 장덕수, 구자옥 등 우파 인사들도 포함되어 있었다. 그러나 흥미롭게도 공산당 인사들의 이름은 빠져 있다. 그리고 "친일파" 명부에는 윤치호(尹致昊), 박중양(朴重陽), 한상룡(韓相龍) 등 일본인들로부터 작위를 받은 사람들과 김연수(金秊洙), 박흥식(朴興植) 등 기업가, 신흥우(申興雨), 양주삼(梁柱三) 등 기독교계 지도자, 조선총독부 고위관리 등이 열거되어 있었다.[63]

　　그러나 세 사람이 전달한 여운형의 편지와 그들이 제출한 두가지 명단은 미국인들의 관심의 대상이 되지 않았다. 결국 이 여운형의 특사 해

61) 서울新聞社 編, 앞의 책, p.32.
62) 呂運弘, 앞의 책, p.165.
63) G-2 Periodic Report, No.1, 『駐韓美軍情報日誌(1)』 翰林大學아시아文化硏究所, 1988, pp.2~3.

프닝은 "그들의 놀라운 기회주의를 드러내 보이는 것이며, 새로운 미국 체제에 영합하려는 우스꽝스러운 시도였다"[64]라고 평가되었다. 하지는 뒷날 기자들에게 백상규는 이때에 자기에게 새 정부의 재무장관 자리를 원했다고 말했다.[65]

인천부두에서는 상륙하는 미군 병사들을 환영하려고 몰려나온 한국 인들과 검은 외투를 입고 무장을 갖춘 일본특별경비대 사이에 충돌이 벌어져, 일본경찰의 발포로 두 사람이 즉사하고 10여명이 중경상을 입는 불상사가 발생했다. 사망자는 인천지역 노동조합 위원장 권평근(權平根)과 보안대원 이석우(李錫雨)였다.[66]

하지는 일본군사령관 고즈키에게 미군 상륙 때의 인천항의 경비를 지시하면서 미군의 상륙작전에 방해가 될지 모른다는 이유로 한국인들의 환영시위를 금지하게 했었다.[67] 그러나 이 뜻밖의 사고는 일반국민들의 미군 환영 분위기를 급격히 냉각시켰다.

이튿날 기차와 트럭으로 서울로 이송된 미군이 서울역에서 총독부까지 열을 지어 행진하는 동안 시가지는 조용했다. 승리의 시위도, 환영하는 인파도 없었다. 중심가에는 일본경찰이 늘어서 있어서 한국인들은 환영을 표시할 엄두도 내지 못했다. 하늘에는 미군기가 굉음을 내면서 시위 비행을 했다.[68]

인천부두에 미 제24군단 병사들이 상륙하고 있는 시간인 9월8일 오후 3시부터 계동 홍증식(洪璔植)의 집에서는 공산주의운동자 60여명이 모여 열성자대회를 열었다. 인민공화국의 중앙인민위원회 후보위원으로 선출된 안기성(安基成)이 주선한 모임이었다. 그것은 장안파공산당과

64) Bruce Cumings, *The Origins of the Korean War* vol. I., *Liberation and the Emergence of Separate Regimes 1945~1947*, Princeton University Press, 1981, p.140.
65) Michael C. Sandusky, *America's Parallel*, Old Dominion Press, 1983, p.272.
66) 《每日新報》 1945년9월12일자, 「仁川의 事件」, 「兩氏의 市民葬」.
67) 『駐韓美軍史(1)』, p.242; Bruce Cumings, *op. cit.*, pp.137~138.
68) 『駐韓美軍史(1)』, p.243.

재건파공산당의 통합을 위하여 소집된 회의였다. 이 회의에는 박헌영도 재건파공산당의 대표로 참석했다.

박헌영은 인사말에서 "나는 인민공화국을 만들어 내기에 너무나 바빠서 동무들과의 회견이 오늘까지 늦어져서 미안하다"고 말하고,[69] 인민공화국의 설립경위에 대해 다음과 같이 설명했다.

"당면의 가장 긴급히 필요한 문제는 조선 좌익의 통일문제의 해결이다.… 이러한 형편에 지주와 대부르주아지들의 반동적, 반민주주의적 운동은 권모술책을 가지고 좌익 내부에 그 손을 뻗쳐 오고 있는 것이 그 특징이다. 이러한 중요 모멘트에 당하야 만일 좌익이 분열상태로 통일되지 못하는 날에는 그것은 반동세력의 진영을 강화함인 동시에 좌익의 무력(無力)을 폭로하며 전 조선의 인민을 위하야 불행을 가져오는 것이다. 여기에서 우선 행동의 통일을 위한 콤미씨[협의회]가 성립되었고, 이 콤미씨는 최대한도의 포용력을 발휘하야 각 단체, 각 파벌, 각 계급에 접근하야 신교(信敎)와 성별을 초월하고서 가장 넓은 범위의 통일민족전선을 결성하기에 노력한 결과로 '조선인민공화국'을 건설하기에 노력하였다. 또한 인민중앙위원회를 선거 발표한 것이었다. 이것은 확실히 우리 좌익통일의 큰 성공인 것이 틀림없는 것이다.…"[70]

이러한 말은 박헌영이 인민공화국의 조직을 서둔 큰 이유가 좌익진영의 통괄 필요성 때문이었음을 말해 준다. 그것은 장안파공산당에 대한 압박이었다.

마지막으로 박헌영은 재건되는 조선공산당은 "지하운동의 혁명적 공산주의자 그룹들과 출감한 전투적 동지들이 중심이 되고", "과거의 파벌 두령이나 운동을 휴식한 분자는 아무리 명성이 높다 해도 이번 중앙에는 들어올 자격이 없다"라고 단호하게 못 박았다.[71]

---

69) 鄭禧泳, 「朴憲永同志에게 書簡」, 『朝鮮共産黨文件資料集(1945~46)』, p.90.
70) 《해방일보》 1945년9월25일자, 「熱誠者大會의 經過: 分裂派의 行動을 批判하자」.
71) 위와 같음.

장안파공산당 인사들의 드센 반발이 있었으나 회의는 재건위원회쪽의 의도대로 진행되어, 장안파공산당 일부의 격렬한 반대 속에서 다음과 같은 내용의 결의안이 채택되었다. (1) 당 건설에 대한 박헌영의 견해를 지지하고, (2) 당중앙의 선출에서 노동자 농민의 기초조직을 가진 공산주의 각 그룹과 연락하여 협의하되, 그 연락은 박헌영에게 일임하며, (3) 당이 건설된 뒤 당의 기본강령과 전략전술을 규정하기 위하여 빠른 시일 안에 당대회를 소집하도록 힘쓰며, 당면 과업의 수행을 위한 「행동강령」을 속히 작성하여 발표한다는 것이었다.[72] 이영(李英), 정백, 최익한(崔益翰), 이청원(李淸源) 등 장안파는 이 회의의 불법성을 들어 결의안 채택을 반대했다. 그러나 열성자대회를 자신들의 의사대로 강행한 재건위원회는 9월11일에 조선공산당이 통일 재건되었다고 선포했다.[73]

　　공산당의 열성자대회가 열리고 있는 시간에 같은 계동의 건준본부 회의실에서는 인민공화국의 중앙인민위원회 제1차 회의가 열렸다. 참석한 위원은 37명이었다. 이강국(李康國)의 개회선언에 이어 임시집행부 선거에 들어가서 의장에 이만규, 서기에 정태식(鄭泰植)을 선출했다. 경과보고는 정태식이 했는데, 그는 이틀 전의 전국인민대표대회는 건준의 조직을 최대한 동원하고, 또 해외의 여러 동지들과도 힘을 다하여 연락한 결과 "다수의 해외대표와 해외장병단 ○○명의 참가를 얻어" 인민대표대회가 열렸다고 엉터리 보고를 했다. 가장 중요한 사안은 인민공화국의 부서문제였다. 각료를 뜻하는 각 부서의 책임위원 선거는 위원장 여운형과 부위원장 허헌에게 위임하고, 1주일 뒤에 발표하기로 했다. 그리고 각 기관 접수 임시위원 선출은 여운형, 허헌 및 치안부장 최용달 세 사람에게 일임했다. 이어 「선언」과 「정강」을 발표해야 한다는 이강국의 동의가 채택되어 이강국, 박문규, 정태식 세 사람을 기초위원으로 지명했다.[74]

---

72) 《해방일보》 1945년10월18일자, 「我田引水格의 排擊: 熱誠者大會의 經過報告(下)」.
73) 《해방일보》 1945년9월19일자, 「朝鮮共産黨은 마침내 統一再建되었다」.
74) 《每日新報》 1945년9월9일자, 「人民共和國委員會開催의 經路」; 李萬珪, 앞의 책, p.203.

　서울에 진주한 미군은 반도호텔에 임시사령부를 설치하고 조선호텔을 고급장교 숙소로 정했다. 일본군의 항복조인식은 9월9일 오후 3시45분에 조선총독부 제1회의실에서 거행되었다. 일본쪽에서는 제17방면군 사령관 고즈키 요시오, 진해경비사령관 야마구치 기사부로(山口儀三郎)와 조선총독 아베 노부유키가 항복문서에 서명하고, 미군을 대표해서 하지 중장과 킨케이드(Thomas C. Kinkaid) 해군대장이 수락서명을 했다. 서명식은 10분밖에 걸리지 않았다. 오후 4시를 기하여 남한 전 지역에서 일장기 게양이 금지되고 사람 눈에 뜨이는 곳에 있는 일장기 및 일장기 표지는 제거하게 했다. 오후 4시30분이 되자 총독부 정문 앞에 게양되어 있는 일장기가 내려지고 성조기가 게양되었다. 총독부 밖을 둘러싼 군중들로부터 일제히 박수소리가 터졌고, 총독부의 일본인 직원들은 고개를

1945년9월9일 조선총독부 제1회의실에서 거행된 일본군의 항복문서 조인식.

떨군 채 눈물을 흘렸다.[75]

　항복조인식이 끝나자 「미국태평양방면 육군총사령부포고 제1호」,
「제2호」, 「제3호」가 함께 공포되었다. 흔히 「맥아더포고」로 통칭되는
「포고 제1호」는 먼저 "일본국 천황과 정부, 그리고 대본영(大本營)을 대
표하여 서명된 항복문서의 조항에 따라 본관 휘하의 전승군은 오늘 북위
38도 이남의 한국지역을 점령한다. 한국 국민의 오랜 동안의 노예상태와
적당한 시기에 한국을 자유롭고 독립되게 한다는 결의를 유념하면서 점
령의 목적은 항복문서의 이행과 한국인들의 개인 및 종교상의 권리를 보
호하는 것임을 확인한다. 이러한 목적을 수행하기 위하여 여러분의 적극
적인 지원과 협력을 요망한다"고 전제하고, "본관은 본관에게 부여된 미
국태평양육군최고사령관의 권한으로 이에 북위 38도 이남의 한국지역과
그곳 주민에게 군정을 수립한다"라고 선포했다. 그러면서 6개조로 된 점
령 조건을 발표했다. 그것은 북위 38도 이남의 지역 및 이 지역의 주민에
대한 행정권은 당분간 자신의 권한하에서 시행하고(제1조), 정부, 공공단
체 및 명예단체의 모든 직원과 고용원, 공공복지 및 공중위생을 포함한
모든 공공시설 및 공공사업에 종사하는 임원과 고용원, 그리고 다른 중
요한 직업에 종사하는 모든 사람은 별명이 없는 한 종래의 직무에 종사
하고, 또한 일체의 기록과 재산을 보관하는 데 힘써야 하며(제2조), 점령
군에 대한 적대행위나 치안교란행위를 하는 자는 엄벌에 처하고(제3조),
주민의 소유권은 존중된다(제4조)고 했다. 가장 논란이 된 것은 군정기
간 중 영어를 모든 목적에 사용하는 공용어로 하고, 영어문장과 한국어
또는 일본어 문장 사이에 해석이나 정의에 불명료한 점이나 차이가 있을
경우에는 영어문장을 기본으로 한다고 한 조항(제5조)이었다. 「맥아더포
고 제1호」는 마지막으로 앞으로의 포고, 법령, 규약, 고시, 지령 또는 조례
등은 자신 또는 자신의 권한 아래서 발포될 것이며, 한국 국민들이 이행

---

75) 森田芳夫, 앞의 책, pp.279~282; C. L. Hoag, op. cit., p.140.

해야 할 사항을 명기하게 될 것이라고 밝혔다(제6조). 「포고 제2호」는 범죄자 처벌에 관한 내용이었고, 「포고 제3호」는 통화(通貨)에 관한 것이었다.[76] 「맥아더포고」는 1945년 9월7일자로 되어 있는데, 그것은 그날을 상륙일로 예정하고 있었기 때문이다. 포고문은 전국의 주요 거리에 나붙었다.

북위 38도선 이남의 한국에 군정을 실시한다고 선포한 「맥아더포고」는, 영어를 공용어로 한다는 규정이 단적으로 말해 주듯이, 미국식 법치 개념에 입각한 법률적인 내용이었지만, 해방의 흥분 속에서 당장 독립정부가 수립될 것으로 기대하고 있는 대부분의 한국인들에게는 점령자의 위압적인 선언으로 받아들여졌다. 그리고 그것은 "조선사람들이여, 기억하라! 행복은 당신들의 수중에 있다"라고 하면서 한국인들의 자존심을 한껏 고무한 치스차코프(Ivan M. Chistiakov) 소련군사령관의 정치적인 포고문 내용과는 좋은 대조를 이루는 것이었다. 실제로 북한당국은 두 포고문을 대비하면서 미국을 비방하는 자료로 이용했다.[77]

「맥아더포고」의 발표에 이어 하지도 한국인에게 고하는 성명을 발표했다. 성명은 일본군의 항복조건을 실시하기 위하여 법률과 질서를 유지하는 동시에 한국의 경제상태를 향상시키고, 인민의 생명과 재산을 보호하며, "그 밖에 국제법에 의하여 점령군에게 주어진 제 의무를 이행한다"고 선포했다. 그것은 원칙적으로 해방국이 아니라 패전국에 대한 국제법상의 권리를 강조한 것이었다. 하지는 이어 "나의 지휘 아래 있는 여러분은 연합국 최고사령관의 명령에 따라 발하는 나의 제 명령을 엄숙히 지키라"고 말했다. 그것을 지키는 이상은 "공포의 염"을 가질 필요는 없다고 말하고, 그러나 만일 명령을 지키지 않거나 미국 군인을 해치거나 혼란을

76) "Proclamation No.1 by General of the Army Douglas MacArthur," *FRUS 1945*, vol.Ⅵ., pp.1043~1044;《每日新報》1945년9월10일자,「美軍總司令官佈告」.
77) 朝鮮中央通信社,「朝鮮中央年鑑 1950年版」, 朝鮮中央通信社, 1950, pp.19~22;「북조선로동당 제2차 전당대회 회의록」, 國土統一院 編,「朝鮮勞動黨資料集(第一輯)」, 國土統一院, 1980, pp.129~130.

야기하는 일이 있으면 "즉시 적당하다고 생각되는 조치를 취할 것"이라고 으름장을 놓았다. 그러고는 항복조건을 이행하기 위하여 우선 "현행 정부의 기구를 이용할 필요"가 있으므로 자신의 지휘 아래 있는 관리의 명령에 복종하라고 말했다.[78] 하지의 이러한 성명은 「맥아더포고 제1호」를 설명한 것이었지만, 그 문면은 훨씬 더 위압적이었다.

하지는 이어 기자회견을 갖고, 행정의 편의와 질서 있는 정부 이양을 위해 아베 총독 이하 총독부의 일본관리들을 당분간 유임시켰다고 발표했다. 제24군단 참모장 가빈 장군의 설명으로는, 아베 총독의 지위는 일본에서의 천황과 같다는 것이었다.[79]

일본인 관리들의 유임사실이 알려지자 국민들은 격분했다. 당연히 항의시위가 잇달았다. 엎친 데 덮친 격으로 이날 저녁에 서울 성북경찰서를 접수한 연희전문학생 안기창(安其昌), 이인제(李仁濟) 두 학도대원이 일본경찰의 발포로 즉사하고 세 사람이 부상하는 사건이 발생했다. 이튿날에도 용산지구에서 일본경찰의 발포로 동양의전 학생 학도대원 신성문(申成文)이 숨졌다.[80]

일본인 관리의 유임에 대한 한국 국민들의 격렬한 반응은 《뉴욕타임스(The New York Times)》에 자세히 보도되었고, 상황의 심각성을 우려한 미국정부는 재빨리 하지의 명령을 취소시키는 조치를 취했다. 9월10일에 3부조정위원회(State-War-Navy Coordinating Committee: SWNCC)와 합동참모본부의 승인을 거쳐 9월11일에 합동참모본부는 맥아더에게 다음과 같이 훈령했다.

주한미군사령관이 한국에서 일본인 총독과 그 밖의 일본인 관리를 잠정적으로 그 직위에 유임시키기로 결정했다는 최근의 보도는 바

---

78) 《每日新報》 1945년9월10일자 「號外」, 「핫지將軍의 聲明」.
79) 『駐韓美軍史(1)』, pp.252~253.
80) 《每日新報》 1945년9월12일자, 「無道한 日本警官隊, 學徒隊員들을 殺害」.

람직스럽지 못한 평판을 초래했다. 보도가 사실이라고 하더라도, 3부 조정위원회는 아래에 거명하는 일본인 관리들의 업무수행이 전문능력이라는 이유에서 꼭 필요하다고는 보지 않는다. 정치적인 이유에서 귀관은 아베 총독, 총독부의 각 국장, 각도의 도지사와 경찰 책임자를 즉각 해임할 것을 권고한다. 나아가 귀관은 그 밖의 일본인 및 대일협력 한국인 관리들의 해임을 추진해야 할 것이다.[81]

이 훈령에 따라 하지는 9월12일에 아베 노부유키 총독과 니시히로 타다오(西廣忠雄) 경무국장을 해임했다. 그리고 9월14일에는 정무총감 엔도 류사쿠를 비롯한 총독부 국장들을 모두 해임했다.[82] 하지는 9월12일부로 제24군단 제7사단장 아널드(Archibald V. Arnold) 소장을 군정장관으로 임명하고 해임된 아베 총독의 직무는 군정장관이 수행한다고 발표했다. 경무국장으로는 미군헌병대장 시크(Lawrence Schik) 준장을 새로 임명했다.[83] 일본총독의 해임으로 미군 정책에 대한

1945년9월12일에 초대 군정장관으로 임명된 미 제24군단 제7사단장 아널드 소장.

---

81) "Memorandum by the Acting Chairman of the State-War-Navy Coordinating Committee", Sept. 10, 1945, *FRUS 1945*, vol. Ⅵ., p.1044.
82) 『駐韓美軍史(1)』, p.255.
83) 《每日新報》 1945년9월13일자, 「朝鮮軍政長官 아놀드小將」.

한국인들의 격심한 반발은 무르춤해졌다.

그러나 그것으로 한국의 상황에 대한 미국정부의 우려가 완전히 해소된 것은 아니었다. 애치슨(Dean Acheson) 국무차관은 9월14일에 트루먼 대통령에게 하지 사령관이 총독부 관리들을 잠정적으로 유임시킨 것은 한국과 미국 양쪽에서 바람직스럽지 못한 반응을 일으켰다면서 대통령이 정부의 의지를 밝히는 공식 성명을 발표할 것을 건의했다. 트루먼은 이 건의를 받아들여 9월18일에 한국에 관한 특별성명을 발표했다. 트루먼의 성명은 한국의 옛 수도 서울에서 일본군이 항복한 것은 "자유를 사랑하는 영웅적 국민의 해방을 뜻하는 것"이라고 천명한 다음, 그러나 "한국인들 스스로 자유롭고 독립된 민족으로서의 책임과 기능을 감당하고 한국의 경제적 및 정치적 생활에 대한 일본 지배의 모든 잔재를 제거하는 일은 응당 시간과 인내가 필요"하고, "목표는 명백히 보이지만 그것을 조속히 달성하기 위해서는 한국 국민들과 연합국의 공동노력이 필요하다"고 강조했다.[84]

귀국을 위하여 국무부를 상대로 여권발급 교섭을 벌이고 있던 이승만은 이 성명을 보자 그날로 트루먼에게 전보를 쳤다.

경애하는 대통령 각하, 저는 우리나라와 우리나라의 장래에 대하여 오늘 백악관이 발표한 성명을 접하고 전 한국인이 느꼈을 말할 수 없는 기쁨과 안도를 무엇이라고 각하에게 전해야 할지 모르겠습니다. 경애하는 대통령 각하, 각하께서는 인간의 자유와 민주주의의 이상에 대한 각하의 의지를 충분히 보여주셨습니다. 각하의 이름과 각하의 성실성은 한국인들에게 영원히 기억될 것입니다.[85]

---

84) "Draft Statement Prepared for President Truman", Sept. 18, 1945, *FRUS 1945*, vol. Ⅵ., p.1048.
85) Rhee to Truman, Sept. 18, 1945, *FRUS 1945*, vol. Ⅵ., p.1048, fn.,69.

진주군과 함께 고국땅을 밟고자 했던 희망이 무산된 상황에서 또다시 트루먼에게 이러한 전보를 쳐야 했던 이승만은 치미는 울화를 삭이기가 여간 곤욕스럽지 않았을 것이다.

75장

조선인민공화국의 주석과 내무부장

1. "불만 댕기면 당장 폭발할 화약통"

1

한국은 태평양 방면에서 미군 점령 아래 군정이 실시된 나라 가운데 사전연구와 준비가 없었던 유일한 중요지역이었다.[1] 남한의 군정 실시와 관련한 3부(국무·전쟁·해군) 조정위원회(SWNCC)의 「초기기본지령」이 도쿄(東京)의 맥아더 태평양 방면 미군최고사령관에게 통달된 것은 전쟁이 끝나고 두달이나 지나고, 그리고 한국에 미군이 진주하고도 한달도 더 지난 10월17일이었다. 그리하여 하지(John R. Hodge) 주한미군사령관에게는 한국은 카이로선언에 따라 "적당한 시기에" 독립될 것이라는 것과 당분간 남한에 군정을 실시한다고 선포한 「맥아더포고 제1호」가 점령정책의 유일한 기본지침이었다. 하지 자신은 뒷날 "무엇보다 필요한 것은 임기응변과 이니시어티브와 양키적 창의성이었다"라고 회고했다.[2]

하지 사령관은 이때에 쉰두살이었다. 그는 미군이 접수한 반도호텔의 침실이 딸린 별도의 집무실을 사용했다. 그는 사람들과 어울리는 것을 좋아하지 않고, 저녁에는 일을 하거나 자료를 읽는 것을 더 좋아했다. 곧 잘 밤늦게까지 일을 하여 한국에 관한 것이면 누가 쓴 것이든지 한자 빠트리지 않고 다 읽는다는 평판을 얻었다.[3]

미국의 대한정책은 제2차 세계대전 기간에 지구 규모로 확대된 미국의 국제정치적 위상과 경제 규모에 따른 안전보장과 국가이익의 차원에서 검토되었다. 그리하여 미 군정부의 점령정책의 기본방침은 "질서정연

---

1) Philip H. Taylor, "Military Government Experience in Korea", Carl J. Friedrich et al., *American Experiences in Military Government in World War Ⅱ*, Rinehart & Company, Inc., 1948, p.355.

2) John R. Hodge, "With the U. S. Army in Korea", *The National Geographic Magazine*, Jun. 1947, p.833, 崔相龍, 『美軍政과 韓國民族主義』, 나남, 1988, p.62.

3) Michael C. Sandusky, *America's Parallel*, p.290.

하고, 효과적으로 운영되고, 그리고 정치적으로 우호적인 한국"을 건설하는 것이라고 할 수 있었다.[4] 정치적으로 우호적인 한국의 건설이란, 종전의 시점에 이르러서야 서둘러 북위 38도선 이남의 한국을 미군이 점령하기로 결정한 사실이 시사하듯이, 한반도에 "공산주의에 대한 방파제"를 구축하는 것이었다.[5]

진주한 미군 간부들이 먼저 접촉한 한국인들은 영어가 능숙한 우파 민족주의자들이었다. 그들은 거의가 미국에 유학했던 한국민주당(이하 한민당) 관계자들이었다. 일본군의 항복조인식이 있은 다음 날인 9월10일 저녁에 요정 명월관(明月館)에서 한국기자단 주최로 미국종군기자단과 미 군정부의 공보관계자들을 위한 만찬회가 열렸는데, 이 자리에서 《코리아타임스(The Korea Times)》의 주간 이묘묵(李卯默)이 유창한 영어로 연설을 했다. 매사추세츠주의 보스턴대학교(Boston University)에서 철학박사학위를 받고 귀국하여 연희전문학교의 교수로 재직했던 이묘묵은 수양동우회(修養同友會)사건 때에는 수감되기도 했다. 이묘묵은 미군 진주에 맞추어 백낙준(白樂濬), 하경덕(河敬德) 등과 같이 9월5일자로 영자신문 《코리아타임스》를 창간했다. 그는 연설에서 진주군이 당면한 기본문제는 법과 질서의 유지, 식량과 연료의 확보, 일본인 재산 처리, 인플레이션, 재일한국인, 공산주의자들의 활동이라고 말했다. 이 연설문은 하지에게도 전해졌다.[6]

이튿날 오후에 하지는 기자회견을 갖고 미 군정부의 시정방침에 대한 기자들의 질문을 받았다. 그는 먼저 "나는 군사 방면의 일만 해왔으므로 그 밖의 문제에 대해서는 대답할 수 없는 것이 있을지 모른다"라고 전제한 다음, 미 군정부의 기본적인 시정방침은 「맥아더포고」의 제1호, 제2호,

---

4) 『駐韓美軍史(3)』, p.66.
5) E. Grant Meade, *American Military Government in Korea*, Kings Crown Press, Columbia University, 1951, p.52.
6) 『駐韓美軍史(1)』, pp.253~254.

제3호에 표명되어 있다고 강조했다. 그는 "카이로선언에 한국의 독립은 곧 되는 것이 아니고 적당한 시기가 도래한 뒤라야 되리라고 했다"고 말하고, 그 "적당한 시기"란 한국 안에 치안이 잘되고 못되는 데 달렸다고 주장했다. 그리고 앞으로 수립될 한국정부는 "근본적으로 민주주의에 입각한 정부로서 한국백성을 위하고, 한국백성으로 되는 정부"라야 한다고 링컨의 말을 인용하여 민주주의 정부수립의 당위성을 강조했다.

하지는 이어 잠정적 방법으로 현존하는 행정기관을 이용한다고 말하고, 그것은 공장원이 새로운 기계가 설치될 때까지 기존의 기계를 이용하는 것과 마찬가지라고 비유해서 설명했다. 그러므로 「맥아더포고 제1호」에 규정되어 있는 대로 모든 관리는 종전대로 직무를 계속 수행해야 하며, 그것을 준수하는 것이 "신생 한국의 첫 출발이며 다음 출발의 기반이 된다"고 강조했다. 하지는 끝으로 현재 한국에는 많은 정당과 단체들이 조직되었는데 그 가운데는 자기에게 면회를 요청하는 사람이 많다면서, 한국인들의 의견을 듣기 위해 각 정당과 문화단체의 대표들을 만나겠다고 밝혔다.[7]

하지는 이날의 기자회견과 라디오방송을 통하여 9월12일 오후 2시50분에 부민관[府民館: 지금의 서울시의회 의사당]으로 정당 및 문화단체 대표 두 사람씩을 초청한다고 발표했다. 미군 당국은 8·15해방 이후에 우후죽순처럼 생겨난 정당들이 33개쯤 되는 것으로 파악했다. 그러나 지정된 시간이 다 되도록 참석자들의 접수가 계속되어 미처 등록하지 못한 사람들은 그냥 입장시킬 수밖에 없었다. 그리하여 참석자는 무려 1,200명이 넘었다.

하지는 오후 2시40분에 연단에 나타났다. 그는 아베 노부유키(阿部信行) 총독 사무실에 가서 아베의 해임을 통고하고 오는 길이었다. 하지는 먼저 자기는 농촌에서 나서 자란 '보통사람'이라고 말하고, 태평양전

---

7) 《每日新報》 1945년9월12일자, 「하지軍司令官記者會見談」.

쟁 때에 했던 일을 대충 설명했다. 청중으로부터 갈채가 터져 나왔다. 하지는 자기는 군인이지 외교관이 아니므로 한국에 대한 연합국의 계획의 전부는 알지 못하지만 그 자신의 임무는 확실하게 말할 수 있다면서, 그것은 일본인들의 항복을 접수하고 법과 질서를 유지하는 것이라고 잘라 말했다. 그는 이어 카이로선언에 대해 다시 언급했다. 카이로선언은 "적당한 시기에" 한국을 독립시키겠다고 약속했지만 독립은 하루 이틀에 되는 것도 아니고 몇주일 안에 되는 것도 아니라 시일이 좀 걸릴 것이라고 강조했다. 그러므로 너무 성급한 행동은 "여러분이 원치 않는" 혼란과 파국을 초래할 수 있다고 경고했다. 그는 "미국도 독립이 완성되기까지에는 수십년이 걸렸다"고 덧붙였다. 그러자 박수갈채가 눈에 띄게 사라졌다.

하지는 한국 지도자들의 협조를 당부하고, 청년들은 시위를 자제할 것을 촉구했다. 그는 맥아더 장군이 언론과 출판과 종교의 자유를 보장한다고 포고했지만, 한국민들이 그것을 남용하지 말기 바란다고 말했다.[8]

하지의 연설이 끝나고 박수소리가 숙지근해지자 한복차림에 갓을 쓴 한 점잖은 노인이 하지에게 태극기를 증정했다. 이어서 조병옥(趙炳玉)이 청중석에서 일어나 영어로 연합국에 대한 감사를 표시했다. 그는 한국의 정치상황이 창피하다고 말하고, 카이로선언과 루스벨트(Franklin D. Roosevelt) 대통령, 「대서양헌장」 등에 대해 언급하고 나서, 한국이 머지않아 강력한 정부를 수립할 수 있도록 미국인들이 도와줄 것으로 믿는다고 말했다. 그는 또한 중경임시정부가 모든 점에서 하지 장군과 잘 협조할 것으로 확신한다고 주장했다.[9] 뒤이어 임영신(任永信)이 일어나서 한국여성을 대표하여 연합국에 감사의 뜻을 전했다.[10] 임영신은 이튿날 결

---

8) HQ, USAFIK, G-2 Periodic Report, no.3(1945.9.13.).
9) 『駐韓美軍史(2)』, pp.8~11.
10) G-2 Periodic Report, no.3(1945.9.13.); 《每日新報》 1945년9월12일자, 「하지中將 各團體 代表에 付託」.

성된 여자국민당(女子國民黨)의 당수로 선출되었다.

이날의 하지의 연설도 이묘묵이 통역했다. 이렇게 하여 이묘묵은 곧 하지의 통역 겸 고문관으로 기용되었다.

주한미군사령부 정보참모부(G-2)의 9월12일자 「G-2정보일 지(제2호)」는 한국 정치단체에 관한 최초의 정보보고서였는데, 한 민당의 조병옥, 윤치영(尹致暎), 윤보선(尹潽善) 세 사람을 만난 일 을 언급하고 있어서 눈길을 끈다. 조병옥은 뉴욕의 컬럼비아대학교 (Columbia University), 윤치영은 뉴저지주의 프린스턴대학교(Princeton University), 윤보선은 영국 스코틀랜드의 에딘버러대학교(Edinburgh University)의 졸업생들이었다. 보고서는 이들과의 면담을 근거로 한 것 이었다. 보고서는 한민당은 많은 사람들이 미국에서 교육받은 고학력의 기업인들과 지역유지들로 구성되어 있다고 말하고, 그들은 미군에 대하 여 다음 세가지를 요망한다고 기술했다.

(1) 어떤 단체를 막론하고 일본인 단체나 한국인 단체의 무장을 해제 할 것. (2) 중경에 있는 한국임시정부를 귀국하도록 초청하는 것을 허락 할 것과, 그러한 조치를 승인하고 편의를 제공할 것. (3) 한국임시정부 관 계자들을 신뢰하고 정보를 제공하며 될 수 있는 대로 많이 그들이 할 수 있는 일을 활용할 것.[11]

이러한 요구는 한민당이 임시정부를 대표하는 정당임을 자처하는 것 이었다. 조병옥의 술회에 따르면, 이때의 한민당 관계자들의 판단은 다음 과 같은 것이었다.

카이로선언과 포츠담선언에 의하여 한국은 곧 독립정부를 수립할 수 있다고 생각했던 한국민주당은 (「맥아더포고」를 보고)… 미군정 에 협력하느냐 그렇지 않으면 반대하느냐 하는 문제로 딜레마에 빠

---

11) G-2 Periodic Report, no.2(1945.9.12.).

지지 않을 수 없었다. 그러나 당시의 국제정세에 비추어 보아 한국은 군정단계의 훈정기(訓政期)를 거치지 않고서는 치안유지를 할 수 없고 또 전 반도의 적화(赤化)를 면치 못할 것이라는 결론을 내려 한국민주당 수뇌부에서 와신상담(臥薪嘗膽)의 격으로 군정에 협력하기로 결정하였던 것이다.[12]

"훈정기"란 정치훈련기라는 뜻으로 손문(孫文)이 「국민정부 건국대강(國民政府建國大綱)」에서 중화민국을 건설하는 기간을 군정시기(軍政時期), 훈정시기(訓政時期), 헌정시기(憲政時期)의 3단계로 설정했던 것을[13] 원용한 개념으로서, 한민당 관계자들은 미 군정기를 독립에 앞선 훈정기가 될 수 있다고 생각한 것이었다.

정보참모부의 보고서는 이어 인민공화국, 건국준비위원회(이하 건준), 공산당 등에 대해서도 언급했다. 그러나 그것은 부정확하거나 매우 왜곡된 내용이었다. 우선 인민공화국과 건준을 혼동했다. 인민공화국은 8월 초에 여운형의 주도 아래 친일협력자 그룹이 조직한 것이라고 기술했다. 일본총독은 여운형에게 전쟁종결에 따라 한반도는 소련군이 단독으로 점령한다고 말하면서 상당한 액수(2,000만엔가량)의 자금지원을 했다는 것이었다. 처음에 인민공화국을 강력히 지지했던 공산주의 동조자들은 미군이 상륙한다는 전단이 뿌려진 뒤로는 공개적인 활동이 줄어들기 시작했다고 했다. 그리고 여운형은 한국인들에게 여러 해 동안 친일협력자이자 정치꾼으로 잘 알려져 있다고 적었다.[14]

건준에 대한 기술은 9월8일 이른 아침에 캐톡틴 호(USS Catoctin)에 올라와서 자신들이 건준의 대표라고 했던 백상규(白象圭), 여운홍(呂運弘), 조한용(趙漢用) 세 사람과의 면담에 근거를 둔 것이었다. 보고서는

---

12) 趙炳玉, 『나의 回顧錄』, 民教社, 1959, p.146.
13) 荊知仁, 『中國立憲史』, 聯經出版事業公司, 1962, pp.358~364.
14) G-2 Periodic Report, no.2(1945.9.12.).

건준의 지도자는 백상규인 것 같다고 적었다. 그들은 자신들의 조직이 전국에 135개 지부가 있고, 민주적 정부형태를 조직하는 것이 자신들의 목적이라고 말했다고 기술했다.[15]

공산당에 대해서는 백상규 일행이나 조병옥 등도 자세히 설명하지 않았던 것 같다. 보고서는 공산당의 존재는 거의 의심이 없으나 누가 지도자인지는 알려져 있지 않다고 기술했다. 그러나 공산당은 모든 정당들 가운데 아마 가장 잘 조직된 정당일지 모른다고 우려를 표명했다.[16]

또한 9월13일자 「G-2정보일지(제3호)」는 국민대회준비회의 서상일(徐相日), 김도연(金度演), 설의식(薛義植), 김동원(金東元), 김용무(金用茂) 등을 만난 사실을 기록했다. 보고서는 이들이 "잘 알려져 있고 존경받는 기업인과 지도자들"이라고 말하고, 한민당은 "일반 한국인 대중을 가장 잘 대표하고 있고, 보수적이고 유능하고 인기 있는 지도자들과 기업인들을 가장 많이 가진 정당"이라고 적었다.[17]

또한 9월14일자 「G-2정보일지(제4호)」는 이승만이 일찍이 한국임시정부의 지도자였다고 설명하고, 대다수의 한국인들이 이승만을 "한국의 손일선(孫逸仙: 孫文)"으로 생각하는 경향이 점점 더 두드러지고 있다고 기술하고 있어서 눈길을 끈다.[18]

이러한 정세보고가 하지 사령관이나 하지의 정치고문 베닝호프(H. Merrell Benninghoff) 상황판단에 영향을 미쳤을 것은 말할 나위도 없다.

---

15) *ibid.*
16) *ibid.*
17) G-2 Periodic Report, no.3(1945.9.13.).
18) G-2 Periodic Report, no.4(1945.9.14.).

2

베닝호프는 미군이 진주한 지 1주일 뒤인 9월15일에 그동안의 상황을 다음과 같이 정리하여 번스(James F. Byrnes) 국무장관에게 보냈다. 그 것은 9월13일에 하지가 맥아더에게 보낸 것과 같은 내용으로서, 미 군정 부 당국의 한국 정치정세 인식과 그것에 따른 독자적인 정책수립 방향을 제시하고 있어서 자세히 검토해볼 필요가 있다.

베닝호프는 한국의 상황은 "불만 댕기면 당장 폭발할 화약통"이라고 설명했다. 한국인들은 카이로선언의 "적당한 시기에(in due course)"라 는 말을 "며칠 안에(in a few days)" 또는 "빠른 시일 안에(very soon)" 라고 이해했고, 따라서 미군 진주 뒤에도 독립이 즉시 실현되지 않는 것이 민중에게 큰 실망을 주고 있다고 지적했다. 그리하여 즉시 독립과 일본인 들의 일소가 실현되지 않는 데 대해 한국인들은 크게 실망한다고 했다. "한국인들의 일본인들에 대한 증오는 믿기지 않으리만큼 격렬하지만, 미 군의 감시가 있는 한 그들이 폭력에 의지하리라고는 여겨지지 않는다"라 고 베닝호프는 썼다.

베닝호프는 아베 총독을 비롯한 조선총독부 국장들을 유임시켰다가 본국정부의 지시에 따라 곧바로 해임한 사실과 관련하여 다음과 같이 설 명했다.

일본인 관리의 해임은 여론의 견지에서는 바람직한 일이기는 하 나 당분간은 실현하기 어렵다. 명목상으로는 그들을 추방할 수 있으 나 실제로는 업무를 계속시킬 수밖에 없다. 정부기관과 공공시설 또 는 언론기관을 막론하고 하급직 말고는 맡길 만한 자격 있는 한국인 이 없다. 그뿐만 아니라 일본인의 비호 아래 고위직에 있던 한국인들 은 친일파로 간주되어 거의 일본인들만큼이나 증오의 대상이 되고 있 다. 현 시점에서 가장 어려운 두가지 문제는 한국인들이 아직도 일본

법령에 따르게 되어 있고, 경무국에서나 일선 경찰관들 사이에서는 사정이 더욱 나쁘다는 점이다. 총독과 경무국장 두 일본인의 추방과 서울지역 경찰관 전원의 재배치는, 비록 그것이 정부기관을 강화시키지 못하더라도, 격앙된 한국인들을 진정시킬 수는 있을 것이다.…

베닝호프는 또 한국인들의 일반적인 태도를 다음과 같이 실감나게 묘사했다.

거의 대부분의 한국인들은 8월15일부터 무기한의 휴가에 들어가 있다. 그들에게 독립은 노동으로부터의 자유를 뜻하는 것이 분명하다. 미래에 대한 걱정은 전혀 없이 "하나님이 먹여살려 준다"고 믿는다. 우리가 진주한 이래 이 지역에서 산업활동은 보이지 않으며, 평상의 직장으로 복귀하는 일에는 관심이 없다. 하지 장군과 그 밖의 사람들이 한국인들은 직장을 지키고 자신들의 나라를 건설하는 일이 필요하다고 계속 강조하고 있지만, 그들은 아직도 대부분의 기업과 산업시설을 일본인들이 소유하거나 지배하고 있는 상황에서 그러한 주장은 타당하지 않다고 생각한다. 한국은 완전히 무르익은 선동장이다.…

베닝호프는 이러한 상황에서 가장 고무적인 것은 한민당의 존재라고 다음과 같이 설명했다.

정치정세 중에서 가장 고무적인 유일한 요소는 연만하고 고학력의 한국인들 가운데 수백명의 보수주의자들이 서울에 존재한다는 사실이다. 그 가운데 많은 사람들이 대일협력의 전력이 있으나, 그러한 오명은 결국은 사라질 것이다. 이들 그룹은 '임시정부'의 귀국을 지지하고 있으며, 비록 다수파는 아니더라도 하나의 그룹으로서는 아마 가장 큰 그룹일 것이다.

베닝호프는 공산주의자들의 동향에 대해서는 소련점령군의 태도와 관련하여 다음과 같이 기술했다.

극소수의 경우를 제외하고 소련인들은 38도 경계선을 존중하고 있다. 그러나 그들은 일본인이건 한국인이건 개인의 권리는 묵살하고 있다. 무차별적인 강간과 약탈과 절취에 대한 보고가 소련군 점령지역으로부터 끊임없이 접수되고 있다. 소련 당국자들이 남한지역에 그들의 정치사상을 전파하고 있는 것은 의심의 여지가 없으며, 서울에서 있었던 몇몇 시가행진과 시위는 공산주의자가 사주한 것이라는 것이 확인되었다. 공산주의자들은 일본인 재산의 즉시 몰수를 주장하며, 법과 질서에 대한 위협이 되고 있다. 잘 훈련된 선동자들이 한국인들로 하여금 소련의 '자유'와 지배를 지지하면서 미국에 반대하도록 하기 위하여 우리 지역 안에서 혼란을 야기시키려 하고 있는 것이 틀림없다. 주한미군은 병력의 부족으로 점령지역을 신속히 확대하지 못하기 때문에 남한은 그러한 활동을 하기에 비옥한 토양이다.

베닝호프는 이어 주한미군 당국은 두가지 큰 어려움을 겪고 있다고 고충을 털어놓았다. 첫째는 미군정 당국은 한국의 장래에 대한 미국 또는 연합국의 정책에 관련된 정보를 전혀 가지고 있지 못하다는 것이고, 둘째는 미군정 당국은 적은 수의 인원밖에 확보하고 있지 못하다는 사실이었다. 그리하여 유능한 군정요원과 그 밖의 장교의 수가 너무 적어서 한정된 지역 안에서만 업무를 수행할 수밖에 없고 전체적인 효과가 거의 없다는 것이었다.

베닝호프는 이어 미국 신문기자들이 현지 사정을 제대로 취재하지도 않고 무책임한 기사를 쓰고 있다고 신랄하게 비판했다. 실제로 이 무렵에 한국을 취재한 미국 기자들 가운데는 에드가 스노(Edgar Snow)처럼 루스벨트 시대의 미국 지식인들의 일반적인 경향대로 공산주의에 동정적인 사람들이 적지 않았다. 베닝호프는 그들의 행태를 다음과 같이 묘사하고 있어서 흥미롭다.

한국을 취재하는 신문특파원들은 집단적으로 좋지 않게 행동해 왔다. 그들은 우리가 상륙한 뒤에 비행기로 도착했는데, 대부분은 현지 사정에 대한 지식도 없이 일본에서 날아왔고, 오리엔테이션도 없이 이 지역에서 자유로 돌아다니기 위해 미군 군복을 이용하고 있다. 그리하여 군복을 입은 채 개인적인 부정행위까지 저지른다. 그들 가운데 일부는 한국인 급진파를 공공연히 동정하여, 한국인 그룹의 지도자들에게 모든 것을 전복하고 한국인들이 모든 기능을 즉각 장악하도록 선동하는 일에 더 힘을 기울이도록 부추긴다고 믿을 만한 근거가 있다. 그들은 실제의 상황을 어렴풋이라도 파악하기 전에 점령에 관련한 정부와 태평양총사령부와 주한미군사령부의 모든 정책에 대하여 매우 비판적이다. 점령정책에 대한 비판은 그들이 실상을 직접 목격함에 따라 조금씩 달라지고 있다. 그들은 어느 날 오후에 한 그룹이 비행기편으로 도착하여 그날 밤으로 기삿거리를 챙겨 가지고 이튿날 아침에 떠나면서 한국점령에 대해 모든 것을 아는 것처럼 느낀다.

베닝호프는 마지막으로 하지가 맥아더에게 건의한 내용을 자신의 보고서에 그대로 썼다. 그것은 (1) 한국의 정치경제적 장래에 관한 국제적 정책을 수립하여 발표할 목적으로 서울에 국제정책 분야에 관한 통제부를 설립할 것. (2) 그러한 통제부가 설립될 때까지 한국의 장래에 관한 정책에 대하여 명백한 지시를 본관에게 보내주거나 한국의 장래에 관하여 발언할 권한이 있는 워싱턴의 관리를 본관의 참모로 보강시켜 줄 것. (4) 중경 망명정부를 연합국의 후원 아래 임시정부로서 귀국시켜 점령기간 동안 및 한국 국민이 선거를 실시할 수 있을 만큼 안정될 때까지 간판으로 활용하는 문제를 고려해야 된다는 등 8개항이었다.[19]

베닝호프의 장문의 보고 가운데서 가장 주목되는 것은 (4)항의 중경 임시정부를 귀국시켜 간판으로 활용하는 문제를 고려해야 한다는 제안 이었다. 그것은 미국정부는 임시정부를 비롯한 어떠한 독립운동 단체도 한국 국민의 대표기관으로 인정하거나 지지해서는 안된다는 국무부의 일관된 정책과 배치되는 주장이었다.

---

19) Benninghoff to Byrnes, Sept.15, 1945, *FRUS 1945,* vol. Ⅵ., pp.1049~1053.

2. 공산당의 기습적인 인민공화국 조각 발표

1

미군 진주와 군정 실시라는 예상 밖의 상황을 맞아 좌익세력은 긴장했다. 그들은 이내 적극적인 대응에 나섰다. 건준은 9월11일에 경성지회 상임위원회가 조선인민공화국 경성시인민위원을 선출했다면서 홍증식(洪瑠植), 최원택(崔元澤), 최익한(崔益翰), 이영(李英), 정재달(鄭在達) 등 재건파와 장안파를 망라한 공산당원들을 중심으로 한 101명의 인민위원과 10명의 고문명단을 발표했다. 발표된 고문명단 가운데는 이극로(李克魯), 백인제(白麟濟) 등 좌파에 친근한 인사들 뿐만 아니라 우파 민족주의자들인 김도연과 임영신도 포함되어 있었다.[20] 경성시인민위원들은 이튿날 안국동의 덕성여자실업학교 강당에서 회의를 열고, 최원택을 위원장으로 선출했다.

좌익세력의 움직임 가운데 가장 주목되는 것은 9월11일에 박헌영(朴憲永)의 재건파공산당 주도로 조선공산당을 재건했다고 발표한 일이었다. 1928년 12월에 코민테른[국제공산당]의 이른바 「12월테제」에 따라 해체된[21] 조선공산당이 해체된 지 17년 만에 재건된 것이었다. 그러나 이때의 조선공산당의 재건과정에 대해서는 구체적으로 밝혀진 것이 없다. 당연히 열었어야 할 절차인 전당대회도 열지 않았다.

박헌영이 1946년3월에 서울 주재 소련영사관에 제출한 러시아문 보고서가 유일한 당재건 관계 기록인데, 이 보고서에서 박헌영은 "모든 공산당 조직열성자들의 위임에 따라 박헌영은 1945년 9월11일에 당중앙

---

20)《每日新報》1945년9월11일자, 「京城市人民委員」.
21) 金俊燁·金昌順, 『韓國共産主義運動史(3)』, 청계연구소, 1986, pp.327~351 참조.

위원회를 결성하였다"라고만 간단히 적어 놓았을 뿐이다.[22] 박헌영은 9월8일에 계동 홍증식의 집에서 열렸던 열성자대회가 자신에게 당중앙위원을 선정할 권한을 위임했으므로 급박한 상황에서, 그리고 장안파 공산당의 반발이라는 위험을 무릅쓰고, 굳이 전당대회를 열어야 할 필요는 없었던 것이다. 보고서는 이때에 중앙위원 28명과 중앙검열위원 4명을 선정했다면서 전원의 명단을 적어 놓았는데, 9월6일 밤에 열린 인민대표대회에서 발표한 조선인민공화국의 인민위원 명단에는 국내 공산주의자들보다 훨씬 뒤쪽에 적혀 있던 김일성의 이름이 박헌영에 이어 두번째로, 9월6일의 인민위원 명단에는 후보위원에도 들어 있지 않았던 최용건(崔庸健)의 이름이 일곱번째로 적혀 있을 뿐만 아니라 장안파는 한 사람도 포함되지 않았다. 이러한 변화는 그동안의 남북한의 정세변화를 반영하여 보고서를 제출하는 1946년3월 무렵에 작성한 명단이기 때문이었을 것이다.[23] 박헌영은 중앙위원의 한 사람일 뿐만 아니라 당의 제1인자인 "총비서"가 되었다. 또 그는 중앙위원회 안에 설치된 정치국과 조직국의 위원으로 선정되었다.[24]

조선공산당은 당면한 투쟁목표로 (1) 노동자, 농민, 도시빈민, 병사, 인텔리겐차 등 일반 근로인민의 정치적 경제적 사회적 이익을 옹호하며, 그들의 생활의 급진적 개선을 위하여 투쟁한다. (2) 조선민족의 완전한 해방과 모든 봉건적 잔재를 일소하고 자유발전의 길을 열어 주기 위하여 끝까지 투쟁한다. (3) 조선인민의 이익을 존중하는 혁명적 민주주의적 인민정부를 확립하기 위하여 싸운다는 세가지를 내걸었다.[25] 9월19일자로 창간된 공산당 기관지 《해방일보》에는 투쟁목표의 (4)항으로 프롤레타리아트의 독재를 통하여 조선노동계급의 완전해방으로써 착취와 압박

---

22) 박헌영, 「조선공산당의 재건과 그 현상황」, 이정박헌영전집편집위원회 편, 『이정박헌영전집 (2)』, 역사비평사, 2004, p.209.

23) 위의 글, pp.209~210.

24) 張福成, 『朝鮮共産黨派爭史』, 大陸出版社, 1949, p.54.

25) 《每日新報》 1945년9월14일자, 「朝鮮共産黨再建」.

이 없고 계급이 없는 공산주의사회의 건설을 최후의 목적으로 하는 인류사적 임무를 주장한다는 세계 공산주의운동의 보편적인 주장이 추가되어 있다.[26]

한편 박헌영은 8월20일에 조선공산당 재건준비위원회 명의로 발표한 「8월테제」를 수정하여 새로 구성된 조선공산당 중앙위원회 명의로 다시 발표했는데, 수정된 주요내용은 (1) "우리의 당면 임무"에 청년운동, 부녀운동, 문화단체, 소비조합운동, 실업자운동 등의 항목을 추가한 것, (2) 글의 후반에 조선혁명을 2단계로 규정한 "혁명이 높은 계단으로 전환하는 문제"를 추가한 것, (3) 한민당과 장안파공산당에 대한 공격이 더 노골적으로 가해진 것, (4) 말미의 구호 가운데 "조선인민정부 만세!", "일본 혁명 만세!"가 삭제되고, "조선혁명 만세!", "조선인민공화국 만세!"가 포함된 것 등이었다.[27]

9월12일 오후에는 경성운동장에서 대규모의 대중집회가 열리고 이어서 시위행진이 있었다. 건준 주최로 기획된 이날의 행사는 8월15일 이후로 가장 큰 규모의 시위였다. 서울과 영등포 공업지대의 화학, 금속, 기계, 철도, 체신, 토목, 출판, 섬유 등 각 산업별 노동조합을 비롯하여 청년, 학도, 일반시민 등 20여개 단체 소속인원 1만명 이상이 참가했다. 참가자들은 태극기와 함께 미국, 소련, 중국, 영국 국기를 들고 있어서 대회는 연합국 환영회처럼 보였지만, 붉은 기를 들고 있는 사람들이 훨씬 많았다. 인민공화국과 조선공산당의 재건을 축하하는 것이 대회의 진정한 목적이었기 때문이다. 집회를 마친 참가자들은 종로와 을지로를 지나 태평로와 광화문을 거쳐 군정청을 돌아 오후 4시 무렵에 해산했다. 거리에는 붉은 전단이 어지럽게 깔렸다. 일본경찰의 총에 맞아 숨진 두 연희전문 학생의 장례행렬이 시위행렬에 합류하여 비장감을 더했다. 그

---

26) 《해방일보》 1945년9월19일자(창간호), 「조선공산당의 주장」.
27) 朝鮮共産黨中央委員會, 「現情勢와 우리의 任務」, 『이정박헌영전집(5)』, pp.51~69 참조.

러나 시위행렬은 미군 헌병과 한국인 경찰이 경비하는 가운데 비교적 질서정연했다.[28]

이날의 행사에 대하여《해방일보》는 자연발생적인 시위가 아니라 "목적의식적으로 발전한 계획"이라는 점과 참가자의 90퍼센트가 공장노동자들이라는 점에서 의의가 있을 뿐 아니라 "조선공산당의 통일결성을 보여 노동계급의 총지도부가 성립되고 다른 한편으로 모든 약체의 우경반동세력이 조선인민공화국 건설을 방해하려고 그 규합을 꾀하는 순간에" 시위가 있는 것은 특히 중대한 의의가 있다고 평가했다.[29]

한편 한민당은 이튿날 미 군정부 정보부장 헤이우드가 인민공화국에 대해 "현재 한국에는 미 군정부 이외에 어떠한 정부도 있을 수 없다. 관념적으로는 어떤 정부를 운운할 수 있을 것이나, 사실상의 정부는 미 군정부뿐이다"라고 언명했다는 내용의 전단을 만들어 서울시내에 살포했다.[30] 이러한 상황에서 9월14일에 인민공화국이 발표한 조각뉴스는 전국에 걸쳐서 다시 한번 회오리바람을 몰고 왔다.

2

시종원경(侍從院卿) 등을 지낸 한말의 문신으로서 한일병합 뒤에 일본으로부터 자작(子爵) 작위를 받은 윤덕영(尹德榮)의 옥인동(玉仁洞) 별장이 인민공화국의 사무실이 되어 있었다.[31] 중앙인민위원회는 그곳에서 매일 오전과 오후로 회의를 계속했고, 9월14일 오전에는 인민공화국의「선언」과「정강」이외에「시정방침」까지 발표했다. 위원들은 허헌에게 조각도 발표하라고 강력히 요구했다. 이날은 앞에서 본 대로 9월8일의

28)《每日新報》1945년9월13일자, 「感激과 歡喜의 행진」;《해방일보》1945년9월19일자, 「共産黨再建의 大示威行列」; 「駐韓美軍史(2)」, p.11.
29)《해방일보》1945년9월25일자, 「九·一二데모의 敎訓과 批判」.
30) 李革 編, 「愛國삐라全集」, p.32.
31) 丁相允, 「建準天下20日」,《月刊 四月》제5권제9호, 四月公論社, 1971.10., p.23.

중앙인민위원회 제1차 회의에서 인민공화국의 조각을 여운형과 허헌 두 사람에게 위임하면서 못 박은 시한의 하루 전날이었다. 조각이 발표되어야 인민공화국의 실체를 실감할 수 있을 것이었다.

가평에서 정양하고 있는 여운형은 조각을 발표하기 전에 자기에게 한 번 더 의논하라고 허헌에게 다질러 놓고 있었다. 여운형은 인민공화국의 조각 발표를 보류하고자 했는데, 그 이유는 다음과 같은 세가지였다고 한다. 첫째로 정부를 조직하는 데는 미군정 당국의 양해가 있어야 할 것이라고 생각했고, 둘째는 정부로서 체면을 유지할 만한 청사가 있어야 하겠는데 그것이 준비되지 않았으며, 셋째는 정부 주석은 대통령과 같은데 일국의 주석의 신분으로 체면을 유지할 만한 준비가 없다는 것이었다.[32] 미군이 진주하기 전에 황급히 인민공화국을 선포해 놓은 상황에서 인민공화국의 조각은 미군정 당국의 양해가 있어야 한다고 생각했다는 말은 사리에 맞지 않는다. 그리고 셋째 이유가 구체적으로 무엇을 뜻하는 것인지도 분명하지 않다.

그러나 여운형에게는 공산당의 계획을 제압할 만한 힘이 없었다. 이처럼 엄중한 시간에 여운형이 시골에서 정양하고 있었다는 사실은 우유부단한 그의 고뇌를 드러내 보이는 것이었다. 9월4일에 허헌의 병실에서 가진 4자회동에서 인민공화국 수립문제와 관련하여 조각문제가 어느 정도까지 구체적으로 논의되었는지는 알 수 없다. 정부 각료 인선은 여운형과 허헌에게 위임했다고 하나 실제로는 박헌영 그룹이 작성하여 허헌의 동의를 받아서 확정한 것이었다.

의장인 이만규는 조각 발표와 같은 중대한 행사는 위원장이 출석한 자리에서 하는 것이 마땅하다고 생각하고, 가평에 있는 여운형에게 사람을 보내어 그의 의견을 들어오도록 고집하여 대표 두 사람을 가평으로 내려 보내고 회답이 올 때까지 회의를 정회했다. 오후 4시에 회의를 속개

---

32) 李萬珪, 『呂運亨先生鬪爭史』, pp.264~265.

하자 회답을 받아 왔다면서 위원장이 곧 발표할 것을 승낙하고 내일 출석하여 소감을 말하겠다고 하더라고 했다. 그러나 그것은 거짓말이었다. 가평으로 보낸 사람들이 가평에는 가지 않고 몇 시간 뒤에 나타나서 여운형의 승낙을 받아 왔다고 한 것이었다. 이에 이만규는 회의장에서 퇴장해 버렸다.[33] 이때의 일에 대해 이만규가 "이 부서[각료] 발표에 대한 상세한 이면은 나로서는 영구히 비밀에 부친다. 중간교섭에 (있었던) 착오를 말하지 않겠다. 어찌되었든지 몽양(夢陽: 여운형)은 발표 후에 알았다"라고 써 놓은 것을 보면,[34] 조각 발표가 공산당의 위계에 의한 것이었음을 알 수 있다.

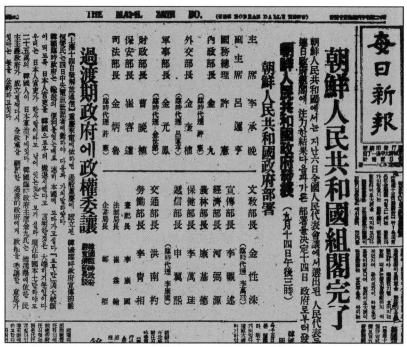

조선공산당이 기습적으로 발표한 조선인민공화국 조각 명단을 보도한 1945년9월15일자 《매일신보》 지면.

33) 위의 책, pp.263~264; 이정식, 『여운형』, pp.539~540.
34) 李萬珪, 같은 책, p.264.

이렇게 하여 이날 오후에 발표된 조선인민공화국의 조각 명단은 다음과 같았다.[35]

주석	이승만(李承晚)	선전부장	이관술(李觀述)●
부주석	여운형(呂運亨)○	경제부장	하필원(河弼源)●
국무총리	허헌(許憲)	농림부장	강기덕(康基德)
내무부장	김구(金九)	보건부장	이만규(李萬珪)○
(임시대리)	허헌	체신부장	신익희(申翼熙)
외교부장	김규식(金奎植)	(임시대리)	이강국(李康國))●
군사부장	김원봉(金元鳳)	교통부장	홍남표(洪南杓)●
(임시대리)	김세용(金世鎔))○	노동부장	이주상(李胄相)●
재정부장	조만식(曺晩植)	서기장	이강국(李康國)
보안부장	최용달(崔容達)●	법제국장	최익한(崔益翰)●
사법부장	김병로(金炳魯)	기획국장	정백(鄭栢)●
(임시대리)	허헌		
문교부장	김성수(金性洙)		
(임시대리)	이만규		(● 공산당 ○ 여운형계)

위의 20명의 각료 구성을 보면 아직 귀국하지 않은 임시정부 요인(이승만, 김구, 김규식, 김원봉, 신익희), 국내의 우파 민족주의자(조만식, 김병로, 김성수, 강기덕)와 좌파 민족주의자(여운형, 허헌, 이만규), 그리고 공산주의자(최용달, 이관술, 하필원, 홍남표, 이주상, 이강국, 최익한, 정백)가 망라되어 이른바 민족통일전선을 구성한 것처럼 되어 있다. 그러나 차장을 뜻하는 각부의 2명씩(서기국, 법제국, 기획국은 각 1명)의 대리 31명 가운데 여운형계의 김세용(金世鎔), 이여성(李如星)과 천도교의 김기

---

35) 《每日新報》 1945년 9월 15일자, 「朝鮮人民共和國組閣完了」.

전(金起田), 연안 독립동맹의 무정(武亭)을 제외한 27명이 모두 공산당원들이었다.[36) 그것은 인민공화국의 실상이 어떤 것인지를 그대로 보여주는 것이었다.

이 조각 명단에서 가장 돋보이는 것은 말할 나위도 없이 이승만의 이름이다. 해방되자마자 서울의 요소요소에 나붙었던 '동진공화국(東震共和國)' 벽보에도 이승만은 대통령으로 되어 있었는데, 이제 전국의 '인민대표'들이 대회를 열고 수립했다는 조선인민공화국에서도 정부수반인 주석(主席)으로 추대된 것이다. 여운형과 함께 조각을 위임받았던 허헌은 국무총리와 내무부장 임시대리와 사법부장 임시대리를 겸했다.

인민공화국을 급조한 좌익인사들이 이승만을 주석으로 추대한 데에는 여러 가지 고려가 있었다. 무엇보다도 일반 국민들, 특히 지식인들 사이에 잘 알려져 있는 이승만의 설화적 명성을 고려했기 때문이었다. 여운형과 허헌은 이승만이 1942년에 「미국의 소리」 방송을 통하여 동포들의 봉기를 촉구한 단파방송 청취사건에도 관련되어 있었다. 그러나 그보다 더 현실적으로는 미군정 당국과의 관계를 감안했기 때문이었을 수 있다. 그리고 중경임시정부의 주석 김구를 부주석 여운형과 허헌 국무총리 다음의 내무부장으로, 부주석 김규식을 외무부장으로 발표한 것은 국내의 임시정부 추대세력, 특히 한민당을 의식하여 중경임시정부를 한국인의 유일한 대표기관으로 인정하지 않는다는 경쟁적인 입장에서 나온 조치였다.

한민당 그룹에서는 송진우(宋鎭禹)가 빠지고 김성수가 포함된 것이 눈길을 끈다. 그러나 이러한 인선은 해외에 있는 인사들과는 말할 것도 없고 국내의 우파 민족주의자들과도 사전협의를 하거나 동의를 받지 않은 것이었다. 그들의 명의를 도용했다는 비판이 이는 것은 당연했다.

김일성의 이름이 군사부장이나 세 사람의 군사부대리에도 포함되지 않은 것은 이때까지도 김일성의 존재에 대한 정보가 부족했기 때문이었

---

36) 民主主義民族戰線 編, 『朝鮮解放一年史(朝鮮解放年報)』, pp.89~90.

을 것이다.

이날 발표된 인민공화국의 「선언」은 8·15해방은 "조선민족의 다난한 해방운동사상에서 새로운 제일보를 내어디디었음에 불과하다"라고 전제하고, "우리는 일본제국주의의 잔존세력을 완전히 구축하는 동시에 우리의 자주 독립을 방해하는 외래세력과 반민주주의적, 반동적 모든 세력에 대한 철저한 투쟁을 통하여 완전한 독립국가를 건설하여 진정한 민주주의 사회의 실현을 기한다"라고 천명했다. 그러면서 "안으로는 조선인민대중생활의 급진적 향상과 정치적 자유를 확보하고, 밖으로는 소련, 미국, 중국, 영국을 비롯하여 평화를 사랑하는 모든 민주주의적 제 국가들과 제휴하여 세계평화의 확립에 노력하려 한다"라고 하여 「8월테제」에서 소련만을 거명했던 태도를 조금 수정했다.

「정강」으로는 (1) 정치적 경제적으로 완전한 자유독립국가의 건설, (2) 일본제국주의와 봉건적 잔재세력의 일소, (3) 노동자 농민과 그 밖의 일체 대중생활의 급진적 향상, (4) 세계민주주의제국의 일원으로서 상호유대하여 세계평화를 확립한다는 4개항을 표방했다. 또한 「시정방침」으로는 27개항을 열거했는데, 그 가운데 눈여겨볼 만한 것은 (2) 일본제국주의와 민족반역자들의 토지를 몰수하여 농민에게 무상분배, 단비몰수 토지의 소작료는 3·7제로 실시, (3) 일본제국주의와 민족반역자들의 광산, 공장, 철도, 항만, 선박, 통신기관, 금융기관 및 그 밖의 일체 시설을 몰수하여 국유화, (4) 민족적 상공업은 국가의 지도하에서 자유경영 허용, (7) 18세 이상의 남녀 인민(민족반역자를 제외)의 선거권 보장, (8) 특권의 폐지, (10) 8시간 노동제 실시, (11) 최저 임금제 확립, (13) 노동자, 농민, 도시 소시민의 생활의 급진적 향상, (16) 생활필수품의 공정 평등한 배급제도 확립, (17) 미곡과 그 밖의 일체 강제공출제의 철폐, (22) 사회보험제도의 실시, (24) 국가부담에 의한 의무교육제 실시, (26) 국가공안대와 국방군의 즉시 편성, (27) 미국, 소련, 중국, 영국과의 긴밀한 제휴를 위하여 노력하며 일체 외래세력의 내정간섭 절대 반대 등이었다.[37] 그것은 해방정국에 논쟁점이 될 과제들을 망라한 것으로서, 박헌영의 「8월테제」가 말하는 "부르주아민주주의체제"의 건설이란 다름아닌 사회주의체제의 국가건설을 뜻하는 것임을 보여 주는 것이었다.

3

조선인민공화국의 조각 뉴스는《조선일보(朝鮮日報)》나《동아일보(東亞日報)》등의 민족지들이 아직 복간되지 않은 상황에서 건준이 장악하고 있는《매일신보(每日新報)》를 통하여 대대적으로 보도됨으로써 해방이 바로 독립이라고 생각하고 있는 일반 국민들을 열광시켰다. 또한 인민공화국의 각료명단을 발표한《매일신보》9월15일자 1면의 머리기사에는 「과도기 정부에 정권위양」이라는 제목으로 중경임시정부 선전부장 엄항섭(嚴恒燮)의 기자회견 기사가 나란히 실려 있어서 마치 중경임시정부가 인민공화국에 정권을 이양하겠다고 성명한 듯한 착각을 일으키게 했다. 기사 내용은 임시정부 주석 김구는 총선거에 의한 민주주의 정부가 수립될 때까지 전 정당을 망라한 과도적 정부에 정권을 이양하겠다는 뜻을 공약했다는 것이었는데,[38] 인민공화국이 그러한 과도적 정부로 인식될 수 있었기 때문이다. 그러나 공산주의자들이 조선인민공화국의 조각 명단을 이처럼 기습적으로 공표한 것은 미군정 당국의 권위에 정면으로 도전하는 행위가 아닐 수 없었다.

좌익인사들의 인민공화국 선포는 다른 어떤 사건보다도 해방정국을 처음부터 나쁜 방향으로 전개되게 한 가장 중요한 사건이었다.[39] 여운형

---

37)《每日新報》1945년9월19일자, 「宣言, 政綱等發表」.
38)《每日新報》1945년9월15일자, 「過渡期政府에 政權委讓」.
39) 李昊宰, 『韓國外交政策의 理想과 現實: 李承晚外校와 美國政策의 反省』, 法文社, 2000, pp.130~131.

의 동생 여운홍(呂運弘)은 인민공화국의 수립은 "순전히 소아병적인 극렬 공산당원들이 꾸며낸 하나의 연극이었다"라고 말하고, "형님의 정치생활 중 가장 큰 실책"이었고, "이때부터 형님은 극좌극렬분자들의 음모에 완전히 휩쓸리고 말았다"라고 썼다.[40]

그런데 인민공화국 조각발표가 있고 2주일이 지난 10월1일 저녁에 기자들을 만난 자리에서 여운형이 말한 내용은 그의 행동의 진정성을 다시한번 의심하게 했다. 인민공화국의 탄생 경위를 묻는 기자들에게 그는 다음과 같이 말했다.

"38도 이북에는 소련군이 온 후로 허다한 풍설과 세평이 있었으나, 시일이 지날수록 전광석화적으로 질서를 회복하고 인민에게는 줄 것을 착착 주고 있다. 그러므로 38도 이남에도 반드시 동일한 처치가 있을 줄로 알았다. 그러나 1개월이 지났는데 기대에 어그러진 것은 유감이다."

그는 또 인민공화국은 '혁명'의 결과물이며 혁명 초에는 혁명단체가 조각하는 것이라고 다음과 같이 강변했다.

"조선의 독립은 단순한 연합국의 선물이 아니다. 우리 동포는 과거 36년간 유혈의 투쟁을 계속하여 온 혁명으로 오늘날 자주 독립을 획득한 것이다. 그러므로 혁명에는 기탄이 필요치 않다. 혁명가는 먼저 정부를 조직하고 인민의 승인을 받을 수 있다. 급격한 변화가 있을 때에 비상조치로 생긴 것이 인민공화국이다.… 당초에 연합군이 진주한다면 국권을 받아들일 수 있도록 준비한 것이 곧 인민공화국이다.… 혁명 초에는 혁명단체가 조각하는 것이요 인민이 조각하는 것이 아님은 손문을 보아 알 것이다."

중경임시정부를 정통정부로 맞아들여야 한다는 주장에 대해서는 여운형은 다음과 같은 말로 반대했다.

"중경임시정부를 지지 환영하는 것은 여운형이가 가장 강하다.… (그

---

40) 呂運弘, 『夢陽 呂運亨』, p.153, p.158.

러나) 임시정부만을 지지하라는 법은 없을 줄로 생각한다. 중경임시정부의 절대지지는 필요하지 않다. 국내에 있는 모든 정치운동을 무시할 그네들이 아니다. 나는 해외정권을 환영한다. 현재 중경 이외에 미국에도 두 파가 있다. 연안(延安)에도, 시베리아에도 정당이 있어서 다섯개의 정부가 있다. 따라서 한 정부만 지지하면 해외동지를 그만큼 분규시킬 뿐이다. 그러므로 모든 해외동지를 환영해 드려서 국내 정부를 조직하여야 한다."

가장 인상적인 것은 인민공화국이 "붉다"고 본다는 지적에 대한 반박이었다.

"포복절도할 일이다. 일본으로부터 해방된 오늘날 민주주의 조선을 건설하는데 조선에 적색이 어디 있느냐. 대체 공산주의자를 배제할 필요가 어디 있느냐.… 노동자, 농민 및 일반대중을 위하는 것이 공산주의냐. 만일 그렇다면 나는 공산주의자도 되겠다. 근로대중을 위하여 여생을 바치겠다. 우익이 만일 반동적 탄압을 한다면 오히려 공산주의 혁명을 촉진시킬 뿐이다.…"

이렇게 단호하게 역설하고는 "나는 공산주의자를 겁내지 않는다. 그러나 급진적 좌익이론은 나는 정당하다고 보지 않는다"[41]라고 덧붙였다. 그러나 그것은 그의 이념의 모호성을 드러내 보이는 것이었다. 이러한 여운형을 그의 측근은 개론(槪論)주의자, 아우트라인주의자라고 말했는데,[42] 그의 개론주의가 일반대중, 특히 청년층에 인기가 있었던 것은 그의 수려한 용모와 풍채에 더하여 어퍼컷 제스처를 곁들인 정열적인 웅변으로 표명되기 때문이었다. 그리고 그는 또 그러한 대중의 인기를 소중히 여겼다.

건준은 9월26일에 열린 건준과 인민공화국의 연석회의에서 발전적으

---

41) 李萬珪, 앞의 책, pp.265~269.
42) 李蘭, 「해방 전후의 여운형」, 이정식, 앞의 책, pp.768~769.

여운형은 정열적인 웅변으로 청년들에게 인기가 있었다.

로 해체하기로 결의했으나,[43] 여운형 측근들의 반대로 실현을 보지 못하다가 여운형의 위와 같은 기자회견이 있고 1주일 뒤인 10월7일의 건준 중앙위원회 회의에서 정식으로 해체를 결의했다.[44] 지방의 건준지부는 행정단위별로 인민공화국의 행정기관인 지방인민위원회로 개편되었고, 치안대 등 건준의 산하조직은 무기를 소지한 채 인민공화국의 산하기관이 되었다. 미 군정청은 9월23일에 「법령 제3호」로 일반인의 무장해제를 명령했는데, 10월3일자 「G-2정보일지」에 보면 9월28일에 해산된 회원 3,000명가량의 부산치안대는 해산할 당시에 소총 257정, 엽총 3정, 권총 14정이 압수되었다.[45]

---

43) 『朝鮮解放一年史』, p.85.
44) 《每日新報》 1945년10월8일자, 「"建準", 發展的解消」.
45) G-2 Periodic Report, no.23(1945.10.3.).

소련군 연해주군관구 사령부는 9월에 정치국 차장 바빌로프(Vavylrov) 대령, 한국담당인 정치국 제7부장 메클레르(Gregory K. Mekler) 중령, 소련군 총정치국 제7부 차장 사포주니코프(V. G. Savoznikov) 소장, 25군 정치부장 그로모프(Alexander G. Gromov) 대령을 위원으로 하는 위원회를 조직하여 평양에 파견했다. 한국 공산주의자들의 활동상황을 조사하는 것이 목적이었다.

위원회는 한국에 통일적인 공산당이 조직적으로 형성되지 못했고, 재건파와 장안파의 파쟁이 당 단체들의 조직 및 사상적 강화에 파괴적인 영향을 미치고 있다는 결론을 내리고 통일적인 공산당을 수립하기 위한 조치를 신속히 취해야 한다고 건의했다.

메클레르는 인민공화국이 여운형과 박헌영의 합작으로 조직되었고, 그것은 미군정의 사주에 의한 것이라고 판단하고 '중앙정부'에 "미국에서 망명생활을 한 친미주구 이승만"이 주석에, "아베 총독의 천거에 따라 친일주구 여운형"이 중앙인민위원[부주석]에, 변호사 허헌이 부주석[국무총리]에, "중경에서 망명생활을 한 악명 높은 우익 민족주의자이자 테러리스트인 김구"가 내무부장에, 평양의 "친일주구 조만식"이 재정부장에 임명되었다고 비판했다.

위원회는 또 북한 공산주의자들의 조직의 산만성과 사상적 미숙에 대해서도 불만을 토로했다. 그들은 북한 공산주의자들이 부르주아 민주주의 혁명의 성격도 올바로 이해하지 못하고 있다고 비판했다.[46]

서울 주재 총영사관의 부영사 샤브신(Anatolii I. Shabshin)도 9월 22일에 인민공화국에 대한 비슷한 정보보고를 연해주군관구 군사위원

---

46) 전현수, 「소련군의 북한 진주와 대북한정책」, 《한국독립운동사연구》 9집, 독립기념관 한국독립운동사연구소, 1995.6., pp.364~366.

슈티코프(Terentii F. Shtykov)에게 보냈다.[47] 또한 총영사 폴리안스키 (Alexander S. Polianskii)는 10월 초에 「조선의 상황에 대한 간략한 보고」에서 인민공화국의 각료들을 소개한 다음 "각료 모두가 한국에 있는 것이 아니기 때문에 새로 구성된 내각은 실제로 업무를 개시하지 않았다. 아무도 정부를 인정하지 않았다. 공산당은 정부 구성을 지지하였고 고위직을 차지하지 않은 데 대해 반대하지 않았다"라고 짧게 언급했다. 그러나 그 말의 뉘앙스는 호의적인 것이 아니었다. 이처럼 소련인들은 인민공화국에 대해 10월 초까지 구체적인 입장을 확정하지 않았다.[48]

급조된 인민공화국에 대한 소련인들의 반응이 왜 그처럼 부정적이었는가는 샤브신의 아내 샤브시나(F. I. Shabshina)의 다음과 같은 논평에 정확하게 드러나 있다.

> 공산주의자들이 공화국 대통령 직위에 이승만을 대표로 추대한 것은 그들의 미숙함과 불철저성을 말해 준다. 서울을 중심으로 한 인민공화국 건국에 대한 모든 사상도 현실적인 상황을 고려하지 않았는데, 대외적인 조건으로 보아 처음부터 혁명의 토대가 북한에 놓여 있었다는 사실을 간과한 것이 그것이다.[49]

혁명의 토대가 처음부터 북한에 놓여 있다는 사실을 남한 공산주의자들이 간과했다는 샤브시나의 지적은 의미심장하다. 남한의 공산주의자들에게는 자율적으로 정권기관을 수립할 수 있는 권리가 이미 없었던 것이다. 그러나 박헌영은 이와 같은 보고서들이 작성되고 있는 줄도 물론 몰랐다.

---

47) 위의 글, p.366.
48) 기광서, 「해방 직후 조선공산당에 대한 소련의 입장」, 《역사비평》 2003년 겨울호, 역사비평사, 2003, pp.240~241.
49) 파냐 샤브쉬나 지음, 김명호 옮김, 『1945년 남한에서』, 한울, 1996, p.88; Erik van Ree, *Socialism in One Zone: Stalin's Policy in Korea 1945-1947*, Berg, 1989, pp.77~78.

박헌영이 우격다짐으로 조선인민공화국을 급조한 데 대한 비판은 공산당 내부에서도 제기되었다. 장안파 조선공산당 중앙위원회 정치국은 10월9일에 박헌영의 인민공화국 급조를 비판하는 「정권수립과 민족통일전선에 관한 결정」을 채택했다. 이 「결정」은 인민공화국의 결성에 대하여 "우리 계급진영 내부의 분열과 혼란, 소부르주아적 영향은 제1차 인민대표회의 이래 이 운동을 지도한 동지 박헌영을 중심으로 한 소위 재건쪽 동지들의 종파적, 기회주의적 제 이탈 가운데 완전히 반영되고 폭로되었다. 그들은 국제정세에 대하여 완전한 착각과 성급한 판단 내지 전략과 전술의 변증법적 관계에 대한 기본적 의식의 결여로 '정권획득'이라는 투쟁을 극소수의 전위만으로 결행하는 극좌적 경향에 빠져…" 오류를 범했다고 비판했다.[50]

해방되자마자 경전(京電) 종업원조합 준비위원회를 조직했고, 이어 10월에 조선노동조합 전국평의회(전평) 상임준비위원으로 선출된 정희영(鄭禧泳)의 「박헌영 동지에게 서간(書簡)」이라는 장문의 성토문은 공산당 내부비판의 대표적인 것이었다. 정희영은 박헌영이 서둘러 건준의 주도권을 장악한 것부터가 레닌주의의 투쟁원칙에 위배되는 것이라고 다음과 같이 지적했다.

레닌주의적 방법은 제1로 자기계급사업을 주체로 하면서 제2로 동맹자와의 협동을 꾀하는 것이다. 그런데 동무는 우리 계급진영의 통일문제는 그저 두고 '건준'의 지도와 '인민공화국'의 수립에 전력하였다는 것은 계동회의(桂洞會議)의 인사에서 고백되었다. 우리 계급진영이 통일되기 전에 민족운동의 영도는 불가능한 것이다. 민족운동의 영도는 결코 정략적으로 의자쟁탈에 있지 않은 것이며, 의자쟁탈에 일시적 성공을 한다 하더라도 그 의자는 결코 유지될 수 없는 것

---

50) 조선공산당(장안파) 중앙위원회 정치국, 「정권수립과 민족통일전선에 관한 결정」(1945.10.9.), 『이정박헌영전집(9)』, p.247.

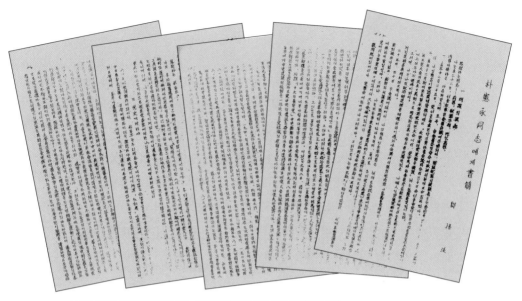

조선공산당의 정희영이 인민공화국 수립발표를 비판한 「박헌영 동지에게 서간」.

이다. '건준'의 사실상 분열, 곧 민족주의자들의 탈퇴는 이것을 말하는 바이다.

이러한 주장은 박헌영이 인민공화국을 급조한 목적이 민족통일전선 정권이라는 명분을 내세워 장안파를 제압하고 당의 헤게모니를 장악하려한 것이었음을 확인해 준다. 그것은 분명히 레닌주의의 원칙에 위배되는 방법이었다. 정희영은 인민공화국 결성이 시기상조였다고 다음과 같이 주장했다.

동무는 정권획득문제로써 '인민공화국'의 수립을 생각하였다. 이 것은 동무의 우리 해방을 가져오게 된 국제적 사정에 무지하였다는 것과 국내의 정세와 자기계급 역량에 대한 몰이해에서 나온 전술이다. 그러므로 정부수립의 시기는 상조(尙早)하였고 정부원(政府員)의 구

성은 극좌적이었다.[51]

박헌영이 조선인민공화국을 급조한 사실에 대한 가장 엄혹한 비판은 10년이 지나 다름 아닌 김일성정권에 의하여 이루어졌다. 김일성정권은 1955년에 박헌영을 정권전복 음모와 미제국주의자들을 위한 간첩행위를 했다는 구실로 처단하면서, 박헌영이 "조선에 이승만을 대통령으로 하고 민족주의자들을 망라한 소위 '조선인민공화국' 수립을 몽상하고" 그 실현을 위한 범죄활동을 감행했다고 단죄했다. 그러면서 그러한 행동의 동기가 당의 헤게모니를 장악하려는 기도에 관련되어 있었다고 다음과 같이 고발하고 있어서 눈길을 끈다.

박헌영의 이러한 활동은 공산당이 아직 자기의 기본정치 및 조직노선이 없었고 또한 사상적 통일이 이루어지지 않은 기회를 이용하여 당의 지도권을 장악하려는 기도와 밀접히 연결되어 있었는 바, 남조선 공산당의 명맥을 자기가 틀어쥐고 당을 미제국주의자들의 이익에 봉사하는 합법적 '좌익정당'으로 전락시킴으로써 다시금 우리나라에 낡은 자본주의제도를 확립하려는 데 목적이 있었다.[52]

한국전쟁 이후의 박헌영 등 남로당(南勞黨) 출신자들에 대한 숙청은 공산주의 국가의 권력투쟁이 얼마나 처절한 것인지를 여실히 보여 주는 사례이다.

---

51) 鄭禧泳, 「朴憲永同志에게 書簡」, 『朝鮮共産黨文件資料集(1945~46)』, pp.91~92.
52) 「미제국주의 고용간첩 박헌영 리승엽 도당의 조선민주주의인민공화국 정권전복 음모와 간첩사건 공판문헌」, 金南植 編, 『「南勞黨」 硏究資料集(第二輯)』, 高麗大學校亞世亞問題硏究所, 1974, p.400.

3. 우익세력 과시한 한국민주당 결당식

1

1945년9월16일 오후 2시부터 경운동(慶雲洞)의 천도교 회관 대강당에서 열린 한국민주당(이하 한민당) 결당식에는 1,600명가량의 당원들이 모였다. 그것은 해방 이후의 가장 큰 우익 민족주의자 집회였다. 한민당은 9월6일에 통합발기인대회를 개최한 이래 이미 우익세력의 집결체로서 미 군정부와 긴밀히 협조하면서 활동하고 있었는데, 이날의 결당식은 우익세력의 결속을 과시하는 전당대회였다. 좌익쪽에서 대회를 방해할지도 몰랐으므로 대회 진행자들은 역도계의 원로 서상천(徐相天)을 훈련부장 겸 경호사령으로 위촉하여 장골들을 동원했고, 서북청년단과 보성전문학교 학생 이철승(李哲承)이 이끄는 학련(學聯) 등의 청년 학생들로 하여금 대회장 안팎을 엄중히 경계하게 했다.[53]

백남훈(白南薰)이 개회사를 한 다음 김병로가 의장으로 선출되어 회의를 진행했다. 회의는 먼저 원세훈(元世勳)이 제의한 「우리 해외 임시정부 요인 제공과 미태평양 방면 육군최고지휘관 겸 연합군총사령관 맥아더 원수에 대한 감사결의안」을 만장일치로 가결한 데 이어, 이인(李仁)이 제의한 두가지 긴급결의안을 상정하여 토의했다. 긴급결의안은 (1) 한국은 국제관계상 미소 양군에 분할점령된 바 이것은 불편 불행한 일이므로 미국 군당국에 교섭하여 하루바삐 통일적 행정상태가 실현되도록 노력할 것, (2) 현 행정기구에 임시적이나마 일본인 관리를 남겨 둠은 불안과 침체를 초래하므로, 공정하고 유능한 인물을 한국인 중에서 채용할 것이라는 두가지였다. 이 두 결의안도 만장일치로 가결되었다.

김도연의 경과보고에 이어 「선언」, 「강령」, 「정책」을 상정하고, 백관수

---

53) 慎道晟, 「韓民黨 創黨」, 朝鮮日報 編, 『轉換期의 內幕』, 朝鮮日報社出版局, 1982, p.140.

가 제안설명을 했다. 이 세가지는 9월6일의 통합발기인대회에서 이미 의결한 것이었는데, 원안대로 채택되었다.

회의는 이어 참석자 전원이 일어서서 장덕수(張德秀)의 인도로 당원선서를 한 다음, 의장 김병로가 당의 기구에 대하여 설명하고 해외의 이승만, 서재필(徐載弼), 김구, 이시영(李始榮), 문창범(文昌範)과 국내의 권동진(權東鎭), 오세창(吳世昌) 7명을 한민당의 영수(領首)로 추대할 것을 제의하여 만장일치로 가결되었다. 회의는 이어 대의원 300명을 선출했다. 그러고는 내빈축사가 있고, 오후 4시45분에 폐회했다.

그런데 이날 한민당의 결당식에 참석하여 축사를 한 내빈이 누구였는지에 대해서는 이때의 신문보도나 한민당의 당사 관계 문헌에도 기록이 없다. 유일한 기록은 1979년에 출판된 허정의 회고록인데, 허정은 이날 축사를 한 내빈의 한 사람으로 조선공산당 총서기 박헌영을 들고 있어서 의아스러운 느낌을 준다. 허정은 다음과 같이 썼다.

또 한가지 한민당 창당과 관련하여 덧붙여서 말해 두어야 할 것은 창당대회 때에 공산당의 습격을 받았다는 항간에 떠도는 이야기에 대해서이다. 내 기억으로는 공산당의 습격은 없었던 것 같다.… 한국민주당 창당대회 때만 해도 박헌영이 참석하여 내빈축사를 했던 것이다. 우두머리는 축사를 하고 졸개는 습격을 하는 일은 없었을 것이다.[54]

좀처럼 공개석상에 모습을 드러내지 않는 박헌영이 한민당의 결당식에 참석하여 축사를 한 것이 사실이라면, 여러 가지로 톺아볼 만한 일이다. 한민당은 여운형에 대해서는 친일파이며 일본인들의 자금을 받았다고 맹렬히 매도하면서도 박헌영에 대해서는 드러내어 놓고 비판하지 않았다. 실제로 한민당 대표와 박헌영은 10월 초순에도 통일전선문제와 친

---

54) 許政, 『내일을 위한 證言 許政回顧錄』, p.107.

일파 숙청문제를 가지고 비밀히 만났다.[55]

결당식을 마친 한민당은 종로국민학교에 본부를 두고 체제정비를 서둘렀다. 9월21일과 22일 이틀 동안 중앙집행위원회가 열렸는데, 21일 오후 3시에 100여명이 모인 첫 중앙집행위원회 회의에서는 당무를 책임질 총무위원 9명을 선출했다. 먼저 원세훈이 위원장이 되어 이인을 비롯한 10명의 전형위원을 선정하여 총무들을 천거하게 했다. 수석총무 송진우(전라남도)를 비롯하여 백관수(전라북도), 허정(경상남도), 서상일(경상북도), 조병옥(충청도), 김도연(경기도), 김동원(金東元, 평안도), 원세훈(함경도), 백남훈(황해도) 아홉 사람이 총무로 선출되었다.[56] 이들 9명의 총무단은 전국 각도를 대표할 뿐만 아니라 출신 당파별로도 안배하는 형식으로 선출된 것이었다. 김병로가 총무에서 빠진 것도 송진우가 같은 전라남도 출신이었기 때문이다. 김병로는 이튿날 중앙감찰위원장으로 선출되었다. 결당식에서 당의 영수들로 추대된 이승만이나 김구, 이시영 등은 아직 귀국하지 않은 상태였고, 문창범은 시베리아 재류 동포대표로 상징적으로 추대한 것이었으며, 국내에 있는 연로한 권동진과 오세창은 정치활동에 적극적으로 나서지 않았다. 그렇기 때문에 수석총무로 선출된 송진우가 실질적인 당의 대표였다.[57]

9월22일의 중앙집행위원회 회의는 사무국과 11부서의 간부 133명과 중앙감찰위원 30명을 선임했다. 사무국장을 비롯한 11부의 부장들은 다음과 같았다.

사무국장 나용균(羅容均)　　정보부장 박준희(朴濬熙)
당무부장 이인(李仁)　　　　노동부장 홍성하(洪性夏)

55) 《朝鮮人民報》 1945년10월11일자, 「朝鮮共産黨朴憲永氏政見吐露」, 『이정박헌영전집(9)』, p.249.
56) 《每日新報》 1945년9월23일자, 「韓國民主黨, 總務委員八名決定」.
57) 박태균, 「해방직후 한국민주당 구성원의 성격과 조직개편」, 《國史館論叢》 제58집, 國史編纂委員會, 1994, p.90.

조직부장 김약수(金若水)　　문교부장 김용무(金用茂)
외무부장 장덕수(張德秀)　　후생부장 이운(李雲)
재무부장 박용희(朴容喜)　　조사부장 유진희(俞鎭熙)
선전부장 함상훈(咸尙勳)　　연락부장 최윤동(崔允東)[58]

　이들 부서의 구성원들은, 예컨대 외무부는 부장 장덕수와 윤보선, 윤
치영, 구자옥, 이활(李活) 등 10명, 선전부는 부장 함상훈과 백낙준, 송남
헌(宋南憲), 이하윤(李河潤) 등 15명, 문교부는 부장 김용무와 양원모(梁
源模), 신도성(愼道晟), 양주동(梁柱東), 현제명(玄濟明) 등 10명의 면면에서 보듯이, 이때의 저명한 우파 민족주의 지식인들을 총망라하다시피한 것이었다.

한민당 수석총무로 선출된 송진우.

　송진우는 한민당의 수석총무가 된 뒤에도 국민대회준비회를 존속시켰다. 그것은 처음에 준비회를 조직할 때에 이인에게 국회개설을 준비하기 위해서라고 했던 데서 보듯이, 해외 독립운동자들이 귀국한 다음에 완전독립의 협의체로 재편성하여 활용할 생각에서였다.[59] 국민대회준비회는 뒷날 미군환영대회, 임시정부요인 환영대회 등을 주관하여 한민당의 존재를 내외에 과

<hr />

58) 《每日新報》 1945년9월24일자, 「部署, 監察委員決定」.
59) 古下先生傳記編纂委員會 編, 『古下宋鎭禹先生傳』, p.320.

시하기도 했으나, 1945년12월에 송진우가 피살된 뒤에 유명무실해지고 말았다.[60]

한민당이 창당되자 조선공산당 기관지《해방일보》는 10월3일자 2면 전면에 걸쳐 「한국민주당의 정체」라는 제목으로 한민당의 「강령」과 「정책」을 비판하는 논설을 실었다.《해방일보》의 논설은 먼저 한민당을 "노동자, 농민을 속이는 자본가, 지주의 정당이다"라고 규정하고 다음과 같이 부연했다.

조선 혁명에 있어 대자본가는 그들의 반동적 성질을 명백히 폭로하고 있다. 그들은 '한국민주당'이라는 정당을 조직하고 반혁명적 지주층과 연맹을 결성하야 우리 혁명을 중도에 좌절시키고 조선해방을 유명무실의 구렁으로 밀어 넣으려고 온갖 기도를 다하고 있다.

논설은 이어 그러므로 그들의 정체를 파악하기 위하여 그들의 「강령」과 「정책」을 "냉정 무자비하게" 구명해 보자고 문제를 제기했다.

《해방일보》가 중점적으로 문제 삼은 것은 「정책」 제6항의 "주요산업의 국영 또는 통제관리"와 「강령」 제3항의 "근로대중의 복리증진을 기함" 및 「정책」 제7항의 "토지제도의 합리적 재편성"이었다.

《해방일보》는 주요산업의 국영 또는 통제관리 주장은 근로 대중의 복리증진을 기한다는 주장과 함께 한민당의 주장 가운데 "가장 용감하게 내세운 부분"이라고 말하고, 그러나 그것은 이미 붕괴된 국제 파시스트의 강령을 되풀이한 것에 지나지 않는다고 주장했다. 주요산업의 국영은 노동계급에 의한 조직적 관리와 정확한 감독이 없이는 노동계급의 정치적, 경제적 이익과 아무런 관련이 없다는 것이었다. 그럼에도 불구하고 한민당이 주요산업의 국영을 주장하는 이유는 취약한 민족자본으로

---

60) 沈之淵, 『韓國現代政黨論(韓國民主黨研究 Ⅱ)』, pp.16~17.

는 제국주의 일본이 두고 간 거대한 공장과 그 밖의 기관을 운영하기 어려우므로 차관이나 직접투자 형식의 외국자본의 도입이 필요하기 때문에 부득이하나마 경영방침을 국영으로 정했다는 것이었다. 그리고 그러한 국영의 특징은 외래자본에 의한 결정적 지배, 민족자본의 부분적 참가, 노동계급에 의한 관리 내지 감독이 없는 것이라고 했다. 그렇게 되면 이 나라는 결과적으로 일본 대신에 또 다른 제국주의자에 의한 반식민지화(半植民地化)를 면치 못할 것이고 노동계급에 대한 압박과 착취는 더욱 심화될 것이라고 주장했다.

한민당의 토지제도 정책에 대한 《해방일보》의 비판은 주요산업의 국유화 비판논리보다 설득력이 부족했다. 그것은 정치공세의 성격이 더 강했다.

(그들은) 이 농민이 그들 자신을 떠나서 무산계급 진영의 동맹군으로 설 때에는 그들은 완전히 이 혁명의 헤게모니를 노동계급에 빼앗겨 조선혁명은 그 역사적 과업인 노농독재민주주의혁명이 완수될 것을 잘 알고 있다. 그러므로 무슨 기만과 가장으로라도 이 농민을 자기들의 지지자로 획득하려고 단말마적 광분을 아니할 수 없다. 이곳에서 그들로서는 아주 '과감'한 정책으로서 "토지제도의 합리적 재편성"이라는 정책을 세운 것이다.

《해방일보》는 한민당이 주장하는 "합리적 재편성"이 고도로 실행된다 하더라도, 일본인들의 토지를 구매력이 있는 농민에게 매도하고 구매력이 없는 농민에게는 장기대부 방법으로 매입시키는 것은 일본제국주의자의 이른바 '자작농' 창설을 되풀이하는 데 지나지 않는다고 비판했다. 일본인들과 지주의 토지를 몰수하여 농민, 특히 빈농과 중농(中農)에게 무상으로 분배하지 않으면 농민은 그들의 생활을 노예적 상태에서 벗어나지 못할 것이라고 했다. 그러면서 다음과 같은 말로 긴 논설을 마무리했다.

한국민주당은 조선에서 자본민주주의혁명에 의하여 광범한 노농 민주주의 독재획득을 절대 반대하고 인민의 소수인 자본가 지주의 독재를 기도함이 명백하다. 한국민주당은 그 구성요소가 조선 대지주, 대자본가이며 따라서 그 「강령」, 「정책」도 극히 반동적인 점에서 우리는 그 정책을 완전히 파악할 수 있다.…61)

이렇게 하여 우파 민족주의 세력의 집결체로 결성된 한민당은 미 군정부에 적극적으로 협력하면서 군정청의 실질적인 여당이 되어 조선공산당을 중심으로 한 좌익세력과 대결했다.

2

미군이 진주하고 3주일이 지난 시점의 남한의 정치정세에 대한 미군정 당국의 인식은 하지의 정치고문 베닝호프가 9월29일에 번스 국무장관에게 보낸 장문의 보고서에 잘 표명되어 있다. 베닝호프는 먼저 남한은 정치적으로 선명한 두 그룹으로 나뉘어져 있다고 다음과 같이 설명했다.

서울은, 그리고 아마 남한 전역이 그렇겠지만, 현재 정치적으로 명확히 두 그룹으로 나뉘어져 있다. 이 두 그룹은 각각 독자적인 정치이념을 가진 몇개의 작은 분파들로 분열되어 있다. 그 하나는 이른바 민주적 또는 보수적 그룹으로서, 이 그룹 구성원의 상당수는 미국이나 한국에 있는 미국계 기독교 선교기관에서 교육받은 전문가들이거나 교육계 지도자들이다. 그들의 「정강」과 「정책」은 서유럽민주주의를

---

61) 《解放日報》 1945년10월3일자, 「韓國民主黨의 正體」.

지향하고 있으며, 한결같이 이승만 박사와 중경임시정부의 조기귀국을 바라고 있다.

다른 한편으로 급진파 또는 공산주의 그룹이 있다. 이 그룹은 중도좌파에서 급진파에 이르는 다양한 사상 경향을 가진 몇개의 작은 분파들로 구성되어 있다. 공산주의자임을 자인하는 인물들이 가장 목소리가 높고, 지도력을 발휘하고 있어 보인다.

베닝호프는 이러한 전반적인 인식에 입각하여 각 그룹의 활동과 주장 등을 자세히 분석했다. 그는 보수세력 가운데 규모가 가장 큰 것은 한민당이라고 말하면서, 한민당의 「정강」과 「정책」을 자세히 설명했다. 그러고는 한민당은 고학력의 기업인 및 전문가들과 전국 각 지방의 지역지도자들로 구성되어 있다고 말하고, 또 전쟁 기간에는 전국에 걸쳐서 1,000여 명의 지도자들이 참가한 비밀조직을 가지고 있었던 것이 틀림없다고 덧붙였다.

한편 급진그룹의 주도세력은 건국준비위원회인데, 이 조직의 지도자인 여운형은 미국식의 정치행동의 자유라는 특권을 이용하여 9월6일에 자신의 세력을 「정당」으로 재조직하여 조선인민공화국이라는 정부를 수립했다고 말했다. 그러나 베닝호프는 진정한 민주주의 정부의 수립, 대중생활수준의 급진적 향상 등 인민공화국이 표방하는 「정강」은 "한민당의 「정강」처럼 명확하지 않다는 사실에 주의해야 할 것이다"라고 논평했다.

베닝호프는 여운형을 "공산주의에 경도된 정치적 기회주의자"라고 규정하고, 인민공화국의 조각발표에 관련해서는 다음과 같이 기술했다.

두 그룹의 공표된 「정강」을 검토하는 한 한국의 장래에 대한 비전에 어떤 첨예한 차이는 없다. 그러나 보수세력은 그들의 프로그램을 중경임시정부의 지도 아래 실현시킬 것을 희망한다. 그들 가운데 어떤 사람들은 이승만 박사를 "한국의 손일선(孫逸仙: 孫文)"으로 불러 왔다. 한편 급진파들은 임시정부에 대해서는 일절 언급하지 않고, 그들의 정강도 세밀하지 않으며, 국가재건 과정에서 받게 될 원조와 지도의 방식에 대해서는 애매한 태도를 취하고 있다. 그러나 이 나라에서는 이 박사의 권위가 너무 커서 임시정부와 관련시키지 않고도 그의 이름이 김구와 김규식과 함께 인민공화국의 각료명단에 포함되었다는 사실은 주목할 만하다. 그들에게 할애된 직책은 각료층의 다른 인사와 공산주의자 각료들이 겸임하고 있다. 바꾸어 말하면, 그들은 현재 서울에 거주하는 사람들이 이용하는 간판이다.

베닝호프는 이러한 남한의 정치적 추세에 대하여 미 군정부가 취할 수 있는 태도는 "평화와 질서가 유지되는 한 일종의 불간섭주의"라고 말하고, "이 박사와 다른 임시정부 인사들이 귀국한다면, 미국이 급진파에 반대하여 보수파를 지원한다는 비난은, 비록 모든 재외거주 한국인은 정치적 입장에 상관없이 교통편만 허용되면 누구나 자유로이 그들의 고국으로 귀환할 수 있다고 발표함으로써 사전에 제지한다고 하더라도, 모면하기 어려울 것이다"라고 덧붙였다.

그러나 그러한 비난보다도 하지나 베닝호프의 더 심각한 관심사는 북한 소련군의 점령정책이었다. 그들은 남한 공산주의자들의 동향도 소련군 당국의 의사와 관련이 있다고 판단했다.

그들[소련인들]은 일본인들을 축출하고 엄격히 일당제에 입각한 지방정부를 설립했다. 그들이 동유럽을 소비에트화한 것과 마찬가지로 북한을 소비에트화할 것이라는 것은 가능성 이상의 것이다. 미국은 머지않아 루마니아, 헝가리, 불가리아에서 맞닥뜨린 문제와 비슷한 문제와 맞닥뜨리게 될 것이다. 그리하여 상황이 정돈되고 나면, 아마 북한은 공산주의 지배 아래 놓이고 남한은 미군 점령 아래 실질적

으로는 공산주의자들을 추종하는 국가가 되어 있을지 모른다.[62]

이처럼 9월 말의 시점에서 주한 미 군정부는 북한은 동유럽제국과 마찬가지로 소비에트화할 것이고, 남한은 미군 점령 아래 놓이더라도 실질적으로는 공산주의자들을 추종하는 국가가 될 것이라고 비관적으로 전망했다.

---

62) Benninghoff to Byrnes, Sept. 29, 1945, *FRUS 1945*, vol. Ⅵ., pp.1061~1065.

4. 기대에 어긋난 군정장관 고문회의

1

주력부대가 9월8일에 인천에 상륙한 미군이 남한의 각 도청소재지와 주요도시에 진주를 완료하기까지는 한달 가까이 걸렸다. 9월13일에 개성에 진주한 것을 시작으로 부산에는 16일, 청주에는 17일, 춘천에는 20일, 대구에는 9월 하순, 전주에는 9월29일, 광주에는 10월5일, 그리고 대전에는 10월21일에 가서야 정식으로 진주했다.[63]

미군은 9월20일에 '군정부'를 '군정청'으로 개칭하기로 했다. 그러면서 군정청은 "인민을 위한, 인민에 의한, 인민의 민주주의 정부를 수립할 때까지의 과도적 기간에 38도 이남의 한국지역을 통치, 지도, 지배하는 … 임시정부"이고 군정청의 유일한 임무는 "한국의 복리향상, 견실한 정부 및 건전한 경제의 기초를 확립하는 것"이라고 천명했다. 그와 함께 아널드 군정장관은 해임된 조선총독부 일본인 국장들 자리에 미군 장교들을 임명했다. 정무총감에는 선발대 대장으로 왔던 군정장교 해리스 (Charles S. Harrice) 준장이 임명되었다.[64] 해리스는 이내 경상남도지사로 전임되었다.

군정청의 무엇보다 시급한 과제는 치안문제였다. 아널드는 군정장관으로 임명되자마자 9월14일에 성명을 발표하고, 현재의 경찰기구는 「맥아더포고 제1호」에 의거한 것으로서 일본정부와는 전혀 관계가 없으며 한국인과 일본인으로 되어 있는 현재의 경찰관은 유능한 한국인을 채용하여 훈련이 끝나는 대로 속히 전원을 한국인으로 조직할 것이라고 언명했다. 그리고 정치단체나 귀환병단체 또는 그 밖의 일반시민단체가 경찰

---

63) 森田芳夫, 『朝鮮終戰の記錄』, p.292.
64) 《每日新報》 1945년9월19일자, 「"軍政廳"으로 改稱」.

력 및 그 기능을 행사하거나 행사하려는 일을 금한다고 못 박았다.[65] 그러고는 9월16일부터 일본인 경찰관을 점차로 해고했다.[66]

미 군정청 경무국이 경찰관을 모집하자 응모자가 몰려들었다. 그리하여 9월18일에는 광화문 앞의 경찰훈련소에서 177명의 새 경찰관 임명 선서식이 거행되었다. 선서식이 끝나자 신임 경찰관들은 바로 시내 각 요소의 경찰서에 배치되었다. 이튿날에도 같은 선서식이 거행되었다.[67]

경찰기구도 확충되었는데, 그것은 군정청의 기구개혁의 대표적인 것이었다. 9월17일부터 전 조선총독부 국장들과 이쿠다(生田) 경기도지사 등이 종전 전후의 서류소각문제, 조선은행권 남발과 융자문제, 총독부 및 단체의 과대한 지출문제, 아편처분문제 등으로 헌병대, 경찰서, 검사국에 구속되어 조사를 받았다.[68] 미 군정청은 미군이 인천에 상륙한 날부터 실시해 오던 오후 8시에서 다음날 오전 5시까지의 야간통행 금지시간을 9월19일부터 오후 10시에서 다음날 오전 4시까지로 단축했다. 이때부터 시작된 야간통행 금지제도는 정부 수립 뒤에도 6·25전쟁과 5·16군사쿠데타 등의 정변을 겪으면서 계속 유지되다가, 1982년 1월에 가서야 폐지되었다. 한편 제국주의 일본의 악법폐지도 서둘러 아널드 군정장관은 9월22일에 「일반명령 제5호」로 치안유지법을 비롯한 「조선사상범 보호시찰령」, 「조선사상범 예비구금규칙」, 「조선임시보안령」, 「임시자금조치법」, 「조선총독부 중추원 관제」 등 악법을 폐지한다고 포고했다.[69]

이어 미 군정청은 정부기관의 중요 직위에 일본인 대신에 한국인을 임명해 나갔다. 미 군정청 정보부장 헤이워드 중령은 9월17일에 담화를 발표하고, 하지 사령관이 매주 월요일과 화요일 오전 9시부터 11시까지 한

---

65) 森田芳夫·長田かな子 編, 『朝鮮終戰の記録 資料篇(一)』, pp.283~284; 韓國警察史編纂委員會 編, 『韓國警察史(I)』, 內務局治安局, 1972, p.926.
66) 《每日新報》 1945년9월16일자, 「朝鮮人警察訓練」.
67) 《每日新報》 1945년9월19일자, 「새 警察官들 配置」.
68) 森田芳夫·長田かな子 編, 앞의 책, pp.52~57.
69) 《每日新報》 1945년9월22일자, 「暴惡한 法律의 廢止」.

사람 앞에 5분 동안씩 중요한 정치단체 대표와 개별적으로 면담할 계획이라고 밝혔다. 면담의 목적은 군정청의 각 국장 대리, 도지사 대리, 서울시장 대리, 군수 대리 등의 직무를 담당할 수 있는 한국인 후보자의 추천을 받기 위한 것이었다. '대리' 제도는 "먼저 미군 가운데서 각 국장을 임명하고, 국장을 보좌하는 보좌관인 대리는 한국인 가운데서 선발하여 적당한 시기에 대리를 해임하고 국장과 도지사 및 그 밖의 직책에 한국인을 정식으로 임명하기 위한 것"이라고 했다.[70]

그러나 이 계획은 그다지 성과가 없었다. 그리하여 미 군정청은 각계의 지도적 인물을 군정장관의 고문으로 임명하여 이 고문회의(Advisory Council)로 하여금 인사문제를 포함한 전반적인 문제에 대하여 군정장관의 자문에 응하게 했다. 10월5일에 발표된 군정장관 고문은 김성수(교육가), 송진우(정치가), 김용무(변호사), 김동원(기업가), 전용순(全用淳, 기업가), 이용설(李容卨, 의사), 오영수(吳泳秀, 은행가), 강병순(姜炳順, 변호사), 윤기익(尹基益, 광산주), 여운형(정치가), 그리고 북한의 조만식(曺晩植, 정치가)의 11명이었다.[71]

이들 가운데 직접 정치에 관여하고 있던 사람은 김성수, 송진우, 김용무, 김동원, 여운형, 조만식 6명이었는데, 여운형과 조만식 말고는 모두 한민당 인사들이었다. 그 밖의 5명은 각각 전문 직종의 대표적 인물로 선정되었다.

고문회의는 정식발표에 앞서 10월4일에 첫 회의를 열어 김성수를 위원장으로 선출하고, 이어 공장의 재개, 도지사 임명 등의 의안을 논의했다. 이때의 고문단 선임에서 가장 주목되는 것은 평양에 있는 조만식을 포함시킨 것이었다.

여운형은 고문회의의 첫 회의가 열린 10월4일에 아널드 군정장관의

---

70) 《每日新報》 1945년9월17일자, 「警察官志願者遝至」 및 9월25일자, 「하지中將定例會見談」.
71) 《自由新聞》 1945년10월7일자, 「各界의 指導者十一氏 軍政長官顧問被任」. 《每日新報》 1945년10월6일자에는 '吳泳秀'가 '具泳秀'로 되어 있다.

연락을 받고 황진남(黃鎭南)을 대동하고 처음으로 군정청을 방문했다. 군정장관의 고문이 되어 달라는 아널드의 요청에 대해 여운형은 "내가 인민공화국을 세웠으니까 당신들이 우리 고문이 되어야 한다. 당신의 고문이 되는 것은 주객이 뒤집힌 것이다"라고 말하면서 거절했다. 그러자 아널드는 여운형을 하지에게로 안내했다. 이 시간에도 하지는 각당 대표들을 만나고 있었다. 하지와 여운형은 초대면이었다. 여운형을 보자 하지는 "당신은 일본인들과 어떤 관계를 가졌느냐?"고 물었고, 여운형이 아무런 관계도 없다고 대답하자 하지는 다시 "당신은 일본인의 돈을 얼마나 받았느냐?"고 물었다고 한다. 여운형이 인천에 미군이 상륙할 때에 백상규(白象圭) 등 환영 특사를 보냈던 일 등을 이야기한 끝에 '오해'가 풀렸고, 그리하여 여운형은 군정장관 고문직을 수락했다는 것이다.[72]

이 자리에서 하지는 여운형에게 해외에서 누가 귀국하면 좋겠느냐

군정장관 고문회의의 위원장으로 선임된 김성수.

고 물었고, 여운형은 이승만, 김구, 김규식 세 사람의 이름을 적어 주었고, 하지는 "좋다. 그대로 힘써 보겠다"라고 말했다고 여운형의 측근인 이만규는 썼다.[73] 그러나 이때에 이승만은 이미 하지의 요청에 따라 미합동참모본부의 주선으로 귀국 도상에 있었다.

다른 고문들이 모여 있는 옆방으로 안내된 여운형은 당황했다. 그 자리에 있던 다른 고

72) "The Victim of Military Occupation of Korea", *The Voice of Korea*, Sept. 16, 1947.
73) 李萬珪, 앞의 책, p.248.

문들도 놀라는 기색이었다. 여운형은 뒷날 이때에 임명된 고문 아홉 사람 가운데 김성수와 송진우를 제외한 나머지 사람들은 "서울에서조차 알려지지 않은 사람들"이었고, "대부분 평판이 나쁜 사람들"이었다고 적었다. 그리고 고문회의 의장 선거에서 자기는 광산업을 하는 윤기익에게 투표했는데, 투표결과는 9대 1이었다고 했다.[74] 그리하여 그는 "언제나 나의 주장과는 9대 1로 대립될 것"이라고 판단하고 자리를 떴다고 했다.[75] 여운형은 10월14일에 정식으로 고문직을 사퇴했다.[76]

2

군정장관 고문회의의 첫 회합에 참석했던 여운형은 이튿날 동대문 밖의 창신동 임종상(林宗相)의 집에 한민당의 송진우, 백관수, 김병로, 장덕수, 건준과 인민공화국쪽의 여운형, 허헌, 최근우(崔瑾愚), 조동호(趙東祜), 국민당의 안재홍, 그리고 박헌영 대신에 참석한 공산당의 이현상(李鉉相), 김형선(金炯善), 최용달(崔容達)이 모인 정당수뇌 간담회 자리에 참석했다. 이 자리에서 여운형은 매우 주목할 만한 발언을 했다.

"건준과 인민공화국이 우리 민족의 단결과 통일행동을 파괴하고 분규를 가져왔다면 그 책임은 오로지 여운형에게 있다."

이렇게 자책하는 듯한 태도를 보인 여운형은 다음과 같이 단호하게 말했다고 한다.

"여기에는 국내의 좌우 지도자 대부분이 모여 있다. 이 장소에서 민족의 진로에 대한 결론이 나온다면 인민공화국은 백번 해산해도 좋다."[77]

여운형의 이러한 말은 전날 미 군정장관의 고문직을 수락하면서 하지

---

74) "The Victim of Military Occupation of Korea", *op. cit.*
75) 李萬珪, 앞의 책, pp.239~242.
76) 《自由新聞》 1945년10월15일자, 「呂氏顧問辭任」.
77) 李榮根, 「八·一五解放前後のソウル⑤ 統一戰線(中)」, 《統一朝鮮新聞》 1970년9월30일자. 번역문은 《月刊朝鮮》 1990년8월호, p.442.

와 나눈 대화 내용이 심상치 않았음을 짐작하게 한다.

베닝호프는 미군정 당국이 고문회의를 설치한 목적을 국무부에서 도쿄에 파견되어 있는 정치고문 대리 애치슨(George Atcheson)에게 다음과 같이 보고했다.

고문회의의 목적은 충고와 조언 이외에 한국인의 의식 속에 그들이 정부활동에 참여하기 시작했다는 느낌을 심어 주는 것이다. 이 목적을 달성하기 위해서는 고문회의의 '위신'을 제고시킬 수 있는 면밀한 홍보 캠페인이 필요할 것이다. 고문회의의 설치에 대한 여론의 반응이나 신문 논평은 별로 없었는데, 그것은 이미 조선총독부의 자문기관으로 설치되었다가 최근에 해체된 유사한 기관이 친일협력자들의 집합체로 간주되었기 때문인 것 같다.[78]

최근에 해체된 유사한 기관이란 조선총독부 중추원(中樞院)을 지칭한 것이었다. 아널드 군정장관은 9월28일에 조선총독부 중추원 부의장 박중양(朴重陽), 고문 한상룡(韓相龍), 윤치호(尹致昊), 이범익(李範益), 그리고 참의 김윤정(金潤晶)을 파면했다.[79]

미 군정청의 고위 관리로 임용할 한국인을 추천하는 작업은 한국말을 구사할 수 있는 미국 선교사 2세들에 의해서 이루어졌다. 그 가운데서도 하지 사령관의 특별보좌관 윌리엄스(George Z. Williams) 중령이 가장 중요한 역할을 했다. 그는 적임자 추천뿐만 아니라 한국인들과의 접촉을 통하여 얻은 한국 사정에 관한 정보를 하지에게 보고했다.

윌리엄스 중령은 인천에서 태어나서 충남 공주(公州)에서 성장했다. 그는 1907년에 충남 공주에 파견되어 1940년에 일본인들에 의해 강제 퇴

---

78) Benninghoff to Atcheson, Oct. 9, 1945, *FRUS 1945*, vol. Ⅵ., p.1069.
79) 《每日新報》 1945년9월29일자, 「中樞院參議等五名 二十八日에 罷免命令」.

거당할 때까지 공주읍 교회 담임목사와 영명학교(英明學校) 교장으로 활동한 윌리엄스(Frank E. C. Williams, 禹利岩) 선교사의 아들이었다. 그는 하지 중장 휘하의 육군부대를 수송한 함대사령관 킹(Ernest J. King) 제독의 군의관이었는데, 인천에 상륙하던 날 하지는 인천부두에서 한국말을 구사하는 윌리엄스를 우연히 발견하고 자기의 특별보좌관으로 임명했다.[80] 윌리엄스는 주로 기독교 신자 가운데서 인물을 찾았다. 고문회의의 중요 인물 추천도 윌리엄스에 의한 것이었다.[81]

큰 기대를 가지고 설치한 고문회의는 그러나 설치 목적에 훨씬 미치지 못한다는 사실이 이내 드러났다. 베닝호프는 도쿄의 애치슨에게 고문회의를 설치한 사실을 알린 다음날 다시 후속 전보를 쳤다. 이 보고전보는 국무부에는 송부되지 않았다. 전보의 내용은 아무래도 이승만, 김구, 김규식 세 사람을 빨리 귀국시켜야겠다고 말하면서, 구체적인 절차까지 제의하고 있어서 눈길을 끈다.

보수적인 그룹은 훨씬 덜 공격적이고 지식인층의 생각을 대표하는 것으로 믿어지는데, 그들은 군정에 대해서도 협조적이다. 그들의 대다수는 한국은 일정기간의 후견(Tutelage)기를 거쳐야 하고, 그럴 경우 소련의 지도보다는 미국의 지도하에 있기를 더 바란다고 말했다.… 이들의 대다수는 임시정부에 충성을 표명하고 있고, 이승만, 김구, 김규식의 귀국을 희망한다. 이러한 상황에서, 특히 공산주의자들마저도 임시정부를 전면적으로 부정할 수 없는 상황에서, (아마 애국심이라는 견지에서 보아 이 조직이 가지고 있는 권위 때문이겠지만) 우리 사령부는 위의 세 사람이 개인 자격으로 한국으로 귀환할 수 있

80) 김승태·박혜진 엮음, 『내한선교사총람 1884-1984』, 한국기독교역사연구소, 1994, p.526;
  이정식, 「해방 전후의 이승만과 미국」, 『대한민국의 기원』, 일조각, 2006, p.319.
81) Richard E. Lauterbach, *Danger from the East*, Harper & Brothers Publishers, 1946,
  pp.202~203.

도록 허가해 주기를 요청했다. 이들을 다른 한국인 저명인사 이상으로 특별히 예우할 생각은 없다. 그들은 미군정에 협조할 준비를 해야 할 것이며, 현재의 고문회의 멤버들과 같은 조건으로 고문직에 취임해야 할 것이다.

그러면서 베닝호프는 이러한 조건을 이승만이나 그 밖의 지도자들에게 출국하기 전에 알려야 한다고 주장했다. 그리고 이들의 귀국 뉴스는 큰 반향을 불러올 것이고 심지어 불순세력이 정치적 목적으로 악용할지도 모르므로, 서울과 미국과 중경에서 공표 내용과 시기를 조절하여 그들의 귀국 이유에 대한 의혹이 없도록 해야 한다고 건의했다.[82]

이처럼 하지는 이미 이승만, 김구, 김규식 세 사람의 귀국 조치를 전쟁부(육군부)에 건의해 놓고 있었다.[83] 하지가 이승만의 귀국조치를 특별히 요청한 것은 윌리엄스 중령의 보고와 건의에 따른 것이었다. 윌리엄스는 쌍발비행기를 타고 대전, 광주, 대구, 부산 등 남한 각지로 돌아다니면서 한국인들을 만났는데, 한국인들의 관심의 초점은 "왜 우리 대통령 이승만 박사를 빨리 데려오지 않느냐?"는 것이었다. 그런데 윌리엄스가 가는 곳마다 이승만의 귀국이 화제가 된 직접적인 이유는 이승만이 조선인민공화국의 주석으로 발표되었기 때문이었다는 것이다.[84]

---

82) Benninghoff to Atcheson, Oct. 10, 1945, *FRUS 1945*, vol. Ⅵ., pp.1070~1071.
83) 미국무부문서 895-00/8-1949 Warren S. Hunsberger, Sept.2, 1949, "U. S. Involvement in the Return of Syngman Rhee to Korea and in His Subsequent Prominence in Korean Government and Politics"(*Internal Affairs of Korea 1945~1949*).
84) 윌리엄스 증언, 이정식, 앞의 글, 「대한민국의 기원」, p.320.

76장

평양시민중대회에 나타난 '김일성 장군'

1. 1945년 9월 20일에 보낸 스탈린의 비밀지령
2. 붉은 군대 제88특별저격여단의 김일성 대위
3. 북한의 독자적인 공산당 조직 주도

1. 1945년9월20일에 보낸 스탈린의 비밀지령

1

1945년9월11일부터 10월2일까지 런던에서 개최된 5개국(미국, 소련, 영국, 중국, 프랑스)의 외상이사회(the Council of Foreign Ministers)는 제2차 세계대전 이후에 처음으로 열린 연합국 회의였지만 아무런 합의도 보지 못하고 결렬되었다. 런던회의의 결렬은 연합국, 특히 한반도를 분할 점령하고 있는 미국과 소련의 한국점령정책에도 중대한 영향을 미쳤다.

이 외상이사회는 7월의 포츠담회담 때에 트루먼(Harry S. Truman) 대통령의 제의로 설립된 것인데,[1] 포츠담의정서의 외상이사회 설치에 관한 조항(제3항 ii)은 런던회의에서 전 추축국(독일, 이탈리아, 일본)들에 대한 강화조약 초안을 작성할 것과 그 초안 작성에는 강화 대상국의 항복문서에 서명한 연합국이 참가하도록 규정되어 있었다. 항복문서에 서명한 당사국이 아닌 회의 참가국은 자기 나라와 직접 관련이 있는 문제가 토의될 때에만 합의에 따라 초청될 수 있었다.[2] 그런데 런던회의 첫날 의사일정을 정할 때에 위의 조항을 탄력적으로 해석하여 강화문제의 토의에는 5개국 외상 전원이 참가하고 표결만 항복문서에 서명한 연합국 외상들이 하기로 합의했다. 이 방식은 몰로토프(Vyacheslav M. Molotov) 소련외상도 찬성하여 채택되었다.[3]

위와 같은 방식으로 회의가 진행된 지 열흘이나 지난 9월22일에 몰로토프는 갑자기 회의 운영방식을 포츠담의정서대로 바꿀 것을 요구하면서, 요구가 받아들여질 때까지 회의에 출석하지 않겠다고 통고했다. 그것

---

1) Harry S. Truman, *Memoirs by Harry S. Truman*, vol. I., *Year of Decisions*, Doubleday & Company, 1955, p.344.
2) *FRUS 1945 The Conference of Berlin(Potsdam)*, vol. II., 1960, pp.1478~1498.
3) Harry S. Truman, *op. cit.*, p.516.

은 프랑스와 중국을 사실상 회의에서 배제하자는 것이었다. 몰로토프의 태도가 강경했으므로 미국무장관 번스(James F. Byrnes)와 영국외상 베빈(Ernest Bevin)은 각각 트루먼 대통령과 애틀리(Clement Attlee) 수상에게 직접 스탈린(Iosif V. Stalin)에게 타전하여 몰로토프의 요구를 철회시키도록 요구할 것을 건의했고, 이들의 건의에 따라 트루먼과 애틀리는 스탈린에게 전보를 쳤지만 허사였다.[4]

몰로토프가 갑자기 태도를 바꾼 것은 동유럽 국가들의 강화문제와 일본점령을 둘러싼 미국과의 대립 때문이었다. 몰로토프는 런던회의에서 루마니아와 불가리아에 수립될 임시정권을 상대로 강화조약을 체결하고 그렇게 함으로써 미국과 영국도 이 두 정권을 승인하도록 요청했다. 그러나 미국은 이 두 정권이 소련의 괴뢰정권에 지나지 않는다면서 응하지 않았다. 번스는 9월19일에 이에 대한 메모랜덤을 제출하고 임시정부를 개조할 것과 선거를 통하여 두 나라에 미국이 승인할 수 있는 정부를 수립하겠다는 확실한 약속이 없는 한 강화문제의 심의에 응할 수 없다고 통고했다.[5] 그러나 그것은 소련으로서는 받아들이기 어려운 요구였다.

포츠담의정서에는 런던외상이사회가 우선적으로 처리해야 할 과제도 지정되어 있었다. 그 가운데 극동문제는 포함되어 있지 않았지만, 일본의 점령 관리는 소련과 영국의 중요한 관심사였다. 특히 소련은 미국이 일본점령을 독점하고 있는 상태가 불만이었다.

몰로토프는 9월22일 오전에 예정된 회의에는 참석하지 않겠다고 말하고, 번스에게 두 사람만의 회담을 요청했다. 그 자리에서 그는 모스크바로부터 훈령을 받았다면서 일본의 침략재발방지책과 대일이사회(Control Council for Japan) 설립문제를 논의할 것을 요구했다. 그러나

---

4) Ministry of Foreign Affairs of the U.S.S.R., *Correspondence between the Chairman of the Council of Ministries of the U.S.S.R. and the Presidents of the U.S.A. and the Prime Ministers of Great Britain during the Great Patriotic War of 1941~1945*, Foreign Language Publishing House, 1957, vol. I., pp.375~378, vol. II., pp.271~276.
5) *FRUS 1945*, vol. II., *General: Political and Economic Matters*, 1967, pp.263~267.

번스는 그것은 예정된 의제에 없고, 따라서 미국은 논의준비가 되어 있지 않다면서 거부했다. 번스의 이러한 대답이 있고 나서 몰로토프는 앞에서 본 대로 회의 진행방식에 대한 강경한 선언을 한 것이었다.[6]

몰로토프는 일본점령관리문제의 토의를 거듭 요구했지만, 이미 일본의 점령관리에는 독일 방식을 채용하지 않기로 방침을 굳힌 미국으로서는 소련의 공동관리안은 고려 밖의 일이었다.

소련은 런던외상이사회에 즈음하여 몇가지 정책문서를 작성했는데, 「일본의 과거 식민지 및 위임통치지역문제에 대한 노트」라는 문서는 한국문제와 관련하여 다음과 같이 기술하고 있어서 눈길을 끈다. 곧 한반도는 2년쯤의 미소 양군에 의한 군사점령 체제를 거쳐 미, 영, 소, 중 4개국의 공동신탁통치를 실시하고, 신탁통치 협정에는 부산과 진해, 제주도, 제물포[인천]의 3개 전략지역은 소련에 분할하여 소련군사령부의 통제 아래 둔다는 규정이 포함되어야 한다는 것이었다. 소련은 이 지역들이 소련 선박의 자유로운 항행을 보장하고 중소 공동의 해군기지인 여순(旅順)항에 이르는 접근로를 확보하며 태평양에서의 미국의 전략적 지위를 견제하는 데 중요한 거점이 된다고 판단했기 때문이다.[7] 이 정책문서는 또한 제주도를 중국점령지역으로 설정하거나 대마도를 한국에 제공하는 것을 제안할 필요가 있다고 썼다. 「한국문제에 대한 소련정부의 제안」이라는 문서도 같은 내용이었다. 이러한 구상은 소련이 한반도를 자신들의 국가이익에 얼마나 중요한 비중을 가진 지역으로 인식하고 있었는가를 짐작하게 한다. 그러므로 런던외상이사회에서 드러난 미국과 소련의 대립적인 자세는 이 두 나라에 의하여 분할점령되어 있는 한반도의 불행을 더욱 옥죄는 힘으로 작용했다.

---

6) James F. Byrnes, *Speaking Frankly*, William Heinemann LDT, 1947, p.102; *FRUS 1945*, vol. Ⅱ., pp.313~315.
7) 김성보, 「소련의 대한정책과 북한에서의 분단질서 형성, 1945~1946」, 역사문제연구소 편, 『분단 50년과 통일시대의 과제』, 역사비평사, 1995, pp.64~66; 전현수, 「소련군의 북한 진주와 대북한 정책」, 《한국독립운동사연구》 9집, pp.369~370.

북한의 각 지역에 진주한 소련군은 1945년 8월 말까지 배치를 완료했다. 북한에 진주한 소련군의 총수는 밝혀지지 않았으나, 미국정부는 4만 명가량이었던 것으로 추산했다.[8] 소련군이 진주한 도(道), 시(市), 군(郡) 단위마다 경무사령부가 설치되었는데, 그것은 연해주군관구 군사회의의 명령에 따른 것이었다. 경무사령부는 처음에는 일본군의 무장해제나 무기와 재산의 보존과 같은 임무를 수행했으나, 해당 지역의 치안과 사회질서의 확립, 주민들의 경제 및 문화 생활의 정상화, 소련군부대에 필요한 식량, 생활필수품, 연료의 확보 등의 업무를 담당했다. 그에 따라 경무사령관은 법률의 효력을 갖는 명령과 지시를 내리고 이를 이행하지 않을 때에는 소련군에 대한 적대행위로 처벌할 수 있었다.[9]

그러나 사회 혼란은 좀처럼 정돈되지 않았다. 남한에 진주한 미군과 마찬가지로 소련군도 구체적인 점령정책이 준비되어 있지 않았다. 일본의 붕괴 이후에 북한 각지에 출현한 자치기관들은 일부의 예외를 제외하고는 민족주의자들이 다수를 차지하고 있었는데, 소련군이 진주하면서 도(道) 단위로 민족주의자들과 공산주의자들이 동수로 행정기관을 구성하게 함에 따라 갈등을 빚게 된 것은 당연했다. 그뿐만 아니라 공산주의자들 사이에서도 분파주의에 따른 주도권 경쟁으로 말미암아 내분이 심화되었다. 1945년 10월 중순까지 평양에서만 이러저러한 이유로 1,090명이 체포된 사실만 보더라도 혼란상태의 심각성을 짐작할 수 있다.[10] 소련군의 약탈과 부녀자 폭행 등도 계속되었다.

혼란이 계속되는 속에서 9월 4일에 발생한 평남인민정치위원회 부위

---

8) Department of State, *North Korea: A Case Study in The Techniques of Takeover*, United States Government Printing Office, 1961, p.12.
9) 전현수, 앞의 글, pp.356~357.
10) 김광운, 『북한정치사연구 I: 건당·건국·건군의 역사』, 선인, 2003, p.86 주139).

원장이자 조선공산당 평남지구 책임자인 현준혁(玄俊赫)의 암살사건은 북한에서뿐만 아니라 서울 정계에도 큰 파장을 불러일으켰다. 그것은 해방정국에서 발생한 최초의 정치테러 사건이었다. 경성제국대학을 졸업하고 이론적 바탕을 갖춘 온건한 공산주의자였던 현준혁은 조만식(曺晚植)과도 신뢰관계를 유지하고 있었다. 범인은 조만식과 현준혁이 같이 타고 가던 트럭이 도청 근처의 커브길에서 서행하는 틈을 타서 차에 뛰어올라 현준혁임을 확인한 뒤에 권총 1발을 발사했고, 현준혁은 즉사했다. 범인은 열여덟살쯤 된 청년으로서 적위대(赤衛隊) 복장을 하고 있었다. 장례식은 이틀 뒤에 거행되었고, 유해는 평양진자(神社)가 있었던 장소에 매장되었다.[11] 범인이 체포되지 않은 채 사건은 미궁에 빠졌다.

현준혁이 암살되자 먼저 의심을 받은 것은 우익진영이었다. 거리마다 "백색테러에 의해 현준혁이 죽었다"라는 구호가 내걸리고, 많은 우익진영 인사들에게 협박장이 날아들었다. 서울의 조선공산당 기관지《해방일보》도 「조사(弔辭)」를 통하여 암살의 성격을 '백색테러'라고 주장했다.[12]

현준혁의 암살이 백색테러였다고 의심하는 근거의 하나로, 해방 직전에 박고봉(朴古峰)이 평양에서 조직한 우익단체 대동단(大同團)이 현준혁을 암살했다는 이

평양의 '혁명열사능'에 있는 현준혁의 묘.

11) 劉基善 증언, 중앙일보특별취재반, 『秘錄조선민주주의인민공화국』, 中央日報社, 1992, p.130; 森田芳夫, 『朝鮮終戰の記錄』, p.188.
12) 《해방일보》1945년10월3일자, 「玄俊赫동무를 弔함」.

야기가 있다. 대동단에 가입한 백관옥(白寬玉), 선우봉(鮮于鳳), 박진양(朴珍陽)은 현준혁이 8월 25일에 조선은 장차 소련과 같은 강한 나라의 연방이 되어야 한다는 방송을 한 것에 분노하여 암살을 결행했다고 했다. 이들은 월남한 뒤에 서울에서 염응택(廉應澤: 일명 廉東振 또는 廉東震)과 함께 우익테러단체 백의사(白衣社)를 조직했다고 한다.[13] 현준혁이 이러한 내용의 방송을 실제로 했는지는 확인할 수 없다.

좌익 내부에서도 상호불신이 싹텄다.[14] 범인이 또 한 사람의 공산주의 실력자인 장시우(張時雨)가 이끄는 적위대 복장을 하고 있었기 때문이다. 이 무렵 조선공산당 평남지부 안에는 현준혁과 장시우 사이에 알력이 심했다. 우익진영과의 합작을 중시하며 민족 독립의 완수를 사회주의의 실현보다 앞세운 현준혁과 소련군의 후원을 적극적으로 이용하려는 김용범(金鎔範), 박정애(朴正愛), 장시우 그룹 사이에 노선갈등이 있었던 것이다.[15] 소련군은 범인 수사에 열의를 보이지 않았고 보도도 통제했다. 그리하여 현준혁은 북한에서나 남한에서나 이내 잊혀지고 말았다. 현재 평양의 '혁명열사능'에 있는 현준혁의 묘비에는 그가 죽은 날짜가 9월 3일로 새겨져 있다.

소련의 북한점령정책이 명확해진 것은 9월 20일에 스탈린과 소련군 참모총장 안토노프(Aleksei I. Antonov)의 공동명의로 극동전선총사령관 바실레프스키(Alexandr M. Vasilevskii)와 연해주군관구 군사회의 및 제25군 군사회의 앞으로 보낸 암호지령을 통해서였다. 이 비밀지령은 한반도 분단을 고착시키는 한 계기가 되었다는 점에서 한국 현대사의 운명적인 지령이었다. "붉은 군대에 의한 북한점령과 관련하여 소련군최고

---

13) 이영신, 『비밀결사 白衣社』, 알림문, 1993, pp.82~86, pp.103~117; 정병준, 『몽양여운형평전』, 한울, 1995, pp.484~485.

14) 森田芳夫, 앞의 책, p.187.

15) 吳泳鎭, 『하나의 証言: 作家의 手記』, 中央文化社, 1952, pp.121~122; 韓載德, 『金日成을 告發한다: 朝鮮勞動黨治下의 北韓回顧錄』, 內外文化社, 1965, p.53; 劉基善 증언, 『秘錄조선민주주의인민공화국』, p.133.

사령부는 다음과 같이 지시한다"고 한 이 비밀지령은 7개항으로 되어 있다. 핵심은 (1)항과 (2)항이었는데, (1)항은 "북한 영토 안에 소비에트(의회) 및 그 밖의 소비에트정권의 기관을 수립하지 않으며, 또한 소비에트 질서를 도입하지 말 것"이라는 것이었고, (2)항은 "북한에 반일적인 민주주의 정당 및 조직의 광범한 블록(연합)을 기초로 한 부르주아민주주의 정권을 확립할 것"이라는 것이었다.[16] 그것은 분명히 소련군의 점령 아래 있는 북한지역에 독자적인 정권을 수립하라는 지령이었다. 이 두개 항목은 이 비밀지령이 비밀해제된 1981년 이후에도 공개되지 않고 있다가 1993년에야 공개되었다. 그때까지 이 문서가 비밀해제되지 않았던 이유는 소련이 한반도 분단의 책임을 져야 할 염려가 있었기 때문이었을 것이다.[17]

지령은 이어 (3)항으로 붉은 군대의 점령지역에 반일적인 민주주의 조직 및 정당이 결성되는 것을 방해하지 말고 그 활동을 원조하라고 했다. (4)항은 북한 주민들에게 붉은 군대가 북한에 진입한 것은 일본 침략자의 분쇄가 목적이지 소비에트 질서의 도입이나 한국 영토의 획득이 목적이 아니며, 북한의 사유재산 및 공공재산은 소련군 당국의 보호 아래 둔다는 점을 설명하라는 것이었다. 지령에는 소련군의 만행과 관련된 항목도 있었다. "북한 주둔 부대에 대하여 기율을 지키고 주민의 감정을 해치지 말며, 예의바르게 행동하도록 지시할 것"이라고 한 (6)항이 그것이다. 그것은 소련군의 만행이 얼마나 심각했는가를 반증하는 것이다. 지령은 마지막 (7)항에서 북한 민간행정의 지시는 연해주군관구 군사회의가 수행하라고 지시했는데, 이 (7)항도 1993년까지 공개되지 않았다.[18]

스탈린이 북한에 수립할 것을 촉구한 부르주아민주주의정권이란 서

---

16) 《每日新聞》 1993年 2月16日字, 「ブルジョア民主政權を確立せよ」.
17) 和田春樹, 「分斷の"起源"示す」, 위와 같음; 이정식, 「스탈린의 한반도정책 1945」, 『대한민국의 기원』, pp.178~205 참조.
18) 國土統一院 編, 『蘇聯과 北韓과의 관계: 1945~1980』, 國土統一院, 1988, p.39.

유럽의 역사에서 보는 부르주아혁명에 따른 정권은 물론 아니었다. 그것
은 코민테른[국제공산당]이 1926년8월에 조선공산당의 해체를 명령하
면서 제시한 통일전선적인 부르주아혁명 단계의 권력형태를 지칭하는 것
이었다. 박헌영(朴憲永)의 「8월테제」도 한국혁명의 현단계를 부르주아민
주주의혁명 단계라고 규정했다.

2. 붉은 군대 제88특별저격여단의 김일성 대위

1

소련 제25군 군사위원 레베데프(Nikolai G. Lebedev)는 평양에 도착하고 며칠 지나지 않아 연해주군관구 군사위원 슈티코프(Terentii F. Shtykov)로부터 긴급 전화를 받았다. 중간에서 도청을 할 수 없는 군대 전용의 무선전화였다. 한달쯤 뒤에 제88특별저격여단의 김일성(金日成) 대위를 평양으로 들여보낼 테니까 그에게 주택과 자동차, 생필품 등을 지급하라는 지시였다. 뒷날 레베데프는 "순간 나는 일개 대위에게 주택과 자동차를 지급하라는 이 지시가 무엇을 의미하는지 이해되지 않았다"라고 술회했는데,[19] 이 말은 이때까지도 레베데프가 김일성에 대하여 정보를 가지고 있지 않았음을 말해 준다. 레베데프는 1주일 뒤인 9월 초의 어느 날 슈티코프로부터 다시 전통을 받았다. 김일성이 평양에 도착하면 그를 공산당에 입당시키고, 소련군 장교들로 구성된 경호원을 붙여 비밀리에 지방순회를 시키라는 지시였다.[20]

이때에 김일성은 33세의 소련군 대위였다. 본명은 김성주(金成柱). 1912년에 평양 교외의 대동군(大同郡)에서 태어났다. 아버지 김형직(金亨稷)은 소작농의 아들이었고, 어머니 강반석(康盤石)은 이웃마을 교회 장로의 딸이었다. 김일성은 열다섯살에 만주의 길림(吉林)으로 가서 육문중학(毓文中學)이라는 중국인 학교에 입학했는데, 중국인 학교에 다닌 사실은 뒷날 그가 중국공산당에서 활동하는 데 큰 도움이 되었다.

1932년에 안도(安圖)에서 조선인 무장대를 조직하여 활동하던 김일성은 1936년에 중국 동북항일연군(東北抗日聯軍) 제2군이 결성될 때

---

19) 레베데프 증언, 『秘錄조선민주주의인민공화국』, p.290.
20) 위의 책, pp.291~292.

에 제3사의 사장(師長)으로 임명되었다. 만주에서의 그의 유격대 활동이 국내에 알려진 것은 1936년 10월4일에 있었던 십육도구(十六道溝) 습격사건을 《조선일보(朝鮮日報)》가 보도한 것이 처음이었다.[21] 그리고 이듬해 6월4일에 압록강을 건너 함경북도 혜산진(惠山鎭) 근처에 있는 갑산군 보천보(普天堡)를 습격함으로써 그의 이름이 국내에 널리 알려지게 되었다.[22]

보천보는 308호(한국인 280호, 일본인 26호, 중국인 2호)에 1,383명(한국인 1,323명, 일본인 50명, 중국인 10명)이 살고 경찰 5명이 상주하는 시골도시였다.[23] 1936년의 일장기 말소사건으로 정간되었다가 막 복간된 《동아일보(東亞日報)》는 1937년6월5일자 호외에 이어 6일자, 7일자, 9일자 사회면 머리기사로 이 사건을 크게 보도했다.[24] '김일성 장군'에 대한 대중의 막연한 설화가 실감나게 전파되기 시작한 것은 이때부터였다.

그런데 '김일성 장군'의 설화가 널리 유포된 것은 설화의 모호성 때문이기도 했다. 김성주 자신도 그랬던 것처럼 상당수의 항일유격대 대장들이 여러 가지의 '김일성'(金日星, 金一星, 金一成, 金日成 등)이라는 이름을 사용하고 있었던 것이 모호성을 가중시켰다. 이러한 모호성은 북한정권의 수립과정에서 그대로 김성주에게 유리한 카리스마로 이용되었다.[25]

김일성 부대의 가장 두드러진 전과는 1940년3월25일에 일본의 토벌부대인 마에다(前田) 부대를 화룡현 홍기하(和龍縣紅旗河)에서 전멸시킨 일이었다. 마에다 부대는 총원 140명가량의 병력 가운데 대장 마에다(前田武市)를 비롯한 120명이 몰살당했다. 비극적인 것은 마에다 부대의

21) 《朝鮮日報》 1936년10월7일자, 서대숙 지음, 서주석 옮김, 『북한의 지도자 김일성』, 청계연구소, 1989, p.33.
22) 와다 하루끼 지음, 이종석 옮김, 『김일성과 만주항일전쟁』, 창작과비평사, 1992, pp.157~160.
23) 위의 책, pp.157~159.
24) 《東亞日報》 1937년6월5일자 號外, 6월6일자 「普天堡被襲事件續報」, 6월7일자 「普天堡事件被害判明」, 6월9일자 「被襲된 普天堡」.
25) Dae-Sook Suh, *The Korean Communist Movement 1918~1948*, Princeton University Press, 1967, pp.256~258.

구성원은 거의가 한국인들이었다는 사실이다.[26]

1939년부터 유격대 활동에 대한 일본의 대규모 토벌작전이 시작되자 김일성 부대는 1940년 9월에 몇명씩 소규모 인원으로 나뉘어 소련영내로 피신했다. 소련으로 피신하기 직전에 김일성은 같은 빨치산 유격대원인 김정숙(金貞淑)과 결혼했고, 김정숙은 1942년 2월에 보로시로프(Boroshirov) 근처의 야영에서 장남 김정일(金正日)을 낳았다.

동북항일연군 부대는 1942년 8월에 소련국적의 나나이(Nanai)족 부대와 함께 소련군 제88특별저격여단으로 편성되었다. 여단장은 동북항일연군 사령관 주보중(周保中), 부여단장은 실린스키(Silinskii) 소령, 정치부여단장은 이조린(李兆麟)이었고 한국인으로는 부참모장 최석천(崔石泉: 崔庸健)이 최고위직이었다. 88여단에는 소련공산당위원회와 중국공산당기관이 함께 설치되었는데, 중국공산당기관의 서기에 최용건, 부서기에 김일성이 선임되었다. 최용건과 김일성, 그리고 1944년 1월에 만주에서 야영지로 온 김책(金策) 세 사람이 88여단의 한국인 간부였다.[27] 최용건은 김일성보다 열두살, 김책은 아홉살 위였다.

88여단의 창설 지시는 스탈린이 직접 내린 것이었고, 이들에 대한 활용방안은 소련정부 차원에서 논의되었다.[28] 소련은 이들을 대일전을 위한 단순정찰임무뿐만 아니라 전쟁이 종결된 뒤에 정치적으로 활용할 계획도 가지고 있었다.[29]

88여단은 소련이 대독전과 대일전에 대비하여 국경지대에 설치한 특수임무부대 가운데 하나였던 것으로 보인다. 이와 관련하여 제2차 세계대전 당시에 소련의 국가비밀경찰 기구인 내무인민위원회[NKVD: 1946년에 국가공안부(MGB)로, 1954년에는 국가공안위원회(KGB)로 바뀜]에서 내

---

26) 和田春樹, 『北朝鮮: 遊擊隊國家の現在』, 岩波書店, 1998, pp.40~41.
27) 위의 책, pp.40~47.
28) 기광서, 「1940년대 전반 소련군 88독립보병여단내 김일성그룹의 동향」, 《역사와 현실》 28집, 1998.6., pp.262~264; 김국후, 『평양의 소련군정』, 한울, 2008, pp.55~56.
29) 김국후, 위의 책, p.56.

무인민위원장 베리아(Lavrenti P. Beria)를 보좌하면서 전선 후방의 첩보활동과 파괴공작활동을 하기 위한 '특수임무부대(Special Tasks)'의 기획과 실행을 담당했던 수도플라토프(Pavel A. Sudoplatov)의 회고는 면밀히 검토해 볼 만하다.

'특수임무부대'는 베리아의 직접 지휘 아래 운영되었다. 수도플라토프는 1941년5월에 독소전이 발발한 뒤에 자신이 내무인민위원회 첩보국 부책임자로서 '특별자동차저격여단(Special-Purpose Motorized Brigade)'을 창설했다는 사실을 다음과 같이 기술했다.

우리는 즉시 특수임무수행 기구로서 특별자동차저격여단을 창설했다. 중앙인민위원회의 결정에 따라 소련 안의 모든 정치적 망명자들이 여단의 적극적 임무에 동원되었다. 우리는 독일인, 오스트리아인, 스페인인, 미국인, 중국인, 베트남인, 폴란드인, 체코인, 불가리아인, 루마니아인 등으로 이루어진 2,000명의 외국인을 포함하는 2만명의 부대를 우리의 지휘 아래 두고 있었다.[30]

소련 안의 모든 정치적 망명자들이 동원되었고, 그 가운데는 중국인도 포함되어 있었다는 사실은 매우 시사적이다. 소련은 대일전을 염두에 두고 특수임무를 수행할 부대의 편성을 준비하고 있었던 것이다. 수도플라토프는 1942년2월에 내무인민위원회 제4국의 책임자로 승진했는데, 제4국의 6개과 가운데 2개과는 극동과 중국의 정세를 살피는 임무를 수행했다.[31] 중국인 주보중이 이끄는 88여단이 창설된 것은 그해 6월이었는데, 88여단도 제4국의 지도 아래 있었을 것으로 추측된다. 스탈린에게

---

30) Pavel and Anatoli Sudoplatov with Jerrold L. and Leona P. Schecter, *Special Tasks*, Little, Brown and Company, 1995, p.126.
31) *op. cit.*, p.127.

김일성을 천거한 것이 베리아였다는 이야기도[32] 그러한 사정을 짐작하게 한다.

1945년7월이 되자 소련은 대일전쟁이 임박했다면서 만주와 한국에 파견할 정보요원을 차출해 줄 것을 88여단에 요청했다. 주보중과 최용건은 상의하여 당위원회 전체회의를 열고 항일연군을 만주로 보낼 부대와 한국으로 보낼 부대로 나누기로 했다. 한국으로 갈 조선공작단 구성원으로는 김일성, 최용건, 김책, 안길(安吉), 서철(徐哲), 김일(金一), 최현(崔賢) 등이 선발되고, 단장은 김일성, 당위원회 서기에는 최용건이 선정되었다. 김일성을 중심으로 하여 북한에서 공작을 벌이기로 한 것은 이때에 결정된 것이었다고 한다.[33]

그러나 8월9일에 소련의 대일전이 개시된 뒤에도 김일성을 비롯한 항일연군 소속 부대원들은 전쟁에 참가하지 못하고, 8월15일까지 아무르(Amur) 강가에서 발이 묶여 있었다. 그것은 스탈린이 중국 국민당정부를 의식하여 취해진 조치였다. 스탈린은 이때에 얄타회담에서 확보한 중국이권을 중국 국민정부가 인정하도록 국민정부 행정원장 겸 외교부장 송자문(宋子文)과 교섭을 벌이고 있었다. 8월14일에 체결된 일련의 중소협정에는 만주에 진입한 소련군은 국민정부의 대표와 협력하여 중국의 기구와 군대를 창출한다는 내용이 포함되었다.[34]

2

대일전이 종결되자 88여단은 8월17일에 군사회의를 열어 항일연군에 소속되었던 부대를 57개의 접수소조로 나누어 소련군이 점령한 57개 지점 경무사령부의 고문격인 부사령관 직책으로 들여보내기로 결정

---

32) 金昌順 증언, 『秘錄조선민주주의인민공화국』, p.71.
33) 김광운, 앞의 책, pp.116~119; 和田春樹, 앞의 책, pp.53~55.
34) 와다 하루끼 지음, 이종석 옮김, 앞의 책, p.286.

했다.[35]

8월 25일에는 한국에서의 공작이 예정된 88여단 제1대대 대원 60명의 명부가 확정되었다. 김일성은 평양주둔 소련군 경무사령부 부사령관으로 내정되었다. 60명의 명부에는 계급, 직책, 중국공산당에 입당한 해, 교육정도 등이 적혀 있었다. 이들 가운데 중등교육을 받은 사람은 김일성을 포함하여 5명뿐이었고, 41명은 3년 이하의 초등교육밖에 받지 못했다.[36] 이들은 낮은 교육 수준 때문에 북한에 들어와서 대부분 당무나 정무를 맡지 못하고 보안경찰과 군사 방면에서 일할 수밖에 없었다. 이들 항일연군 그룹과 함께 88여단에서 활동하던 이동화(李東華), 유성철(兪成哲), 문일(文日: 문에리), 김봉률(金鳳律) 등 소련국적의 한국인 14명이 동행하게 되었다.

8월 28일에는 푸르카예프(Maksim A. Purkaev) 제2극동방면 군사령관의 명령으로 88여단 관계자들에게 적기훈장이 수여되었다. 적기훈장

제88독립보병여단 간부들. 앞줄 오른쪽에서 두번째가 김일성이고 세번째가 여단장인 중국인 주보중(周保中), 그 옆은 주보중의 아내.

---

35) 위의 책, p.287.
36) 和田春樹, 앞의 책, pp.54~55; 김국후, 앞의 책, pp.61~63.

을 받은 사람은 부여단장 이조린 등 중국인 4명, 정치부장 셀레긴과 참모장 치린스키의 소련인 2명, 그리고 한국인은 김일성, 김책, 안길, 강건(姜健: 姜信泰) 4명이었다. 이상하게도 최용건의 이름은 빠져 있다.[37]

88여단 안에서의 김일성의 활동은 여단장 주보중과 여단에 배치된 소련군 지휘관들의 보고를 통하여 소련 극동군사령부의 주목을 받았다. 실제로 레베데프는 소련 극동군사령부가 김일성을 장차 북한의 군부 지도자로 내정하고 입국시켰다고 증언했다.[38]

스탈린이 9월 초에 김일성을 모스크바로 호출하여 직접 면접했다는 이야기도 있다. 극동군사령관 바실레프스키 원수의 일본어 통역관이었고 뒤에 소련공산당 국제부 일본과장이 된 코바렌코(I. I. Kovarenko)는 김일성이 귀국을 15일쯤 앞둔 9월 초에 모스크바에 가서 스탈린의 면접을 받았다고 말했다. 코바렌코의 증언은 다음과 같다.

9월 초에 극동군사령부에는 "극동군이 추천한 88여단의 김일성 대위를 비밀리에 모스크바로 보내라"는 스탈린의 긴급지시가 있었고, 김일성은 NKVD 극동본부 요원 2명의 호위를 받으며 군수송기편으로 모스크바로 갔다. 스탈린은 자신의 전용별장에서 4시간 동안 김일성을 면접했고, 면접을 마치면서 "주목할 필요가 있는 사람이다. 소련군은 이 사람에게 적극 협력하라"고 말했다. 스탈린을 만나고 돌아온 김일성은 코바렌코의 안내로 바실레프스키를 만났는데, 바실레프스키는 김일성에게 "평양에 들어가서 상관들의 지시를 충실히 따르라"고 말했다는 것이다.[39] 스탈린이 소련에 망명했던 각국의 공산주의자들 가운데 지도자가 될 만한 인물이 귀국할 때에는 면접했던 것으로 보아, 이 증언은 신빙성이 있어 보인다.[40]

---

37) 和田春樹, 위의 책, p.56.
38) 레베데프 증언, 『秘錄조선민주주의인민공화국』, pp.295~296.
39) 코바렌코 증언, 『秘錄조선민주주의인민공화국(하)』, 中央日報社, 1993, pp.202~204; 김국후, 앞의 책, pp. 72~73.
40) 메클레르 증언, 김국후, 앞의 책, p.80.

김일성은 9월19일에 원산(元山)항을 통하여 귀국했는데, 그것은 계획에 없던 일이었다고 한다. 레베데프에 따르면, 김일성의 귀국날짜가 빨라진 것은 "미국에 있는 이승만이 곧 귀국할 예정"이라는 정보를 입수했기 때문이었다. 미국이 반소적인 이승만을 한국의 지도자로 내세울 것을 우려한 소련은 이에 대항하기 위하여 김일성을 서둘러 귀국시켰다는 것이다.[41]

귀국을 위한 이승만의 여권발급을 국무장관이 재가한 것은 9월5일이었다.[42] 샌프란시스코회의 이후로 소련이 이승만의 동정을 주시하고 있었던 것은 런던외상회의의 준비를 위한 각종 정책문서에도 기술되어 있다.

김일성 일행은 소련군 당국의 지시에 따라 9월5일에 하바로프스크를 출발하여 보로실로프를 거쳐 목단강(牧丹江)으로 이동했다. 이들은 사흘간 목단강에 머무른 뒤에 진로를 변경해야 했다. 애초의 계획으로는 신의주(新義州)에서 압록강을 건너려고 했지만, 철교가 폭파되어 통행이 불가능했기 때문이다. 일행은 다시 보로실로프를 돌아 블라디보스토크로 갔고, 거기에서 9월18일에 원산으로 향하는 푸카조프(*Pukajov*) 호에 승선했다.[43]

김일성이 귀국하기에 앞서 슈티코프는 레베데프에게 세번째 전통을 보냈다. 김일성의 귀국사실을 당분간 절대 비밀에 부치고 초창기에는 김일성을 비롯한 공산당원을 전면에 내세우지 말고 민족진영의 조만식을 앞세우면서 김일성을 정치적으로 부상시킬 수 있는 방안을 강구하라는 지시였다.[44] 레베데프는 9월18일에 원산시 경무사령관 쿠추모프(Vladimir Kuchumov) 대령에게 전화를 걸어 '특수임무'를 띤 동지들을

---

41) 레베데프 증언, 『秘錄조선민주주의인민공화국』, p.297.
42) Robert T. Oliver, *Syngman Rhee: The Man Behind The Myth*, Dodd Mead and Company, 1960, p.210.
43) 和田春樹, 앞의 책, pp.56~57.
44) 레베데프 증언, 『秘錄조선민주주의인민공화국』, pp.294~295.

정중히 마중할 것을 지시했다.[45)]

9월19일은 추석 전날이었다. 김일성 일행을 태운 푸카조프 호는 이날 오전에 원산항에 도착했다. 일행은 60명가량이었다.[46)] 마중 나온 사람은 경무사령부의 소련군 장교 2명을 비롯하여 원산시 인민위원회 부위원장 태성수(太成洙), 당조직부장 한일무(韓一武), 상공부장 박병섭(朴秉燮), 교육부 차장 정률(鄭律: 鄭尙進) 등이었다. 환영군중은 없었다.[47)]

제일 먼저 배에서 내린 사람은 반백의 머리에 단정한 용모를 한 소련군 소령이었다. 정률은 그에게 다가가 "김일성 장군이시냐"고 물었다. 그는 뒷날 김일성의 주치의가 된 이동화였다. 이동화는 정률에게 김일성이 누구인지 알려 주었다.[48)] 김일성은 소련군 대위 복장을 하고 있었고 마중 나온 사람들에게 악수를 하면서 "김성주입니다"라고 인사했다. 그의 왼쪽 가슴에는 적기훈장이 달려 있었다.[49)]

김일성 일행은 아침을 먹고 나서 원산시인민위원회의 안내로 추석행사가 벌어지고 있는 원산시 공설운동장으로 갔다. 공설운동장에 가기 전에 김일성은 일행에게 다음과 같이 말했다.

"동무들, 오늘은 추석날이니까 조심하시오. 술도 마시지 말고 방탕질도 하지 마오. 혹시 사람들이 김일성을 보았는가 물으면 우리는 선발대가 되어 보지 못했다고 하고는 그분은 뒤이어 올 거라고 말하시오. 나이를 물으면 보지 못했기에 모른다고 하시오."

옆에서 이 말을 들은 최용건은 혼잣말로 "쓸데없는 소리" 하고 중얼댔다.[50)]

김일성은 원산에 도착한 날 밤에 이주하(李舟河)를 비롯한 그곳의 공

45) 가브릴 코로트코프 지음, 어건주 옮김, 『스탈린과 김일성(I)』, 東亞日報社, 1992, pp.187~188.
46) 와다 하루끼 지음, 이종석 옮김, 앞의 책, p.289; 김광운, 앞의 책, p.114.
47) 정상진, 『아무르만에서 부르는 백조의 노래』, 지식산업사, 2005, p.33.
48) 鄭尙進 증언, 『秘錄조선민주주의인민공화국』, p.73.
49) 정상진, 앞의 책, p.34.
50) 俞成哲 증언, 『秘錄조선민주주의인민공화국』, p.74; 와다 하루끼 지음, 이종석 옮김, 앞의 책, pp.290~291.

산주의자들과 만났다고 한다.[51] 이주하는 일제시기부터 원산에서 노동운동을 주도해 온 인물이었다. 다른 증언에 따르면, 김일성은 원산에 도착하자마자 김동환(金東煥)이라는 가명을 쓰면서 공산당을 하느니 하고 돌아다녀서 이주하가 부하들을 시켜 김일성을 잡아 가두었다. 그러자 소련군으로부터 곧 그를 풀어 주라는 연락이 왔다고 한다.[52] 이주하는 치스차코프(Ivan H. Chistiakov) 사령관이 원산을 방문했을 때에도 자신의 당원증 문제로 그와 말다툼을 벌였다고 한다.[53] 이주하와 소련군 당국 및 그들이 지원하는 김일성과의 악연은 이렇게 시작되었다.

김일성은 같이 귀국한 부대원 간부들을 지방사정을 파악하도록 연고지로 내려보냈다. 김일은 평안북도로, 박성철(朴成哲)과 최충국(崔忠國)은 함경북도로, 김책은 함흥으로, 오진우(吳振宇)는 회령으로, 최현은 혜산으로 파견되었다.[54] 김일성 자신은 원산에서 하루를 보내고 이튿날 그곳을 출발하여 9월22일 오전에 평양에 도착했다.[55] 그는 부관 문일(文日)을 통역으로 대동하고 레베데프를 찾아갔다. 김일성은 원산항에 도착했을 때와 마찬가지로 소련군복을 입고 왼쪽 가슴에 적기훈장을 달고 있었다.[56]

레베데프는 김일성과 최용건 등에게 평양 해방산 기슭의 벽돌집 한채를 숙소로, 그곳에서 50미터쯤 떨어져 있는 2층 건물을 사무소로 제공하고 경비원을 배치했다. 그리고 일본의 고위관리가 사용하던 자동차도 제공했다. 사무소 건물은 일본인들이 1920년대에 상공회의소 건물로 지은 것으로서 1940년대부터 평양세무감독국으로 사용하던 곳이었다.[57] 김일

---

51) 姜尙昊 증언, 『秘錄조선민주주의인민공화국』, p.80; 김일성, 『김일성동지회고록: 세기와 더불어(계승본)(8)』, 조선로동당출판사, 1998, p.476.
52) 박갑동, 『朴憲永』, 인간사, 1983, p.145; 심지연 지음, 『이주하연구』, 백산서당, 2007, pp.50~51; 姜尙昊 증언, 『秘錄조선민주주의인민공화국』, p.81.
53) 정률 증언, 김국후, 앞의 책, p.34.
54) 『秘錄조선민주주의인민공화국』, p.80.
55) 김일성, 앞의 책, p.479.
56) 레베데프 증언, 김국후, 앞의 책, pp.76~77.
57) 김광운, 앞의 책, p.143.

1945년9월30일 저녁에 메클레르 중령(가운데)의 소개로 처음 만난 조만식(왼쪽 끝)과 김일성(오른쪽).

성은 바로 평안남도 경무사령부의 부사령관에 임명되었다.[58] 슈티코프는 김일성이 귀국한 뒤에 자신의 지시가 제대로 실행되고 있는지 확인하는 전화를 레베데프에게 자주 했다.

3

메클레르는 9월 중순께 상부로부터 김일성이 평양에 도착하면 그를 데리고 각 지방에 다니며 주요인사들에게 소개하라는 지시를 받았다. 메클레르는 9월30일 저녁에 평양시내의 일본식 요정 하나부사(花房)에서 조만식과 김일성의 첫 대면을 주선했는데, 김일성은 조만식에게 "선생님, 김일성입니다" 하고 인사를 하면서 한국식으로 큰절을 했고, 조만식은 앉은 채로 약간 고개를 숙여 김일성의 절을 받았다고 한다. 조만식은 김일성보다 스물아홉살이나 연장이었다. 만찬이 세시간가량 계속되는 동

---

58) 레베데프 증언, 『秘錄조선민주주의인민공화국』, p.296; 김국후, 앞의 책, p.77.

안 김일성은 겸손한 태도로 예의를 차렸고, 조만식은 생각했던 것보다 너무 젊은 김일성을 상대로 말을 아끼면서 고개만 끄덕였다고 한다.[59]

스탈린의 9월20일자 비밀지령과 관련하여 눈길을 끄는 것은 지령이 하달된 지 사흘 만인 9월25일에 조선공산당 평남지구확대위원회 명의로 발표된 「정치노선에 관하야」라는 제목의 문서이다. 조선공산당 평남지구확대위원회는 당이 국제정세에 대한 정확한 이해가 부족하기 때문에 정치노선상에 부분적으로 편향을 범한 사실을 자기비판하고, 다음 세가지를 결정했다는 내용이었다.

첫째로 국제문제에 대한 이해부족으로 미국과 영국 등 연합국의 현재의 역사적 진보성을 모호하게 다루었다는 것이었다. 둘째로는 한국혁명의 현단계는 자본혁명[부르주아혁명] 단계이므로 당면해서는 반일을 목적으로 하는 각 당파, 각 단체, 각 계급을 총망라한 대동단결로 단일의 민족통일전선을 결성하여 일본제국주의의 잔재요소를 철저히 숙청해야 한다는 것이었다. 이것은 반일적인 민주주의 정당 및 조직의 광범한 블록(연합)을 기초로 한 부르주아민주주의정권을 북한에 확립하라는 스탈린의 비밀지령 (2)항과 같은 맥락의 결정이었다. 그러므로 이 결정은 소련군 정치장교들을 통하여 스탈린의 지령이 반영된 것이라고 볼 수 있다. 셋째로는 현실적으로 가장 뜨거운 감자인 사유재산과 사유토지의 소유권 승인문제였다. 비친일적 민족대동단결을 위해서는 비친일가의 사유재산과 사유토지도 인정되어야 하며, 따라서 대지주의 토지는 제한 몰수한다고 한 이전의 강령은 취소한다고 선언했다.

조선공산당 평남지구확대위원회는 이러한 결정과 함께 23개 항목의 「강령」을 발표했는데, 그것은 인민공화국의 시정방침이나 앞에서 본 박헌영의 「8월테제」와 일치하는 것이었다. 그러나 그럼에도 불구하고 「강령」의 제1항으로 "인민대표회의를 소집하여 인민공화국을 수립한다"라

---

59) 메클레르 증언, 『秘錄조선민주주의인민공화국』, p.81, pp.48~51, p.55.

고 천명한 점이 눈길을 끈다. 그것은 박헌영의 「8월테제」와 같은 결의를 하면서도 박헌영의 주도로 서울에 수립된 조선인민공화국과는 다른 인민공화국의 수립을 주장함으로써 사실상 서울의 인민공화국을 부인한 것이었다.[60] 이는 메클레르가 신랄하게 비판하는 보고서를 쓴 사실로도 짐작할 수 있듯이, 박헌영이 급조한 조선인민공화국에 대해 부정적으로 판단하고 있는 소련군 당국의 의사가 반영된 것이었을 것이다. 조선공산당 평남도위원회는 이 9월25일의 확대위원회가 "우리 당 발전 역사에 한 획기를 가지는 것이다"라고 자평했다.[61]

북한에 진주한 소련군의 점령정책은 10월3일에 민정담당 부사령관직이 설치됨에 따라 본격적으로 가동되었다. 이 기구의 설치목적은 "일제에 의해 파괴된 경제를 복구하고, 정상적인 생활기반을 조성하며, 조선인민 자신의 국가권력 수립을 방조하는 문제 등을 담당하는"것이었다.[62]

소련군의 북한 진주가 끝나자 치스차코프 제25군사령관은 민간업무를 전담할 특별기관의 창설을 연해주군관구 사령관 메레츠코프(Kirill A. Meretskov)에게 건의했고, 메레츠코프는 이 건의를 받아들여 연해주군관구에 소속된 제35군의 군사위원 로마넨코(Andrei A. Romanenko) 소장을 제25군의 민정담당 부사령관으로 임명했다. 극동러시아에서 태어난 로마넨코는 소련공산당에 입당한 뒤로 오랫동안 정보와 정치공작 계통에서 경력을 쌓았다. 치스차코프는 로마넨코가 "훌륭한 조직활동가이며 경험 있는 정치일꾼"이고 "선량하고 공명정대한 사람"이라고 칭찬했다.[63]

로마넨코는 연해주군관구 군사위원 슈티코프가 군관구 산하의 다

---

60) 李圭泰, 『米ソの朝鮮占領政策と南北分斷體制の形成過程』, 信山社, 1997, pp.176~177.
61) 「朝鮮共産黨平南道第一次代表大會報告演說」, 『朝鮮共産黨文件資料集(1945~46)』, p.66.
62) 기광서, 「소련의 대한반도·북한정책 관련기구 및 인물 분석 해방~1948.12.」, 《현대북한연구》 창간호, 경남대학교 북한대학원, 1998, p.134.
63) I. M. 치스쨔코프, 「第25軍의 戰鬪行路」, 蘇聯科學아카데미東洋學研究所 發行(1976年版), 『朝鮮의 解放』, 國土統一院, 1988, p.71.

른 부대에서 직접 선발한 각 분야의 전문가 장교들과 함께 9월 중순에 평양에 도착했다. 민정담당 부사령관 휘하에 행정정치부, 사법검찰부, 산업부, 재정부, 상업조달부, 농림부, 통신부, 교통부, 보건부, 보안검열지도부가 설치되었다. 이 부서들을 통틀어 민정청, 민정부, 민정국, 민정사령부 등으로 불렀다. 이전의 평양세무서 건물에 간판도 없이 설치된 이 기관을 일반사람들은 흔히 "로마넨코 사령부"라고 불렀다.[64]

제35군 정치부장 출신인 이그나치예프(Aleksandr M. Ignat'ev) 대령이 부장을 맡은 행정자치부는 북한정권의 뼈대를 만드는 작업을 했다. 이그나치예프는 인민위원회나 정당 및 사회단체 지도자들의 관리를 책임졌고, 특히 북한의 민족간부 양성에 관심을 가지고 활동했다. 사법검찰부는 법률과 사법체계의 정비사업을, 검열보안지도부는 무력과 경찰분야 및 행정기관의 해당부서를 지도하는 역할을 담당했다. 이렇게 출범한 민정사령부는 북한의 행정 및 경제기구의 규모와 사업이 확대됨에 따라 1947년 5월에 주조선소련민정국으로 확대 개편되었다.[65]

민정사령부의 점령정책 수행은 각 지방에 설치된 경무사령부가 지방별 인민위원회를 지도하는 방식으로 실행되었다. 레베데프는 각 지방의 인민위원회는 행정경험이나 지식이 전혀 없는 사람들로 구성되어 있었으므로 경무사령부의 경험 있고 정치적으로 훈련된 지휘관들이 매일 인민위원회 사람들과 만났고, "소련군인들은 인민위원회 사람들로 하여금 조선에 지주와 자본가가 없는 국가, 즉 사회(주의)체제를 건설하려는 의욕을 갖도록 고취시켰으며", "소련군 경무사령부의 존재는 민주적인 사회조직 사업과 민주적인 사회개혁을 방해하는 반인민적인 세력을 용납하지 않았다"라고 썼다.[66]

민정기관의 개설과 때를 같이하여 도쿄의 소련대사관에 근무하던 발

64) 金昌順, 『北韓十五年史』, 知文閣, 1961, p.52.
65) 기광서, 앞의 글, p.135.
66) N. G. 레베데프, 「遂行하여야 할 義務를 自覺하며」, 『朝鮮의 解放』, p.119, p.125.

라사노프(Gerasim M. Balasanov)가 치스차코프 사령관의 정치고문으로 부임했다. 발라사노프는 민정사령부와 별도로 사령부 직속의 정보참모팀을 만들어 핵심적인 역할을 했다. 그는 대외적으로는 소련 외무성 소속의 외교관이었지만, 실제로는 베리아 휘하의 NKVD 소속 현역 대령이었다.[67]

이러한 사정을 모르는 남한의 공산주의자들은 북한의 소련군은 정권을 한국인들에게 이양하고 간접통치를 한다고 인식하고, 미 군정부에도 그렇게 하라고 촉구했다.

---

67) 김국후, 앞의 책, p.86.

3. 북한의 독자적인 공산당 조직 주도

1

로마넨코 민정담당 부사령관 휘하의 기관 설립이 끝나자 소련군사령부는 스탈린이 지시한 부르주아민주주의정권 수립을 위한 작업에 착수했다. 그것은 도별로 산만하게 운영되던 행정기관들의 중앙연합체를 결성하고 북한지역에 독자적인 공산당을 조직하는 일이었다. 그 작업을 위해 레베데프를 비롯하여 민정담당 부사령관 로마넨코 소장, 정치고문 발라사노프 대령, 25군 정치부장 그로모프 대령, 민정사령부 정치부장 이그나치예프 대령 등 정치장교들은 긴급회의를 열었다.[68]

치스차코프는 먼저 각도의 인민위원회 책임자들을 평양으로 불러 10월 8일부터 11일까지 북조선5도인민위원회 연합회의를 개최했다. 회의는 북조선5도연합회의, 5도대표자협의회, 북조선5도대회라고도 불렸다. 회의장은 소련군 장교클럽이 되어 있는 옛 공회당이었다. 태극기와 소련국기가 걸린 연단 왼쪽에는 치스차코프, 레베데프, 로마넨코, 이그나치예프 등 소련군 수뇌들이 앉고 오른쪽에는 조만식을 비롯한 각도의 대표 인사들이 앉았다. 회의에는 170명(소련군 대표 20명, 지방인민위원회 대표 111명, 평양의 각계 인사 39명)이 참석했다.[69] 회의참석자들은 북한지역 대표들만의 회의가 소집된 데 대해 불길한 예감을 느꼈다.[70] '김영환(金永煥)'이라는 가명으로 북한의 독자적인 공산당 조직 활동을 벌이고 있던 김일성은 이 회의에는 참석하지 않았다.

치스차코프는 개회사에서 소련군은 한국 영토나 주민들의 공사유재산을 강탈할 목적으로 진주하지 않았고, 한국에 소비에트정권을 수

---

68) 레베데프 증언, 위의 책, p.121.
69) Erik van Ree, *Socialism in One Zone*, p.108.
70) 吳泳鎭, 앞의 책, p.133.

립하거나 소비에트 질서를 도입하려는 계획도 가지고 있지 않다고 강조했다. 그는 소련군은 반일적 민주주의 정당 및 사회단체의 광범한 동맹에 기초한 부르주아민주주의정권의 수립을 원조할 것이라고 역설했다. 스탈린의 비밀지령의 (1)항과 (2)항을 각 지방의 인민위원회 간부들에게 공언한 것이다. 치스차코프는 이어 아직 전국적으로 중앙정부가 조직되지 않았고 지방에도 정권기관이 조직되지 않았다면서, 먼저 민주적인 방법으로 지방정권 기관을 수립할 것을 촉구하고, 북한 5개도의 행정을 총괄적으로 수행할 중앙기관을 수립해야 한다고 주장했다.[71] 그러나 북한지역 인민위원회 대표들만의 회의소집에 불길한 예감을 느낀 조만식은 회의가 진행되는 동안 한마디도 발언하지 않았다. 이 자리에 참석했던 조만식의 비서 오영진(吳泳鎭)은 "치스차코프는 머지않아 5도에서는 철도가 개통되어 자유로이 여행할 수 있으리라고 약속을 했으나, 38선 철폐와 통일조선에 대하여서는 일언반구도 개구하지 않았다"라고 기술했다.[72]

참석자들은 행정, 산업, 농업·상업·조달, 재정, 철도·교통의 5개 분과로 나뉘어 분과회의를 열었다. 분과회의는 레베데프, 로마넨코, 프루소프 등 소련군 군사회의 위원들이 각각 맡아서 진행했다.[73]

분과위원회에서 토의된 안건은 농산물 확충과 소련군을 위한 식량공출문제, 군수공장을 민수공장으로 개편하는 문제, 금융·재정문제, 지방기구의 정비 및 통일문제였다. 그 가운데 가장 심각한 토의안건은 농산물 확충과 소련군을 위한 양곡공출문제였다. 양곡공출은 소련군이 각 도별로 할당했는데, 참석자들은 "도별로 붉은 군대의 엄청난 수의 양곡공출을 할당받고도 아무런 불평과 반대를 표명하지 못했다"고 한다.[74] 그러

---

71) 전현수, 앞의 글, pp.360~361.
72) 吳泳鎭, 앞의 책, p.134.
73) 전현수, 앞의 글, p.363.
74) 吳泳鎭, 앞의 책, p.135.

나 곡물수매 사업은 부진하여 1945년 말 현재 목표량의 20%밖에 달성하지 못했다.[75] 평안북도인민위원회의 대표로 이 회의에 참석했던 함석헌(咸錫憲)은 "한마디로 해서 모든 것이 우리 생각과는 어긋나는 것뿐이었다"고 회고했다.[76] 10월11일의 전체회의에서는 소련군사령부가 제출한 「북조선자치기관 조직의 기본원칙」이 채택되고, 북한에 중앙집중적인 경제관리기구를 설치하기 위한 결의들도 채택되었다.

5도인민위원회 연합회의가 끝나자 치스차코프 사령관은 이튿날로 「북조선주둔 소련군제25군사령관의 성명서」를 발표했다.[77] 그것은 인민위원회 연합회의에서 밝힌 스탈린의 비밀지령의 골자를 일반주민들에게 다시 한번 천명하고, 그 시행을 위한 구체적인 조치들을 지시한 것이었다. 「성명서」는 모든 반일 민주주의 정당 및 단체들의 결성과 활동을 허가한다고 천명하고, 그러나 그러한 정당이나 단체들은 자신들의 강령 및 규약과 함께 지도기관의 인원명부를 인민위원회와 군경무사령관에게 제출할 것을 요구했다(제2항 제1조, 제3조). 그리고 모든 무장대는 해산하고 모든 무기와 탄약과 군용물자는 군경무사령관에게 바치라고 명령했다. 그 대신 사회질서를 유지하기 위하여 도임시인민위원회들은 소련군사령부와의 협의 아래 "평민 중에서" 일정한 수의 보안대를 조직하는 것을 허가한다고 했다(제2항 제4조). 이 명령에 따라 10월12일을 기하여 모든 무장부대는 해산되고, 지방치안 목적으로 새로 조직되는 보안대에는 소련군사령부가 "평민"이라고 인정하는 사람들만 들어갈 수 있게 되었다.[78]

북한지역에 독자적인 공산당을 조직하는 작업은 10월 들어 비밀히 시작되었다. 레베데프에 따르면 이 작업도 "소련군 정치사령부의 기획과 연출로" 추진되었다.[79] 레베데프는 다음과 같이 말했다.

---

75) 「朝鮮共産黨平南道第一次代表大會報告演說」, 『朝鮮共産黨文件資料集(1945~46)』, p.68.
76) 咸錫憲, 「내가 겪은 新義州學生事件」, 《씨알의 소리》 제6호, 씨알의소리사, 1971.11., p.38.
77) 『朝鮮中央年鑑 1949年版』, 朝鮮中央通信社, 1949, pp.58~59.
78) 金昌順, 앞의 책, p.51.
79) 레베데프 증언, 김국후, 앞의 책, p.117.

"나는 처음부터 이북에 공산당이 필요하다고 주장했다. 그래서 조직위원회를 만들려고 생각했다. 소비에트화의 첫 코스였을 뿐만 아니라 남쪽의 당은 의식하지도 않았다. 그러나 현실적으로 서울에 당중앙이 있다는 어려움 때문에 여러번 논의를 거치지 않을 수 없었다.… 나중에 합치는 한이 있더라도 이북에 조직위원회를 두자고 제안했다. 그러다가 국내파의 강력한 반발과 (소련군사령부의) 지도부 일부의 주장에 따라 분국(分局)으로 낙착되었다."[80]

그러나 조선공산당 북부조선분국의 창설문제는 순탄하게 진행되지 않았다. 함남지역 공산주의운동의 중심인물들인 오기섭(吳琪燮), 정달헌(鄭達憲), 이주하 등 박헌영을 지지하는 국내파가 레닌의 일국일당(一國一黨) 원칙을 내세워 북한에 별도의 공산당 중앙부를 창설하는 구상에 강력히 반발했기 때문이다.

각 지방의 공산당 비서와 간부들이 소집되어 김일성의 사무실 건물에서 서북5도당책임자 및 열성자연합대회의 예비회의가 열렸다. 회의에는 이북5도당 대표들뿐만 아니라 서울에서도 박헌영의 재건파 대표는 물론 이영(李英), 최익한(崔益翰), 정백(鄭栢) 등 장안파공산당 인사들도 참석했다. 서로가 자신들의 정통성을 이 대회가 인정해 주기를 기대해서였다.

10월1일, 6일, 7~8일에 걸쳐 자유토론 형식으로 진행된 예비회의에서는 별도의 당중앙부 설치문제를 놓고 열띤 토론이 벌어졌다. 10월10일에서 12일 사이에는 예비회의가 없었다.[81] 이 기간에는 5도인민위원회 연합회의가 열렸는데, 지방공산당 간부들 가운데는 연합회의에 참가한 사람들이 많이 있었기 때문이다.

예비회의가 열리고 있는 10월8일에 김일성은 개성 북쪽 여현(礪峴)에 있는 소련군 38선경비사령부로 가서 로마넨코가 지켜보는 가운데 서울

---

80) 레베데프 증언, 『秘錄조선민주주의인민공화국』, p.113.
81) 전현수, 앞의 글, p.366 주95); 김국후, 앞의 책, p.116.

에서 온 박헌영과 비밀회동을 가졌다. 그것은 두 사람의 운명적인 첫대면이었다. 당중앙의 위치와 북조선분국 설치문제를 두고 두 사람의 의견은 대립했다. 로마넨코는 박헌영에게 공산당중앙을 북한에 두고 박헌영도 북한으로 올라와서 활동하라고 권유하기도 했다. 이튿날 아침까지 계속된 승강이 끝에 "중앙당에 속하되 북부지역 공산당조직을 지도할 수 있는 중간기구"로 북부조선분국을 설치하는 것으로 박헌영은 양보했다.[82] 그 대신 김일성은 박헌영에게 연합대회가 자신들을 지원해 줄 것을 기대하고 참가한 장안파공산당을 준엄하게 비판하고 배격할 것을 약속한 것으로 짐작된다.

2

10월13일 오전 11시에 서울과 평양의 대표를 포함한 북한5도당대표 69명과 방청자를 합하여 180여명이 모인 가운데 서북5도당책임자 및 열성자연합대회가 열렸다. 이 회의에는 로마넨코, 이그나치예프 등 소련군 민정부의 간부들이 참석했다.[83] 이 대회는 비밀회의로 진행되었다. 김용범의 사회로 진행된[84] 대회는, 11월에 서울에서 발행된 회의록에 따르면, 임시집행부 선거, 조선공산당책 박헌영 동무에게 축전 결의, 국제정세에 대한 강연, 당 및 공산주의자의 정치적 과업 보고, 당조직문제 보고, 지방정권 및 도당사업강화문제 보고, 조선공산당 북조선지방위원회 선거, 임시집행부 선거의 순서로 진행되었다.[85]

「박헌영 동무에게 보내는 전문」은 "스탈린 원수의 세계평화와 해방을

---

82) 徐容奎(朴炳燁) 증언, 『秘錄조선민주주의인민공화국』, pp.108~111; 기광서, 「해방 후 김일성의 정치적 부상과 집권과정」, 《역사와 현실》 제48호, 한국역사연구회, 2003.6., pp.263~264.
83) 韓載德, 앞의 책, p.136.
84) 和田春樹, 「朝鮮共産黨北部朝鮮分局の創設」, 『社會科學研究』 第42-43号, 東京大學, 1990, p.17, p.25.
85) 「五道黨員及熱誠者聯合大會會議錄」, 朝鮮産業勞動調査所 編, 『옳은 路線을 위하야』, 우리文化社, 1945, pp.35~36.

위한 참되고 위대한 정책 밑에 지도되는 붉은 군대의 영웅적 투쟁에 의하야 그 모든 유리한 조건이 실현되는 조선에서, 더욱이 북부조선에서 박헌영 동지의 정당한 노선을 밟아서 5도연합회의가 열리게 됨에 대하야 전세계 무산계급의 조국인 소연방 스탈린 대원수께 감사를 드리는 동시에 조선무산계급의 영도자인 박헌영 동지에게 심심한 감사를 드린다"[86] 라고 박헌영의 권위를 스탈린의 권위와 병렬적으로 인정함으로써 국내파들의 분국창설 반대 분위기를 무마했다.

「국제정세에 대한 강연」을 한 사람은 뒷날 소련군 민정부의 상업 및 조달의 책임을 맡은 네우메이코프(I. S. Neumeikov) 대위였다.[87] 네우메이코프는 소련군이 진주한 폴란드, 유고슬라비아, 핀란드에서는 11월 18일에 독립정부 수립을 위한 선거가 예정되어 있지만 영미군이 진주한 나라들에서는 인민이 어떤 국가를 세울지도 모르는 형편이라고 말하고, 런던외상회의가 결렬된 사실에 대해서도 언급했다. 그러나 소련은 영미와 더불어 세계평화를 위하여 노력하고 있음을 강조했다.

이어 「당 및 공산주의자의 정치적 과업 보고」는 함경남도 공산당의 중심인물 오기섭이 했다. 오기섭은 조선의 현단계는 자본주의 단계라고 규정했다. 그는 한국의 공산주의자들은 박헌영을 중심으로 일본제국주의의 전시고압 밑에서도 "지하에서, 감옥에서, 광산과 공장에서" 투쟁해 왔다고 말하고, "박 동무의 강안(康安)과 우리 운동의 볼셰비키화를 위하여 기립하자" 하고 회의참석자들의 기립을 유도함으로써 한국공산주의운동의 정통성이 국내파에 있음을 강조했다. 김일성 그룹 등에 대해서는 "조공(朝共)운동의 확대강화를 위하여 해외에서 들어온 형제당원들에게 많은 기대를 한다"라고 간단히 언급했고, 장안파에 대해서는 트로츠키즘의 오류를 범하고 있다고 비판하면서 이들과 투쟁하지 않으면 안

---

86) 『옳은 路線을 위하야』, p.36.
87) 전현수, 앞의 글, p.366 주95).

된다고 주장했다.

오기섭의 보고가 끝나자 토지문제에 관한 질의가 있고, 토론 끝에 현 단계에 적합한 전략을 쓰자는 데 의견이 일치되어 「토지문제 결정서」가 채택되었다. 내용은 앞에서 본 9월25일의 조선공산당 평남지구확대위원회의 결의에서 표명된 토지문제에 관한 사항과 거의 같았다.[88]

이 대회에서 가장 중요한 것은 「당조직문제 보고」였다. 보고자는 김일성이었다.[89] 그것은 당조직문제에 관한 보고형식이기는 했지만, 이 시점의 한국공산주의운동의 현황과 과제에 관한 광범위한 문제를 제기한 기조연설이었다. 김일성은 한국은 소련과 미국이 함께 들어와 해방시켜 주었다고 말하고, 현단계는 노동자나 자본가나 모두가 참여하는 자본민주주의[부르주아민주주의]정권을 수립하는 것이 급선무라고 주장했다. 과거의 공산주의운동은 비조직적이고 산만하고 자연발생적이었고, 게다가 국제조건도 불리했기 때문에 실패했다고 단정하고, 우리 민족을 해방시킨 연합군이 들어오자 "우리의 동무 박헌영은 모든 자유주의적 분파를 물리치고 조선공산주의운동의 성과를 보이고 있다"라고 일단 평가했다.[90] 반면에 현시점의 혁명단계를 사회주의혁명이라고 규정한 이영, 최익한 등 장안파의 극좌적인 이론은 "스탈린 동무의 국제정책을 부인하는 것"이라고 비판했다.[91]

김일성은 또 공산당이 아직도 인텔리를 토대로 하고 있고 노동자, 농민을 토대로 하고 있지 못하다고 주장했다. 각도마다 공산당의 계급구성은 노동자가 30%밖에 되지 않으므로 노동자, 농민을 당에 많이 들어오게 해야 한다는 것이었다. 김일성은 이어 당의 기율문제, 의무금 납부문제 등에 대해 언급하고 나서 (1) 조선공산당 북부조선분국위원회 설치

88) 「土地問題決定書」, 『옳은 路線을 위하야』, pp.32~34.
89) 전현수, 앞의 글, p.366; 김광운, 앞의 책, p.159; 서동만, 『북조선사회주의체제성립사 1945~1961』, 선인, 2005, p.69.
90) 金○○, 「薫組織問題報告」, 『옳은 路線을 위하야』, pp.47~48.
91) 위의 책, pp.50~51.

문제 (2) 당규약 기초문제 (3) 당원증 발행문제 (4) 전당대회 소집문제를 제의하여 전원 찬성으로 의결되었다. 조선공산당 북부조선분국 설치의 필요성을 김일성은 다음과 같이 주장했다.

"우리 조선에 소미군이 지역적으로 진주함에 따라 국제적으로나 정치적으로나 특수성을 띠고 있다. 따라서 남북부조선지역에서 양쪽의 지역적 특수성이 있다. 그러므로 조선에서 지리상 또는 정치적으로나 중심지인 서울에 당중앙이 있어서 남부조선의 사업을 치중함은 정치적 의의에서 정당하다고 인정한다. 우리는 북부조선의 모든 행정기타 당의 정책을 실현시키는 데 더욱 당중앙과의 밀접한 지도와 연락이 요구되는 동시에 5도의 행정상 통제가 필요함에 따라 북부조선에 당북부분국 설치의 필요에서 당중앙에 직속된 분국을 설치할 것이다.…"92)

김일성은 그러면서 이 분국은 중앙에서 필요를 인정하지 않을 때에는 언제든지 "중앙에서 처리할 권리가 있고 분국은 복종할 의무가 있다"라고 덧붙였다. 요컨대 북한지역에서의 행정의 통제와 당정책의 효율적인 추진을 위하여 당중앙과 분립된 독자적인 공산당을 조직할 필요가 있다는 것이었다. 당규의 초안을 작성하기로 한 것은 "초안을 서울에 보내어 중앙에 도움이 되게 하자"는 것이고, 당원증 발행문제는 중앙에서 인쇄가 곤란하면 중앙의 승인 아래 북한에서 발행하기로 결의한 것이었다. 그러나 그것은 이미 지방당부 차원의 사업을 넘어선 일이었다.

김일성의 「당조직문제 보고」의 문제제기에 근거하여 「정치노선확립 조직확대강화에 관한 결정서」가 작성되었다. 조선공산당의 국제정세 인식과 토지문제 등 당면과제를 30개항목으로 정리하여 천명한 이 「결정서」는 (16)항에서 "북조선각도당부는 북부조선의 특수성을 보아 당의 볼셰비키화의 활동의 민활과 사업의 확대강화를 위하야 조선공산당 북부조선분국을 설치할 것을 결정한다"고 천명했다. 그리고 마지막

---

92) 같은 책, p.53.

(30)항은 "회의는 이영, 최익한, 정백 일파는 그 강령과 전술에서 좌경적 트로츠키적 오류일 뿐 아니라 조직문제에서 계급진영을 분열시키며 당규를 파괴하는 분파라고 규정한다"라고 하여 장안파를 공식으로 비판했다.[93] 장안파에 대해서는 또 「좌익적 경향과 그 분파행동에 대한 비판」이라는 별도의 「결정서」로 그들의 "사회주의혁명 운운의 결정적 과오는… 문제를 전체적으로 관찰 파악하지 못하고 고립적, 독선적으로 파악함으로써 현실을 무시하는 과오를 범"했다고 규정하고, 한국공산주의운동의 전통적 경향의 하나인 이러한 "무원칙한 조직활동의 혼란과 무정견한 이론의 창조"는 볼셰비키의 강력한 당이 없었기 때문이라고 지난날의 한국공산주의운동의 분파주의를 싸잡아 비난했다.[94] 이러한 결정에 따라 대회는 장안파에게 그들의 조직을 즉시 해산하고, 그들 조직의 소속 인원은 즉시 조선공산당기관에 일임하여 재편성케 하고, 당의 모든 규율에 복종하라는 지령을 내렸고, 장안파도 그것을 실행할 것을 약속하고 서울로 돌아왔다.[95] 그렇게 하여 이 대회는 '서울 중앙'보다 더 강력한 권위를 갖게 되었다.[96]

대회에서는 박헌영의 재건파공산당에 대해서도 심각한 문제제기가 있었다. 김일성은 「당조직문제 보고」에서 "당 전국대표대회[전당대회]를 중앙에서 불러서 우리의 행동강령, 당원증, 당규 (문제를 확정하고), 당내 민주주의로 선출한 간부를 강화하는 데, 전국대표대회를 부르는 것이 필요"하고, "당대회는 국제형제당의 지지를 받는 당이 되도록 해야 한다"고 주장했다.[97] 이 말에는 박헌영 일파에 의한 중앙당 운영의 무원칙성, 비조직성에 대한 통렬한 비판이 내포되어 있었다. 박헌영의 「8월테제」에는 도

---

93) 「政治路線確立組織擴大強化에 관한 決定書」, 「옳은 路線을 위하야」, p.61, p.64.
94) 「左傾的傾向과 그 分派行動에 對한 批判」, 「옳은 路線을 위하야」, p.65~68.
95) 朝鮮共産黨當面政治對策協議會, 「反對派에 對한 聲明書」, 「옳은 路線을 위하야」, pp.10~11.
96) 中川信夫, 「8·15解放直後의 朝鮮의 左翼: 朝鮮共産黨北部5道黨責任者熱誠者大會를 中心に」, 《アジア經濟》 第26-1号, アジア經濟研究所, 1985.1., p.29.
97) 위의 글, p.29.

시와 지방 당조직의 대표가 모여 전국대표자회의를 개최하고, 여기에서 선출된 중앙집행위원들로 중앙집행위원회를 조직한다고 되어 있는데,[98] 박헌영은 9월8일의 계동열성자대회를 전국대표자대회를 대신하는 것으로 하고 말았다. 이 계동열성자대회에서는 당중앙집행위원 선출권도 박헌영 개인에게 위임했다. 박헌영은 이날의 대회의 문제제기가 있은 뒤에도 전당대회 소집을 한사코 회피하여, 1946년 10월에 월북할 때까지 끝내 전당대회를 소집하지 않았다.

전당대회 소집문제보다도 박헌영에게 더 치명적인 것은 9월6일에 서울에서 선포된 조선인민공화국을 이 대회가 사실상 부인한 것이었다. 「정치노선확립 조직확대강화에 관한 결정서」는 (9)항에서 다음과 같이 천명했다.

> 조선자본민주혁명의 기본과업은 토지문제이다. 외래의 '힘'에 의하야 민족해방은 획득하였으나 통일된 주권은 아직 수립치 못하였다. 통일된 유일한 인민의 의사를 대표한 조선인민공화국을 수립함에서만 우리의 과업을 완전히 해결할 수 있다.[99]

조선공산당 평남지구확대위원회에 이어 서북5도당책임자 및 열성자연합대회가 박헌영의 정치노선의 상징적 존재인 인민공화국의 권위를 이처럼 부인한 것은 이 대회에서 창설하기로 결의한 조선공산당 북부조선분국의 위상이 출범과 동시에 사실상 서울 중앙의 상위에 있게 되었음을 뜻하는 것이었다. 그리고 그것은 이 대회의 "기획과 연출"을 맡았던 소련군 정치사령부의 의도가 어떤 것이었는가를 그대로 보여 주는 것이었다.

---

98) 박헌영, 「현정세와 우리의 임무」(1945.8.20.), 『이정박헌영전집(2)』, p.54 및 박헌영, 「現情勢와 우리의 任務」(1945.9.20.), 『이정박헌영전집(5)』, 2004, p.64.
99) 「政治路線確立組織擴大強化에 관한 決定書」, 『옳은 路線을 위하야』, p.60.

대회의 마지막 순서는 새로 창설되는 조선공산당 북부조선분국의 집행위원 선거였다. 선거권문제와 투표방법문제는 도당 책임자들에게 일임하기로 하여 김일성, 김용범, 오기섭, 장시우, 박정애, 정달헌, 주영하, 안길 등 17명이 선출되었다. 북부조선분국에 상임위원 5~6명을 두기로 하고 이 인선은 집행부에 일임했다. 대회는 오후 6시30분에 박수 속에 폐막했다.

3

10월20일에 집행부의 간부로 김일성과 긴밀한 협력관계에 있던 평양의 김용범이 제1비서에, 오기섭이 제2비서에 선출되고, 조직부장은 김일성과 같이 귀국한 소련파의 군의관 이동화, 선전부장과 산업부장에는 국내파의 윤상남(尹相南)과 정재달(鄭在達)이 각각 선임되었다. 그리고 11월1일자로 창간된 분국 기관지 《정로(正路)》의 편집인은 소련파의 중등학교 교장 출신 태성수가 맡았다.[100]

박헌영은 열흘 뒤인 10월23일에 "조선공산당 중앙위원회는 1945년 10월23일에 평양에서 열린 서북5도당책임자 및 열성자연합대회에서 (결의한) 조선공산당 북부조선분국 설립에 대한 결정을 옳다고 보고 이를 승인함"이라는 문서를 발표했고, 이튿날 김용범은 박헌영의 승인내용을 전하는 편지를 지방의 각도당부로 발송했다.[101] 이렇게 하여 마침내 북한에 독자적인 공산당이 조직되었다. 그런데 뒷날 북한에서는 이 대회가 10월10일부터 13일까지 나흘 동안 열렸다고 말하고, 10월10일을 당 창건일로 기념하고 있다.

이날의 대회결정서들과 「조선공산당의 주장」이라는 10월30일자의

---

100) 和田春樹, 앞의 책, p.65; 서동만, 앞의 책, pp.72~73.
101) 《解放日報》 1945년11월15일자, 「朝鮮共産黨北部朝鮮分局設置」.

평양시민중대회에서 처음으로 모습을 드러낸 김일성. 적기훈장을 달고 있다.

박헌영의 글이 발표된 11월5일자 《해방일보》에는 처음으로 「조선의 청년영웅 김일성장군 환영」이라는 박스 기사가 실렸다.

서북5도당책임자 및 열성자연합대회가 끝나자 김일성은 그날 저녁에 평안남도인민정치위원회가 주최하는 환영간담회에 참석했다. 조만식 이외의 민족진영 위원들과는 첫 대면이었다. 평양시내의 평화회관에서 열린 이 환영간담회에는 로마넨코 소장도 참석하여 김일성을 소개했다.[102] 평양시내에는 며칠 전부터 10월14일에 붉은 군대 환영 평양시민중대회가 열리고 이 자리에 '김일성 장군'이 참석한다는 소문이 널리 전해지고 있었다. 김일성은 이 대회에 참석하여 평양시민들에게 모습을 나타낼 참이었다.

일요일인 10월14일 오후 1시. 맑게 갠 가을 하늘이었다. 기림리(箕林

---

102) 《平壤民報》 1945년10월15일자, 16일자, 「朝鮮解放 爲하여 血鬪二十年 民主建國 말하는 金日成將軍」, 國史編纂委員會 編, 『北韓關係史料集 XII (1946~1951)』, 國史編纂委員會, 1991, p.332; 森田芳夫, 앞의 책, p.194.

里) 공설운동장에는 5만 내지 6만명가량의 군중이 모여들었다. 김일성에 대한 호기심 때문이었다. 단상에는 태극기와 연합국기가 촘촘히 게양되고, 치스차코프, 레베데프, 로마넨코 등 소련군사령부 간부들과 함께 조만식과 김일성이 자리했다. 레닌과 스탈린의 대형 초상화도 걸렸다. 대회는 김용범의 사회로 진행되었다. 소련국가와 '올드 랭 사인'곡의 애국가 연주에 이어 레베데프, 조만식, 김일성의 순으로 연설이 이어졌다.[103]

조만식은 열정적으로 30분 동안 연설을 했는데, 연설 도중에 안경이 떨어지기도 했다.[104] 김일성 차례가 되었다. 그는 왼쪽 가슴에 적기훈장을 달고 있었다. 로마넨코가 앞에 나와서 김일성을 소개하며 군중의 박수를 유도했다.[105] 그러나 군중은 30대 초반의 젊은 청년이 원고를 들고 마이크 앞으로 다가서자 술렁거리기 시작했다. 생각했던 것과는 너무나 다른 모습이었기 때문이다. 이날의 민중대회에 참석했던 오영진은 "백발이 성성한 노장군 대신에 30대 초반으로밖에 안 보이는 젊은 청년이 원고를 들고 마이크 앞으로 다가서자" 군중 사이에서는 "순식간에 불신과 실망과 불만과 분노의 감정이 전류처럼 전파되었다"고 적었다.[106] 군중의 소란에 당황한 소련군은 공포를 쏘았고, 소란은 이내 가라앉았다.[107]

김일성은 먼저 "우리의 해방과 자유를 위하여 싸운 붉은 군대에 진심으로 감사를 드린다"고 말하고, 다음과 같은 요지의 연설을 했다.

"36년간 우리를 압박하던 일본제국주의는 소련군의 영웅적 투쟁으로 멸망을 당하였다.… 조선민족은 이제부터 새 민주조선 건설에 힘을 합하여 나가야 하겠다. 어떠한 당파나 개인만으로 이 위대한 사명을 완

103) 吳泳鎭, 앞의 책, p.140;《平壤民報》1945년10월15일자(創刊號),「錦繡江山을 震動시킨 十萬의 歡呼 偉大한 愛國者 金日成將軍도 參席 平壤市民衆大會盛況」,『北韓關係史料集 XII(1946~1951)』, p.335; 韓載德, 앞의 책, pp.61~63.
104) 메클레르 증언,『秘錄조선민주주의인민공화국』, p.89.
105) 韓載德, 앞의 책, p.65.
106) 吳泳鎭, 앞의 책, pp.141~142.
107) 徐容奎(朴炳燁) 증언,『秘錄조선민주주의인민공화국』, p.86.

수할 수는 없는 것이다. 노력(勞力)을 가진 자는 노력을, 지식 있는 자는 지식으로, 돈 있는 자는 돈으로, 참으로 나라를 사랑하고 민주를 사랑하고, 전 민족이 완전히 대동단결하여 민주주의 자주독립국가를 건설하자! 조선독립 만세! 소련군대와 스탈린 대원수 만세! 조선민족의 굳은 단결 만세!"[108]

레베데프는 이날의 김일성의 연설문은 소련군 장교가 러시아어로 작성한 것을 고려인이 번역한 것이라고 말했다.[109] 그러나 "노력을 가진 자는 노력을…"이라는 구절은 중국공산당이 1935년8월1일에 발표한 이른바 「8·1선언」, 곧 「항일구국을 위하여 전 동포에게 고하는 글」 가운데 유명한 "돈 있는 자는 돈을 내고, 총 있는 자는 총을 내고, 식량 있는 자는 식량을 내고, 힘있는 자는 힘을 내고, 전문기술 있는 자는 전문기술을 바쳐 우리 전 동포를 총동원하여…"[110] 라는 구절에서 따온 말이었을 것이다. 그것은 김일성이 항일연군의 정치학습을 통하여 모택동(毛澤東) 전략이론을 깨우치고 있었음을 보여 주는 것이었다. 그리고 그것은 전날의 서북5도 공산당대회에서 강조한 민족통일전선의 필요성을 강조한 말이었다.

이렇게 하여 김일성은 이제 이러저러한 설화의 베일을 벗고 북한주민 앞에 모습을 드러냈다.

108) 《平壤民報》 1945년10월15일자(創刊號), 「金日成將軍의 演說要旨」, 『北韓關係史料集 XII(1946~1951)』, p.336; 『朝鮮中央年鑑 1949年版』, p.63.
109) 레베데프 증언, 『秘錄조선민주주의인민공화국』, p.88.
110) 西順藏 編, 『原典中國近代思想史(第六冊): 國共分裂から解放戰爭まで』, 岩波書店, 1977, p.165.

77장

33년 만에 귀국한 '국민적 영웅'

1. 아널드 군정장관의 인민공화국 부인성명

1

미 군정부의 거듭된 부인에도 불구하고 좌익인사들은 조선인민공화국이 미군 진주 이전에 정당한 절차로 수립된 '기정사실'이라고 고집하면서 모험주의적인 저항을 계속했다. 그리하여 인민공화국 중앙인민위원회는 10월3일에 제2차 전국인민대표대회를 1946년3월1일에 개최한다고 발표했다. 조선공산당 기관지《해방일보》는 이 대회가 "이 공화국의 탄생 이래 최대 최고의 사업의 방향을 결정하는 한편 조선의 장래를 결정할 역사적 계기"가 될 것이라고 주장했다. 9월6일 밤에 황급히 열렸던 제1차 인민대표대회가 "전 인민의 광범한 민주주의적 선거로 선출되지 못하였으므로" 그 대회에서 선출된 인민위원회는 "일종의 임시혁명정부의 존재임은 틀림없는 사실이고," 따라서 그렇게 성립된 인민위원회의 최대의 임무는 바로 제2차 인민대표대회를 소집하여 광범한 인민의 총의에서 선출된 인민정부 수립을 조속한 기간 내에 성립시키는 것이었다고 기술했다. 그러므로 제2차 인민대표대회는 "그 소집과정이 진지한 투쟁과정을 통하여 성립되지 아니하면 아니될 것"[1]이라고《해방일보》는 주장했다. 이러한 주장은 인민공화국의 정통성에 문제가 있음을 자인하면서도 미 군정부의 권위와 권능에 정면으로 도전하는 주장이 아닐 수 없었다.

인민공화국 중앙인민위원회는 10월5일자로『미국시민에게 보내는 메시지(A Message to U. S. A. Citizens)』라는 영문 팸플릿을 발행했다. 그것은 인민공화국 관계자들이 자기들의 주장의 정당성을 미국 국민에게 직접 호소하기 위하여 만든 것이었다. 팸플릿은 조선인민공화국은 공산주의 독재나 자본주의 헤게모니와는 관계가 없으며, 대다수의 한국 국민의

---

1)《解放日報》1945년10월18일자, 「社說: 第二次全國人民代表者大會의 政治的方向에 대한 提議」.

의견을 대표하고 그들의 지지를 받고 있다고 강변했다. 팸플릿은 그러므로 미군정 당국은 모든 행정기관과 경제시설을 조선인민공화국에 넘겨주어야 하며, 그렇지 않을 경우에는 세기의 비극을 초래할 것이라고 으름장을 놓았다. 그러고는 미국의 여론이 결코 그것을 허용하지 않을 것이라고 덧붙였다.[2]

아널드(Archibald V. Arnold) 군정장관은 마침내 인민공화국을 부인하는 강경한 성명서를 발표했다. 성명서는 보기 드물게 냉소적인 어조였다. 아널드는 10월10일 아침에 기자들과 만나 "명령의 성질을 가진 요구"라면서 모든 신문이 이 성명서를 1면에 크게 게재할 것을 요구했다. 이 성명서의 원고는 아널드 자신이 직접 작성했다고 한다.[3]

성명서는 먼저 한국에는 오직 하나의 정부가 있을 뿐이라고 다음과 같이 확언했다.

북위 38도 이남의 한국에는 오직 한 정부가 있을 뿐이다. 이 정부는 맥아더(Douglas MacArthur) 원수의 포고와 하지(John R. Hodge) 중장의 정령(政令)과 군정장관의 행정령에 의하여 정당히 수립된 것이다. (이 정부는) 아널드 군정장관과 군정관들이 엄선하고 감독하는 한국인으로 조직된 정부로서 행정 각 방면에서 절대의 지배력과 권위를 가졌다.

이렇게 선언한 성명서는 인민공화국이란 한갓 '괴뢰극(傀儡劇)'에 지나지 않는 것이라고 다음과 같이 비꼬는 말로 매도했다.

자천자임(自薦自任)한 '관리'라든가 '경찰'이라든가 '국민 전체를

---

2) HQ, USAFIK, G-2 Weekly Summary, no.7(1945.10.30.), *A Message to U.S.A. Citizens*(1945.10.5.).
3) G-2 Weekly Summary, no.7(1945.10.30.), *The Traitors and the Patriots*(1945.10.13.).

대표하였노라'는 대소의 회합이라든가, 자칭 '조선인민공화국'이라든가, 자칭 '조선공화국 내각'은 권위와 세력과 실재가 전혀 없는 것이다. 만일 이러한 고관대직을 참칭하는 자들이 흥행적 가치조차 의심할 만한 괴뢰극을 하는 배우라면 그들은 즉시 그 연극을 폐막하여야 마땅할 것이다.… 만일 이러한 괴뢰극의 막후에 그 연극을 조종하는 사기한이 있어서 어리석게도 한국정부의 정당한 행정사무의 일부분일지라도 단행할 수 있다고 생각한다면 그들은 마땅히 맹연각성하여 현실을 파악하고 이러한 연출을 당연히 중지해야 할 것이다.…

아널드는 이어 1946년3월1일에 제2차 전국인민대표대회를 개최하기 위하여 18세 이상의 모든 남녀에게 선거권을 주어 선거를 실시한다고 한 인민공화국의 발표를 혹렬하게 규탄했다. 그러한 불법적인 선거를 제안한 개인이나 단체는 "군정부에 대한 가장 중대한 방해물"이며 "군정부 또는 군정하의 한국정부의 합법적 권위에 대한 공공연한 반항적 행동"을 했다는 것이었다.[4]

이처럼 매우 모멸스러운 아널드의 성명서는 정국에 벌집 쑤셔 놓은 듯한 반향을 불러일으켰다. 인민공화국 중앙인민위원회는 이튿날 아널드의 성명에 맞서 "조선인민공화국의 탄생은 미군 상륙 이전의 기정사실이며 제2차 전국인민대표대회가 1946년3월1일을 기하여 소집되는 것은 제1차 인민대표대회의 결의에 의한 것이다. 신국가가 건설되려 할 때에 인민의 총의를 모아야 하는 것은 국제헌장의 정신이며 규정이다. 이를 위하여서는 전국인민대표대회의 소집이 당연한 것이며, 또한 최선의 방도라고 확신한다"라는 담화를 발표했다.[5] 그러나 9월6일 밤에 벼락치기로 열렸던 제1차 인민대표대회가 제2차 전국인민대표대회를 1946년3월1일에

---

4) 《每日新報》 1945년10월11일자, 「朝鮮에 軍政府뿐: 軍政長官아놀드少將發表」.
5) 《每日新報》 1945년10월11일자, 「政治能力表現에 不過: 人民共和國委員會發表」.

소집하기로 결의했다는 주장은 사실이 아니었다.

중앙인민위원회는 10월14일에 다시 성명을 발표하고 "우리는 될 수 있는 대로 속한 기한 내의 군정 철폐를 요구하며 기대하지만, 군정일반을 반대하며 이에 대립하려고 하지도 않으며 또 그러할 필요도 없다"라고 일단 신중한 자세를 취하면서도, "그러나 그 반인민정책에는 절대로 반대한다. 조선인민공화국에 대한 아널드 군정장관의 우롱적, 모욕적 성명은 이 반인민적 정책의 집중적 표현이다.··· 조선인민의 총의로 되고 국제헌장의 정신에 근거를 둔 조선인민공화국은 엄연한 존재이다.···"라고 강변했다.[6]

각계 인사들의 반응은 정치적 입장에 따라 가지가지였다. 조선국민당 당수 안재홍(安在鴻)은 "나는··· 그들에게 최대의 경의와 감사를 가지는 터이므로 모든 것을 선의로 해석하고 싶으나 발표된 것이 사실이라면 심대한 유감인 것은 부인할 수 없다"라고 말하고, 그러나 "8월15일 이후로 서울거리 각처에 나타난 삐라, 포스터 등에 허다한 야비한 문구가 이러한 결과를 초래하지 않았을까. 아널드씨에게 경고를 하는 동시에 조선인 자신도 반성할 필요가 있다"라고 궁색하게 논평했다. 안재홍은 아널드의 성명서가 발표되기 이틀 전인 10월8일에 하지(John R. Hodge) 사령관을 만나서 38도선에 의한 분할점령의 철폐와 전 한국을 통할하는 단일체의 군정기구 설치를 요구하는 국민당의 결의문을 트루먼(Harry S. Truman) 대통령에게 전달해 줄 것을 요청했고, 하지는 그 자리에서 그러겠다고 약속했다.[7]

군정장관 고문회의의 위원장인 한민당의 김성수(金性洙)는 아널드의 발표문을 아직 읽지 못했다고 말하고, "고문관이 된 우리로서는 그동안 1차 회담이 있었고, 그때에 쌀값이라든지 그 밖의 다른 문제에 관

---

6) 《每日新報》 1945년10월14일자, 「共和國性格을 解明」.
7) 《每日新報》 1945년10월9일자, 「北緯三十八度境界撤廢, 美大統領의 盡力要請」.

해서 회담을 했을 뿐 이번 문제는 전혀 발언되지 않았으므로 시비를 말할 수 없다"라고 직언을 피했다. 같은 한민당의 김병로(金炳魯)는 "사기한이라는 말은 과도한 말인 듯하나 이러한 말을 듣게 된 원인이 나변에 있는가 먼저 깊이 반성할 필요가 있다고 생각한다. 여하간 이런저런 말을 듣게 된 것은 매우 유감된 사실이라 하겠다"라고 그 책임을 좌익인사들에게 돌렸다. 미 군정부와 내왕이 있는 여자국민당 당수 임영신(任永信)은 "나는 그러한 발표를 하게까지 된 동기를 오히려 반문하고자 한다.⋯ 그 발표의 형식이 다소 과격하고 감정적인지는 몰라도 그러한 발표가 없었던 것만 같지 못할 줄 안다.⋯ 우리는 피차 자중해야만 할 줄 안다"라고 했다.

한편 조선어학회 간사장 이극로(李克魯)는 "점잖은 지위에 있는 사람으로서 언사가 저열한 것은 유감이다.⋯ 이 발표문이 가지는 영향은 그만두고 장관 개인의 체면문제가 아닐까 생각한다"라고 비판했고, 좌익 문학평론가 이원조(李源朝)는 "인민공화국의 찬부(贊否)는 인민의 자유의사로 결정될 것이고 어떤 외부세력이나 지시로 결정될 것이 아니다"라고 말하고, "만약 인민의 의사로 결정된 인민공화국을 이렇게까지 모욕하고 능멸한다면 이것은 나아가 각 정당에까지 간섭하는 길이 열리지 않을까 걱정하는 바이다. 더구나 전문을 통하여 모욕적 언사는 단순한 동족애만으로서도 앉아듣기에 불쾌하다.⋯ 혹시 오역이 아닌가 의심한다"라고 논박했다.[8]

여운형(呂運亨) 지지자들은 아널드의 이 성명서는 "확실히 간접으로 몽양(夢陽: 呂運亨)에게 모욕적인 창피를 주려고 한" 것이라고 간주했다.[9] 《매일신보(每日新報)》는 「아널드 장관에게 충고함」이라는 'H생' 명의의 긴 반박문을 1면에 실었다. 'H생'은 정경부장 홍종인(洪鍾仁)이었다.[10]

8) 《自由新聞》 1945년 10월 13일자, 「아놀드長官發表波紋」.
9) 李萬珪, 『呂運亨先生鬪爭史』, p.242.
10) 정진석, 『언론조선총독부』, 커뮤니케이션북스, 2005, p.303.

또 묻거니와 인민공화국의 책임자는 여운형씨이다. 일전에 군정청에서는 여운형씨를 군정장관의 고문으로 임명했음을 발표했다. 인민공화국의 '괴뢰극'은 어느 누구의 '연극'을 말하는 것이며 '그 연극을 조종하는 사기한'이라 함은 누구를 지칭함일까. 천하의 상식은 여운형씨를 가리키는 것으로 보고 있음에 틀림없다. 고문으로 위촉한 지 불과 수일에 괴뢰극을 조종하는 사기한으로 지적한 발표문의 신문게재는 아널드 장관 명령하에 또다시 "조선민중을 기만하는 기사"가 되지 않을까 염려하지 않을 수 없다.…[11]

2

실제로 인민공화국을 뒤에서 조종하는 사람은 재건파 조선공산당의 박헌영이었음에도 불구하고 여운형 지지자들이 "막후에서 연극을 조종하는 사기한"이란 여운형을 지칭한 것이라고 주장한 것은 적이 의아스러운 느낌을 준다.

박헌영은 아널드의 성명서가 발표되던 바로 그날 오후에 8·15해방 이후 처음으로 공개석상에서 기자회견을 가졌다. 기자회견 내용은 보도한 신문마다 조금씩 차이가 있었으나, 이날 박헌영은 인민공화국을 '기정사실'로 주장하지는 않았다. 조선공산당의 건국의 비전을 묻는 기자들의 질문에 박헌영은 다음과 같이 대답했다.

"우리는 무엇보다도 강력한 민족적 통일정권을 수립해야 한다.… 어떤 편협한 계급이라든가 당파의 지지를 받는 것이 아니고 조선 전 민족을 대표하는 것이 되어야 한다. 조선의 전 인민의 대다수는 노동자 농민 근로대중이라는 의미에서 이 근로대중의 이익을 대표하는 정부가 곧 전 조선민족의 총의를 대표한 정부라고 볼 수 있다."

---

11) H生, 「아놀드長官에게 忠告함」, 《每日新報》 1945년 10월 11일자.

미 군정부에 대한 요구가 무엇이냐는 질문에는 박헌영은 "연합군의 귀중한 희생과 영웅적 행동에 경의를 표한다. 조선의 해방이 연합군의 힘에 의한 바 크다. 그러나 조선에 주둔한 연합군은 남북을 물론하고 속히 일본군 무장해제라는 임무를 끝마치며, 조선인에게 정권을 양도하고 물러가기 바란다"라고 대답했다.

그러면서 문제의 아널드 군정장관의 성명서에 대해서는 간단하게 언급했다.

"그것은 예상하던 바이다. 미군정으로서는 의당 취할 것으로 생각한다. 그렇다고 조선의 정치운동이 또다시 휴식할 리 만무다. 인민공화국은 해산하지는 않을 것이다."[12]

박헌영의 이러한 신중한 태도는 이때까지도 조선공산당의 기본 방침이 미국도 연합국의 하나이며 따라서 미군도 해방군이라는 인식에서 미군정에 대해 모호한 입장임을 나타내 보이는 것이었다.

인민공화국 관계자들은 아널드의 성명서는 한민당 인사들의 "왜곡된 정보"에 기인하는 것이라고 단정하고 김성수를 비롯한 한민당 간부들에 대한 공격을 강화했다. 인민공화국 중앙인민위원회는 10월13일에 『반역자와 애국자(*The Traitors and the Patriots*)』라는 영문 팸플릿을 만들어 서울시내에 배포했다.[13]

그것은 아널드의 성명서와 그것에 대한 인민공화국의 반박 성명문 등과 함께 일본점령기에 조선총독부 기관지 《매일신보》에 게재되었던 김성수, 양주삼(梁柱三), 이용설(李容卨), 백낙준(白樂濬), 구자옥(具滋玉), 권상로(權相老), 장덕수(張德秀) 일곱 사람의 학병 권유 등 친일적인 연설문 구절을 번역한 것이었다. 팸플릿은 김성수가 1943년11월5일에 보성

12) 《朝鮮人民報》 1945년10월11일자, 「民族統一政權을 支持」; 《新朝鮮報》 1945년10월12일자, 「民族反逆者를 除外한 統一政府를 結成」.
13) 『駐韓美軍史(2)』, p.16.

전문학교 학생들에게 한 강연내용이라면서 《매일신보》가 보도한 것을 3페이지에 걸쳐서 길게 소개했다.[14] 한달 전에 조선인민공화국의 문교부장으로 발표되었던 김성수는 이제 인민공화국 조각 주동자들의 공격의 중심 표적이 된 것이다.

인민공화국 관계자들의 한민당에 대한 이러한 공격은 한민당 인사들이 군정장관 고문관이라는 현실적으로 영향력을 행사할 수 있는 자리에 임명되었기 때문이었다. 그러한 사정은 《해방일보》의 '우공(愚公)' 명의의 아널드 성명서에 대한 반박논설에서도 감지할 수 있다.

> 오늘날 조선에서 그 누구가 지도자이며 그 누구가 사기한이냐? 민주주의국 아메리카의 척도에서 소위 사기한과 지도자를 정의한다면 결국 인민이 지지하는 인물이 지도자이어야 하고 인민이 규탄하는 인물이 사기한이 아니면 아니된다.… 지금 군정당국의 소위 고문이 되어 있는 사람들 중의 그 대부분은 일찍이 민족반역자로서 인민의 규탄을 받는 인물들이다. 조선에 아무리 인물이 없다 해도 조선의 인민은 민족적 반역자쯤은 응징하지 않으면 안될 것이다. 조선인의 대다수가 가장 미워하는 인물들을 추리고 또 골라서 고문관으로 앉히고 정말 인민이 지지하는 지도자를 '사기한'이라는 모욕적 언사로써 지적하는 것은 여론의 나라, 인민의 나라인 아메리카국 대표자의 권위를 위하여 어찌 유감이 아닐 수 있는 일이냐?[15]

미군정 당국과 인민공화국의 길항을 부추기는 데에는 몇몇 미국 신문특파원들도 한몫했다. AP통신의 메이어스(Robert M. Myers) 기자와 《크리스천 사이언스 모니터(*The Christian Science Monitor*)》지의

---

14) G-2 Weekly Summary, no.7(1945.10.30.), *The Traitors and the Patriots*.
15) 愚公, 「朝鮮現實을 좀 더 알라」, 《解放日報》 1945년 10월18일자.

워커(Gordon Walker) 기자는 인민공화국 중앙인민위원회와의 한 비공식 간담회에서 아널드 장군은 한민당의 말에 귀가 쏠려 있다고 말하고, "그러나 미 군정부가 미합중국의 전부는 아니다"라고 강조했다고 한다.16)

그런데 이러한 아널드 장군의 인민공화국 부인성명은 이 무렵 미국 3부조정위원회(SWNCC)에서 검토하고 있던 미국정부의 대한정책과 무관하지 않았다. 그 내용은 마셜(George C. Marshall) 참모총장이 10월1일에 도쿄의 태평양지역 미군사령관 맥아더에게 보낸 전문에 잘 나타나 있다.

실행 가능한 가장 빠른 시기에 한국에 국제신탁통치가 실시되어야 한다는 제안이 현재 3부조정위원회에 제출되어 있다. 위원회는 미소 양군이 분할하고 있는 현재의 경계선은 매우 부자연스러우며 여러 가지 이유에서 전 한국을 위한 하나의 단일행정(a single administration)이 바람직하다는 것도 인정했다. 위원회에 제출된 제안은… 미 점령군 사령관이… 미국과 소련 두 지역의 실제 행정상의 통일성을 가능한 최대한으로 실현시키도록 노력할 것을 생각하고 있다. 또한 남한의 행정구조는 소련과의 합의 아래 전 한국에 확대 적용될 수 있도록 조정되어야 한다는 결론에 이르고 있다.…

참고사항으로, 신탁통치 협상이 1946년 초에는 시작되기 바라지만 군정으로부터 효과적인 4개국 신탁통치로 감독권이 이관되기까지는 적어도 1년은 걸릴 것이라는 점을 알려 준다.…17)

16) 『駐韓美軍史(2)』, pp.16~17.
17) Marshall to MacArthur, Oct. 1, 1945, *FRUS 1945*, vol. Ⅵ., 1969, pp.1067~1068.

3

미 군정청은 제국주의 일본의 식민지 지배체제를 개혁하고 행정 각 분야에 한국인을 임명하는 작업을 실행해 나갔다. 10월9일에는 「법령 제11호」로 9월22일에 발표한 「일반명령 제5호」를 개정하여 일본점령기에 한국인을 차별적으로 탄압하던 일곱가지 악법, 곧 「정치범처벌법」, 「예비구속법」, 「치안유지법」, 「출판법」, 「정치범보호관찰령」, 「진자(神社)법」, 「경찰의 사법규」를 폐지하고 그 밖의 법률이나 명령도 국적, 종교, 정치사상을 이유로 차별을 강제하는 것은 모두 폐지한다고 공표했다.[18]

이어 10월11일에는 각급 법원의 판검사와 신설된 특별범조사위원회의 위원을 임명하는 대대적인 법조인사를 단행했다. 대법원장에는 한민당 간부이며 군정장관 고문관인 김용무(金用茂)가 임명되었는데, 김용무는 바로 한민당을 탈당했다.[19] 이때의 사법제도 개혁 가운데 특기할 만한 것은 법무국에 특별범조사위원회를 신설한 것이었다. 이 위원회는 법무국장이 위탁하는 사건을 심문하기 위한 특별기구로서, 주로 8·15해방에 따른 일본인들의 범죄를 수사하기 위한 기구였다.[20] 위원장에는 대법원 판사로 임명된 변호사 이인(李仁)이 임명되었다. 각급 법원의 판검사 전원을 한국인들로 임명하면서 아널드는 "전부 한국인으로 하여금 재판을 하는 권리를 허가하였다는 것은 약 반세기 이래 처음 보는 일이며, 이것은 행정 각 부분에서 차차 한국인들로 하여금 한층 더 광범한 분야를 관리하도록 하여 그 수완에 자신을 가지도록 하는 것이 뚜렷이 명시되고 증명될 것이다"라고 크게 의미를 부여했다.[21] 그리고 이튿날 군정청은 각

---

18) 《每日新報》 1945년10월13일자, 「惡質의 七法令撤廢」; 『南朝鮮過渡政府法令集』, 朝鮮行政學會, 1947, p.11.
19) 《自由新聞》 1945년10월17일자, 「司法權의 神聖爲해 民主黨과 絶緣聲明」.
20) 《每日新報》 1945년10월15일자, 「裁判도 우리 손으로」; 森田芳夫·長田かな子 編, 『朝鮮終戰の記録 資料篇(一)』, p.287.
21) 《每日新報》 1945년10월15일자, 「裁判도 우리 손으로」.

급 법원의 일본인 판검사 전원을 파면했다.[22]

한편 인민공화국 관계자들은 아널드의 인민공화국 부인성명서 발표에 맞서 도전적인 행사를 계획했다. 서울시인민위원회는 10월18일 오후 1시에 서울공설운동장에서 연합군 환영과 조선자주독립 촉성을 위한 대규모의 시민대회와 시가행진을 하겠다고 발표했다.[23] 10만명의 군중동원을 목표로 서둘러 준비하던 이 야심찬 시민대회는 그러나 미군헌병대의 허가 취소로 중지되었다.[24]

서울시인민위원회는 또 10월14일에는 "시정(市政)을 접수하는 대로 즉시 시행"할 19개항의 시책을 발표했다. 거기에는 '경성부(京城府)'의 호칭을 '서울시'로 개칭하는 것을 비롯하여, 중소상공업은 자유로운 발전을 허여하되 국가적 견지에서 탈선되지 못하도록 시인민위원회의 감시 아래 두고, 전차 전기 수도 가스는 시영(市營)으로 하며, 몰수한 모든 가옥은 시에서 직영 관리하여 공공시설에 사용하는 이외에 근로자와 빈민에게 대여한다는 등의 시책도 포함되었다.[25]

같은 날 인민공화국 중앙인민위원회는 학자와 기업가 등 경제전문가 50명가량을 초청하여 10월19일에 경제대책간담회를 개최하겠다면서 간담회의 의제와 초청자 46명의 명단을 발표했다. 간담회의 의제는 (1) 경제건설의 기본 방침에 관한 건, (2) 휴면상태의 경제의 부흥책에 관한 건, (3) 인민생활 안정에 관한 건(물자, 물가, 통화, 운수, 노동 대책)이라고 하여 당면한 국민경제 전반의 문제를 망라한 것이었고, 초청된 인사 가운데는 백남운(白南雲), 박극채(朴克采), 최호진(崔虎鎭), 배성룡(裵成龍), 박문규(朴文圭), 안동혁(安東爀) 등 경제전문가들이 다수 포함되었다.[26]

---

22) 《自由新聞》 1945년10월13일자, 「三法院六長官以下日人判檢事罷免」.
23) 《每日新報》 1945년10월12일자, 「獨立促成과 聯合國歡迎市民大會」.
24) 《每日新報》 1945년10월17일자, 「人民委員會主催市民大會中止」.
25) 《每日新報》 1945년10월14일자, 「市政은 市民손으로」.
26) 《每日新報》 1945년10월15일자, 「學者經歷者를 網羅 經濟對策委員會」.

이러한 와중에서 10월13일부터 사흘 동안 급히 도쿄(東京)에 다녀온 하지 사령관이 10월16일에 미 군정부의 법적 성격에 대한 정의(定義)를 천명하는 성명서를 발표하여 눈길을 끌었다. 새삼스러운 느낌이 없지 않은 이 성명서는 말할 나위 없이 아널드의 성명서를 뒷받침하는 것이었다. 군정청이 이 성명서를 발표하면서 "한국 국민의 사상적 혼란을 제거하기 위하여" 발표한다고 설명한 것으로도 짐작할 수 있듯이, 그것은 매우 심각한 의미가 내포된 것이었다.

하지는 먼저 미 군정부를 "일본의 통치로부터 인민의, 인민을 위한, 인민에 의한 민주주의 정부를 건설하기까지의 과도기간에 38도 이남의 한국지역을 통치, 지도, 지배하는 연합군최고사령관 지도하에 미국군으로 설립된 임시정부"라고 정의하고, "군정부는 남한에서 유일한 정부이다"라고 못 박았다. 그러므로 "한국 국민이 군정의 법령에 순응하지 않거나 또는 협력을 게을리하는 것은 오직 국가의 완전독립의 시일을 지연시키며, 따라서 법령에 순응하지 않거나 또는 고의로 군정을 훼손하는 원인을 만들 뿐"이라고 했다. 그러고는 "군정부는… 연합국의 모든 실력으로 지지되고 있다. 따라서 연합국의 명령을 실시하기 위해서는 언제나 실력행사를 할 준비가 되어 있다"라고 하여, 군정부에 반대하는 행위에 대해서는 무력행사도 불사하겠다고 엄중히 경고했다.

하지는 이어 정부의 각급 직위에 유능한 한국인이 등용되고 있고 한국인 관리를 양성 중이라고 인사정책의 기본방침과 현황을 설명한 다음, 독립정부 수립문제와 관련해서는 "한국인들이 통치권을 지배하는 준비가 되면 곧 한국에 독립과 한국인 자신에 자유정치를 줄 것이다"라고 잘라 말했다. 그러면서 인민공화국에 대해서는 다음과 같이 단호하게 비판했다.

(미 군정부에 의한) 정치를 비밀로나 공공연히 반대하는 단체가 있는 모양인데, 자기 나라를 걱정하는 선량한 한국인이라고 할 수 없

다. 현재까지 판명된 이러한 단체는 이익적, 사욕적 지도자 밑에 있는 것이 사실이다. 이러한 단체를 지지하거나 찬성하지 말 것이다.…27)

인민공화국은 이익적, 사욕적 지도자 밑에 있는 단체라는 것이었다. 하지의 이러한 주장은 한국점령정책에 대한 그의 새로운 계획을 반영한 것이었다. 하지는 앞에서 보았듯이, 서울에 진주한 지 며칠 지나지 않아 맥아더에게 중경(重慶)의 망명정부를 임시정부 자격으로 귀국시켜 점령 기간 및 선거실시가 가능할 만큼 한국 국민들이 안정될 때까지 간판으로 활용할 것을 건의했었는데, 이번 도쿄 방문에서 국무부의 재일본 정치고문대리 애치슨(George Atcheson)과 함께 이승만과 임시정부의 김구 및 김규식을 귀국시켜 이들을 중심으로 전 한국 국민집행부(National Korean Peoples Executive) 같은 것을 구성하는 문제를 협의하고 왔다. 하지가 이날(10월16일) 업무협의를 위해 본국으로 떠나는 베닝호프(H. Merrell Benninghoff) 정치고문에게 수교한 메모랜덤에서 국무부와 협의할 중요 사항의 하나로 "다만 명목상의 최고지도자를 가진 정부라도 좋으니까 임시적으로나마 한국정부를 조속히 수립하고, 가급적 빨리 총선거를 실행할 필요"(h항)를 강조한 것도 같은 맥락이었다.28) 하지는 도쿄에서 귀국 도중에 도쿄에 들른 이승만과도 만났다.

---

27) 《每日新報》 1945년10월16일자, 「하지司令官 軍政府의 定義表明」.
28) 鄭秉峻, 「해방직후 李承晩의 귀국과 '東京會合'」, 于松趙東杰先生停年紀念論叢刊行委員會 編, 『于松趙東杰先生停年紀念論叢Ⅱ 韓國民族運動史研究』, 나남출판, 1997, p.938.

2. "친공친일분자들이 귀국 방해"

1

이승만은 10월16일 오후에 소리 소문도 없이 미 군용기편으로 혼자
서 김포비행장에 도착했다. 이승만은 도망치다시피 하여 고국을 떠난 지
33년 만에, 아니 프린스턴대학교(Princeton University)를 졸업하고 귀국
하여 1년2개월 동안 서울YMCA의 한국인 총무로 활동한 기간을 빼면 실
로 41년 만에 꿈에도 잊지 못하던 고국에 돌아왔다. 그는 이제 일흔한살
이 되어 있었다.

이승만이 해방된 고국에 돌아오기까지 두달이나 걸린 데에는 우여곡
절이 있었다. 그 우여곡절이 그의 자존심을 얼마나 상하게 하는 것이었는
지는 미국을 떠나면서 재미동포에게 쓴 「고별사」의 다음과 같은 문장으
로도 짐작할 수 있다.

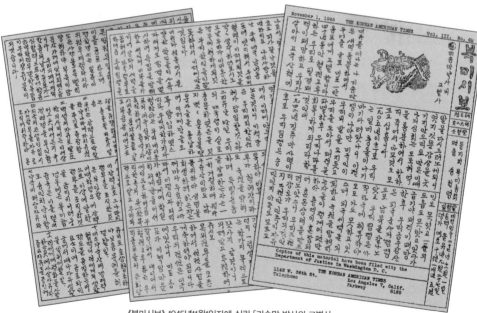

《북미시보》 1945년11월1일자에 실린 「리승만 박사의 고별사」.

미주를 떠나는 나 이승만은 새벽등불하에서 두어줄 글로 미포[美布: 미주와 하와이] 일반동포에게 고별합니다. 40년 동안 혈전고투하던 우리로서 필경 왜적이 패망하고 우리가 살아서 고국산천에 발을 다시 들여놓게 되니 어찌 기쁜 감상을 느끼지 않으리요마는, 이때에 나의 심회는 도리어 억울 통분하여서 차라리 죽어서 아무것도 모르고 싶습니다.…[29]

여기서 우리는 이승만을 그토록 "억울 통분"하게 한 귀국과정의 우여곡절을 살펴볼 필요가 있다.

미 국무부 극동국장 발렌타인(Joseph W. Ballantine)은 8월28일에 전략첩보국(Office of Strategic Services: OSS)의 부국장 굿펠로(Preston M. Goodfellow) 대령으로부터 이승만이 중경을 방문할 수 있게 조치해 달라는 부탁을 받고 그날로 국무차관보 던(James C. Dunn)에게 메모랜덤을 제출했다. 발렌타인은 중국정부가 이승만의 입국을 허가한다면 미국정부로서는 이승만의 여행을 반대할 이유가 없으나 이승만에게 미국 관리를 동행시키는 것은 "미국정부가 이른바 '대한민국임시정부'를 장래의 한국정부로 고려하고 있는 듯한 인상을 줄지도 모르기 때문"이라면서 굿펠로의 제의에 반대했다.[30] 국무장관 번스(James F. Byrnes)는 발렌타인의 건의를 받아들였고, 번스의 재가를 받은 발렌타인은 즉시 주미 중국대사관에 연락했다. 그러나 중국대사관은 9월13일 시점까지 세번이나 본국정부에 문의 전보를 쳤으나 회답이 없다고 했다.[31]

이승만의 공식 전기를 쓴 올리버(Robert T. Oliver)에 따르면, 이승만은 국무부 여권과장 시플리(Ruth Shipley) 여사에게 여권발급을 신청했

29) 《북미시보》(제3권 제6호) 1945년11월1일자, 「리승만 박사의 고별사」.
30) 미국무부문서 895.01/8-1545, Ballantine to Acheson, Sept. 13, 1945, "Applications by Koreans to Return to Korea"(Internal Affairs of Korea 1945~1949); FRUS 1945, vol. Ⅵ., p.1053, fn.,71.
31) 미국무부문서 895.01/8-1545, Ballantine to Acheson, Sept. 13, 1945, "Applications by Koreans to Return to Korea".

는데, 번스는 런던으로 출발하기 직전인 9월5일에 이승만의 여권발급을 재가했다.[32] 런던에서는 9월11일부터 제2차 세계대전 이후의 첫 연합국 외상회의인 5개국(미국, 영국, 소련, 중국, 프랑스) 외상회의가 열릴 예정이었다. 이승만은 발렌타인에게 전화를 걸어 더 이상 중경행은 바라지 않고 마닐라로 갔다가 그곳에서 한국으로 직행하겠다고 말했다.[33] 이승만은 이 무렵 워싱턴에 와 있는 중국 행정원장 송자문(宋子文)이 자신의 중국행을 방해한다고 판단한 것이 틀림없다. 앞에서 본 대로 샌프란시스코에서 국제연합 창립회의가 열리고 있을 때에 송자문은 이승만과 반대파들이 연합하여 단일의 한국대표단을 구성할 것을 종용했으나 이승만은 이를 거부했고, 송자문이 초대한 만찬에도 참석하지 않았다.

이 무렵 미군 점령지역을 여행할 목적으로 국무부의 출국허가를 받기 위해서는 두가지 전제조건이 있었다. 먼저 미군전구(戰區)사령관의 입경허가가 있어야 하고, 그다음으로 교통편의를 제공하겠다는 전쟁부의 보증이 있어야 했다. 합동참모본부의 스위니(Sweeney) 대령은 9월13일에 태평양지역 미군최고사령관 맥아더 장군에게 "한국위원회 위원장(Korean Commissioner) 이승만이 마닐라를 경유하여 귀국하고자 함. 견해바람"이라는 전보를 쳤고,[34] 그날로 승인을 받았다. 이튿날 발렌타인은 이승만에게 필리핀 경유로 한국으로 돌아가겠다고 한 그의 구두신청이 허가가 났다는 것과 전쟁부가 교통편을 제공할 수 있다면 국무부로서는 그의 한국방문을 반대할 이유가 없다고 통보했다.[35]

이렇게 하여 이승만의 출국수속은 비교적 순조롭게 끝났다. 그런데

---

32) Robert T. Oliver, *Syngman Rhee: the Man Behind the Myth*, p.210; Robert T. Oliver, *The Way It Was—All The Way* (unpublished), p.44.

33) 미국무부문서 895.01/8-1544, Ballantine to Acheson, Sept. 13, 1945, "Applications by Koreans to Return to Korea".

34) Joint Chiefs of Staff to CINCAFPAC and COMGENCHINA INFO COMGENIBE, Sept. 13, 1945, 『大韓民國史資料集(28) 李承晩關係書翰資料集1』, 國史編纂委員會, 1996, p.46.

35) Ballantine to Rhee, Sept.14, 1945, Young Ick Lew et al. eds., *The Syngman Rhee Correspondence in English 1904~1948*, vol.3, Institute for Modern Korean Studies, Yonsei University, 2009, p.387.

국무부의 매닝(Manning)이 이승만의 교통편을 알아보고 있을 때에 이 승만은 뜻밖의 장애에 부딪혔다. 그것은 국무장관실에서 시플리 여사에 게 전화를 걸어 이승만의 여권신청서에 신분이 "한국으로 돌아가는 주 미고등판무관(High Commissioner to the United States returning to Korea)"으로 기재되어 있는 것은 적절하지 않으므로 여권발급을 취소해 야 한다고 통보한 것이다. '주미고등판무관'이라는 명칭은 중경임시정부 가 1941년 6월4일에 이승만에게 부여한 '주미외교위원장'이라는 직명을 번역하여 사용하던 것이다. 매닝이 이승만에게 시플리 여사를 만나 보라 고 연락한 것은 9월21일 오후였다. 그러나 이날은 금요일이었으므로 이 승만은 월요일 아침까지 기다려야 했다.[36]

월요일인 9월24일 오전에 굿펠로가 새로 극동국장이 된 빈센트(John C. Vincent)에게 전화를 걸었다. 굿펠로는 이승만이 이미 미군전구사령 관의 입경허가를 받았는데도 출국허가가 지연되고 있는 것은, 그를 다 른 한국인 출국허가신청자들과 동격으로 다루고 있기 때문이 아니냐면 서 그 이유를 알고 싶다고 했다. 빈센트는 일본과장 딕오버(Dickover) 로 하여금 굿펠로에게 연락하여 설명하게 했다.[37] 딕오버는 굿펠로에게 그동안 이승만에게 확인을 위하여 그의 여행관계 문서들을 여권과에 돌 려 주도록 권고해 왔다고 말하면서, 9월21일에 합동참모본부의 스위니 대령이 이승만의 신분을 "한국으로 돌아가는 한국인(Korean national returning to Korea)" 또는 여권과에서 사용하는 그 밖의 다른 용어로 바 꾸어야 한다고 통보해 왔다고 말했다.[38] 이승만이 신청서에 기재한 그대 로 맥아더사령부에 타전하여 입경 허가를 받았던 스위니 대령은 이미 제 재를 받은 상황이었다. 이때에 여권과에는 전경무(田耕武)를 비롯한 재미 한족연합위원회 간부들과 이승만 지지자인 윤병구(尹炳求) 등 10여명의

---

36) Robert T. Oliver, *Syngman Rhee: the Man Behind the Myth*, pp.210~211.
37) 미국무부문서 895.01/9-2445, Vincent to Dickover, Sept. 24, 1945.
38) 미국무부문서 895.01/9-2445, Dickover to Vincent, Sept. 24, 1945.

출국허가신청서가 접수되어 있었는데, 이들은 모두 정당대표를 자처했다. 이승만의 일이라면 사사건건 방해해 온 한길수(韓吉洙)도 국무부에 전화로 귀국을 희망했다.[39]

9월24일 오전에 굿펠로는 시플리 여사를 만나서 이승만은 아무런 직명도 필요없고, 홍보나 팡파르 없이 조용히 귀국하고 싶어 한다고 말했다. 그에 따라 스위니 대령은 직명을 삭제한 군의 새 허가서를 작성하라는 지시를 받았다. 굿펠로가 새 허가서를 들고 국무부의 매닝을 찾아가자, 매닝은 뜻밖에도 국무부는 더 이상 이승만의 여행계획을 지원하지 않기로 결정했다고 잘라 말했다. 게다가 이승만이 오키나와나 도쿄에 기착하기 위해서는 맥아더 장군의 특별허가를 새로 받아야 하고, 한국으로 갈 비행기편을 제공하겠다는 맥아더의 보증도 있어야 한다고 했다. 이승만이 마닐라를 경유하여 귀국하기로 했다가 도쿄 경유로 바꾼 것은 여객기 사정으로 경유지를 선택할 자유가 없었기 때문이다.[40] 굿펠로가 스위니 대령에게 맥아더사령부에 타전해 줄 것을 부탁하자, 그는 국무부의 요청이 있기 전에는 할 수 없다고 했다. 굿펠로는 다시 시플리 여사를 찾아갔다. 그러나 그녀는 국무부는 더 이상 이승만의 일에 개입할 수 없다고 대답했다.[41]

2

이승만에 대한 국무부의 이러한 냉대는 하지 장군이나 베닝호프의 거듭된 건의에도 불구하고 반공반소주의자인 그의 귀국이 4대국에 의한 공동신탁통치라는 한반도에 대한 미국정부의 기본정책에 장해요인이 될

---

39) 미국무부문서 895.01/8-1545, Ballantine to Acheson, Sept. 13, 1945; 895.01/9-2445, Dickover to Vincent, Sept. 24, 1945.
40) 이정식, 「해방전후의 이승만과 미국」, 『대한민국의 기원』, 일조각, 2006, p.317.
41) Robert T. Oliver, *Syngman Rhee: the Man Behind the Myth*, p.211; 이정식, 위의 책, p.313.

지도 모른다는 우려 때문이었다. 이승만은 국무부 안의 "친공친일분자들"이 자신의 여행을 방해하고 있다고 생각했다. 10월1일자 메모랜덤에서 이승만은 "이들이 바로 한국을 소련의 영향력 아래 두기로 한 스탈린과의 비밀협정을 추진한 자들인데, 이들은 친공분자들을 한국에 보내려하고 있다"라고 적었다.[42)]

실제로 대한정책의 고위 책임자인 극동국장 빈센트는 히스(Alger Hiss)와 함께 사상적으로 문제가 있는 인물이었던 것으로 판명되었다. 장기간 중국에서 근무하면서 중국공산당에 동정적이었던 그는 1951년에 전 미국공산당 활동가이자 소련간첩이었던 저술가 부덴즈(Louis F. Budenz)에 의하여 공산당원이었다고 고발되었고, 트루먼 행정부의 국무차관과 국무장관을 지낸 애치슨의 강력한 변호에도 불구하고 1952년에 '공직자 국가충성심사위원회(Civil Service Loyalty Review Board)'로부터 공무수행 부적격 판정을 받은 뒤, 1953년에 덜레스(John F. Dulles) 장관의 요청으로 국무부를 떠났다.[43)]

그러나 이때는 이미 국무부도 이승만과 전경무 등 한국인 출국허가 신청자들에게 출국허가서를 발급하기로 결정한 뒤였다. 번스 국무장관은 9월27일에 주중대사 로버트슨(Robertson)에게 이러한 사실을 알리면서 "현재 한국 밖에 있는 특정 정치단체에 대한 공식적인 지지는 고려하고 있지 않지만, 한국 내의 혼란한 정세 때문에 건설적인 능력이 있고 군정부의 틀 안에서 활동하기를 희망하는 인사들은 입국이 장려되어야" 하고, 여유가 있다면 육군 통제하의 항공편을 제공해도 좋을 것이라고 타전했다.[44)] 임시정부 인사들의 귀국문제는 이러한 기준에서 중국정부와 상의하라는 것이었다.

이승만은 9월29일에 맥아더에게 직접 다음과 같은 전보를 쳤다. 하지

---

42) 이정식, 같은 책, pp.313~314.
43) *Wikipedia Encyclopedia*(Dec. 12, 2009 modified).
44) Byrnes to Robertson, Sept. 27, 1945, *FRUS 1945*, vol. Ⅵ., p.1060.

사령관으로부터 이승만을 빨리 귀국시켜야 한다는 제의를 받고 있던 맥아더에게 이승만의 전보내용은, 비록 정확한 사실은 아니었지만, 맥아더로서도 관심을 가질 만한 것이었다.

마닐라 경유로 한국에 들어가는 여권은 발급받았습니다. 장군의 승인에 따라 합동참모본부로부터 군의 허가도 받았습니다. 지금은 교통편이 문제입니다. 한국에 소련의 영향력을 수립하기 위한 송자문 행정원장과 스탈린 원수의 비밀협정에 따라 수천명의 한국공산주의자들이 시베리아로부터, 그리고 수천명의 중국공산주의자들이 연안(延安)으로부터 한국으로 흘러 들어가고 있습니다. 반대로 한국의 모든 민주적 민족주의 지도자들은 중경에 발이 묶여 있고, 이곳에 있는 몇몇 사람들은 나에게 방해요인이 되었습니다. 그러나 지금은 모두 해결되었습니다. 오직 장군의 명령만이 필요합니다. 스위니 대령에게 나의 도쿄 경유 여행을 허가하시고 그곳에서 한국까지의 여행을 보증하는 전보를 쳐주시기 바랍니다. 나의 여비는 내가 지불하겠다고 약속했습니다. 나는 서울에 조용히 가고 싶습니다. 그리고 무엇보다도 장군과 전폭적으로 협조적인 행동을 취하기 위하여 장군이나 장군의 보좌관과 대화를 가

귀국하는 이승만에게 편의를 제공해준 미태평양전구사령관 맥아더 장군.

졌으면 합니다.[45]

도쿄에 들른 이승만이 맥아더와 만나는 것은 이러한 그의 제의에 따른 것이었다. 한편 합동참모본부도 9월30일에 맥아더사령부로 필리핀 경유 귀국이 허가된 이승만에 대해 국무부가 일본 기착이 요구된다고 주장하고 있다면서 이승만의 일본 경유 허가를 요청했고, 맥아더사령부의 인사참모부장 구너(M. J. Gunner) 준장은 그날로 이승만의 도쿄 경유 귀국을 허가했다.[46]

이 무렵 이승만은, 맥아더에게 보낸 전보에서 확언했듯이, 스탈린과 송자문은 소련이 한반도에 소비에트정권을 수립하는 것을 중국이 양해하는 비밀협정을 맺었다고 확신하고 있었다. 그것은 1945년9월5일자 이승만의 메모랜덤에 자세히 적혀 있다. 이승만은 송자문이 워싱턴에 머물면서 스탈린과 소련에 있는 한국공산주의자들의 지원을 받아 트루먼 대통령으로 하여금 한국의 명목상의 독립을 유지하면서 소련이 한국에 공산주의의 영향력을 확립하는 것을 허용하도록 타협하게 하려 하고 있다고 적었다. 그리고 한국의 상황에 대해서는, 비밀 양해에 따라 소련군이 급히 한국으로 쇄도하여 북반부를 점령하고 있고, 적어도 3만명의 한국인 공산주의자들이 한국으로 흘러 들어와 전국에 걸쳐서 마르크스주의 신념을 퍼뜨리고 있다고 했다. 그런데도 한국의 민족주의 정부나 그 지도자들은 어느 누구도 아직 귀국이 허용되지 않았다고 썼다. 그는 이러한 부조리한 상황이 모두 스탈린과 송자문의 비밀협정에 기인하는 것이라고 적고 나서, 결론으로 한국의 장래와 관련하여 다음과 같이 매우 주목할 만한 제안을 했다.

---

45) Rhee to MacArthur, Sept. 29, 1945, 『大韓民國史資料集(28) 李承晩關係書翰資料集1』, pp.49~51.
46) 鄭秉峻, 앞의 글, pp.930~931.

트루먼 대통령만이 미합중국 국회와 일반 공중의 강력한 지지를 얻어 이 문제를 해결할 수 있다. 한국은 극동에서의 민주주의 작전을 위한 강력한 기지로 만들어야 한다. (한국에 대한) 불간섭정책을 (연합국이) 공동으로 선언함으로써 한국은 아시아의 스위스로서 영세중립국이 될 수 있다. 강력하고, 통합되고, 민주적이고, 독립된 한국과 함께 한국인들은, 지난 모든 세기에 걸쳐서 그랬듯이, 극동에서의 평화의 안전판 역할을 할 것이다. 그들은 1592년에 일본침략자들을 무찔러 멸망시키고 저들을 3세기 반 동안 저들의 섬나라에 가두어 두었다. 한국인들은 어떤 다른 국민들보다 더 잘 일본인들을 감시할 수 있다.[47]

이승만은 이 메모랜덤의 서두에서 트루먼 대통령을 지난 50년 동안 한국의 독립을 완전히 회복하는 데 영향을 미친 어떤 국제적 흥정도 반대하는 입장에 선 첫 미국대통령이라고 칭송했다.

국제관계에서의 중립(Neutrality)의 문제는 이승만이 한국의 독립방략과 관련하여 독립협회 운동 때부터 천착해 온 개념이었다. 그가 1910년에 프린스턴대학교에서 취득한 박사학위 논문도 중립교역과 중립법에 관한 것이었다. 3·1운동이 일어나기 직전에 파리 강화회의에 가 있는 윌슨(Woodrow Wilson) 대통령에게 보낸 문제의 위임통치청원서의 주지도, 한국을 독립을 전제로 일본으로부터 분리시켜 국제연맹의 위임통치 아래 두고 모든 나라가 혜택을 받는 중립적인 상업지역으로 만들어 극동의 완충국이 되게 하자는 것이었다. 그러한 중립국 구상이 이제 한반도의 공산화를 방지하는 방책으로 발전한 것이다. 강대국들이 공동선언을 통하여 한반도에 대한 불간섭정책을 상호보장함으로써 한반도가 영세중립국이 되어 아시아의 스위스가 되고 극동에서의 민주주의 작전의 강력한 기지가 되게 하자는 것이었다.

---

47) "Memorandum," Sept. 5, 1945, 『大韓民國史資料集(28) 李承晚關係書翰資料集1』, pp. 41~42.

3. 도쿄에서 맥아더 장군과 회담하고

1

이윽고 이승만은 10월4일 밤 9시에 워싱턴을 출발했다. 홀로 남게 된 프란체스카와 주미외교위원부 위원장으로 이승만 자신이 임명한 임병직(林炳稷) 등 여남은 사람이 정류장에 나와 그를 배웅했다. 이튿날 샌프란시스코에 도착한 이승만은 바로 비행기를 바꾸어 타고 하와이로 향했다. 워싱턴에서 하와이까지는 민간비행기편을 이용했지만, 하와이에서는 군용기를 타야 했다. 콰잘렌(Kwajalein) 산호초와 괌(Guam)섬을 거쳐서 10월10일에 도쿄 인근의 아쓰기(厚木) 군용비행장에 도착했다.[48]

그런데 이승만이 귀국하기까지의 자세한 과정을 미 국무부는 잘 몰랐던 것 같다. 미 국무부는 1949년8월에 이승만의 귀국과 그 이후의 정치적 부상에 미국이 얼마나 개입했는가를 내부적으로 은밀히 조사한 일이 있는데, 이승만의 귀국에 관해서는 "이 초기에는 대부분의 결정이 현장에서 군정사령부에 의해 그날그날 이루어졌기 때문에 이 문제에 관한 증빙 문서는 (국무부의) 문서과에는 거의 존재하지 않는다"는 것이었다.[49]

이승만이 귀국하는 데 실무작업을 맡았던 곳은 전쟁부 소속 군사정보국(Military Intelligence Service)의 워싱턴지부였다. 그곳은 전쟁부 군사정보국과 해군 및 그 밖의 정보기관들과 정보를 교환하고 조정하는 역할을 담당하는 기관이었다. 군사정보국 워싱턴지부는 합동참모본부로부터 "워싱턴에 있는 이승만이라는 한국인을 찾아서 서울로 보내라"는 전보를 받고 그대로 실행했다. 이 명령을 실행한 사람은 군사정보국

---

48) 《新朝鮮報》 1945년10월18일자, 「歡迎! 民族最高의 指導者」; 《自由新聞》 1945년10월18일자, 「三十三年만에 故土를 밟은 建國의 巨人 李承晚博士」.

49) 미국무부문서 895.00/8-1949, Warren S. Hunsberger, "U.S. Involvement in the Return of Syngman Rhee to Korea and in His Subsequent Prominence in Korean Government and Politics"(Sept. 2, 1949).

워싱턴지부의 행정관 킨트너(William Kintner) 대령이었는데, 그는 이승만이 누구인지도 전혀 몰랐다고 한다.[50]

우여곡절 끝에 미국을 떠나면서 적은 이승만의 「고별사」에는 앞에서 본 대로 반대파에 대한 그의 분노가 노골적으로 드러나 있다. 그는 해방된 고국을 향해 떠나면서도 "가슴이 아프고 피가 끓는다"고 다음과 같이 적었다.

> 1942년의 진주만사변 이후로 우리 임시정부는 승인도 못 얻고 한 푼의 도움도 못 받고 있다가 급기야 왜적이 패망한 후 우리 금수강산은 외국군사의 점령으로 남북을 갈라 놓았고, 우리 임시정부는 아직 타국에 체류하야 오도 가도 못하고 있으며, 외국세력을 의뢰하고 국권을 방해하는 자들이 정계에 편만하야 충역(忠逆)이 혼잡되어 혼돈상태를 만들어 놓았으니, 우리 3천리 강토가 우리의 것인지, 3천만 민족이 자유민인지 아직도 모르고 있는 중이라. 이러한 중에서 고국을 향하는 나로서 어찌 가슴이 아프고 피가 끓는 것을 면하리오. 나의 사랑하는 우리 애국 남녀동포여, 어찌해서 우리의 형편이 이렇게 된 것을 각각 생각하여 보시오. 오늘날 우리가 이 비통한 경우에 처하게 된 것은 우리 한인들이 잘못하여서 이렇게 만든 것입니다.…

이승만은 이어 반대파들이 이처럼 극성스럽게 된 것은 재외한국인 전체의 애국심 부족 때문이었다고 주장했다.

> 미주와 원동에서 불량한 한인들이 사욕과 시기로 임시정부를 멸시하며 독립을 방해하고 세인의 이목을 가리어 당파의 세력을 높여서, 타국 정부로 하여금 우리 임시정부를 사사 단체들과 동등으로 대우

---

50) 킨트너 증언, 이정식, 앞의 책, pp.314~315.

하게 하고 저희가 권리와 지위를 얻기로 전력하는 중에서 이렇게 만들어 놓은 것이니, 이 책망은 우리 재외한인 전체가 담임할 것이라. 그 이유는 만일 우리의 애국성이 실로 충분하였던들 어찌 몇몇 불충불량 분자들을 용납하여 이렇게 만들도록 방임하였으리요.…

이승만은 한가지 유일한 희망은 국내동포들이 애국심으로 충역과 시비를 분간할 줄 알고 목숨을 내어놓고 혈전고투하고 있는 것이라고 말하고, "나 한 사람은 오든지 가든지, 죽든지 살든지 일평생 지켜 오는 한가지 목적으로 끝까지 갈 것이니 의려(疑慮)말고 후원하여 주시오"라고 계속 성원해 주기를 당부했다.[51] 이 무렵 주미위원부는 집세도 밀려 있었다.

33년 만에 잿더미가 되다시피 한 도쿄와 인접 도시들을 살펴보면서 이승만은 한없는 감개를 느꼈다. 이때의 일을 그는 귀국한 뒤에 한 라디오방송을 통하여 이렇게 말했다.

도쿄와 요코하마(橫濱)를 가보니 쑥밭이 되고 말았었다. 미군의 폭격으로 인하야 요코하마는 90%, 도쿄는 75%가 파괴되고, 요코하마는 2주일 동안이나 건물이 타고 공장도 탔었다는데, 악독하던 왜적에 대한 당연한 천벌이라 하겠다.…

이승만은 그것이 예수 그리스도가 우리 대신에 원수를 갚아 준 것이라고 말했다.

우리 손으로 우리 원수를 못 갚은 것이 원한이지만 예수 그리스도는 "원수에게 원수를 갚지 말라. 내가 갚으리라"고 말씀하셨는데, 과

---

51) 《북미시보》 1945년11월1일자, 「리승만 박사의 고별사」.

연 그대로 된 것이다.…52)

이러한 술회는 신사참배(神社參拜) 문제 등으로 고난을 겪어 온 국내 기독교인들은 말할 나위도 없고 많은 국민들에게 그가 독실한 기독교인이라는 이미지를 각인시키는 데 기여했을 것이다.

도쿄에 머무는 며칠 동안의 이승만의 행동 가운데 가장 중요한 것은 맥아더 장군과 하지 장군을 만난 일이었다. 국무부에서 파견되어 있는 재일본 정치고문대리 애치슨과도 만났을 개연성이 없지 않으나, 확인할 만한 근거는 없다. 그런데 이후의 한국의 정국운영과 관련하여 아주 중요한 협의가 있었을 것이 틀림없는 이 주말 회동에 대해서는 아쉽게도 어느 쪽에서도 기록을 남기지 않았다. 그러나 귀국한 뒤에 이승만이 편지나 연설에서 단편적으로 언급한 내용만으로도 이들 사이에 중요한 대화가 있었고, 또 이승만이 만난 사람이 맥아더와 하지만은 아니었던 것을 알 수 있다.

하지는 10월12일 금요일에 서울을 떠나 도쿄에 도착했다. 한국신문들은 그가 38선문제 등 긴급한 문제를 협의하기 위하여 급히 도쿄로 날아갔다고 보도했지만, 그의 도쿄행은 이승만을 만나는 것이 주목적이었던 것으로 판단된다.

하지는 이튿날 먼저 애치슨을 만나 한국 상황에 대한 대책을 협의했다. 그것은 물론 이승만의 귀국과도 관련이 있는 문제였다. 두 사람이 합의한 한국문제에 대한 새로운 방안이란 애치슨이 월요일인 9월15일에 국무부로 타전한 것과 같은 것이었다.

하지는 애치슨과 협의를 마치고 9월14일에 이승만을 만났다. 이날은 일요일이었다. 이승만은 하지와 만났던 일에 대해 올리버에게 "하지 장군이 나를 만나기 위하여 도쿄로 왔습니다. 하지와 나는 우리가 모든 준비

---

52) 《新朝鮮報》 1945년11월8일자, 「李博士의 放送要旨」.

를 갖출 때까지 나의 도착을 알리지 않기로 합의했습니다. 하지는 나에게 옛 왕궁 하나를 나의 처소로 마련해 놓겠다고 했지만, 나는 그러지 말라고 했습니다"라고 적었다.[53] 이승만은 또 귀국 직후의 방송을 통하여 도쿄에서 하지를 만나 "친밀한 가운데 이야기를 하고", 이튿날 하지 중장이 서울로 떠나면서 "피로도 회복할 겸 쉬었다 오라고 해서 사흘 동안 도쿄에서 쉬고" 왔다고 말했다.[54]

이승만을 '국민적 영웅'으로 환영한 하지 중장과 이승만. 두 사람은 곧 견원지간이 되어 미군정 기간 내내 갈등을 벌였다.

2

이승만은 하지와 만나서 국내 상황에 대한 제반문제를 협의한 다음 오후 5시30분에 맥아더 장군을 예방했다. 맥아더의 약속기록부(Appointment Book)에는 이승만의 신분이 "한국위원회 위원장", "전 임시정부 대통령"으로 적혀 있다.[55]

하지는 이승만이 맥아더를 방문했을 때에 합석했던 것이 틀림없다. 세 사람이 함께 만났던 사실은 워싱턴의 임병직이 10월18일 아침 일찍 로스앤젤레스의 동지회 남캘리포니아 지방회장 허성에게 전화를 걸어 "이 박

---

53) Rhee to Oliver, Oct. 21, 1945, 『大韓民國史資料集(28) 李承晩關係書翰資料集1』, pp.56~57.
54) 《自由新聞》 1945년10월19일자, 「李承晩博士, 故國에의 念願을 電波로 絶叫」; 《每日新報》 1945년10월18일자, 「李博士맞아 政局活潑進展」; 《新朝鮮報》 1945년10월19일자, 「李承晩博士放送要旨」.
55) "MacArthur's appointment book", 『大韓民國史資料集(28) 李承晩關係書翰資料集1』, p.55.

제77장 33년 만에 귀국한 '국민적 영웅' **179**

사께서는 도쿄에 주재하는 맥아더 장군의 청함을 받아 신문기자 3인과 미국헌병 4인을 대동하고 군용비행기로 일본 도쿄로 가셨고, 동시에 맥아더 장군은 한국에 주차한 하지 장군을 도쿄로 청하여 2일 반 동안 3인이 회동한 후, 맥아더 장군은 하지 장군을 서울에 먼저 보내어 이 박사 환영준비를 하게 하고…"[56] 라고 말한 것으로도 짐작할 수 있다. 이승만은 도쿄에서 맥아더와 하지를 만났던 사실을 바로 임병직에게 전화로 알렸던 것이다.

맥아더와의 회담 자리에서는 많은 대화가 오갔던 것으로 판단된다. 귀국한 뒤에 이승만은 라디오방송을 통하여 맥아더 장군이 자기에게 큰소리로 "한인들이 자치능력이 없다 하니 이것은 악선전하는 말이라고 생각한다. 나는 한인들이 만사를 잘 해가리라고 믿는다"라고 말했고,[57] 또 "민족통일의 결집체를 만드는 데 그 시일이 얼마나 걸리겠느냐고 나에게 물었다"라고도 말했다.[58]

맥아더가 이승만에게 민족통일의 결집체를 만드는 데 시일이 얼마나 걸리겠느냐고 물었다는 말은 매우 의미심장하다. 그것은 하지와 애치슨이 합의한 새로운 구상을 맥아더는 이미 보고를 받았고, 그것을 염두에 두고 이승만에게 물은 말이었을 것이기 때문이다.

이승만은 맥아더에게 "한국은 왜 소련지역과 미국지역으로 분할되었는가"라고 묻기도 했다.[59] 앞에서 보았듯이, 이승만은 한반도를 연합국이 군사적으로 점령할 필요가 있다면 많은 희생을 치르고 태평양전쟁을 종결시킨 미국이 단독으로 점령해야 한다고 맥아더에게 타전했었다. 한반도는 38도선을 경계로 소련군과 미군이 분할 점령한다는 것은 맥아더의 「일반명령 제1호」로 세상에 처음 알려지기는 했으나, 그러한 분단선 획정

---

56) 《북미시보》 1945년10월18일자(호외), 「워싱턴 외교위원부 장거리전화」.
57) 《自由新聞》 1945년11월8일자, 「李博士의 放送要旨」.
58) 《自由新聞》 1945년10월30일자, 「李承晩博士 敦岩莊에서 記者團會見」.
59) Richard J. H. Johnston, "Rhee, in Korea, Opposes Division; Urges Unity to Convince World", *The New York Times*, Oct. 18, 1945.

의 경위는 이때까지는 맥아더도 알지 못하는 상황이었다.

이승만은 전략첩보국(OSS)의 부국장 굿펠로를 주한 미 군정부의 고문으로 초청할 것을 맥아더에게 강력히 권고했다. 이승만은 이 문제를 가지고 맥아더사령부의 다른 장성들과도 만났다.[60] 올리버는 맥아더가 하지에게 "이승만을 국민적 영웅의 귀국으로 환영할 것을 권고했다"라고 기술했는데,[61] 하지가 옛 왕궁 하나를 이승만의 처소로 제공하겠다고 한 것도 그러한 권고에 따른 조치의 하나로 착안한 것이었을 것이다.

하지와 애치슨이 합의한 한국문제 처리방안은 이승만이 아직 도쿄에 머물고 있는 10월15일에 애치슨이 국무부에 보낸 전문에 구체적으로 설명되어 있다. 전문의 요지는 다음과 같았다.

(1) 이승만이 혼자 한국으로 귀환하는 길에 10월13일에 도쿄를 방문했다.

(2) 한국의 상황으로 보아 다소 진보적이고 대중적이며 존경받는 개인 또는 소그룹을 군정부와의 협조와 군정부의 지시 아래 집행 및 행정적 정부기관(Executive and Administrative Government Agency)으로 발전할 수 있는 조직의 핵심으로 행동하도록 활용해야 한다. 그러한 핵심조직을 "대한민국임시정부"라고 부를 필요는 없지만, 일종의 "전한국국민집행위원회(National Korean Peoples Executive Committee)"라고 명명할 수 있다. 하지가 구성한 고문회의는 이 위원회의 고문 역할을 하거나 적당한 시기에 위원회에 통합될 수도 있을 것이다. 우리 지역 내 한국인들의 이승만에 대한 존경심을 감안할 때에 위원회는 적어도 초기 단계에서 이승만과 김구, 김규식을 중심으로 구성되어야 한다.

(3) 어떤 한 지도자나 그룹 또는 연합체를 공식으로 승인하거나 지지

---

60) Rhee to Goodfellow, Nov. 8, 1945, *The Syngman Rhee Correspondence in English 1904~1948*, vol.1, p.549.
61) Robert T. Oliver, *Syngman Rhee: the Man Behind the Myth*, p.213.

하는 것은 과거의 미국정책에는 위배되지만, 현재의 한국 상황으로는 그러한 조치를 취하는 것이 정당하다. 그렇게 하지 않는다면 우리의 어려움은 감소하기는커녕 증가하고, 소련이 북한지역에 수립하고 지지하는 공산주의 그룹은 그 영향력을 남한에까지 확대시킬 것이다.

(4) 10월13일에 하지 장군과 면담했는데, 그도 이 안에 반대하지 않는다. 제안된 위원회는 군정부의 부속기관으로 수립될 수 있다.[62]

애치슨 제안의 골자는 미 군정부의 부속기관으로 이승만, 김구, 김규식을 핵심으로 하는 전한국국민집행위원회를 구성하여 이들을 공개적으로 승인하고 지지하는 적극적인 조치가 필요하다는 것이었다. 애치슨과 하지의 이러한 구상은 물론 국무부의 대한기본정책과는 거리가 있는 것이었다.

애치슨의 이 전문에 대해 국무부는 10월22일에 "베닝호프가 돌아오는 대로 그와 주의깊게 검토하여 가능한 한 빨리 국무부의 견해를 회답하겠다"고 했으나 회답은 없었다.[63]

이승만은 월요일인 10월15일 오전에 다시 맥아더를 예방했다. 귀국인사차 들른 단순한 예방이었을 수도 있겠지만, 바로 전날 오후 늦게 중요사안을 두고 깊은 대화를 나누고는 이튿날 오전에 단순히 작별인사만을 목적으로 다시 예방했다고 보기에는 석연치 않다. 위에서 본 대로 일요일에 맥아더를 만났던 이승만은 굿펠로 대령의 초청문제에 대하여 맥아더 사령부의 다른 장성들과 구체적으로 협의하기 위하여 이날 다시 사령부를 방문했을 수도 있다. 아무튼 이승만은 10월16일 오후에 맥아더가 내어준 그의 전용기 바탄(The Bataan)을 타고 김포비행장에 도착했다.[64] 이때에 그는 미군복 차림이었는데, 그것은 군용기 탑승자들은 누구나 군

62) Atcheson to Byrnes, Oct. 15, 1945, *FRUS 1945*, vol. Ⅵ., pp.1091~1092.
63) *FRUS 1945*, vol. Ⅵ., p.1092, fn., 1.
64) Bruce Cumings, *The Origins of the Korean War*, vol. Ⅱ., *The Roaring of the Cataract 1947~1950*, Princeton University Press, 1990, p.233.

복을 착용해야 했기 때문이다.[65] 이승만을 마중하러 비행장에 나와 있는 사람은 아무도 없었다.

이승만이 서울에 도착하던 날 미 국무부는 "북위 38도 이남의 미군 사령부는 대표적인 한국인들로부터 개인 자격으로 역내문제에 관하여 자문을 구하는 정책"을 시행한다는 성명을 발표했다. 이에 따라 해외에 있는 모든 한국인에게 귀국의 길이 열렸으며, 최초의 귀국신청자는 이미 허가를 받았고 지금은 귀국도상에 있다고 이승만의 귀국 사실을 공표 했다. 성명은 이어 태평양지역 미육군사령관은 김구와 김규식이 귀국할 수 있도록 건의했다고 말하고, 그들은 현재의 군정장관 고문회의의 다 른 위원들과 같은 조건으로 군정부에 협력할 것으로 기대된다고 언명 했다.[66]

3부조정위원회(SWNCC)가 오랫동안 검토하고 있던 「미군점령하의 한국지역에서의 민간행정을 위한 태평양지역 미육군총사령관에 대한 초 기기본훈령」이 맥아더 장군에게 통달된 것은 10월17일이었다. 「초기기본 훈령」은 제1부 총괄 및 정치, 제2부 경제 및 민간공급, 제3부 금융으로 구 성된 방대한 분량이었으나, 그 대부분은 이미 미 군정부가 취한 조치들을 추인하는 것이었다. 「군사적 권한의 근거 및 범위」 항에서는 "귀관에게는 적국영토의 군사점령자가 통상으로 갖는 권한"이 부여되며, "귀관의 민 간행정업무는 군의 안전이 양립하는 한 최대로 한국을 해방된 국가로 대 우하는 기초 위에서" 실시하라고 훈령했다. 그리고 모든 행동은 미소 양 국에 의한 초기의 잠정적인 민간행정의 시기로부터 미·영·중·소 4개국 에 의한 신탁통치 기간을 거쳐 국제연합 가맹국으로서 궁극적인 독립에 이르는 점진적인 발전을 기도하는 것이 미국의 정책이라는 것을 염두에 둘 것을 강조했다.

---

65) 張基永 증언.
66) Byrnes to Hurley, Oct. 16, 1945, *FRUS 1945*, vol. Ⅵ., pp.1092~1093.

「초기기본훈령」의 「정치활동」항에서는 현존하는 모든 정당과 사회단체를 즉시 통제 아래 두고, 그 활동이 군사점령의 요구와 목표에 일치하는 것은 장려하고 그렇지 않은 것은 폐지해야 된다(9-C항)고 했다. 이승만이나 김구 등과 관련하여 주목되는 것은 다음과 같은 대목이다.

> 귀하는 어떠한 자칭 한국임시정부 또는 비슷한 정치단체에 대해서도 —— 비록 위의 9-C항에 따라 그 존립과 조직과 활동은 허용하더라도 —— 이를 공식으로 승인하거나 정치적 목적에 이용해서는 안 된다. 귀하는 바람직하다고 생각되는 경우에 조직에 대한 어떠한 언질 없이 그러한 조직의 구성원을 개인 자격으로 활용할 수는 있을 것이다.[67]

이러한 「초기기본훈령」은 그동안 미 군정부가 시행한 일련의 조치들을 추인하는 것이기는 했지만, 독립정부 수립 이전에 4개국에 의한 신탁통치 실시라는 한반도에 대한 미국정부의 기본정책에는 변함이 없음을 확인하는 것이었다.

---

67) SWNCC 17618 "Basic Initial Directive to the Commander in Chief, U. S. Army Forces, Pacific, for the Administration of Civil Affairs in Those Areas of Korea Occupied by U. S. Forces", *FRUS 1945*, vol. Ⅵ., pp.1073~1081.

4. 갑자기 나타난 '국민적 영웅'

1

이승만의 귀국은 격동하는 해방정국에 크나큰 지각변동을 일으켰다. 하지 장군은 조선호텔 3층의 식당과 회의실이 딸린 큰 스위트룸을 이승만의 처소로 마련해 놓고 있었다. 그는 자신의 부관 스미스(Smith) 중위를 이승만의 임시 전속부관으로 임명하고, 무장헌병 2명을 배치했다. 그리고 이승만이 외출할 때에는 순종(純宗)이 타던 리무진을 사용하게 했다.

하지의 연락을 받고 맨 먼저 조선호텔로 달려온 사람은 윤치영(尹致暎)이었다. 뒤이어 허정(許政)이 찾아왔다. 이승만의 부탁으로 이날부터 윤치영의 부인과 임영신(任永信)이 이승만의 바라지를 했다.[68] 이때에 윤치영과 허정이 이승만에게 한 국내정세 보고는 허정이 "나는 무엇보다도 이 박사가 겨레의 구심점이 되어야 한다는 점을 강조했고, 좌익의 움직임을 경계해야 한다는 점도 덧붙였다.… 당시 좌익 중에는 교묘하게 우익으로 위장하고 있는 자도 없지 않았다"[69]라고 술회한 것으로 짐작할 수 있다. 허정은 이승만에게 한국민주당(이하 한민당)이 그를 영수로 추대한 사실을 말하고 수락할 것을 요청했으나 이승만은 단호하게 거절했다. 허정은 이승만이 자기 나름의 뚜렷한 계획을 세우고 있음을 직감했다.[70] 그것은 도쿄에서 맥아더 장군 등과 협의한 대로 "민족통일의 결집체"를 만드는 일이었다. 이날 저녁까지 인사차 다녀간 사람은 송진우(宋鎭禹), 김성수(金性洙), 백관수(白寬洙), 장덕수(張德秀), 김도연(金度演), 김준연

---

68) 윤치영, 「나의 이력서(41)」, 《한국일보》 1981년9월8일자.
69) 許政, 『내일을 위한 證言 許政回顧錄』, p.114.
70) 위의 책, pp.114~115.

(金俊淵) 등 한민당 간부들이었다.[71] 이들은 거의가 일찍이 미국에 유학하면서 이승만의 구미위원부와 동지회(同志會)의 일을 도왔거나 이승만이 1912년3월에 두번째로 미국으로 가면서 도쿄에 들러 가마쿠라(鎌倉)에서 열린 한인학생대회를 주재했을 때와 호놀룰루에서 열린 태평양회의에 참가하고 이승만을 직접 만났던 사람들이었다.

이승만의 귀국이 일반국민들에게 알려진 것은 이튿날의 기자회견을 통해서였다. 하지와 이승만은 당분간 이승만의 귀국사실을 일반에게 알리지 않기로 했었지만, 미국기자들이 알고 하지에게 이승만과의 회견을 요청하여 한국기자들과 함께 만났다.

기자회견은 오전 10시에 군정청 제1회의실에서 열렸다. 그것은 극적인 분위기에서 이루어졌다. 10시 정각이 되자 회의실 옆문이 열리면서 흰 장갑을 낀 미군헌병 2명이 들어와서 부동자세를 취했다. 뒤이어 하지가 옆걸음으로 들어오면서 정중하게 이승만을 긴 테이블 앞에 놓인 붉은 가죽의자로 안내했다. 붉은 가죽의자는 하지가 기자회견을 할 때에 사용하는 것이었다. 평소와는 달리 붉은 가죽의자는 두개가 나란히 놓여 있었다. 영문을 모르는 한국기자들은 눈이 휘둥그레졌다. 이승만은 짙은 회색 양복을 입고 있었다. 이승만이 자리에 앉은 뒤에도 하지는 옆자리에 꼿꼿이 서 있다가 이승만이 앉기를 권하자 그제서야 의자에 앉았다. 하지의 이러한 태도는 한국기자들에게 이승만이야말로 "하지 위에 있는 분"이라는 이미지를 심어 주었다.[72] 아널드 군정장관이 하지의 옆자리에 앉았고, 하지의 통역 겸 고문관인 이묘묵(李卯默)이 이승만의 옆자리에 앉았다.

하지는 일어서서 "오늘은 진귀한 정객 한 분을 소개하게 된 것을 큰 영광으로 생각한다"면서 이승만을 소개했다. 이승만은 처음에는 앉아서

---

71) 尹致暎, 『東山回顧錄 尹致暎의 20世紀』, 삼성출판사, 1991, p.157.
72) 文濟安 증언, 曺圭河·李庚文·姜聲才, 『南北의 對話』, 고려원, 1987, pp.86~88.

영어로 말을 시작했으나, 차츰 흥분하면서 이묘묵의 통역도 필요없이 일어서서 우리말로 말하기도 했다.

"33년 만에 처음으로 그리운 고국에 돌아오니 감개무량하다. 그립던 산천, 정든 동포형제, 나의 가슴은 무엇이라고 말해야 좋을지 모르겠다. 그러나 지금 우리 형편에 감상담을 말하고 있을 처지가 아니다. 우리 앞에는 바야흐로 길이 탁 트였다.…"

이렇게 말을 시작한 이승만의 연설은 위엄과 투지에 차 있었다. 그는 먼저 "내가 고국에 와서 미국사람들을 대해 보니 그들이 염원하는 바는 대한민족이 어서 빨리 한 덩어리가 되어 주기를 바라고 있다"라고 말하고, 하지 중장이랑 아널드 소장과 이야기해 보니까 "의견이 합치되어 협조해 갈 수 있음을 믿었다"라고 말했다.

이승만은 특히 자신이 개인 자격으로 귀국했음을 강조하고, 그러나 귀국이 가능했던 것은 미 군정부의 협조에 힘입은 것이라고 다음과 같이 말했다.

"특히 내가 여기에서 분명히 말해 두고자 하는 것은 나는 평민의 자격으로 고국에 왔다는 것이다. 임시정부의 대표도 아니요 외교부[주미외교위원부] 책임자의 자격으로 온 것은 결코 아니다. 끝까지 대한의 평민의 한 사람으로서 돌아온 것이다. 그러므로 이곳 군정부와 아무 연락이 있었던 것도 아니지만, 여기 오는 길을 열어준 것은 이분들이다.…"

이승만은 이어 앞으로 한국의 자주독립을 위해서 싸움을 할 일이 있으면 싸우겠다면서 빙그레 웃었다.

"나도 해외에서 상당히 싸움을 해온 싸움꾼이니까 건국을 위하여, 대한 동포의 살길을 위함이라면 당당히 싸우겠소."[73]

국민적인 관심사에 관한 이승만의 견해는 뒤이은 일문일답에서 자세히 표명되었다.

---

73) 《每日新報》 1945년10월17일자, 「李承晩博士, 三十三年만에 突然歸國」; 《自由新聞》 1945년 10월18일자, 「歷史의 一瞬, 李承晩博士 첫會見」.

기자들은 우선 이승만이 "대한"이라는 말을 쓰는 것이 생소했던 모양이다.

"대한이라는 말씀을 쓰시는데 그것을 국호로 생각하는가?"

"1919년 3월 1일 독립선언과 동시에 대한민국임시정부가 국내의 독립투사들의 손에 의하여 수립되었다. 그 후 오늘까지 세계 각국이 이 임시정부의 실재함을 알고 있고 또 이 국호로 통해 있다. 해외동포들은 이 정부에 세금을 바쳐 이 정부를 육성해 왔고, 장개석(蔣介石) 주석도 이 정부를 원조해 왔다. 그리고 그 밖에 수삼개국이 이 정부를 승인하고 있는데, 다만 미국이 아직 승인을 하지 않았다. 그것은 우리들을 깊이 알지 못했기 때문이다. 그러나 이제 미국의 승인문제도 해결될 쯤에 이미 도달되었음을 언명해 둔다."

이승만은 이처럼 이 자리에서도 "국내의 독립투사"들에 의하여 임시정부가 수립되었음을 강조했다. 그것은 자신을 집정관총재(執政官總裁)로 선출했던 한성정부(漢城政府)의 정통성을 은근히 강조한 말이었다.

그리고 임시정부가 언제 환국하느냐는 질문에 대해서는 "환국 준비는 다 되어 있다. 오직 남은 문제는 국내 통일에 있다. 우리의 힘이 한 덩어리로 뭉쳐지는 날 돌아올 것이다"라고 능청스럽게 대답했다.

하루라도 빨리 합동하려면 어떻게 해야 하느냐고 기자들이 묻자, 이승만은 주저없이 "먼저 개인이나 당파의 주의주장을 버려야 한다"라고 잘라 말했다. 그리고 자신은 정치적 야심이 없다고 다음과 같이 덧붙였다.

"솔직히 말하자면 나는 무슨 높은 자리를 원치 않는다. 나는 나대로 내버려 두면 좋다. 그래야만 여러분이 마음대로 써먹을 수 있으니까. 나는 그러한 알몸뚱이로 국제문제 같은 데 나서고자 한다. 나는 지금까지 미국의 외무성과 싸워 온 사람이다. 우리가 지금 이 기회에 정신을 못 차리고 합동하지 않는다면 이 기회는 다시 얻기 힘들 것이다.…"

그러면서 이승만은 김구와의 관계를 다음과 같이 설명했다.

"중경과는 늘 연락이 있었으며, 특히 김구씨와는 각별한 연락이 있었고, 나는 그를 신뢰하며 또 신봉하고 있다. 그는 우리 독립을 위해 일생을 싸워 오신 분이다. 한달 전에도 먼저 중경으로 급히 오라는 전보를 받았지만, 여러 가지 사정으로 갈 기회를 갖지 못했다."

　기자들의 가장 큰 관심사는 역시 38도선문제였다. 초미의 관심사이자 논쟁적인 문제인 38도선문제에 대해서도 이승만은 불확실한 이야기를 거리낌 없이 했다.

　"북위38도선문제는 미국에 있으면서도 전혀 알지 못했다. 카이로회담에서 루스벨트, 처칠, 장개석 3씨로부터 대한의 자주독립에 관한 것을 '어느 적당한 시기'라고만 말했을 뿐이고, 그 후 국제정세의 변화에 따라 소련쪽의 혹종의 요구가 있었던 모양이다. 그 후 얄타와 포츠담 회담 이후 영국과 미국은 대한의 독립에 대한 하등의 간섭이 없었으며, 또한 트루먼 미국대통령은 불간섭주의를 역설한 것을 나는 기억하고 있다. 그리고 미국에서는 이 38도 분할점령은 미소 연합군이 합작을 했을까 하고 의심하고 있으며 워싱턴 국무부에서도 이 문제를 조사하고 있다.… 이 문제는 결국 우리 대한 자체에 관한 문제이므로 우리가 협력 단결하면 곧 해결될 줄 안다."

　38도선의 획정의 책임이 소련에 있다는 듯이 언급한 이승만의 이러한 발언은, 뒤에서 보듯이, 당장 미국 언론과 정부의 민감한 반응을 불러일으켰다.

　기자들은 이어 국내의 통일합동전선을 수립할 구체적 방침을 물었다. 이승만의 대답은 무슨 문제에 대해서나 거침이 없었다. 그리고 그것은 미국정부나 군정부 당국자들과 사전협의가 있었던 것 같은 뉘앙스를 풍겼다.

　"나 개인의 의사와 구체적 방침도 있으나 아직 공개할 것은 못 된다. 다만 하루라도 바삐 통합하자는 것뿐이고, 우리가 잘 합치면 (연합국이) 우리에게 자주독립의 기회를 곧 줄 만한 모든 준비가 되어 있다는 것을 확언해 둔다. 해외에서 듣기에는 벌써 30 내지 60여개의 정치 단체가 있

이승만의 귀국을 전면으로 보도한 1945년10월17일자 《매일신보》.

다고 하던데, 이렇게 정당이 많을 수 있을 것인가 스스로 반성해야 할 일이다.… 그러나 설령 600단체가 외형으로 드러나 있다 하더라도 내심으로 한덩어리가 되어 강력하게 집결하게 된다면 우리나라의 건국대계는 비로소 확립될 수 있다.… 나 개인의 의사이지만 임시정부의 몇몇 분은 이것을 양해할 것이고, 거듭 말하거니와 우리의 시급한 문제는 잃은 땅을 찾는 것이다."

합동문제와 관련하여 민족 반역자와 친일분자에 대한 질문이 없을 수 없었다. 그 문제에 대해서도 이승만의 대답은 간단명료했다.

"그것도 국내가 통일된 후에야 논의될 것인 줄 안다. 외국에서도 전쟁범죄자를 처벌한 실례가 있으니까… 그것이 급한 문제는 아니다."[74]

쟁점이 되고 있는 굵직굵직한 문제들에 대한 질문이 장시간 계속된 끝에 사사로운 질문이 이어졌다.

"선생님의 고향이 해주(海州)라고도 하고 평산(平山)이라고도 하는데 어디신지요?"

어려서 서울로 올라온 이승만은 조상들이 살았던 해주나 자신이 태어난 평산이나 특별한 의미가 없었을 것이다. 그는 빙긋이 웃으면서 대답했다.

"해주와 평산 사이라고 하면 되지 않겠소."

"미국에 부인도 계시고 자녀가 계시다는데…?"

왜 같이 오지 않았느냐는 난처한 질문도 나왔다. 이승만이 외아들 태산(泰山: 일명 鳳洙)을 40년이나 전에 미국에서 지프테리아로 잃은 사실을 아는 사람은 이미 남남이 되어 생사조차 알지 못하는 태산의 생모 박씨 부인과 그 주변 인물들밖에 없을 것이었다. 이승만은 태연하게 대답했다.

"정치하는 사람이 가족을 일일이 말할 수 있소?"

이승만의 이러한 어물쩍한 대답도 공과 사를 엄격히 구분하는 정치인의 존경스러운 품격으로 받아들여졌을 것이다.[75]

2

이승만의 귀국 뉴스가 온 나라를 뒤덮다시피 하는 상황 속에서 가장 주목되는 것은 이승만의 첫 기자회견에 대한 미국신문과 미 국무부의 반응이었다. 《뉴욕타임스(*The New York Times*)》는 존스턴(Richard J. H.

---

74) 《每日新報》 1945년10월17일자, 「李承晚博士, 三十三年만에 突然歸國」; 《自由新聞》 1945년 10월18일자, 「失地의 完全回復 무엇보다 急先務」.
75) 《自由新聞》 1945년10월18일자, 「歷史의 一瞬, 李承晚博士 첫 會見」.

Johnston) 특파원이 이승만의 기자회견 직후에 보낸 기사를 10월18일자에 크게 보도했다. 존스턴은 먼저 한국임시정부 전 대통령 이승만 박사가 하지 중장의 빈객(guest)으로 서울에 도착했는데 그는 기자회견에서 한국의 한 시민의 자격으로 귀국했다고 말했다고 썼다. 존스턴은 하지 장군이 중경의 김구 주석에게 한국의 정치적 장래를 토의하기 위하여 빨리 귀국하라고 초청했다는 사실도 이승만이 밝혔다고 했다. 이어 존스턴은 이승만이 소련의 정책에 대한 그의 적개심을 거리낌 없이 표명했다고 강조했다. 존스턴은 이승만이 도쿄에서 맥아더 장군을 만나서나 서울에 와서 하지 장군을 만나서도 같은 질문을 했다면서, 미국의 많은 사람들이 왜 한국은 소련지역과 미국지역으로 분할되었느냐고 묻는다고 말했다고 했다. 그리고 이승만은 "나 자신의 견해는 있으나 지금은 거론하지 않겠다"고 말하고, "한국을 분단하기로 결정한 것은 얄타회담에서였다는 말을 그는 샌프란시스코회의에서 들었다"고 덧붙였다고 썼다.[76]

"나 자신의 견해는 있으나…"라고 했다는 말은 국내신문에는 정파들의 통일활동을 수립할 구체적인 방침이 있느냐는 질문에 대한 이승만의 대답으로 보도되었는데, 존스턴의 이러한 기사는 통역과정에 착오가 있었기 때문이었을 것이다.

《뉴욕타임스》는 존스턴 특파원의 기사를 받아 10월20일자 사설로 이승만의 문제제기에 동조했다.

세계의 민주적 국민들은 이승만 박사가 맥아더 장군과 하지 장군에게 물었다고 하나 분명히 만족할 만한 대답을 얻지 못했을 질문──왜 한국은 소련지역과 미국지역으로 분할되었는가 하는 질문에 대하여 대답을 받을 권리가 있다. 이 질문에는 당연히 뒤따르는 비밀──언제, 어디서, 누가 이 결정을 내렸는가에 대한 질문이 추가

---

76) Richard J. H. Johnston, *op. cit.*, *The New York Times*, Oct. 18, 1945.

된다.…

《뉴욕타임스》의 사설은 이어 이승만은 지난 26년 동안 한국의 독립을 주장해 왔는데 그는 그 결정이 얄타회담에서 이루어졌다고 믿고 있다는 것, 그러나 미국 국민들은 한국문제가 제기되기 훨씬 전에 얄타회담의 비밀협정은 모두 공개되었다고 알고 있다는 것 등을 지적하고, 그러한 문제를 토의하기에는 포츠담회담이 더 적합한 자리였다고 보는 것이 더 논리적이라는 것 등을 설명했다. 이 시점에는 관계국들의 이때의 외교문서가 공개되지 않아서 38도선 획정의 자세한 경위가 밝혀지지 않은 상태였다. 《뉴욕타임스》의 사설은 이승만의 귀국 교통편이 미국에서 제공되었고, 김구도 귀국하도록 초청된 사실을 지적하면서, 이들은 1919년의 독립선언 이후로 한국의 독립을 위하여 활동해 왔다고 강조했다. 사설은 다음과 같은 말로 결론을 맺었다.

한국문제는 비밀히 또는 애매하게 은폐하기에는 너무 중요하다. 극동에서 미국의 도덕적 영향력이 얼마나 강력하게 작용해야 하는가는 우리가 한국, 일본, 필리핀, 그리고 태평양의 다른 지역과 아시아대륙에서 어떻게 행동하느냐에 따라 결정될 것이다. 한국에 대한 분명한 입장 천명, 그리고 우리의 행동들에 대한 설명만이 당면한 혼란을 불식시키는 데 도움이 될 것이다.[77]

이러한 《뉴욕타임스》의 기사와 사설은 이승만의 권위를 한결 제고시키는 것이었다. 그것은 미주와 하와이에 있는 이승만 지지자들을 크게 고무시켰다.

그러나 미 국무부는 격앙했다. 소련과의 교섭을 앞두고 있는 국무부

---

77) *The New York Times*, Oct. 20, 1945, "Korea in Two Pieces".

는 이승만이 끝까지 말썽을 부린다고 생각했다. 번스 장관이 재일본 정치 고문대리 애치슨에게 보낸 다음과 같은 전보는 국무부가 《뉴욕타임스》를 보고 얼마나 당황했는지 짐작하게 한다.

《뉴욕타임스》지의 10월17일 서울발 리처드 J. [H] 존스턴의 기명기사는 이승만을 하지 장군의 빈객이라고 말했다. 이 기사는 이승만이 "소련의 정책에 대한 그의 적개심을 거리낌 없이 표명했다"라고 적었다.

《뉴욕타임스》지의 10월20일자 사설은 분명히 이승만이 한국에 도착한 뒤에 행한 38도선에 의한 국토의 분할에 관한 공개 발언에 언급하고, 그의 견해를 지지했다.

국무부는 이승만이 출국하기 전에 자신의 일차적인 목적은 한국인들을 단합시켜서 미 군정부에 협력하는 것이라는 다짐을 받았다. 현지에서 자행된 국제문제에 대한 경솔한 언급은 머지않아 소련과 한국 안에서 벌일 물자와 용역의 교환을 위한 협상을 복잡하게 만들 것 같다. 이에 대하여, 그리고 9월27일자 그의 서약에 대하여 주의를 환기시켜야 한다.…78)

이승만은 9월27일에 출국허가신청서를 새로 제출할 때에 신청서에 첨부된, 38도 이남 지역이 미군의 군정 아래 있다는 사실을 인정하고 자신의 모든 활동이 미 군정부의 법령과 규칙에 의해 통제를 받는 데 동의한다는 서약서에 서명했었다.79)

미 국무부의 이러한 반응은 이승만의 공격적인 발언에 미 국무부 안의 "친소친일분자"들이 얼마나 격분했는지를 짐작하게 하는 것이었다.

---

78) Byrnes to Atcheson, Oct. 25, 1945, *FRUS 1945*, vol. Ⅵ., p.1104.
79) Acheson to Robertson, Sept. 27, 1945, *FRUS 1945*, vol. Ⅵ., p.1060.

78장

공산당도 참가한 독립촉성중앙협의회

1. 신문사설까지 존댓말 쓴 '이승만 현상'

1

독립운동의 설화적 인물 이승만의 갑작스러운 귀국이 몰고 온 열풍은 가히 "이승만 현상"이라고 할 만했다. 신문들은 "우리의 최고지도자", "독립운동의 선구자", "혁명전선의 거인", "건국의 아버지" 등으로 호칭하면서 연일 이승만의 뉴스로 지면을 도배했다. 언제 지은 것인지 이승만의 오언절구(五言絕句)가 귀국 이튿날자 신문에 발표되기도 했다.[1]

失題	제목을 잃음
忘老唯思國	늙음을 잊고 나라 생각뿐이었네
槿域三千里.	근역[무궁화땅] 삼천리.
雖貧不議飢	가난해도 굶는다 소리 안 내고
誰開太平基.	그 누가 태평의 터전을 열꼬.

뒤이어 소설가 박종화(朴鍾和)의 「헌시—민족의 거인 우남 이승만 선생께」라는 시도 실리고,[2] 「이박사 일생」,[3] 「이승만 박사의 투쟁생애」[4] 등의 연재물과 청년시절의 옥중생활 사진 등도 크게 실렸다. 대한독립협회(大韓獨立協會)라는 단체에서는 이승만의 귀국 제1성을 취입한 레코드판을 제작하여 각 학교와 기관에 배포하기도 했다.[5]

《조선일보(朝鮮日報)》나 《동아일보(東亞日報)》등 민족지들이 복간

---

1) 李承晚, 「失題」, 《自由新聞》 1945년10월17일자.
2) 朴鍾和, 「獻詩—民族의 巨人 雩南李承晚先生께」, 《自由新聞》 1945년10월20일자.
3) 《自由新聞》 1945년10월18일자~24일자, 「李博士一生」.
4) 《新朝鮮報》 1945년10월22일자, 26일자, 「李承晚博士의 鬪爭生涯」.
5) 《中央新聞》 1945년11월4일자, 「李博士第一聲레코—드配布」.

되지 않은 상황에서 대부분의 신문들이 좌경적이었음에도 불구하고 일반기사뿐만 아니라 사설에서까지 이승만에 대하여 존댓말을 썼다. 그것은 개화기 신문들의 왕실 기사에서나 볼 수 있었던 극히 이례적인 일이었다. 한달 남짓 뒤에 김구가 귀국할 때에도 그러지 않았다. 그러면서 "일찍이 체코슬로바키아를 세운 마사리크(Tomas G. Masaryk) 대통령의 망명생활은 이같이 장구하지는 않았던 것이며, 중화민국의 영구한 총리 손문(孫文)의 일생도 이같이 고난의 기록은 아니었다"[6]라고 이승만을 추앙했다.

이승만의 귀국과 관련하여 신문들은 비교적 정확한 인식을 하고 있었다.《매일신보(每日新報)》는 이승만이 도착한 이튿날 다음과 같은 해설 기사를 썼다.

> 이승만 박사의 귀국은 우리 정국에서 중대한 파문을 던질 것이다.… 그간 귀국 경로로 보아 미국 본국의 국무당국과 충분한 양해가 성립되었을 것은 물론이요, 박사는 중경임시정부의 구[주]미외교위원장의 요직에 있었던 만큼 이미 중경의 우리 임시정부와도 충분한 연락 밑에 오셨을 것은 물론이다. 또 귀국 도중에는 일본 도쿄(東京)에 들러서 오셨으니 맥아더(Douglas MacArther) 대장과도 회견하야 연합국위원회의 조선에 대한 선후책은 어떤 것인가도 타진했을 것이고, 또 이번 도쿄에서 오실 때에는 이곳에 주둔 중인 하지(John R. Hodge) 중장과 동행을 했던 점으로 보아 맥아더 대장과 하지 중장 사이에도 금후 조선의 조정과 독립국가 건설에 대한 어떤 방식을 협의한 바 있었을 것은 짐작할 수 있는 것이다.…

이승만이 도쿄에서 하지 사령관을 만난 것은 사실이지만, 같이 서울

---

6)《自由新聞》1945년10월16일자,「社說: 李承晚博士를 歡迎함」.

에 왔다는 말은 물론 사실이 아니었다. 이 해설기사는 이승만의 귀국 배경을 다음과 같이 추측했다.

그동안 조선의 미국 군정당국의 의향이라고 할 만한 점을 살펴도 현재 여러 정당이 있어서 논의가 분분하니 이래서는 안되겠다, 하루바삐 전 정당이 조선의 완전독립이라는 최대의 운동 목표를 향하야 행동을 같이 하도록 뭉쳐야 할 것이다, 라는 의견을 가지고 현재의 정당운동을 더욱 강력하게 전 민중적인 신망과 권위를 가지게 할 필요가 있다고 하야, 조선 내에서만 아니고 해외에 있는 국내국민의 신망 높으신 분을 귀국케 하야 각 정당운동을 강력히 지도하려는 의도이었음을 알 수 있다.…

그리하여 본국정부와 연락하여 미국에 있는 이승만을 귀국시켰다는 것이었다. 이 해설기사는 앞으로의 정국전개를 다음과 같이 내다보았다.

이 박사는 한 평민의 자격으로 귀국한 것이라고 극히 겸손한 태도를 보이고 있으나 박사의 귀국은 군정당국에 대한 협조와 아울러 금후 국내의 건국운동을 강력히 추진시키도록 전력을 다하실 것은 물론이다.… 또 그뿐이 아니고 이 박사의 귀국에 따라서 중경에 있는 임시정부 요인도 머지않아 한두 분 이 박사와 마찬가지로 역시 "개인의 자격"으로 귀국하야 이 박사와 같이 당면의 민중의 독립운동을 추진시킬 것으로 보인다. 따라서 금후의 우리 독립국가 건설의 큰 운동은 여러 가지 각도로 극히 활발히 전개될 것으로 보인다.[7]

이승만은 귀국한 이튿날부터 몰려드는 방문객들을 접견하기에 눈코

---

7) 《每日新報》 1945년10월17일자, 「李博士歸國과 今後政局」.

뜰 사이가 없었다. 10월17일 오전에 군정청 회의실에서 기자회견을 마치고 호텔로 돌아와서는 신흥우(申興雨), 장덕수(張德秀), 이훈구(李勳求), 임영신(任永信) 등을 만났다.[8] 한성감옥서 때의 옥중동지였던 신흥우는 일본점령기에도 한국YMCA의 대표 자격으로 태평양회의를 비롯한 기독교 관계의 각종 국제회의에 참석하면서 이승만을 방문했고, 1925년에는 이승만이 이끄는 동지회(同志會)와 연계하여 국내의 이승만 지지단체로 흥업구락부(興業俱樂部)를 조직했으며, 그 때문에 1938년에 일본경찰에 검거되기도 했다.

신흥우가 이승만과 면담한 이야기도 신문에 크게 보도되었는데, 신흥우는 이승만이 트루먼(Harry S. Truman) 미국대통령 등이 미 군용기를 제공하고 모든 편의를 도와 주어서 귀국하게 되었다고 말했다고 한다.[9] 이러한 기사는 이승만의 귀국사실이 턱없이 과장되어 전해지게 했다.

신흥우의 말보다 더욱 희떠운 것은 여운형(呂運亨)의 말이었다. 여운형은 기자들에게 자신이 이승만을 안 것은 한일합병 이전에 이승만이 연희전문학교의 전신인 서울 컬리지에서 심리학을 강의할 때에 청강생으로서 그 강의를 들은 때부터라고 말하고, "인민공화국으로서는 주석으로 맞이할 것이고 여운형 개인으로서는 선배로 맞이할 것"이라고 말했다. 여운형은 이어 인민공화국에서는 "주석, 즉 대통령으로" 추대하였고, "국가조직법이라든지 임시헌장에 대통령 독재에 가까울 만치 되어 있어서… 박사의 의사대로 부서라든지 국가체계라든지를 결정할 예정으로" 되어 있다고 했다. 그리하여 이승만이 "민족최고의 지도자로서 잘 지도해 주실 것이므로" 자기는 "그 지도에 충실히 복종할 뿐"이라는 것이었다. 여운형은 또 이승만이 "동양화를 잘하시고 한시에도 조예가 깊으며… 동양

---

8) 《自由新聞》 1945년10월18일자, 「名士陸續還至」.
9) 《新朝鮮報》 1945년10월19일자, 「李博士 맞이해 申興雨氏談」.

의 역사와 사상을 잘 알고 계신다"고 했다.[10] 조선공산당의 이현상(李鉉相)도 이승만이 "우리의 자주독립을 위하야 무조건 통일하자는 데에는 절대 동감이다" 하고 맞장구를 쳤다.[11]

여운형은 이날 오후 2시에 인민공화국 부주석 자격으로 국무총리 허헌(許憲)과 함께 보안부장 최용달(崔容達), 서기장 이강국(李康國)을 대동하고 조선호텔로 이승만을 예방했다. 그들은 8월15일 이후의 국내정세 보고서와 참고자료들을 가지고 왔다. 이승만은 이들이 인민공화국 대표 자격으로 면담을 요청한다는 윤치영(尹致暎)의 말을 듣고, 개인 자격이 아닌 인민공화국 대표 자격으로는 만날 수 없고 또 아직 여독이 풀리지 않았다면서 다음에 만나자고 했다.[12] 그러나 그는 이들이 제출한 8월15일 이후의 국내정세 보고서와 참고자료들은 받았다.[13]

2

이승만은 매일 오후 2시를 각계 인사들과 면담하는 시간으로 정하여 발표한 다음 이날 저녁에 있을 라디오방송 연설문을 준비했다.

저녁 7시30분부터 20분 동안 서울중앙방송국의 전파를 통하여 흘러나오는 이승만의 육성을 들은 국민들이 얼마나 놀라고 감격했을 것인가는 상상하기에 어렵지 않다. 이승만은 다음과 같은 말로 연설을 시작했다.

"조선을 떠난 지 33년 만에 처음으로 돌아와서 그립던 산천과 고국남녀 동포를 만나니 기뻐서 웃고도 싶고 슬퍼서 울고도 싶다.…"

이어 그는 중국에 있는 임시정부 당국자들과 상의하여 김구와 같이 돌아오려고 했으나 "중국 방면에 여러 가지 장해가 많아서" 함께 오지 못

---

10) 《新朝鮮報》 1945년10월18일자, 「偉大한 指導者에 充實히 服從할 뿐」.
11) 《新朝鮮報》 1945년10월18일자, 「各黨의 統一促進」.
12) 《新朝鮮報》 1945년10월19일자, 「八月十五日後의 經過를 李博士에 文書로 報告」; 尹致暎, 『東山回顧錄 尹致暎의 20世紀』, p.158.
13) 《每日新報》 1945년10월18일자, 「李博士歸國歡迎, 人民委員會談話發表」.

했다고 말하고, 미국 군용비행기로 태평양을 건너왔다고 했다. 이승만은 먼저 미국정부와 약속한 대로 '개인 자격'으로 귀국한 사실을 강조했다.

"내가 이번에 이렇게 온 것은 임시정부나 외교관계로 온 것이 아니고 다만 평민의 자격으로 사행(私行)처럼 온 것이다.… 내가 조선에 소문 없이 온 것은 비밀관계나 어떤 정당의 연락이 있어서 온 것이 아니다. 모든 정당과 당파가 협동하여 우리 조선의 완전무결한 자주독립을 찾는 것이 나의 희망하는 바이다.…"

그는 "이 말을 일반 동포에게 일일이 알려 주시기 바랍니다"라고 말하고 나서, 미국은 트루먼 대통령 이하 정부당국자들이나 전 국민이 한국의 독립을 절대로 주장하고 있고, 귀국하면서 보니까 맥아더 대장, 하지 중장, 아널드(Archibald V. Arnold) 소장은 모두 우리의 동정자들이었다고, 미국정부의 정책이나 국민여론을 훤히 꿰뚫고 있고 특히 귀국 도중에 미 군정부의 최고책임자들을 만나서 깊은 대화를 나눈 듯이 시사한 것은 국민들로 하여금 그의 권위를 실감하게 했다.[14]

이승만의 이 육성녹음은 일곱번이나 되풀이하여 방송되었다.[15] 그리하여 그의 귀국 뉴스는 이내 전국 방방곡곡으로 퍼져 나갔다. 이러한 조치는 비록 이승만 자신이 '개인 자격'으로 귀국했다고 되풀이하여 강조하는 데도 불구하고 그의 귀국이 미국정부와 미 군정부의 적극적인 지원에 따른 것이라는 인식을 파급시켰다.

이승만이 미국정부와 미 군정부의 지원으로 귀국했다고 판단한 인민공화국 관계자들은 이승만이 인민공화국 주석직을 수락할 것을 예의를 갖추어 촉구했다. 인민공화국 중앙인민위원회는 10월18일에 이승만의 귀국을 환영하는 정중한 담화를 발표했다.

---

14) 《自由新聞》 1945년10월19일자, 「사랑하는 三千萬兄弟여 自主獨立에 一心協力하자」.
15) 雩南實錄編纂會, 『雩南實錄(1945~1948)』, 悅話堂, 1976, p.309.

조선인민공화국 주석 이승만 박사는 드디어 귀국하였다. 3천만 민중의 경앙대망(敬仰待望)의 적(的)이었던 만큼 전국은 환호로 넘치고 있다. 우리 해방운동에 있어 이 박사의 위공(偉功)은 다시 말할 필요조차 없는 것이다. 조선인민공화국 주석으로서의 추대는 조선 인민의 총의이며 이러한 의미에 있어 해방조선은 독립조선으로의 위대한 지도자에게 충심의 감사와 만강의 환영을 바치는 것이다.

중앙인민위원회는 또 주석 이승만 박사 환영회를 곧 개최하기로 결의하고, 준비위원으로 홍남표(洪南杓), 최용달, 이강국, 이여성(李如星), 홍덕유(洪悳裕), 조동호(趙東祜), 이상훈(李相薰) 7명을 선정했다.[16)]
한편 조선공산당은 이승만의 귀국 직후에 소련군 지도부에 다음과 같은 편지를 보내고 있어서 눈길을 끈다.

대통령직에 천거된 이승만 교수가 미국에서 귀국한 지금 그 직위에 동의한다면 그를 향후 강화시키는 문제가 제기되며, 반대의 경우에는 그를 재검토해야만 한다. 반동으로 빠진 조선민족주의자들이 인민공화국에 동의하지 않는다면 인민공화국을 재검토하는 것이 필요하지만, 이 경우에 부르주아 정당들이 지지하는 중경임시정부를 받아들이지 않도록 해야 한다. 그 후에 부르주아 정당 대표와 혁명적 공산당 조직 대표들이 동수로 새로운 공동정부를 창설해야 한다.[17)]

이러한 기술은 좌익인사들이 인민공화국을 급조한 의도가 이승만보다는 중경임시정부를 의식하고 취한 조치였음을 시사해 준다.

---

16) 《每日新報》 1945년 10월 18일자, 「李博士歸國歡迎」; 《自由新聞》 1945년 10월 19일자, 「李博士歡迎會」.
17) 기광서, 「해방 직후 조선공산당에 대한 소련의 입장」, 《역사비평》 2003년 겨울호, p.242에서 재인용.

10월18일 오후 2시에는 60명가량의 각 정당 인사들과 친지들이 모여들어 개별 면담은 도저히 할 수 없었다. 이날의 상황은 기자들에게도 공개되었다. 이승만은 내방자 전원과 한 사람씩 악수를 하면서 인사를 나누었다.

"백관수(白寬洙) 올시다."

"오 예, 재미 좋으십니까?"

"김병로(金炳魯)입니다. 이렇게 건강한 모습을 뵈오니 대단히 감사합니다."

"고맙소, 많이 일해 주시오."

"오 마이 디어 닥터 리" 하고 손을 내미는 여성은 연희전문학교 교수 최순주(崔淳周)의 부인이었다. 그녀는 하와이 한인중앙학원 시절의 제자였다. 이승만은 "오 디어" 하며 그녀의 손을 잡고 영어로 잠시 하와이 동포 소식을 전했다.

가장 인상적인 것은 안재홍(安在鴻)과 만나는 장면이었다. 안재홍이 이끄는 국민당은 이날 오후 1시에 당원총회를 열어 이승만에게 최대의 경의와 최고의 예의를 표하는 감사 결의를 하고 그 결의문을 가지고 안재홍, 박용의(朴容義), 이승복(李昇馥), 이의식(李義植) 4명이 방문한 것이었다.

안재홍은 이승만이 1912년 봄에 105인사건을 피하여 두번째로 도미하면서 도쿄에 들렀을 때에 와세다(早稻田)대학 학생으로 만난 이후로 각별한 관계를 유지해 왔다. 안재홍은 이승만이 발행하는 《태평양잡지》에 글을 기고하기도 했고, 1925년에 동지회(同志會)의 국내지부로 흥업구락부가 비밀리에 결성될 때에도 참가했다.

안재홍은 이승만 앞으로 나와 안경을 반쯤 벗으며 감격에 사무쳐 말이 얼른 나오지 않는지 눈물을 짓고 한참 섰다가 입을 열었다.

"안재홍입니다. 이렇게 뵈오니 다만 고맙습니다."

이승만도 힘있게 악수를 하면서 말했다.

"수고하십니다. 또 만나서 이야기합시다."

가까운 시일 안에 별도로 다시 만나자는 뜻이었다. 안재홍은 10월20일 저녁에 국민당 수뇌부와 함께 이승만을 다시 방문했다.

이날의 방문객 가운데에는 최익한(崔益翰), 정광호(鄭廣浩), 한학수(韓學洙) 등 장안파공산당 인사들도 있었다.

방문객들과의 악수가 끝나자 이승만은 즉석연설을 시작했다. 그것은 정당통합을 강력하게 촉구하는 준비된 웅변이었다.

"여러분이 불초한 나를 지도자로 환영해 준 것에 대하야 만강의 치하를 드리는 바이며, 그렇게 지도자로 추대해 준다면 나는 여러분을 유도해 나갈 자신과 책임을 갖지 않으면 안될 줄 안다. 그러나 우리의 과거의 운동계를 살펴볼 때에 거기에는 민족의 반역자가 없지 않아 이들의 모반으로 우리의 운동은 그 종국의 결실을 보지 못한 것이 수삼회가 아닌 만큼, 지금 이 자리에서 이러한 말을 하는 것은 본의가 아니나, 만일에 여러분 중에서 나를 환영해 주는 그 기분이 작심삼일로 그친다면 그 역시 할 수 없는 일일 것이다. 이러한 경우가 만분의 일이라도 있다면 나는 단호히 그와 상대하야 최후까지 투쟁할 것을 사양치 않을 것이며, 노골(老骨)이라 할지라도 과거의 경험을 살리어 죽음이라도 불사하겠다. 그러므로 우리는 이 시급한 문제, 즉 합동통일을 유일한 방법수단으로 하야 자주독립의 조급한 실현을 도모할 것만이 우리에게 맡겨진 절대한 과제라는 것을 믿고, 오직 이 길을 위하야 단합하는 전진이 있기만 바랄 뿐이다.…"[18]

그것은 참석자들로 하여금 이승만의 선동정치가로서의 이러저러한 설화를 실감하게 하는 열변이었다.

이승만은 10월19일에도 유억겸(兪億兼), 김활란(金活蘭), 이극로(李克魯), 오천석(吳天錫), 이묘묵(李卯默), 정인과(鄭仁果), 백낙준(白樂濬), 현동완(玄東完) 등 각계 인사 80여명의 예방을 받았다.[19] 이날 이승만은

18) 《每日新報》 1945년10월19일자, 「知名人士會見席上에서 李承晩博士熱辯」; 《自由新聞》 1945년10월19일자, 「政黨統一의 큰 示唆, 聲淚俱下의 熱辯!」.
19) 《自由新聞》 1945년10월20일자, 「우선 三千里江山 찾고 物과 心을 祖國에 밧치자」.

우리의 급한 문제는 "삼천리 강산을 찾는 것"이라면서 북한문제를 거론했다. 이때는 북조선5도인민위원회 연합대회가 열리고 조선공산당 북부조선분국이 결성된 지 1주일도 되지 않은 시점이었다.

"만일에 여러분이 나를 따르겠다면 나도 끝까지 싸움으로 일생을 마치겠다. 우리는 민생을 위하야 죽기를 배우자. 북쪽문제가 캄캄하다. 지금이라도 뛰어가서 보고 싶다. 그러나 나는 우리가 나아갈 길이 있는 것을 확신한다. 나에게 계획이 있다. 우리도 각각 한자리씩 분담해서 충실히 일하자. 돈과 힘을 모아서 이 국가를 위하야 바치자. 그리하여 이 국가의 목숨을 살리자!"[20]

이러한 이승만의 연설은, "나에게 계획이 있다"라는 단호한 주장에서 보듯이, 추종자들에게 확신을 심어줌으로써 자신의 지도력을 강화하는 대중강요자형 정치지도자의 전형적인 정치행태였다.

이날 오후 2시쯤에는 인민공화국의 허헌, 홍남표, 최용달, 이강국이 이승만을 예방했다. 이승만은 30분가량 허헌과 자리를 따로 했는데, 허헌은 이승만에게 "평소부터 존경했다"고 말하고 인민공화국의 수립 경위를 설명했다. 허헌은 이승만이 "인민공화국의 주석으로 추대된 것은 조선인민의 총의"라고 강조하고, 인민공화국 주석으로 취임해 줄 것을 간청했다.[21] 이 자리에 배석했던 한국민주당(이하 한민당)의 허정(許政)은 허헌에게 "선생님을 진정으로 존경한다면 어떻게 인민공화국 주석을 맡아 달라고 할 수 있단 말이오?" 하고 항의했다. 이승만은 자신은 일당일파에 몸을 담을 수 없고 지금 시급히 해야 할 일은 전 민족을 단합시키는 것이라고 말했다. 그것은 인민공화국 주석 취임 요청을 에둘러 거절하는 말이었다.[22]

---

20) 《自由新聞》 1945년10월20일자, 「李博士三日會見」.
21) 《自由新聞》 1945년10월21일자, 「共和國主席就任懇請에 李博士好意를 表示」.
22) 許政, 「내일을 위한 證言 許政回顧錄」, pp.116~117.

이승만이 귀국하자마자 각 정당정파가 무조건 함께 뭉칠 것을 외치고 나옴에 따라 9월 중순부터 여러 갈래로 태동하고 있던 정당통합운동은 새로운 전기를 맞이했다. 정당통합운동은 비정치단체가 주동하여 정당협력을 추진시키는 방법, 비슷한 정당들의 통합, 정당들 사이의 정책 협력, 중요 정당지도자들의 간담회 등의 방식으로 전개되었다.[23]

비정치단체가 주동한 정당통합운동의 하나는 손공린(孫公璘)의 조선건국협찬회(朝鮮建國協贊會)를 중심으로 하여 주로 우파민족주의 계열 군소정당들의 통합을 목표로 한 운동이었다. 이들은 9월26일에 24개 가맹단체와 3개 운동단체가 참가하여 각당 통일전선결성대표대회를 개최한 데 이어 10월20일에는 국일관에서 안재홍의 국민당, 이갑성(李甲成)의 신조선당(新朝鮮黨), 최익환(崔益煥)의 대한인민정치당, 김진호(金鎭浩)의 조선혁명당 등 10개 정당의 당수 및 대표 50여명이 회동하여 정당합동간담회를 열었다.[24] 비정치단체가 주동한 또 하나의 정당통합운동은 각당통일기성회(各黨統一期成會)에 의하여 추진되었다. 전국정치운동자후원회, 조선어학회, 학술원, 조선문화건설 중앙협의회 등 30여개의 비정치단체들은 9월17일에 이극로(李克魯)를 중심으로 정치위원 10명을 선정하고, 9월26일에는 천도교 강당에서 통일전선결성대회를 열었다. 이들은 인민공화국 중앙인민위원회와 한민당의 통합을 요구했다.

10월5일에 양근환(梁謹煥)의 주선으로 동대문 밖 임종상(林宗相)의 집에서 여운형, 송진우, 안재홍, 허헌 등 각 정파의 지도자들이 8월15일 이후 처음으로 한자리에 모여 간담회를 개최한 것도 이러한 분위기에 따른

---

23) 남광규, 「해방직후(1945.9.~11.) 정당협력운동의 실패와 이승만, 박헌영의 임정견제」,《國際政治論叢》제46집 1호, 韓國國際政治學會, 2006.4., pp.145~147.

24)《自由新聞》1945년10월14일자, 「民族統一戰線을 爲하야 朝鮮建國協贊會活躍」 및 10월23일자, 「民族統一戰線結成目標」.

것이었다. 이날의 간담회에는 앞에서 본 대로 공산당의 박헌영(朴憲永)만 대리를 보냈다.

정당통합운동의 대표적인 움직임은 한민당, 국민당, 조선공산당, 건국동맹을 포함한 32개 정당 및 사회단체 대표 55명이 10월10일에 종로 YMCA 회관에 모여 북위38도선문제와 일본인 재산 매매금지 및 거주제한문제에 관한 결의를 하고 상설기구로 각정당행동통일위원회를 조직한 것이었다.

이승만이 귀국 제1성으로 정당통합을 역설하자 각정당행동통일위원회가 바로 적극적으로 호응했다. 행동통일위원회는 10월17일과 18일 이틀에 걸쳐서 회의를 열고 먼저 중요 정당의 당수 회합을 주선하기로 결의했다. 성사가 되면 그것은 10월5일의 간담회에 이은 두번째 당수회합이 될 참이었다. 그리하여 교섭위원으로 이갑성, 명제세(明濟世), 박문희(朴文熹) 등을 선정하여 각당 당수들과 교섭을 벌였다. 먼저 지난 당수회합에 불참했던 박헌영으로부터 이번 회합에는 꼭 참석하겠다는 약속을 받았다. 국민당의 안재홍도 쾌락했다. 건국동맹의 여운형도 "통일을 위해서라면 무조건 참석하겠다"라고 말했다.

한민당의 송진우만 부정적이었다. 송진우는 밤중에 집으로 찾아간 기자에게 "문제는 간단하다. 전번에도 그분네하고 회의를 한 일이 있지만, 근본적으로 인민공화국과 중경에 있는 대한민국임시정부의 두가지 정부가 대립되고 있는 한 몇번 만나도 소용이 없을 것이다. 요는 여(呂)씨가 인민공화국을 성립시킨 것을 잘못했다고 서면에 써서 도장을 찍어 가지고 오지 않는 한 절대로 공식회담에는 참석하지 못하겠다" 하고 단호하게 말했다. 기자가 여운형은 통합을 위하여 인민공화국까지도 해산시킬 의사가 있는 것 같다고 하자 송진우는 "여씨의 그 의사를 누가 증명할 수 있는가.… 오늘이라도 그들이 실제로 인민공화국을 해산하며 그것을 수립한 일을 사죄한다면 얼마든지 만나겠다" 하고 한마디로 일축했다.

이처럼 송진우는 인민공화국 수립의 주동자가 여운형이고 건국준비위원회 이래의 정국혼란의 책임은 여운형에게 있다고 생각했다. 송진우는 그러나 10월19일 오후 2시에 개최하기로 되어 있는 40여개 단체의 회합에는 한민당에서도 대표를 파견하겠다고 말했다.[25]

한편 한민당은 이날 선전부 명의로 이승만이 전날 예방한 한민당 선전부장 함상훈(咸尙勳)에게 자기는 "김구씨를 절대로 지지한다"면서, "우리는 김구씨를 중심으로 정부를 조직하지 않으면 안되겠다"라고 말했다는 내용의 전단을 만들어 배포했다.[26]

행동통일위원회는 10월19일 오후 2시부터 을지로 입구의 일본생명빌딩 2층에서 다시 회의를 열었다. 이날 회의는 여운형, 안재홍, 이현상, 원세훈(元世勳), 김약수(金若水) 등 좌우익의 지도자들이 참가한 가운데 이갑성의 사회로 진행되었다. 이날 참가자들은 한국이 독립을 얻기 위해서는 정당통합이 먼저 달성되어야 하며, 이것을 통해 독립의 정당성을 국제 여론에 호소해야 한다는 데 뜻을 같이했다. 그리고 이러한 견해를 하지 장군에게 건의하여 국제여론을 일으키기로 했다.[27] 이들은 회의를 마치자 조선호텔로 이승만을 찾아갔다.[28] 북위38도선문제와 일본인 재산 매매금지문제에 대한 지침을 묻는 대표들에게 이승만은 그러한 지엽적인 문제보다는 정당통합이 시급히 이루어져야 한다고 역설했다. 그리하여 10월23일 오후 2시에 조선호텔에서 2명씩의 각 정당 대표자들이 참석하는 회의를 개최하기로 했다.[29]

25) 《每日新報》 1945년10월19일자, 「戰線統一俄然進展 各黨首領繼續鳩首熟議」.
26) 李革 編, 『愛國삐라全集(第一輯)』, pp.50~51.
27) 《自由新聞》 1945년10월20일자, 「李博士歸國을 契機로 各黨首統一期成會談」.
28) 《自由新聞》 1945년10월21일자, 「獨立促成意見一致 李博士에 各黨首共同決議傳達」.
29) 《新朝鮮報》 1945년10월22일자, 「各黨代表者 李博士와 協議」.

2. 1주일 만에 "민족통일의 집결체" 결성

1

이승만이 일반국민 앞에 모습을 나타낸 것은 10월20일 오전 11시에 미 군정청 앞마당에서 열린 서울시민 주최 연합군환영회 자리에서였다. 환영회에는 서울과 인근 지방으로부터 3만여명의 인파가 몰렸다. 그것은 미군 진주 이후 처음 열린 공식 연합군환영회였다. 미군군악대와 고려교향악단이 4대국 국가를 차례로 연주하는 동안 미군비행기가 식장 위를 선회하며 장엄한 분위기를 돋우었다.

환영준비위원장 이인(李仁)의 개회사와 사무총장 조병옥(趙炳玉)의 환영사에 이어 하지 사령관의 답사가 있었다. 하지는 간단히 답사를 한 다음 이승만을 소개했다.

"한국은 자유이다. 자유란 위대한 것이다. 나는 한국이 영구히 자유로운 나라가 되기를 희망한다. 그런데 이 자유와 해방을 위하여 일생을 바쳐 해외에서 싸운 분이 계시다. 그분이 지금 우리 앞에 계시다."

하지는 옆에 앉은 이승만을 바라보며 말을 이었다.

"이 성대한 환영회도 위대한 한국의 지도자를 맞이하기에는 부족하다. 그분은 압박자에게 쫓기어 조국을 떠났었지만, 그분의 세력은 크다. 그분은 개인의 야심이라고는 전혀 없다. 그분이 살아서 여기 와 계신다. 여러분은 그분이 이 자리에서 동포에게 '헬로' 하고 외쳐 주기를 희망한다."

그러고는 이승만의 등단을 청했다.[30] 이승만의 연설은 예고된 환영회 순서에는 없던 것이었다. 이승만은 웃음을 띠며 마이크 앞으로 나와 먼저 영어로 하지와 아널드에게 인사말을 한 다음 한국어로 연설을 했다. 이승만은 국민의 가장 큰 관심사인 38도선문제에 대하여 다음과 같이 말

---

30) 《每日新報》 1945년10월21일자, 「大衆앞에 첫번 盟誓, 聯合軍歡迎會壇上을 빌어서 李博士獅子吼」, 「建國의 決意도 鞏固」.

1945년10월20일에 열린 연합군환영회에 운집한 3만여명의 군중 앞에서 연설하는 이승만.

했다.

"이번에 도쿄에서 맥아더 대장이 나에게 북위38도선문제는 어떻게 된 일인가 하고 질문을 하였으며, 이곳에 와서 하지 중장과 아널드 소장에게서도 이러한 질문을 받았다. 그러나 나는 이를 대답 못했다. 그러나 문제를 잘 알고 잘 대답할 사람이 있으리라는 것을 나는 알고 있다. 그러므로 우리는 이 문제를 알아야겠고 알아야 할 권리가 있는 줄 안다. 그것을 아는 길은 자기를 버리고 다 합치는 그 길밖에 없으며, 이 길을 위하여 나는 앞잡이로 나설 터이니 여러분도 다 같이 나와 함께 나아가자.…"31)

이 시점에서 하지 장군이 이승만에게 얼마나 큰 기대를 하고 있었는가는 이튿날 새벽에 이승만이 올리버에게 쓴 편지에 잘 드러나 있다. 아침부터 몰려드는 방문객 때문에 이승만은 새벽 5시30분에 일어나서 침대에서 이 편지를 썼다.

---

31) 《自由新聞》 1945년10월21일자, 「團合하라! 하지中將紹介로 李承晩博士大熱辯」.

임시정부나 해외한족연합위원회 관계자 등 재미 독립운동자들의 귀국과 관련해서 이승만은 "우리는 김구와 함께 공산주의 그룹을 제외한 몇몇 다른 사람들을 중경으로부터 데려올 계획을 하고 있다", "하지 장군은 전경무(田耕武)를 포함한 6명의 군사령부 허가신청자들에게는 기다리라고 명령하고 윤병구(尹炳求)에게만 귀국을 허가했다"라고 적었다. 그것은 이승만의 의견이 반영된 조치였음을 말할 나위도 없다. 더욱 눈길을 끄는 것은 "하지 장군은 국무부에 초기정책을 변경하지 않으면 상황은 더욱 악화될 것이다… 등등을 적어 보낸 성명의 사본을 나에게 보냈다"는 내용이었다.[32] 이처럼 하지는 이승만에게 군정부의 공문서까지 보여 주면서 그를 지원했다.

재미한족연합위원회 대표 김호(金乎), 송종익(宋鍾翊), 한시대(韓始大), 김병연(金秉堧), 김성락(金聖樂), 전경무 6명은 11월4일에야 귀국했다.[33]

이승만이 정당통합운동을 추진하면서 가장 신경을 쓴 것은 공산당을 비롯한 좌파인사들까지 참여시키는 문제였다. 그것은 미 군정부의 희망사항이었다. 이승만은 10월22일 오후 2시30분에 조선호텔에서 재경신문 기자단과 정식으로 회견을 가졌는데, 이 자리에서도 그는 공산당을 의식한 여러 가지 이야기를 했다.

38도선문제를 어떻게 생각하느냐는 질문에 그는 1898년에 있었던 고종(高宗)의 아관파천(俄館播遷) 때 일까지 거론하면서 소련에 대한 친근감을 표시하고 있어서 흥미롭다.

"미국에 있을 때에 모스크바에서 전한 소식을 들으면 나는 반공주의자라는 지칭을 받았지만, 나 자신은 소련에 대하여 하등의 감정이 없다. 얼마 전에 워싱턴에 있는 소련대사에게 서울 주재 소련영사의 보고에 의하면 조선을 소련통치하에 두리라고 할 듯한데 귀하의 의견을 들려 달

---

32) Rhee to Oliver, Oct. 21, 1945, 『大韓民國史資料集(28) 李承晩關係書翰資料集1』, pp.56~57.
33) 《自由新聞》 1945년11월6일자, 「在美六同胞實業家 4日公路로 歸朝」.

라고 한 일이 있다. 러시아와 조선은 1896년에 통상협정을 한 일이 있어서 실제적 우의가 좋았고, 또 1895년에 명성황후(明成皇后)께서 일인에게 모해(謀害)를 당했을 때에 고종께서 아관[俄館: 러시아공사관]으로 옮겨 계신 일이라든지, 한인이 일인의 압정을 피하여 시베리아로 유랑의 길을 떠난 사람들에게 대해서 후히 지도 보호해 준 사실과 교통 외교가 전부터 특수하다는 것을 나는 주미 소련대사에게 역설했다.…"

이렇게 말하면서도 이승만은 "그러나 오늘의 현상에 비추어 국제적 우의도 좋으나 우리나라의 생명 주권도 국제적 우의보다 선결해야 할 문제라는 것을 나는 또한 주장하고 싶다"라고 역설했다.

38도선 이북에서는 모든 권리가 인민의 수중으로 들어갔는데 이남은 그렇지 않으니 어떻게 하겠느냐는 질문에 대해서는 우선 강토환원(疆土還元)부터 해야 한다면서 모호하게 대답했다. 강토환원부터 해야 한다는 말은 소련군 점령 아래 있는 북한땅을 찾아야 한다는 뜻으로서 의미심장한 말이었다. 그러한 이승만이 북한에서는 모든 권리가 인민의 수중으로 들어갔다는 기자들과 이 시점에서 논쟁은 벌일 필요는 없었다.

"38도선 이북에 대한 비난과 여러 가지 사실을 다 듣고 있으므로 종합적인 해답도 들어갈 것이나, 하여간 침묵을 지킬 수는 없다. 남북의 우리 강토를 회복해야 하므로 북방에서 어떠한 복리를 그곳 주민에게 주든 혹은 남방 미군이 어떠한 복리를 주든 이러한 분할적 복리로서 만족한 것이 아니므로 우선 강토환원의 장애는 제거해야 할 것이다.…"

인민공화국 인사들의 주석취임 요청에 이승만이 호의적인 반응을 보였다는 보도에 대한 질문을 받자 이승만은 다음과 같이 신중하게 응답했다.

"들으니 주석으로 추천되었다고도 하니 전혀 알지 못하는 일이며, 취임하겠다고 호의를 표한 일도 없다."

이승만은 또 이날의 기자회견을 통하여 "만일 내가 지도자로 나서게 된다면 여러분의 협조와 원조를 힘입어 조국의 건국대업을 위하여 나설 자신을 가질 수 있을 것이다" 하고 지도자로 나설 용의가 있음을 서슴없이 공언했다. 그러고는 "내일 이 자리에서 각 정당 대표들과 회동하고 그들의 제안을 들어 종합적으로 검토한 뒤에 구체적인 방책을 강구해 낼 작정"이라고 밝혔다.[34]

기자회견이 끝나자 이승만은 망우리 묘지로 손병희(孫秉熙)와 안창호(安昌浩)의 묘지를 찾아갔다. 3·1운동 때의 민족대표 33인의 수장이었던 손병희와 상해임시정부의 실질적인 지도자였던 안창호의 묘소를 찾은 것은 퍽 상징성이 있는 행동이었다. 그러나 아쉽게도 손병희의 묘는 찾을 수 없었다.[35]

2

맥아더 장군이나 하지 장군이 기대한 대로 이승만이 좌우익 정파를 망라한 "민족통일의 집결체"를 결성하는 데는 그다지 긴 시일이 걸리지 않았다. 이승만이 귀국한 지 1주일 뒤인 10월23일 오후 2시에 그가 묵고 있는 조선호텔에서 한민당, 국민당, 건국동맹, 조선공산당을 포함한 크고 작은 50여개 정당 및 사회단체의 2명씩의 대표 200명가량이 모여 정당통합운동에 관한 회의를 열었다. 이 회의는 이를테면 이승만의 "귀국 후의 첫 정치공작"이었다.[36]

회의소집 목적을 설명한 이승만의 개회사는 참석자들의 사명감과 자긍심을 고양시키는 전형적인 선동정치가의 연설이었다.

"지금 이 자리는 역사를 만드는 모임이다. 내가 만리타국에서 고국으로 돌아올 때의 유일한 목적은 여러분과 모여 간담을 헤치고 손을 맞잡

---

34) 《自由新聞》 1945년10월23일자, 「한덩어리로 뭉처라, 李博士新聞記者團과 會見絕叫」.
35) 《每日新報》 1945년10월23일자, 「島山, 義庵墓에 李承晚博士參拜」; 《自由新聞》 1945년10월23일자, 「島山, 尤庵先生山所로」.
36) 《新朝鮮報》 1945년10월25일자, 「統一戰線의 一步前進」.

고 서로 앞날의 일을 어떻게 해 나갈까를 논의하겠다는 것이었다. 그 순서를 결정하자는 것이 이 모임이다. 나의 이 모임에 바라는 바는 진실로 크다. 여러분도 클 것이다. 이 방 안의 공기는 조용하나 세계 각국이 이 한곳을 지금 주목하고 있다.…"

이승만은 자신이 이 자리에서 희망하고 또 듣고 싶은 것은 "무슨 정부조직이나 대행할 기관"을 만들자는 것이 아니라고 강조했다. 왜냐하면 "우리는 임시정부를 가진 사람"이기 때문이라는 것이었다. 그러면서 임시정부와 김구를 비롯한 임시정부 요인들을 다음과 같이 추어올렸다.

"그 임시정부를 떠받들고 있는 사람들은 피를 흘려 싸워온 사람들이요 각국의 승인을 받은 터이다. 그분들도 하루바삐 고국에 돌아와 여러분과 손을 잡고 함께 우리들의 굳센 나라를 세우기를 염원하고 있다. 김구 선생은 명예나 권리를 원하는 분이 아니다. 자신의 생명까지도 모르실 분이다. 전 인민이 좋은 정부를 조직하면 거기에 따라가실 분이다. 임시정부가 곧 못 들어오는 이유는 중국공산당의 간섭이 있었던 듯싶다.… 그리하여 전 국민이 바라는 인도자를 내세워 민심을 통솔하게 되면 세계 각국도 우리의 목적이 무엇인가를 알게 될 것이다."

이승만은 이어 모든 정파가 "한덩어리로 뭉칠 것"을 강조하고 나서 다음과 같은 수사로 열변을 마무리했다.

"이 모임은 실로 조선독립을 위하여 우리의 역사에 길이 남을 것이다. 그러나 나는 여러분에게 억지로 뭉치라고 강요하지도 아니하고 또 뭉쳐 만들려 하지도 아니한다. 여러분들이 뭉쳐서 조선 사람들에게 실감을 가르쳐라.… 우리가 죽으려면 죽고 살려면 살길이 이 자리에 있다. 깊이 생각하라. 나의 묻고자 하는 것은, 듣고자 하는 것은 어느 단체의 편협된 의견이 아니라 3천만 민족의 원하는 바를 대표하는 부르짖음이다. 타국사람이 조선을 알려고 하면 곧 가서 물어볼 만한 책임 있는 기관을 만들어야 한다.… 그리하여 이 방을 나갈 때에는 기쁨의 만세를 부르고 나가도록 약속하자."

1945년10월23일에 정당 및 사회단체 대표 200여명이 모여 독립촉성중앙협회를 결성하고 이승만을 회장으로 추대했다.

이날의 회의를 보도한 《신조선보》 1945년10월25일자 지면.

이처럼 이승만은 이날 회의의 목적을 조선을 알려고 하는 외국 사람이 곧 가서 물어볼 만한 "책임있는 기관"을 만드는 일이라고 역설했다.

이승만의 연설이 끝나고 각 단체 대표들의 토론이 이어졌다. 그러나 토론자들의 의견은 한결같지 않았다. 먼저 학병동맹(學兵同盟) 대표는 "대동단결하려면 먼저 매국노와 민족반역자를 처단해야 한다"고 역설했다. 조선공산당의 이현상은 문제는 둘 중의 하나인데 그것은 "대한임시정부를 모셔다가 개조하느냐 그대로 두느냐와 조선인민공화국을 더욱 강화시켜 국내 해외를 망라하여 재조직하느냐에 있다"라고 잘라 말했다. 그러므로 전 민족의 대표가 모여 좀더 신중히 의논할 필요가 있다고 했다. 한민당의 원세훈은 "임시정부를 국가의 최고기관으로 하지 않으면 안된다"고 말하고, 그 기관 아래서 민족반역자나 매국노도 처단해야하며 북위38도선문제도 해결해야 한다고 주장했다. 건국동맹(建國同盟)의 이기석(李基錫: 李傑笑)은 대한민국임시정부와 인민공화국은 대립되는 것이 아니기 때문에 어느 특정한 정부에 의미를 두는 것보다는 정당의 통합이 우선시되어야 한다고 절충론을 폈다.

이어 민중당(民衆黨) 대표와 여자국민당의 임영신으로부터 모든 것을 무조건으로 이승만에게 일임하여 그의 지도 아래 움직이자는 동의가 있어서 만장일치로 가결되었다. 그러자 이승만은 각당에서 대표 한 사람씩을 추천하여 그들로 합동위원회를 조직하고 이 합동위원회가 며칠 안에 모여 구체적 방법을 강구하자고 제의했다. 안재홍은 각당 대표 한 사람씩으로 구성될 회의 명칭을 독립촉성중앙협의회(獨立促成中央協議會, 이하 독촉중협)라고 하고, 회장에는 이승만을 추대할 것과 회장에게 회의 소집에 관한 일체의 권한을 위임할 것을 제의했다. 안재홍의 제의는 만장일치로 가결되었다.[37] 건국준비위원회의 명칭을 창안했던 안재홍은 두번째로 역사적인 기구의 이름을 지은 것이다.

37) 《每日新報》 1945년10월25일자, 「二百餘名各黨代表會合歷史的團結熟議」.

독촉중협의 결성작업을 마친 이승만은 오후 4시부터 종로 YMCA 대강당에서 열린 전조선신문기자대회에 참석했다. 그는 지난날 자신도《협성회회보》와《제국신문(帝國新聞)》의 기자로 활동했던 일을 설명하면서, 기자들의 책임감을 강조했다.[38]

이튿날 이승만은 성북구 돈암동에 있는 장진섭(張震燮)의 집으로 거처를 옮겼다. 광산업으로 치부한 장진섭은 같은 황해도 출신인 장덕수의 부탁으로 자기 집을 이승만의 처소로 내어 놓았다. 산중턱에 위치한 이 집은 양옥과 한옥이 따로 있고 정원도 넓었다. 양옥은 이승만이 쓰고 한옥은 윤치영(尹致暎)을 비롯한 비서들이 썼다. 이때부터 이 집을 돈암장(敦岩莊)이라고 불렀다.

이승만이 서둘러 돈암장으로 거처를 옮긴 것은 하루에도 300~400명씩 이승만을 보겠다고 몰려드는 사람들 때문이었다. 조선호텔 로비는 장마당처럼 붐볐고 갓 쓴 시골 노인들은 화장실을 찾지 못하여 아무데서나 방뇨를 하고 떠들었다. 그리하여 미군헌병이 줄을 치고 방문객을 정렬시키는 형편이었다.[39] 이승만이 돈암장으로 옮긴 뒤로도 스미스(Smith) 부관은 매일 돈암장으로 출근하여 이승만을 도왔다. 하지 장군은 무장한 미군헌병 1개 분대와 학병 출신으로 미군정에 소속되어 있는 한국인 청년학도병 13명을 이치업(李致業) 대위 인솔로 보내어 돈암장을 경비하게 했다.[40]

돈암장으로 옮기면서 이승만의 생활비는 한민당에서 대기로 했는데, 송진우는 약속대로 매달 꼬박꼬박 5만원 내지 15만원의 생활비를 보내왔다.[41] 이승만의 활동 자금은 거의가 한민당 관계자들로부터 나왔다. 백낙승(白樂承)은 송진우의 권유를 받고 이승만을 후원했고, 김성수도 이

---

38)《自由新聞》1945년10월25일자,「二十四社二百五十名出席 戰鬪的言論陳構築宣言」.
39) 윤치영,「나의 이력서(44) 敦岩莊시절」,《한국일보》1981년9월11일자.
40) 尹致暎,『東山回顧錄 尹致暎의 20世紀』, p.161.
41) 金學俊,『獨立을 향한 執念: 古下宋鎭禹傳記』, 東亞日報社, 1990, p.472.

승만의 생활비 일부를 부담했다. 각 인사들로부터 들어온 후원금은 윤치영, 허정, 송필만이 관리했다.[42] 비서진도 확충되었는데, 미국에 유학하여 허정이 《삼일신보(三一申報)》를 발행하는 일을 도왔고 귀국해서는 국일관 지배인으로 있었던 이기붕(李起鵬)이 이때부터 돈암장의 살림을 총괄했다.[43] 국학자 정인보(鄭寅普)의 제자 윤석오(尹錫五)는 송진우의 추천으로 이승만의 문서비서가 되었다.

3

독촉중협의 결성과 때를 같이하여 정국은 빈센트(John C. Vincent) 미 국무부 극동국장의 한국신탁통치 발언문제로 또다시 요동쳤다. 빈센트는 10월20일에 미국외교정책협회(Foreign Policy Association)에서 "극동에서의 전후시기"라는 제목으로 한 연설을 통하여, 한국은 오랫동안 일본 통치 아래 있었기 때문에 자치를 행할 준비가 되어 있지 않다면서, 당분간 한국에는 미국, 소련, 영국, 중국 4개국이 공동관리하는 신탁통치를 실시할 것이라고 말했다. 빈센트의 이날 발언은 비록 비공식적이기는 했지만 4개국이 합의한 한국처리 방침을 미 국무부 고위관리가 처음으로 공개한 것이었다. 이 뉴스가 서울에 전해진 것은 10월22일이었다. 이승만이 10월23일 오전에 아널드 군정장관을 방문한 것도 독촉중협의 결성을 앞두고 빈센트의 발언에 대한 대책을 협의하기 위해서였을 것이다.[44] 하지 장군은 10월24일 아침에 맥아더 장군과 협의하기 위하여 급히 도쿄로 갔다.[45]

우려했던 신탁통치문제가 빈센트의 발언으로 현실문제로 나타나자

---

42) 宋必滿 증언, 曺圭河·李庚文·姜聲才, 『南北의 對話』, p.94.
43) 尹致暎, 앞의 책, pp.161~162.
44) 《自由新聞》 1945년10월24일자, 「李承晩博士 아長官과 要談」.
45) 《自由新聞》 1945년10월25일자, 「하지中將急遽渡日에 注目」.

각 정당은 일제히 반대하고 나섰다. 안재홍은 한국에서 신탁통치가 실시되지 않기 위해서는 진행 중의 정당통합작업이 빨리 이루어져야 한다고 말했고,[46] 한민당은 10월25일 아침에 간부회의를 열고 신탁관리제는 한국인을 모욕하는 발언이라고 규정하고, 이승만과 다른 정당들과 함께 한국의 절대독립을 위해 운동을 전개하기로 결의했다.[47] 좌익인사들도 일제히 반대하고 나섰다. 인민공화국은 해방 이후에 인민공화국이 조직된 것이 곧 한국의 자치능력이 갖추어져 있음을 말해 주는 것이라고 주장했고,[48] 공산당의 정태식(鄭泰植)은 다른 당과 공조하여 신탁통치 반대운동을 펼쳐 나가겠다는 성명을 발표했다.[49] 건국동맹도 신탁통치는 한국을 짧은 시간 안에 관찰한 근시안적인 발상이며 한국 국민의 의사에 반대되는 것이라고 비판했다.[50]

한국인들의 심한 반발에 부딪히자 미 군정부는 당황했다. 급히 도쿄에 다녀온 하지 장군은 10월28일에 이승만을 만나 빈센트의 신탁통치 발언은 반드시 실현될 사항은 아니라고 말했고,[51] 10월31일에 송진우를 만나서는 한국의 지식인들에게 전해 달라면서 "신탁통치를 운운하나 이것은 극동국장 일개인의 의견이요, 그 사람이 조선의 정치를 좌우할 지위에 있는 것이 아니다. 조선사람이 결속하여 독립할 만한 힘을 보이면 이제라도 나는 독립을 승인하겠다"라고 권한 밖의 발언까지 했다.[52] 아널드 군정장관도 10월30일에 기자들에게 빈센트의 발언은 개인의 의사에 지나지 않고 미국정부의 공식 방침은 아니라고 비슷한 말을 했다.[53] 한민당은

46) 《每日新報》 1945년10월24일자, 「虛報이기를 切望한다」.
47) 《自由新聞》 1945년10월26일자, 「信託統治反對, 韓國民主黨에서 決議」.
48) 《每日新報》 1945년10월26일자, 「生命을 걸고 排擊」.
49) 《每日新報》 1945년10월29일자, 「信託統治反對聲明」.
50) 《自由新聞》 1945년10월28일자, 「絶對自主獨立」 및 10월31일자, 「民意를 歪曲捏造하는 徒輩들의 暗躍아닌가」.
51) 《自由新聞》 1945년10월28일자, 「李博士 하지中將, 今日注目되는 會見」 및 10월30일자, 「信託統治說의 暗影拂拭도 三千萬의 完全集結로 可能」.
52) 《自由新聞》 1945년11월5일자, 「朝鮮의 幸福과 自由爲하야 大衆에 浸透實踐하라」.
53) 《每日新報》 1945년10월31일자, 「信託統治說은 個人意見. 朝日關係는 貿易쯤」.

하지의 말을 「조선지식계급에게 소(訴)함」이라는 전단으로 만들어 배포
했다.[54]

한편 각정당행동통일위원회는 10월26일에 각 정당 및 단체 대표 100
여명이 일본생명 빌딩에서 회의를 열고 신탁통치문제와 독촉중협문제를
집중적으로 논의했다. 회의는 신탁통치 반대 여론을 일으키기 위한 운동
을 전개하기로 하고 그 실행위원으로 국민당의 안재홍, 조선공산당의 김
형선(金炯善), 통일기성회의 이갑성 세 사람을 지명하여, 신탁통치에 절
대 반대한다는 성명서를 발표했다. 독촉중협문제에 관해서는 강화해야
한다는 전제로 여러 가지 의견이 나왔으나, 결국 "민의를 존중하는 민주
주의 원칙에 입각하여 인민공화국정부와 해외임시정부의 양 진영이 모
두 납득할 수 있는 조직체가 되도록" 이승만에게 진언하기로 결의했다.
그리고 독촉중협의 발전과정을 보아서 적당한 시기에 행동통일위원회는
해산하기로 했다.[55]

독촉중협이 명실상부한 민족통일의 집결체가 되기 위해서는 좌익정
파들도 적극적으로 참가해야 했다. 좌익세력 가운데 가장 적극적으로 참
여한 그룹은 장안파공산당 인사들이었다. 10월13일에 평양에서 열린 조
선공산당 서북5도책임자 및 열성자대회에 참가했다가 극좌적인 트로츠
키즘의 오류를 범했다는 비판을 받고 돌아온 장안파공산당 인사들은 김
준연(金俊淵), 서상일(徐相日), 장택상(張澤相) 등 국민대회준비회 인사
들의 주선으로 10월17일에 명월관에서 한민당과 국민당 대표들과 회합
을 갖고 행동통일을 협의했다. 그리고 10월24일에 동본사(東本社)의 국
민대회준비회 사무실에서 다시 회의를 열어 중경임시정부 지지 등 3개 합
의 결의문을 채택하고,[56] 독촉중협에 적극적으로 참여하기로 했다.[57]

54) 李革 編, 앞의 책, pp.56~58.
55) 《每日新報》 1945년10월29일자, 「信託統治反對聲明 各政黨行動統一全體委員會決議」.
56) 《自由新聞》 1945년10월27일자, 「獨立戰線統一코저 三黨一致團結決定」.
57) 宋南憲, 『解放三年史 I』, 까치, 1985, p.233.

이들은 이튿날 오후에 돈암장으로 이승만을 방문하고, 장시간에 걸친 회의를 열었다. 참석자들은 한민당의 송진우, 원세훈, 백관수, 함상훈(咸尙勳), 박찬희(朴瓚熙), 국민당의 안재홍, 국민대회준비회의 서상일, 김준연 등 우익정파 인사들과 장안파공산당의 최익한(崔益翰), 최성환(崔星煥), 서병조(徐柄肇) 등이었다. 《매일신보》는 회의에서는 먼저 이승만으로부터 "미묘복잡한 국제정세의 설명이 장시간에 걸쳐 있은 다음" 각 정당대표들 사이에 의견교환이 있었는데, 오후 4시까지 이어진 회의는 "완전한 등화관제 아래 거행되어" 상세한 내용은 알 수 없다고 야릇한 표현을 써서 보도했다.[58] 빈센트의 신탁통치 발언문제와 그에 따른 독촉중협 운영 방안문제가 집중적으로 논의되었을 것은 말할 나위도 없다. 이 자리에서 이승만은 "국내전선의 통일만 있으면 조선의 자주독립을 위한 여러 문제를 해결할 자신이 있다"고 말했다고 한다.[59]

한편 안재홍은 10월26일에 양주(楊州)의 시골집에서 상경한 여운형을 만났는데, 그 자리에서 두 사람은 "국내전선 통일은 이 박사에 대한 국민적 신망이 최고조인 이 기회를 놓치면 다시 없다"는 데 의견이 일치했다. 그러나 안재홍과 여운형의 독촉중협에 대한 인식에는 차이가 있었다. 안재홍이 독촉중협을 귀국을 앞둔 중경임시정부를 맞아들여 효과적인 건국사업을 추진하게 하는 정당통합체가 되어야 한다고 생각한 데 비하여, 여운형은 중경임시정부와 인민공화국을 포함한 국내 및 해외의 각 정파를 망라한 과도연립정권의 수립을 위한 기관으로 상정했다.[60] 그것은 행동통일위원회 인사들이 이승만에게 임시정부와 인민공화국 양 진영이 모두 납득할 수 있는 독촉중협이 되어 줄 것을 진언하기로 한 것과 같은 맥락이었다.

---

58) 《每日新報》 1945년10월28일자, 「某處에서 秘密會談」.
59) 《新朝鮮報》 1945년10월26일자, 「獨立促成中央協議會 具體的構成案을 討議」; 《自由新聞》 1945년10월27일자, 「李博士를 中心으로 各黨首往來活潑, 呂安兩氏意見一致」.
60) 남광규, 앞의 글, p.149.

여운형은 이날 밤 돈암장으로 이승만을 찾아가서 두시간 동안 정당통합문제를 숙의했다. 이승만은 여운형에게 신탁통치 등 한국이 당면한 문제를 해결하기 위해서는 정당통합 외에는 다른 길이 없다고 강조했다.[61] 여운형은 11월1일 오전에도 돈암장을 방문하고 2시간가량 이승만과 요담했다.[62]

이승만은 독촉중협의 제2차 회의가 박두한 10월29일에 조선공산당의 박헌영을 돈암장으로 초청했다. 두 사람은 배석자 없이 오후 4시부터 7시까지 세시간 동안이나 당면문제를 토의했다. 신문들은 이 회담을 "역사적인 중대회의" 등으로 표현하면서, 이 회담에서 두 사람은 친일파 민족반역자의 숙청문제 등에 의견의 일치를 보았다고 대서특필했다. 그러나 그것은 희망적인 추측기사였다.

신문보도들과 박헌영이 작성한 러시아어 보고서 등을 종합하면 두 사람의 대화 내용은 다음과 같았다. 먼저 이승만이 박헌영에게 다음과 같이 말했다.

"통일을 위해 만들어진 독립촉성중앙협의회는 이미 각당 각파를 망라하게 되었는데, 이제 남은 것은 공산당뿐이다. 귀당에서는 협의회의 존재를 3천만의 총의를 모아서 통일된 기관으로 인정하는 동시에 여기에 같이 힘을 합쳐 나갈 수 없겠는가?"

이에 박헌영은 다음과 같이 말했다고 한다.

"그것은 인정해도 좋다. 그러나 무원칙한 단결에는 찬성할 수 없다. 우리는 일본제국주의 잔재 요소와 친일파 민족반역자들을 모조리 소탕해야 한다.… 나라 안팎의 모든 진보적 민주주의 세력을 결집시켜 민주주의적 강령하에 민족통일전선을 수립해야 할 것이다. 이러한 민족전선에 기초해서 통일민족정부를 수립해야 한다."

---

61) 《自由新聞》 1945년10월27일자, 「李博士를 中心으로 各黨首往來活潑, 呂安兩氏意見一致」.
62) 《每日新報》 1945년11월2일자, 「一日午前十時엔 呂運亨氏와 會談」; 《自由新聞》 1945년11월2일자, 「李承晚博士와 呂運亨氏要談」.

그러나 이승만은 현시점에서 타국의 힘을 빌려 친일분자들과 민족반역자들을 처단할 수는 없다고 말하면서, 다음과 같이 주장했다.

"우리는 독립을 달성한 뒤에 자신의 정부의 힘으로 이 문제를 해결해야 한다."

박헌영은 그러한 무원칙한 단결에는 동의할 수 없다고 말하고, "친일파가 장차 수립될 정부에 기어 들어와 정부 안에서 지도적인 지위를 차지하는 것을 어떻게 허용할 수 있단 말인가?" 하고 반박했다. 이승만은 "물론 나도 장차 수립될 정부에 친일분자들이 들어와서는 안된다는 점에 동의한다"고 말했다. 그러자 박헌영은 그렇다면 아직 문제될 것이 없다면서 다음과 같이 말했다.

"우리도 지금 그들을 처단하자는 것이 아니다. 오직 독립촉성중앙협의회라는 성스러운 건국기관에서 친일파만 제외하면 우리는 얼마든지 이선생과 함께 손을 잡겠다."

이것이 친일파 민족반역자들의 처단에 대한 두 사람의 의견의 일치였다.

다음은 인민공화국문제였다. 이승만은 다음과 같이 말했다.

"하지 중장은 비합법적으로 조직되어 군정청에 대립하고 있는 조선인민공화국을 강제로 해산시킬 것이라고 나에게 언명한 바 있다. 나는 조선인민공화국을 조직한 사람들에게 정부를 해산하도록 설득하겠다고 약속하여 군정청의 강제적인 해산조치를 중지시켰다. 만일 조선인민공화국이 스스로 해산한다면 실제로 상황이 더 좋아지지 않겠는가? 다른 나라 사람들이 존중해 주지 않는 정부인 바에야."

그러나 박헌영은 동의하지 않았다. 이론가 박헌영은 다음과 같은 논리로 반박했다.

"나는 어떠한 근거로 조선인민공화국의 해산을 요구하는지 이해할 수 없다. 어떠한 근거로 조선인민공화국이 미군정에 대립한다고 판단하는지, 미군정하에서는 조선인들이 자신의 정부를 수립할 수 없다는 국제협약이 어떻게 존재할 수 있는지 이해할 수 없다. 또한 마지막으로 어떠한 이유로 조선인민공화국의 존재가 선생과 선생의 정치활동에 방해가 된다고 생각하는지 이해할 수 없다."

그러자 이승만은 신경질적인 말투로 "해산시키기 원한다면 해산시키되 그렇지 않다면 당신 뜻대로 하시오" 하고 말했다.[63]

박헌영은 이승만과 면담하기에 앞서 10월27일에 반도호텔의 하지 중장 사무실에서 그와 면담했는데, 그 자리에서 하지는 미 군정부의 시책에 공산당이 협조해 줄 것을 당부했고 이에 대해 박헌영은 친일파 민족반역자를 배제한 상태에서 "진보적 민주주의 통일조국을 건설하려는 조선공산당의 정치노선은 미국의 이해와도 일치한다"라고 주장했다.[64] 이승만과 하지와의 이러한 대담이 있은 뒤에 박헌영은 11월2일에 개최된 독촉중협 제2차 회의에 참석했다.

---

63) 《每日新報》1945년11월2일자, 「獨立促成·戰線統一에 李博士와 朴憲永氏意見一致」; 《自由新聞》1945년11월2일자, 「完全合致된 二大原則, 李博士와 朴憲永氏의 會見」; 《新朝鮮報》1945년11월2일자, 「朴憲永氏와도 會見」; 「박헌영 동지와 이승만 박사의 회담」(1945.10.31.), 『이정박헌영전집(2)』, pp.66~68.
64) 「조선공산당 총비서 박헌영 동지와 미 제24군사령관 하지 중장의 회담」(1945.10.27.), 위의 책, pp.62~66.

3. 「연합국에 보내는 결의문」을 직접 작성

1

이승만은 독촉중협을 실체가 있는 기관으로 만들기 위해 열성을 기울였다. 공산당을 포함한 모든 정파로부터 참가 약속을 받은 이승만은 독촉중협의 제2차 공식회의를 11월2일에 천도교 대강당에서 개최했다. 이 회의에서 채택한 「4대 연합국과 아메리카 민중에게 보내는 결의문」도 영문과 국문 두가지 다 자신이 직접 작성했다.

이날의 회의에는 50여개 정당과 사회단체를 대표하는 인사들 대부분이 참석했고, 회의를 참관하려는 시민들로 회의장은 물론 바깥까지 붐볐다. 이승만은 의장으로서 처음부터 끝까지 회의를 주재했다.[65] 이승만은 개회사를 통해 다음과 같은 요지의 말을 했다.

"이 기관은 3천만 민중을 대표하여 독립을 촉성하는 중요한 회이다.… 시급한 문제는 38도선 철폐문제와 신탁관리 반대이며, 이것을 해결하려면 왈가왈부로 각당이 싸우지 말고 합심하여 완전독립을 기해야 한다. 이 관점에서 4대 연합국에 다음과 같은 결의서를 보내자."

이렇게 말한 다음 이승만은 자신이 작성해 온 결의문을 낭독해 내려갔다. 그것은 주로 미국인들을 상대로 한 내용이었다. 결의문은 먼저 해방 이후에 여러 정당이 발생했고 또 정당들 사이에 의견의 차이가 없지 않았지만, 그것은 민주주의 발전과정에 보통 있는 일이요 또한 "아메리카 민중이 그 모든 제도를 발달시키느라고 밟아온 길"이라고 주장했다. 그리고 이제 서울에 있는 각 정당은 독촉중협으로 완전히 결합되었다고 말했다. 결의문은 이어 한국은 주권국가로서 영토적, 정치적, 행정적 모든 특권을 회복하는 권리를 요구한다고 말하고, 한국분단과 관련하여 연합

---

65)《每日新報》1945년11월4일자, 「聯合國에 보낼 決議文의 原案修正으로 峻論」.

국을 맹렬히 비판했다.

조선을 남북의 양 점령구역으로 분할한 가장 중대한 과오는 우리의 자취(自取)한 바가 아니요 우리에게 강제된 바이다. 우리나라는 양단이 되었으므로… 귀 열국은 조선사람이 분열되었으므로 자유국민의 자격이 없다 하나, 우리 조선을 마치 양단된 몸과 같이 양단한 것은 우리가 자취한 것이 아니요 귀 열국이 강행한 것을 이에 선명(宣明)하지 아니할 수 없다.… 우리는 맥아더 대장이나 하지 중장이나 군정장관 아널드 소장이나 이 양단정책에 대하여 하등 주지한 바가 없는 사실을 알게 되었으며… 사실 그들은 우리 주장과 요구에 대하여 공평과 호의의 태도를 견지하고 있다. 우리는 이 사태에 관한 책임자를 알고자 하며 조선의 장래 운명을 결정함에 있어서 가장 중대한 관계가 있는 이 사실에 관하여 귀 열국의 명백한 성명을 요구하여 마지아니한다.…

이승만은 한국분단과 관련하여 그의 지론인 얄타밀약설을 넌지시 상기시킨 것이었다. 결의문은 이어 극동국장 빈센트의 신탁통치 발언을 신랄하게 비판했다.

우리는 은인자중하고 있다. 그러나 이 양단정책의 참담한 결과는 날로 확대되고 심각하여지는 사실을 지적하지 않을 수 없다. 우리는 이 불행한 사태로부터 속히 해결되기를 고대하고 있는 중에 또한 조선통치에 암담한 공동신탁제가 제안되었다는 보도를 접하고 참으로 경악을 느끼지 아니할 수 없었다. 우리는 경의와 신실한 우호의 정신으로서 이 제안이 미국의 조선정책에서 또한 중대한 과오가 될 것을 지적하고자 한다. 과거 40년 동안 미국의 극동정책은 주로 일본인과 친일파를 통하여 얻은 정보에 기인하였고, 그 결과는 진주만의 참해

(慘害)를 초래하게 되었다. 1941년12월7일 이후에도 미 국무부 당국자는 우리의 경고를 반복 거절하며 마침내 현재의 혼돈상태를 야기한 것이 사실이다.… (그러나) 대통령 트루먼씨와 국무장관 번스(James F. Byrnes)씨를 지도자로 하는 미국은 금후 조미 양국 사이에 일층 양호한 양해의 길을 타개할 것을 확신하는 바이다.…

결의문은 이처럼 연합국, 특히 미국 루스벨트(Franklin D. Roosevelt) 행정부의 대한정책을 신랄하게 비판한 다음 연합국에 대한 「인식사항」으로 다음의 세가지를 들었다.

(1) 우리는 자주(自主)할진대 1년 이내에 국내를 안돈(安頓)할 수 있을 뿐 아니라 외국의 물질적, 기술적 후원으로써 비교적 단시일 내에 평화로운 정상생활을 회복할 수 있다. 이 사실을 부인하는 자는 아직도 일본인 선전술에 마취되어 있는 자들이다.
(2) 우리는 연합국과 우호관계로써 협력할 것이며 극동평화유지에 응분의 노력을 경주할 것이다.
(3) 우리 임시정부가 연합국의 승인하에 환도(還都)하면 1년 이내에 국민선거를 단행할 것이요, 1919년에 선포된 독립선언서와 동년에 서울에서 건설된 임시정부의 취지에 의하야 천명된 민주주의의 정치원칙을 어디든지 존중할 것이다.[66]

이렇듯이 이승만은 이 「인식사항」에서도 자신을 집정관총재로 선출했던 한성정부(漢城政府)의 정통성을 강조하는 집념을 보였다. 결의문은 이어 "조선인은 연합국과 싸운 일이 없고 따라서 연합국은 조선을 정복한 것이 아니라는 사실을 귀 열국에 지적한다"고 말하고, 지난 40년 동

---

66) 《自由新聞》 1945년11월3일자, 「李博士起草決議書全文」.

안 일본과 싸워 온 조선이 제2차 세계대전에서 한층 더 큰 규모로 대일전에 참여하지 못한 것은 "우리가 무기대여법의 정부와 민주주의국의 병기창으로부터 물질적 원조를 받지 못한 데 기인한 것뿐이다"라고 다시 한번 루스벨트 행정부를 질타했다.

이승만은 다음과 같은 말로 결의문을 마무리했다.

우리는 정복된 적국의 대우는 분격한다. 그것은 우리에 대한 일대 불의인 것이 명백하기 때문이다. 우리는 우리 자신의 운명을 스스로 타개할 수 있는 능력을 발휘할 기회를 허여하기를 요구한다. 귀 열국이 참으로 공평할진대 우리의 행동으로써 우리를 판단할 것이요 우리에 대한 타(他)의 말로써 판단할 것이 아니다. 우리는 단연코 공동신탁제도를 거부하며, 기타 여하한 종류를 물론하고 완전독립 이외의 모든 정책을 반대한다. 우리는 우리의 자유를 위하여 전 생명을 바치기로 결의하였다.…[67]

이승만의 결의문 낭독이 끝나고 각 정당대표들의 토론이 진행되었다. 우선 이 결의문을 연합국에 발송하는 것이 마땅하냐는 제의에 대해 한민당의 원세훈과 국민당의 안재홍의 찬성 발언이 있어서 그대로 가결되었다. 이어 결의문 자체에 대한 가부토론에 들어갔다. 인민공화국의 농수산부 대리 이광(李珖)은 38도선문제에 대한 내용이 빈약하다고 주장했다. 가장 심각한 문제제기를 하고 나선 사람은 공산당의 박헌영이었다. 그는 결의문 가운데 "우리 조선을 양단한 것은 우리가 자취한 것이 아니요 귀 열국이 강행한 것을 이에 선명하지 아니할 수 없다"라는 구절과 「인식사항」 (3)항에서 "우리 임시정부가 연합국의 승인하에…" 운운한 것은 부당하다면서 삭제를 요구했다. 아이로니컬하게도 조선공산당의 대표인 박

---

67) 위와 같음.

헌영이 친미주의자 이승만이 작성한 결의문이 미국을 부당하게 비판했다고 하여 내용 일부의 삭제를 요구한 것이었다. 박헌영은 또 친일파를 철저히 배격함으로써만 민족통일이 완성된다는 원칙을 채택하지 않으면 공산당은 이 협의회에서 탈퇴하겠다고 으름장을 놓았다. 결의문 일부 내용의 삭제 여부를 두고 의견이 분분하자 여운형은 "이 박사의 결의문은 필요하며 38도선문제 및 신탁통치문제 해결 요구의 의의는 좋으나, 문구의 부당과 일부의 불충분한 점을 수정하자" 하고 문구의 수정을 제의하여 만장일치로 가결되었다. 그리하여 여운형, 안재홍, 박헌영, 이갑성 네 사람이 수정위원으로 선정되었다.

결의문 문구문제뿐만 아니라 중앙집행위원 선정 방식을 두고도 각 정당의 입장 차이가 드러났지만, 이 문제는 이승만에게 일임하기로 결의했다.[68] 이 결의에 대해서는 박헌영도 찬성하는 데 손을 들었다.[69] 그리하여 전형위원 7명을 이승만이 선정하고, 중앙집행위원 선출은 전형위원회에 일임하기로 했다.

이승만은 폐회사에서 다시 한번 민족단합을 길게 역설하고, "만일에 우리가 일치단결하여 민족통일전선을 건설하면 앞으로 3개월 이내에 반드시 서광이 올 것"이라고 호언했다.[70]

2

한편 하지 장군은 이승만이 독촉중협을 발족시킨 11월2일에 도쿄(東京)의 맥아더 장군에게 한국 공산주의자들의 활동이 심각한 국면에 이르렀음을 보고하는 전보를 쳤다. 하지는 공산주의자들의 활동이 "적극적인 조치를 취하지 않으면 그들이 지배권을 장악할지 모르는 지경에 이르

---

68) 《新朝鮮報》 1945년11월3일자, 「主權의 回復을 要求, 決議文修正委員四氏를 選任」.
69) 金錣洙, 『遲耘 金錣洙』, pp.151~152.
70) 《新朝鮮報》 1945년11월3일자, 「李承晩博士團結을 絶叫」.

렀다"고 말하고, "대부분의 과격분자들이 소련의 사주를 받고 있는 것이 틀림없지만, 확실한 증거를 포착할 수 없다"고 했다. 그리고 "공산주의자들의 선전은 너무나 교활하고 잘 조종되고 있어서" 미국신문들이 남한에 대한 미국정부의 노력을 비판하는 데도 영향을 끼치고 있다고 했다. 하지는 또 한국인들은 기본적으로 공산주의를 지지하거나 원하지 않을 뿐만 아니라 대다수는 실제로 민족주의자들이라는 것을 깨닫게 되었다고 말했다.

공산주의자들의 모든 행동은 잘 훈련된 외부전문가 그룹의 선동을 받고 있는 듯한 느낌을 주는데, "가능하면 실질적인 강경조치는 피하려고 하지만, 부득이 그러한 조치를 취할 수밖에 없게 될지 모른다" 하고 고충을 털어놓았다. 하지는 다음과 같은 "추신"을 덧붙였다.

"추신." 이곳에서 알려진 정보로는 소련인들은 38도선 이북에 일본군의 무기로 무장한 한국인 군대를 편성하고 있다는 심증을 굳게 한다.[71]

하지 장군이 "추신"에서 언급한 내용은 사실이었다. 8·15해방과 함께 북한에서는 조만식을 중심으로 한 민족주의세력의 무장대인 자위대(自衛隊), 지하운동을 하던 현준혁(玄俊赫), 오기섭(吳琪燮), 장시우(張時雨) 등 국내 공산주의자들이 조직한 치안대(治安隊), 그리고 김일성 그룹이 귀국한 뒤에 조직한 적위대(赤衛隊)의 세 무장그룹이 주도권 장악을 위한 경쟁을 벌였다. 그러나 소련군사령관 치스차코프(Ivan M. Chistiakov) 대장은 10월12일에 발표한 「소련 제25군 사령관의 명령서」를 통하여 모든 무장단체를 해산시키고, 이 세 단체원 가운데서 2,000명을 선발하여 10월21일에 진남포에 보안대(保安隊)를 창설했다. 이어 북

---

71) Hodge to MacArthur, Nov. 2, 1945, *FRUS 1945*, vol. Ⅵ., p.1106.

한 6개도에는 도 보안대가 설치되었다.[72] 하지가 입수한 북한의 동향은 이러한 상황을 말하는 것이었을 것이다.

하지는 또 이승만이 독촉중협을 성공적으로 출범시킨 것을 보고 흡족했다. 그는 11월5일에 맥아더 장군에게 보낸 보고전문에서 "이승만 박사의 귀국은 다양한 정당의 통합과 여러 이념의 연합에 바람직한 영향을 미치고 있는 것으로 보인다"라고 말하고, 모든 한국인의 일차적인 염원도 독립과 자치를 획득하는 일이라고 기술했다. 그는 김구의 한국행이 확정된 것 같은데, 그가 도착하면 더 큰 통합을 위하여 이승만과 협력할 것으로 기대된다면서 앞으로의 계획을 다음과 같이 썼다.

저는 추가적으로 한국으로 귀환시킬 한국인들을 심사하는 일을 돕고, 현 군정부의 경제재건계획에 대한 대중의 전폭적인 지지를 도출하며, 정부기구의 쇄신과 중앙정부 수반 휘하의 책임 있는 정부직위에 실무자들로나 명목상의 장으로 적합하고 대표성 있는 인물을 임명하는 일을 도울 대표성 있고 확충된 연합고문회의를 설치하는 데 이 박사와 김구의 협력을 활용할 계획이다.…

이처럼 하지는 이승만이 귀국할 때에 도쿄에서 애치슨(George Atcheson) 재일본 정치고문대리와 협의했고, 자신의 정치고문 베닝호프(H. Merrell Benninghoff)가 업무협의차 본국으로 떠날 때에 전한 메모랜덤에서 밝힌 자신의 구상을 실천에 옮길 방안으로 우선 기존의 고문회의를 이승만과 김구를 중심으로 확대할 것을 계획하고 있었다. 하지의 보고전문은 결론으로 "만일 이러한 작업이 효과적으로 이루어질 수 있다면 우리의 감독 아래 시험적으로 대다수의 한국인들이 만족할 수 있을 만한 가칭 과도적 한국행정부(AIB Korean Administration)를 설립하고,

---

72) 張俊翼, 『北韓人民軍隊史』, 瑞文堂, 1991, pp.32~35, pp.36~37.

적당한 시간이 지난 뒤에 총선거를 통하여 국민정부를 선출하게 할 수 있을 것이다."[73] 라고 기술했다. 하지의 이러한 계획은 공산주의자들의 활동에 대한 강한 불신감에서 나온 것이었다.

김구 일행의 귀국에 대해서는 미국신문들도 관심을 기울였다. 이승만이 귀국한 직후에 행한 38도선문제에 대한 주장에 지지를 표명함으로써 미 국무부를 당혹스럽게 했던 《뉴욕타임스》는 임시정부 요인들이 중경을 떠난 이튿날인 11월6일에 다음과 같은 사설을 썼다.

한국에서는 가장 최근의 집계로 43개를 헤아리는 정당 또는 정파 사이에 그들이 원하는 자주적인 한국의 정부 형태나 그 성격에 대해서는 물론 그 목표를 어떤 방법으로 달성할 것인지 합의하는 데에도 어려움을 겪고 있다. 그것은 놀라운 일이 아니다. 그들은 나라가 미국과 소련의 점령지역으로 분할되고, 두 지역 사이에는 교류가 거의 없고, 점령군이 언제 철수할지에 대해서조차 아무런 약속을 받지 못한 채 한국인들은 정치적 공백상태에 빠졌다. 1919년에 서울에서 조직된 이래 중국에서 유지되어 온 한국임시정부의 70세의 대통령[주석] 김구가 귀국하면 아마도 지금은 분명하지 않은 통합을 이루는 데 어느 정도 기여할 수 있을지 모른다.…

이 사설은 11월4일에 중경에서 있었던 한국임시정부 요인 송별회에서 장개석(蔣介石) 총통이 "전 동아시아 민족의 평화와 자유를 위하여 우리는 먼저 한국의 독립과 자유를 성취하지 않으면 안된다. 이것은 한국에 대한 국민당의 유일한 원칙이다"라고 한 말을 인용하면서, "우리는 그것이 또한 우리 정부와 소비에트정부의 대한정책(對韓政策)의 첫번째 원칙

---

73) MacArthur to Marshall, Nov. 5, 1945, *FRUS 1945*, vol. Ⅵ., p.1112.

이기를 바란다"라고 주장했다.[74]

　맥아더는 11월5일에 하지의 11월2일자 및 5일자 전문을 마셜(George C. Marshall) 참모총장에게 그대로 보고했고, 마셜은 그것을 국무부에 통보했다. 하지의 제안은 국무부의 대한정책과는 분명히 배치되는 것이었다. 극동국장 빈센트는 11월7일에 전쟁부(육군부)의 연락장교 비트럽(Russel L. Vittrup) 대령에게 하지의 제안에 대한 국무부의 견해를 적은 메모랜덤을 보냈다. 빈센트는 먼저 하지 장군이 용납할 수 없는 공산주의자들의 활동에 대하여 충분히 설명하지 않았을 뿐만 아니라 군사적인 견지에서 자기가 취할지 모를 조치내용도 적시하지 않았다고 지적했다. 또한 빈센트는 미국정부나 주한미군사령관이 김구 그룹과 같은 특정한 한국인 그룹이나 이승만과 같은 특정한 한국인 개인을 다른 한국인들에 반하여 미국인들이 지지한다는 인상을 줄 만한 행동을 하지 않는 것이 미국정부가 견지해 온 일관된 정책이라고 강조했다. 그것은 하지가 제안한 것과 같은 조치는 군정부가 당면한 정치적 문제를 더욱 복잡하게 만들 뿐만 아니라 "소련군사령관으로 하여금 자기 지역 안에 있는 비슷한 그룹을 지원하게 하여 통일한국의 건설을 지연시킬 것이기 때문"이라는 것이었다.[75]

　그러자 전쟁부 차관보 맥클로이(John J. McCloy)가 11월13일에 국무차관 애치슨(Dean Acheson) 앞으로 빈센트의 주장을 반박하는 편지를 보냈다. 맥클로이는 참모들을 대동하고 6주 동안 세계 여러 나라를 순방했는데, 마지막 방문지가 도쿄였다. 그는 도쿄에 머무는 동안 빈센트의 발언 파문으로 급히 도쿄를 방문한 하지를 장시간 만났다.[76] 맥클로이는 먼저 번스 국무장관, 애치슨 차관, 그리고 빈센트 국장과 함께 한국상황

74) *The New York Times*, Nov. 6, 1945, "A United, Free Korea".
75) Vincent to Vittrup, Nov. 7, 1945, *FRUS 1945*, vol. Ⅵ., p.1114.
76) 정병준, 「주한미군정의 '임시한국행정부'수립 구상과 독립촉성중앙협의회」,《역사와 현실》제 19호, 역사비평사, 1996, pp.147~148.

에 대하여 토론을 했으면 좋겠다고 말하고, 빈센트의 메모랜덤은 "우리가 한국에서 당면하고 있는 참으로 긴급한 현실을 외면하려는 것"이라고 비판했다. 그는 하지가 거의 모든 한국인들이 '망명 한국인들'에 대하여 큰 존경과 신뢰를 하고 있고 미군이 진주할 때에 왜 중경의 '망명정부'와 김구 및 그 동료들을 같이 데리고 오지 않았는지 이상하게 생각한다고 말하더라고 했다. 맥클로이는 또 "하지 장군은 이승만 박사를 상당히 중시하고 있으며, 그가 큰 도움이 된다는 것을 알게 되었다"고 말하더라고 썼다. "그는 당시 공산주의 지도자들과의 협상에서 이 박사를 활용하고 있었다"는 것이었다. 그러면서 맥클로이는 다음과 같이 제안했다.

우리는 하지에게 모든 방법으로 공산주의문제에 대한 더 많은 정보와 그들이 우리의 목표를 파괴하지 못하게 하는 방법에 대한 그의 의견을 제시하게 함과 동시에 그로 하여금 너무 지나치지 않는 범위에서 그가 할 수 있는 한 많은 망명 한국인을 활용할 수 있게 해야한다.[77]

그러자 빈센트는 11월16일에 애치슨 차관에게 메모랜덤을 제출했는데, 이 메모랜덤에서 빈센트는 첫째로 국무부는 한국에 대한 신탁통치가 우리 정부의 공식정책이라는 사실을 하지 장군이 확실하게 공식으로 통보받기를 바라고, 둘째로 임시정부의 관리들이 임용되는 것은 임시정부와의 관계 때문이 아니라 그들 개인의 능력 때문이라는 사실을 명심하게 할 필요가 있다는 것을 그에게 전달하고자 했던 것이라고 설명했다.[78]

---

77) McCloy to Acheson, Nov. 13, 1945, *FRUS 1945*, vol. Ⅵ., pp.1123~1124.
78) Vincent to Acheson, Nov. 16, 1945, *FRUS 1945*, vol. Ⅵ., p.1127.

독촉중협의 제2차 회의를 마치자 이승만은 미 군정부의 시책에 적극적으로 협조했다. 군정청은 10월30일에 「법령 제19호」로 「국가비상사태선언(Declaration of National Emergency)」을 포고하고, (1) 노동쟁의조정을 위한 조정위원회의 설치, (2) 암시장의 단속, (3) 안녕질서의 확보, (4) 신문사의 등록제 실시를 공표했다.[79] 그리고 11월10일에는 《매일신보(每日新報)》를 정간시켰다. 조선총독부의 기관지였던 《매일신보》는 8·15해방 이후 종업원자치위원회에 의하여 운영되고 있었는데, 10월2일에 《매일신보》의 재산을 접수한 미 군정부는 한국인 주주들에게 주주총회를 소집하여 경영진을 새로 구성하게 했다. 좌우파를 망라하여 새로 구성된 경영진은 3·1운동 때에 민족대표의 한 사람이었던 오세창(吳世昌)을 사장으로 추대하고 제호를 《서울신문》으로 바꾸어 11월23일부터 신문을 속간했다.[80] 이와 함께 《조선일보》도 《서울신문》의 시설을 이용하여 11월23일에 복간되고, 《동아일보》도 조선총독부의 일본어 기관지 《게이조(京城)일보》의 시설을 이용하여 12월1일에 복간되었다. 그리하여 민족주의 정파들은 비로소 비슷한 성향의 신문을 갖게 되었다.

겨울철을 앞두고 가장 긴급한 민생문제는 연료와 식량의 확보문제였다. 이승만은 11월12일의 정례기자회견에서 석탄 및 양곡문제와 관련하여 국민의 협조를 당부했다. 그는 채탄작업이 가장 긴급한 문제인데, 조선인 가운데는 기술자가 없어서 부득이 일본인 기술자를 쓰지 않을 수 없는데도 불구하고 조선인 직원들의 반대가 있어서 딜레마에 빠져 있다고 설명했다. 이승만은 임진왜란 때에 일본인들이 우수한 조선인 기술자

---

79) 在朝鮮美國陸軍司令部軍政廳, 「指令 제19호」(1945.10.30.).
80) 정진석, 「언론조선총독부」, pp.277~316 및 김동선, 「해방직후 《매일신보》의 성격변화와 《서울신문》의 창간」, 《한국민족운동사연구》63, 민족운동사학회, 2010.6. 참조.

들을 데려다가 사역시킨 일을 사쓰마야키(薩摩燒)의 유래를 들어 설명하고, 또 소련에서 제2차 세계대전 때에 파괴된 시설을 복구시키는 데 많은 독일인을 사역시키고 있는 사실을 보기로 들면서, "필요하지 않은 일본인은 빨리 퇴거시키되, 필요한 최소한의 일본인 기술요원은 잡아 두어서 실컷 부리고" 보내야 한다고 강조했다.

그는 또 금년은 풍년이 들어서 450만석의 잉여양곡이 생길 것이라고 말하고, 이것을 일본에 팔아서 건국에 필요한 물자를 사 오려는 것이 군정부 당국의 생각인데, 농가에서 양곡시세가 오르기를 바라 팔지 않는 경향이 있다면서, "동포애를 발휘하여 되도록 군정부 당국의 지시와 요망에 응하여 필요한 소비량을 제하고는 팔기 바란다" 하고 설득했다.[81]

이승만은 11월14일 오후에는 서울중앙방송국의 라디오방송을 통하여 국민들의 각성과 분발을 촉구하는 긴 연설을 했다. 그는 "선동하는 자들이 있어서 민중의 사욕과 불평을 고취하야 경향각처에 불소한 폐해를 주는 일이 있다고 한다"라고 전제하고, 다섯가지 폐단을 설명했다. 첫째는 노동자들의 동맹파업이었다. 나라를 찾아 가지고 자유독립의 기초를 세우려는 이때에는 "설혹 불공평한 대우를 받을지라도 애국애족하는 마음으로 참고 민국건설에 도움이 되도록 힘써야" 하고, "기계 하나라도 놀려서는 안될 것이라고 결심해야 된다"고 강조했다. 둘째는 농민들이 추수를 하지 않는 폐단이고, 셋째는 탄광이 폐쇄된 일이었다. 이 두가지에 대해서는 이틀 전의 기자회견 때에 했던 것과 대동소이한 말로 국민들을 설득했다. 넷째는 친일분자들의 징벌문제였다. 이승만은 나라를 팔고 동족을 잔해(殘害)한 자들을 낱낱이 처벌하여 "국민성을 청결케 해 놓아야" 국가의 장구한 기초가 바로잡힐 줄로 믿는다고 말하고, 그러나 그 일은 국권을 회복한 뒤에 "우리 법정에서 심판 처리하는 것이 옳을 것"

---

81) 《自由新聞》 1945년11월13일자, 「三十八度以南의 收穫 二千六百萬石」.

이라고 그의 지론을 다시금 강조했다. 다섯째는 양반계급과 자본주의에 대한 비판문제였다. 이승만은 "임시정부는 완고한 양반계급이요 자본주의자들이므로 민주주의에 방해가 될 것"이라고 선동하는 자들이 있다면서, 그러한 주장이 얼마나 사실과 다른가를 한성정부의 강령을 들어 설명했다. 그러고는 토지분배와 노사관계에 대한 자신의 비전을 다음과 같이 피력했다.

"지금 군정부에서 모든 일본인의 토지와 부동산을 봉쇄해 두었으니 일후에 우리 정부에서 법으로 안정(安定)하고 각 농민에게 상당하게 분배하야 연기(年期)를 한하고 경작하게 될 것이다. 공업을 권려하되 법률로 결정하야 자본과 노동이 평균히 이익을 누리게 하고 국가의 부강을 도모하게 하려 한다."[82]

이승만의 방송은 설득력 있게 받아들여졌던 것 같다. 11월14일은 수요일이었는데, 미 군정부는 이때부터 이승만으로 하여금 매주 수요일 저녁에 서울중앙방송국에서 라디오 연설을 하도록 했다.[83]

이승만이 김구의 도착을 기다리며 독촉중협의 활동을 중지한 동안에도 정국은 활발하게 움직였다. 각정당행동통일위원회는 11월14일 오후에 천도교회관에서 장안파공산당을 비롯한 30여개 정치단체 대표자들이 모여 이갑성을 의장으로 하여 임시전체위원회를 열었다. 의제는 위원회 해체문제와 각 정당 통합문제 두가지였다. 토의결과 위원회 해체문제는 이승만 중심의 독촉중협이 그 목적을 완성할 때까지 이에 협조하기 위하여 보류하기로 하고, 정당 통합문제는 각 정당의 의견이 일치되지 못한 채 산회했다.[84]

같은 날 인민공화국 중앙인민위원회는 11월20일부터 서울에서 전국인민위원회 대표대회를 개최한다고 발표했다. 그러면서 이 회의를 위해

---

82) 《新朝鮮報》 1945년11월16일~18일자, 「李博士放送要旨①②③」.
83) 《自由新聞》 1945년11월17일자, 「李博士每週放送」.
84) 《自由新聞》 1945년11월16일자, 「各黨行動全體委員 中央協議會에 協調」.

각 지방에서도 지방정세 보고, 자료수집, 의안제출 등의 준비를 진행하고 있고, 또 이미 발표한 대로 1946년 3월1일에 제2차 전국인민대표자대회를 개최할 예정이라고 발표했다.[85]

이러한 상황에서 미 군정부는 11월16일에 「조선정부의 계획과 정책」이라는 장문의 성명서를 발표했다. 이 문서는 (1) 조선군정의 일반원칙과 정책, (2) 조선정부 수립에 관한 일반문제 (3) 전반적 정부[관리]교체계획, (4) 중앙정부, (5) 지방청[도청], (6) 조선 경제상태, (7) 장래의 계획, (8) 각자가 자기의 정부를 위하여 할 수 있는 사항이라는 8개항에 걸쳐 군정부의 시정현황과 앞으로의 계획을 일반국민들에게 홍보하는 내용이었다. 이를테면 (7)항은 "군정청 지도하에 우수하고 안정된 조선정부가 수립된 뒤에는 두가지 중요한 시책을 쓸 것이다"라면서 다음의 두가지를 들었다.

그 하나는 미국의 원조를 받을 목적으로 조선과 미국 사이에 긴밀한 민간관계를 형성한다. 이 계획 중에는 재정적 원조[차관], 농공업의 원료, 기계공구, 의약품과 의료시설의 지원과 모든 교육부문에서의 학생과 교수의 교환 등의 문제를 포함함은 물론이요 조선의 기술자, 의사, 법률가, 상업전문가 및 그 밖의 부문에 필요한 인재의 양성을 위하여 미국인 전문가를 조선으로 초청하는 계획도 포함된다.…

그리고 두번째는 다음과 같은 매우 함축적인 내용이었다.

제2는, 그리고 최후의 정책은 군정하의 조선정부를 어떻게 참된 조선인의 민주주의 정부로 전환[발전]시키느냐 하는 문제이다. 이 계획은 조선의 민주주의 달성을 위한 조선인의 계획이라야 하고,

85) 《自由新聞》 1945년11월16일자, 「二十日中央人民委員代表大會」.

또 조선의 지도자는 그러한 목적을 위하여 이미 활동을 개시하고 있다.[86]

이 문서가 "이미 활동을 개시하고 있다"고 한 조선의 지도자란 이승만과 독촉중협 주동자들이었음은 말할 나위도 없다.

4

이 시기에 미 군정부가 실시한 조치 가운데 특기할 만한 것은 한국의 군대 창설을 위한 정부기구를 설치한 것이었다. 군정청은 11월13일에「법령 제28호」로 군정청에 국방사령부(Office of the Director of National Defence)를 설치하고(제1조), 조선총독부 군무국을 군정청기구로 창설하며, 군무국 안에 육군부와 해군부를 설치하기로 했다(제2조). 그리고 어떠한 개인이나 단체도 국방사령관의 인가 없이는 군무국의 관할에 속하는 행동을 할 수 없게 했다(제3조). 그것은 8·15해방 이후에 다양한 군경력에 따라 자연발생적으로 결성되어 있는 사설군사단체들을 정리하여 한국의 독립에 필요한 군사력을 양성하는 동시에 당면해서는 치안유지를 위한 경찰업무를 보조하게 하자는 취지에서 고안된 것이었다. 11월 현재 남한에는 이응준(李應俊), 김석원(金錫源) 등 일본육군사관학교 출신들을 중심으로 8월 말에 결성된 조선임시군사위원회와 그 산하의 치안대총사령부, 학도지원병 출신들이 9월1일에 결성한 학병동맹, 건국준비위원회의 적극적인 지원 아래 9월7일에 조직된 조선국군준비대, 독립군 출신의 오광선(吳光鮮)이 광복군 총사령 이청천(李靑天)과 연락하면서 11월6일에 결성한 광복군 국내지대 등을 비롯하여 군정청에 등록된 단체

---

86) 《新朝鮮報》 1945년11월17일자, 18일자, 19일자, 20일자,「軍政의 現況과 將來(一)(二)(三)(四)」.

만도 30개에 이를 정도로 난립해 있었다.[87]

게다가 위에서 본 것과 같은 북한주둔 소련군사령관 치스차코프 대장의 무장단체 해산 조치와 보안대 창설 사실도 자극이 되었을 것이다.

상해에 머물고 있는 김구 일행의 귀국은 지연되고 있었다. 아널드 군정장관은 11월13일의 기자회견에서 김구가 어떤 자격으로 귀국하며 언제 귀국하느냐는 기자들의 질문에 다음과 같이 대답했다.

"김구씨는 이승만 박사와 마찬가지로 개인 자격으로 입국한다. 김구씨가 다년간 조선독립을 위하여 군세게 싸워 왔고 또 귀국하면 모국의 발전을 위하여 노력할 것이므로 김구씨 일행의 귀국을 환영하는 바이다. 그러나 언제 귀국할는지는 아직 확실히 알 수 없다."[88]

한편 이승만은 11월19일의 정례기자회견에서 김구 일행의 귀국과 관련하여 몇가지 뼈 있는 말을 했다. 그는 먼저 "중경임시정부의 귀국문제로 소란한 모양이나 하지 중장에게 반드시 연락이 있을 터이고 나도 알게 될 터이므로 책임 있는 발표가 있을 때까지 환영소동은 그만두어야 할 것이다"라고 침을 놓았다. 한편 독촉중협의 일은 "착착 진행되어 가는 중"이라면서 경남과 경기도 부평(富平)에서 보듯이 지방조직이 결성되어 가고 있다고 강조했다. 중경임시정부가 귀국하지 못하는 이유가 무엇이냐는 기자들의 질문에는 "그분들은 단체로 귀국하려고 하고 군정부 당국은 개인으로 두서너 분씩 오는 것을 원하고 있기 때문"이라고 설명했다. 그것은 사실이었다. 임시정부 요인들은 정부로 인정하기를 요구하고 있지 않느냐고 기자들이 다그쳐 묻자 이승만은 "이곳 군정부 당국은 정책을 결정할 권리는 없다. 미 국무부 또는 국제적 협의 없이는 중경임시정부를 인정하고 안 하는 결정은 못 짓는다" 하고 잘라 말했다.[89] 이처럼

---

87) 戰史編纂委員會 編, 『韓國戰爭史(Ⅰ) 解放과 建軍』, 國防部, 1967, pp.247~256; 韓鎔源, 『創軍』, 博英社, 1984, pp.26~29.
88) 《中央新聞》 1945년11월14일자, 「金九氏歸國은 個人資格」.
89) 《自由新聞》 1945년11월20일자, 「臨時政府歸國은 個人的으로!」.

임시정부 요인들은 미 국무부의 방침에 따라 개인 자격으로 귀국하는 것은 말할 나위도 없고, 그나마도 하지와 미 군정부는 몇사람씩 나누어서 귀국시키려 했다. 그것은 김구 직계만을 반대파들과 분리하여 먼저 귀국시키려고 했기 때문이었을 것이다.

이 시기의 미 군정부의 한국문제 처리구상은 11월20일에 하지 장군의 정치고문대리 랭던(William Langdon)이 번스 국무장관에게 보낸 전문에 구체적으로 표명되어 있다. 1930년대 초반에 서울 주재 미국영사로 근무했던 랭던은 앞에서 본 대로 전후 대한정책과 관련하여 신탁통치 방안을 창안한 장본인이었다. 그는 하지의 정치고문 베닝호프(H. Merrell Benninghoff)가 업무협의를 위해 일시 귀국한 직후인 10월20일에 베닝호프의 대리로 서울에 도착했다.

랭던은 전문에서 먼저 "해방된 한국에서 한달 동안 관찰하고 또 그 이전에 한국에서 근무한 경험에 비추어, 신탁통치를 이곳의 현실적 조건에 적용하는 것은 불가능할 뿐만 아니라 도덕적으로나 현실적 관점에서 타당하다고 확신할 수 없으며, 따라서 우리는 그 안을 폐기해야 한다고 믿는다"라고 주장했다. 그것은 미 군정부가 본국정부의 기본정책인 신탁통치안을 폐기할 것을 처음으로 공식으로 건의한 것이었다.

랭던은 이어 "김구 그룹은 해방된 한국의 최초의 정부로서 경쟁상대가 없고 모든 정파나 정당들이 준합법적(quasi-legitimate)으로 인정하고 있으므로" 미 군정부가 중경임시정부와의 접촉을 삼가는 것은 부당하다고 주장했다. 그러고는 "김구에 대한 높은 평가는 미국으로 하여금 한국인들의 비난이나 원망을 살 염려가 없는 건설적인 대한정책을 시도할 기회를 제공한다"면서 다음과 같은 과정의 정책을 시행할 것을 건의했다.

(1) 미군사령관은 김구에게 군정부 안에 몇몇 정치그룹을 대표하는 협의회(council)를 구성하여 한국의 정부형태를 연구하고 준비하게

하며, 정무위원회(Governing Commission)를 조직하게 한다. 군정부는 이 위원회에 여러 가지 편의와 조언과 운영자금을 제공한다.

(2) 정무위원회를 현재 전 한국의 조직으로 급속히 수립되고 있는 군정부와 통합시킨다.

(3) 정무위원회는 과도정부로서 군정부를 계승하며, 사령관은 거부권과 함께 필요하다고 생각하는 미국인 감독과 고문의 임명권을 갖는다.

(4) 다른 관계 3국(영국, 중국, 소련)에 대하여 정무위원회에 미국인을 대신할 약간의 감독과 고문을 파견하도록 요청한다.

(5) 정무위원회는 국가수반을 선거한다.

(6) 선출된 국가수반에 의하여 구성된 정부는 외국의 승인을 얻으며, 조약을 체결하고 외교사절을 파견한다. 그리고 한국은 국제연합기구(UNO)에 가입한다.

　　[주] 이러한 과정의 어느 단계에서, 아마도 (4)와 (5)의 중간쯤에서, 소련과 상호 철군과 정무위원회의 권한을 소련지역으로까지 확장하는 데 관한 협정을 맺는다. 위의 계획은 사전에 소련에 통고해야 하며, 협의회가 정무위원으로 지명한 소련지역 내 인사들이 서울에 오는 것을 소련이 허락함으로써 이 계획이 더욱 진전되도록 소련의 협조를 촉구해야 한다. 그러나 만일 소련의 참여가 실현되지 않더라도 이 계획은 38도선 이남의 한국에서 실시되어야 한다.[90]

　미 군정부는 김구의 인기가 고조되고 있는 분위기를 이용하여 신탁통치안을 포기하는 동시에 지금까지의 몇가지 구상보다 한결 구체화된 정무위원회라는 기구의 설치를 제안한 것이었다. 그리고 그것은 물론 하지가 11월5일에 맥아더에게 보낸 전문에서 보듯이, 이승만이 추진하는 독

---

90) Langdon to Byrnes, Nov. 20, 1945, *FRUS 1945*, vol. Ⅵ., pp.1131~1132.

촉중협을 염두에 둔 것이었다. 하지 장군이나 랭던은 이승만과 김구의 연대를 확신하고 있었다. 이승만은 군정부가 "이 중앙협의회를 국정회의(國政會議) 또는 국무회의(國務會議)의 명의로 모아…" 운영할 것을 생각하고 있다고 설명했다.[91] 그리고 그것은 남한만의 단독적인 기구나 정부수립을 상정한 것이 아니었음은 위의 랭던 건의문의 [주]의 설명으로도 짐작할 수 있다.

---

91) 「獨立促成中央協議會中央執行委員會 第一回會議錄」, 『雩南李承晚文書 東文篇(十三) 建國期文書 1』, 延世大學校現代韓國學硏究所, 1998, p.68.

4. 「공산당에 대한 나의 관념」

1

11월2일에 천도교회관에서 개최된 제2차 독촉중협 회의에서 채택된 「4대 연합국과 아메리카 민중에게 보내는 결의문」을 수정하기 위한 회의는 이튿날 바로 돈암장에서 열렸다. 수정위원으로 선정된 여운형, 안재홍, 이갑성 세 사람과 이승만이 만났다. 또 한 사람의 수정위원인 조선공산당의 박헌영은 이날 회의에 참석하지 않았다. 수정위원들은 지나치게 자극적으로 표현된 몇부분을 수정하기로 합의했다.[92] 이승만은 세 수정위원들의 의견에 따라 문구 일부를 수정한 결의문을 이튿날 연합국에 발송했다.[93] 수정된 결의문에는 「인식사항」(3)항의 "동년에 경성에서 건설된 임시정부의 취지에 의하야"라고 한성정부의 정통성을 강조한 구절도 삭제되어 있어서 눈길을 끈다.[94]

박헌영이 수정위원회의에 참석하지 않은 것은 전날의 회의에 대한 불만 때문이었다. 공산당이 독촉중협에 참가한 것은 이승만의 "무조건 뭉치자"는 주장에 따라 정당통합운동이 급속도로 확산되고 있을 뿐만 아니라 함께 인민공화국을 만든 여운형 그룹도 이승만의 독촉중협 결성에 적극적으로 협조하고 있었기 때문이다. 박헌영은 이날 별도로 기자회견을 갖고, "지금까지 우리는 이 박사 밑에서 민족통일전선을 결성하려고 하였으나, 2일의 이 박사 결의문으로 보아 박사와 우리 사이에 커다란 정치의견의 차이가 있음을 발견하였다"라고 언명하고, 일본제국주의 잔존세력을 철저히 구축하고 친일파와 민족반역자를 제거한 연후에 "진보적 민주주의 요소를 총망라하여" 민족통일전선을 결성하고 "민주주의 원칙

---

92) 《自由新聞》 1945년11월5일자, 「決議書三修正委員 敦岩莊에서 모혀 첫協議」.
93) 《自由新聞》 1945년11월7일자, 「決議書를 若干修正 聯合國에 發送」.
94) 《每日新報》 1945년11월7일자, 「修正된 決議書內容」.

에 따라" 통일된 정부를 수립해야 한다고 주장했다. 또한 조선공산당은 이승만의 「결의문」이 "조선민족 전체의 의사라고 볼 수 없는 문제를 취급하여 연합국의 그릇되지 않은 처치에 대하여서까지 질문 혹 논란하는" "경솔하기 짝이 없는" 것이라고 비판하고, 자신들의 입장과 요구사항을 밝히는 별도의 메시지 초안을 발표했다.[95]

이승만은 11월5일에 출입기자들과 정례기자회견을 가졌다. 이승만은 먼저 김구를 비롯한 임시정부 요인 30여명이 이날 중경을 출발하여 상해를 거쳐 11월10일 안으로 귀국할 것이라는 뉴스부터 전했다. 이승만은 그러나 임시정부가 정식으로 국제승인을 받지 않았으므로 김구도 "개인자격"으로 귀국하는 것이라고 설명했다.[96]

이승만은 이어 독촉중협은 "3천만 민중이 하나가 되고 또는 한입을 통하야 말하는 통일된 단체"라고 말하고, "이 단체의 결성에 공산당에서 협력해 준 데 대하야 깊이 감사한다"고 덧붙였다.[97] 그러나 수정위원들의 모임에 박헌영이 참석하지 않은 것은 옳지 않다고 나무라면서, "공산당의 제의는 신중히 듣고 있다"고 말했다. 그는 공산당이 요구하는 핵심사안인 친일파와 민족반역자 배제문제에 대한 질문에 다음과 같이 대답했다.

"물론 친일파나 민족반역자는 일소하여야 한다. 그러나 지금은 우선 우리의 힘을 뭉쳐 놓고 볼 일이다. 그러한 불순분자를 지금 당장 외국인의 손으로 처벌하여 주기를 우리는 원치 않는다. 우리의 강토를 찾아낸 후에 우리 손으로 재판해야 할 줄 믿는다."

그러면서 그는 기자들에게 친일파의 명단을 서면으로 작성해 주기 바란다고 말했다.

김구가 귀국하면 통합운동과 어떤 관계를 갖게 될 것 같으냐는 질문에는 "전폭적으로 손을 맞잡고 나가줄 줄 믿는다"라고 잘라 말했다. 그

95) 《自由新聞》 1945년11월4일자, 「聯合國에 보낼 決議文, 共産黨에서 反對表明」.
96) 《每日新報》 1945년11월6일자, 「金九氏以下三十名의 一行 今月十日內로 入京」.
97) 《自由新聞》 1945년11월6일자, 「共産黨協力에 感謝」.

리고 인민공화국의 해체설이 떠도는데 무슨 정보를 들었느냐고 묻자, "내일 아침 방송에서 대답하겠다"면서 즉답을 피했다.[98] 임시정부의 귀국이 임박한 시점에서 이승만은 인민공화국 주석문제에 대한 자신의 입장을 밝혀야 할 때가 되었다고 판단한 것이다. 신문에는 이승만이 11월6일 아침에 '중대방송'을 한다는 예고기사가 실리기도 했다.[99]

그러나 11월6일 오전 7시로 예고되었던 이승만의 라디오방송 연설은 갑자기 연기되었다. 연설이 연기된 것은 이날 오후 2시에 명월관에서 열기로 한 이 박사 환영 청년단체대표회 간담회에 이승만이 참석하는 문제를 두고 주최쪽과 이승만의 비서진 사이에 승강이가 벌어졌기 때문이었다. 조선해방청년동맹, 학병동맹, 조선노농청년동맹 등 26개 좌익계 청년단체들은 청년단체대표회를 구성하고 이날 이승만을 초청하여 간담회를 열기로 했는데, 이승만이 불참한다고 하자 밤 11시 반쯤에 대표 100여명이 돈암장으로 몰려가서 이승만이 이튿날 아침에 방송연설을 하기 전에 자신들의 "우국지정(憂國至情)의 진언"을 들어줄 것을 요청했다. 그러나 이승만은 이미 취침중이라고 했다. 청년대표들은 이튿날 아침 이승만이 방송연설을 하기 전에 다시 돈암장으로 가서 자신들의 결의문을 전달했다. 결의문은 이승만이 인민공화국 주석에 취임할 것을 촉구하면서, "만일 이를 거부할 경우에는 이 박사를 지도자로서 지지할 수 없을 뿐 아니라 민족통일전선 분열의 책임자로 인정한다"라고 공언했다. 이들의 결의문은 임시정부 요인들의 귀국을 환영한다고 말하면서도, 그러나 "이 선배 요인들도 인민공화국에 참가함으로써 우리 민족의 지도자가 될 것이다"라고 주장했다.[100]

---

98) 《新朝鮮報》 1945년11월6일자, 「軍政에 積極協力하고 鞏固히 團結하자」; 《每日新報》 1945년 11월6일자, 「反逆者와 親日派는 統一에서 除外한다」.

99) 《新朝鮮報》 1945년11월6일자, 「李承晩博士, 今朝重大放送」; 《每日新報》 1945년11월6일자, 「李博士放送, 六日午前七時」.

100) 《自由新聞》 1945년11월8일자, 「李博士來參懇顧타 靑年代表者會流會」; 《中央新聞》 1945년 11월8일자, 「李博士不參으로 靑年團体代表會主催懇談會流會」.

이승만은 드디어 11월7일 오전 8시30분부터 25분 동안 서울중앙방송국의 라디오방송을 통하여 인민공화국에 대한 자신의 입장을 밝혔다. 이승만은 먼저 "우리는 비상한 기회에 당면하였다. 한편 좋기도 하고 한편 까딱 잘못하면 위험도 한 기회다" 하고 말문을 연 다음, "우리나라가 해방은 되었으나 아직도 국권을 회복치 못한 것은 전혀 일본의 악선전에 의한 것"이고, 이러한 악선전 때문에 신탁통치 주장까지 나오게 되었다고 주장했다. 이승만은 신탁통치를 배격하고 하루라도 빨리 자주독립 국가로 만들기 위하여 "모든 정당이 한 단체를 이루어 자치의 능력이 있는 것을 보이기 위하여 공산당까지 한데 뭉치기로 결정하여" 만든 것이 독촉중협이라고 역설했다. 그러고는 인민공화국 주석으로는 취임할 수 없다고 다음과 같이 천명했다.

"그런데 내가 고국에 돌아와 보니 인민공화국이 조직되어 있고 나를 주석으로 선정하였다 하니, 나를 이만치 생각해 준 것은 감사하나 나는 그것을 공식으로나 비공식으로 무관계함을 알리려 하였으나, 각 인도자의 입장에 대해서도 생각할 점이 있고 노력하는 여러분을 생각하야 침묵을 지키고 있었다. 그러나 나는 종래에 한국임시정부에 복종하야 김구씨를 옹호하야 온 터이니, 임시정부가 들어와서 정식 타협이 있기 전에는 다른 정부나 정당에는 이름을 줄 수 없다.… 정부는 하나이다. 군정부에서는 조선인민공화정당은 허락하나 국(國)의 명칭은 허락지 않는다. 지금 조선의 정부는 군정청 정부가 하나 있을 뿐이다.…"

이처럼 이승만은 인민공화국의 주석 취임을 거부할 뿐만 아니라 인민공화국의 존재 자체를 부인한 다음, 독촉중협의 위상에 대해서 다음과 같이 설명했다.

"독립촉성중앙협의회는 정부도 아니고 정부의 대표기관도 아니다. 임시정부가 각국의 승인을 받는 국권을 회복할 때까지 각 정당이 대동단결하야 과도적 일을 하자는 단체이다. 각 지방에서도 이와 같이 알고 모든 단체가 합하야 공동기관을 세우고 서울의 중앙협의회로 대표자를 파송하야 중앙에서 하는 것에 따라오기 바란다.…"

이승만은 이처럼 지방에서도 각 단체들이 합동하여 자발적으로 독촉 중협의 지방조직으로 참가할 것을 촉구했다. 그는 마지막으로 김구 일행의 귀국 이야기를 덧붙였다.

"김구씨 이하 임시정부 각 요인이 상해에 도착하였다는 전보를 받았다. 그들이 수일 내로 서울에 도착한다. 이 정부가 연합국의 정식 승인 없이 들어옴을 유감으로 생각한다. 전국이 대동단결하야 이 정부를 맞이하면 각국의 승인도 빨리 받을 것이다. 장개석씨는 나의 친구요 또 김구씨의 친구이다. 이 정부가 들어옴에 당하야 전국이 대환영할 줄 믿는다."[101]

이처럼 이승만은 귀국하면서부터 김구와의 유대관계를 강조했다.

2

이 방송에 대해 인민공화국 관계자들이 크게 반발하는 것은 당연했다. 인민공화국 국무총리 허헌(許憲)은 "이 박사가 취한 오늘의 태도는 민족통일전선 결성 기운이 성숙해 가고 있는 현단계에 도리어 통일을 혼란에 빠지게 하고 말았다"라고 주장하고, "이 박사의 주석취임문제는 이로써 해소한다"하고 선언했다.[102] 또 인민공화국 중앙인민위원회는 11월 9일에 이승만의 방송을 비난하는 담화를 발표했다. 담화는 "진정한 애국자, 민족지도자로서의 이 박사가 할 수 있는 통일운동은 혼란된 조선의 민족진영을 정리하고 진보적 민주주의 요소를 결집하여 민족통일전선을 더욱더 광범 확고케 함으로써만 조선독립 완성에 기여할 수 있었던" 것인데 "모략분자에게 둘러싸여 가지고" 그러지 못했고, 그리하여 11월2일에 천도교회관에서 있었던 회합은 "비민주주의적인 것이요 그 의사진행

---

101) 《新朝鮮報》 1945년11월8일자, 「李博士放送要旨」; 《自由新聞》 1945년11월8일자, 「人民共和
　　國主席은 受諾할 수 없다」.
102) 《中央新聞》 1945년11월9일자, 「李博士態度는 유감, 人民共和國許憲氏談」.

이 모략적, 편당적인 결과가 되고 말았다"라고 힐난했다. 그리고 인민공화국 주석 취임을 거부하기까지의 모든 태도를 종합하여 "이제부터는 그를 초당파인으로 취급할 수 없다"고 선언했다.[103] 그러나 그것은 조선공산당의 독촉중협 탈퇴를 표명한 것은 아니었다. 미 군정부로부터 '국' 대신에 '당'이라는 호칭을 사용할 것을 종용받고 있는 입장에서 주석 취임을 거부한다는 이유만으로 이승만의 국민적인 명성을 완전히 배척할 수는 없었기 때문이다. 중앙인민위원회의 성명이 있고 이틀 뒤인 11월11일에 인민공화국의 선전부장이자 조선공산당 중앙위원인 이관술(李觀述)이 "우리는 모든 반동, 모든 비민주주의적 책동, 모든 민족분열적 음모를 분쇄하면서 민족통일전선을 결성시키려고 고심분투해 왔다"고 전제한 다음, "그러므로 민족통일을 주장하는 중앙협의회에 적극적으로 참가한다"[104]라고 말한 것이 그러한 사정을 말해 준다.

　여운형은 건국준비위원회 때부터 자신의 직계 조직이었던 건국동맹을 10월10일에 정당조직으로 개편하여 운영하고 있었는데, 건국동맹은 11월2일에 임시총회를 열고 당명을 조선인민당(朝鮮人民黨)으로 개칭했다. 조선인민당은 11월4일에는 중앙위원회를 열고 독촉중협 참가단체의 성격을 심사할 것과 38도선 이북의 지방정당대표와 도행정위원장을 참가시키도록 요청할 것을 결의하는 등으로 독촉중협에 적극적으로 참가하고 있었다. 조선인민당은 이어 고려국민동맹(高麗國民同盟), 십오회(十五會), 인민동지회(人民同志會) 등의 군소정치단체를 통합하여 11월12일 오후에 천도교회관 강당에서 성대한 결당식을 거행했다.

　조선인민당의 성격은 이날의 결당식에서 발표한 「선언」에 잘 표명되어 있다. 「선언」은 "조선인민당은 근로대중을 중심으로 한 전 민족의 완전한 해방을 그 기본이념으로 하며, 조선의 완전독립과 민주주의국가의

103) 《新朝鮮報》1945년11월10일자, 「李博士放送과 人民委員會의 聲明」; 《自由新聞》1945년11월
　　 10일자, 「主席拒否는 遺憾」.
104) 《新朝鮮報》1945년11월12일자, 「獨立促成中央協議會에 朝共서 積極參加」.

실현을 그 현실적인 과제로 한다"라고 천명하고, "기본이념을 등한시하고 현실적 요청에만 얽매여 있는 것이 역사의 진전을 지연시키는 행위라면, 기본이념에만 급급하야 그 현실적 과제를 무시하는 것도 역사의 발전을 지연시키는 동일한 결과를 가져오는 것"이라고 하여 중도노선의 정당성격을 분명히 했다.

그리고 조선인민당의 「강령」은 (1) 조선민족의 총역량을 집결하야 진정한 민주주의국가의 건설을 기함, (2) 계획경제제도를 확립하야 전 민족의 완전해방을 기함, (3) 진보적 민족문화를 건설하야 전 인류문화 향상에 공헌함을 기함이라는 3개항이었다.[105] 조선공산당이 사회주의 내지 공산주의를 뜻하는 "진보적 민주주의"를 표방한 데 비하여 인민당이 "진정한 민주주의"를 표방한 것은 공산당과의 차별성을 나타내고자 한 고충을 짐작하게 한다. '진보적'이라는 용어는 (3)항의 "진보적 민족문화 건설"이라는 대목에서 사용되었다.

위원장 여운형은 개회사에서 이 세가지 「강령」과 국민개로(國民皆勞), 국민개병(國民皆兵), 상호신양(相互信讓), 공공협동(公共協同), 일치단결의 다섯가지 윤리가 조선인민당의 '삼강오륜(三綱五倫)'이라고 그 특유의 레토릭을 구사하면서 열변을 토했다.[106] 위의 「선언」이나 「강령」보다도 인민당 총무부에서 발행한 "당의 성격을 정확히 파악하자"라는 글이 조선인민당의 노선을 한결 설득력 있게 설명해 준다.

한국민주당이 자산계급을 대표한 계급당이요 조선공산당이 무산계급을 대표한 계급당임에 비하야 우리 당은 반동분자만을 제외하고 노동자, 농민, 소시민, 자본가, 지주까지 포괄한 전 인민을 대표한 대중정당인 것이다. 그러므로 형식상으로 보아 좌익중간당이라고

105) 심지연, 「人民黨硏究」, 경남대학교극동문제연구소, 1991, pp.229~230.
106) 《中央新聞》 1945년11월13일자, 「朝鮮人民黨結黨式盛大」.

할 수 있으니, 현실과업 수행과정에서는 가장 전위적이라는 것을 명념 (銘念)해야 한다. 항간에서 반동분자의 고의로, 혹은 무지로 우리 당을 공산당의 한 외곽단체처럼 혼선시키려는 경향이 있으나 이것은 천만부당한 낭설이다. 다만 조선의 실정을 정확히 파악한 공산당이 우리 인민당 노선으로 접근하면서 동일한 보조를 취하고 있으므로 우리와 우의적 관계를 가지고 있을 따름이다.…107)

그러나 이렇게 출범한 조선인민당이 결국 조선공산당에 통합되어 남조선노동당을 결성하는 것은 뒤에서 보는 바와 같다.

독촉중협의 결성을 전후한 시기의 이승만의 명성이 어느 정도였는가는 선구회(先驅會)라는 한 중도파 단체가 실시한 여론조사에 잘 나타나 있다. 선구회는 10월10일부터 11월9일까지 한달 동안 각 정당, 언론기관, 문화단체, 학교 등 105개 단체의 종사자들을 상대로 여론조사를 실시했는데, 그것은 8·15해방 이후에 처음으로 실시된 비교적 큰 규모의 여론조사였다. 설문의 내용은 (1) 양심적인 지도자, (2) 희망하는 정부조직 형태, (3) 내각 후보, (4) 과거 혁명가의 4개항이었고, 설문지는 1,957장이 배부되어 설문에 따라 626장(회수율 32%), 978장(50%)이 회수되었다. 양심적인 지도자는 여운형 33%, 이승만 21%, 김구 18%, 박헌영 16%, 이관술 12%, 김일성(金日成) 9%의 순위였고, 과거의 대표적 조선 혁명가로는 여운형 195, 이승만 176, 박헌영 168, 김구 156, 허헌 78, 김일성 72, 안재홍 59, 김규식(金奎植) 52의 순위로 나타났다. 그러나 대통령 후보로는 이승만 431, 김구 293, 여운형 78, 무기록 176으로서, 압도적 다수가 이승만을 꼽았다. 다른 내각후보로는 내무부장은 김구 195, 여운형 118, 안재홍 59, 허헌 58의 차례로, 외무부장은 여운형 274, 이승만 137, 김규식 58, 김구 55의 차례로, 재무부장은 조만식(曺晩植) 176, 김성수(金性洙) 98,

107) 朝鮮人民黨, 『人民黨의 路線: 人民黨文獻』, 新文化硏究所, 1946, p.2; 李萬珪, 『呂運亨先生鬪爭史』, pp.274~275.

정태식(鄭泰植) 39, 김규식 37의 차례로, 군무부장은 김일성 309, 김원봉(金元鳳) 98, 이청천 78, 김규식 27, 사법부장은 허헌 371, 김병로(金炳魯) 58, 최동오(崔東旿) 52, 이강국(李康國) 42의 차례로, 문교부장은 안재홍 275, 김성수 68, 노동부장은 박헌영 371, 여운형 38로 나타났다. 그리고 "인민공화국 부서 그대로"라는 응답이 152, "임시정부 부서 그대로"가 52였다.[108]

좌경적 성향이 강했던 당시의 지식인층에서 이승만을 대통령적임자로 생각하는 응답자가 이처럼 많았던 것으로 미루어 보아 일반 국민들은 그러한 성향이 훨씬 더 강했을 것으로 짐작된다.[109]

3

김구를 비롯한 임시정부 요인들의 귀국뉴스가 전해지자 국민들은 다시 한번 흥분의 도가니에 휩싸였다. 이승만은 김구 일행이 귀국할 때까지 독촉중협의 활동을 중지하기로 하고, 11월2일의 천도교회관 회의에서 위임받은 전형위원 7명의 선정작업도 보류했다.[110] 그것은 김구를 독촉중협에 참여시키기 위한 생각에서였다. 그는 독촉중협과 김구가 앞으로 어떤 관계를 가지게 될 것이냐는 기자들의 질문에 "나로서는 단언할 수 없으나 물론 그 취지에는 찬성할 줄 믿는다"라고 신중하게 대답했다.[111]

임시정부환영 준비 분위기는 요란했다. 11월9일에는 김석황(金錫璜), 김하선(金河善) 등을 중심으로 한 한국독립당계 인사들이 임시정부영수환국 전국환영대회를 개최하기로 하고, 그 준비기구로 김석황 자신이 위원장이 되고 좌우익을 망라한 각 정당 대표와 각계 인사 50명으로 구성

108) 先驅會本部輿論調査部, 「朝鮮指導人物輿論調査發表」, 《先驅》 1945년12월호, pp.45~52.
109) 정병준, 『우남 이승만 연구: 한국근대국가의 형성과 우파의 길』, 역사비평사, 2005, pp.472~473.
110) 《自由新聞》 1945년11월13일자, 「定例會見에 李博士談」.
111) 《中央新聞》 1945년11월10일자, 「各黨各層을 總網羅, 臨時政府歡迎陣結成」.

된 영접부를 비롯하여 경호부, 교섭부, 보도부, 재무부, 정보부 등의 부서에 참여할 300명가량의 방대한 명단을 발표했다. 그러면서 이들은 환영방법은 "임시정부를 공식으로 맞아들이느냐 또는 이승만 박사 때와 같이 비공식으로 하느냐 하는 근본문제에 대하여 군정당국과 절충 중"이라고 했다.[112]

임시정부 요인들의 귀국이 늦어지면서 경쟁적으로 환영행사를 준비하느라고 마찰을 빚기까지 하던 준비단체 대표들은 여러 차례 접촉한 끝에 11월16일에 동본사(東本社) 강당에서 송진우(宋鎭禹), 백관수(白寬洙), 김준연(金俊淵) 등 해외지도자영접위원회 인사들과 김석황, 김하선 등 임시정부영수환국 전국환영회 인사들이 회합을 갖고 후자의 이름으로 통합하기로 합의했다.[113]

임시정부 요인들의 귀국보도가 있자 임시정부 특파사무국은 숙사 물색을 서둘러 11월8일에는 운니동의 운현궁(雲峴宮)과 서대문에 있는 광산왕 최창학(崔昌學)의 집 등 여덟곳으로 결정했다고 발표했다.[114] 그러나 최종적으로 최창학의 대리석 2층 집이 김구 일행의 숙사로 결정되고, 뒤에 도착한 요인들은 충무로에 있는 한미(韓美)호텔에 한동안 묵었다가 뒤에 운현궁으로 옮겼다. 최창학을 설득한 것은 평소에 그와 교분이 있던 김석황이었다.[115] 이승만은 11월13일 오후에 최창학의 집에 가서 방과 설비를 둘러보고 "이만하면 김구 선생의 숙소로 손색이 없다"고 말했다.[116]

이 무렵의 어느 날 이승만의 마음속 깊이 잠재해 있는 아련한 상처를 자극하는 해프닝이 있었다. 33년 전에 두번째로 고국을 떠나면서 사실상의 합의이혼을 하고 헤어졌던 박씨부인이 돈암장을 찾아온 것이다. 이때

---

112)《自由新聞》1945년11월9일자, 「金九主席歡迎의 前奏」.
113)《自由新聞》1945년11월18일자, 「臨時政府領袖歡迎에 國內意見完全統一」.
114)《自由新聞》1945년11월9일자, 「臨時政府要人宿舍」.
115) 선우진 지음, 최기영 엮음, 『백범 선생과 함께한 나날들』, 푸른역사, 2009, pp.51~52.
116)《自由新聞》1945년11월15일자, 「李承晚博士, 金九氏宿所될 곳 訪問」.

의 일을 윤치영(尹致暎)은 "그 노부인은 인품으로나 언사에서 바로 짐작되는 데가 있어서" 이승만에게 안내했고, "나로서는 두분의 만남을 지켜보며 남다른 인정의 기미를 헤아려 서로 간에 예절이나 태도에서 느낀 바가 많았다"라고 회고했다. 이승만은 윤치영으로 하여금 박씨부인을 정중하고 후하게 대접하여 보내게 했다. 그리고 그 뒤로 소식이 끊겼다. 윤치영은 "이 박사는 기

서울시 동대문구 창신동의 이승만 제적부.

구한 운명으로 맺어졌던 이 부인에게 인간적인 성의와 대우를 다한 것이었고, 그 부인 역시 스스로 공인으로서의 이 박사의 입장을 세워 주는 미덕을 보여 주었다는 생각이다"라고 적어 놓았다.[117]

오달진 성품으로 생활력이 강했던 박씨부인은 유식하고 세련된 신여성이 되어 황해도에서 전도생활로 세월을 보내다가 해방이 되자 38선을 넘어와서 인천에서 양자 은수(恩秀)와 함께 살고 있었다.[118] 이때까지 이승만의 호적은 서울 동대문구 창신동 625번지의 옛집으로 등재되어 있었다. 이승만이 두번째로 출국한 뒤 조선총독부에서 호적정리를 할 때에

---

117) 尹致暎, 앞의 책, p.162.
118) 曺惠子, 「人間李承晩의 새 傳記(4)」, 《女性中央》 1983년4월호, p.363.

박씨부인이 박승선(朴承善)이라고 남편과 시아버지의 이름자 한 자씩을 따서 지은 이름으로 신고했을 것으로 보이는 이 호적에는 "처 박승선", "장남 이은수(李恩秀)"로 기재되어 있었다. 이은수는 물론 이승만과 아무런 관계도 없었다. 이 호적은 1947년에 처(妻)의 관계 및 친자관계 부존재 확인 판결과 이승만의 이화동(梨花洞) 이적에 따라 말소되었다.[119]

6·25전쟁이 나고 9·28수복이 되자 이승만은 경무대 경찰서장 남태우(南泰祐)에게 박승선의 생사와 거처를 알아보게 했으나 이때는 박승선이 피란처에서 북한군에게 피살당한 뒤였다고 한다.[120]

4

모든 정파가 참가한 한국 국민의 "책임 있는 기관"으로 발족한 독촉중협이 랭던이 말하는 정무위원회 같은 기관으로 발전하기 위해서는 무엇보다도 먼저 인민공화국의 존재가 정리되어야 했다. 10월10일에 아널드 군정장관이 모멸적인 성명으로 인민공화국을 부인한 이후로 미 군정부는 여러 통로를 통하여 인민공화국의 해체를 종용했다. 11월20일부터 사흘 동안 개최된 전국인민위원회대표자대회에서 행한 인민공화국 국무총리 허헌의 설명에 따르면 그동안의 경위는 다음과 같았다.

대표적인 교섭통로는 인민공화국 부주석 여운형이었다. 여운형은 군정청의 연락을 받고 10월28일에 아널드 군정장관을 방문했다. 아널드는 여운형에게 "한 나라에는 두 정부가 있을 수 없다. 조선의 독립은 약속되어 있지만 아직 조선의 통치는 미 군정부가 하고 있다. 인민공화국의 명칭은 취소하라"는 내용의 공문을 수교했다. 그것은 인민공화국 인사들에게 청천벽력이었다. 급히 소집된 관계자들의 회의에서 토의한 결과 국

119) 《한국일보》 1975년3월18일자, 「人間李承晚百年(7)」.
120) 曺惠子, 앞의 글, pp.362~363.

제법상으로 군정관리하에 정부가 있을 수 있다는 결론을 얻었다. 그것은 물론 견강부회였다. 여운형은 이튿날 군정청을 다시 방문하여 설득하려고 했으나 허사였다. 군정청은 인민공화국의 '국(國)'자를 '당(黨)'자로 바꾸어 인민공화당으로 만들라고 권고했다. 군정청과 여운형의 승강이는 1주일 넘게 계속되었다.

공산주의자들의 힘은 조직력이다. 8·15해방과 더불어 서울과 인천을 비롯한 전국의 산업도시에는 직장단위로 노동조합이 조직되고 있었는데, 공산당은 그것을 산업별 노동조합으로 정비하고 전국 규모로 통합하는 작업을 일찍부터 벌여 왔다. 그리하여 9월26일에는 10개의 산업별 노동조합 대표 51명이 모여 전국적인 조직을 결성하기 위한 준비회의를 개최했고, 뒤이어 11월5일과 6일 이틀 동안 서울의 중앙극장에서 조선노동조합전국평의회(朝鮮勞動組合全國評議會: 약칭 全評)의 결성대회를 개최했다. 회의에는 금속, 철도, 교통, 통신, 토건, 전기, 어업, 섬유, 식료품, 목재, 조선, 합판, 화학, 광업, 출판 등의 산업별 노동조합 대표 505명이 참가했는데, 이들은 남북 40여개 지방 50여만명의 노동자 대표임을 자처했다. 대회는 먼저 "조선무산계급의 수령이요 애국자"인 박헌영과 "해외에서 자주 독립을 위하여 싸워 준" 김일성을 비롯한 소련, 미국, 영국, 프랑스의 노동조합 비서와 중국의 모택동(毛澤東)을 명예의장으로 추대했다. 대회는 이어 긴급동의로 (1) 조선무산계급의 수령 박헌영 동무에게 감사메시지를 보낼 것, (2) 조선무산계급운동을 교란하는 이영(李英) 일파[장안파공산당]를 단호히 배격할 것, (3) 조선민족통일전선에 대한 박헌영 동무의 노선을 절대 지지할 것, (4) 연합국 노동자계급과 미소 양군 사령관에게 감사메시지를 보낼 것을 결의했다. 그러고는 조선공산당 총비서 박헌영이 보낸 메시지 낭독을 필두로 인민공화국 노동부, 서울시 인민위원회, 조선문화건설 중앙협의회, 건국부녀동맹, 조선산업노동조사소, 공산청년동맹, 프롤레타리아예술동맹, 조선인민당 대표의 축사가 있었다. 대회는 이어 각 산업별 노동조합의 현황보고가 있은 다음

(1) 최저임금제 확립, (2) 8시간노동제 실시 등 노동권 요구에서 시작하여 (10) 민족반역자 및 친일파 소유의 일체의 기업을 공장위원회에서 관리, (15) 조선인민공화국 지지 등을 포함한 17개항의 「행동강령」을 채택했다.[121] 이 「행동강령」은 11월24일에 중앙집행위원회 상임위원회가 20개항으로 정리하여 발표했다.[122] 그것은 전평이 공산당과 인민공화국의 가장 강력한 외곽단체로 조직되었음을 말해 주는 것이었다.

11월9일에 아널드는 여운형을 통하여 허헌을 불렀다. 허헌은 마침 고열이 있어서 중앙인민위원이자 인민공화국 내무부장 대리인 김계림(金桂林)을 대신 보냈는데, 민정장관 프레스컷(Brainard F. Prescott) 대령은 허헌이 "생명이 위험하지 않을 정도라면 자동차를 타고 오라고 하라"라고 말했다.

허헌을 보자 아널드는 "일전에 보낸 것은 결론이 어찌되었는가?" 하고 물었다. 허헌이 아직 결론을 짓지 못했다고 하자, 아널드는 "당신이 반대해서 그런 게 아니냐?"고 다그쳤다. 두 사람의 대화는 1시간40분이나 계속되었다. 허헌은 인민공화국을 해체하는 문제는 명년 3월1일에 전국인민대표자대회에서 결정될 것이라고 대답했다.

아널드가 "인민공화국은 민족주의자가 한 사람 있을지 말지 하고 모두 공산주의자들이다. 당신도 공산주의자 아닌가?" 하고 따지면서 인민공화국을 해체할 것을 거듭 촉구했으나, 허헌은 "전 인민이 인민공화국을 수립한 것이므로 나나 중앙인민위원이 결정할 수 없다. 다만 전 민중이 하는 것이다. 전국인민위원회대표자대회를 11월20일에 열어서 답변해 주겠다"라고 대답했다.

이튿날 정보과장 아스 소령은 허헌에게 "하지 장군과 아널드 장군이 말하기를 일전에 인민공화국의 '국'자는 떼기로 했다는데 어떻게 했

---

121) 《解放日報》 1945년11월15일자, 「朝鮮勞動組合全國評議會結成」.
122) 《解放日報》 1945년11월24일자, 「全評의 行動綱領」.

느냐?"고 물으면서, 그것을 신문에 발표할 것을 종용했다. 그리하여 허헌은 11월20일까지 기다려 달라고 간청했다고 말했다.[123] 전국인민위원회대표자대회 개최의 허가가 나고 더구나 대회 첫날 아널드 장군이 대회장에 나타나서 축사를 한 것을 보면 아스 소령의 말이 신빙성이 있어 보인다.

아널드는 이어 11월13일에는 조선공산당 총비서 박헌영을 불렀다. 아널드가 인민공화국과 어떤 관계에 있느냐고 묻자, 박헌영은 특별한 관계는 없다면서 다음과 같이 말했다.

"그러나 조선인민공화국에서는 여운형씨와 같은 나의 동지들이 일하고 있다. 인민공화국은 어떠한 경우에도 군정청에 대립하는 기관이 아니다. 인민공화국은 정치적 계몽운동을 수행하는 정치학교의 성격을 띠고 있다. 나는 이러한 의미에서 인민공화국이 정당하고 유용한 조직이라고 생각한다."[124]

이처럼 박헌영도 이제 미 군정부 책임자에게 인민공화국이 한국의 유일한 '정부'라고는 주장하지 않았다.

이틀 뒤인 11월15일에는 하지 장군이 박헌영과 회담했다. 10월27일에 처음 만나고 나서 두번째로 만난 것이었다. 하지는 먼저 군정청의 임무에 관한 여러 가지 사항을 설명하는 가운데 군무국을 설치한 일에 대해서도 언급했다. 현재 조직 중에 있는 군무국의 기능은 "공중의 안녕질서를 보장하고 경찰을 보조하며 언론과 종교의 자유를 수호하고 사유재산의 불가침을 보호하기 위한 것"이라는 것이었다.

박헌영은 하지에게 "조선인민공화국 인민위원회는 한국에 약속된 독립이 성취될 때까지 한국에서 권력의 창출을 돕고 준비하는 정치단체들 가운데 하나이다. 아직 인민공화국이 자기 수중에 권력을 획득하지 못한

123) 許憲의 報告, 『全國人民委員會代表者大會議事錄』, 全國人民委員會, 1946, pp.78~81.
124) 「조선공산당중앙위원회 총비서 박헌영 동지와 미군정청장 아놀드 소장의 회담」, 『이정박헌영전집(2)』, p.86.

상태이기 때문에 군정청은 조선인민공화국을 두려워할 필요가 전혀 없다"라고 말했다.

하지는 인민공화국이 정부 성격을 포기하고 정당으로 바꾸라고 권고하면서, "조선인민공화국 성원들은 군정청에 대립할 필요가 없다"라고 말했다. 이에 박헌영은 "우리는 군정청에 반대하고 있지 않으며 인민공화국을 군정청에 대립시키고 있지 않다"라고 응수했다고 한다.[125]

5

전국인민위원회대표자대회는 11월20일부터 22일까지 천도교회관 강당에서 열렸다. 회의는 북한지역을 포함한 25개 시, 175개 군의 대표 610명과 도인민위원 40명이 참가한 대규모 집회였다. 인민공화국 서기국장 이강국이 의장으로서 회의를 주재했다.

개회사와 인민공화국 탄생 경과보고를 하게 되어 있는 여운형은 회의기간 내내 회의장에 나타나지 않았는데, 개회사를 대신한 허헌은 여운형이 "연일 정치적 활동에 건강을 상실하시어" 참석하지 못했다고 설명했다. 인민공화국 탄생 경과보고는 조두원(趙斗元)이 원고를 대독했다.

인민공화국이 정당으로 탈바꿈하기를 기대하면서 회의에 참석한 아널드는 축사에서 "지금 우리는 어떠한 정당이나 단체를 후원하는 것이 아니라 군정청과 한국 건국에 협력하면 환영한다"라고 전제하고, "군정청은 한국의 유일한 정부"이고, "이 정부를 앞으로 몇달 동안 한국사람들이 어느 정도로 지지하는지 연합국에서 주목하고 있다"라고 설명했다. 그는 "한국사람들은 한국이 연합국의 감시하에 있다는 것을 이해해야 하고," "몇개월 동안에 민족통일전선을 취하여 독립의 용의와 능력이 있

---

125) 「조선공산당중앙위원회 총비서 박헌영 동지와 미 제24군사령관 하지 중장의 회담」, 위의 책, p.89.

다는 것을 연합국에 보여야 한다"고 주장했다.[126]

대회순서의 가장 중요한 것은 조선공산당 정치국원이자 인민공화국 외교부장 대리 강진(姜進)의 「국제정세 보고」와 이강국의 「국내정세 보고」로 된 「정치보고」였다. 강진은 베트남, 그리스, 중국 등의 사태를 설명하면서 "소련 이외에는 완전한 민주주의국가는 존재하지 않는다"라고 단언한 다음, 중앙인민위원회에 대한 국민의 신임투표를 제안하고 "중앙인민위원회를 무시하는 여하한 정권도 조선에는 수립할 수 없다"라고 역설했다.

이강국의 「국내정세 보고」 가운데 가장 주목되는 것은 정당통일운동과 관련하여 이승만을 맹렬히 비난한 점이었다. 이강국은 "10월16일에 이승만 박사의 귀국을 계기로 정당통일운동은 아연 활기를 띠어… 10월23일에 이 박사를 회장으로 한 독립촉성중앙협의회를 결성하자 인민의 시청(視聽)은 이에 집중되었고, 이 박사에 대한 신망은 중앙협의회에 대한 기대로 변하였다.… 그러나 그 뒤 누차 거듭 성명한 이 박사의 통일론이 친일파나 민족반역자까지도 함께 싸고도는 무원칙적 이론과 대중과 유리된 비민주주의적 태도에서 일보도 구체적으로 전진치 못"하여 "민중은 이 박사의 정치적 면목을 의심하였고 독립촉성중앙협의회에 대한 관심은 사라지기 시작하였다"라고 역설했다. 그리고 11월7일에 인민공화국 주석 취임거부성명을 계기로 "이 박사의 통일운동은 통일을 도리어 분열로, 정돈을 혼란으로 유도하였다"라고 비판했다. 이강국은 결론으로 이승만의 행동은 다음 두가지 점을 명백히 한 것이라고 주장했다. "첫째로 이 박사의 무조건 통일론이 초당파적 통일론이 아니라 3천만 총의를 무시한 1당파적 입장의 통일론인 것,… 둘째로 이 박사 자신의 귀국 제1성에서 언급하였던 한 평민, 한 시민으로서의 자격 운운도 임시정부의 한 요인이라는 성명에 의하야 일시적 정치기술상 엄폐수단이었던 것을 명백히 한 것"

---

126) 「아놀드長官의 祝辭」, 『全國人民委員會代表者大會議事錄』, p.4.

이라는 것이었다.[127]

이승만은 전국인민위원회대표자회의의 이틀째 회의가 열린 11월21일 저녁에 서울중앙방송국의 라디오방송을 통하여 「공산당에 대한 나의 관념」이라는 제목으로 연설을 했다. 이승만의 연설은 인민공화국 주석 취임을 거부하는 방송을 한 뒤로 이승만과 독촉중협을 맹렬히 공격하고 있는 공산당 인사들이 독촉중협을 탈퇴하지 않도록 무마하기 위한 고육지계의 내용이었다. 이승만은 먼저 공산당 인사들이 인민공화국을 만든 동기가 사욕이나 불의에서 나온 것이 아닌 줄 믿는다고 다음과 같이 말했다.

"나는 자초로 공산당에 대하야 호감을 가진 사람이다. 그 주의에 대하여도 찬성하므로 일후에 우리 정부에서 경제정책을 세울 적에 공산주의에서 채용할 것이 여러 가지 있다. 농민은 땅이 있고 빈민은 이식이 있게 할 것이다. 나는 공산주의에 얼마만큼의 동정자이다. 시베리아 눈바람에 갖은 풍상을 겪으며 고국을 위하여 혈전고투하는 동포들과 악독한 왜적의 압박하에서 지하공작으로 백전불굴하고 배일항전하던 공산당원들을 나는 공산당원으로 보지 않고 훌륭한 애국자로 인정한다. 왜적이 항복한 뒤에 각국의 승인을 얻기 위하야 인민공화국을 세운 것이 사욕이나 불의의 생각이 아닌 줄로 믿는다. …"

이때에 이승만이 한말, 곧 일후에 우리 정부에서 경제정책을 세울 적에 공산주의에서 채용할 것이 여러 가지 있다고 한 말이 얼마나 진정성이 있는 말이었는가는 뒷날 제헌헌법의 사회주의적인 경제조항들의 제정과정과 관련하여 심도 있게 분석해 볼 만한 가치가 있다. 이승만은 이어 공산주의자들을 두 부분으로 나누어 말할 수 있다면서 다음과 같이 설명했다.

"첫째는 공산주의가 경제방면으로 근로대중에게 복리를 줄 것이니 이

---

127) 위의 책, pp.54~55.

것을 채용하자는 목적으로 주장하는 인사들이다. 이러한 공산주의에 나는 얼마만큼 찬성한다. 둘째는 경제정책의 이해는 어찌되었든지 공산정부를 성립하기만을 위하야 무책임하게 각 방면으로 선동하는 중에서 분쟁이 생겨서 국가에 손해를 끼치는 이들이니, 이러한 자칭 공산주의자가 참으로 염려되는 점이다. 이 사람들이 나라 안에 있어서 국민이 분열되고 골육이 상쟁하는 참화를 양성하니, 나는 이러한 공산분자로 인연하여 근심한다.…"

이승만은 이들이 일본인들의 자금을 지원받아 각 지방에 소요를 일으키고 인심을 이산시켜 미 군정부가 밀려 나가기를 도모하고 있다고 말하고, 이들로 말미암아 "애국하는 공산당원들의 명예가 손상되고," 장차한국과 러시아 사이의 친선을 손상시킬지 모른다고 주장했다.

이승만은 그러한 폐단을 중국과 폴란드의 내전을 들어 설명하고 나서, 그러한 상황을 막을 방법은 우국애족하는 모든 남녀에게 있다면서 다음과 같이 당부했다.

"각각 제 정신을 차려서 이런 선동에 흔들리지 말고 각도 각군에 단체를 조직하야 서로 밀접하게 연결하며 촌촌면면이 심방하며 선전해서 모든 동포로 하여금 그 위험한 내용을 알게 하는 것이 유일한 방책이다.…"

이승만은 다음과 같은 회유적인 말로 연설을 마무리했다.

"많은 동포가 사실을 모르고 그 선동에 빠져서 민국 장래를 위험케하는 것을 일반민중에게 해유(解諭)하며 권면하야 일조에 황연히 각오만 되면 그제는 다시 악수 환영으로 합심합력하야 화평과 안락의 길로함께 나갈 줄 믿는다. 요컨대 이때는 우리가 사정(私情)과 사욕을 버리고국권을 회복하며 강토를 찾는 한 일에 대동단결하여야 될 때이다. 이 일에 대하야는 각 개인이 일일이 책임을 지는 것이다.…"[128]

이처럼 이승만은 세상없어도 공산당을 독촉중협에서 탈퇴하지 않도

128) 《新朝鮮報》 1945년11월23일자, 「共産黨과 나의 見解」; 《서울신문》 1945년11월23일자, 「過激한 思想은 有害」; 《自由新聞》 1945년11월23일자, 「骨肉相爭을 避하라」.

록 해야 한다고 생각했다. 그래야 독촉중협이 좌우익의 모든 정파를 포괄하는 "민의의 대표기관"이 될 수 있을 것이었다. 그러나 이승만의 이러한 주장이 공산주의자들을 얼마나 설득할 수 있었는가는 매우 의심스럽다.

사흘 동안 열린 전국인민위원회대표자대회는 미 군정부가 기대한 것과는 반대로 인민공화국 사수를 위한 결의대회가 되고 말았다. 폭력사태가 벌어지기도 했다. 이 대회와 관련하여 가장 눈길을 끄는 것은 그동안 독촉중협에 열성적으로 협조하면서 박헌영의 재건파공산당과는 별도의 행동을 취해 왔고 그 때문에 이번 대표자대회에서도 비판을 받은 이영, 최익한(崔益翰) 등의 장안파공산당이 대회가 끝난 이튿날인 11월23일에 마침내 해소를 결의하고 해소성명서를 발표한 사실이었다.[129]

---

129) 《新朝鮮報》 1945년11월24일자, 「共産黨統一 長安派云云解消」; 《朝鮮人民報》 1945년11월25일자, 「社說: 共産黨唯一化」; 《解放日報》 1945년11월29일자, 「社說: 反黨派解消에 對하야」.

79장

"내가 왔으므로 정부가 돌아온 것이다"

1.「국내외 동포에게 고함」

1

　조선민족혁명당(이하 민혁당), 신한민주당, 조선민족해방동맹 인사들이 국무위원의 총사직을 고집함에 따라 1945년8월22일에 파행으로 끝난 임시의정원 회의는 귀국할 때까지 끝내 다시 열리지 못했다. 임시정부와 임시의정원의 파행이 계속되자 민혁당은 한국독립당(이하 한독당)에 타협안을 제시했다. 그것은 첫째로 1945년5월의 제38회 임시의정원 회의에서 제기되었던 해외독립운동자대표대회를 소집할 것과 둘째로 한독당이 8석을 차지하고 있는 국무위원 자리를 5석으로 줄여 국무위원회를 개조하자는 것이었다. 임시정부는 1944년4월에 좌우연립정부를 구성할 때에 국무위원 수를 14명으로 정하고 한독당 8명, 민혁당 4명, 조선민족해방동맹과 조선무정부주의자총연맹 각각 1명씩으로 배정했었다. 주석 김구와 부주석 김규식(金奎植)을 제외한 이때의 국무위원 14명은 한독당의 이시영(李始榮), 조성환(曺成煥), 조소앙(趙素昻), 황학수(黃學秀), 조완구(趙琬九), 차리석(車利錫), 박찬익(朴贊翊), 조경한(趙擎韓), 민혁당의 김원봉(金元鳳), 장건상(張建相), 김붕준(金朋濬), 성주식(成周寔), 조선민족해방동맹의 김성숙(金星淑), 조선무정부주의자총연맹의 유림(柳林)이었다.

　그러나 민혁당의 요구는 한독당이 수용하기 어려운 것이었다. 중국은 물론 러시아와 하와이, 미주 등지에 산재한 모든 해외 독립운동단체들이 귀국을 서두르고 있는 상황에서 해외독립운동자대표대회를 소집한다는 것은 현실적으로 불가능한 일이었고, 일본의 항복과 더불어 임시정부의 권력 투쟁은 더욱 치열해져 있었으므로 한독당이 국무위원회의 과반수를 확보하지 않으면 임시정부의 기능이 마비될 위험이 없지 않았다. 게다가 중국 국민정부의 한국 독립운동자들에 대한 지원은 김구와 한독당이

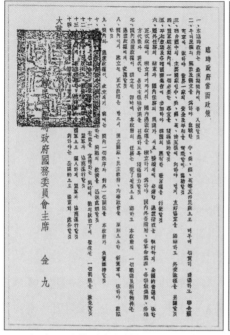

김구가 1945년9월3일에 발표한 「국내외 동포에게 고함」.

주축인 임시정부를 통하여 시행되고 있는 지 오래였다. 민혁당은 한독당이 자신들의 요구를 거부하자 8월23일에 국무위원회 탈퇴를 선언했고, 조선민족해방동맹도 민혁당에 동조했다.[1] 그러나 이들의 탈퇴문제는 곧 없었던 일이 되었다.

김구는 귀국준비를 서둘렀다. 8월28일에 한독당의 임시전당대표대회를 열어 「당헌」과 「당강」과 「당책」을 개정한 데 이어, 미주리(Missouri) 호 함상에서 일본의 항복조인식이 있은 이튿날인 9월3일에 김구는 임시정부 국무위원회 주석 명의로 「국내외 동포에게 고함」이라는 성명서와 함께 14개항의 「임시정부 당면정책」을 발표했다. 그것은 8·15해방 이후에 처음으로 국내외 동포에게 임시정부의 정세인식과 앞으로의 행동방침을

1) 「照抄韓情近報」, 「韓國臨時政府各黨派最近活動暨光復軍動態情形」, 白凡金九先生全集編纂委員會 編, 『白凡金九全集(5)』, 대한매일신보사, 1999, p.673, pp.680~683.

천명한 것이었다.

성명서는 먼저 조국의 해방이 "허다한 우리 선열의 보귀한 열혈의 대가와 중국, 미국, 소련, 영국 등 동맹군의 영용한 전공"에 힘입은 것이라면서 감사의 뜻을 표시하고, 우리가 처한 현 계단은 「건국강령」에 명시한 바와 같이 "건국의 시기로 들어가려 하는 과도적 계단"이라고 언명했다. 그러나 그것은 "복국(復國)의 임무를 아직 완전히 끝내지 못하고", "건국의 초기가 개시되려는" 매우 번다하고 복잡한 시기라고 규정했다. 「임시정부 당면정책」 14개항은 귀국한 뒤의 임시정부의 역할에 대한 포부와 귀국 이전에 실행해야 할 중요한 과제들을 열거한 것이었다. 이 「당면정책」 14개항을 발표하면서 김구가 "이것으로써 (임시정부의) 전진노선의 지침을 삼고자" 할 뿐만 아니라 "이것으로써 동포제위의 당면노선의 지침까지 삼으려" 한다고 선언한 것을 보면, 그것은 임시정부 인사들이 고심하여 작성한 문서임을 알 수 있다. 주요 항목은 다음과 같았다.

(1) 본 임시정부는 최단기간 내에 곧 입국할 것.

(3) 연합국 중의 주요국가인 중국, 미국, 소련, 영국, 프랑스 5강과 먼저 우호협정을 체결하고 외교통로를 개설할 것.

(5) 평화회의 및 각종 국제회의에 참가하여 발언권을 행사할 것.

(6) 국외임무의 결속과 국내임무의 전개가 서로 접속됨에 필수적인 과도조치를 집행하되, 전국적 보통선거에 의한 정식정권이 수립되기까지의 국내 과도정권을 수립하기 위하여 국내외 각 계층, 각 혁명당파, 각 종교단체, 각 지방대표와 저명한 각 민주영수회의를 소집하도록 적극 노력할 것.

(7) 국내 과도정권이 수립된 즉시 본 정부의 임무는 완료된 것으로 인정하고 본 정부의 일체의 직능 및 소유물은 과도정권에 인계할 것.

(8) 국내에서 건립된 정식정권은 반드시 독립국가, 민주정부, 균등사회를 원칙으로 한 신헌장에 의하여 조직할 것.

(9) 국내의 과도정권이 성립되기 전에는 국내 일체 질서와 대외 일체

관계를 본 정부가 책임지고 유지할 것.

(10) 교포의 안전 및 귀국과 국내외에 거주하는 동포의 구제를 신속 처리할 것.

(13) 적군의 강압으로 출전한 한적(韓籍) 군인을 국군으로 편입하되, 동맹군과 협의하여 진행할 것.

(14) 독립운동을 방해한 자와 매국적에 대하여는 공개적으로 엄중히 처분할 것.[2]

이「당면정책」은 기본적으로 1941년11월에 발표한「건국강령」의 이념을 그대로 요약한 것이었다.[3] 다만 (6)항에서 전국적 보통선거에 의한 정식정부 수립 이전에 각계각층의 대표자회의를 소집하여 과도정권을 수립한다는 주장은 임시정부가 곧 정식정부 수립의 주체로 자임했던「건국강령」의 입장에서는 다소 후퇴한 듯한 인상을 주지만 그것은 이미 제38회 임시의정원회에서 논란되었던 해외독립운동자대표대회를 귀국한 뒤에 국내인사들까지 확대하여 소집한다는 뜻이었다. 국내 과도정권이 수립되는 즉시로 임시정부의 일체 직능과 소유물을 과도정권에 인계하겠다는 (7)항도 한독당 중심의 임시정부가 사실상 과도정권의 주축이 되어야 한다는 자긍심에서 나온 것이었다. (8)항에서 국내에서 수립될 정식정권도 반드시 "독립국가, 민주정부, 균등사회를 원칙으로 한 신헌장"에 의하여 조직되어야 한다고 하여 국민의 보통선거로 구성될 국회에서 제정해야 할 헌법까지「건국강령」의 이념을 계승해야 한다고 주장한 것이 그것을 입증해 준다. 그만큼 김구와 한독당 인사들은 국내의 정국전개에 대하여 낙관적인 전망을 하고 있었다.「당면정책」으로 표명된 임시정부의 이러한 정권창출 방안은, 김구를 비롯한 임시정부 인사들의 귀국도 이

---

2)「國內外同胞에게 告함」,『대한민국임시정부자료집(8) 정부수반』, 2006, pp.316~317.

3)「建國綱領」에 대해서는 韓詩俊,「大韓民國臨時政府의 光復後民族國家建設論: 大韓民國建國綱領을 중심으로」,《한국독립운동사연구》제3집, 독립기념관 한국독립운동사연구소, 1989 참조.

승만의 경우와 마찬가지로 "개인 자격"이었음에도 불구하고, 1946년 초까지 그들의 행동준거가 되었다.

김구의 이 「국내외 동포에게 고함」은 10월 말에 하지의 특사로 상해에 다녀온 오광선(吳光鮮)에 의하여 국내에 전달되었고,[4] 국내 신문에 임시정부 요인들의 귀국 관계 기사가 연일 폭주하는 속에서 그 전문이 크게 보도됨으로써[5] 일반국민들로 하여금 임시정부의 권위를 더욱 실감하게 했다.

임시정부가 당면한 가장 시급한 과제는 「당면정책」 제10항, 곧 각지에 흩어져 있는 동포들의 안전과 귀국문제였다. 그 가운데서도 임시정부를 따라 중경까지 와서 갖은 고생살이를 하면서 대한민국 국민의 이런저런 의무를 다해 온 중경동포들을 우선 상해까지라도 옮겨 놓아야 했다. 중경에는 임시정부 직원 가족 등 동포 550여명이 살고 있었다. 양자강(揚子江)의 기선운행이 재개된다는 소식을 들은 김구는 9월12일에 오철성(吳鐵城) 비서장과 군사위원회 주임 하국광(賀國光)에게 동포들에게 귀국여비를 지급해 주고 선박관리처에 기선의 좌석 550인분을 발급하도록 주선해 줄 것을 요청하는 편지를 썼다. 김구는 두 사람에게 보낸 이날의 편지에서 또 장개석(蔣介石)과의 면담을 주선해 줄 것을 요청했다.[6]

2

김구는 상해 교민대표로 9월10일에 중경을 방문한 구익균(具益均)과

---

4) 이승억, 「임시정부의 귀국과 대미군정관계(1945.8.~1946.2.)」, 《역사와 현실》 제24호, 역사비평사, 1997, p.100.

5) 《自由新聞》 1945년11월8일자, 「臨時政府金九主席聲明」; 《每日新報》 1945년11월9일자, 「金九臨時政府主席聲明發表」; 《新朝鮮報》 1945년11월11일자, 「金九主席 內外에 聲明」.

6) 「金九가 吳鐵城에게 보낸 1945년9월12일자 편지」, 『대한민국임시정부자료집(22) 대중국외교활동』, 2008, p.274; 「金九가 賀國光에게 보낸 1945년9월12일자 편지」, 『韓國獨立運動史資料(27) 臨政篇 XII 』, 國史編纂委員會, 1994, p.39.

박용철(朴容喆)로부터 상해의 상황을 자세히 들었다.[7] 이들은 임시정부에 대한 지지를 표명하면서 임시정부가 빨리 상해로 나와서 교민들을 도와주기를 요청했다. 임시정부의 발상지인 상해의 소식은 기가 찼다. 중국인들이 일본인보다도 한국인을 더 좋지 않게 생각하여 동포들의 피해가 속출하고 있다는 것이었다. 그러한 현상은 상해에서만 일어나고 있지 않았다. 중일전쟁 이후에 중국에 진출한 한국인들은 거의가 일본군 군인 및 군속이거나 일본군과 관련된 사업으로 이득을 취하던 사람들이었다. 개중에는 아편밀매꾼들도 적지 않았다.[8] 그 때문에 중국인들은 한국인들을 일본의 앞잡이로 인식하고 있었는데, 일본이 패망하자 많은 한국인들이 이른바 한간[韓奸: 한국인 간첩]으로 몰려 포로취급을 당하기도 하고 재산을 몰수당하기도 했다. 그리하여 임시정부는 중국 관내 각 지역에 대표를 파견하여 교민회 또는 한인회의 조직을 주선하고 현지 중국 관공서와 교섭하여 동포 보호에 나섰다.[9] 상해에는 선전부장 엄항섭(嚴恒燮)을 안우생(安偶生), 선우진(鮮于鎭) 두 수행원과 함께 파견했다.[10] 1945년 10월 현재 중국 관내에는 상해지역에 5,600명, 북경지역에 3만5,000명, 천진(天津)지역에 1만5,000명, 태원(太原)지역에 1만5,000명, 제남(濟南)지역에 4,000명, 서주(徐州)지역에 3,000명의 한국 교포들이 거류하고 있었다.[11]

교포문제와 함께 「당면정책」(13)항에서 언명한 일본군 안에 있는 한적병사문제도 임시정부가 해결해야 할 큰 과제였다. 당(黨), 군(軍), 정(政)이라는 국민정부의 권력구조 아래서 활동해 온 임시정부 인사들이 광복군의 육성에 특별한 열성을 가졌던 것도 대일전쟁을 위한 무력 양성이라는 의미에 더하여 군대가 권력장악의 직접적인 힘이라는 사실을 절

---

7) 「照抄韓僑情近報」, 『白凡金九全集(5)』, p.673; 선우진 지음, 최기영 엮음, 『백범 선생과 함께한 나날들』, pp.37~38.
8) 孫科志, 『上海韓人社會史 1910-1945』, 한울, 2001, p.135.
9) 김정인, 「임정주화대표단의 조직과 활동」, 《역사와 현실》 제24호, 역사비평사, 1997, pp.133~134.
10) 선우진 지음, 최기영 엮음, 앞의 책, p.38.
11) 秋憲樹 編, 『資料 韓國獨立運動(1)』, 延世大學校出版部, 1971, pp.489~490.

감하고 있었기 때문이다. 전쟁이 끝나고 중국정부에 항복한 일본군의 총 병력은 128만3,200명이었는데, 그 안에는 한적 장병이 2만8,000명가량 있었다.[12] 임시정부는 이들을 중국정부의 협조를 얻어 광복군으로 편입하고자 한 것이다.

국민정부와의 귀국교섭에 부심하던 김구에게 《대공보(大公報)》의 특파원이 전한 송진우(宋鎭禹)의 편지는 큰 용기를 불러일으켰던 것 같다. 9월7일에 국민대회준비회결성대회를 마친 송진우는 한국을 취재하러 온 기자에게 부탁하여 국내 사정을 "정확 치밀하게" 적은 편지를 김구에게 보냈다.[13] 잇달아 9월14일자로 조병옥(趙炳玉)과 원세훈(元世勳)이 미군을 통하여 김구, 김규식, 신익희(申翼熙) 앞으로 보낸 편지는 "여운형(呂運亨) 등이 인민공화국을 수립하여 국민을 기만하고 있고", 자신들은 국민대표대회를 계획하고 있다고 하면서 "그러나 지금의 상황은 심각합니다. 그러므로 임시정부는 조속히 귀국하여 국민의 여망에 부응하시기 바랍니다"라고 임시정부가 빨리 귀국할 것을 촉구했다.[14]

이러한 국내인사들의 편지에 고무된 김구는 우선 국내 상황을 정확하게 파악하기 위하여 대표 몇 사람을 입국시키기로 하고, 9월18일에 장개석에게 다시 편지를 썼다. 먼저 "국내의 명망 있는 지사들이 국민대회를 조직하고 임시정부가 우선하여 귀국할 것을 독촉하고 있다"고 말하고, 조소앙(대표), 엄항섭, 김영갑(金英甲)을 귀국시켜 연락을 취하게 하고 나머지 중요직임자 19명을 한꺼번에 또는 두차례에 나누어 입국시켜 국내외와 연계하겠다고 했다. 그리고 임시정부의 마치지 못한 사무나 교민들의 수송과 귀국문제를 처리하기 위하여 박찬익(대표)과 민필호(閔弼鎬)를 중경에 주재시키겠다면서 지원을 부탁했다. 그리고는 8월24일

---

12) 염인호, 「해방후 韓國獨立黨의 中國關內地方에서의 光復軍擴軍運動」, 《역사문제연구》 창간호, 역사문제연구소, 1996, p.274.

13) 趙擎韓, 『白岡回顧錄 國外篇』, 韓國宗敎協議會, 1979, p.367.

14) Bruce Comings, *The Origins of the Korean War*, vol. I., *Liberation and Emergence of Separate Regimes 1945~1947*, Princeton University Press, 1981, p.449.

의 비망록에서 요청한 5,000만원(元) 차관문제는 사용할 곳이 많아 간절히 기다리고 있다면서, 속히 조처해 줄 것을 요청했다. 김구는 이 편지에도 「임시정부가 입국한 뒤에 진행할 정책」이라면서 「임시정부 당면정책」의 (6)항에서 (9)항까지를 그대로 첨부했다.[15]

이 무렵의 임시정부 청사의 정황은 9월22일에 김구가 오철성 비서장에게 보낸 편지로 짐작할 수 있다. 9월21일 저녁에 곤명(昆明)의 중국군 후방근무부대 대원의 인솔로 한국여자 22명과 남자아이 1명이 중경에 도착하여 임시정부를 찾아왔다. 이튿날에는 아침부터 남온천(南溫泉) 수용소에 수용되어 있는 한국청년 12명이 석방된다는 연락이 와서 사람을 보냈다. 김구는 이들을 치다꺼리하기 위해 500만원을 지원해 달라는 간곡한 편지를 오철성에게 또 써야 했다.[16]

그런데 전쟁이 끝난 직후에 김구가 이승만에게 보여준 태도는 특기할 만하다. 김구는 임시정부 판공처장 민필호를 불러 일본이 투항하였지만 중경임시정부는 언제 귀국할 수 있을지 알 수 없으니까 미국에 있는 이승만에게 "임시정부 영수 자격으로 미군을 따라 먼저 입국하면 나는 이곳에서 임시의정원을 소집하여 주석위(主席位)를 사직하는 한편 당신을 임시대통령으로 추선(推選)하여 본국으로 통보하겠소이다"라는 내용의 전보를 치도록 지시했다. 민필호는 바로 전보국으로 가서 타전했으나 이승만은 이미 미국을 떠나서 귀국 도중에 있다고 했다. 민필호는 "이 일로 나는 김 주석의 깊은 뜻에 다시 한번 깊은 감명을 받았다"라고 적어 놓았다.[17] 여러 가지를 상정해 보게 하는 증언이다.

---

15) 「金九가 蔣介石에게 보낸 1945년9월18일자 편지」, 『대한민국임시정부자료집(22) 대중국외교활동』, pp.273~274.
16) 「金九가 吳鐵城에게 보낸 1945년9월22일자 편지」, 위의 책, p.274.
17) 閔弼鎬, 「大韓民國臨時政府와 나」, 金俊燁 編, 『石麟閔弼鎬傳』, 나남출판, 1995, p.118.

2. 중국법화 1억원과 미화 20만달러 지원

1

　김구가 사흘이 멀다 하고 국민정부 관계자들에게 편지를 쓰고 조소앙이 부지런히 중국외교부와 미국대사관을 찾아다녀도 임시정부 요인들의 귀국교섭은 좀처럼 진척되지 않았다. 임시정부의 활동비를 정기적으로 지원하는 등으로 사실상 승인하다시피 하며 지지해 온 국민정부도 제2차 세계대전 후반기부터 국제적 위상이 약화됨으로써 미국에 대해 한국처리문제를 강력하게 주장할 수 없었다. 임시정부 요인들의 귀국문제도 마찬가지였다.

　국민정부의 임시정부에 대한 지지와 성원은 물론 한국의 독립이 중국의 전략적 위치상 중요하다는 판단에 근거한 것이었다. 그러한 보기로 국민정부가 1945년 초에 작성한 것으로 보이는 「한국독립계획강요초안(韓國獨立計劃綱要草案)」이라는 정책문서를 들 수 있다. 이 정책문서는 미국, 소련, 영국이 한국을 일정한 기간의 신탁통치를 거쳐 독립시키면서 한국의 전략상의 중요성을 감안하여 육·해·공군기지를 요구할 때에는 중국도 같은 권리를 요구해야 하며, 나아가 중국의 지리적 관계의 특수성에 비추어 함경북도 회령(會寧)에서 웅기(雄基), 나진(羅津), 청진(淸津)에 이르는 철도경영권을 요구할 수 있다고 기술하고 있어서 눈길을 끈다.[18] 그러한 판단에서 국민정부는 임시정부가 독립한국정부의 중심세력이 되기를 바랐던 것이다.

　국민정부는 제2차 세계대전이 끝난 뒤에 업무보고를 위하여 귀국하는 주중 미국대사 헐리(Petric J. Hurley)에게 한국문제와 관련하여 다음 세가지의 요망사항을 전했다. 첫째는 한국의 국가건설에 대한 미국의 태

---

18) 「韓國獨立計劃綱要草案」, 國家報勳處, 『大韓民國臨時政府와 韓國光復軍: 海外의 韓國獨立運動史料(ⅩⅧ) 臺灣篇①』, 國家報勳處, 1996, p.94.

도가 어떤 것인지를 밝히고, 둘째로 미국은 신속히 항공기를 파견하여 중국에 있는 한국독립운동 영수들을 그들의 고국으로 보내기를 희망하며, 셋째로 남한의 미 군정부 하지(John R. Hodge) 장군은 중국에 있는 한국임시정부 인사들에게 그 군정부의 행정 직무를 맡기도록 최대한 힘 쓸 것을 희망한다는 것이었다. 국민정부의 이러한 요구는 임시정부로 하여금 귀국하여 과도정권이 되게 하는 것은 불가능한 일임을 알고 있었고 국민정부 자신이 어떤 적극적인 행동을 취할 수도 없었으므로 "미국의 정책에 배합하는 방식 아래" 한국임시정부 인사들에게 미래의 진로를 찾게 하겠다는 것이었다.[19] 그러면서 군사위원회 시종실의 비서 겸 외교부 정보사(情報司)의 사장 등으로 한국문제를 담당해 온 소육린(邵毓麟)을 중장계급의 중국군사위원장 대표로 서울에 주재시키기로 했다.[20] 소육린은 1944년3월에 김구의 고문으로 위촉되어 각 정파의 의견조정 등 임시정부의 내부문제에도 깊이 관여해 온 인물이었다.[21]

장개석 총통은 9월15일에 주미대사 위도명(魏道明)에게 국민정부의 대한정책을 설명하면서 미국정부의 궁극적인 대한정책이 어떤 것인지를 트루먼 대통령이 명시할 것을 요청하라고 훈령했다. 루스벨트 대통령의 대한정책은 4개국이 공동으로 한국인들의 훈정정부(訓政政府) 조직을 원조하고 그런 연후에 완전 독립국이 되게 한다는 것이었는데, 그럴 경우 중경에 있는 임시정부를 기반으로 하여 확충시키는 것이 타당하며, 그렇지 않고 별도의 신정부를 수립하는 경우에는 반드시 공산당을 배제해야 된다는 점을 미국정부와 속히 협상하라고 지시한 것이었다.[22]

위도명은 9월25일에 애치슨(Dean Acheson) 국무장관 대리를 만났다. 이 자리에는 빈센트(John C. Vincent) 극동국장이 배석했다. 트루먼

19) 胡春惠 著, 辛勝夏 譯, 『中國안의 韓國獨立運動』, 檀國大學校出版部, 1978, pp.290~291.
20) 「蔣介石이 吳鐵城에게 보낸 1945년12월5일자 전보」, 『대한민국임시정부자료집(25) 중국의 인식』, 2008, pp.138~139.
21) 邵毓麟, 「중국에서의 한국독립운동」, 위의 책, p.219.
22) 『大韓民國臨時政府와 韓國光復軍』, p.155.

대통령의 대한정책이 루스벨트 대통령의 정책과 달라진 것이 있느냐는 위도명의 질문에 애치슨은 한국에 관한 미국의 정책에는 아무런 변화도 없다고 말했다. 애치슨은 위도명에게 4개국 신탁통치협정에 대한 미국 정부의 구상을 설명하고, 가까운 시일 안에 협정체결을 위한 협상을 개시할 수 있게 되기 바란다고 덧붙였다. 임시정부가 궁극적인 한국정부의 기반이 될 수 있을 것이라는 위도명의 주장에 대해 애치슨은 미국은 중경에 있는 한국인들의 귀국교통편을 제공할 것을 계획하고 있고, 귀국하면 그들은 개인 자격으로 한국의 행정부 구성을 지원할 수 있을 것이라고 말했다. 그러면서 그는 한국정부의 최종적인 구성은 신탁통치협정에 참가하는 4대국 사이에서 논의될 문제라고 말했다. 애치슨은 미국은 되도록 빨리 현재의 북위38도선에 의한 미소의 분할점령을 전 한국에 걸친 단일행정으로 대체하게 되기를 열망하고 있고, 되도록 빠른 시일 안에 신탁통치 아래서 단일의 민간정부가 군정을 대신하게 되기를 희망한다고 덧붙였다.[23]

임시정부의 귀국문제에 관한 국민정부의 대미교섭은 중경에서도 진행되었다. 중국국민당 선전부장 오국정(吳國楨)은 9월25일에 주중 미국대사관을 방문했다. 오국정은 미국대리대사 로버트슨(Walter Robertson)에게 소련이 한국의 소련군 점령지역에 공산주의 정부그룹을 조직 또는 지원하고 있는 것으로 보도되고 있다면서 "이 사실에 비추어 총통은 중경의 대한민국임시정부 인사들을 가능한 대로 정부의 행정직에 임명하여 귀국시키도록 제안할 것을 고려하고 있다"고 말했다. 그는 또 "만일 미국이 한국임시정부를 승인한다면 중국정부도 기꺼이 따를 것"이라고 말했다.[24]

임시정부 요인들의 귀국문제에 대한 미국정부의 방침은 9월21일에

---

23) "Memorandum by Vincent, Sept. 26, 1945", *FRUS 1945*, vol.Ⅵ., p.1058.
24) Robertson to Byrnes, Sept. 25, 1945, *FRUS 1945*, vol.Ⅵ., p.1057.

주중 미국대사에게 통달되었다. 그것은 현지 미군사령부와 협의를 거치고 그들이 거부하지 않는다면 국무부는 반대하지 않겠다는 것이었다. 국무부는 그러면서 주중 미군당국은 (1) 한국인들이 어떤 '임시정부'의 관리로서가 아니라 개인 자격으로 가고, (2) 모든 한국인 그룹에게 동등한 자격과 편의가 제공되며, (3) 군당국의 중요한 작전에 방해를 받지 않고 교통편을 제공할 수 있을 경우에만 이들 한국인들의 교통편의를 제공해야 한다고 못 박았다.[25] 이에 대해 중국주둔 미군사령부는 국무부가 한국인들의 귀국을 제의하거나 후원한다면 가능한 대로 그 목적을 위해 기꺼이 항공편을 마련하겠지만, 단지 반대하지 않는다는 국무부의 성명만으로는 불충분하다고 반발했다. 왜냐하면 그것은 정치적 결정의 책임을 군에 전가시키는 것이 되기 때문이라는 것이었다.[26] 그리하여 국무부는 9월27일에 "한국 내의 혼란스러운 상황을 감안하여 건설적인 능력을 가졌고 군정부의 틀 안에서 활동하고자 하는 인사들의 입국은 장려되어야 하고, 자리가 있다면 육군 통제하의 항공편을 제공해도 좋을 것"이라고 주중 미국대사관에 통보했다. 그리고 입국희망자들에 대한 입국 허가는 맥아더(Douglas MacArthur) 사령부의 육군채널을 이용하고 있는 한국 현지 사령관에 의해 이루어져야 한다고 말했다.[27] 이렇게 하여 임시정부 요인들의 귀국문제는 하지 사령관의 소관사항으로 확정되었다. 미군이 한국에 주둔하면서 한국은 중국전구에서 태평양전구로 바뀌었기 때문이다. 그리하여 국민정부 외교부장 왕세걸(王世杰)은 10월28일에 한국임시정부 인사들의 신속한 귀국을 허락해 줄 것을 요망하는 편지를 주중 미국대사관을 통하여 맥아더 사령관에게 보냈다.[28]

---

25) Acheson to Hurley, Sept. 21, 1945, *FRUS 1945*, vol. Ⅵ., p.1054.
26) Robertson to Byrnes, Sept. 25, 1945, *FRUS 1945*, vol. Ⅵ., p.1057.
27) Acheson to Robertson, Sept. 27, 1945, *FRUS 1945*, vol. Ⅵ., p.1060.
28) 胡春惠 著, 辛勝夏 譯, 앞의 책, p.292.

한국처리문제는 국민정부 내부에서도 심각한 검토가 진행되었다. 9월25일에는 국민당 중앙위원회가 소집한 한국, 베트남, 타이 문제 좌담회가 열렸고, 9월26일에는 군사위원회가 소집한 한국문제 토론회 및 베트남당파 지도문제 회의가 열렸다. 9월26일 회의의 목적은 "한국에 친중국적인 정권이 들어설 수 있도록 지원하고, 어떤 방법으로 한국광복군이 한국국방군의 모태로 성장할 수 있도록 도울 수 있을지"를 검토하기 위한 것이었다.[29] 회의에 제출하기 위하여 군사위원회가 준비한 「한국문제계획대강」이라는 정책문서는 국민정부의 한결 구체적인 대한정책을 제의하고 있어서 눈길을 끈다. 「계획대강」의 중요항목은 다음과 같은 것이었다.

(2) 한국의 국방군 건립을 지원하고 이들이 신속하게 한국 국내로 진입할 수 있도록 협조한다(현재의 한국광복군을 기본 병력으로 삼고 일본군에서 복무하다 항복한 한적사병을 위주로 편성한다).

(3) 고문단(혹은 군사, 정치, 경제 등 방면의 전문가를 포함한 군사대표단)을 조직하여 한국에 파견한다. 이에 앞서 군사위원회에서 특파원을 서울에 파견하여 공작거점을 확보한다.

(4) 한국과 조차법안(租借法案)을 성립하고, 반조차법안(反租借法案)의 실시를 요구한다.

(5) 한국이 정기적으로 군·정 간부를 육성할 수 있도록 중국의 중요군·정 교육기관에 한인학생의 특별입학을 허용한다.

(6) 한국이 건군 간부를 육성할 수 있도록 북경, 천진 일대 혹은 한국 내지에 군관학교를 설립하는 데 협조한다.

조차법안과 반조차법안은 국민정부의 한국원조에 대한 조건으로 상

---

29) 「軍事委員會가 行政院에 보낸 1945년9월 편지」, 「한국문제토론회 참가 경과보고」, 『대한민국임시정부자료집(25) 중국의 인식』, pp.137~138, pp.128~129.

정한 것이었다. 그것은 지나치게 성급한 논의였다.

김구와 장개석의 면담은 9월26일에 이루어졌다. 이날 장개석은 김구와 단독으로 만나기에 앞서 오전 8시에 김구를 비롯하여 부주석 김규식, 외교부장 조소앙, 군무부장 김원봉, 의정원 의장 홍진(洪震), 독립군총사령 이청천(李靑天) 6명을 군사위원회로 초치했다. 회담내용은 알려진 것이 없으나, 장개석은 이들에게 무엇보다도 단합과 행동통일을 강조했을 것이다.

김구는 이날 오후 4시에 장개석을 관저로 방문했다. 김구는 박찬익을 통역으로 대동했고, 장개석은 중국국민당 비서장 오철성을 배석시켰다. 1944년9월5일에 만난 뒤로 1년 만의 만남이었다. 전쟁이 종결되고도 두 사람의 면담이 이렇게 늦어진 것은 한국처리문제를 두고 미국과 국민정부의 정책조정이 원만히 이루어지지 않고 있었기 때문이다.[30]

비록 귀국문제로 노심초사하고 있기는 했지만, 1년 전에 처절한 상황에서 장개석을 만났을 때에 비하면 김구는 한결 마음에 여유가 있었다.

김구는 면담에 앞서 비망록 형식의 정중한 문서를 작성하여 장개석에게 제출했다.

(1) 국내민중은 갑자기 닥친 해방으로 영도기관이 없어서 당파가 난립하고 질서가 혼란하다. 더구나 북한지역에서는 소련의 지원을 받는 세력이 인민위원회를 조직한 까닭에 국내외 다수 민중은 임시정부가 속히 귀국하여 통일을 주관해 주기를 갈망하고 있다. 이에 미국의 동의를 얻어 중경에 있는 우리 동인들을 "형식과 명의"에 구애되지 않고 항공편으로 귀국하게 해주기 바란다. 중경에서 직접 귀국하는 방편이 없다면 먼저 항공편으로 상해까지 보내 주기 바란다. 그곳에서 다시 선편으로 귀국하겠다(독립당 인원들이 우선적으로 귀국).

(2) 한국임시정부는 아직까지 국제적으로 승인을 얻지 못했지만, 중

---

30) 閔弼鎬, 「大韓民國臨時政府와 나」, 金俊燁 編, 앞의 책, p.119.

국은 오랫동안 사실상의 정부로 우대해 주었다. 미국정부와 상의하여 한국임시정부를 최소한 비정식의 혁명적 과도정권으로 인정하여 귀국하게 해주기 바란다. 그러면 동맹국의 협조 아래 각 방면 대표를 소집하여 과도정권을 확대 조직하여 민선의 정식 민주정부가 수립될 때까지 외교적 활동상 도움이 되겠다.

(3) 중국에 있는 한교(韓僑)는 약 400만명이고, 그 가운데 동북지역[만주]에만도 300만에 이른다. 한교 가운데는 조국의 독립을 위해, 한중 우호증진을 위해 힘쓴 자가 대부분이지만 일본의 앞잡이 노릇을 한 무리도 없지 않을 것이다. 수복지구 군정장관에게 명하여 한인 친일파의 수괴들은 엄벌로 다스리되, 압박에 의하여 어쩔 수 없이 적에게 협조한 한교들은 될 수 있는 대로 선처해 주기 바란다. 한교처리 과정에서 가장 곤란한 것은 동북각성에 산재한 한인 이색분자문제이다. 이들은 동북의 재건과 한국의 부흥을 위한 새로운 조치를 저해할 수 있다. 이에 대응하기 위하여 특별기구를 설치하여 중국국민당과 한국독립당의 유능한 인재들로 하여금 상호협력하여 후환을 미연에 방지하도록 해야 한다.

(4) 중국국민당과 한국독립당은 영구히 합작할 필요가 있다. 양국이 부흥의 새로운 기회를 맞은 지금 양당은 서로 협약을 체결하여 대표를 파견하고 상호 연락하며 우의를 돈독히 해야 한다.

(5) 적군 안의 한적사병들을 무장해제한 뒤에 한국광복군에 인계해 주기 바란다. 이들을 편제하여 훈련시켜 건국시기의 기간부대로 육성하겠다.

(6) 중경에 거주하는 한국교민은 수백명에 이른다. 교통당국으로 하여금 속히 선박편을 마련해 주어 귀국할 수 있게 해주기 바란다.

(7) 내외정세가 긴박하게 돌아가는데도 임시정부는 경제사정으로 말미암아 필요한 일체의 활동을 진행하지 못하고 있다. 이에 충당할 경

비로 중국화폐 3억원(元)을 차관해 주기 바란다.[31]

김구가 (3)항에서 말한 "동북각성에 산재한 한인 이색분자"란 한인 공산당을 지칭한 말이었다. 그리고 김구의 이러한 요구는 한국의 장래에 대한 국민정부의 구상과 계획을 웬만큼 감안한 것이기도 했다.

장개석을 만난 김구는 위의 일곱가지 가운데 구두로 다섯가지를 요청했다. 그는 먼저 미국과 교섭하여 한국임시정부 인원이 항공편으로 속히 귀국하게 해달라고 부탁했다. 이에 대해 장개석은 이미 주관기관에 지시하여 미국과 교섭을 진행하고 있다고 대답했다.

다음으로 김구는 「임시정부 당면정책」에서 밝힌 귀국 후의 과도정부 조직문제를 거론했다.

"우리 인원들이 한국임시정부 명의로 귀국할 수 없는 사정을 잘 압니다. 그렇지만 중국이 미국과 협의하여 우리가 귀국한 뒤에 각 당파합작으로 임시정부를 건립하고 임시정부의 관리 아래 전국적인 선거를 실시하여 정식정부를 성립시키게 해주시기 바랍니다."

이에 대해 장개석은 앞으로 영미와 협상해 보아야 할 문제라고 신중하게 대답했다.

세번째로 김구는 한국독립당과 중국국민당이 협력을 보장하는 비밀협약을 체결할 것을 제의했다. 그러나 그것은 장개석이 선뜻 수용할 수 있는 사항이 아니었다. 장개석은 "앞으로도 당연히 한국독립당을 계속 원조할 것이지만 굳이 형식은 필요 없을 것입니다"라는 말로 완곡히 거절했다.

네번째는 차관문제였다.

"목전의 긴급한 수요에 충당할 수 있도록 차관을 제공해 주시면 장래에 상환하도록 하겠습니다."

김구는 8월24일에 제출한 비망록에서도 중국화폐 3억원(元)의 차관

---

31) 「金九가 蔣介石에게 보낸 1945년12월5일자 비망록」, 『대한민국임시정부자료집(22) 대중국외교활동』, pp.276~278.

을 요구해 놓고 있었다. 장개석은 차관문제에 대해서는 고려해 보겠다고 긍정적으로 대답했다.

마지막으로 김구는 각 수복지구 민정장관에게 명령하여 한교 가운데 불법분자는 엄하게 다스리되 선량한 사람들은 보호받을 수 있도록 조치해 주기 바란다고 말했다. 이에 대해 장개석은 요청대로 시행하도록 하겠다고 응낙했다.[32] 그러면서 장개석은 김구 일행이 귀국할 때에 저명인사 한 사람을 동행시키겠다고 말했다. 소육린을 파견할 계획이 있음을 내비친 것이었다. 면담을 마치면서 장개석은 김구에게 떠나기 전에 한번 더 만나자고 말했다.[33]

3

하지 장군이 임시정부의 활용방안을 검토하면서 참고한 정보문서는 미전략첩보국(Office of Strategic Services: OSS)의 윔스(Clarence N. Weems)가 작성한 두 보고서였던 것으로 짐작된다. 선교사의 아들로 한국에서 태어났고 한국말을 잘 하는 윔스는 OSS의 샌프란시스코지부에서 근무하다가 1943년부터는 중국으로 가서 곤명과 중경에서 활동하면서 임시정부 인사들과도 긴밀히 접촉했고, OSS와 한국광복군이 협동하여 훈련할 때에는 광복군 제3지대의 훈련책임자였다. 태평양전쟁이 끝난 뒤에 샌프란시스코로 돌아간 윔스는 9월28일에 OSS 워싱턴본부에 임시정부와 광복군을 활용할 것을 권고하는 두편의 보고서를 제출했다. 하나는 「한국과 임시정부」라는 제목의 보고서였고, 다른 하나는 「한국에 대한 미국의 목표에 비추어 본 광복군의 중요성」이라는 보고서였다. 하지가 이 두 보고서를 언제 입수했는지는 분명하지 않다. 이 두 보고서를

---

32) 「蔣介石과 金九의 면담기록」(1945.9.26.), 위의 책, pp.279~280.
33) 위와 같음.

제출한 뒤에 미육군 당국은 웜스에게 몇달 동안 육군부 민정학교의 강의를 맡겼다. 웜스는 1946년에 한국에 와서 미소공동위원회 대표단의 한 사람으로 활동했다.[34]

웜스는 「한국과 임시정부」라는 보고서에서 왜 임시정부가 귀국해야 하는지, 이들의 귀국으로 미 군정부가 얻는 이익이 무엇인지를 구체적으로 설명했다. 웜스는 임시정부가 한국정치에 기여할 수 있는 가장 큰 장점은 임시정부의 명망성 그 자체라고 말하고, "임시정부는 한국독립운동의 신적 존재이다"라고 기술했다. 그는 임시정부 요인들이 대부분 공산주의에 반대하며 임시정부는 한국인들의 자유를 향한 투쟁의 상징이라고 설명했다. 웜스는 또 임시정부의 간부들이 국가를 경영할 능력은 없으나, 한국이 자치정부를 수립하기 위해서는 임시정부의 지도력이 필요하기 때문에 한국의 많은 우익지도자들은 미 군정부에 임시정부의 귀국을 요청하게 되었다고 썼다. 그는 임시정부 안에 여러 정치세력이 있고, 이들은 서로 반목하고 있지만 "명예롭게 귀국하게 되고, 임시정부 요원들이 무엇이든 중요한 일을 맡게 된다면 반목은 훨씬 줄어들 것"이라고 전망했다.

웜스는 임시정부 주요 인사들의 지도력에 대해서도 한 사람 한 사람씩 평가했는데, 김구에 대해서는 다음과 같이 썼다.

김구는 당년 68세로서 그가 계획한 윤봉길의 거사가 크게 성공한 1932년까지 임시정부의 한 관리에 지나지 않았다. 윤봉길의 거사는 하루아침에 그를 임시정부 안에서 가장 유명한 인물로 만들었다. 그는 현대적인 고등교육을 받은 인물은 아니다. 그는 병합 이전에 젊은 시절을 보낸 세대의 한국인들이 대개 그렇듯이 편협하고 완고하다.

34) 정용욱, 「대한민국임시정부의 환국과 백범」, 《백범과 민족운동 연구》 제7집, 백범학술원, 2009, p.24.

그러나 그는 용기 있고 진지하며 목적에 대한 충실성이라는 장점을 지니고 있고, 그의 이름은 삼천리 방방곡곡에 알려져 있다. 그는 한국 정부의 행정부 수반으로 장기간 일할 만한 능력은 갖추지 못했지만, 과도기구의 의장은 잘할 수 있을 것이다. 다른 무엇보다도 그는 자유를 향한 한국인들의 투쟁의 상징이 될 수 있는 원로 정치인의 자격을 가지고 있다.

한편 김규식에 대해서는 윔스는 '기독교민주주의'의 신봉자라고 말하고, "1921~1922년에 모스크바에서 열린 극동민족대회에 한국대표단을 이끌고 참가한 사실을 이유로 한독당 지도자들은 그를 자신의 이해관계에 따라 민주주의자도 공산주의자도 될 수 있는 기회주의자로 낙인찍었다"고 기술했다.

윔스는 광복군을 적극 활용해야 한다고 건의했다. 소련이 태평양전쟁에 참전하고 만주와 한국북부로 진공하자 국민정부가 한국광복군을 적극적으로 지원하기로 방침을 세웠다고 말하고, 이 방침에 따라 모든 한적사병들은 광복군 대표의 적절한 신원 보증에 따라 일본군대로부터 분리되어 광복군에 인계되며, 이들은 모두 자신들의 무기와 장비와 제복을 광복군에서 그대로 사용할 수 있게 될 것이라고 내다보았다.

윔스는 마지막으로 임시정부의 영향력과 미국의 이익관계에 대하여 "임시정부는 다른 한국인들과 마찬가지로 그들에게 자유로운 선택권이 주어진다면 다른 어떤 강대국보다 미국의 영향력을 호의적으로 받아들일 것"이라고 말하고, 반대로 러시아에 대해서는 임시정부는 "러시아의 점령결과를 두려워하며 한국에 대한 러시아의 장기간에 걸친 영향력은 필연적으로 전쟁을 의미한다고 생각한다"라고 기술했다. 그리고 "만일 임시정부가 자신들의 구상대로 일을 해 나간다면 한국은 민주적 정부형태를 가지게 될 것이고, 이 정부는 어떤 외부세력의 지배도 절대로 반대할 것이다. 그리고 이 정부는 미국과 진정한 우호관계를 가지게 될 것이다"

라고 결론지었다.[35]

장개석과의 면담으로 고무된 김구는 귀국준비를 꼼꼼히 챙겼다. 10월7일에 오철성 비서장에게 보낸 편지는 이때에 김구가 며칠 안에 중경을 떠날 수 있을 것으로 생각하고 있었음을 보여 준다. 귀국하고자 하는 부장 이상 인원과 수행원 및 비서는 모두 29명이고, 중요 공문서를 담은 가죽 트렁크가 여나믄개이며, 그 밖에도 휴대품이 조금 있다면서 모든 인원과 물품을 한꺼번에 싣고 귀국할 수 있도록 대형 수송기 한대 또는 두대를 마련해 달라고 요청했다. 김구는 또 임시정부 요인들이 귀국할 때에 동행시키겠다고 장개석이 말한 인사의 이름을 빨리 알려 달라고 했다. 그리고 중국국민당과 한국독립당의 긴밀한 협력관계를 유지하기 위하여 무전기 1대를 가지고 가게 해달라고 부탁했다.

가장 절실한 것은 역시 자금문제였다. 김구는 귀국인원의 사전준비와 여비에 충당할 5,000만원과 귀국한 뒤의 활동비로 50만달러를 지원해 줄 것을 요청했다.[36] 김구는 장개석에게 이미 3억원의 차관을 요청해 놓고 있었는데, 귀국한 뒤의 활동비로 50만달러를 새로 요청한 것이다. 그것은 한국의 장래와 임시정부의 역할에 대한 국민정부의 기대를 그 나름으로 짐작하고 요청한 것이었다. 김구는 "이 정도면 당장 경비부족으로 일을 그르치는 일은 없을 듯합니다"라고 쓰고 있어서 흥미롭다. 마지막으로 김구는 귀국이 얼마 남지 않았으므로 장개석이 약속한 대로 속히 다시 만날 날짜를 잡아 달라고 부탁했다.

김구의 3억원 차관요청에 대해 국민정부는 1억원을 지원하기로 하고, 5,000만원을 먼저 지급했다.[37] 그리고 귀국한 뒤의 활동자금으로 요청한

---

35) 윔스의 보고서 내용은 정용욱, 「미군정의 임정관계보고서」, 《역사비평》 제24호, 역사비평사, 1993 참조.
36) 「金九가 吳鐵城에게 보낸 1945년10월7일자 편지」, 『대한민국임시정부자료집(22) 대중국외교활동』, pp.281~282.
37) 「蔣介石이 吳鐵城에게 보낸 1945년10월23일자 전보」, 崔鍾健 編譯, 『大韓民國臨時政府文書輯覽』, 知人社, 1976, p.169.

50만달러에 대해서는 20만달러를 지원하기로 하고 10월30일에 장개석의 최종 결재가 났다.[38] 1945년의 20만달러는 2013년의 소비자물가로 환산하면 258만달러에 해당한다. 그리고 이때의 달러화와 원(元)화의 공정환율은 1 대 20이었으므로 1억원은 500만달러에 해당했다. 그러나 그때와 지금의 경제규모의 차이를 감안하면 실제로는 그보다 더 큰 값어치의 자금이었다. 김구 일행이 귀국한 뒤에 국민정부는 중경 거주 교포들의 월동과 귀국비용으로 3,000만원을 별도로 지원했다.[39]

김구는 귀국할 때에 미화 20만달러를 휴대할 합법적인 방법이 없었으므로 이 돈을 뉴욕의 주미 중국대사관에 보낸 뒤에 다시 서울로 보내 달라고 요청했다. 그랬다가 1946년 겨울에 주한 중국총영사 유어만(劉馭萬)과 협의하여 그 가운데 10만달러를 주화대표단(駐華代表團)에 지급했고, 나머지 10만달러는 그 뒤에 김구의 차남 김신(金信)이 중국에 가서 찾아왔다.[40]

김구는 조소앙을 먼저 상해로 보낸 다음, 10월 중순에 이르러 화북, 화중, 화남 세 지역으로 한교선무단(韓僑宣撫團)을 조직하여 파견했다. 교포들의 실태를 조사하고 구호를 위한 선무활동을 하기 위해서였다. 화북한교선무단의 단장은 이광(李光), 화중한교선무단장은 이상만(李象萬), 화남한교선무단장은 지청천이 맡았다. 중국인들과의 마찰로 전전긍긍하던 교포들은 한교선무단을 환영했으나, 지역에 따라서는 현지 행정당국의 비협조로 선무활동이 난관에 봉착하기도 했다. 한교선무단은 뒤이어 창설된 대한민국임시정부 주화대표단에 편입되었다.

38)「蔣介石이 吳鐵城에게 보낸 1945년10월30일자 전보」, 위의 책, p.170.
39)「吳鐵城이 朴贊翊에게 보낸 1945년12월31일자 편지」,『대한민국임시정부자료집(22) 대중국외교활동』, p.303.
40)「二十萬弗의 處理方法」, 秋憲樹 編,『資料 韓國獨立運動(2)』, p.453;「臨政活動費美貨二十萬弗支給方法에 關한 件」,『資料 韓國獨立運動(1)』, p.518; 鄭秉峻,「1945~47년 우익진영의 '愛國金'과 李承晩의 정치 자금 운용」,《韓國史研究》제109호, 韓國史研究會, 2000.6., p.217.

김구는 10월29일 오후 4시에 다시 장개석의 관저를 방문했다. 김구는 먼저 고별인사를 하면서 중국법폐 1억원과 미화 20만달러를 지원해 준 데 대해 깊은 감사의 뜻을 표했다[41]

이날의 면담에서 크게 눈에 띄는 것은 김구가 상해에 있는 안중근(安重根)의 아들 안준생(安俊生)을 처벌할 것을 장개석에게 강력히 요청한 사실이다.

"한국 혁명선열인 안중근 의사의 아들이 변절하여 일본에 투항한 뒤에 상해에서 아편을 밀매하는 등 많은 불법행위를 저지른 사실은 실로 불행한 일입니다. 또한 원래 독립당원이던 최아무개가 공산당에 투항하여 상해에 한국청년연합회를 조직한 것도 한국임시정부를 위해하려는 의도에서입니다. 이들의 활동을 단속해야 합니다. 위원장께서 상해경비사령부에 하명하시어 이들을 체포해 주시기 바랍니다."

장개석은 자세한 내용을 조사하여 서면으로 알려 주면 조치하겠다고 대답했다.

김구는 일생 동안 안중근 집안과의 인연을 소중히 생각했고, 특히 안중근에 대해서는 숭모의 정이 각별했다. 중일전쟁이 터지고 남경(南京)을 떠나 호남성(湖南省)의 장사(長沙)로 이동할 때에는 안공근(安恭根)으로 하여금 상해에 가서 안중근의 부인을 모셔오게 했는데, 안공근이 자기 식구들만 데리고 오자 크게 질책했었다. 안중근의 부인은 둘째 아들 안준생과 같이 상해에 살고 있었다. 항주(杭州)의 지강대학을 졸업한 안준생은 윤봉길의 홍구공원 폭파사건 이후에 일본경찰의 협박과 회유로 변절해 있었다. 안준생은 1939년 10월에 상해재류조선인실업가 만선시찰단(滿鮮視察團)의 한 사람으로 난생처음으로 한국을 방문했

---

41) 『大韓民國臨時政府와 韓國光復軍: 海外의 韓國獨立運動史料(XVIII) 臺灣篇①』, p.156.

는데, 이때에 일본경찰은 안준생의 특별 일정을 준비했다. 안준생은 총독도 방문했고, 특히 이토 히로부미(伊藤博文)의 30주기를 맞아 서울에 온 이토의 아들 이토 후미키치(伊藤文吉) 일본 참의원 의원을 만나게 한 것이다. 총독부 기관지《매일신보(每日新報)》는 안준생이 이토에게 극진한 사죄의 말을 했다고 대서특필했다.[42] 면담 이튿날에는 두 사람이 같이 박문사(博文寺)를 참배했다.[43] 박문사는 일본사람들이 가증스럽게도 남산 기슭에 있는 장충단(奬忠壇)을 헐고 그 자리에 이토 히로부미의 위령사찰로 지은 절이었다. 안준생은 서른세살이었고 이토는 쉰여섯살이었다.

안준생은 상해에서 악기상을 경영하고 있었는데, 1939년 현재의 자본금은 30만원이었다.[44] 안준생이 아편밀매에 관여하고 있었는지 확인할 만한 자료는 발견되지 않지만, 상해 주재 일본총영사관이 상해에 있는 한인 3,000명이 직접 간접으로 아편밀매에 관여했다고 기록했을 만큼 이 시기에는 한인들의 아편밀매가 성했으므로,[45] 김구의 말이 근거가 없지는 않았을 것이다. 귀국한 뒤에 김구는 경교장(京橋莊)으로 찾아온 안준생을 보지 않았다.

다음으로 김구가 장개석에게 강조해서 부탁한 것은 광복군 확충문제였다. 한국광복군이 상해, 북경, 광동 등지에 거점을 확보하고 활동하고 있는 실상을 설명하면서 현지의 군정장관에게 명하여 광복군 활동을 보호하고 지원해 줄 것을 요청했다. 장개석은 그러겠다고 확답했다. 그것은 장개석 자신의 관심사이기도 했을 것이다.

장개석은 임시정부 인사들이 귀국한 뒤에도 중경에 대표단을 상주시켜 중국정부와 계속 연락을 취하도록 하겠다는 김구의 제의에도 흔쾌히

---

42)《每日新報》1939년10월17일자,「그 아버지들에 이 아들들 잇다」.
43) 安俊生의 서울방문에 대한 자세한 내용은 일본 외무성 문서번호 SP205-4『外務省警察史: 滿洲ノ部』,「視察團員安俊生ノ博文寺參拜及伊藤文吉男ト ノ邂逅」참조.
44) 玄圭煥,『韓國流移民史(上)』, 語文閣, 1967, p.685.
45) 孫科志, 앞의 책, p.135.

白凡先生

蔣中正

작별의 기념으로 김구에게 자필서명하여 준 장개석(蔣介石)의 사진.

동의했다. 장개석의 이러한 태도는 정부 승인을 하지 않은 국가의 외교대표부의 설치를 공식으로 인정한 것이어서 돋보인다.

이어 만주지역의 한국인 공산주의자문제와 한간처리문제 등을 협의하고 나서 김구는 마지막으로 장개석에게 지시할 일이나 바라는 일이 없느냐고 물었다. 장개석은 다음과 같이 말했다.

"한국동지들이 서로 일치단결하여 함께 난관을 극복해 나가시기 바랍니다. 비록 중국의 역량이 충분하지는 않지만, 힘닿는 데까지 한국이 진정한 독립을 이룰 수 있도록 적극 원조하겠습니다. 이는 중국의 일관된 정책이기도 합니다.… 우리는 한국의 독립은 중국의 책임이라고 간주하고 있습니다.…"

김구는 기념으로 간직하겠다면서 장개석의 사진을 몇장 달라고 말했다. 장개석은 얼마든지 좋다면서 사진을 갖고자 하는 사람들의 명단을 보내 달라고 말했다.[46] 김구 자신도 중경을 떠나면서 그동안 신세졌던 국민정부 중간 간부들에게 만년필 등 간단한 선물과 함께 기념으로 자신의 사진을 보냈다.[47]

---

46) 「蔣介石과 金九의 면담기록」(1945.10.30.), 『대한민국임시정부자료집(22) 대중국외교활동』, pp.288~290.
47) 『韓國獨立運動史資料(27) 臨政篇 XII』, pp.43~45.

장개석과의 면담에서 합의한 대한민국임시정부 주화대표단의 설치 문제는 바로 실행되었다. 10월31일의 주비회의를 거쳐 11월1일부터 정식으로 사무를 개시한 주화대표단의 편제는 김구가 주화대표단의 활동에 얼마나 큰 기대를 걸고 있었는가를 보여 준다. 각 지역에 파견되어 활동하던 한교선무단과 광복군총사령부는 주화대표단의 산하기구로 편입되었다. 단장에는 예정대로 박찬익이 임명되고 민필호와 이청천 두 사람이 대표로 임명되었다. 그 산하에 행정부서로 비서처, 교무처(僑務處), 군무처, 총무처의 4개처와 전원실(專員室)과 경위대가 설치되었다. 그 가운데 교포업무를 주관하는 교무처와 광복군 업무를 주관하는 군무처가 주요 부서였다. 교무처장에는 박영요(朴永堯)가 임명되었다가 뒤에 민필호가 겸임했고, 군무처장은 이청천이 처음부터 겸임했다. 비서처장에는 김은충(金恩忠), 총무처장에는 민영구(閔泳玖)가 임명되었다.

주화대표단이 추진한 주요업무는 첫째로 임시정부의 귀국 이후의 잔무처리, 둘째로 임시정부 직원들과 그 가족들의 귀국주선 및 생활보장과 중국에 거주하는 한인교포들의 안전과 재산보호, 셋째로 한국광복군의 훈련과 중국군에 포로로 수용되어 있는 일본군 내 한적사병들을 광복군으로 편입하고 귀국시키는 일, 넷째로 중국정부와의 외교교섭과 연락업무를 처리하는 것이었다. 그것은 외교관계가 있는 나라의 외교대표부의 업무와 같은 것이었다. 게다가 자국 군대를 다른 나라에서 편성하고 훈련하는 광복군 관계 업무는 매우 특수한 관계에 있는 국가 사이에만 있을 수 있는 공작이었다.[48] 김구는 11월1일에 중국국민당 비서처로 주화대표단이 성립된 사실을 통보하면서 협조를 부탁하는 편지를 보냈다.[49]

---

48) 김정인, 앞의 글, pp.127~138; 南坡朴贊翊傳記刊行委員會, 『南坡朴贊翊傳記』, 乙酉文化社, 1989, pp.293~296.
49) 「金九가 中國國民黨秘書處에 보낸 1945년11월1일자 편지」, 『대한민국임시정부자료집(22) 대중국외교활동』, pp.293~294.

중국국민당 대례당에서 열린 임시정부 송별연.

헤드테이블에 앉은 송미령, 장개석 내외, 김구, 풍옥상(馮玉祥) 장군.

임시정부 요인들의 귀국이 가까워지자 중국 인사들은 여러 기관에서 송별회를 열었다. 먼저 10월24일 저녁에 중국국민당이 상청화원(上淸花園)에서 성대한 환송만찬회를 베풀었다. 한국쪽에서는 김구를 비롯한 김규식, 조완구, 박찬익, 김원봉, 신익희(申翼熙), 최동오(崔東旿), 유동열(柳東說), 홍진 등 각 정파의 대표 대부분과 중국쪽에서 손과(孫科), 풍옥상(馮玉祥), 진과부(陳果夫) 진립부(陳立夫) 형제, 오철성, 하국광 등 중국국민당의 핵심간부들이 나와 참석자들은 100여명에 이르렀다.[50] 이어 10월29일에는 한중문화협회 창립 3주년 축하를 겸한 송별회가 열렸다. 이 송별회에도 양국 인사 100여명이 참석했다.[51] 또 11월3일에는 중국외교협회, 중경시참의회, 중한문화협회 등 32개 단체가 합동으로 한국혁명영수 귀국 환송회를 열었다. 이 자리에는 400여명의 인사들이 참석했는데, 김구는 치사를 통해 한국과 한국국민이 자유평등의 진정한 독립국가를 획득할 때까지 중국국민이 계속 지원해 달라고 당부했다.[52]

11월4일에 중국국민당 대강당에서 열린 환송다회(茶會)는 장개석의 부인 송미령(宋美齡)의 주최로 열린 것이었지만, 사실상 국민정부의 공식 환송회나 마찬가지였다. 정면 양쪽 벽에는 태극기와 청천백일기가 걸리고 헤드테이블에는 장개석 내외와 김구와 풍옥상 장군이 나란히 앉았다. 이날 장개석이 즉석연설에서 "전 동아시아 민족의 평화와 자유를 위하여 우리는 먼저 한국의 독립과 자유를 성취하지 않으면 안된다. 이것이 한국에 대한 국민당의 유일한 원칙이다"라고 한 말이《뉴욕타임스(The New York Times)》의 사설에까지 인용되고 그것이 국내신문에 크게 보도되었던 것은 앞에서 본 대로이다. 장개석은 이날의『일기』에 다음과 같이 매우 흥분해서 적었다.

오늘 한국 혁명당원들이 그들의 조국에 돌아갈 날이 온 것은 우리 국민혁명 중의 큰 일이다. 이것은 내가 그들을 부축하여 이룩한 일이기는 하지만, 어찌 그 영광이 하나님에게 돌아가지 않으랴. 오직 빠른 시일안에 한국독립을 완성할 날이 있기를 기도할 뿐이다.[53]

---

50) 秋憲樹 編,『資料 韓國獨立運動(1)』, p.477.
51) 秋憲樹 編,『資料 韓國獨立運動(2)』, p.344.
52) 石源華 編,『韓國獨立運動與中國』, 上海人民出版社, 1995, p.587.
53) 『大韓民國臨時政府와 韓國光復軍』, p.157; 李相哲,「『蔣介石일기』에 나타난 한국독립운동 관계 사료」,《月刊朝鮮》2010년11월호, pp.542~543.

국민정부와의 합작교섭을 위하여 중경에 와 있던 중국공산당의 중경 주재 판사처장 주은래(周恩來)와 중앙의장 동필무(董必武) 등도 임시정부 국무위원 전부를 초청하여 송별연을 베풀었다.[54]

54) 『백범일지』, p.40; 趙擎韓, 『白岡回顧錄 國外篇』, 韓國宗敎協議會, 1979, p.369.

3. 26년 만에 "개인 자격"으로 귀국

1

마침내 11월5일 오후에 김구를 비롯한 국무위원과 경위대원 등 모두 29명이 장개석이 내어준 수송기 두대에 나뉘어 타고 중경을 떠나 상해로 향했다. 중국 군사위원회 대표로 서울에 파견하기로 된 소육린과 비서처의 장수현(張壽賢) 비서, 거기에 중국국민당에서 파견한 무전기사 3명이 무전기 한대를 가지고 동행했다. 김구로부터 무전기 한대를 지원해 달라는 요청을 받은 오철성이 무전기사들까지 같이 보낸 것이었다.[55] 비행장에는 중국정계의 원로들과 각계 명사들, 그리고 교포 등 많은 환송인파가 나와서 일행을 배웅했다.

비행기는 다섯시간 뒤인 오후 6시에 상해에 착륙했다. 윤봉길(尹奉吉)의 홍구공원(虹口公園) 투탄사건으로 황급히 상해를 떠난 지 13년 만에 다시 찾은 것이었다. 비행기가 착륙한 곳이 바로 홍구공원이었다. 13년 동안 상해에 살면서도 프랑스조계 밖을 한 발자국도 나가 보지 못했던 김구는 홍구공원이 난생처음이었다. 6,000여명의 교포들이 아침 6시부터 김구 일행이 도착하기를 기다렸다고 했다. 바로 임시정부 환영식이 열렸다. 김구가 단 위에 오르자 교포들의 만세소리가 길게 이어졌고, 김구는 목이 메어 인사말이 몇번이나 끊겼다. 김구는 지난 일이 주마등처럼 스쳐 가면서 한없는 감개에 빠졌다.[56]

김구는 상해에 도착했을 때의 소회를 다음과 같이 간략하게 적어 놓았다.

---

55) 「金九가 吳鐵城에게 보낸 1945년11월3일자 편지」, 『대한민국임시정부자료집(22) 대중국외교활동』, p.295.
56) 도진순 주해, 『김구자서전 백범일지』, 돌베개, 1997, pp.406~407; 張俊河, 『돌베개』, 禾多出版社, 1971, pp.399~400.

13년 만에 상해에 돌아와 교포들의 환영을 받는 김구.

상해 전 동포들의 대성황리에 환영회를 개최하였다. 13년 전에 본 어린아이들은 벌써 장성하였고, 장정들은 이미 노쇠하여 옛 얼굴을 찾아보기 어려웠다.…

세상만사가 어찌 모두 무심하고 우연이라 하리오. 상해에 거주하는 동포수가 13년 전보다 몇십배나 증가되었으나, 왜적과의 전쟁으로 인한 생활난의 고통으로 인하여 각종 공장과 사업 방면에서 부정한 업자가 속출하였다. 이와 같은 상황에서 이전 독립정신을 굳게 지키며 왜놈의 앞잡이가 되지 않은 사람들은 선우혁(鮮于爀), 장덕로(張德櫓), 서병호(徐炳浩), 한진교(韓鎭敎), 조봉길(曹奉吉), 이용환(李龍煥), 하상린(河相麟), 한백원(韓栢源), 원우관(元宇觀) 등 불과 10여인에 불과하였다. 그들의 굳은 지조를 가상히 여겨 서병호 자택에서 만찬회를 개최하고 기념사진을 촬영하였다.

그러면서 대표적인 "왜놈의 앞잡이"인 안준생에 대해서는 특별히 "민족반역자로 변절한 안준생을 체포하여 교수형에 처하라 중국관헌에게 부탁하였으나, 관원들이 실행치 않았다"라고 썼다.[57]

김구는 먼저 아내 최준례(崔遵禮)의 무덤을 찾았다. 김구는 일본조계의 한 자선병원에서 가련하게 세상을 떠난 아내의 임종마저 지켜보지 못한 것이 평생 한이었다. 열여덟살의 활달한 처녀였던 최준례는 열세살 위인 김구와 결혼하여 여장부인 홀시어머니를 모시고 험난한 독립운동자 아내의 삶을 꿋꿋이 살았다. 시어머니와 함께 옥살이하는 남편을 면회 갔다가 면회는 한 사람밖에 안된다고 하여 남편의 얼굴도 보지 못한 채 돌아서기도 했던 그녀가 아니었던가. 김구는 프랑스조계 공동묘지로 최준례의 묘지를 찾아갔으나, 분묘는 흔적도 없이 되어 있었다. 의아해하는 김구에게 따라온 묘지기가 10년 전에 이장한 사실을 알려 주면서 그곳으로 안내해 주었다.[58]

임시정부 요인들이 도착하기 전에 그동안 상해에는 하지 장군이 보낸 특사 두 사람이 거의 비슷한 시기에 다녀왔다. 한 사람은 하지의 비서관 로건(Logan) 대령이었고, 다른 한 사람은 8·15해방 직후에 만주에서 귀국한 독립군장교 오광선(吳光鮮)이었다.

로건은 미시간대학교 동창생인 김형민(金炯敏) 서울시장과 함께 상해를 두번 다녀왔다. 10월 말에 처음 갔을 때에는 김구는 만나지 못한 채 먼저 상해에 와 있던 조소앙만 만나고 왔다. 11월 초에 두 사람이 다시 갔을 때에는 김구도 상해에 도착해 있었다. 국내동포들이 기다리고 있다는 김형민의 말에 김구는 "구태어 내가 필요하다면 돌아가서 신주 노릇이나 할까요." 하고 말했다. 로건 대령은 김구를 따로 만났다.[59]

오광선은 이기붕(李起鵬)과 함께 하지를 만나 임시정부 및 광복군 관

57) 『백범일지』, p.408.
58) 위와 같음.
59) 金炯敏, 『訥丁 김형민회고록』, 범우사, 1987, pp.213~218.

계자들과 귀국문제를 협의하고 오겠다고 제안하여 하지의 동의를 얻고 군용기를 제공받았다. 오광선은 상해에서 광복군 확대재편 활동을 벌이고 있던 이청천과 감격적인 재회를 하고, 광복군 국내지대장으로 임명되어 귀국했다.[60] 앞에서 본 대로, 9월3일에 발표한 김구의 「국내외 동포에게 고함」이라는 성명과 「임시정부 당면정책」이 국내신문에 뒤늦게 크게 보도된 것은 이때에 오광선이 가지고 온 것이었다.

그런데 로건 대령과 오광선이 상해에 간 이유에 대해서는 딱히 알려진 것이 없다. 그러나 하지가 11월13일에 중국주둔 미군사령부로 임시정부 요인들의 귀국이 개인 자격임을 확인시키기 위한 전문을 보낸 것을 보면,[61] 이들의 상해행도 같은 취지에서 취해진 조치였을 개연성이 크다.[62]

11월10일까지는 가능할 것으로 기대했던 김구 일행의 귀국은 3주일 가까이나 지체되었다. 상해에 도착하자마자 김구는 11월7일에 한국을 방문하는 중국《중앙통신(中央通訊)》특파원 증은파(曾恩波) 기자를 통하여 한국민주당 정치부장 장덕수(張德秀)에게 친서를 보냈다. 친서의 내용은 8월의 제5차 임시전당대회에서 개정한 한독당의 「선언」, 「정강」, 「정책」에 천명되어 있는 정치노선을 지켜 달라는 것이었다고 한다.[63]

김구와 장덕수는 오랜 인연이 있었다. 일찍이 김구가 황해도 안악(安岳)의 양산학교(楊山學校) 교사로 있으면서 노동자들이 주동이 되어 설립한 보강학교(保强學校) 교장을 겸하여 내왕할 때에 장덕수는 보강학교의 교사 겸 학생인 그의 형 장덕준(張德俊)을 따라 학교 안에서 숙식하던 소년이었다.

또 11월17일에는 이시영과 조소앙이 국민당의 안재홍(安在鴻)에게

60) 建國青年運動協議會, 『大韓民國建國青年運動史』, 正文社, 1989, pp.881~882; 金斗燦, 「吳光鮮將軍」, 《新東亞》 1971년2월호, pp.257~258.

61) 『駐韓美軍史(2)』, pp.43~44.

62) 韓詩俊, 「대한민국임시정부의 환국」, 《한국근현대사연구》 제25집, 한울, 2003, p.73.

63) 《新朝鮮報》 1945년11월10일자, 「金九先生 張德秀氏에게 親書」 및 1945년11월11일자, 「國內同胞에 感謝」.

김구의 귀국에 대한 기대를 나타낸 시사만평. 《중앙신문》 1945년11월9일자.

편지를 보냈다.[64]

상해까지 동행한 중국군사위원회의 소육린은 바로 중경으로 돌아갔는데, 11월8일에 김구가 장개석에게 소육린을 상해로 돌려보내어 같이 귀국하게 해달라고 타전한 것을 보면, 이때에 김구가 얼마나 국민정부에 의지하고 있었는가를 짐작할 수 있다.[65]

이 무렵 한 국내신문에 실린 한 시사만평은 김구 일행의 귀국에 대한 국민들의 기대가 어떤 것이었는지를 짐작하게 한다. "정당통일"이라는 올망졸망한 아이들에게 둘러싸여 있는 이승만이 "대연합국우호관계", "민주정권", "인민선거" 등의 보따리를 들고 들어오는 김구에게 "어서 와서 좀 거들어 주시오" 하면서 손을 내밀고 있는 만화이다.[66]

임시정부 요인들의 상해 출발이 늦어진 것은 임시정부 인사들의 귀국

64) 이승억, 앞의 글, p.104.
65) 「金九가 蔣介石에게 보낸 1945년11월8일자 전보」, 『대한민국임시정부자료집(22) 대중국외교활동』, pp.298~299.
66) 《中央新聞》 1945년11월9일자, 「時事漫評」.

이 개인 자격임을 확인하는 서약서에 서명하라는 미 군사령부의 요구를 놓고 논란이 벌어졌기 때문이다. 서약서의 문면은 이승만을 비롯한 재미 한국 독립운동자들이 미 국무부에 제출한 출국신청서에 첨부된 것과 같은 취지의 것이었다. 곧 개인 자격임을 숙지하고 미 군정부의 법규를 준수하며 절대 협조하겠다는 것이었다. 이승만이 서명한 서약서 문면은 그가 미국을 떠날 때에 주중 미국대사에게 타전되었는데, 김구는 중경을 떠나기에 앞서 오철성 앞으로 "미군정 당국이 정한 현행 규약 범위 안에서 수시로 군정당국에 협조하여 국민의 의지를 통일하고 자유독립의 신민주국가 건설에 협조할 것"이라는 약속과 함께 그 뜻을 미국당국에도 전해달라는 편지를 썼다.[67]

국무위원의 한 사람이었던 조경한(趙擎韓)의 술회는 이때의 논란이 얼마나 명분에 집착한 비현실적인 것이었는가를 실감나게 한다.

국무회의가 열렸다. 분하고 기막힌 정서는 누구나 일반이었다. "모욕적인 사인을 말고 이대로 귀국하지 않고 있다가 미군정이 철수한 뒤에 들어가도 늦지 않다"고 주장하는 일부 인사도 있었으나, "사인은 물론 모욕이지만 우리의 정세가 어서 들어가서 국가의 일대 혼란을 만분지일이라도 바로잡아 줄 의무가 있는 것이다. 형식은 기관이 아닌 개인이라고 사인을 해줄지라도 어디까지나 들어가기 위한 임기응변의 권변(權變)과 방편에 불과한 것인데 기관을 운영한 전원이 들어가는 마당에 어찌 기관이 아니라고 보며 기관의 권력 발동에 있어서도 이미 정권을 국민에게 봉환키로 결정한 바 있으니, 기회 보아서 국민대표회의를 열어 봉환에 대한 절차를 준비하는 것이 옳은 것이다. 권변으로 사인을 해주고 보자"는 이론이 압도적이어서 사인해 주

---

67) 「金九가 吳鐵城에게 보낸 1945년11월2일자 편지」, 『대한민국임시정부자료집(22) 대중국외교활동』, pp.294~295.

기로 가결하였다.[68]

일행과 떨어져서 정안사로의 고급주택가 개인 저택에 머물고 있는 김구의 심경도 착잡했다. 이때에 김구가 쓴 휘호 한폭에는 그의 심경과 의지가 그대로 표명되어 있다.

不變應萬變

乙酉秋 返國前夕
白凡 金九

"(마음이) 불변이면 오만 변화에 대응할 수 있다"는 뜻의 이 다섯글자는 장개석 총통이 즐겨 쓰던 글귀였다. 국공 내전으로 대만으로 밀려난 국민정부가 뒷날 미국으로부터 국교단절을 당했을 때에 이 말은 국가적 슬로건이 되었다.

2

김구는 11월19일에 중국전구미군사령관 웨드마이어(Albert C. Wedemeyer) 장군에게 서약서를 제출했고, 맥아더는 그날로 김구 일행의 귀국을 승인하고 이를 주중 미국대사관을 통하여 국민정부에 통보했다. 그리고 오철성은 그 사실을 11월21일에 김구에게 타전했다.[69]

하지 장군은 11월20일에 G-47 프로펠러 수송기 한대를 상해로 보냈다. G-47기는 15명밖에 탑승할 수 없었으므로 임시정부 요인들은 1, 2진

---

68) 趙擎韓, 앞의 책, pp.367~368.
69) 「吳鐵城이 金九에게 보낸 1945년11월21일자 편지」, 『대한민국임시정부자료집(22) 대중국외교활동』, p.300.

으로 나뉘어 귀국해야만 했다. 모두가 먼저 떠나고 싶어 하는 상황에서 1진의 명단을 정하는 일은 쉽지 않았다. 결국 주석 김구, 부주석 김규식을 비롯하여 가장 연장의 국무위원 이시영, 문화부장 김상덕(金尙德), 참모총장 유동열, 선전부장 엄항섭이 1진으로 귀국하기로 하고, 수행원으로 주석 주치의인 유진동(劉振東), 김구의 며느리 안미생(安美生), 김규식의 아들로서 영어에 능통한 김진동(金鎭東), 비서 장준하(張俊河)와 민영완(閔泳琬), 그리고 윤경빈(尹慶彬), 선우진(鮮于鎭) 등 경위대원 4명이 선정되었다. 모두 15명이었다.[70]

11월23일 오후 1시 조금 지나 상해 강만(江灣)비행장을 출발한 G-47기는 중국 동북해 연안을 거쳐 청도(靑島)에서 서울까지는 직선으로 비행했다. 아무도 아무 말도 하지 않았다. 김구는 팔짱을 끼고 고개를 숙이고 앉아 있었다. 인솔자는 미군대령이었다. 그는 경위대원들에게 호신용 권총을 신고하라고 했다. 국내에서 무기를 휴대할 수 있도록 조치해 주겠다는 것이었다. 경위대원들은 가지고 있던 모젤 3호 권총 4정과 콜트 3정을 신고했다.

침통한 분위기가 두어시간 남짓 흘렀을 쯤에 누군가가 "보인다" 하고 소리쳤다. 손바닥만 한 기창 밖으로 보이는 푸른 바다 속으로 올막줄막한 섬들이 나타나기 시작했다. 26년 동안 마음속으로 아스라이 그리던 고국은 그렇게 가까이 있었다. 누군가가 애국가를 부르기 시작했고, 애국가는 곧 합창이 되었다가 울음으로 흐려졌다.

오후 4시가 조금 지나서 비행기는 김포비행장에 착륙했다. 미군장교 몇 사람이 비행기에 올라와서 일행을 안내했다. 미군장교를 따라 비행기에서 내린 김구는 땅바닥의 흙을 한줌 움켜쥐고 흙 냄새를 맡았다. 그러고는 하늘을 우러러 보았다. 꿈에서도 잊지 못하던 고국의 땅이며 하늘이었다.

---

70) 선우진 지음, 최기영 엮음, 앞의 책, pp.45~46.

비행장은 황량했다. 미군병사 몇 사람만 눈에 뜨일 뿐 한국사람은 아무도 보이지 않았다. 어처구니없는 광경이었다. 환영 나온 인파와 함께 흔들 요량으로 준비해 온 태극기는 꺼낼 필요도 없었다.[71] 이승만의 귀국 때와 마찬가지로 미 군정부 당국은 김구 일행의 귀국 사실을 비밀에 붙이고 있었기 때문이다.

미군이 내어 준 차를 타고 숙소인 죽첨장(竹添莊)으로 가면서 느낀 소감을 김구는 이렇게 적었다.

착륙 즉시 눈앞에 보이는 두가지 감격이 있으니, 기쁨이 그 하나요 슬픔도 그 하나이다. 내가 해외에 있을 때에 우리 후손들이 왜적의 악정에 주름을 펴지 못하리라 우려하였던 바와는 딴판으로, 책보를 메고 길에 줄지어 돌아가는 학생의 활발 명랑한 기상을 보니 우리 민족 장래가 유망시 되었다. 이것이 기쁨의 하나이다. 반면 차창으로 내다보이는 동포들의 사는 가옥을 보니, 빈틈없이 이어져 집이 땅같이 낮게 붙어 있었다. 동포들의 생활수준이 저만치 저열하다는 것을 짐작한 것이 유감의 하나였다.[72]

26년 만에 다시 보는 동포들의 모습에서 느끼는 김구의 감회는 이처럼 희망과 연민이 교차하는 것이었다. 한강 인도교를 건널 때에 갑자기 함박눈이 내리기 시작했다.

하지는 오후 6시에 중앙방송국의 라디오방송을 통하여 "오늘 오후에 김구 선생 일행 15명이 서울에 도착하였다. 오랫동안 망명하였던 애국자 김구 선생은 개인의 자격으로 서울에 돌아온 것이다"라는 짤막한 공식 성명을 발표했다.[73]

---

71) 張俊河, 앞의 책, pp.407~412; 선우진 지음, 최기영 엮음, 위의 책, pp.47~50.
72) 『백범일지』, p.409.
73) 張俊河, 앞의 책, p.415.

김구 일행의 귀국을 가장 먼저 안 사람은 이승만이었다. 군정부 당국은 하지의 성명을 발표하기에 앞서 이승만에게 먼저 알린 것이었다. 이승만은 오후 6시 조금 지나서 죽첨장에 나타났다. 이승만과 김구는 1920년 말부터 이듬해 6월까지 임시대통령과 경무국장으로 상해에 같이 있은 이래 25년 만의 재회였다. 이승만은 30분쯤 있다가 일어났다. 뒤이어 중앙방송국의 문제안(文濟安) 기자가 황급히 다녀가서 김구 일행의 도착 사실을 보도했다. 김구 일행의 귀국 뉴스를 들은 많은 시민들과 기자들이 한꺼번에 죽첨장으로 몰려들어 서대문길을 메웠다.

기자들의 성화로 김구는 저녁 8시쯤에 기자들을 잠깐 만났다. 기자들의 첫 질문은 역시 38도선문제였다. 이승만의 태도와는 대조적으로 김구의 대답은 신중했다.

"나는 조선이 남북의 두 점령지대로 분열되어 있는 것을 좋아하지 않는다. 그러나 장차 이 구분은 철폐되리라고 믿는다. 미국과 소련은 우리나라를 위하여 반드시 옳은 일을 하여 줄 것이다."

어떤 자격으로 입국했느냐는 질문에 대해서는 "나는 지금 연합국에 대하여 임시정부의 승인을 요구하지는 않겠으나, 장차에는 승인을 요구할는지도 모르겠다. 나와 나의 동지는 개인 자격으로 환국한 것이다"라고 간단하게 말했다. 정당의 난립 상태에 대한 의견을 묻자, 정당수를 줄일 필요는 있으나 정당은 하나로서는 안되고 유력한 정당 몇이 있어야 한다고 말했다. 정체에 대해서는 "조선을 위하여 민주주의 정체가 좋다고 믿는다"라고 말하고, 이어 공산주의에 관한 질문에 대해서는 "조선이 공산주의국이 될 가능성에 관해서는 무엇이라고 말할 수 없다" 하고 확답을 피했다.[74]

엄항섭이 김구를 대신하여 기자들 앞에 섰다. 엄항섭은 먼저 배포된 김구의 도착성명을 읽어 내려갔다. 그것은 김포비행장에 나와 있을 환영

---

74) 《中央新聞》 1945년11월24일자, 「金九主席과 一問一答」.

군중 앞에서 읽을 예정으로 준비해 온 것이었다.

"27년간 꿈에도 잊지 못하고 조국강산을 다시 밟을 때에 나의 흥분되는 정서는 형용해서 말할 수 없습니다."

이렇게 시작되는 도착성명은 9월3일에 발표한 「국내외 동포에게 고함」과 비슷한 내용이었다.

나는 먼저 경건한 마음으로 우리 조국의 독립을 전취하기 위하여 희생하신 유명무명의 무수한 선열과 아울러 우리 조국의 해방을 위하여 피를 흘린 허다한 연합국 용사에게 조의를 표합니다. 다음으로는 충성을 다하여 3천만 부모형제자매 및 우리나라에 주둔하고 있는 미국, 소련 등 우방군에 위로의 뜻을 보냅니다.

김구의 도착성명은 이승만이 귀국 제1성에서부터 미국정부와 미국국민들의 여론의 중요성을 강조하고 자신이 직접 작성한 독립촉성중앙협의회의 결의문도 "4대 연합국과 미국 민중에게 보내는" 것이었던 데서 볼 수 있는 것과는 연합국 인식에도 차이가 있음을 보여 주었다.

나와 나의 동사(同事)들은 과거 20~30년간을 중국의 원조하에서 생명을 부지하고 우리의 공작을 전개해 왔습니다. 더욱이 이번 귀국에는 장개석 장군 이하 각계각층의 덕택을 입었습니다. 그리고 또 한국에 있는 미군당국의 융숭한 성의를 입은 것입니다. 그러므로 나와 및 나의 동료는 중미 양국에 대하여 최대의 경의를 표하는 바입니다. 또 우리는 우리 조국의 북부를 해방해 준 소련에 대하여도 마찬가지의 경의를 표합니다.…

성명은 이어 이번 전쟁의 승리의 유일한 원인은 동맹을 통한 단결이었다고 말하고 그 '교훈'을 다음과 같이 설명했다.

그러므로 금번 전쟁을 영도하였으며 따라서 큰 전공을 세운 미국으로서는 승리의 공로를 독점하려 하지 않고 전체에 돌리고 있는 것입니다. 우리는 동맹국 미국의 겸허한 미덕을 찬양하거니와 동심육력(同心戮力)한 동맹국에 대하여도 일치하게 사의를 가지고 있습니다. 그들의 작풍은 또 우리에게 주는 큰 교훈이라고 확신합니다.

성명서는 이어 김구가 개인 자격으로 귀국한 사실과 관련하여 다음과 같이 말했다.

나와 나의 동사는 각각 일개 시민의 자격으로 귀국하였습니다. 동포 여러분의 부탁을 받아 가지고 노력한 결과에 이와 같이 여러분과 대면하게 되니 대단히 죄송합니다. 그러나 여러분은 나에게 벌을 주지 아니하시고 도리어 열렬하게 환영해 주시니 감격한 눈물이 흐를 뿐입니다.…

성명서는 38선 이북의 동포와도 머지않아 만나게 될 것을 확신한다는 말로 마무리했다.

우리는 미국과 중국의 도움으로 말미암아 여러분과 기쁘게 대면하게 되었습니다. 그러나 우리는 미구에는 또 소비에트의 도움으로 말미암아 북쪽의 동포도 기쁘게 대면할 것을 확신합니다. 여러분 우리 다 함께 이날을 기다립시다.…[75]

인쇄해 온 「임시정부 당면정책」 14개항도 다시 발표되었다. 이날부터 죽첨장의 경호는 오광선 휘하의 광복군 국내지대가 맡았다. 그리고 죽첨

---

75) 《自由新聞》 1945년11월24일자, 「金九主席의 스테-트멘트」.

장은 곧 경교장(京橋莊)으로 개칭되었다.

이튿날이 되자 아침 8시도 되기 전부터 각계각층의 인사들이 줄을 지어 경교장을 찾아왔다. 맨 먼저 도착한 사람은 한민당의 송진우였다. 뒤이어 국학자 정인보(鄭寅普), 한민당의 김병로(金炳魯), 임시정부환영회의 김석황(金錫璜), 국민당의 안재홍, 인민당의 여운형, 광복군 국내지대의 오광선, 3·1운동 때의 33인의 한 사람인 권동진(權東鎭), 김구와 같이 나석주(羅錫疇)사건을 도모했던 성균관의 김창숙(金昌淑), 인민공화국의 허헌(許憲) 등이 인사차 다녀갔다. 신문에는 일제히 각 정당 지도자들의 환영담화가 실렸다. 이승만은 "오늘 도착하신다는 예보가 전혀 없어서 비행장에까지 출영도 못 나가 우리들의 지사를 맞이하는데 저윽이 죄송함을 금치 못한다.… 국내의 민족통일전선과 각 정당의 합동통일을 위하야 해외에서 착착 위대한 지도자가 환국함에 우리가 희망하는 자주독립의 시기도 또한 조속해질 것을 확신한다"라는 소감을 발표했다.[76]

여운형은 김구가 외출한 사이에 죽첨장을 방문했던 것 같다. 이만규(李萬珪)의 기술에 따르면, 여운형은 자동차를 탄 채 대문 안 뜰까지 달려갔다. 김구는 외출하여 만나지 못하고 이시영, 김규식, 유동열을 만나서 이야기를 나누는 중에 경비대가 나타나 "불법침입"이니 나오라고 하여 밖으로 나왔다. 여운형은 문 밖까지 가서 몸 검색을 당하고 나서 다시 들어갔다. 이때에 임시정부 인사들은 이 일을 말리지 않았다.[77] 과잉경호와 동시에 임시정부 인사들의 여운형에 대한 인식을 짐작하게 하는 에피소드이다.

가장 눈에 띄는 것은 이 날짜 신문에 실린 정지용(鄭芝溶)의 환영시였다.

76) 《自由新聞》 1945년11월24일자, 「金九氏의 還國은 建國步調活潑化」.
77) 李萬珪, 『呂運亨先生鬪爭史』, pp.256~257; 『駐韓美軍史(2)』, p.70.

그대들 돌아오시니
　　─ 재외혁명동지에게

백성과 나라가
이적(夷狄)에 팔리우고
국사(國祠)에 사신(邪神)이
오연(傲然)히 앉은 지
죽음보다 어두운
오호 삼십육년!
　　　그대들 돌아오시니
　　　피 흘리신 보람 찬란히 돌아오시니!

허울 벗기우고
외오 돌아섰던
산(山)하! 이제 바로 돌아지라.
자휘 잃었던 물
옛 자리로 새소리 흘리어라.
어제 하늘이 아니어니
새론 해가 오르라.
　　　그대들 돌아오시니
　　　피 흘리신 보람 찬란히 돌아오시니!
　　　……………………………
　　　……………………………

사오나온 말굽에
일가 친척 흩어지고
늙으신 어버이, 어린 오누이
낯설은 흙에 이름 없이 구르는 백골!

상기 묻힌 듯 기다리는 마음마다
그대 어이 꽃을 밟으시리.
가시덤불 눈물로 헤치시라.
그대들 돌아오시니
피 흘리신 보람 찬란히 돌아오시니![78]

후렴이 있는 것으로 보아 정지용은 이 시가 노래로 불릴 것을 기대한
것 같으나 작곡되지는 않았다.

3

김구는 11월24일 아침 9시30분에 엄항섭을 대동하고 돈암장으로 이
승만을 답방했다. 그리고 이승만과 함께 반도호텔로 하지 장군을 예방

김구는 귀국 이튿날 오전에 돈암장으로 이승만을 답방했다.

---

78) 鄭芝溶, 「그대들 돌아오시니」, 《新朝鮮報》 1945년11월24일자.

하고 이어 군정청으로 아널드 장군을 예방했다.

김구는 오후 1시30분부터 경교장에서 군정청 출입기자단과 첫 공식 회견을 가졌다. 이날 기자들과 나눈 일문일답은 김구의 돌부처 같은 인품을 그대로 느끼게 하는 매우 신중하면서도 솔직한 것이었다.

기자들의 초미의 관심사는 논란이 되고 있는 이른바 민족통일전선 결성과 관련된 문제였다.

"그동안 이승만 박사를 중심으로 민족통일전선 결성운동이 전개되었는데 기대에 부응하지 못한 점도 있었다. 그런 만큼 김구 선생을 맞이한 전 민족의 기대는 실로 크다. 민족통일에서 이 박사는 우선 뭉치자고 하고 국내 여론은 무조건 통일이 아니고 먼저 친일파와 민족반역자를 처벌하자는 것인데, 이에 대한 포부는?"

"오늘은 대답할 수 없다. 여러분이 내가 이 박사보다도 더 나은 생각

1945년11월24일에 이승만의 안내로 하지 장군을 예방한 김구.

을 가졌다고 기대함은 잘못일 것이다. 또 나는 해외생활 30년으로 국내 정세를 잘 알지 못하므로 이같은 중대문제에 대하야 조급히 판단을 내릴 수는 없다."

그러자 기자들은 친일파와 민족반역자 처단문제는 「임시정부 당면정 책」에도 있지 않느냐고 반문했다. 이러한 반문에도 김구는 숭굴숭굴하게 대답했다.

"악질분자가 섞이는 통일을 누가 원할 것인가. 그러나 사정을 잘 모르니 어떻게 하나. 통일한 뒤에 처치하는 것과 처치한 뒤에 통일하자는 두가지인데 두가지 방법은 동일한 것이다. 그러나 실정을 잘 모르니 말하기 곤란하다.… 시간을 주기 바란다."

기자들은 국내정국의 실정을 파악하는 데 어떤 방법으로 하겠느냐고 물었다. 김구의 대답은 간단했다.

"눈과 귀가 있으매 듣고 보아서 잘 판단할 수 있을 것이다."

그러자 기자들이 다시 국내에는 주의주장이 상이한 정당이 있는데, 어떤 정당만이 선생의 주위를 둘러싼다면 선생의 총명한 판단을 그르치게 할 염려가 있다고 말하자, 김구는 "이 문제도 대답하기 어렵다" 하고 확답을 피했다.

고국에 돌아온 감상이 어떠냐는 질문에는 다음과 같은 감동 어린 한마디로 대답했다.

"내가 혼이 왔는지 육체까지 왔는지 모를 지경이다."

기자들은 잠시 멈칫했다.

"상해 체류 중에 도쿄의 맥아더 대장과 정부로 환국하느냐 개인 자격으로 들어오느냐 하는 문제에 대한 교섭이 있었다는데…."

"그들의 말은 조선에 군정부가 있는데 완전한 정부로 들어오는 것은 곤란하다는 것이다. 그 말을 이해했다. 그러나 그 시간이 연장되었을 뿐이요 우리 정부 자체는 사실상 아무런 관계도 없는 것이다."

그러자 기자들은 다시 국내의 인민공화국과 임시정부와의 관계를 물었다. 김구는 "아직 이것도 말할 수 없다. 좀 더 듣고 보고 구체적으로 말하겠다" 하고 대답을 피했고, 이승만 중심의 독립촉성중앙협의회와의 관계에 대해서도 "그것 역시 말할 수 없다. 정확한 실체를 안 다음에 결정해야 한다"라고 대답했다.

마지막 질문에 대한 김구의 대답은 그가 어떤 마음가짐에서 기자들의 질문에 그토록 신중하게 대답하는지를 짐작하게 한다.

"선생 이하 요인이 개인 자격으로 입국했으니 임시정부는 언제 환국하는가."

이 질문에 대해서는 김구는 서슴지 않고 대답했다.

"우리나라에는 현재 군정이 실시되고 있는 관계로 대외적으로는 개인자격이 될 것이나, 우리 한국사람으로 보면 내가 왔으므로 정부도 돌아온 것이다."[79]

이처럼 김구의 의식에는 자기 자신이 곧 임시정부였던 것이다. 그러나 그의 이러한 태도는 "연기하는 것은 해결이 아니다"라는 신조를 가지고 모든 일을 좌고우면 없이 판단하고, 그러한 판단에 입각한 분명한 비전을 제시하면서 대중을 휘어잡는 이승만의 태도와는 너무나 대조적이었다.

김구는 이날 저녁에 중앙방송국의 라디오방송으로 다음과 같은 간단한 귀국인사를 했다. 그의 귀국 방송 원고는 미리 준비되어 있었지만, 주어진 방송시간이 2분밖에 되지 않았으므로 울분을 삭이며 원고를 새로 준비했다.

"친애하는 동포 여러분!

27년간이나 꿈에도 잊지 못하고 있던 조국강산에 발을 들여놓게 되니 감개무량합니다. 나는 지난 5일에 중경을 떠나 상해로 와서 22일까지 머물다가 23일에 상해를 떠나 당일 서울에 도착하였습니다. 나와 각원 일동은 한갓 평민의 자격을 가지고 들어왔습니다. 앞으로는 여러분과 같

---

79) 《中央新聞》 1945년11월25일자, 「내가 오니 政府도 왔다」; 《新朝鮮報》 1945년11월25일자, 「個人資格은 對外關係」; 《自由新聞》 1945년11월25일자, 「判斷은 實情 안 然後」.

이 우리의 독립완성을 위해 전력하겠습니다. 앞으로 전국 동포가 하나가 되어 우리의 국가독립의 시간을 최소한도로 단축시킵시다.

앞으로 여러분과 접촉할 기회도 많을 것이고 말할 기회도 많겠기에 오늘은 다만 나와 나의 동사일동이 무사히 이곳에 도착되었다는 소식만을 전합니다."

이렇듯 짧은 인사말에서도 "평민의 자격"을 강조한 것은 미 군정부의 요구에 따른 것이었다. 이 인사말은 김구의 육성 방송 뒤에도 아나운서가 되풀이하여 읽어 전국으로 퍼져 나갔다.[80]

---

80) 張俊河, 앞의 책, pp.441~442.

80장

"공산당은 제 조국으로 가라"

1. 독촉중협의 중앙집행위원회 결성

1

　11월10일쯤이면 김구가 귀국할 수 있을 것으로 생각하고 독립촉성중앙협의회(이하 독촉중협) 활동을 중지하고 있던 이승만은 김구의 도착이 늦어진 것을 아쉬워하면서 독촉중협의 중앙집행위원 결성작업을 서둘렀다. 김구가 도착한 11월23일 저녁에 누구보다 먼저 죽첨장(竹添莊)으로 가서 김구를 만난 이승만은 11월26일까지 매일 김구를 만났다. 국내 상황을 설명하고 독촉중협의 활동에 김구가 참여하도록 설득하기 위해서였다. 두 사람의 면담은 주로 김구가 돈암장(敦岩莊)을 방문하여 이루어졌다. 이승만은 11월24일에는 돈암장으로 답방한 김구를 하지(John R. Hodge) 사령관과 아널드(Archibald V. Arnold) 군정장관에게 안내했다. 11월25일은 일요일이었는데, 오전에 정동교회에 가서 예배를 본 김구는 오후 2시쯤에 돈암장을 방문하여 저녁까지 이승만과 같이 있었다.

　11월26일부터 김구의 본격적인 활동이 시작되었다. 오전 10시에 군정청 제1회의실에서 내외기자들과의 공식 회견이 열렸다. 이승만이 미 국무부를 당혹스럽게 한 도착 제1성을 피력했던 바로 그 자리였다. 그때와 마찬가지로 김구도 하지 장군의 안내를 받으며 기자회견장에 나타났다. 하지는 먼저 김구를 다음과 같이 소개했다.

　"김구 선생은 그 일생을 한국을 위하여 헌신하셨으며, 어떤 때는 국내에서, 또는 해외에서 여러 방면으로 한국의 해방 독립을 위하여 노력하셨다. 이번에 해방된 고국에 개인의 자격으로 입국하였으나, 한국의 완전독립을 위하여 최대의 노력이 있을 줄 믿는다."

　통역은 김규식(金奎植)의 아들 김진동(金鎭東)이 했다. 이날의 김구의 태도도 이틀 전에 죽첨장에서 있었던 기자회견 때와 마찬가지였다. 그는 다음과 같이 말했다.

"지금 여러분이 본인에 대해서 제일 알고 싶어 하는 것은 하지 장군의 말과 같이 한국의 장래와 건국사업에 어떠한 정책이 있는가 하는 것이다. 그러나 유감스럽게도 본인은 귀국한 지 불과 수일밖에 안되어 국내의 제반사정을 확실히 알지 못하는 것과 또 임시정부의 각원(閣員)들이 다 귀국하지 못한 까닭에 구체적인 계획을 수립하지 못했으므로 확언할 수 없다. 앞으로 국내에서 조국해방에 애쓰신 선배와 국사를 위해서 노력하신 제씨를 방문도 하고 초집(招集)도 하야 시급한 자주독립과 건국경륜을 의논하는 한편 미 주둔군 당국자와도 절실히 협의한 뒤에 구체적인 정책을 세우려고 한다."[1]

이러한 김구의 신중한 태도는 그의 말이 "불을 토할 것인지 쇠를 토할 것인지"를 기대하고 있던 기자들을 적이 실망시켰다.[2] 도하 신문에 일문일답 기사가 없는 것이 그러한 상황을 짐작하게 한다.

기자회견을 마친 김구는 돈암장으로 가서 이승만과 오랫동안 요담했다. 이날은 이승만의 정례 기자회견일이었는데, 이승만은 김구와 이야기하느라고 윤치영(尹致暎)으로 하여금 자기 대신 기자들을 만나게 했다.[3]

김구는 11월27일에는 오전 오후에 걸쳐서 국내 4대정파 대표들을 각각 회견하고 그들로부터 국내사정에 대한 설명을 들었다.[4] 맨 먼저 만난 사람은 국민당의 안재홍(安在鴻)이었다. 안재홍은 인민공화국이 결성되어 혼란을 격화시키고 있다고 말하고, 「임시정부 당면정책」에서 천명한 대로 과도정권을 새로 수립할 것이 아니라 임시정부가 직접 집권할 것을 건의했다.

1) 《自由新聞》 1945년11월27일자, 「主席數日間의 動靜」; 《中央新聞》 1945년11월27일자, 「金主席 內外記者團과 共同會見」.
2) 張俊河, 『돌베개』, p.444.
3) 《新朝鮮報》 1945년11월27일자, 「李博士와 要談」.
4) 《中央新聞》 1945년11월28일자, 「四首領과 會見要談」; 《서울신문》 1945년11월28일자, 「金九先生과 各黨首會見」.

이에 대해 김구는 "각 각료들의 입국을 기다려서, 또 모든 정당 및 사회단체와 협의해서 결정하겠다"라고만 대답했다.[5]

다음으로 김구는 한국민주당의 송진우(宋鎭禹)와 회담했다. 송진우는 몇가지 구체적인 대책을 건의했다. 그것은 첫째로 몇개조의 친선사절단을 조직하여 각 연합국에 파견할 것, 둘째로 임시정부의 사무조직을 시급히 정비할 것, 셋째로 시급히 광복군을 모체로 하여 국군을 편성할 것, 넷째로 재정문제는 국내외 유지들의 회사를 받는 것도 가능할 것이라고 자신 있게 말했다.[6]

오후에는 먼저 인민당의 여운형(呂運亨)과 회담했다. 여운형의 이야기는 정치적인 내용이 아니라 주로 회고담이었고, 변명조였다. "이제 선생께서 들어오셨으니 제가 할 일은 없어진 줄로 압니다" 하는 여운형의 말에 김구의 입가에 이날 처음으로 미소가 스쳐갔다. 오후 4시에 인민공화국의 국무총리 허헌(許憲)이 사무국장 이강국(李康國)을 대동하고 나타났다. 허헌은 사무적인 언행으로 인민공화국이 조직된 경위를 설명했다. 그러면서 그는 "이제 김구 선생께서 돌아오셨으니 잘 지도하여 주시기 바란다"고 말하고 자신은 백지로 돌아가서 받들겠다고 말했다. 이에 김구는 "아직은 국내 사정에 어둡고 임시정부 각원들도 대부분이 입국치 않았으니 앞으로 잘 생각해 보자"고 대답했다.[7]

그런데 김구와 회담한 뒤에 기자단과 만난 허헌은 김구가 인민공화국의 성과를 칭찬하고 전폭적으로 협력해 나갈 것을 부탁했다고 사실과 다른 말을 했다.[8] 이튿날 선전부장 엄항섭(嚴恒燮)은 허헌을 불러 강력히 항의하는 한편 보도를 부인하는 담화를 발표했다.

김구는 12월1일에도 돈암장을 방문하여 이승만과 장시간 요담했다.[9]

---

5) 張俊河, 앞의 책, p.460.
6) 위의 책, p.463.
7) 같은 책, pp.464~466.
8) 《中央新聞》 1945년11월28일자, 「四首領과 會見要談」.
9) 《新朝鮮報》 1945년12월2일자, 「金主席 李博士와 要談」.

이승만과 김구가 계속해서 만난 것은 미 군정부와 이승만의 예상과는 달리 독촉중협 참가문제에 대한 김구의 태도가 너무나 신중했기 때문이었던 것 같다. 김구로서도 임시정부에 대한 환호 분위기 속에서 결국은 임시정부의 해산을 전제로 한 별도의 "민의의 대표기관"을 만드는 문제에 대해 혼자서는 단안을 내릴 수 없었을 것이다.

12월1일에는 함박눈이 내리는 속에서 이인(李仁), 윤보선(尹潽善) 등의 임시정부환국봉영회가 주최하는 환영식과 기행렬이 있었다. 서울운동장에는 3만여명의 군중이 집결했다. 손에 손에 태극기를 든 행렬은 계속 눈이 내리는 가운데 안국동 로터리에 이르러 조선생명보험회사 빌딩 2층에 나란히 앉아 축하를 받는 김구와 이승만 앞을 지나면서는 "김구 주석 만세"와 "이승만 박사 만세"를 외쳤다.[10]

바로 이날 임시정부 요인 제2진이 귀국했다. 일행을 태운 미군 수송기는 오후 1시 반에 김포비행장에 닿았으나 눈 때문에 착륙이 불가능했다. 비행기는 김포비행장 상공을 두번이나 선회하다가 기수를 돌려 오후 3

1945년12월1일 임시정부환국봉영회에 나란히 참석한 이승만과 김구. 오른쪽 끝은 대회장 오세창.

10) 《自由新聞》 1945년12월2일자, 「歡迎旗行列도 盛大」.

임시정부환국봉영회에 참가한 학생들의 기행열.

시나 되어 옥구(沃溝)비행장에 착륙했다. 비행장에는 미군 대형트럭 한대
가 대기하고 있었다. 트럭이 논산(論山)에 닿은 것은 밤이 어두워서였다.
이튿날 아침 10시에 논산을 떠난 임시정부 요인 제2진은 오후 4시에 유
성(儒城)에 닿았고, 서울에서 보낸 수송기로 유성비행장을 떠나서 김포
비행장에 내린 것은 오후 5시였다. 일행은 바로 경교장으로 갔다가 숙소
로 마련되어 있는 진고개의 한미(韓美)호텔로 가서 여장을 풀었다.[11]

2

이튿날 오전 11시에 경교장에서 임시정부의 첫 국무회의가 열렸다. 가
장 먼저 경교장에 도착한 사람은 주미외교위원장 이승만이었다. 도하 신
문들은 "동경턴 고국서 역사적 국무회의" 등의 표제를 달아 대서특필했
다. 그러나 그 '국무회의'는 일반국민의 기대와는 거리가 먼 것이었다. 제

---

11) 張俊河, 앞의 책, pp.483~489.

2진으로 귀국한 국무위원들의 표정은 당장 불만과 비난이 터져 나올 것만 같은 느낌이었다. 김구는 개회사에 이어 유동적인 국내 상황을 간단히 설명했다. 이어 엄항섭이 경과보고 형식으로 정당 난립을 이루고 있는 국내정세와 임시정부가 미군정의 적극적인 지지를 받지 못하고 있는 점 및 이에 대한 임시정부의 조치 등을 설명했다. 이승만은 경각심을 일깨우는 그 특유의 논법으로 국내외 정세, 특히 공산주의자들의 움직임을 상세히 설명하는 발언을 했다. 제2진으로 귀국한 한 국무위원이 자신들도 국내 정정에 직접 접해 본 다음에 다시 논의하자고 제의하여, 회의는 바로 간담회로 바뀌었다. 간담회는 오후 늦게까지 계속되었다.[12] 이날부터 국무위원들의 개별행동이 시작되었다.

2진과 함께 입국한 중국 무전사 3명은 중국국민당과의 무전연락을 맡았다. 그러나 얼마 지나지 않아 미 군정부가 대중국 전파 발신을 금지하여 이들은 이따금 외국의 단파방송이나 청취하는 정도의 일밖에 할 수 없게 되었다.[13]

이승만은 독촉중협의 중앙집행위원을 선출할 전형위원으로 여운형, 안재홍, 송진우, 백남훈(白南薰), 김동원(金東元), 허정(許政), 원세훈(元世勳) 7명을 선정하고 11월28일에 돈암장에서 제1회 전형위원회의를 소집했다. 그러나 안재홍은 불참했고, 여운형은 전형위원 선정의 편파성을 지적하며 퇴장하고 말아 회의는 유회되었다. 여운형이 반발한 것은 송진우를 비롯한 참석자 5명이 모두 한민당 총무들인 반면 공산당 인사는 한명도 포함되지 않았기 때문이었다. 여운형이 항의하자 이승만은 이들 다섯 사람이 모두 한민당원인 줄 몰랐다고 말했다.[14]

이승만은 전형위원 선정을 다시 하지 않으면 안되었다. 그 결과 안재

---

12) 張俊河, 「白凡金九先生을 모시고 六個月(四)」, 《思想界》 1966년11월호, p.101.
13) 선우진 지음, 최기영 엮음, 『백범선생과 함께한 나날들』, pp.66~67.
14) 《中央新聞》 1945년12월6일자, 「獨立促成中央協議會 銓衡委員選任不順調」; 李萬珪, 『呂運亨先生鬪爭史』, pp.250~253.

홍을 비롯하여 인민당의 김지웅(金志雄), 조선공산당의 김철수(金錣洙), 천도교의 손재기(孫在基), 한민당의 백남훈, 한독당의 김석황(金錫黃), 무소속의 정로식(鄭魯植) 7명이 새로 전형위원으로 선정되었다. 그러나 이 전형위원 선정과 관련해서도 말썽이 없지 않았다. 인민당의 김지웅이 당의 승인을 받지 못해 참가할 수 없다고 하여 다시 이여성(李如星)으로 바꾸어 교섭했으나, 이여성도 당의 승인 없이는 참가하기 어렵다고 사양했다. 그리하여 결국 6명의 전형위원으로 12월5일부터 전형위원회의를 진행하게 되었다.[15] 공산당의 김철수에 대해서도 처음에는 박헌영(朴憲永)이 거부했으나, 김철수가 소속정당의 승인이 전형위원 선정의 조건이 아닌 점을 강조하며 항의하자 박헌영이 마지못해 동의했다고 한다. 전형위원회의는 12월14일까지 돈암장에서 10여차례 거의 매일 계속되었는데, 회의에는 장덕수(張德秀)도 이승만의 정치고문 자격으로 투표권 없이 참석했다.[16]

하지 장군도 바쁘게 움직였다. 이승만은 회의에서 "군정부 하지 장군은 우리를 위하여 신이야 넋이야 하면서 2주 내로 이 결성을 속히 보여 달라고 요구했다" 하고 말했다. 하지는 11월27일에 미국정부와 소련정부가 모스크바에서 남북 양 지역 사이의 통신의 개시, 경제생활의 통일과 물자교류, 자유로운 교통왕래 등 38도선으로 말미암아 발생한 불편을 철폐하기 위하여 협의를 시작했다고 밝혔다.[17] 뒤이어 하지는 각 정파의 지도자들과 일련의 면담을 가졌다. 면담내용은 비밀에 부쳐졌다. 먼저 11월30일에는 여운형을 만났다. 이튿날 여운형은 기자들에게 하지가 좌우 어느 쪽에서도 만족할 수 있는 복안을 제시했으므로 자기는 거기에 적극적으로 협력할 것을 약속했다고 밝혔다.[18] 하지는 12월6일

15) 『獨立促成中央協議會 中央執行委員會 第一回會議錄』(1945.12.15.), 『雩南李承晩文書 東文篇 (十三) 建國期文書 1』, pp.9~12.
16) 金錣洙, 『遲耘 金錣洙』, pp.182~183.
17) 《서울신문》 1945년11월28일자, 「三十八度線撤廢코저 美蘇間에 協議進行」.
18) 《서울신문》 1945년12월2일자, 「하지中將의 統一案에 積極的協力을 約束」.

에는 이승만, 김구, 여운형 세 사람을 시차를 두고 군정청으로 초치하여 면담했다.[19] 이승만과는 아널드와 함께 오전 9시부터 두시간 동안 이야기했고.[20] 또 12월7일에는 국민당의 안재홍을 군정청으로 초치하여 하지의 고문관 윌리엄스(George Z. Williams)가 만났고[21], 그 이튿날에는 한민당의 송진우를 초치하여 하지가 만났다.[22]

조선공산당의 박헌영은 아널드 군정장관이 12월11일에 군정청으로 초치하여 면담했다. 아널드는 박헌영에게 각 정당과 사회단체의 대표들로 구성되는 국가평의회를 설립할 계획이라고 설명하고 "만일 1개월 안에 정당들의 통합이 이루어지지 않으면 국가평의회는 다른 나라의 후견(後見)에 맡겨질 것이다"라고 말했다.[23]

하지와 각 정파 영수들과의 일련의 회담내용은 일체 비밀에 부쳐졌으나, 12월15일에 열린 독촉중협의 제1회 중앙집행위원회 회의에서 행한 이승만의 다음과 같은 발언내용으로 미루어 보아 하지가 각 정파 지도자들을 만나서 촉구한 것이 어떤 것이었는지 짐작할 수 있다.

"이 중앙집행위원회의 조직을 군정부에서는 초조히 고대하고 있다. 그들의 바라기는 40인가량으로 결성하는 것이었는데, 그 수에 이르지 못한 것이 유감이다. 군정부에서 이 회에 대하여 바라는 것은 대내·대외 관계에서 이 기관을 경유하게 하여 이 기관을 권위 있게 하자는 데 있다.… 군정부는 나에게 말하기를 인도자의 회를 종합하여 민의의 대표기관으로 만들어 민의의 소봉(所奉)이 되게 하여 달라는 것이다.… 머지않아 개최될 모스크바의 각국 외상회의의 관계가 우리 문제에 심대한 것이 있는데, 이 회의 구성이 지연되어 유감이다.…

군정부에서는 이 독촉중협을 국정회의(國政會議) 또는 국무회의(國

---

19) 《서울신문》 1945년12월8일자, 「金, 李, 呂, 安四氏 하―지中將과 會談」.
20) 《中央新聞》 1945년12월7일자, 「軍政首腦와 李博士 長時間重大會談」.
21) 《新朝鮮報》 1945년12월9일자, 「월리암顧問官 安在鴻氏와 會談」.
22) 《東亞日報》 1945년12월10일자, 「하지中將 各黨首要談」.
23) 「박헌영 동지와 아놀드의 회담」, 이정박헌영전집편찬위원회 편, 『이정박헌영전집(2)』, p.111.

務會議)의 명의로 모아 최고
의 인도자로 김구, 김규식, 조
소앙(趙素昻), 유동열(柳東說)
네분을 생각하는데… 이외에
송진우, 안재홍, 여운형, 박헌
영 혹은 김철수 이 네분을 독
촉중협에서 추천하면 어떨까
한다. 군정부의 의견은 15인 이
내로 구성하는 것이 어떨까 생
각하는 모양이다. 아널드 군정
장관은 먼저는 이 고문제도를
군정부의 부속물로 하려고 생
각한 모양인데, 이에 대하여 나
는 반대하고 민의의 대표로 군

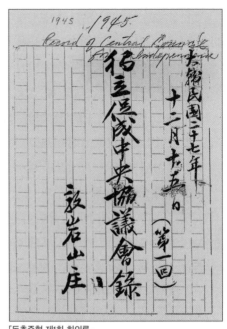

「독촉중협 제1회 회의록」.

정부에 연락하는 국정회의, 즉 한인 문관의 민의대표로 하자고 했다.…"24)

이승만이 말한 국정회의 또는 국무회의란 아널드가 박헌영에게 설
명한 국가평의회를 말하는 것이었다. 장덕수는 그것을 '국무회의(State
Council)'라면서 「국무회의 규정」을 기초하기도 했다.25)

3

비밀회의로 진행된 전형위원회의는 기록을 남기지 않았고 신문에도
제대로 보도되지 않았기 때문에 정확한 진행상황을 알 수 없는데, 공산
당 대표로 회의에 참가했던 김철수는 주목할 만한 증언을 했다.

---

24) 「獨立促成中央協議會錄」(1945.12.15.), 『雩南李承晩文書(十三) 建國期文書 1 』, pp.57~72.
25) 「獨立促成中央協議會錄」(1945.12.16.), 위의 책, p.135.

"한 십여번 나가서 돈암장에서 만나. 그 자리가 대단히 중요한 자리여. 인제 고자리에서 독립촉성중앙협의회[중앙집행위원회]를 뽑아 놓으면, 그 중앙협의회[중앙집행위원회]에서 정부를 조직혀. 임시정부를 조직해 가지고 거기서 국회소집을 해. 국회를 뫼야.… 어떡허든지 빨리 우리나라 정부를 조직한다고. 그 서른아홉명인가 뽑았어. 김일성(金日成)이 들어오고 조만식(曺晩植)이 들어오고 송진우, 여운형이, 다들, 박헌영이. 전부 말단이 아닌 사람은 들어갔단 말여."[26]

김철수에 따르면, 독촉중협의 중앙집행위원회가 국회를 소집하는 임시정부를 구성하며 거기에는 북한의 김일성과 조만식까지도 참여시킨다는 복안이었다. 이처럼 미 군정부와 이승만이 합의한 국무회의는 남북한에 걸친 통일된 임시정부를 상정한 것이었다. 그것은 근년에 공개된 한 구소련 문서로도 확인된다. 연해주군관구 군사위원 슈티코프(Terentii F. Shtykov)가 1945년11월 무렵에 소련공산당 중앙위원회 서기 말렌코프(Georgy M. Malenkov)에게 보낸 보고서에는 이승만이 독촉중협을 결성한 뒤에 조만식에게 밀사를 보내어 김일성을 초청할 것을 제의했으나 김일성이 반대했다고 기술되어 있다.[27]

하지 장군이 독촉중협 중앙집행위원회의 결성을 재촉한 것은 12월16일부터 모스크바에서 개최되는 3국(미국, 소련, 영국) 외상회의를 의식한 때문이었다. 하지는 번스(James F. Byrnes) 미국무장관이 모스크바회의에서 한국문제 처리방안으로 지금까지의 미국정부의 공식 정책인 다국간 신탁통치 대신에 하지의 정치고문대리 랭던(William R. Langdon)이 건의한 '행정위원회'안을 제출해 주기 바랐던 것이다.[28] 랭던의 건의를 검

26) 金錣洙, 『遲耘 金錣洙』, p.183.
27) 「슈티코프가 말렌코프에게」, 「조선의 정치상황보고」, 기광서, 「러시아연방 국방성중앙문서보관소 소재 해방 후 북한정치사 관련자료 개관」, 『해방전후사사료연구(Ⅱ)』, 선인, 2002, pp.121~122.
28) 정병준, 「주한미군정의 '임시한국행정부' 수립구상과 독립촉성중앙협의회」, 《역사와 현실》 제19호, p.160.

토한 번스는 11월29일에 "만일 소련으로부터 한국의 통일과 독립을 위한 적절하고 특별한 보장만 받을 수 있다면, 우리는 더 이상 신탁통치를 주장하지 않을 수 있을 것이다"라는 주목할 만한 회답을 보내왔다.[29]

랭던은 모스크바회의가 개최되기 이틀 전인 12월14일에 번스에게 다시 주한 미 군정부의 건의안을 타전했다. 그것은 (1) 이미 보고한 제안[행정위원회안]이 소련의 정책과 일치하는지, (2) 아니면 국제연합 관할 아래 양 지역에서 미국과 소련이 각각 최장 5년 동안의 배타적 신탁통치를 실시하되 그동안에는 양 지역 사이에 사람과 재산의 이동을 자유롭게 하고 그 뒤에 양 국군이 완전히 철수하는 동시에 한국을 국제연합에 가입시키는 방안에 소련이 찬성하는지를 협상해야 한다는 것이었다.[30] 그런데 흥미로운 것은 두번째 방안이 인민공화국의 허헌이 랭던에게 제안한 것이었다는 사실이다.[31]

독촉중협의 전형위원회의는 12월13일과 14일 이틀 동안 중앙집행위원 선정작업을 마무리했다. 먼저 정당, 사회단체, 종교단체 등에 배정할 인원수를 결정했다. 정당에서는 4대 정당인 한민당, 공산당, 국민당, 인민당이 각각 4명, 여성단체로는 부녀동맹 1명, 여자국민당 1명, 무소속 1명, 종교계에서는 예수교 1명, 불교 1명, 천도교 1명, 유교 1명, 청년단체로는 조선청년총동맹(청총) 2명과 그 밖에 8명, 기타단체로 전국노동조합평의회(전평) 2명, 전국농민조합총연맹(전농) 2명, 군소정당 2명 등 모두 39명을 결정했다.[32] 11월14일 오후의 전형위원회의에서 확정된 중앙집행위원 39명의 명단은 다음 표와 같았다.

---

29) Byrnes to Langdon, Nov. 29, 1945, *FRUS 1945*, vol.Ⅵ., p.1138.
30) Langdon to Byrnes, Dec. 14, 1945, *FRUS 1945*, vol.Ⅵ., p.1143.
31) Langdon to Byrnes, Dec. 11, 1945, *FRUS 1945*, vol.Ⅵ., p.1141.
32) 《新朝鮮報》 1945년12월16일자, 「獨立促成中央協議會 各黨別委員三十九名內定」.

전형위원회에서 선출된 독촉중협중앙집행위원(39명) [33]

김법린(金法麟: 불교)

김승렬(金勝烈: 유교)

김지웅(金志雄: 인민당)

김철수(金鐵洙: 공산당)

박용희(朴容羲: 국민당)

백남신(白南信: 군소정당)

백용희(白庸熙: 전농)

서중석(徐重錫: 무소속)

송진우(宋鎭禹: 한민당)

엄우룡(嚴雨龍: 국민당)

원세훈(元世勳: 한민당)

유혁(柳赫: 전농)

이걸소(李傑笑: 인민당)

이순금(李順今: 무소속)

이여성(李如星: 인민당)

이의식(李義植: 국민당)

임영신(任永信: 여자국민당)

조두원(趙斗元: 공산당)

허성택(許成澤: 전평)

황신덕(黃信德: 건국부녀동맹)

김석황(金錫璜: 한국독립당)

김여식(金麗植: 신한민족당)

김창엽(金昌曄: 기타 청년단체)

남상철(南相喆: 군소정당)

박헌영(朴憲永: 공산당)

백남훈(白南薰: 한민당)

변홍규(卞鴻圭: 기독교)

손재기(孫在基: 천도교)

안재홍(安在鴻: 국민당)

여운형(呂運亨: 인민당)

유석현(劉錫鉉: 한국독립당)

이갑성(李甲成: 신한민족당)

이성백(李成伯: 전평)

이시열(李時悅: 군소정당)

이응진(李應辰: 천도교)

이호제(李昊濟: 청총)

조동호(趙東祜: 공산당)

함태영(咸台永: 기독교)

허정(許政: 한민당)

그런데 이 시점에 공산당의 박헌영이 개인 자격으로 전형위원회의에 참석하여 전형위원들의 합의사항을 뒤집는 주장을 했다. 박헌영은 김철

33) 「獨立促成中央協議會錄」(1945.12.15.), 『雩南李承晩文書(十三) 建國期文書 1』, pp.3~5.

수가 사전에 이승만의 양해를 얻어 참석하게 한 것이었다. 이승만은 공산당이 독촉중협을 이탈하지 않도록 하기 위하여 예외적인 요구를 받아들였던 것이다. 그런데 박헌영은 중앙집행위원 수를 민족진영쪽과 공산당이 반반씩 나누어야 한다고 고집했다.[34] 그 논거는 12월12일에 발표한 박헌영의 성명서에 표명되어 있다. 성명서는 민족통일전선은 밑으로부터 대중을 기초로 하고 결성되는 통일이 가장 기본적이요 내용도 충실하다고 전제하고, 다음과 같이 주장했다.

민족통일전선의 상부통일인 정당 간의 협력에 대하야 우리 당에서는 타협점을 명시하였다. 즉 반반수의 세력균형을 가지고 좌우익이 연합하자는 우리의 정당한 제의에 대하야 우익정당은 난색을 보일 뿐 아니라 과반수의 절대다수를 주장하고 있으니, 그들이 현실과 구체적 사정을 파악치 못한 까닭이다. 그들은 좀 더 민주주의를 학습할 필요가 있다.[35]

박헌영의 요구에 가장 강력하게 반대한 것은 한민당의 송진우였다. 그는 인민당도 공산주의 정당이고 전평 등도 공산당의 외곽단체이므로 박헌영의 주장대로 하면 공산주의자들이 반수를 훨씬 넘게 된다는 것이었다.[36] 또한 국민당의 안재홍도 박헌영에게 "지금은 민족독립국가의 완성이 요청되는 때이니 5 대 5 등 비율은 문제가 아니되고 민족주의자가 영도하는 국가를 성립시켜야 하니까 공산주의자는 제2선으로 후퇴하도록 하라"고 권고했다. 그러나 박헌영은 "그것이 다 무슨 말이냐"고 하면서 짜증을 더럭더럭 내었다고 한다.[37]

---

34) 「獨立促成中央協議會錄」(1945.12.15.), 위의 책, pp.13~15.
35) 《自由新聞》 1945년12월13일자, 「民族統一戰線과 亡命政府에 對하야」.
36) 金錣洙, 『遲耘 金錣洙』, pp.154~155, p.183.
37) 安在鴻, 「八·一五 당시의 우리 政界」, 『民世安在鴻選集 2』, p.473.

박헌영은 또 12월12일의 성명에서 임시정부를 맹렬히 비판했다. 그것은 김구 일행이 귀국한 뒤에 처음으로 임시정부에 대하여 언급한 공산당의 공식 견해였다.

망명정부가 일종의 임시정부인 것처럼 선전하는 것은 통일을 위한 노력이 아니라 도리어 분열을 조장하는 행동이 아닐 수 없다. 국제관계와 국내 제세력을 옳게 파악한다면 결코 임시정부로서 행세할 리 없고 개인 자격으로 본분을 지켜야 국제신의가 서게 될 것이다. 또한 통일정부 수립을 착안하고 있는 국내의 진보적 세력과 접근하기에 노력을 아끼지 말아야 될 것이니, 그분들은 좀더 왕가식적(王家式的), 군주식적(君主式的) 생활 분위기에서 해탈하고 나와 조선인민, 특히 근로대중과 친히 접촉하야 조선인의 새로운 공기를 호흡할 필요가 있다. 과거 수십년간 망명생활 중에 조선과 분리한 생활을 계속하던 분들이 또다시 국내에 와서도 그러한 비민중적 생활의 노예가 된다는 것은 기현상이 아닐 수 없다.[38]

박헌영의 임시정부 부인성명에 대해 조소앙은 이튿날 기자들을 만나 "대중과 접하라는 점에 대해서는 쌍수 환영이다"라고 말하고, 임시정부에 대해서는 1920년에 소련의 레닌(Vladimir I. Lenin)도 경제적, 문화적, 정치적으로 절대 원조를 하여 왔다고 주장하면서, "소련을 위시하여 각 열강과의 역사적 사실을 공산당은 망각치 말기 바란다" 하고 궁색하게 반박했다.[39]

---

38) 주35)와 같음.
39) 《東亞日報》 1945년12월15일자, 「亡命客集團이란 不當」.

드디어 12월15일 오후 3시부터 독촉중협 중앙집행위원들의 첫 회의가 돈암장에서 열렸다. 그러나 선정된 중앙위원 39명 가운데 참석자는 한민당의 송진우, 백남훈, 허정, 원세훈, 국민당의 안재홍, 엄우룡, 이의식, 박용희, 신한민족당의 이갑성(李甲成), 한독당의 유석현, 천도교의 손재기, 이응진, 불교의 김법린, 1주일 뒤에 대한독립촉성 전국청년총연맹을 결성하는 김창엽, 건국부녀동맹의 황신덕으로서 모두 15명밖에 되지 않았다. 공산당과 인민당 및 전평, 전농, 청총 등의 좌익단체 대표 15명은 모두 참석하지 않았다. 전형위원회의에 꼬박꼬박 참석해 온 공산당의 김철수도 참석하지 않았다. 이승만은 김철수가 "매우 침착하고 진실하게 보이는 분으로서 타협성이 많아 보였으나 당의 관계로 이와 같이 된 모양"이라면서 아쉬워했다. 우익단체에서도 불참자가 많았다.

이승만은 독촉중협에 공산당을 참가시키는 문제는 이제 포기할 수밖에 없다고 생각했다. 정식회의를 진행하기에 앞서 그는 다음과 같이 말했다.

"지금 여러분이 더 협의해서 공산당을 다시 참가하도록 하든지 어쩌든지… 나의 생각으로는 더 다시 여지가 없지 않을까 한다.… 지금 이렇게 저렇게 생각해 보면 저 공산당 주장은 유럽과 중국의 선례를 보아 확실히 알 수 있는데, 나로서는 대공협동은 심히 어렵다고 본다.… 지금 우리가 부질없이 공산당과 협동한다 하여 해결 운운만 하고 있으면 도리어 지방사람들의 심목(心目)을 현황[炫煌: 어지럽고 황홀함]케 할 뿐이니… 나는 이 공산분자의 심리를 알고 있으므로 끝내는 일에 무익할 것도 짐작하였으나, 이분 저분의 제언으로 가지우지(加之又之)하고 또 감지삭지(減之削之)를 일삼다가 지금 실패라 하면 실패라 하게 되었다. 오늘이 미국인 군정부가 내용으로 이 결속의 결과를 보고해 달라고 한 최후의 한정일이다. 적어도 1주일 전쯤에 이 합동을 보여 주었더라면 미국인이 우리에게 말하여 줄 것이 있었을 것인데, 참으로 유감이다.…"[40]

이렇게 하여 공산당의 참가는 단념한 채 독촉중협의 중앙집행위원회를 성립시켰다.

공산당의 이탈문제보다 더 심각한 문제는 임시정부와의 관계문제였다. 곧 독촉중협이 임시정부를 최고기관으로 추대할 것인지, 임시정부의 일부 인사들을 개별적으로 독촉중협에 참가시킬 것인지, 또는 두 조직을 병행시킬 것인지 하는 문제를 두고 참석자들은 혼란스러워했다. 이승만은 김구와 합동으로 임시정부와는 별도의 국정(國政)최고기관을 만드는 것이라고 설명했다.

"임시정부가 입국하기 전에 이 독촉중협이 대내 대외문제 해결의 기관으로 되었으면 좋았을 것인데, 임시정부가 환국한 후이므로 이를 별개 조직의 정부라는 낭설이 있을지 모르겠다. 그러니까 가장 좋은 방법으로는 임시정부 주석 김구씨 이하 혼성체로 국정에 대하여 최고지도자로 했으면 한다. 그렇게 하면 중국주석 장개석(蔣介石)씨 같은 분이 주장하야 우리 임시정부가 승인을 받게 되든지 이 독촉중협이 성실(成實)되든지 양단간에 김구 주석과 일을 진행하면 좋을 것 같다.… 그리고 독행 독단할 때가 오면 나는 독단 독행하려고 한다.…"

참석자들이 임시정부에 대한 국민들의 기대가 큰 상황에서 몇 사람만 선택한다면 임시정부가 분열되지 않겠느냐는 우려를 표명하자 이승만은 임시정부는 어차피 해산할 수밖에 없다고 다음과 같이 강변했다.

"임시정부가 환국한다는 말을 듣고 이 독촉중협 진행을 중지한 것은 김구 주석이 온 뒤에 상의 양해하는 것이 좋을까 한 까닭이다. 김구씨와는 말한 바도 있어 양해가 어렵지 아니하나, 지금 와서 본즉 임시정부가 입국하기 전에 임시정부 제공이 서로 구속이 견고하게 되어 있는 모양으로서, 임시정부 제공의 협의가 없으면 좀 안될 모양으로 보인다. 내 생각

---

40) 「獨立促成中央協議會錄」(1945.12.15.), 『雩南李承晚文書(十三) 建國期文書1』, pp.23~38.

에는 정부조직체는 독촉중협을 견실히 하는 데서 나올 것으로 보는데, 지금 김구씨가 임시정부 제공의 속박을 많이 받고 있는 모양이다.… 사람들은 이 독촉중협을 별동대로 보고 있는 모양인데, 김구씨는 이 독촉중협과 합일하려고 한다. 그런데 내 생각에 조금 난관으로 생각되는 것은 임시정부를 해산치 아니하면 안되게 되는 점이 이것이다.…"[41]

독촉중협 중앙집행위원회는 이튿날 오후에도 회의를 계속했다. 전날 참석했던 송진우, 이응진, 황신덕 세 사람이 불참하고 한독당의 김석황, 예수교의 변홍규, 민일당(民一黨)의 남상철이 새로 참석하여 참석자는 전날과 마찬가지로 15명이었다. 회의에서는 먼저 장덕수가 기초해 온 「국무회의 규정」안이 보고되었으나, 시기상조라는 등의 이유로 토의되지는 않았다. 같은 시간에 돈암장을 방문한 김구는 회의에는 참석하지 않고 별실에 있었는데, 장덕수는 김구에게 가서 「국무회의 규정」안을 설명했다.[42] 이승만은 독촉중협과 임시정부의 관계에 대하여 김구와 김규식의 양해를 얻었다고 말하고, 그러나 결의문을 만들어 대외선언을 하는 일은 임시정부가 좀 꺼린다면서 "만약 불여의하면 독자적 견지에서 진행하겠다"고 잘라 말했다.

이승만은 12월19일에 거행될 대대적인 임시정부 개선 환영식을 독촉중협이 대외선언을 하는 자리로 이용하고자 했다. 그는 공산당의 불참에 대한 노여움을 거듭 털어놓았다.

"우리의 일이 늦어서 저 군정부 하지 장군은 골이 나 있다. 공산당이 불참가한 것을 들으면 또 불만히 여길 것 같다. 그러나 인사로는 다 할 데까지 하여 보아도 잘 안되는 데야 어찌할 수 있나. 내가 공산당에 대하여 항상 말하여 오는 것은 어제까지 싸웠다 하더라도 오늘은 독립하기 위하여 싸움을 그만두고 손을 잡고 같이 독립하여야 하겠다 하여 왔다.

41) 「獨立促成中央協議會錄」(1945.12.16.), 위의 책, pp.76~88.
42) 「獨立促成中央協議會錄」(1945.12.16.), 같은 책, pp.135~136.

1945년12월19일의 임시정부 개선 환영회를 보도한 《서울신문》 지면. 머리사진은 답사하는 김구.

만약 독립에 반대한다 하면 그 독립반대자와는 분수[分手: 서로 작별함]
하는 수밖에 없다. 나라를 파괴하려는 자와 나라를 건설하려는 자가 어
찌 같이 일을 할 수 있나.…"43)

이렇게 하여 우파인사들만으로 중앙집행위원회 결성작업을 일단락
지은 이승만은 바로 독촉중협의 지방지부 조직작업을 추진하기로 하고,

---

43) 「獨立促成中央協議會錄」(1945.12.16.), 같은 책, pp.136~179.

남한 전역에 선전대를 파견했다.[44]

조선인민당 인사들이 회의에 참가하지 않은 이유는 알려지지 않았다. 11월30일에 하지 장군과 면담하고, 하지가 좌우 어느쪽에서도 만족할 수 있는 복안을 제시했으므로 적극적으로 협력하겠다고 공언했던 여운형은 독촉중협 중앙위원의 인선이 마무리되고 그 첫 회의가 열릴 무렵에는 서울에 없었다.

김철수에 따르면, 인민당 인사들이 회의에 참가하지 않은 것은 박헌영의 요구 때문이었다. 일찍이 고려공산당 시절부터 여운형과 공산주의 운동을 같이 했고, 여운형이 1921년의 모스크바 극동민족대회에 참석할 때에는 그의 여비를 지원해 주기도 했던 김철수는 이때의 여운형의 행동에 대하여 다음과 같이 술회했다.

"여운형씨는 제재받는 공산당원이 아니거든. 근디… 박헌영한테 꼼짝을 못해. 그렇게 말라고 하면, 못 나가게 하면 안 나가. 여운형씨가 좀 주책이 없어. 자기 주견이 확실하들 못해. 그래서 무엇을 얘기하다가도 아 미국놈이 나쁘다고 하면 그러냐고, 그래 놓고는 또 가서는 얘기하는 것은 그대로가 아니고, 어떻게 돌아가는지도 모르고…. 그리고 와서 인제 여러 사람이 공격을 하면 그날 미국놈하고 약조해 놓고도 안 가. 그냥 자기 집이 저 위로 올라가서, 서울 옆에[양평의 시골집]…. 거기 가서 안 와, 그냥. 그래 미국놈이 혼바람이 달아난단 말여. 약조를 해놓고도 안 오능게.…"[45]

그런데 독촉중협 중앙집행위원회 제1회 회의가 끝난 이튿날인 12월17일에 인민당 총무국장 이여성이 눈여겨볼 만한 담화를 발표했다. 이여성은 인민공화국과 임시정부가 협동하여 과도적인 연립정부를 수립할 필요성을 강조하고, 독촉중협이 양자 사이에서 매개체적 역할을 할 수 있

---

44) 《自由新聞》 1945년 12월15일자, 「南鮮에 宣傳隊, 獨立促成中協서」.
45) 金錣洙, 『遲耘 金錣洙』, p.152.

을 것이라고 주장한 것이다. 그것은 아마도 하지가 여운형에게 밝힌 구상이 반영된 말이었을 것으로 여겨진다.

2. 「공산당에 대한 나의 입장」

1

하지 장군은 11월 말에 개최된 전국인민위원회대표자대회가 인민공화국의 '국'자를 '당'자로 바꾸라는 자신의 요청을 묵살한 것에 대해 격분했다. 그는 한국인들에게 인민공화국이라는 기관이 존재하지 않음을 확실히 인식시키는 특단의 조치가 필요하다고 판단했다. 하지는 11월 25일에 맥아더에게 이러한 자신의 구상을 타전하면서 그것은 한국의 공산주의 세력에 대한 "선전포고"가 될 것이라고 말했다.

나는 그 지도자들이 최근의 집회에서 그 명칭을 바꾸고 그 명칭에 따른 오해를 제거하도록 하기 위해 많은 노력을 기울였다. 비록 그 집회에 참석했던 나의 대리인[아널드 군정장관]의 보고로는 집회에서 한국에서의 미국의 노력에 대해 전폭적인 지지와 지원을 할 것이라는 합의가 이루어졌다고 하나, 나는 그러한 태도 변화의 결과를 볼 수 있기 전에는 그 지지를 신뢰할 수 없다. 결과적으로 그들의 태도가 앞으로 변하지 않는다면 이 당파가 정부라는 용어의 지위에 있지 않음을 선언하고 그 당파를 반대한다는 것을 국민들에게 공표하는 것이 필요하다고 믿는다. 이러한 조치는 실제로 한국의 공산주의 세력에 대한 "선전포고"가 될 것이며, 일시적으로 혼란이 빚어질지 모른다. 그것은 또한 한국의 빨갱이들과 (미국의) 빨갱이 신문 양쪽으로부터 "자유"국가에서의 정치적 차별이라는 비난을 초래할 것이다. 만일 조선인민공화국의 활동이 종전처럼 계속된다면 그들은 한국이 독립할 준비를 갖추었다고 말할 수 있는 시기를 크게 지연시킬

것이다. 논평을 요청함.[46]

이러한 하지의 전보에 대해 맥아더는 그날로 바로 "나는 귀하에게 적절한 조언을 할 만큼 지역 내 상황에 대해 잘 알지 못하지만, 이 문제에 관하여 귀하가 내리는 결정은 어떠한 것이든 지지할 것이다"라는 군인정치가다운 답전을 보내어 하지의 결단을 옹호했다.[47]

그러나 인민공화국 관계자들은 인민공화국의 명칭 변경 요청에 계속 응하지 않았다. 그리하여 하지는 마침내 12월12일에 군정청 출입기자단과의 회견과 서울방송국의 라디오방송을 통하여 인민공화국의 '정부' 행세가 불법행동임을 선언하는 장문의 성명서를 발표했다. 하지의 어투는 매우 침착했으나 내용은 단호했다.

하지는 먼저 인민공화국 성립과정의 불법성을 신랄하게 비판하고, 전국인민위원회대표자대회를 전후하여 박헌영과 허헌 등 인민공화국 고위인사들과 교섭했던 내용을 자세히 설명했다. 그러고는 인민공화국 인사들이 약속을 지키지 않는 것에 대해 "오랫동안 참고 생각한 끝에 공중의 이해를 위하여" 성명할 필요를 느꼈다면서 "조선인민공화국은 그 자체가 취택(取擇)한 명칭 여하를 불문하고 어떤 의미에서든지 '정부'도 아니고 그러한 직능을 집행할 하등의 권리가 없다. 남부 한국에서 작용하는 유일한 정부는 연합군최고사령관의 명령에 의하여 수립된 군정부가 있을 뿐이다"라고 선명했다. 하지는 다음과 같은 경고로 성명을 끝맺었다.

나는 한국의 통일과 장래에 깊은 관심을 가지고 있다. 나와 나의 장병은 한국의 건국을 위하여 노력하고 있으며 충실하고 공고한 기

---

46) Hodge to MacArthur, Nov. 25, 1945, *FRUS 1945*, vol. Ⅵ., p.1134.
47) MacArthur to Hodge, Nov. 25, 1945, *FRUS 1945*, vol. Ⅵ., p.1134.

초 위에 세운 한국을 여러분에게 넘겨 드리려고 한다. 앞으로 올 오해와 긴장된 소동을 방지하기 위하여 어떠한 정당이든지 정부로 행세해 보려는 행동이 있다면 이것은 불법행동으로 다루도록 하라고 나는 미 주둔군과 군정청에 명령을 내렸고, 미군 점령지역 내의 어느 곳에서든지 연합군이 명시적으로 부여한 권리가 없이 정부 행세를 하는 정당이 없도록 보장하기 위하여 필요한 만반의 조치를 즉시 취하라고 명령을 내렸다.…[48]

그것은 인민공화국의 불법성에 대한 공식선언이며 경고였다. 미육군부는 12월12일에 군정장관 아널드 소장을 해임했는데, 그것은 전국인민위원회대표자대회를 전후한 인민공화국 관계자들과의 협상 실패에 대한 문책성 인사였을 것이다. 아널드는 주한미군 제7사단장으로 복귀하고, 후임 군정장관에는 버지니아대학교(Virginia University)에 있는 미육군 군정학교장 러치(Archer L. Learch) 소장이 임명되었다. 러치는 12월16일에 서울에 도착했다.[49]

12월19일 오전에 서울운동장에서 개최된 임시정부 개선 환영식에는 15만명으로 추산되는 인파가 운집하여 말 그대로 발 디딜 틈이 없었다. 홍명희(洪命憙)와 송진우의 환영사와 러치 군정장관의 축사에 이어 김구와 이승만의 답사가 있었다. 이날의 스포트라이트는 단연 임시정부 주석 김구에게 집중되었다. 김구는 "임시정부는 어떤 한 계급, 어떤 한 당파의 정부가 아니라 전 민족, 각 계급, 각 당파의 공동한 이해 입장에 입각한 민주 단결의 정부였다"고 말하면서, 단결을 강조했다. 그는 "남한 북한의 동포가 단결해야 하고, 좌파 우파가 단결해야 하고, 남녀노소가 다 단결해야 한다.… 오직 이러한 단결이 있은 후에야 비로소 우리의 독립 주권을 창조할

---

48) 《自由新聞》 1945년12월13일자, 「하ー지中將重大聲明發表」.
49) 《서울신문》 1945년12월11일자, 「아놀드長官辭任說, 後任에 '러ー취'少將」; 《朝鮮日報》 1945년12월17일자, 「아처 러취新軍政長官 十六日金浦飛行場着 赴任」.

수 있고, 소위 38도선을 물리쳐 없앨 수 있고, 친일파 민족반도를 숙청할 수 있다"라고 역설했다. 이때에 김구가 "좌파 우파가 단결해야 하고…"라고 한 말은 공산당도 그대로 인용하면서 관심을 표명했다.[50]

김구는 결론으로 "우리는 중국, 미국, 소련 3국의 친밀한 합작을 위하여 노력해야 한다"라고 강조했다. 이 3국의 친밀한 합작 기초 위에서만 우리의 자주독립을 신속히 가져올 수 있다는 것이었다.

김구의 주장과는 대조적으로 이승만은 비록 명시적으로 거명하지는 않았지만 소련과 한국공산주의자들의 야심에 대한 경각심을 강조했다.

"삼천리 강산의 한자나 한치 땅도 우리 것 아닌 것이 없다. 3천만 남녀 중에 한 사람도 이 땅의 주인 아닌 사람이 없다. 지금 밖에서는 우리를 넘겨다 보는 나라들도 있고 안에는 이 나라를 팔아 먹으려는 분자들이 있어서 우리 민족의 운명은 조석에 달렸다. 그러나 우리 민중이 한몸 한뜻으로 한 뭉치를 이루어 죽으나 사나 동진동퇴(同進同退)만 하면 타국 정부들이 무슨 작정을 하든지 아무 걱정이 없을 것이다.…

이번 전쟁이 시작된 이후로 연합국이 재삼 선언하기를 모든 해방국에서 어떤 정부를 세우며 무슨 제도를 취하든지 다 그 나라 인민의 원에 따라서 시행한다 하였으니, 우리 민중은 우리의 원하는 것이 완전독립이라는 것과 완전독립이 아니면 우리는 결코 받지 않겠다는 결심을 표할 뿐이니, 일반 동포는 내 말을 믿고 나의 인도하는 대로 따라 주어야 될 줄로 믿는다."[51]

이승만은 이 대회에서 독촉중협의 대외선언이 공표되기를 바랐던 것인데, 대회에서는 주최쪽에서 준비한 4개항의 결의문 채택으로 대체되었다. 환영식에 이어 오후 3시부터는 덕수궁에서 성대한 환영잔치가 베풀어졌다.

50) 《解放日報》 1945년12월23일자, 「成周寔氏의 發言에 對하야」.
51) 《東亞日報》 1945년12월20일자, 「莊重! 臨政歡迎의 盛典」.

임시정부 환영행사로 온 서울시내가 인성만성한 이날 오후에 하지 장군은 군정청으로 박헌영을 초치하여 장시간 회담했다. 이날의 회담내용은 박헌영도, 지금까지의 두차례 회담 때와는 달리, 기자들에게도 일절 발표하지 않았고 러시아인들에게도 보고하지 않았다. 아마도 이 자리에서 하지는 전주에 발표한 자신의 인민공화국에 관한 성명의 취지를 설명하고 인민공화국이 정부행세를 중지할 것을 강력히 촉구했을 것이다. 이날 오전에 미군 방첩대(CIC)가 옥인동(玉仁洞)의 인민공화국 중앙인민위원회 사무실을 급습하여 서류 등을 압수하고 간판을 떼어 간 것도 미군정부의 인민공화국에 대한 경고였을 것이다.[52)]

그렇지만 이러한 하지의 공산당에 대한 유화책은 이날 저녁에 방송된 이승만의 주례연설로 말미암아 무산되고 말았다.

2

이승만은 12월19일 저녁 7시30분에 서울중앙방송국의 주례 방송연설을 통하여 「공산당에 대한 나의 입장」이라는 제목으로 연설을 했다. 그것은 첫마디가 "한국은 지금 우리 형편으로 공산당을 원치 않는 것을 우리는 세계 각국에 대하야 선언합니다"라는 말로 시작되는 공산당에 대한 폭탄선언이었다. 한달 전의 방송에서 "나는 공산당에 대하야 호감을 가진 사람"이라고 말하고 "그 주의에 대하여도 찬성하므로" 앞으로 우리나라의 경제정책을 세울 때에 공산주의를 채용할 점이 많이 있다고 했던 때와는 사뭇 달라진 입장 표명이었다. 공산주의를 둘로 나누어서 설명한 것은 그때와 마찬가지 논리였으나, 이날의 방송에서는 "공산당 극렬분자들의 파괴주의"를 집중적으로 비판했다.

이승만은 먼저 폴란드를 비롯한 제2차 세계대전 뒤에 해방된 유럽 여

---

52) 《東亞日報》 1945년12월22일자, 「人民委員會包圍 美軍이 書類等을 押收」; 《自由新聞》 1945년12월25일자, 「中央人民委員會經緯發表」.

러 나라의 상황과 중국의 상황을 보기로 들어 "공산당 극렬분자들"이 어떻게 "제 나라를 파괴시키고 타국의 권리범위 내에 두어서 독립권을 영영 말살시키기로 위주하는지"를 자세히 설명했다.

이승만은 이어 한국의 상황을 독립운동 시기의 공산당과 현재의 공산당을 구별하여 다음과 같이 언명했다.

"우리 대한으로 말하면 원래 공산주의를 아는 동포가 내지(內地)에는 불과 몇명이 못 되었나니, 공산문제는 도무지 없는 것이다. 그중에 공산당으로 지목받는 동포들은 실로 독립을 위하는 애국자들이요 공산주의를 위하야 나라를 파괴하자는 사람들은 아니다. 따라서 시베리아에 있는 우리 동포들도 대다수가 우리와 같은 목적으로 생명까지 희생하려는 애국자인 것을 우리는 의심 없이 믿는 바이다. 불행히 양의 무리에 이리가 섞여서 공산명목을 빙자하고 국권을 없이하야 나라와 동족을 팔아 사리(私利)와 영광을 위하야 부언낭설(浮言浪說)로 인민을 속이며, 도당을 지어 동족을 위협하며, 군기를 사용하야 재산을 약탈하며, 소위 공화국이라는 명사를 조작하야 국민 전체의 분열상태를 세인에게 선전하기에 이르렀더니, 요지음은 민중이 차차 깨어나서 공산에 대한 반동이 일어나매 간계를 써서 각처에 선전하기를 저희들이 공산주의자가 아니요 민주주의자라 하야 민심을 현혹시키나니, 이 극렬분자들의 목적은 우리 독립국을 없이해서 남의 노예를 만들고 저희 사욕을 채우려는 것을 누구나 볼 수 있을 것이다."

이승만은 공산당들이 소련을 가리켜 "프롤레타리아트의 조국"이라고 찬양하는 것을 빗대어 신랄하게 매도했다.

"이 분자들이 러시아를 저희 조국이라 부른다니, 과연 이것이 사실이라면 우리의 요구하는 바는 이 사람들이 한국에서 떠나서 저희 조국에 들어가서 저희 나라를 충성스럽게 섬기라고 하고 싶다. 우리는 우리나라를 찾아서 완전히 우리 것을 만들어 가지고 잘하나 못하나 우리의 원하는 대로 만들어 가지고 살려는 것을 이 사람들이 왜 한국사람의 형용을 쓰고 와서 우리 것을 빼앗아다가 저희 조국에 붙이려는 것은 우리가 결코 허락치 않는 것이니, 우리 3천만 남녀가 다 목숨을 내놓고 싸울 결심이다.…”

이승만은 공산당과 싸우는 방법을 미국의 독립전쟁 때의 상황까지 거론하면서 설명했다.

“이 분자들과 싸우는 방법은 먼저는 그 사람들을 회유[誨諭: 가르쳐 깨우침]해서 사실을 알려 주는 것이다. 내용을 모르고 풍성학려[風聲鶴唳: 바람소리와 학 울음 소리. 겁에 질린 사람이 하찮은 소리에도 놀람]로 따라 다니는 무리를 권유하여 돌아서게만 되면 우리는 과거를 탕척하고 함께 나아갈 것이요, 종시 고치지 않고 파괴를 주장하는 자는 비록 친부형이나 친자질(親子姪)이라도 거절시켜서, 즉 원수로 대우해야 할 것이다. 대의를 위해서는 애증과 친소를 돌아볼 수 없는 것이다. 옛날에 미국인들이 독립을 위하야 싸울 적에 그 부형은 영국에 충성하야 독립을 반대하는 고로 자질들은 독립을 위하야 부자 형제 사이에 싸워 가지고 오늘날 누리는 자유복락의 기초를 세운 것이다. 언제든지 어디서든지 건설자와 파괴자와는 합동이 못 되는 법이다. 건설자가 변경되든지 파괴자가 회개하든지 해서 같은 목적을 가지기 전에는 완전한 합동은 못 된다.”

이승만은 끝으로 독촉중협은 파괴운동을 정지하는 자들과만 협동할 것이라고 못 박았다.

“우리가 이 사람들을 회유시켜서 이 위급한 시기에 합동공작을 형성시키자는 주의로 많은 시일을 허비하고 많은 노력을 써서 시험하여 보았으나 종시 각성이 못 되는 모양이니, 지금은 독립촉성중앙협의회의 조직을 더 지체할 수 없어 협동하는 각 단체와 합하야 착착 진행 중이니, 지금이라도 그중 극렬분자들도 각성만 생긴다면 구태여 거절하지 않을 것이니, 다만 파괴운동을 정지하는 자로만 협동이 될 것이다. 우리가 지금 이 큰 문제를 우리 손으로 해결치 못하면 종시는 다른 해방국들과 같이 나라가 두 절분(切分)으로 나누어져서 동족상쟁의 화를 면치 못하고, 따라서 결국은 우리가 다시 남의 노예 노릇을 면키 어려울 것이다. 그러니 우리는 경향 각처에 모든 애국애족하는 동포의 합심 합력으로 단순한 민주정체하에서 국가를 건설하야 만년무궁한 자유복락의 기초를 세우기로 결심하자."[53]

그것은 강력한 조직력을 과시하면서 인민공화국의 간판을 포기하지 않고 미 군정부와 우익정파에 대항하고 있는 공산당과의 합작을 포기하는 결단이었을 뿐만 아니라 임시정부에 대해서도 경고적인 압력이 아닐 수 없었다. 그동안 하지는 공산당을 지나치게 자극하는 내용은 방송하지 못하게 이승만의 방송원고를 사전에 검열하고 있었는데, 이날 이승만은 그것을 의식하여 방송원고의 앞부분만 영역하여 하지에게 보냈다. 그리하여 윤석오(尹錫五) 비서가 이승만이 구술한 뒷부분 원고를 청서하여 방송국 스튜디오에 도착했을 때에는 이승만은 앞부분 원고의 마지막장을 남겨 놓고 있었다.[54]

이승만의 이 연설에 대하여 박헌영은 12월23일에 조선공산당 중앙위원회 대표 명의로 「세계민주주의전선의 분열을 책동하는 파시스트 이승만 박사의 성명을 반박함」이라는 장문의 반박문을 발표했다.

박헌영은 먼저 이승만이 귀국한 뒤에 "놀랄 만한 열의로서" '대동단결'이라는 미명 아래 일관하여 친일파 민족반역자를 옹호함으로써 그들의 '구주'가 되는 동시에 그들의 최고수령이 되었다고 매도하고, 이승만의 오류 세가지를 들었다.

첫째는 세계민주주의를 옹호하고 조선의 해방을 위하여 막대한 재산과 인명을 희생한 연합국에 대하여 감사하기는커녕 38도선문제, 연합군의 조선민족에 대한 적국 대우 등등의 이유를 들어 공연한 적의를 표명했다는 것이었다.

53) 《서울신문》 1945년12월21일자, 「共産黨에 대한 나의 立場」; 《東亞日報》 1945년12월23일자, 「李博士 共産黨에 대한 放送」.
54) 尹錫五 증언, 孫世一, 『李承晩과 金九』, 一潮閣, 1970, p.196.

둘째는 이승만이 "농촌에서 농민은 농사를 아니 한다. 노동자는 공장에서 일을 아니 한다. 우리에게 부여된 자유를 이렇게 쓰면 그는 자유를 악용하는 무리이다"라면서, 조선의 모든 혼란의 책임을 노동자, 농민, 근로대중에게 돌린다는 것이었다. 그것은 민주주의적 세력을 괴멸시키기 위하여 부르짖는 구호라고 박헌영은 주장했다.

셋째는 이승만이 "공산주의자는 경제문제나 관계하고 정치문제는 간섭하지 말라"고 요구한다는 것이었다. 박헌영은 민주주의 건설단계에서 공산주의자에게 정치분야에서 물러가라는 요구는 '파쇼'정권을 수립하여 민중을 압박하며 민중을 착취하려는 의도에서 나오는 것이라고 주장했다. 그러면서 박헌영은 이승만의 방송내용에 대하여 다음과 같이 비판했다.

이 방송이야말로 조선민족이 끝없이 미워하고 한없이 분노하는 '파쇼'의 지도자가 그 누구인가를 그의 입으로 자백하고 만 것이다. 그 방송의 요지는… 세계를 파괴하는 자가 '파쇼'가 아니요 공산주의자라는 것이요, 조선을 파괴하려는 자가 친일파 민족반역자가 아니요 공산주의자라는 것이다. 폴란드에서, 기타 서유럽 제국에서 민주주의 국가가 완전히 건설되며 토지문제가 민주주의적으로 해결되고 독일 '파쇼'의 침략으로 인하야 파괴된 공업이 재빨리 부흥되는 현상을 민중 앞에 은폐하고 마치 큰 혼란이 이 나라들에 있는 것처럼 선전하며, 중국에서 중국공산당의 지도하에 있는 해방구(解放區)의 민중생활이 해방구 외에 있는 민중생활에 비하야 또는 해방되기 전에 비하야 비할 수 없이 행복스러움을 무시하고, 또한 장개석 주석이 중국 건설은 오직 국공합작에 있음을 인식하야 불원한 장래에 국공연립 정부조직의 수립에 눈을 감고, 그저 뒤덮어 놓고 이들 외국이 공산주의자로 인하야 파괴되었다함은 '박사'의 본질적 자기 폭로에 그 원인이 있을 것이나 너무나 세계사정에 "무지몰각"함을 놀라지 아니할 수 없다.…

그러면서 박헌영은 "'박사'는 아직도 1920년대에 조선을 미국의 위임 통치하에 두려고 열렬히 활동하던 그 사상과 계획을 포기하지 아니하였 는가"라고 묻고, "'박사'는 조선의 민주주의 건설만 부정하는 자가 아니 라 조선의 독립까지 반대하는 자라고 우리는 선언하기를 주저 않는다" 라고 단언했다. 그러면서 해외생활 40년 동안에도 수없는 독립운동자금 을 횡령하여 호화로운 생활을 감행하고, 귀국해서 조선호텔에 묵으면서 보이에게 한꺼번에 만원을 팁으로 주는가 하면 돈암장에서는 수많은 호 위병을 거느리고 봉건무자(封建武者)의 생활에도 비견될 수 있는 호화 사치 생활을 하고 있다고 있는 말 없는 말로 이승만을 비방했다. 박헌영 은 결론으로 다음과 같이 독촉중협과의 절연을 선언했다.

> 이에 우리 조선공산당은 조선 독립을 위하야 그대 같은 위임통치 주의자에게, 민주주의 건설을 위하야 그대 같은 파괴적 음모적 파쇼 분자에게 단호히 그 반성을 요구한다. 만약 반성치 아니하는 경우에 는 우리는 그대와 공동한 일체의 정치행동을 거부하며, 따라서 그대 의 지휘하에 있는 반동단체 독촉중협과의 하등의 상관이 없는 것을 선언하는 바이다.[55]

3

이튿날 조선공산당은 또 이승만이 남한 각 지방에 자기 임의대로 사 람을 파견하여 친일파 민족반역자를 망라한 독촉중협 지부를 창설하고 미군정 경찰을 이용하여 인민위원회, 공산당, 농민조합, 노동조합 등을 탄압하고 있다면서 독촉중협이 "반민주주의적이며 통일운동 진행을 방 해하는 단체로 화한 것이 명백하다"고 규정하고, 독촉중협과의 일체 관

---

55) 《解放日報》 1945년 12월 25일자, 「老파시스트 李博士를 暴露함」; 《朝鮮人民報》 1945년 12월 24 일자, 「팟시스트 李博士에 反省要求, 共産黨代表朴憲永氏發表」.

계를 파기한다고 선언했다.[56]

같은 날 인민당의 여운형도 이여성을 통하여 "독촉중협은 드디어 반통일의 노선을 걷고 말았다.… 만약 한쪽에서 군림적 태도를 취해서 어디까지 내것만으로서의 통일을 강행하려고만 한다면 그것은 파쇼적 독단이요 반통일행동이라 하겠다"라고 비판하고 임시정부의 태도를 주시하겠다는 담화를 발표했다.[57]

독촉중협이 결성될 때부터 주동적으로 활동해 온 국민당의 안재홍도 12월25일에 고충 어린 담화를 발표했다. 안재홍은 "독립촉성중앙협의회가 그 기획에 한 돈좌[頓挫: 기세가 갑자기 꺾임]를 오게 한 것은 매우 유감"이라면서, 독촉중협의 기획이 임시정부가 기획하고 있는 특별정치위원회에 의하여 더 발전되기를 기대한다고 다음과 같이 말했다.

> 김구 주석께서 말씀하심에 있어 이 박사 사이에 정의(情誼)와 신뢰가 견고한 것을 알 때에 당연에 지난 당연이지만 마음에 퍽 든든하였다. 독촉중협으로서 달성하려던 기획은 반드시 성취될 것을 확신하여 의심치 않는다. 임시정부에서 기획하고 있는 특별정치위원회는… 독촉중협의 기획하던 바를 잘 발전시킬 것을 기대하는 바이다.…[58]

안재홍은 이처럼 이승만과 김구의 신뢰관계에 큰 기대를 하고 있었다. 그러나 이승만의 연설에 대한 임시정부 인사들의 반응은 부정적이었다. 이승만의 공산당 규탄 방송이 있기 전에도 임시정부 인사들은 임시정부가 귀국에 앞서 「임시정부 당면정책」으로 귀국하면 국내외 각계각층의 대표들을 망라하여 과도정권을 수립하겠다고 천명했음에도 불구하고 이승만이 별도로 독촉중협을 결성해 놓은 것이 못마땅했다. 그리하여 국

56) 《解放日報》 1945년12월25일자, 「獨促中協과의 關係破棄」.
57) 《自由新聞》 1945년12월25일자, 「人民黨呂運亨氏政局談」.
58) 《自由新聞》 1945년12월26일자, 「中協에 對한 安在鴻氏表明」.

무위원 겸 국무위원회 비서장 조경한(趙擎韓)은 12월18일에 "독촉중협은 우리 입국 전에 성립된 것이고 또 우리와 하등 연락도 없었던 것이며, 따라서 우리는 정부 보조를 목적으로 한 사회단체의 하나로만 본다"고 논평했다.[59]

국무회의, 영수회의 등의 이름으로 논란을 거듭하면서 혼선을 빚고 있던 임시정부는 이 시점에는 "민족통일의 최고기관"으로 특별정치위원회를 구성하는 작업을 추진했다. 조소앙, 김붕준(金朋濬), 김성숙(金星淑), 최동오(崔東昨), 장건상(張建相), 유림(柳林), 김원봉(金元鳳) 7명이 중앙위원이 되고 좌우 양 진영의 각 정당과 명망 있는 혁명투사를 총망라하여 명실공히 3천만의 통일전선을 결성한다는 것이었다. 물론 그것은 독촉중협과는 전혀 별개의 기관이 될 것이라고 했다.[60]

이승만의 방송이 있자 임시정부 안의 반대파들은 노골적으로 이승만을 비판했다. 민족혁명당 소속의 국무위원 성주식(成周寔)은 12월20일에 기자들에게 "이승만 박사는 임시정부의 주미외교사절일 뿐이고 임시정부 안에서 결의권이 없다.··· 따라서 이 박사의 발표는 어디까지나 박사 개인이 책임져야 할 문제이다"라고 말하고, 임시정부와 독촉중협의 관계에 대해서는 "법적 근거는 없다. 임시정부는 앞으로 남북을 한데로 뭉쳐 전국적 통일공작을 계획하고 있다. 이 박사는 임시정부를 협력하나 임시정부와 독촉중협이 협동할 필요는 없다"라고 잘라 말했다. 그리고 좌우가 서로 반반으로 뭉치자는 박헌영의 주장에 대해서는 "이도 서로 논의하면 해결될 문제이다"라고 긍정적으로 대답했다. 그러면서 그는 「임시정부 당면정책」 제6항에 따른 각당 각파의 합동회의를 강조했다.[61] 같은 민혁당 소속의 국무위원 장건상(張建相)도 기자들에게 "좌익세력과는 극력 협력하고 악수해야 할 이때에 그러한 말은 우리로서 상상치도 못

---

59) 《中央新聞》 1945년12월20일자, 「李博士中心의 政治動向」.
60) 《自由新聞》 1945년12월25일자, 「새統一機關樹立目標로 政治特別委員會組織」.
61) 《서울신문》 1945년12월21일자, 「法的根據는 업다」.

할 일이며, 나는 절대로 그 방송에 찬동하지 않는다. 좌익을 무시하고 통일 운운은 불가능사라고 믿는다"라고 말하고, 임시정부와 독촉중협과는 아무런 관계가 없다고 주장했다.[62]

한편 임시정부 외무부장 조소앙은 이승만의 방송과 그에 대한 조선공산당의 비판에 대해서는 "한군데서 실수할 때에 그것을 방지하기 위하여 똑같은 실수를 범하지 말아야 한다"고 양비론을 편 다음, "임시정부를 민족운동의 계통으로 알고 일보일보 나가야 한다"라고 말하고, 이승만과 독촉중협에 대해서는 다음과 같이 설명했다.

"이승만 박사의 독촉중협에 대하야는 국무위원회의 결의로 하는 것이 아니니 임시정부로서 시비를 운운할 것도 없고 책임을 가질 수도 없다. 이 박사가 주미외교위원장일 때에는 그의 행동에 대하야 임시정부가 책임졌으나 그가 입국한 현재는 이미 현직을 떠났고, 또 임시정부로서 이 박사에 대한 새 결정이 나지 않았으므로 박사의 정치활동은 임시정부를 돕고 임시정부에 가까운 사람으로서 하는 일일 것이지만, 법규관념으로는 그의 정치행동에 무관한 것이다."[63]

일찍이 상해 시절에 이승만의 비밀통신원이기도 했던 조소앙의 이러한 형식논리는 임시정부 주동자들의 임시정부의 정통성에 대한 확집이 어떠했는가를 여실히 보여 준다.

김구는 12월27일에 서울중앙방송국의 라디오방송을 통하여 "3천만 동포에게 고함"이라는 연설을 했다. 선전부장 엄항섭이 대독한 김구의 연설 내용은 한국독립당의 「정강」과 「정책」을 국내 분위기에 맞게 첨삭한 것이었다. 그는 먼저 임시정부가 중국, 소련, 미국 등으로부터 사실상의 승인과 같은 지원을 받았음을 강조하면서, 그 보기로 "소비에트 연방의 국부 레닌 선생은 제일 먼저 이 정부와 손을 잡고 거액의 차관을 주었다"고

---

62) 《서울신문》 1945년12월21일자, 「左翼無視하고 統一不能」.
63) 《新朝鮮報》 1945년12월26일자, 「政黨間의 統一과 臨政擴充竝行中」.

강조했다. 그는 또 "우리는 가장 진보된 민주주의를 실현하기 위하여" 정치, 경제, 교육의 균등을 주장하자고 공산당의 슬로건인 '진보적 민주주의'를 의식한 듯한 주장도 했다. 그러면서 또 "그러나 모 일부분, 모 일계급의 독재는 반대한다"고 하여 공산당의 프롤레타리아 계급독재 주장은 반대했다. 그는 경제의 균등을 확보하기 위하여는 토지와 대생산기관을 국유화하여야 하고, 교육의 균등을 실시하기 위하여는 의무교육을 국비로 실시해야 한다고 강조했다. 또한 친일파 민족반역자의 숙청을 주장했다. 그것은 귀국 직후의 신중한 태도와는 많이 달라진 입장 표명이었다.[64]

이승만은 12월26일의 주례 라디오 연설을 통하여 신탁통치를 단호히 배격하면서 각 지방에 독촉중협의 지부를 조직할 것을 촉구했다.

이승만은 먼저 미국의 트루먼 대통령, 번스 국무장관, 맥아더 장군, 하지 장군은 모두 한국의 독립을 찬성하고 있다고 말하고, "만일 우리의 결심을 무시하고 신탁관리를 강요하는 정부가 있다면 우리 3천만 민족은 차라리 나라를 위하여 싸우다 죽을지언정 이를 용납할 수 없다"라고 마치 미국은 한국의 즉시 독립을 찬성하는데 소련은 신탁통치를 주장하는 듯한 말투의 주장을 폈다.

이승만은 자신은 한국인들이 분열되어 있다는 구실을 소멸시키기 위하여 모든 정당을 독촉중협으로 통합하려고 노력을 경주해 왔다면서, "통합이 성숙할 때마다 문제를 일으키는 소수의 극단적 공산주의자만 없었다면 통합은 벌써 오래전에 성공하였을 것"이라고 독촉중협이 지연된 이유를 공산주의자들의 소행 때문으로 돌렸다. 그는 이어 "만일 우리가 지금 방해자들의 파괴목적 달성을 공수방관(拱手傍觀)한다면 나중에는 아무리 싸워도 효과가 없을 것"이라고 경고하고, "우리가 신탁관리를 거부하기로 결의한 이상 주저치 말고 중앙협의회 지부를 각 지방에 조직하고, 조직이 완성되면 관계단체와의 연락도 직접 실현될 것이다"라고 독촉

---

64) 《東亞日報》 1945년12월30일자, 「三千萬同胞에게 告함」.

중협의 지방지부 결성이 곧 신탁통치 반대운동이라고 주장했다.[65]

또한 이승만은 이날 독촉중협과 임시정부의 관계에 대한 구구한 언설과 관련하여 독촉중협은 임시정부의 '엄호단체'라고 다음과 같이 못 박았다.

"임시정부 요인이 비록 개인의 자격으로 입국하였다고 하더라도 그 행동에는 여러 가지 약속이 있으며 또한 책임이 있기 때문에 임시정부가 승인될 때까지는 대외적으로 그 역량을 발휘할 수가 없다. 가령 미국 국무부의 친일파가 신탁통치를 주장한다면 그것은 누가 반박할 것인가. 또 임시정부를 승인하지 않으면 누가 그 정통성을 주장할 것인가. 그것은 조직화된 여론과 개인의 자격으로 있는 자유스러운 입장이 아니면 안 된다. 그런 의미에서 임시정부를 엄호하는 단체가 필요한데, 그것이 곧 독촉중협이다.… 하지 중장의 조선독립에 대한 복안을 실천하는 길도 또한 이외에 없을 것이다."[66]

하지 중장의 조선독립에 대한 복안이란 이승만이 독촉중협의 중앙집행위원회 회의에서 말한 국무회의 또는 국정회의를 가리키는 것이었다. 일부 신문에는 군정부가 "각계각층을 대표하는 인사들로 국무협의회(스테이트 카운슬) 같은 기관"을 구성할 것을 계획하고 있다는 전망기사가 보도되기 시작했다.[67]

"소련은 신탁통치 주장, 미국은 즉시독립 주장"이라는 부정확한 제목으로 모스크바 외상회의의 결과에 대한 '워싱턴 25일발 합동(合同) 지급보'가 도하 신문에 일제히 크게 보도된 것은 이튿날인 12월27일 아침이었다.

---

65) 《東亞日報》 1945년12월28일자, 「信託制와 우리의 決心」.
66) 《東亞日報》 1945년12월27일자, 「中協은 臨政의 掩護體」.
67) 《中央新聞》 1945년12월21일자, 「人民各層各界代表網羅國務協議會를 組織」.

81장

조선민주당의 창당과 신의주 학생들의 봉기

1. 북조선5도행정국의 설치

1

1945년10월8일부터 11일까지 평양에서 열린 북조선5도인민위원회 연합회의에서 북한지역을 독자적인 행정 및 경제 단위로 분리하여 중앙집권적인 관리기관을 설립할 필요성을 강조했던 북한주둔 소련군사령관 치스차코프(Ivan M. Chistiakov) 장군은 회의가 끝나자마자 바로 작업을 시작했다. 치스차코프와 제25군 군사회의 위원 레베데프(Nikolai G. Lebedev) 장군은 10월13일에 연해주군관구 사령관 메레츠코프(Kirill A. Meretskov) 원수에게 보낸 회의보고서에서 "북한의 정치, 경제, 문화생활을 정상화하기 위해서는 행정과 경제의 관리를 중앙집권화해야 한다"고 주장하고, 북조선임시인민위원회를 창설할 것과 북조선임시위원회와 각 도(道)의 인민위원회를 지도하기 위해 소련의 전문가들로 구성되는 기구와 도 고문을 설치할 것을 건의했다. 한편 서울 주재 소련영사 폴리안스키(Alexander S. Polianskii)도 극동회의 정치고문 말리크(Yakov Malik)에게 보낸 보고서에서 "소련군사령부의 지도와 감독하에 북한의 행정, 경제생활을 통일적으로 지도할 단일한 중앙집권적인 관리기관을 수립할 필요가 있다"고 건의했다.[1]

소련 외무인민위원부 부인민위원(차관) 로조프스키(Solomon A. Lozovsky)의 이름으로 10월17일에 소련군사령부에 하달된 훈령은 이러한 중앙기관 설립과 관련하여 다음과 같이 다섯가지 사항을 지시했다. (1) 1945년 11월 초에 평양에 북한주민의 민주적인 분자들 가운데서 25명 내지 30명으로 구성되는 북한임시민정자치위원회를 창설한다. 임시위원회는 도·군 자치기관의 사업을 지도하고, 도·시·군·면·리 인민위

---

1) 전현수, 「소련군의 북한 진주와 대북한정책」, 《한국독립운동사연구》 9집, p.362; 기광서, 「러시아연방 국방성중앙문서보관소 소재 해방후 북한정치사 관련 자료 개관」, 「해방 전후사 사료 연구 II」, p.118.

원회의 선거를 실시한다. 선거는 1945년11월에서 12월 사이에 실시한다. (2) 임시위원회 안에 산업, 농업, 상업, 재정, 교통, 통신, 교육, 보건, 보안, 사법의 10개 행정국을 조직한다. (3) 임시위원회와 행정10국의 사업은 북한주둔 소련군사령부의 직접적이고 상시적인 통제하에 둔다. (4) 임시위원회와 행정10국의 사업을 통제하고 지도하기 위하여 북한주둔 소련점령군사령부에 민정업무 담당 부사령관 직제를 도입한다. (5) 민정업무 담당 부사령관 휘하에 인민경제 각 분야의 소련 전문가들과 정치고문들로 실행기구를 창설한다.[2]

로조프스키의 훈령에 따라 10월과 11월에 걸쳐서 각 분야의 행정을 담당할 산업국, 교통국, 재정국, 농림국, 체신국, 상업국, 교육국, 보건국, 사법국, 보안국의 10개국이 설치되었다. 그것은 흔히 로마넨코사령부로 일컬어지는 소련군 민정사령부의 체계에 대응하여 유사하게 조직된 것이었다. 북조선5도행정국, 북조선행정국, 북조선5도행정의 통일적 지도관리를 위한 행정국, 북조선제행정국(北朝鮮諸行政局) 등으로 불린 이 기구는 11월19일에야 설치가 완료되었다. 로조프스키의 훈령이 시달되고 북조선5도행정국의 설치가 완료되기까지 한달이나 걸린 것은 민족진영 인사들의 38도선 고착화에 대한 우려와 반발 때문이었던 것 같다. 게다가 5도인민위원회 연합회의에서 추수기를 앞두고 각 도인민위원회별로 할당된 막대한 양의 양곡 공출문제에 대한 저항도 영향을 미쳤을 것이다.

평남인민정치위원회가 발표한 「시정대강」의 작성과정에서 나타난 논란은 그러한 알력의 대표적인 것이었다. 그때까지 평남인민정치위는 사실상 북한의 중앙정부와 같은 기능을 하고 있었다. 5도인민위원회 연합회의가 끝나자 평남인민정치위는 「시정대강」을 발표하기로 결의하고 내무위원 이주연(李周淵)에게 초안 작성을 위임했다. 이주연은 공산당원이었다. 그가 작성한 초안에는 "조선인민공화국 수립을 지지한다"(제1조)

---

2) 전현수, 앞의 글, pp.362~363; 김국후, 『평양의 소련군정』, pp.88~90.

는 조항을 비롯하여 토지를 "무상몰수하여 무상분배"하되, 그것이 실현될 때까지는 잠정적으로 3·7제의 소작제를 실시한다는 등 민족주의 인사들이 수용하기 어려운 조항들이 들어 있었다. 인민정치위는 연일 격론을 벌였으나 귀결점을 찾지 못했다. 장시우(張時雨) 등 몇몇 공산당 소속 위원들은 협박조로 나오고, 이에 대해 위원장 조만식(曺晩植)은 그들의 무례한 태도를 질책했다. 부위원장 오윤선(吳胤善)은 부위원장직 사의를 표명했다. 이러한 분란은 소련 군정 당국자들의 개입으로 가까스로 파국을 모면했다.[3]

그리하여 평남인민정치위는 우여곡절 끝에 10월16일에 (1) 인민대표회의를 소집하여 민주주의공화국 수립을 기함(제1조), (2) 20세 이상의 남녀는 선거 및 피선거권이 있음(제2조), (3) 인민은 언론, 출판, 집회, 결사 및 신교의 자유가 있음(제3조), (4) 일본제국주의자 및 친일분자가 소유한 토지, 회사, 금융기관, 공장, 광산, 탄광, 운수, 교통, 상업소 기타 일체의 생산기관과 재산을 몰수하여 국유로 함(제6조), (5) 소작료는 3·7제로 함(제7조), (6) 8시간노동제와 근로자의 생활보장을 기함(제11조), (7) 의무교육제의 실시(제13조) 등을 중요내용으로 하는 19개조의 「시정대강」을 발표했다.[4]

조만식이 이승만이 보낸 밀사로부터 김일성과 함께 독립촉성중앙협의회에 참가할 것을 요청받은 것은 이 무렵이었다. 북한만의 행정국 설치에 반대의사를 표명하고 있던 조만식은 11월15일에 김일성과 만났다. 그는 이승만, 김구 등이 참가하는 중앙정부의 수립에 김일성과 이북5도가 참여해야 한다고 주장했다. 조만식은 그러한 중앙정부 수립에 참여하기 위한 자신의 서울방문 계획을 김일성과 상의했다. 김일성은 "인민의 참여에 기초하여 밑으로부터 정권기관을 수립해 나가고 나중에 중앙정부를

3) 金炳淵, 「北傀中央으로서의 平壤小誌」, 金炳淵 編, 『平壤誌』, 平南民報社, 1964, p.49~50.
4) 民主朝鮮社 編, 『解放後四年間의 國內外重要日誌(1945.8.~1949.3.)』, 民主朝鮮社, 1949, p.12.

수립해야 한다"고 했고, 이에 대해 조만식은 "12월1일 이전에 중앙정부를 수립해서 외국군대의 철수문제를 제기할 수 있도록 서둘러야 한다"고 주장했다. 김일성의 반대에 부딪히자 조만식은 측근들에게 김일성이 통일을 방해하고 있고 붉은 군대를 위해 일한다고 비판했다.[5] 조만식이 12월1일 이전에 중앙정부를 수립해야 한다고 주장했다는 말은 아마 독촉중협의 중앙집행위원회 구성을 12월 초까지는 끝내야 한다는 이승만의 요청을 반영한 것이었을 것이다.

행정10국 국장들의 선임은 북한의 공산당 관계자들과 지방인민위원회의 지원을 받아 레베데프가 주재했다. 국장 자리를 굳이 사양하는 사람도 있었다. 되도록 민족주의 진영에서 국장들이 나와야 한다고 생각한 소련군정 당국은 처음에 평양의 잡화도매상 윤장엽(尹長燁)에게 상업국장을 맡기려고 했으나, 윤장엽은 자신은 적임이 아니라고 완곡히 거절했다. 그는 "산업국이라면 모르되 상업국을 맡아 가지고 죽도록 (소련)군필수품 용달이나 할려구요. 욕은 누가 얻어먹구…"라고 말했다는 것이다.[6] 산업국장에는 어떤 광산의 과장이었다가 소련군에 의하여 발탁된 정중택(鄭仲澤), 교통국장에는 함흥철도국장을 지낸 철도관리 한희진(韓熙珍), 재정국장에는 함남인민위의 산업부장 이봉수(李鳳洙), 농림국장에는 서울에서 인민공화국 교통부장대리로 임명되었던 공산당의 이순근(李舜根), 체신국장에는 조영렬(趙永烈), 상업국장에는 도쿄(東京)치과의대 출신의 치과의사이면서 실업가로 활동하고 있던 한동찬(韓東燦), 교육국장에는 신문기자, 교원 등으로 활동하다가 6년 동안 투옥되기도 했던 공산당 소속의 평남인민정치위원 장종식(張鍾植), 보건국장에는 경성제대 출신인 민족진영의 개업의 윤기녕(尹基寧), 사법국장에는 재소한인으로서 입북한 것으로 알려진 조송파(趙松坡), 보안국장에는 만

5) 전현수, 앞의 글, p.363; 기광서, 앞의 글, pp.121~122.
6) 吳泳鎭, 『하나의 證言』, 中央文化社, 1952, p.137.

주빨치산 출신의 최용건(崔庸健)이 임명되었다. 그리고 서울에서 월북한 최용달(崔容達)이 사법국 차장에 임명되었다. 경성제대 출신의 공산주의 자인 최용달은 건국준비위원회의 선전부장과 치안부장, 인민공화국의 보안부장으로 활동한 인물이었다. 각국에는 20명에서 50명가량의 한국인 전문가들이 배치되었고, 예외적으로 몇몇 산업분야나 철도와 같이 일본인이 충원되는 경우도 없지 않았다. 가장 방대한 것은 보안국이었다. 그리고 국장들과 함께 소련군사령관의 '검사 감시'에 관한 고문관이라는 특이한 직책에 한낙규(韓洛奎), 재판에 관한 고문관으로 양태원(梁台源)이 임명되었는데,[7] 이들의 경력은 밝혀지지 않았다.

각국에는 산업, 교통, 체신 시설의 복구 계획을 작성할 임무가 주어지고, 동시에 지방인민위원회에 대하여 명령과 지시를 내릴 권한이 부여되었다. 그러므로 5도행정국의 각국들은 '태아적인 정부(embryonic government)'의 기관들이었다고 할 수 있었다. 각국에는 소련군 민정사령부의 대표가 한 사람씩 고문 자격으로 배치되었다.[8]

그러나 행정10국을 통괄할 25명 내지 30명으로 구성되는 임시민정자치위원회를 창설하라고 한 로조프스키의 훈령은 제대로 실행되지 못했던 것 같다. 무엇보다도 위원장으로 선임된 조만식이 전국적인 중앙정부의 필요성을 강조하면서 취임을 거부했기 때문이다.[9] 조만식은 소련군사령부의 취임요청에 "나에게는 평남인민정치위원회만으로도 벅차다"면서 거절했다고 한다.[10] 그러나 레베데프는 좀 다르게 술회했다.

조만식은 그의 표현에 따르면 '또 다른 외국 점령군'인 소련군사령

---

7) 《正路》 1945년11월25일자, 「北朝鮮諸行政局의 組織」, 『北韓關係史料集31』, 國史編纂委員會, 1999, pp.64~65; 김학준, 『북한의 역사 제1권』, 서울대학교출판부, 2008, pp.850~852.
8) Robert A. Scalapino and Chong-sik Lee, *Communism in Korea*, vol. I., The University of California Press, LTD, 1973, p.332; Erik van Ree, *Socialism in One Zone*, pp.111~112.
9) 전현수, 앞의 글, pp.363~364; 기광서, 「국제적 감각 결핍된 채 외세에 지친 '조선의 간디'」, 《민족21》 제27호, (주)민족21, 2003.6., p.102.
10) 吳泳鎭, 앞의 책, p.139; 趙靈岩, 『古堂曺晩植』, 政治新聞社, 1953, p.60.

부와 협력하려고 하는 희망을 나타냈다. 그러나 그가 협조를 실현하기 위해 제안한 조건들은 결코 받아들일 수 없는 것이었다. 그래도 처음에 우리는 타협할 수밖에 없었다. 다른 인물이 없었기 때문이다. 이렇게 해서 우리는 평양에서 우리의 모든 우선적인 정치적 및 조직적 방법들을 공산주의를 좋아하지 않는 것이 분명한 이 사람에게 맞추어야만 했다. 또한 그는 우리가 설립한 임시적인 전 북한 중앙통제기관 —— 5도행정국 ——의 우두머리로 앉게 되었다. 그것은 일종의 독특한 첫 북한정부였다.[11]

또한 5도행정국은 민족주의자와 공산주의자를 반반씩으로 한 30명의 위원으로 구성되었고 위원장에는 조만식을 선출했다는 기록도 있다.[12] 결국 5도행정국이란 조만식을 의장으로 한 행정10국의 대표 및 중요한 도인민위원회 대표들의 정례회의에 지나지 않았던 것으로 보인다. 실제로 소련군 민정사령부 자체가 정부였던 만큼 다른 어떤 북한정부는 필요 없었다.[13]

2

한편 조선공산당 북부조선분국의 기관지《정로(正路)》는 (소련)군사령부가 북조선행정국들을 조직했다고 말하고, "행정국의 명령과 지령은 전 북조선 행정 및 경제기관 주민에게 의무적"이며 그렇기 때문에 "각 도 및 지방기관, 사회단체 및 조합, 전 북조선공민은 행정국의 지시, 명령 및 지령을 제때에 또는 진심으로 실행할 의무가 있다. 행정국의 명령과 지

---

11) 가브릴 코로트코프 지음, 어건주 옮김, 『스탈린과 김일성(I)』, p.216.
12) 金昌順, 『北韓十五年史』, p.190.
13) Erik van Ree, *op. cit.*, p.112.

령을 실행치 않는 것은 인민 앞에서 범죄하는 것"이라고 선언했다.[14]

1992년에 북한에서 출판된 한 공식간행물에는 김일성이 1945년11월 15일에 열린 북부조선공산당 중앙조직위원회[조선공산당 북부조선분국] 제2차 확대집행위원회에서 행한 "진정한 인민의 정부를 수립하기 위하여"라는 연설을 통하여 서울의 인민공화국은 "민족반역자들과 가짜 혁명가인 파벌분자들이 들어가 있으며", "소수 특권계급을 위한 반인민적인 부르주아정권"이라고 매도하면서 다음과 같이 말했다고 씌어 있다.

우리는 북조선에 임시적인 중앙주권기관을 내오기 위한 준비사업으로서 각 지방에 인민위원회들을 조직하는 것과 함께 이미 행정국을 조직할 데 대한 구체적인 조치를 취하였다. 이번에 조직되는 행정국들은 경제의 해당 부문을 지도하고, 북조선 각도 호상간의 연계를 실현하며, 혼란된 질서를 바로잡아 나가야 하겠다. 우리는 앞으로 지방인민정권기관들과 행정국들을 강화한 데 기초하여 북조선임시위원회와 같은 임시적인 중앙주권기관을 북조선에 조직하고 통일적 중앙정부수립의 토대를 튼튼히 닦아야 하겠다.[15]

그러나 이때에 그러한 회의가 열렸고 김일성이 위와 같은 연설을 했다는 사실을 확인할 수 있는 당시의 기록은 없다. 북한의 공식간행물에서 이 회의와 관련된 기록이 보이는 것은 1955년 이후의 일이다.[16] 또 이 회의는 11월23일과 24일 이틀 동안 열렸고, 그에 앞서 11월20일부터 21일까지 예비토론회가 열려 김일성 그룹과 오기섭(吳淇燮) 등 국내파 사이에 정치노선을 두고 격렬한 논쟁이 벌어졌다는 증언도 있다.[17] 그러므로 김

---

14) 《正路》 1945년12월5일자, 「北朝鮮行政局의 職務와 事業」, 『北韓關係史料集 31』, p.74.
15) 김일성, 「진정한 인민의 정부를 수립하기 위하여」, 『김일성전집(2)』, 조선로동당출판사, 1992, p.274.
16) 조선중앙통신사 편집, 『해방후 10년일지』, 조선중앙통신사, 1955, p.42 ; 서동만, 『북조선사회주의체제성립사 1945~1961』, p.80 주66); 김학준, 앞의 책, pp.866~867.
17) 朴炳燁(가명 徐容奎) 증언, 중앙일보특별취재반, 『秘錄조선민주주의인민공화국』, p.172.

일성이 위와 같은 연설을 한 것이 사실이라고 하더라도 대회에서 서울의 인민공화국을 부인하는 결의가 이루어지지는 않았을 것이다.[18] 11월20일에서 22일까지 서울에서 열린 전국인민위원회대표자대회에 38도선 이북 지역인 함경남도, 황해도, 강원도 대표가 비록 개인 자격으로나마 참가했던 것도 그러한 사정을 짐작하게 한다.

앞의 북한 공식간행물은 또한 처음으로 북부조선공산당 중앙조직위원회의 제1차 확대집행위원회가 1945년10월16일에 열렸고, 이 회의에서 결의된 「토지문제에 대한 결정」과 관련하여 김일성이 했다는 연설문이 실려 있다.[19] 그러나 이 연설문은 뒷날 작성된 것이 틀림없다.

이 시기의 조만식의 입장에 대해 그의 측근으로 활동했던 박재창(朴在昌)은 "막강한 소련군대에 무력으로 대항할 수는 없는 것이고, 그렇다고 남쪽으로 내려와 버리면 북한을 그대로 소련에 진상하는 꼴이 되어 버린다고 고당(古堂: 曺晩植)은 생각했다. 그래서 일단 소련군정과 함께 일을 하되 잘못된 점에 대해서는 비폭력으로 저항하자는 것"이었다고 증언했다.[20] 이렇게 성립한 행정10국은 1946년2월에 발족한 북조선임시인민위원회에 그대로 편입되었다.

조만식은 김일성과도 협조적인 관계를 유지했다. 김일성이 공식으로 모습을 드러낸 평양시민중대회가 있고 사나흘 지난 어느 날[21] 저녁에 조만식은 평양시내의 전 일본 요정 '가선(歌扇)'에서 평남인민정치위 주최로 김일성의 가족들을 위한 환영연을 베풀었다. 연회에는 김일성을 비롯하여 대동강 하류의 만경대(萬景臺)에 살고 있는 그의 할머니, 숙부와 숙모, 사촌 동생 등 친척들, 그리고 평양의 종교계, 교육계, 실업계 등 각계 유지들이 참석했다. 소련군사령부에서도 정치담당관 메클레르

18) 서동만, 앞의 책, pp.80~81.
19) 김일성, 「북조선공산당 중앙조직위원회 제1차확대집행위원회에서 한 결론」, 『김일성전집 (2)』, pp.149~155.
20) 朴在昌 증언, 『秘錄조선민주주의인민공화국』, p.94.
21) 『解放後四年間의 國內外重要日誌』에는 10월18일로 되어 있다.

(Gregory K. Mekler) 중령, 통역관인 미하일 강(Mikhail Kang) 소령 등이 참석했다. 메클레르는 축사에서 "김일성 장군은 한국의 차파예프(Vasily I. Chapaev)와 같은 인물"이라고 김일성을 치켜세웠다. 그러나 좌중에서 차파예프를 아는 사람은 별로 없었다. 1887년에 볼가강 지역에서 농민의 아들로 태어난 차파예프는 교육을 받지 못했으나 제1차 세계대전에 참전하여 무공을 세워 훈장을 받았다. 볼셰비키혁명 뒤에 내전이 일어나자 농민군을 조직하여 적위군(赤衛軍)에 가담한 그는 빨치산 전술로 곳곳에서 백위군(白衛軍)을 무찔렀다. 레닌정부는 그의 능력을 인정하여 적위군 제25사단장으로 임명했다. 그는 글을 쓸 줄 몰랐으므로 테이블 위에서 감자를 가지고 여러 가지 작전계획을 훌륭하게 설명했다. 그는 1919년에 어깨에 부상을 입고 우랄강을 건너다가 백위군의 기관총 사격을 받고 전사했다. 스탈린(Iosif V. Stalin)이 그를 영웅화함에 따라 소련작가 푸르마노프(Dmitri Furmanov)에 의하여 소설로 쓰이고, 1934년에는 바실리예프(Georg Vasiliyev) 형제에 의하여 영화로 제작되었다.[22]

소설가 최명익(崔明翊)은 "김일성 장군은 일당일파에 사로잡히지 말고 옛날의 홍경래(洪景來)처럼 전 민족의 각층 인민을 위하여 투쟁하라"는 축사를 했고, 시인 백석(白石)은 「장군 돌아오시다」라는 즉흥시를 낭송했다. 오영진(吳泳鎭)은 「비적(匪賊) 김일성을 잡으러 갔던 조선인 출신 일본군인의 추억」이라는 원고 없는 즉흥 콩트를 읽었다. 좌석의 주흥이 무르익자 한 노파가 일어나서 덩실덩실 춤을 추었다.[23]

조만식과 김일성 사이에는 이러저러한 인연이 얽혀 있었다. 김일성의 아버지 김형직(金亨稷)은 조만식의 숭실학교 후배였고, 외할아버지 강돈욱(康敦煜) 장로는 평양초대교회의 지도자 가운데 한 사람이었다. 뒷날 최고인민회의 상임위원회 부위원장이 되는 강량욱(康良煜) 목사는 강돈

---

22) 吳泳鎭, 앞의 책, p.153; http://www.imdb.com/title/tt0024966/plotsummary.
23) 吳泳鎭, 위의 책, pp.150~158; 「秘錄조선민주주의인민공화국」, pp.98~99.

욱의 6촌이었다. 만경대 칠곡에는 김일성이 다녔던 창신학교가 있는데, 이 학교는 김일성의 외가친척인 강신애가 설립했고 설립 당시에 조만식이 도움을 준 것으로 알려져 있다고 한다.[24)

김일성은 조만식이 묵고 있는 고려호텔을 부지런히 드나들었다. 김일성은 소련군사령부가 조만식을 스탈린이 지시한 이른바 부르주아민주주의정권을 북한에 수립하기 위하여 꼭 필요한 인물로 인식하고 있음을 알았기 때문이다. 그러나 두 사람의 협력관계는 동상이몽이었다.

---

24) 朴炳燁(徐容奎) 증언, 『秘錄조선민주주의인민공화국』, p.99; 장규식, 『민중과 함께한 조선의 간디: 조만식의 민족운동』, 역사공간, 2007, pp.238~239.

2. 김일성이 조만식에게 조선민주당 창당 권유

1

소련의 한반도정책의 기본방침은 1945년9월20일의 스탈린의 비밀지령으로 시달된 "북한에 반일적인 민주주의 정당 및 조직[사회단체]의 광범한 연합을 기초로 한 부르주아민주주의정권을 확립하는" 것이었다. 그것은 소련군이 진주한 동유럽제국에서 일매지게 나타나고 있는 좌우연합의 이른바 인민민주주의정권을 뜻하는 것이었다. 그러므로 조선공산당 북부조선분국의 설치를 마친 다음의 과제는 복수정당제도를 실현하는 일이며, 그 핵심적인 작업은 조만식으로 하여금 민족진영을 통합하여 정당을 만들게 하는 것이었다. 그러나 조만식은 북한에만 한정된 정당을 만드는 것에 소극적이었다.

제25군 군사회의 위원 레베데프 소장은 8월28일에 첫 대면한 이래 12월 말에 모스크바 3상회의 결정이 나오기까지 10여차례나 조만식을 만나서 북한의 정치현안을 논의했다면서 다음과 같이 술회했다.

공산당 1당만으로 북한에 민주정권을 세우는 것은 당중앙[스탈린]의 지령에 맞지 않는다. 적어도 초기에는 외형상 복수정당이 절대 필요했다. 그 한가운데에 조만식이 있었다. 그래서 조만식에게 공산당에 맞서는 정당을 창당하라고 권했다.

나를 비롯해서 로마넨코(Andrei A. Romanenko) 장군, 발라사노프(Gerasim M. Balasanov) 대령, 이그나치예프(Aleksandr M. Ignat'ev) 대령, 메클레르 중령 등 사령부 정치장교들이 동원되어 설득에 나섰다. 그러나 그는… 우리를 상대하기를 꺼렸다. 메클레르 중령에게 김일성과 최용건을 앞세워 설득하라고 지시했다. 그리하여 메클레르 중령이 여러 차례 김일성과 함께 조만식을 요정으로 초청

조만식은 평양에 있는 민족진영 인사들과 숙의한 끝에 조선
민주당을 결성했다.

하여 술자리에서 접촉했다.[25]

김일성은 평양시민중대회가 있고 며칠 지난 어느 날 조만식에게 소련 군정부의 희망이라고 전제하고, 공산당과 적위대(赤衛隊)의 행패에 대하여 개탄하면서, 조만식이 지지하는 대중을 결집하여 정당을 조직할 필요가 있다고 설득했다. 그는 조만식이 그러한 정당을 만들고 당수가 된다면 자기는 부당수가 되어 소련 군정부와의 연락과 절충을 맡겠다고 말했다.

조만식의 측근들도 "소련에 의한 외환(外患)은 다음 문제로 하고 우선 공산당과 적위대에 의한 내환부터 막기 위해서는 이들에게 대항할 세력의 집결체가 필요하다"면서 창당을 건의했다.[26] 그리하여 조만식은 이윤영(李允榮), 한근조(韓根祖), 김병연(金炳淵), 김익진(金翼鎭), 우제순(禹濟順), 조명식(趙明植), 이종현(李宗鉉) 등 평양에 있던 민족진영 인사들과 숙의한 끝에 정당을 결성하기로 결심했다. 평양시장이면서 창당실무를 맡았던 한근조는 다음과 같이 적었다.

외부에서는 저들에게 속는다고 귀띔해 주는 사람도 없지 않았으나, 고당(古堂)으로서는 개의치 않았다. 여하튼 할 일은 해놓고 보아

---

25) 레베데프 증언, 김국후, 앞의 책, p.126.
26) 金炳淵, 앞의 책, pp.53~54; 朴在昌 증언, 『秘錄조선민주주의인민공화국』, pp.102~103.

야 했기 때문이다. 설혹 당을 합작하자고 달려드는 저들에게 말려든 다손치더라도 거기에 동화되지 않는다는 확신이 있었기 때문이다.[27]

당명을 조선민주당(朝鮮民主黨, 이하 조민당)으로 하고, 발기인을 105인으로 하여 11월3일에 창당하기로 결정했다. 발기인을 105인으로 한 것은 1911년의 105인사건의 정신을 계승한다는 의지를 상징하기 위한 것이었고, 창당일을 11월3일로 정한 것은 1929년11월3일에 일어난 광주학생운동을 기념한다는 뜻이었다.[28] 이렇게 하여 조민당은 일찍이 신간회(新幹會)운동에 참가했던 평남지역의 민족주의 인사들이 해방 이후에 평남건국준비위원회에서 평남인민정치위원회를 거쳐 이어지는 정치세력화의 연장선에서 결성된 것이었다.

창당 준비가 진행되고 있는 동안 김일성은 메클레르 중령과 통역인 미하일 강 소령과 함께 조민당의 창당 준비 사무실이던 고려호텔을 찾아와서 조만식과 창당작업을 협의했다.[29] 소련 군정부의 한 보고서는 '조선민주당'이라는 당명도 10월19일에 열린 창당조직회의에 참석한 김일성과 조만식의 공동제의에 따라 채택되었다고 기술했다.[30] 그런데 창당대회가 임박하여 김일성은 조만식에게 자기 부하 가운데는 자유주의자도 있고 민족주의자도, 사회주의자도, 공산주의자도 있으므로 어느 일당일파에 소속할 수 없다고 말하고, 자신은 소련 군정부를 배경으로 이미 결성된 북조선공산당과 새로 탄생하려는 조민당의 중간에서 양당의 친선과 우의를 도모하는 역할을 하겠다고 말했다. 그러고는 자기가 조민당에서 하려던 임무를 틀림없이 수행할 동지 두 사람을 소개하겠다면서 최용건과 김책(金策: 일명 金在民, 본명 金洪啓)을 추천했다. 조만식은 이

---

27) 韓根祖, 『古堂曺晩植』, 太極出版社, 1983, pp.389~390.
28) 金炳淵, 앞의 글, p.54.
29) 吳泳鎭, 앞의 책, p.160.
30) 기광서, 앞의 글, p.134.

제의를 받아들여 최용건을 부당수의 한 사람으로, 김책을 서기장 겸 정치부장으로 선임하기로 했다.[31] 최용건과 같은 용천군(龍川郡) 출신이며 오산학교(五山學校)에서 한반에 있었던 함석헌(咸錫憲)은 최용건을 조만식이 "안아서 길러낸 사람"이었다고 말했다.[32] 김일성과 같은 만주빨치산부대 부대장들이었고 88특별보병여단 간부들이던 두 사람을 조민당에 참가시켰다는 것은 소련 군정부와 김일성 그룹이 조민당의 창당을 얼마나 중요시했는가를 말해 준다.[33]

조민당 창당의 실무는 한근조와 김책 두 사람이 함께 맡았다. 조민당의 「정강」과 「정책」을 작성하는 작업도 이들에게 맡겨졌다.

2

11월3일 오후에 옛 일본인 중학교 교정에서 거행된 조민당 창당대회는 소련 군정부의 의사가 김일성이나 김책을 통하여 얼마나 강력하게 작용했는지를 짐작하게 한다. 그것은 조만식의 연설에서도 여실히 표명되었다. 구소련 문서에 따르면, 조만식은 먼저 창당대회가 있기까지의 소련군과 김일성의 협조를 강조하고 나서 공산주의자들과 협력하여 한국민중의 민주주의적 제권리를 쟁취하기 위해 투쟁하자고 말했다. 그러면서 "조선민주당은 노동자 농민의 이익을 위하여 투쟁할 것이다"라고 언명했다고 한다.[34] 그러나 이날의 조만식의 이 연설문은 한국이나 미국 자료에서는 발견되지 않는다.

그렇지만 창당대회에서 채택된 조민당의 「선언」과 「강령」 및 「정책」은 조민당의 정체성을 둘러싼 민족주의세력의 저항이 만만치 않았음을 보

---

31) 金炳淵, 앞의 글, p.54 ; 朴在昌 증언, 『秘錄조선민주주의인민공화국』, p.104.
32) 咸錫憲, 「내가 겪은 新義州學生事件」, 《씨알의 소리》 6호, p.38.
33) 김선호, 「해방직후 조선민주당의 창당과 변화: 민족통일전선운동을 중심으로」, 《역사와 현실》 제61호, 한국역사연구회, 2006, pp.288~289.
34) 전현수, 앞의 글, p.376.

여 준다. 6개항의 「강령」은 (1) 국민의 총의에 의하야 민주주의공화국의 수립을 기함(제1항), (2) 종교, 교육, 노농(勞農), 실업, 사회 각계 유지의 결합을 요함(제4항), (3) 반일적 민주주의 각 정파와 우호협력하야 전 민족의 통일을 도모함(제5항), (4) 소련 및 민주주의 제국가와 친선을 도모하야 세계평화의 확립을 기함(제6항) 등으로서, 친일파 배제와 소련과의 우호 등을 천명한 것이 눈길을 끈다.

그 반면에 12개항의 「정책」에는 조민당의 보수적인 성향이 그대로 표명되어 있다. (1) 국민은 언론 출판 집회 결사 및 신앙의 자유와 선거 및 피선거권이 있음, 민족반역자는 5대자유와 공권을 박탈함, (2) 의회제도와 보통선거제의 실시, (3) 교육 보건의 기회균등, (4) 문화 및 사회사업 기관의 확충, (5) 문화인 및 과학기술자의 육성과 우대, (6) 국제무역의 진흥과 국내상업의 발전 촉진, (7) 물가와 통화를 직접 조절하야 국민생활의 안정 기도, (8) 소작제도의 개선, 자작농 창정(創定)의 강화, 농업기술의 향상, (9) 균정 간편한 세제의 확립, (10) 노동운동의 정상적 발전을 조성함, (11) 노자문제(勞資問題)의 일치점을 득하야 생산의 지장이 없기를 기함, (12) 실업자의 대책 수립, 공장법, 생산보험, 건강보험, 최저임금제의 제정이 그것이다.[35]

민족반역자의 5대자유와 공권(선거권 및 피선거권)을 박탈한다는 「정책」(제1항)이나 반일적 민주주의 각 당파와 우호협력하여 전 민족의 통일을 도모한다는 「강령」(제5항)의 규정은 "북한에 반일적인 민주주의 정당 및 조직의 광범한 연합을 기초로 한 부르주아민주주의정권을 확립하라"는 스탈린의 비밀지령과 일치한다. 그러나 토지문제를 비롯하여 새로운 국가건설의 기초인 경제건설문제에 대해서는 극히 보수적인 입장을 견지하고 있다. 그것은 좌익정당들로부터 지주들과 친일파의 정당이라고 비판받던 남한의 한국민주당의 정강정책보다도 더 보수적인 것이

---

35) 朝鮮民主黨, 「宣言, 綱領, 政策, 規約」, 『北韓解放直後極秘資料(1)』, 高麗書林, 1998, pp.18~20.

라고 할 만한 것이었다.[36]

이와 관련하여 조민당의 창당 작업에 관여했던 김병연은 "(조민당의) 정강정책은 저조적인 것을 면치 못하였으나, 그것은 소련군정이 누차 약속한 바 소위 소자산계급성 민주주의 독립국가를 건설한다는 의취와 부합되게 하고 또한 평남인민정치위원회의 정강정책을 제정할 때에 민주진영쪽이 공산당과 격론을 벌이면서 수호하여 오던 선을 그대로 나타낸 것이었다"고 술회했다.[37] 그런데 이 정강정책안은 한근조와 김책 사이에 논란을 거듭하다가 결국 조만식과 김일성의 담판으로 즉석에서 해결되었다는 한근조의 증언은 꼼꼼히 톺아볼 만하다.[38] 그것은 통일전선정권의 수립이라는 목적을 위하여 김일성이 조만식의 완강한 주장을 수용했을 개연성이 없지 않기 때문이다. 「강령」과 「정책」 사이에 괴리가 느껴지는 것도 그러한 상황의 산물이었을 것이다.

창당대회는 조만식을 위원장으로 선출하고 부위원장으로는 먼저 민족주의 진영의 이윤영 목사를 선출했다. 또 한 사람의 부위원장으로 최용건을 선출하는 데 대해서는 반대의견이 있어서 분위기를 완화시키기 위해 중앙상무집행위원회에 위임하여 선출했다. 김책은 예정대로 서기장 겸 정치부장으로 선임되었다. 중앙상무집행위원으로는 김책을 포함하여 이종현, 김병연, 우제순, 김익진, 백남홍(白南弘), 조종완(趙鍾完), 홍기황(洪基璜), 박현숙(朴賢淑), 정인숙(鄭仁淑), 오영진, 박재창, 윤장엽 등 33명이 선정되었다. 중앙상무집행위원을 33명으로 한 것도 3·1운동 때에 독립선언서에 서명한 민족대표 33인의 상징성을 계승한다는 뜻이었다.[39] 조민당 당사는 고려호텔 앞 넓은 사옥을 얻어서 100평이 넘는 홀에 사무

36) 김성보, 「북한의 민족주의세력과 민족통일전선운동: 조선민주당을 중심으로」, 《역사비평》 제18호, 역사문제연구소, 1992, p.391.
37) 金炳淵, 앞의 글, p.54.
38) 韓根祖, 앞의 책, p.391.
39) 金炳淵, 앞의 글, p.54.

실을 차리고 "위의당당하게" 면목을 드러내었다.[40]

조민당은 창당되자마자 "요원의 불처럼 단시일 내에 경이적인 수의 당원을 획득"[41]할 만큼 큰 호응을 얻었다. 창당하고 한달 뒤인 12월1일 현재 북한지역의 공산당원수는 4,000명 미만이었는 데 비하여 조민당의 당원수가 5,406명이었다는 사실[42]은 조민당의 기반을 짐작하게 한다. 북한 전역의 도·시·군·면에 지부가 결성되어 당원수는 결당 3개월 동안에 50만명에 이르렀다고 관계자들은 주장했다.[43] 그것은 물론 과장된 숫자일 것이지만, 조민당이 급속한 성장세를 보인 것은 사실이었던 것 같다. 지방지부가 결성되는 상황의 한 보기로 진남포(鎭南浦)시당을 결성할 때의 상황을 이윤영은 다음과 같이 기술했다.

중앙당부에서 수백명의 당원이… 트럭에 분승하고 악대를 선두로 진남포로 향하였다. 국도 넓은 길은 환영인파로 메워졌고 연도에는 부근 촌락민들이 도열하여 120리 거리에 인파가 들끓었다. 그리고 진남포 수십리 앞길까지 환영인파가 물결쳤다. 대한민국 만세, 조민당 만세 소리가 들끓었다.[44]

이를 시기하여 지방의 공산당은 조민당 지방당부를 습격하고 폭행을 가하는가 하면 허무맹랑한 사건을 날조하여 조민당의 지방 당간부를 경찰에 구금시키는 등 온갖 방해공작을 벌였다.[45]

40) 李允榮, 『白史 李允榮回顧錄』, 史草, 1984, p.114.
41) 吳泳鎭, 앞의 책, p.161.
42) 레베데프 증언, 『秘錄조선민주주의인민공화국』, p.100.
43) 金炳淵, 앞의 글, p.54; 韓根祖, 앞의 책, p.392.
44) 李允榮, 앞의 책, p.115.
45) 金炳淵, 앞의 글, p.54.

3. 신의주 학생들의 반공봉기

1

11월23일에 평안북도 도청소재지 신의주에서 일어난 중학생들의 반공시위와 공공기관 습격사건은 제2차 세계대전 이후에 소련군이 진주한 지역에서 일어난 최초의 저항운동이었다는 점에서 특기할 만한 일이었다. 신의주와 용천군 일대는 땅이 평평하고 비옥하여 전국에서도 유수한 쌀고장으로서 자작농이 많고 비교적 넉넉하게 사는 곳이었다. 그러므로 일본점령기에도 유학생들이 다른 지방보다 월등하게 많고 기독교가 가장 왕성한 곳이었다.[46]

신의주에서는 9월 초에 제1교회 목사 윤하영(尹河永)과 제2교회 목사 한경직(韓景職) 등이 중심이 되어 평안북도의 기독교인들을 기반으로 하여 기독교사회민주당을 결성했다. 이 정당은 민주주의 정부의 수립과 기독교 정신에 의한 사회개혁을 「정강」으로 내세웠다. 기독교사회민주당은 북한주민의 전면적인 포섭을 위하여 당명을 '사회민주당'으로 바꾸고 지방마다 교회를 중심으로 지부를 조직해 나갔다. 그러자 이를 위험시한 소련 군정부는 다른 지방의 공산당원들을 동원하여 방해공작을 시작했다.[47]

이들과는 별도로 해방 직후에 '우리청년회'라는 지식인 계몽단체가 조직되었다. 우리청년회는 회장으로 함석헌을 추대하려 했으나, 그는 평북인민정치위원회의 문교부장이 되어 있었으므로 고문이 되고 회장은 김성순(金聖淳)이 맡았다. 우리청년회는 신의주학생봉기의 배후로 지목되었다.[48]

---

46) 咸錫憲, 앞의 글, p.39.
47) 金良善, 『韓國基督教解放十年史』, 大韓예수教長老會總會教育部, 1956, pp.62~63.
48) 咸錫憲, 앞의 글, pp.39~40.

신의주학생봉기의 도화선이 된 것은 11월18일에 신의주에서 서남쪽으로 80리쯤 떨어진 용암포(龍巖浦)에서 발생한 폭력사건이었다. 사건의 원인은 용천군인민위원회 위원장 겸 공산당책임자인 이용흡(李龍洽)의 횡포 때문이었다. 이용흡은 "독일 유학도 했다고 하나 올바른 지식이 있는 것 같지도 않고… 해방 후 불쑥 나타나 이리저리 뛰어다니는 사람이었는데, 성질이 온전치 못했다.… 소련군이 온 후부터 아주 사납게 굴기 시작했다"라고 함석헌은 회고했다.[49] 이용흡은 점점 멀어져 가는 민심을 수습하여 소련군으로부터 자신의 신임을 확고히 하기 위해 11월18일 오후에 구세학교[제1교회] 운동장에서 시민대회를 열었다. 용암포에는 관서지방에서 유일한 수산학교가 있었는데, 그 학교마저 공산당 훈련소로 점령되어 울분에 차 있던 학생들은 이 시민대회를 이용흡 일당의 행패를 성토하는 절호의 기회로 생각했다. 시민대회에서 학생대표로 기념사를 하게 된 수산학교 4학년생 최병학(崔秉學)은 11월17일 밤에 기숙사 사감교사와 학생후원회장인 교사의 도움을 받아 연설문을 작성했다.

시민대회장에는 발디딜 틈이 없이 시민들과 학생들이 모였다. 차례가 되어 등장한 최병학은 소련군과 공산당의 비정을 폭로하고 "공산당은 수산학교를 내놓으라! 소련군의 앞잡이 이용흡과 그 주구들은 물러가라!"하고 외쳤고, 군중은 일제히 호응하면서 "공산당 타도"를 외쳤다. 당황한 공산당 간부들은 무장한 보안대원들을 동원하여 군중을 해산시키려 했지만 흥분한 군중은 해산하지 않고 보안대원들에게 대항하여 대회장은 순식간에 난투장으로 변했다. 보안대원들은 총기를 버린 채 도망쳤고, 이용흡은 소련군사령부로 피신했다. 이 충돌로 학생들과 시민들은 30여명이 중경상을 입었다. 학생들은 학교에서 긴급대책회의를 열고 빼앗은 총기는 돌려주고 질서를 회복한 뒤에 공산당과 협상하기로 의견을 모았다. 학생들은 총기를 돌려 주었고, 사건은 조용히 마무리되는 듯했다.

---

49) 咸錫憲, 위의 글, p.41.

그러나 이튿날 새벽에 이용흡이 동원한 부라면(府羅面)의 동양경금속(東洋輕金屬) 노동조합 산하 적위대원들과 북중면(北中面)의 불이농장(不二農場) 농맹원 등 2,500여명이 트럭에 분승하여 용암포로 들이닥쳤다. 이들은 먼저 수산학교 기숙사를 습격하여 잠자던 학생들을 몽둥이와 체인 등으로 닥치는 대로 구타했다. 이들은 민가도 샅샅이 뒤져서 학생이나 젊은 사람들이 발견되면 마구 폭력을 휘둘렀다.

이 비보는 삽시간에 용천군 일대에 퍼져 용암포에서 30리쯤 떨어진 양시(楊市)에서 신의주로 기차통학을 하던 학생들에게도 전해졌다. 양시 학생자치대 학생 60여명은 등교를 포기한 채 곧바로 용암포로 달려갔다. 그러나 이들은 용암포 진입로에서 몽둥이와 체인으로 무장한 폭력배들에게 잔혹한 폭행을 당했고, 이 참경을 제지하려던 제1교회의 홍석황(洪錫璜) 장로가 그 자리에서 몽둥이로 살해되었다.[50]

용암포사건의 전말을 전해 들은 신의주의 학생대표들은 11월21일 밤에 동중학교(東中學校) 강당에서 회의를 열고 우선 용암포 참사의 진상

신의주학생봉기의 발원지가 된 신의주 동중학교.

---

50) 金良善, 앞의 책, p.63; 北韓研究所, 『北韓民主統一運動史 平安北道篇』, 北韓研究所, 1990, pp.253~256.

규명과 사태 수습을 위해 학생조사단을 용암포로 파견하고, 그 결과에 따라 다음 행동을 논의하기로 했다. 때마침 신의주에서는 일본점령기 때부터 재판소로 써오던 청사를 공산당이 인민정치위에 청원이나 교섭을 하지도 않고 하룻밤 사이에 접수하여 당본부를 설치한 것을 두고 시민들이나 학생들이 몹시 분개하고 있던 참이었다. 각 학교에서 선출하여 구성한 조사단 5명이 바로 용암포로 내려갔다.

이 무렵 신의주에는 동중학교를 비롯하여 제1공업학교, 사범학교, 상업학교, 평안중학교, 제2공업학교, 의주농업학교의 7개교와 유일한 여학교로 남고등여학교가 있었는데, 11월23일의 봉기 때에는 한 학교도 빠짐없이 참가하고 있어서 이때의 학생들의 분위기를 짐작하게 한다. 11월22일 저녁에 모인 각 학교 학생대표들의 회의에서는 연약한 여학생들에게까지 희생을 입히는 것은 고려해야 할 문제라고 하여 남고등여학교는 제외시켰으나 사태가 급박하게 벌어지자 여학생들도 자진해서 참가했다.

학생대표들의 회의에서는 용암포사건에 대한 성토를 비롯하여 소련군 병사들의 약탈행위, 평북인민정치위원회 보안부장 한웅(韓雄)의 방약무도한 행동과 그들의 학원에 대한 간섭, 신의주에 집결한 중국으로부터의 귀환동포들에 대한 비인도적 처우 등을 어떻게 보고만 있을 것인가 하는 등의 문제가 성토되었다. 학생들의 분격의 대상이 된 한웅은 '독립단'의 이름으로 활동한 테러리스트였는데, 일본에 투항한 뒤에 해방 직전까지 신의주 건너편에 있는 안동현(安東縣)에서 여관업을 하던 인물이었다. 그는 공산당에 입당하면서 평북인민정치위원회의 보안부장이 되었다.

학생대표들은 신의주의 젊은 학도 3,500명이 일치단결하여 광주(光州)학생봉기의 정신을 계승하여 애국애족의 횃불을 올리자는 데 의견이 일치했다. 그러나 그 의기에 비하여 방법의 논의는 너무 순진했다. 저들은 불리할 경우 발포도 서슴지 않을 것이니 우리도 안동에 가서 무기를 구입해다 무력으로 대항하는 것이 좋지 않겠느냐는 한 학생대표의 제의에 대부분의 학생대표들은 아무리 포학무도한 무리이기로서니 설마 맨주먹의 학생들인 우리에게 총이야 쏘겠는가라고 반론했다. 무기를 구입하자면 자금도 필요하고 시간도 걸릴 텐데 그렇게 하다가는 거사하기 전에 계획이 탄로 날 우려도 있고, 그렇게 될 경우 싸워 보지도 못하고 모두 붙잡혀 극형을 받게 될 것이라는 반론도 있었다. 어떤 학생대표는 3,500명이라는 수의 힘과 젊은 애국열정이 우리에게 있으니까 맨주먹 아니면 몽둥이와 돌멩이만으로라도 좋으니 대거 일시에 놈들의 아성인 도인민위원회와 보안서와 공산당본부를 급습하여 점거하는 동시에 무기고를 점령하여 저들을 무장해제시키자고 주장했다. 탈취한 무기로 우리가 무장하고 우리청년회 등의 협조를 얻어 신의주 치안을 담당하고, 이어 각군으로 내려가서 그곳의 반공애국세력과 합세하여 평안북도 전체의 치안을 확보하자는 것이었다. 또 그렇게 하여 이 소식이 북한 전역에 전해지면 다른 지방에서도 호응하여 궐기할 것이므로 잘만 되면 북한 전체가 소련 군정부와 공산당의 학정에서 벗어나 민주통일의 길을 마련할 수 있을 것이라는 낙관론을 펴기도 했다.

한 학생대표가 거사일을 11월24일로 하자고 제안했다. 이날은 평안북도 중등학교 축구대회가 있는 날이므로 그 기회를 이용하면 대규모의 시위가 가능할 것이라는 이유에서였다. 그러나 사태는 24일까지 기다릴 수 없었다. 철야로 진행된 회의는 거사일을 하루 앞당겨 23일로 결정했다. 정오 사이렌 소리를 신호로 일제히 행동을 개시하기로 했다.

학생대표들은 23일 오전 9시에 제1공업학교 강당에 다시 모여 철야회의에서 결의한 사항을 재확인하는 한편 공격 목표, 인원 동원, 공격 개시 시간 등을 구체적으로 협의했다. 공격 시간은 학생동원문제로 낮 12시에서 오후 2시로 변경하되 미리 조직되어 있는 별동대가 압록강 둑 밑 영림서 옆에 있는 목재소에 불을 질러 연기가 오르면 그것을 신호로 일제히 공격을 개시하기로 했다. 동중학교와 제1공업학교는 평안북도 인민위원회가 들어 있는 도청과 평안북도 보안부를, 사범학교와 제2공업학교는

평안북도 공산당 본부를, 상업
학교와 평안중학교는 신의주
시 보안서를 일제히 공격하기
로 한 것이다.[51]

신의주학생봉기의 배후로 지목된 평북인민정치위원회
교육부장 함석헌. 함석헌은 1947년2월에 월남했다.

2

평북인민정치위원회 교육
부장이던 함석헌은 이때의 일
을 실감나게 기술했다.

11월22일, 그러니까 사
건 전날 어디서 보도가 들
어오는데 시내에 있는 중학생들이 일제히 일어나 위원회와 공산당본
부에 질문을 들어오려 한다고 했다. 그래서 곧 각 학교 교장에게 내
가 직접 전화를 걸어서 그렇게 하면 큰일이 날 터이니 잘 타일러서 미
리 막도록 하라고 했다. 그것은 내가 공산당의 속아지가 어떤 것을 잘
알고 있기 때문이었다. 학생들이 절대로 잘못 아니지. 하지만 그렇다
고 그렇게 해서 죽일 수는 없었다.

이튿날 23일 아침,… 출근을 해서 좀 있다가 정오쯤 되니 학생들이
들어온다는 소식이 들렸다. 청사 안이 긴장하고 사람들이 이리 갈까
저리 갈까 당황해하기 시작했다.

총소리가 몇방 땅땅 하고 났다. 방을 뛰어나와 정문 앞을 나가니
저기 학생들이 돌을 던지며 오는 것이 보였다. 보안부장 한웅이란 놈,
그 부하 차정삼(車正三)이란 놈이 "쏴라! 쏴라!" 다급하게 하는 소리

---

51) 『北韓民主統一運動史 平安北道篇』, pp.256~261.

가 들렸다. 다다다다, 학생들은 티끌을 차며 도망했고 문 앞까지 들어왔던 몇이 꺼꾸러졌다.

그 광경을 보고 저기 멀건이 보고 있는 사람들이 있건만 아무도 가까이 오려 하지도 않았다. 청사 안에 직원도 여러 백명이건만 어디 간지 뵈지도 않았다. 하는 수 없이 나는 사무실로 뛰어 들어가 문교부 직원 몇을 데리고 나왔다. 가보니 셋이 넘어져 있지 않나. 까만 교복에 모자를 쓴 채 엎어진 것도 있고 자빠진 것도 있었다. 쓸어안아 일으켰다. 죽었구나! 죽었구나!…

둘은 벌써 숨이 끊어졌고 하나는 아직 숨기절이 있었으나 가망이 있어 뵈지 않았다. 그래도 우리는 몇이서 병원으로 안고 갔다. 그 이름들이 무엇이던지 오늘까지도 모른다.…[52]

함석헌의 이러한 술회는 인민정치위원회는 학생시위에 대한 정보를 입수하고 있었고, 그러나 사전에 대책을 협의하지는 않았으며, 발포는 보안부장 한웅의 명령에 따른 것이었음을 말해 준다. 한웅이 소련군당국과 협의했을 개연성은 있다. 보안부차장 차정삼은 학생시위의 정보를 소련군사령부에 알렸더니 평화시위면 놓아두고 아니면 쏘라고 하더라고 말했다고 한다.[53]

함석헌은 공산당본부의 상황도 목격했다.

병원에서 돌아와 도청 정문에 오니 한 사람이 앞을 막아서더니 "이것만이오, 더 큰 것을 보겠소, 갑시다" 했다. 직감적으로 알기를 했지만 비겁하게 회피하고 싶지는 않았다. "그럽시다" 하고 따라가니 간곳은 문제의 공산당본부였다. 뜰에 썩 들어서니 몇인지는 알 수 없으

---

52) 咸錫憲, 앞의 글, pp.42~43.
53) 金仁德 증언, 『秘錄조선민주주의인민공화국』, p.169.

나 까만 교복을 입은 것들이 여기저기 쓰러져 있었다. 그때 인상으로 한 이십명은 될까.

소련군인이 뜰에 꽉 차 있었다. 그러더니 내가 온 것을 보고 한 사람이 일어서서 연설을 시작했다. 그것은 한국인 2세로서 소련군인인 사람이었다. 그보다 며칠 전 소련군 교육고문이 찾아와서 면회를 한 일이 있었는데, 그때 이 사람이 통역으로 왔었다. 그때는 자기 부모는 함경도서 났다는 이야기며 여러 가지 이야기를 아주 친절히 하고 갔는데, 오늘은 태도 일변이다.… 그 태도와 나를 손가락으로 가리키며 흥분해서 하는 것으로 보아서 나를 이 사건의 장본인이라고 하는 듯했다. 그 소리를 듣더니 소련군인의 총칼이 일시에 쏵 하고 내 가슴으로 모여들었다.…

함석헌은 그길로 체포되었다. 1946년1월에 석방된 그는 이듬해 2월에 월남했다.[54]

이날의 학생시위는 비행기와 기관총까지 동원된 소련군에 의하여 20여분 만에 진압되었다. 학생 23명과 우리청년회 회원 1명이 사망하고, 350여명이 부상을 입었으며, 1,000여명의 시위학생들이 구속되었다.[55]

학생들의 봉기에 대하여 소련군은 의외로 유연하게 대처했다.[56] 레베데프는 격렬한 소요는 "고등학교[중학교] 학생들의 지하조직"이 조직한 것이라고 말했다.[57] 소련 군정부는 1,000여명의 구속학생 가운데 주동자 7명을 남기고 나머지는 모두 이튿날로 석방했다.[58] 그러나 소련 군정부의 공산당 책임자들에 대한 문책은 엄중했다. 조선공산당 평안북도위원회에 대해서는 위원장을 비롯한 모든 간부들을 사임시키고 김일성의 빨치

54) 咸錫憲, 앞의 글, pp.43~44, p.48.
55) 『北韓民主統一運動史 平安北道篇』, p.285.
56) 『秘錄조선민주주의인민공화국』, p.168.
57) Erik van Ree, op. cit., p.117.
58) 金仁德 증언, 『秘錄조선민주주의인민공화국』, p.168; 김학준, 앞의 책, p.884.

신의주학생봉기가 일어나자 소련 군정부는 김일성을 신의주로
급파했다.

산 동지인 부위원장 김일(金
一)에게 개편의 책임을 맡겼
다.[59] 원성의 표적이었던 한
웅은 평양으로 압송되어 총
살형에 처해졌다는 기술도
있으나,[60] 그는 바로 황해도
해주시의 판사로 '좌천'되었
다가 1948년에 남한에서 북
파된 공작원들을 무죄석방
한 것이 "간첩행위"로 단죄
되어 '최고형'으로 처단되었
다고 한다.[61]

소련 군정부는 김일성을
신의주에 보내어 시민들과 학생들을 무마하게 했다. 기차편으로 11월24일
저녁에 신의주에 도착한 김일성은 11월27일에 역전에 있는 동중학교 교정
에 모인 학생들과 시민들 앞에서 두어시간 동안 주로 평북공산당 간부들
을 비판하는 연설을 했다. 김일성은 허리에 찼던 권총을 끌러 연단 위에 놓
고 연설을 시작했다. 그는 먼저 이번 사건은 "가슴 아픈 일이요 유감된 일"
이라고 말한 다음, "이것은 위대한 소련군의 해방자적, 원조자적 역할에 대
한 오해와 또 공산당의 사명과 정책에 대한 인식착오에서 온 것이 분명하
다. 그러나 학생들은 대체로 이용을 당한 데 불과한 것이고 사실은 친일파
민족반역자 반동분자들의 눈에 보이지 않는 책동의 결과임에 틀림없는 것
으로, 이런 자들은 천천히 조사해서 처단하여야 한다"라고 위협했다.

---

59) 김학준, 위의 책, p.884
60) 『北韓民主統一運動史 平安北道篇』, p.285.
61) 韓載德, 『金日成을 告發한다』, 內外文化社, 1965, p.211; 김석형 구술, 이향규 정리, 『나는
　　조선노동당원이오!』, 선인, 2001, pp.154~157, pp.249~251.

청중이 잠시 술렁거렸다. 그러자 김일성은 "그러나 하필이면 이곳 평북에서, 신의주에서 이런 불상사가 일어난 것은 결국 이곳 공산당과 각 기관장과 특히 인민위원회 보안부의 책임자 간부들이 일을 잘못하였기 때문이다" 하고 말머리를 공산당 간부들에 대한 공격으로 돌렸다. 김일성은 김휘(金輝), 박균(朴均), 이황(李晃) 등을 비롯한 공산당 평북도당 간부들과 특히 평북도민의 원성의 표적이 되어 있는 도인민정치위의 보안부장 한웅과 그 일당의 죄과를 열거하면서 비판하고, 사건이 있고 나서 그들이 많은 학생들과 시민들까지 검거한 것은 더욱 가증한 일이라고 매도하면서 다음과 같이 말했다.

"그렇기 때문에 아무것도 모르고 이용을 당한 학생들에 대하여는 관대한 처분을 하게 될 것으로 믿는다. 소련군쪽은 우리를 지극히 생각해 주고 있다. 그러나 일을 잘못해서 이런 불상사를 일으킨 공산당과 기관의 간부들은 철저히 그 책임을 추궁받아야 될 것이다."

김일성은 그러면서 온 민족의 각계 각층이 총단결하여 민주국가를 건설해야 한다고 그의 입버릇처럼 되어 있는 통일전선의 중요성을 역설했다. 그리하여 청중은 "한때 무엇에 홀린 듯 어리둥절한 가운데 자기를 잊고 박수를 보낸 형편"이었다.[62] 그러나 그 박수는 김일성이 동원한 공산당원들이 군중 속에 섞여 유도한 것이었다.[63] 김일성은 이튿날 동중학교 강당에서 학생대표들과 가진 간담회에서도 비슷한 말을 했다.[64]

신의주학생봉기는 그것을 계기로 조선민주당과 기독교사회민주당의 세력기반인 지주들과 기독교세력을 결정적으로 약화시키는 계기가 되었다는 점에서 해방 이후 북한정치의 중요한 분기점이 되었다.[65] 사회민주당 인사들은 조선민주당에 흡수되었다.

---

62) 新義州反共學生義擧紀念會, 『鴨綠江邊의 횃불: 新義州反共學生義擧眞相記』, 靑丘出版社, 1964, pp.49~50.
63) 김석형 구술, 이향규 정리, 앞의 책, pp.156~157.
64) 任昌孝 증언, 『秘錄조선민주주의인민공화국』, p.169.
65) 김학준, 앞의 책, p.887.

4. 김일성이 조선공산당 북부조선분국의 책임비서로

1

11월15일에 열린 조선공산당 북부조선분국의 제2차 확대집행위원회에서 국내파를 제압한 김일성은 먼저 17인 집행위원회를 개편하여 국내파의 주영하(朱寧河), 장순명(張順明), 강진건(姜鎭乾) 대신에 자기와 함께 입국한 김책, 김일, 이동화(李東華)를 포함시켰다.[66]

그리고 이 회의가 끝나자 북한만을 단위로 하는 사회단체들이 속속 결성되었다. 11월18일에 박정애(朴正愛)를 상임위원장으로 하여 발족한 북조선민주여성동맹은 북한에 본부를 둔 최초의 사회단체였다. 11월27일에는 두번째로 북조선민주청년동맹(민청)이 결성되었다. 북한공산주의자들은 해방 직후에 공산당의 외곽단체로 공산주의청년동맹(공청)을 조직하고 있었는데, 김일성은 이 공청을 당의 민족통일전선에 적합하도록 해산하고 민청으로 개편할 것을 주장하여 당의 정책으로 채택되었다. 그러나 이 문제는 국내파의 강한 반대에 부딪혀 노선투쟁의 일부로 논란되어 왔던 것이다.

노동조합과 농민조합은 서울에서 결성된 중앙조직의 북한지부 형태로 조직되었다. 노동조합은 11월30일에 조선노동조합전국평의회(전평)의 북조선총국이 결성되고, 농민조합은 12월8일에 서울에서 결성된 전국농민조합총연맹(전농)의 결의에 근거하여 1946년1월31일에 전농북조선연맹이 결성되었다. 그러나 이 두 단체도 1946년5월부터는 서울과의 종속관계를 단절하면서 북조선직업총동맹과 북조선농민동맹으로 개칭되었다.[67]

---

66) 김학준, 위의 책, p.875.
67) 柳吉在, 「北韓의 國家建設과 人民委員會의 役割 1945~1947」, 高麗大學校 박사학위논문, 1995, pp.167~170; 서동만, 앞의 책, pp.80~82.

또한 성격은 좀 다르지만 11월11일에는 조소문화협회(朝蘇文化協會)가 결성되어 각지에 지부를 설치하고 기관지《조소문화(朝蘇文化)》를 발행하면서 소련의 이데올로기와 문화를 선전했다.[68]

소련군의 점령정책에 대한 주민들의 저항과 소련군 병사들과의 충돌, 국내파 공산주의자들의 독선과 무능에 대한 주민들의 반발 등으로 사회불안이 계속되자 소련군사령부는 소련에서 정치적으로나 행정적으로 잘 훈련된 소련계 한인들을 적극적으로 활용하기로 결정하고 소련정부에 이들을 파견해 줄 것을 요청했다.[69] 이에 따라 허가이(許哥而, Alexandr I. Hegai)를 비롯한 다수의 고위급 소련계 한인들이 11월 하순에서 12월 초 사이에 평양에 도착했다.

소련계 한인의 활용은 소련의 북한점령정책의 중요한 특징의 하나였다. 김일성과 함께 입국한 빨치산 그룹 등 60여명 이외에 1945년8월 하순부터 이듬해 9월까지 북한에 파견된 이들 소련계 한인은 줄잡아 200여명에 이른다.[70] 이들은 다섯차례에 걸쳐서 북한에 들어왔다. 제1진은 대일전 개시에 앞서 북한에 공작원으로 투입되거나 대일전이 시작되고 전투에 직접 참가한 정률(鄭律: 일명 鄭尙進) 등 소련군인들 및 8월29일에 소련 제25군 7부[군정치국]와 함께 평양에 도착한 미하일 강 소령 등 소련군인들과 전동혁(田東赫), 조기천(趙基天) 등 문인들을 포함한 40여명이었다. 미하일 강 소령은 소련군사령부와 조만식 등 북한지도자들을 연결하는 다리 역할을 했다. 전동혁은 10월14일의 평양시민중대회에서 한 김일성의 연설문을 작성했다고 하며,[71] 시인 조기천은 김일성의 빨치산 활동을 주제로 한 서사시「백두산」을 지었다.

10월 중순에 평양에 도착한 제2진은 소련에서 사범대학을 졸업했거

---

68) 김학준, 앞의 책, pp.855~856.
69) Erik van Ree, *op. cit.*, pp.120~121.
70) 鄭律(鄭尙進) 증언, 『秘錄조선민주주의인민공화국』, p.178.
71) 鄭律 증언, 『秘錄조선민주주의인민공화국』, p.180.

나 다른 대학에서 러시아어문학과를 졸업한 사람들로서 박영빈(朴永彬), 김일(金日), 박길용(朴吉龍), 박태섭(朴泰燮), 박태준(朴泰俊) 등 53명이었다.

당과 국가기관에서 중책을 맡아 일하게 되는 허가이 일행은 제3진이었다. 허가이는 당 부위원장, 남일(南日)은 인민군 총참모장과 외무상을 거쳐 내각 부수상, 김재욱(金宰旭)은 평남도당위원장과 군총정치국장, 김열(金烈)은 함북도당위원장과 공업성 부상, 김동철(金東哲)은 최고재판소 부소장, 김찬(金燦)은 조선은행 총재와 재정성 부상, 이동건(李東建)은 외무성 부상, 기석복(奇石福)은 《로동신문》 주필, 정국록(鄭國祿)은 《민주조선》 주필과 정전위원회 수석대표 등으로 일했다.

1946년 여름에 평양에 도착한 제4진은 각 분야 전문가로 구성된 36명이었고, 한달 뒤에 도착한 제5진은 강동(江東)정치학원장이 되는 박병률(朴秉律) 등 주로 러시아어 교원 그룹인 80명이었다. 이 소련계 한인들은 허가이를 정점으로 북한의 중요한 정치세력의 하나가 되는 소련파를 형성했다.[72]

이중국적을 가진 이들 소련파는 자신들이 진정한 볼셰비키라는 자부심이 강했기 때문에 김일성과 함께 북한에 들어온 빨치산 그룹을 "무식하고 촌스러운 녀석들"이라고 경시했다.[73] 실제로 소련파만이 국가기구의 운용과 대중적인 집권당 창건에 필요한 경험과 지식을 가지고 있었고, 허가이의 능력은 이 분야에서 특별히 두드러졌다.[74] 그러나 소련 군정부 지도자들은 소련계 한인들이 입국할 때마다 김일성에게 협력할 것을 지시하고, 북한사람들을 접촉할 때에도 김일성을 부각시키라고 지시했다고 한다.[75] 그리하여 1948년의 제1차 내각 때에는 소련파가 부상(副相)

---

72) 『秘錄조선민주주의인민공화국』, pp.177~183; 박 왈렌친 증언, 김국후, 앞의 책, pp.96~98.
73) Erik van Ree, op. cit., p.121.
74) 안드레이 란코프 지음, 김광린 옮김, 『소련의 자료로 본 북한 현대정치사』, 오름, 1999, p.176.
75) 김국후, 앞의 책, p.96.

을 차지하지 못한 성(省)은 하나도 없을 정도였고, "팔도장군"으로 불리는 각 도당위원장은 거의 소련파가 차지할 정도로 당은 완전히 소련파가 장악했다.[76]

허가이는 연해주로 이주한 농민의 후예로 1908년에 하바로프스크에서 태어났다. 연해주에서 공업학교를 졸업하고 콤소몰[공산주의청년동맹]에 가입한 그는 능력을 인정받아 공산당에 입당하고 콤소몰 극동지역위원회의 비서로 발탁되었다. 1937년에 연해주 한인들이 중앙아시아로 쫓겨날 때에 그도 우즈베키스탄으로 쫓겨났다가 1939년에 복권되었다. 타슈켄트 부근에 있는 작은 도시의 지구 비서가 된 그는 우즈베키스탄의 유력정치인인 라술로프(Rasulov)에게 인정받아 우즈베키스탄의 큰 수력발전소 건설 현장을 담당한 당위원회의 제2비서로 뽑혔다. 이어 그는 타슈켄트 부근의 한인마을에서 중소형 수력발전소 건설을 지휘했다. 허가이를 북한주둔 소련군사령부에 추천한 사람도 라술로프였다. 허가이는 북한에 소련 모형에 맞추어 공산당을 조직하는 일에서 핵심적인 역할을 했다. 그리하여 김일성도 그를 "당 박사"라고 불렀다고 한다.[77] 그는 1945년12월15일에 평양에 도착했다.[78]

연안(延安)에 있던 화북조선독립동맹(華北朝鮮獨立同盟)의 주석 김두봉(金枓奉)과 부주석 최창익(崔昌益), 독립동맹 휘하의 조선의용군 사령관 무정(武亭) 등은 9월5일에 연안을 떠난 지 무려 4개월 만인 12월13일에야 평양에 도착했다. 이들이 평양에 도착했을 때에는 환영하는 인파도 현수막도 없었다.

독립동맹과 조선의용군 관계자들의 귀국이 늦어진 것은 중국공산당이 조선의용군 병력을 중국내전에 활용하려고 했기 때문이었다. 11월 초에 만주의 심양(瀋陽)에 도착한 무정은 회의를 열고 조선의용군을 세 지

---

76) 姜尙昊 증언, 『秘錄조선민주주의인민공화국』, p.184.
77) 김학준, 앞의 책, pp.807~809.
78) 朴炳燁(徐容奎) 증언, 『秘錄조선민주주의인민공화국』, p.174.

대로 개편하여 제1지대는 남만주로, 제3지대는 북만주로, 제5지대는 동만주로 이동하면서 조선족을 규합하여 부대를 확장하기로 했다. 제1지대의 지대장은 김웅(金雄), 정치위원은 방호산(方虎山)이었고, 제3지대의 지대장은 이상조(李相朝), 정치위원은 주덕해(朱德海)였으며, 제5지대의 지대장은 이익성(李益星), 정치위원은 박훈일(朴勳一)이었다. 이 세 지대의 활동은 대체로 성공적이었다. 그러나 이들은 장기간 만주에 머물러 있어야 했기 때문에 북한에서 정치세력으로 등장하는 것이 늦었다. 그뿐만 아니라 이들은 소련 군정부와 김일성으로부터 철저한 견제를 받았다.

독립동맹 인사들이 압록강 대안의 안동에 머물고 있는 11월20일쯤에 무정은 평양에 가서 소련 군정부의 정치위원들과 협상을 벌였는데, 소련 군정부는 이들이 입국은 할 수 있지만 독립동맹이라는 이름은 안되고 무장도 해제하고 들어와야 한다고 말했다고 한다.[79]

이처럼 이들 연안파는 입국 당초부터 불리한 여건에서 출발했다. 또 하나의 불리한 상황은 연안파가 공통의 지도자 밑에서 단결되어 있지 못했다는 점이다. 연안파는 연안에서 활동했다는 공통점을 제외하면 이념적 성향과 활동의 특성 면에서 편차가 큰 집단이었다. 특히 무정은 자신에 대한 북한주민들의 지지를 과신하여 혼자 행동했다. 무정은 귀국하자마자 김창만(金昌滿)과 함께 황해도를 돌며 유세를 벌였는데, 김창만은 "무정이 국부(國父)"라는 말까지 하며 다녔다고 한다.[80] 연안파는 일부만이 조선공산당에 입당했고 나머지는 1946년 2월에 조선독립동맹이 조선신민당(朝鮮新民黨)으로 개편될 때까지 북한정치의 외곽에 머물러 있었다.

---

79) 徐輝 증언, 위의 책, p.161.
80) 徐輝 증언, 같은 책, p.145.

12월17일과 18일 이틀 동안 열린 조선공산당 북부조선분국 제3차 확대집행위원회는 김일성이 마침내 조선공산당 북부조선분국의 책임비서로 선출됨으로써 김일성의 당권이 확립되었을 뿐 아니라 그것을 계기로 조선공산당 북부조선분국이 서울의 '중앙'에 종속된 '분국'이 아니라 북조선공산당의 '중앙'을 자임하게 되었다는 점에서 중대한 뜻을 지닌 회의였다. 김일성은 뒷날 이 회의가 소집된 이유에 대해 "이렇게 분국을 조직해 놓고 보니 10월부터 12월까지 아무 하는 일은 없고 당내에는 이색분자, 투기분자들이 들어와서 파괴공작을 시작하고 책임간부들은 서울만 쳐다보고 있었기 때문에 제3차 확대위원회가 소집되었던 것이다"[81] 라고 기술했는데, 그것은 이 회의가 당운영을 맡고 있는 오기섭, 정달헌 (鄭達憲), 이봉수 등 국내파들을 비판하기 위하여 소집된 것이었음을 말해 준다.

김일성은 또 이 무렵의 북한공산당의 운영실태가 다음과 같았다고 비판했다.

그 당시 우리 당 조직기관에는 당 조직사업과 아무런 조직도 모르고 당의 조직이론조차 보지 못한 분자들이 아는 척하고 당 지도기관에 앉아서 조직을 정리할 만한 인물들을 등용하지 않고 되는 대로 당을 가지고 농락하기 때문에, 당내에는 조직규율이 서지 못하였으며, 당의 조직적 체계가 수립되지 못하고 당원들의 통계와 당 문서 정리, 심지어 입당에 대한 당 규약상 원칙까지도 서지 못하였다.[82]

---

81) 「북조선로동당제2차대회 회의록」, 國土統一院 編, 『朝鮮勞動黨大會資料集(第一輯)』, p.223.

82) 「북조선로동당제2차대회 회의록」, 위의 책, p.143.

로마넨코 소련25군 민정사령관에게 조선공산당 북조선분국 제3차 확대집행위원회 소집을 건의하고 있는 김일성.

그는 또 "당시 그대로 놓아 두어 가지고는 죽도 밥도 안되겠더라"고 회상하기도 했다고 한다.[83]

회의는 물론 비밀회의였다. 12월17일 오전 11시에 분국회의실에서 열린 첫날 회의에는 각 도당책임자와 대표들 이외에 방청을 위해 참석한 당의 중요 간부 등 150여명이 모였다. 회의장 정면에는 스탈린의 초상이 높게 걸렸고, 상석에는 김일성, 안길(安吉), 주영하, 오기섭이 자리를 잡았다. 회의에는 이틀 전에 평양에 도착한 허가이도 참석했는데, 그는 「결정서」 채택에 주도적 역할을 했다.

북부조선당 책임자 김용범(金鎔範)의 "북부조선당의 사업의 착오를 개정하고 북부조선당의 새 방향을 속히 결정하기 위하야 (이 회의를) 개최하게 되었다"라는 간단한 개회사에 이어 회의는 정달헌의 사회로 진행되었다.[84]

회의의 주된 의제는 김일성의 "북부조선당공작의 착오와 결점에 대하야"라는 긴 보고였다. 그는 "우리는 붉은 군대와 그의 지도자 스탈린 동

83) 朴炳燁(徐容奎) 증언, 『秘錄조선민주주의인민공화국』, p.173.
84) 《正路》 1945년12월21일자, 「朝共北部朝鮮分局擴大執行委員會(第三次)」, 『北韓關係史料集 31』, pp.83~84; 朴炳燁(徐容奎) 증언, 『秘錄조선민주주의인민공화국』, p.174.

무가 우리에게 준 형제적 방조를 언제든지 잊을 수 없다"는 말로 연설을 시작했다. 김일성은 이어 "북선에는 공산당이 붉은 군대가 조선의 지역으로 들어온 그 시각에 조직되었다"라고 언명하고, 그리하여 당원 4,530명을 확보했고, 각 도·군·시에 당위원회가 조직되었을 뿐만 아니라 많은 지역에 당세포[야체이카]들이 조직되었다고 간단히 보고했다.[85] 그러고는 바로 북한공산당, 실제로는 국내파 공산주의자들의 "엄중한 결점들과 착오들"을 여섯가지로 나누어 차례로 성토했다.

첫째는 조직문제였다. 당원들의 정확한 통계가 정돈되어 있지 않고, 당원들에게 당증을 발급하지 못했으며, 많은 공장, 제조소, 면(面)에 야체이카가 조직되지 못했다고 지적했다. 지방에서는 입당수속이 정돈되지 않아 많은 친일분자들이 잠입하게 되었다는 말도 했다. 김일성은 공산당의 사회적 성분이 노동자 30%, 농민 34%, 지식분자, 상업가 및 기타 성분 36%라고 말하고 "이 숫자에서 우리는 우리 당이 참으로 노동계급의 당이 되지 못한 것을 볼 수 있다"라고 비판했다. 그는 또 당의 통일과 규율이 없는 것이 큰 문제라고 말하고, "당의 민주적 중앙집권제의 원칙"에 입각한 "강철 같은 규율"을 강조했다.

둘째는 군중과의 연락이 약한 점이었다. "그래서 결과에 우리는 신의주에서 사회민주당이 조직한 중학생들이 무장을 하고 도당위원회를 습격한 사실을 보게 되었다"라고 신의주학생봉기의 원인도 공산당이 군중과의 연락이 약했던 때문이었다고 주장했다.

셋째는 당 지도기관들이 직업동맹, 곧 노동조합을 "약하게 지도"하는 문제였다. 김일성은 "당 일꾼이 반드시 잊지 말아야 할 것은—— 우리 당은 노동계급의 당이며 당 대열은 첫째로 노동자로써 보충된다는 것이다"라고 역설했다.

넷째는 지도적 인재가 아주 부족하다는 점이었다. 김일성은 특히 신

---

85) 金日成, 「北部朝鮮黨工作의 錯誤와 缺點에 대하야: 朝共北朝鮮分局中央第三次擴大執行委員會에서 報告」, 太成洙 編, 『黨文獻集(一) 黨의 政治路線及黨事業結果』, 正路社出版部, 1946, p.1.

문인재(新聞人材)의 부족을 지적하고 "그 결과에 우리 당 기관지들이 아주 불만족하게 일하며 신문들이 금일의 당면과업을 군중 앞에 전투적으로 내세우지 못하며 반영하지 못한다"고 비판했다.

다섯째는 당증수여와 당원통계에 관한 언급이었다.

여섯째는 통일전선문제였다. 소련 군정부 당국과 김일성은 신의주학생봉기가 있은 뒤에도, 아니 어쩌면 그 사건이 불러일으킨 파장의 수습을 위해서 더욱 절실히 조선민주당과의 통일전선을 강조할 필요가 있었을 것이다. 김일성은 다음과 같이 역설했다.

"공산당은 민주당과의 통일전선 결성에 있어서 불만족하게 사업한다. 당과 인민의 앞에 나서고 있는 중대한 원칙문제를 협력하며 해결하는 대신에 각종의 충돌을 용허하는 바 이것은 통일전선을 촉진하는 것이 아니라 도리어 반일 민주정당들과 정치적 단체들의 통일 강화에 장애를 준다. 지방에서 공산당원들이 민주당원을 반대하고 나오며 민주당원들이 공산당원들을 반대하고 나오는 사실들이 있다. 이런 사실들은 오직 참을 수 없다. 간판을 위하여 통일전선이 우리에게 요구되는 것이 아니라 인민을 단결시키기 위하여, 국내의 정치적, 경제적 생활을 정돈시키기 위하여 요구되는 것이다. 부르주아민주주의적 국가 창설을 위하야 요구되는 것이다. …"

김일성은 마지막으로 이러한 모든 결함을 퇴치하기 위해서는 "단결성, 우리 당 대열의 통일 및 당 내부의 굳은 규율이 요구된다"고 말하고, 여덟가지 과업을 제시했다. 첫번째로 강조한 것은 역시 통일전선을 강화하는 문제였다.

"현계단에 있어서 북조선공산당의 전반 정치 및 실지활동은 모든 반일 민주주의 정당들과 정치적 단체들의 넓은 연합의 기초 위에 부르주아 민주주의정권을 수립함에 방조를 주어야 될 것이다. 북조선의 정치 및 경제 생활을 속히 정돈할 과업실행으로 도시와 농촌 대중의 실지사업을 돌리면서 반일 민주주의 정당과 단체들과의 통일전선을 만방으로 강화시켜야 될 것이다."

그 밖의 일곱가지는 당증수여, 기관지《정로》의 확충, 당원통계 등 구체적인 사안들이었다.[86]

김일성은 이 연설문의 통일전선문제와 당증수여문제를 제외한 모든 항목의 설명에서 레닌(Vladimir. I. Lenin)과 스탈린의 말을 인용했다. 가령 공산당은 노동계급의 당이 되어야 한다는 점을 강조하는 대목에서는 "당은 우선 노동계급의 선진적 부대가 반드시 되어야 한다. 당은 반드시 노동계급의 우수한 분자들, 그들의 경험, 그들의 혁명성,

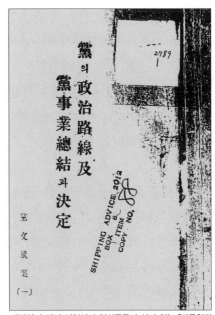

개작하기 전의 김일성의 연설문들이 실려 있는 『당문헌집(一)』(1946) 표지.

그들의 꾸준한 헌신적 성격을 모두 자기 속에 포함시켜야 한다"는 스탈린의 말을 인용하고, 북한공산당은 이러한 "스탈린 동무의 말씀을 망각하였다"라고 비판했다. 이러한 과다한 인용문과 번역문 같은 문투로 미루어 이 연설문은 소련 군정부가 작성해 준 것이 틀림없다는 견해도 있다.[87] 이 연설문은 1950년대 이후의 북한의 공식간행물에서는 제목부터 완전히 개작되면서 레닌이나 스탈린의 말 인용은 삭제되었다. 위에서 본 여덟가지 과업의 첫번째 항목도 다음과 같은 문장으로 개작되었다.

현단계에 있어서 우리 당의 정치노선은 모든 민주주의적 정당, 사회단체들과의 연합의 기초 위에서 우리나라에 통일적 민주주의정권

---

86) 太成洙 編, 『黨文獻集(一)』, pp.1~10.

87) 梁好民 討論發言, 徐大肅 外, 『한국현대사와 美軍政』, 翰林大學校아시아文化研究所, 1991, p.225.

을 수립하며, 북조선을 통일된 민주주의적 독립국가 건설을 위한 강력한 민주기지로 전변시키는 것이다. 그러므로 우리는 한편으로는 북조선의 정치, 경제, 문화생활을 급속히 민주화하기 위한 투쟁에 도시와 농촌의 근로대중을 궐기시키며 다른 편으로는 남북조선의 모든 민주주의적 정당, 사회단체들과의 통일전선을 결성하고 그것을 백방으로 강화하여야 하겠다.[88]

"부르주아민주주의정권"은 "통일적 민주주의정권"으로 바뀌고, 원문에 없던 "강력한 민주기지"가 첨가된 것이다. 이러한 김일성의 연설문 개작은 북한의 역사개작의 대표적인 사례이다.

김일성의 보고에 이어 각 대표들은 "심각 열렬"한 토론을 벌였다. 이튿날 속개된 회의에서는 김용범의 조직문제에 관한 보고와 토론이 있었고, 이어 집행위원 보선과 부서 개편이 있었다. 김일성, 김용범, 무정, 오기섭을 포함하여 19명이 집행위원으로 선출되었다. 집행위원수가 17명에서 2명이 추가된 것이다. 김일성이 책임비서로 선출되고 이때까지 책임비서였던 김용범은 제2비서로 밀려났다. 조직부장에 오기섭, 선전부장에 윤상남(尹相南), 간부부장에 무정, 노동부장에 허가이,《정로》주필에 태성수(太成洙)가 선출되었다.[89]

책임비서로 선출된 김일성은 다음과 같이 인사했다.

"동지들의 추천으로 북부조선당의 비서의 직무를 이행하게 되는 나는 당원은 당조직생활이 있다는 조건에서 조직의 방조를 믿고 책임을 감당할 용기가 났다. 당내의 사상통일로서만 당내의 친일분자와 이색분자의 숙청이 가능하고, 철의 규율로 공고(鞏固)되는 유일당이 형성될 수 있다. 이 목적을 위하야 당내에는 단호한 사상투쟁, 즉 볼셰비키 조직원칙

---

88) 김일성, 「북조선공산당 각급당단체들의 사업에 대하여」, 『김일성전집(2)』, p.418.
89) 김학준, 앞의 책, p.922.

의 전취를 위한 투쟁(이) 되어야 할 것이다. 정확한 레닌, 스탈린 노선의 집행을 위하야 호상방조하고 개양(改養)하여야 할 것이다."[90]

이렇게 하여 김일성은 귀국한 지 3개월 만에 북한공산당을 장악하게 되었다.

조선공산당 북부조선분국 제3차 확대집행위원회는 폐막에 앞서「북부조선당공작의 착오와 결점에 대한 결정서」를 채택했는데, 그것은 김일성의 보고와 제의를 거의 그대로 받아들인 것이었다. 다른 것은 김일성이 4,530명이라고 한 당원수를 7,000명이라고 고친 것 정도였다.[91]

90) 《正路》 1945년 12월 21일자, 「朝共北部朝鮮分局擴大執行委員會(第三次)」, 『北韓關係史料集 31』, p.85.
91) 『黨文獻集(一)』, p.11.

82장

'새로운 독립운동'으로 신탁통치반대투쟁

1.「국자」포고로 정권접수선언

1

1945년12월16일부터 26일까지 모스크바에서 열린 3국(미국, 소련, 영국)외상회의의 한국문제 처리에 관한 결정은 전후 국제정치의 대표적인 스캔들의 하나라고 할 만한 것이었다. 왜냐하면 그것은 본질적으로 남북 분할점령 상태를 타결하기 위한 합의가 아니라 분단을 고착시키는 애매한 합의였기 때문이다. 그 결정문의 원안은 소련안이었다. 그것을 미국무장관 번스(James F. Byrnes)가 불가리아와 루마니아문제에 대한 몰로토프(Vyacheslav M. Moltov) 소련외상의 양보를 기대하면서,[1] 무슨 의제든지 합의하기 전에 자기에게 보고해야 한다고 한 트루먼(Harry S. Truman) 대통령의 지시를 어기고,[2] 소련안에 "사소한 수정을 가하여" 받아들인 것이었다. 모스크바 주재 미국대사대리로서 3국외상회의에 참석했던 케넌(George F. Kennan)은 번스 장관은 이 협정의 배후에 존재하는 현실인 한국인, 루마니아인, 이란인에 대하여 아는 것이 없을 뿐만 아니라 관심도 없었고, 오로지 어떤 조건에서건 합의를 이루어내는 것이 그에게는 중요했다고 기술했다. 케넌의 표현에 따르면, 3국외상회의의 결정은 번스가 "해방된 유럽"에 대한 얄타선언의 파탄을 조금이라도 만회하기 위하여 도출한 "동유럽 여러 나라에 대한 노골적인 스탈린 독재를 가리기 위하여 민주적인 절차를 가장하는 무화과나뭇잎"에 지나지 않았다.[3]

3국외상회의가 시작된 12월16일에 하지(John R. Hodge) 미군사령관은 도쿄(東京)의 맥아더(Douglas MacArthur) 장군에게 한국의 정치

---

1) United States Delegation Minutes of an Informal Meeting, Conference of Foreign Ministers Moscow, Dec. 21, 1945, *FRUS 1945*, vol. Ⅱ., pp.716~717, p.728.
2) Harry S. Truman, *Memoirs by Harry S. Truman*, vol. Ⅰ., *Year of Decisions*, p.548.
3) George F. Kennan, *Memoirs 1925-50*, Little, Brown & Company, 1967, p.284, pp.287~288.

한국처리문제에 대한 소련안을 거의 그대로 받아들인
번스 미국무장관.

정세를 종합적으로 보고하면서, 신탁통치문제에 대해 "모든 한국인의 마음속에는 '신탁통치'가 다모클레스(Damocles)의 칼처럼 드리워져 있다. 지금 또는 장차 어느 시기에고 신탁통치가 강행된다면 한국 국민은 실제로 물리적인 폭동을 일으킬 가능성이 있어 보인다"라고 보고했고, 하지의 이러한 보고에 대한 미국정부의 고려는 모스크바에 가 있는 번스에게도 통보되었다.[4]

3국외상회의의 한국문제 토의 내용에 관한 뉴스가 한국에 전해진 것은 합의문이 발표되기 이틀 전인 12월26일 밤중이었다. 그것은 12월25일에 워싱턴에서 AP통신이 전한 추측기사였다. 당시 AP통신은 합동통신과, UP통신은 조선통신과 계약을 맺고 있었는데, 이 기사는 AP와 UP가 다 보내왔다.

[워싱턴 25일발 합동(合同) 지급보] 모스크바에서 개최된 3국외상회의를 계기로 조선독립문제가 표면화하지 않을까 하는 관측이 농후하여 가고 있다. 즉 번스 미국무장관은 출발 당시에 소련의 신탁통치안에 반대하야 즉시독립을 주장하도록 훈령을 받았다고 하는데, 3국 사이에 어떠한 협정이 있었는지 없었는지는 불명하나, 미국의 태도는 카이로선언에 의하야 조선은 국민투표로써 그 정부의 형태를 결정할 것을 약속한 점에 있는데, 소련은 남북 양 지역을 일괄한 1국신탁통치

---

4) MacArthur to Joint Chiefs of Staff, Dec. 16, 1945, *FRUS 1945*, vol. Ⅵ., pp.1146~1148.

를 주장하야 38도선에 의한 분할이 계속되는 한 국민투표는 불가능
하다고 하고 있다.[5]

　　그것은 오보였다. 그러나 이 충격적인 뉴스는 12월27일자 도하신문
에 일제히 크게 보도되었다.《조선일보(朝鮮日報)》는 1면 제호 옆에「신
탁통치설을 배격함」이라는 내리단이 사설과 함께 4단 머리기사로,《동아
일보(東亞日報)》와《자유신문(自由新聞)》,《신조선보(新朝鮮報)》등은
1면 머리기사로,《서울신문》과《중앙신문(中央新聞)》등은 1면 중간 톱
이나 2단 박스기사로 보도했다. 부산에서 발행되는《민주중보(民主衆
報)》도 같은 기사를 3단 머리기사로 다루고 있는 것을 보면 전국 중요도
시의 신문들이 대부분 이 합동통신 기사를 크게 다룬 것이 틀림없다. 좌
익신문들은 좌익정당들의 압력으로 조선통신이 UP통신 기사 배포를 보
류했기 때문에 보도하지 않았다.《조선인민보(朝鮮人民報)》의 사장 홍
증식(洪璔植)은 중대한 기사를 임의로 보도했다면서 합동통신에 항의하
기까지 했다. 좌익정당들이 이 기사를 보도하지 못하게 한 것은 소련이
신탁통치를 주장했다는 것이 국민들의 큰 반발을 살 것을 염려했기 때
문이었다. 이 기사의 파장이 얼마나 컸던가는 하지 사령관이 군정청의 보
도부장을 합동통신사로 보내어 AP통신 기사의 원문을 확인한 사실로
도 짐작할 수 있다.[6] UP통신 기사는 12월26일자《워싱턴 타임스 헤럴드
(The Washington Times Herald)》에도 실렸고, 일본 도쿄에서 발행되는
《스타스 엔드 스트라이프스(The Stars and Stripes)》태평양판은 12월27
일자에 AP와 UP의 기사를 종합해서 게재했다.[7]
　　하지의 예측은 과장이 아니었다. 가장 민감한 반응을 보인 것은 한국
민주당과 국민당 등 우익정파들이었다. 국민당은 12월27일 오후 1시에

---

5)　合同通信社 編,『合同通信三十年』, 合同通信社, 1975, pp.11~13.
6)　위의 책, p.12.
7)　《東友》2005년2월3일자,「'음해' 바로잡을 史實 드러나」.

긴급 간부회의를 열고 "소련의 신탁통치 주장은 불가해한 일"이며 신탁통치 등의 주장을 하는 나라는 "어떠한 국가임을 묻지 않고 3천만의 총력을 모아 최후까지 반대할 것"이라고 천명했다.[8] 그러나 국민당 당수 안재홍(安在鴻)은 이 보도가 오보일 가능성을 지적하고, "지레부터 경솔한 태도를 가짐은 삼갈 필요가 있다"라고 신중한 반응을 보였다.[9]

한민당은 더욱 적극적이었다. 12월27일 오후 3시에 당사에서 중앙집행위원회를 열고 소련의 한국신탁통치안을 절대로 배격한다는 결의문을 채택했다. 한민당은 한국신탁통치안이 제의되는 것은 "국제신의를 무시하며, 조선의 생명적 발전을 저해하며, 동아시아인의 평화를 파괴하는 것"이라고 주장했다. 그리고 부대 결의로 (1) 위의 결의를 미소 당국에 통보할 것과, (2) 신탁통치 반대와 완전독립 촉성을 위하여 각 당파와 제휴하여 국민운동을 벌일 것을 제의하기로 결의했다.

신한민족당(新韓民族黨)의 오하영(吳夏英)도 당을 대표하여 "신탁통치 운운을 듣고 우리 당은 각당, 각파, 각 단체에 당원을 보내어 같이 협조할 것을 요청하고 있다. 일이 이렇게 된 이상 우리는 좌익도 우익도, 단체도 개인도 통틀어서 한뭉치가 되어 이에 철두철미 반대하지 않으면 안된다"라고 선명했다.[10]

좌익정당 인사들도 신탁통치는 단연 반대한다는 의견을 표명했다. 조선인민당의 총무 이여성(李如星)은 "신탁통치안은 그 어느 나라임을 불구하고 조선인으로서는 원치 않는다"라고 잘라 말했다. 그러나 그러면서도 "소련은 가장 진보적인 민주주의의 나라로서 그들이 조선에 입국할 때에… 조선땅 위에 있는 모든 것은 조선인의 것이다라고 성명해 주어, 조선인은 누구나 소련에 대하여 뜨거운 감사의 생각을 갖고 있는데, 그런 나라로서 돌연히 조선신탁통치를 말한다고 하는 것은 보도의 착오가

---

8) 《朝鮮日報》 1945년12월28일자, 「韓民, 國民兩黨서 排擊決議」.
9) 《新朝鮮報》 1945년12월27일자, 「自主獨立要請의 根本精神에 背馳」.
10) 《서울신문》 1945년12월29일자, 「完全獨立念願」.

아닌가 의심치 않을 수 없다"라고 말했다.[11]

　조선공산당의 대변인 정태식(鄭泰植)도 "우리는 확실한 자료를 가지지 못해서 지금 경솔히 이 문제에 관하야 운운할 수 없으나, 만일에 조선에 대한 신탁통치가 사실이라고 하면 우리는 절대로 반대한다. 5년은커녕 5개월간의 신탁통치라도 우리는 절대로 반대한다"라고 잘라 말했다.[12]

　또한 인민공화국 중앙인민위원회는 "조선의 완전자주독립이라는 것은 우리 인민위원회의 가장 중요한 정치적 목표이다.… 우리 조선은 어떠한 이유로도 신탁통치를 실시할 근거가 없을 것이라고 생각한다"라고 말하고, "그러므로 우리는 정당한 노선에서 더욱 시급히 민족의 총력을 집결하여 진보적 민주주의의 자주국가 달성에 단호 매진할 뿐이다"라고 성명했다.[13]

2

　3국외상회의의 공동성명은 워싱턴 시간으로 12월27일 오후 10시, 런던 시간으로 12월28일 오전 3시, 모스크바 시간으로 12월28일 오전 6시에 동시에 발표되었다. 그러나 그 중요 내용은 공식 발표 이전부터 외신으로 국내에도 잇달아 전해졌다. 공동성명의 한국관계 항목은 (1) 한국을 독립국가로 재건하고 장기간에 걸친 일본 지배의 결과를 신속히 제거하기 위하여 한국의 산업, 운수, 농업과 한국인의 민족문화를 발전시킬 임시 한국 민주정부를 수립한다. (2) 임시 한국 민주정부의 조직을 돕기 위하여 남한주둔 미군사령부와 북한주둔 소련군사령부 대표로 구성되는 공동위원회를 설치한다. (3) 공동위원회는 임시 한국 민주정부와 한국의 정당 및 사회단체와 협의하여 한국의 민족적 독립을 달성하기 위하

---

11)《新朝鮮報》1945년12월27일자, 「어느나라를 不拘하고 우리는 願치 않는다」.
12)《朝鮮人民報》1945년12월29일자, 「自主獨立을 爲하야 絕對反對」.
13)《서울신문》1945년12월29일자, 「實施根據豪無」.

여 실시할 4강국(미국, 소련, 영국, 중국)에 의한 5년 동안의 신탁통치계획을 작성한다. (4) 남북한의 당면한 긴급문제들과 미소 양군사령부 사이의 행정 및 경제문제에 대한 항구적인 협조를 구축할 방책을 마련하기 위하여 양군사령부 대표회의를 2주일 안에 개최한다는 네가지였다.[14]

이에 비하여 회의 벽두에 번스가 제시한 미국의 한국문제 처리안은 남북한에 걸친 통합행정기구를 즉시 수립하여 한 고등판무관(a High Commissioner)과 4강국의 대표로 구성되는 집행위원회가 유엔헌장에 따른 신탁통치를 5년 동안 실시하되 5년이 넘지 않는 범위 안에서 연장할 수 있게 한다는 것이었다.[15] 남북한에 걸친 통합행정부를 즉시 수립하여 독립할 때까지 국제연합헌장에 따른 4강국의 신탁통치를 미국 주도로 실시한다는 미국정부의 구상이 두 주둔 군사령관이 협의하여 임시정부를 수립하고 5년 동안 신탁통치를 실시하는 것으로 바뀐 것이었다. 어떤 신탁통치를 실시할 것인지는 공동위원회가 결정하기로 했다. 그것은 두 사령관의 합의 없이는, 곧 미소 양국의 최종적인 합의가 이루어지지 않는 한 한반도의 분단은 고착될 수밖에 없는 조건으로 달라졌음을 의미했다. 이렇게 하여 10월20일의 미 극동국장 빈센트(John C. Vincent)의 발언으로 큰 물의를 빚은 신탁통치문제는 마침내 청천벽력과 같은 현실문제가 되었다.

12월28일 밤부터 신탁통치를 반대하는 시민들의 시위가 시작되었다. 해방 직후처럼 담벼락과 판자마다 포스터며 혈서며 전단 등이 나붙고, 여기 저기 사람들이 모여선 곳에서는 가두 연설이 기세를 올렸다. "신탁 절대 반대"를 부르짖는 무명의 연사들은 미군헌병에게 연행되었다. 신문들은 앞장서서 신탁통치 반대 캠페인을 벌였다. 신탁통치 결정이 1905년의 을사보호조약과 같은 것이라는 뜻으로 장지연(張志淵)의 유명한 논설

---

14) Harriman to Byrnes, Dec. 17, 1945, *FRUS 1945*, vol. Ⅵ., pp.1150~1151.
15) Memorandum by the United States Delegation at the Moscow Conference of Foreign Ministers, Dec. 17, 1945, *FRUS 1945*, vol. Ⅱ., p.643.

「시일야방성대곡(是日也放聲大哭: 이날에 목 놓아 크게 운다)」을 본떠 주먹만 한 활자로 「삼천만·시일야 또 방성대곡」이라고 헤드라인을 뽑은 신문도 있었다.[16]

대한독립촉성전국청년총연맹이 긴급 소집한 42개 단체대표 162명은 이날 오후 6시에 기독교회관 강당에 모여 (1) 연합국에 임시정부 승인 요구, (2) 신탁통치 절대반대, (3) 남녀학교 총휴학, (4) 전국 군정청관공리 총사직, (5) 38도선이북 행정사법 담임자 총이탈, (6) 일체 정당 즉시 해체 등을 결의하고, 가무와 음곡 오락을 정지하기로 했다. 이들은 또 하지 중장에게 보내는 성명서와 이승만에 대한 박헌영(朴憲永)의 성명을 반박하는 성명서를 채택했다.[17]

이틀 전에 라디오방송 연설을 통하여 "공산당은 제 조국으로 가라"는 폭탄선언을 했던 이승만은 3국외상회의 결정 뉴스가 전해진 12월28일 내내 말 없이 침통한 표정으로 앉아 있었다. 그러한 그의 앞에서 임영신(任永信)은 다리를 뻗고 울었다. 이승만은 말 없이 저녁을 들고 나서 마당을 산책한 다음 윤석오(尹錫五) 비서에게 간단한 성명문을 구술했다.

이 신탁통치에 대하여 미 국무성 원동사무부장[극동국장]인 빈센트씨가 누차 사한(私翰)과 공식 선언으로 표시한 바가 있으므로 우리는 이렇게 결과가 될 줄 예측하고 이미 준비한 방책이 있어 그 방침대로 집행할 결심이니, 모든 동포는 5개년 단축시기라는 감언에 넘어가지 말고 일시에 일어나서 예정한 대로 준행하기를 바라며, 따라서 우리 전국이 결심을 표명할 시에는 영, 미, 중 각국은 절대 동정할 줄 믿는다.[18]

---

16) 《自由新聞》 1945년12월30일자, 「三千萬·是日也 또 放聲大哭」.
17) 《自由新聞》 1945년12월30일자, 「美軍政官公吏總辭職하라」.
18) 《東亞日報》 1945년12월29일자, 「李承晩博士決意」; 尹錫五 증언.

이처럼 이승만은 이제 연합국을 언급하면서도 소련은 제외했다. 워싱턴의 주미위원부도 위원장 임병직(林炳稷)의 명의로 신탁통치 반대 성명서를 발표했다.[19]

신탁통치 반대운동을 주도한 것은 임시정부였다. 임시정부 인사들 가운데서도 김구 자신이 가장 적극적이었다. 12월28일 오후 4시부터 경교장(京橋莊)에서 열린 긴급 국무위원회에는 국무위원 거의 전원이 참석했다. 열띤 토론 끝에 신탁통치문제에 대처하는 방침으로 우선 (1) 전 국민에게 신탁제 반대와 불합작운동을 전개할 것을 촉구하고, (2) 즉시 재경 정치단체 및 종교단체 대표 2명씩을 소집하여 반대운동에 동참할 것을 촉구하고 신문기자들도 참석하게 하며, (3) 신탁제도를 반대하는 전문을 4대연합국에 급전으로 발송하고, (4) 미소 군정당국에 질의하고 임시정부의 태도를 표명한다는 4개항을 결의했다.[20]

연락을 받은 각 정당 및 종교단체 대표들과 신문기자 등 70여명이 경교장으로 달려왔고, 저녁 8시부터 임시정부 인사들과 각계 대표들의 합동회의가 열렸다. 김구의 인사말은 결연했다.

"해외에서 30년 동안 싸우다가 고국의 강토를 밟게 되어 3천만 동포를 해후케 될 때에 이 사람은 3천만 동포와 독립운동을 계속하기 위함이라는 것을 언명한 바 있다. 불행히도 이 사람의 말이 들어맞아서 지금부터 새 출발로서 독립운동을 전개하지 않으면 아니되게 되었다. 우리가 기대치 않던 탁치라는 문제가 3천만의 머리 위에 덮어씌워졌다. 우리가 이것을 물리치기 위하야 덮어씌우려는 탁치의 보자기를 벗어날 운동을 전개하여야 하겠다. 오늘밤 모인 각 대표의 이 모임으로 만족한 회합이라고는 할 수 없으나, 일이 급하므로 우선 우리의 생각으로는 이만하면 우리 정부의 결정적 의사를 발표하여도 좋겠다 하야 발표하는 바이다."[21]

---

19) 《東亞日報》 1945년12월30일자, 「華府에서 託治反對聲明」.
20) 《東亞日報》 1945년12월30일자, 「國際正義와 民族保存爲해 不合作運動展開」.
21) 《東亞日報》 1945년12월30일자, 「獨立運動 새로 出發」.

먼동이 틀 때까지 진행된 회의에서는 "우리는 피로써 건립한 독립국과 정부가 이미 존재하였음을 다시 선언한다"는 선언서 채택과 함께 신탁통치를 반대하기 위한 기구로 신탁통치반대국민총동원위원회(이하 국민총동원위원회)를 결성하기로 결의했다. 국민총동원위원회의 기관은 중앙과 군(郡)·면(面)에 분설하고 임시정부 국무위원회의 지도를 받으며, 위원 7명을 선출하여 해외에 대한 지도위원회를 설치하기로 했다. 그리고 국민총동원위원회의 장정위원(章程委員)으로 각파를 대표하여 김구, 조소앙(趙素昻), 김원봉(金元鳳), 조경한(趙擎韓), 유림(柳林), 신익희(申翼熙), 김붕준(金朋濬), 엄항섭(嚴恒燮), 최동오(崔東旿) 9명을 선정했다.[22]

철야회의를 마치고 귀가했던 회의참석자들은 12월29일에도 150여명이 경교장에 모여 오후 2시부터 회의를 속개했다. "평소의 시비곡절을 버리고 일치단결하여 나라를 찾자"는 김구의 인사말에 이어 국무위원회 비서장 조경한으로부터 전날 밤 회의의 결의사항과 이날 오전의 국무위원회에서 결의한 「국민총동원위원회 조직조례」의 보고가 있었다. 「조직조례」는 위원회의 조직 규모를 중앙위원의 위원 수는 60명 내지 90명, 도위원은 35명 내지 50명, 군위원은 20명 내지 30명, 면위원은 7명 내지 15명으로 구성한다고 하여 방대한 조직을 상정했다. 그리고 경비는 지원자의 헌금과 정부의 보조금으로 충당한다고 했다.[23] 이러한 「조직조례」의 규정은 김구가 말한 "새로운 독립운동"의 결의와 임시정부의 '정부'로서의 의욕을 보여 주는 것이었다.

3

회의는 임시정부의 장정위원 9명으로 하여금 좌우익 정당과 각계각

---

22) 《朝鮮日報》 1945년12월30일자, 「臨時政府國務會議結果」.
23) 《서울신문》 1945년12월30일자, 「國民總動員委員會設置」.

층을 망라한 중앙위원 90명을 당장 선정하여 12월30일에 발표하도록 결의했다. 중앙위원을 선정하기 위하여 오후 5시에 임시정부 인사들이 퇴장한 뒤에 회의는 안재홍이 임시의장이 되어 주재했다. 장시간 열띤 토의를 계속한 끝에 "우리 임시정부에 즉시 주권행사를 간망(懇望)할 것"이라는 결의안을 가결했다. 그것은 38도 이남의 "유일한 정부"인 미 군정부에 정면으로 도전하는 결의였다. 안재홍은 임시정부가 귀국한 직후에도 김구에게 임시정부가 과도정권의 권리를 직접 행사하라는 건의를 했었다. 회의는 또 좌우익 각 정당과 단체 및 시민 각계각층을 망라한 신탁관리반대의 시민시위대회를 12월31일 오후 3시에 종로에서 열기로 하고, 종로 YMCA 회관에 사무실을 개설하기로 했다.[24]

그런데 임시정부에 즉시 주권행사를 간망하자는 결의안에 대해서는 치열한 논쟁이 벌어졌던 것 같다. 미 군정부가 본국정부로부터 3국외상회의 공동성명의 전문을 통보받은 것은 12월29일이었다. 하지 사령관은 정오에 한민당, 국민당, 인민당, 공산당, 신한민족당 등의 영수들을 군정청으로 초청하여 3국외상회의의 공동성명 내용을 설명하고, "번스 국무장관은 모스크바 출발에 앞서 나에게 내 뜻대로 해줄 것을 약속했다. 결코 조선에 해로운 제도가 아니다"라고 설득했다.[25] 하지는 또 아널드(Archibald V. Arnold) 군정장관에게 임시정부 선전부장 엄항섭을 불러 자제를 촉구하게 하고, 자신은 가장 신뢰하는 자문위원인 한민당 수석총무 송진우(宋鎭禹)를 따로 만나 임시정부를 설득해 줄 것을 당부했다.[26] 송진우 자신도 전날 "우리는 남녀노유를 막론하고 3천만이 1인도 빠짐 없이 일대 국민운동을 전개하여 (신탁통치를) 반대하지 않으면 안될 것이다"라는 담화를 발표했었다.[27]

24) 《東亞日報》 1945년12월31일자, 「今日全市示威行列」.
25) 《東亞日報》 1945년12월30일자, 「委員會의 存廢는 朝鮮決意如何로 左右」.
26) "Hodges Discussion with Wedemeyer" 1947.8.27., 鄭容郁・李吉相 編, 『解放前後美國의 對韓政策史資料集(10)』, 다락방, 1995, p.17.
27) 《東亞日報》 1945년12월29일자, 「最後까지 鬪爭하자」.

김준연(金俊淵), 장택상(張澤相)과 함께 12월29일 회의에 참석한 송진우는 미 군정부를 부인하고 정권을 접수하자는 주장에 반대하면서 미국은 여론의 나라이므로 국민운동으로 의사를 표시하면 신탁통치안이 취소될 수 있을 것이라고 주장하고, 또 한국의 독립을 적극 지지하는 중국이 있다는 사실을 상기시켰다고 한다. 미 군정부와의 충돌은 미국을 비롯한 민주진영 국가들과의 충돌을 빚을 염려가 있고, 혼란이 야기되면 결국은 공산당만 어부지리를 취할 것이라고 주장했다는 것이다.

"그러면 고하[古下: 宋鎭禹]는 찬탁이요?"

"찬탁이 아니라 방법을 신중히 하자는 것이요. 반탁으로 국민을 지나치게 흥분시킨다면 뒷수습이 곤란할 것이니 좀 더 냉정하게 생각해서 시국을 원만히 수습해야 하지 않겠소."

이러한 논쟁이 곧 송진우는 신탁통치를 받아들이자고 주장한 것처럼 와전되었다고 한다.[28]

임시정부의 정통성 지지를 명분으로 하여 좌익정파와 강력히 대결해 온 한민당과 임시정부의 유대관계는 임시정부 요인들의 귀국 직후부터 간극이 벌어지고 있었다. 빌미가 된 것은 친일파 및 민족반역자 처리문제였다.

임시정부 요인들의 귀국에 앞서 송진우는 환국지사후원회를 조직하여 금융단과 실업계 인사들로부터 900만원의 후원금을 거두어 임시정부 요인 제2진이 서울에 도착한 이튿날 국민대회준비회 대표자격으로 장택상과 함께 임시정부 요인들을 방문하여 그 자금을 전달했다. 그러나 임시정부에서는 그 자금을 두고 논란이 벌어졌다. 친일파와 민족반역자의 돈이 섞여 있으므로 받아서는 안된다는 주장이 있었기 때문이다. 국무위원회에서 논의한 결과 이 자금을 돌려주기로 결의했다. 그 자금의 처리문제로 국민대회준비회 사무실에서 조완구, 엄항섭 등 임시정부 인사들과 송진우, 장덕수(張德秀) 등 국민대회준비회 인사들 사이에 회의

28) 古下宋鎭禹先生傳記編纂委員會 編, 『古下宋鎭禹先生傳』, pp.337~338.

가 열렸는데, 격론 끝에 주먹다짐이 벌어질 것 같은 상황이 되자 침통한 표정으로 앉아 있던 송진우가 일어나 흥분된 어조로 다음과 같이 말했다고 한다.

"정부가 받는 세금에는 양민의 돈도 들어 있고 죄인의 돈도 들어 있는 것이오. 이런 큰 일에 그것을 가지고 왈가왈부할 필요가 없을 줄 아오."

이렇게 하여 자금문제를 둘러싼 논쟁은 해결되었다는 것이다.[29]

12월29일의 회의를 마치고 자정이 훨씬 넘어 귀가한 송진우는 30일 아침 6시16분에 원서동의 자택에서 테러리스트 한현우(韓賢宇) 일당 6명의 흉탄을 맞고 쓰러졌다. 13발 가운데 6발이 명중했다. 이렇게 하여 송진우는 해방정국에 잇따른 정치테러의 첫 희생자가 되었다. 그는 쉰여섯살이었다. 송진우는 그가 중심이 되어 추진해 온 국민대회를 1946년1월10일에 개최하기로 하고 두차례에 걸쳐 헌법기초위원까지 발표해 놓고 있었다.

송진우의 죽음은 이승만에게 여간 큰 충격이 아니었다. 감기로 몸져 누워 있던 그는 손으로 방바닥을 치면서 이성을 잃은 어린아이처럼 울었다.[30] 이승만은 이 무렵부터 1946년1월 중순까지 심하게 감기를 앓았다. 간병은 임영신이 했다.

이승만은 송진우를 위해 다음과 같은 만시(輓詩)를 지었다.

義人自古席終稀　의인은 옛부터 명대로 죽기 드물고
一死尋常視若歸.　한번 죽음을 심상히 여겨 제집 돌아가듯 한다.
擧國悲傷妻子哭　온 나라가 설워하고 처자는 곡하는데
臘天憂里雪霏霏.　설달그믐 망우리에 부슬부슬 눈이 내린다.

---

29) 『古下宋鎭禹先生傳』, p.331.
30) 尹致暎, 尹錫五 증언.

송진우의 암살은 처음에는 공산당의 소행으로 짐작되었으나, 시간이 지남에 따라 임시정부 내부에 송진우의 온건한 영향력이 증대되는 것을 우려한 김구쪽이 배후에서 작용했을 것이라는 의혹이 커졌다.[31] 그리하여 송진우의 암살을 계기로 임시정부와 한민당의 관계는 소원해졌다.

송진우가 암살된 12월30일 오후 12시 반쯤에 아널드 군정장관이 돈암장(敦岩莊)을 방문하여 한시간가량 이승만과 요담을 나누었다.[32] 아널드가 돈암장을 방문한 것은 이때가 처음이었다. 요담내용은 알려지지 않았지만 송진우의 암살사건을 비롯하여 3국외상회의 결정 내용 설명과 김구가 주도하는 과격한 반탁운동과 관련하여 이승만의 협조를 당부하기 위해서였을 것이다.

4

12월28일 저녁부터 시작된 반탁운동은 순식간에 거족적인 회오리바람이 되었다. 거리는 시위행렬로 메워졌고, 상가는 철시했다. 극장과 댄스홀 등 유흥업소도 일제히 휴업에 들어갔다. 29일 정오에는 군정청의 한국인 직원 3,000여명도 신탁통치 반대를 결의하고 시내를 행진했다. 같은 날 오후 2시에는 전국 검찰과 법원 및 재야법조인들이 긴급회의를 열고 총파업에 돌입하기로 결의하고, "우리는 대한민국임시정부의 명령에 절대 복종함"이라고 천명했고, 같은 시간에 서울시내 각 경찰서장들도 종로서에서 긴급회의를 열고 신탁통치 배격을 결의했다.[33] 그리고 30일에는 서울시청 직원들도 총사직을 결의했다.[34] 같은 날 경성[서울]대학의 교직원, 학생대표, 간호원 등 500여명이 백남운(白南雲)의 사회로 반탁대

31) 『駐韓美軍政史(2)』, p.150.
32) 《朝鮮日報》 1946년1월1일자, 「아놀드長官李博士訪問要談」.
33) 《朝鮮日報》 1945년12월30일자, 「軍政府職員一同 總辭職을 決議」.
34) 《自由新聞》 1945년12월31일자, 「市廳職員도 總辭職決定」.

회를 개최하고 총사직을 결의했고, 조선학술원, 조선문학가동맹, 조선과학자동맹, 조소문화협회, 진단학회, 조선어학회 등 좌우익을 망라한 학술 및 문화단체 대표들도 반탁성명서를 발표했다.[35]

이날 국민총동원위원회 장정위원들은 권동진(權東鎭)을 위원장, 안재홍과 김준연을 부위원장으로 하는 중앙위원 76명을 선정하여 발표했다. 이 명단에서 눈길을 끄는 것은 한민당의 김성수(金性洙), 공산당의 박헌영은 물론 북한에 있는 조선민주당의 조만식(曺晩植), 독립동맹의 김두봉(金枓奉)과 김무정(金武亭), 재일 무정부주의자 박열(朴烈)까지 포함하여 남북한에 걸친 좌우익 정당과 종교계 등 각계각층의 인사들을 망라하면서도 여운형(呂運亨)을 포함시키지 않은 점이다. 그것은 임시정부 인사들의 여운형에 대한 인식을 보여 주는 것이었다. 임시정부 인사들은 그만큼 여운형에 대하여 배신감을 느끼고 있었다. 공산당의 박헌영과 홍남표(洪南杓)는 21명의 상임위원에까지 포함되었다. 인민당에서는 조직국장 김세용(金世鎔)만 상임위원에 포함되었다.[36]

국민총동원위원회는 또한 (3) 탁치순응자는 반역자로 처단하자, (4) 대한민국임시정부를 절대 수호하자, (8) 외국 군정의 철폐를 주장하자, (9) 탁치정권을 불합작으로 격퇴하자는 등 9개항의 「행동강령」을 발표했다.[37] 그것은 미 군정부의 권위와 권능을 거부할 것을 선동하는 것이나 다름없었다.

국민총동원위원회 주관으로 오후 2시부터 대대적인 반탁시위행진이 있을 예정인 12월31일 아침의 정례기자회견에서 이승만은 시위에 대한 담화를 발표했다. 그는 먼저 반탁시위운동의 정당성을 인정한 다음 "다만 염려되는 것은 격렬분자와 파괴주의자들이 이 기회를 이용하여 난국을 만들어서 전부를 실패케 함이라" 하고 우려를 표명하면서, "모든 단체

35) 《서울신문》 1945년12월31일자, 「京城大學敎職員憤激總辭職」.
36) 《朝鮮日報》 1945년12월31일자, 「中央委員七十六名選定」, 1946년1월1일자, 「常務委員卄二名決定」.
37) 《東亞日報》 1945년12월30일자, 「全國民의 行動綱領」.

"신탁통치절대반대"의 플래카드를 들고 행진하는 1945년12월31일의 신탁통치 반대 시위.

나 개인은 자유행동을 취하지 말고 규칙범위 내에서 행동하여 법률조리나 안녕질서에 저촉됨이 없도록" 해야 한다고 강조했다. 그는 특히 미 군정부에 대하여 오해가 없어야 한다고 다음과 같이 말했다.

"이는 우리가 군력(軍力)을 두려워하거나 또 친미주의를 위함이 아니라 다만 미국 군정부가 우리를 해방한 은인이요 군정당국은 절대 독립을 찬성하는 고로 신탁문제 발생 이후 자기 정부에 대하여 반박과 공격의 공문을 보낸 것이 한두번이 아니었다. 그런데 우리 독립의 친우를 모르고 원수로 대우하면 이는 도리어 독립을 저해하는 것이다.…"[38]

이러한 이승만의 주장은 반탁운동의 기세를 몰아 정권접수를 하겠다는 김구와 임시정부의 흥분된 행동과는 배치되는 것이었다.

12월31일 오후 2시부터 종로네거리에서 시작된 시위행진은 사흘째 계속된 반탁시위의 클라이막스였다. 거리를 메운 시위군중은 태극기와 "신탁통치절대반대" 등의 플래카드를 들고 만세를 부르며 질서정연하게 행진했다. 통행인들도 모두 시위행렬에 참가한 이날의 행진은 3·1운동 때의 시위행렬을 방불케 했다. 안국동과 군정청 앞을 돌아 광화문, 서대문, 서울역, 종로를 거쳐 오후 4시 반에 눈이 덮인 서울운동장에 집결했다. 행사를 마치는 결의대회에서는 "우리 3천만 전 민족은… 대한민국임시정부를 진정한 우리 정부로서 절대 지지하는 동시에 그 지도하에 그 국민된 응분의 충성을 다할 것을 맹세한다"는 등의 선언문과 "미소 양군의 즉시 철수 요구를 연합군에 통고한다"는 등의 결의문이 채택되었다.[39]

이러한 흥분된 분위기 속에서 임시정부 내무부장 신익희 명의로 이날 발표된 「국자(國字)」 제1호 및 제2호의 포고문은 시위군중으로 하여금 "진정한 우리 정부"인 임시정부의 존재를 실감하게 했다. 신익희는 귀국 직후부터 독립정부 수립을 위한 준비작업으로 정책준비 그룹인 행정연구위원회와 지방조직 구축을 위한 정치공작대를 비밀리에 운영하고 있었다.[40]

「국자」 제1호
(1) 현재 전국 행정청 소속의 경찰기구 및 한인 직원은 전부 본 임시정부

---

38) 《東亞日報》 1946년1월2일자, 「反託'示威는 當然」.
39) 《中央新聞》 1946년1월1일자, 「들려라 世界에, 보아라 聯合國」.
40) 박진희, 「해방직후 정치공작대의 조직과 활동」, 《역사와 현실》 21호, 역사비평사, 1996, pp.170~180.

지휘하에 예속케 함.

(2) 탁치반대의 시위운동은
계통적, 질서적으로 행할 것.

(3) 폭력행위와 파괴행위는
절대 금지함.

(4) 국민의 최저생활에 필요
한 식량, 연료, 수도, 전기, 교
통, 금융, 의료기관 등의 확보
운영에 대한 방해를 금지함.

(5) 불량상인의 폭리, 매점 등
은 엄중 취체함.

임시정부 내무부장 신익희는 12월31일에 미 군정부의 정권
접수를 선언하는 「국자」제1호, 제2호를 포고했다.

「국자」제2호(요지)

이 운동은 반드시 최후 승리를 취득하기까지 계속함을 요하며, 일반 국
민은 앞으로 우리 정부 지도하에 제반 산업을 부흥하기를 요망한다.[41]

미 군정청 소속의 경찰기구와 한국인 직원을 모두 임시정부 지휘하에
예속하게 한다는 「국자」제1호의 제1항 규정은 정권접수를 선언한 것이나
다름없는 것이었다. 이 「국자」포고문은 신익희가 독단으로 작성하여 발표
한 것이었는데, 김구와 임시정부는 그대로 묵인했던 것 같다.[42] 「국자」제1
호의 포고에 응하여 서울시내 8개구 경찰서장들이 총사직의 의사를 표명
했고, 군정청은 이들을 즉시 파면했다.[43] 서장들은 신익희의 안내로 경교
장을 방문하여 김구에게 경찰은 앞으로 임시정부의 지시 아래 치안유지와

41) 《新朝鮮報》1945년12월31일자, 「臨政託治不合作方針」;《東亞日報》1946년1월2일자, 「臨政
의 布告로 不合作을 指令」.

42) 曹圭河·李庚文·姜聲才, 『南北의 對話』, 고려원, 1987, pp.222~224 ; 박진희, 앞의 글, p.202 주 41).

43) 趙炳玉, 『나의 回顧錄』, p.165.

질서확보에 나서겠다는 결의를 표명했다. 인쇄된 「국자」포고문은 정치공작대의 기민한 활동으로 삽시간에 서울을 비롯한 각 지방 곳곳에 나붙었다. 포고문을 보고 감격하여 만세를 부르는 사람들도 있었다고 한다.[44]

하지는 격노했다. 그가 보기에 임시정부의 이러한 행동은 임시정부 요인들이 귀국할 때에 미군정의 법과 질서유지에 협력하겠다고 한 서약을 위반한 배신적인 쿠데타 기도가 아닐 수 없었다.[45] 그는 김구를 비롯한 임시정부 요인들을 인천에 있는 전 일본포로수용소에 수용했다가 중국으로 추방하기로 하고 그 사실을 12월31일 저녁 방송으로 공표하기로 했다. 하지는 방송원고까지 작성했지만 놀란 경무부장 조병옥(趙炳玉)의 만류로 계획을 중지했다. 이튿날인 1946년1월1일 오후에 반도호텔의 자기 집무실로 김구를 호출한 하지는 김구에게 과격행동의 중지를 강력히 요청하면서 "만약 나를 기만하면 죽여 버리겠다"고 말했고, 이에 김구는 "자살하겠다"고 응수했다고 한다.[46]

김구는 한걸음 물러설 수밖에 없었다. 이날 밤 그는 엄항섭이 대신한 중앙방송국의 라디오방송을 통하여 다음과 같이 말했다.

"우리의 모든 행동은 그 목적이 신탁통치를 반대하는 데 있고 결단코 연합국의 군정을 반대하거나 우리 동포들의 일상생활을 곤란케 하자는 것이 아니다. 오늘 워싱턴에서 온 보도에 의하면 미국 국무장관 번스씨는 우리나라에 신탁통치를 실행치 않을 가능성이 있다고 말하였는데, 나도 그렇게 되기를 믿는다. 그러나 만일 불행히 신탁통치가 결정될 때에는 또다시 반대운동을 할 것은 물론이다. 지금부터 작업을 계속해서 평화적 수단으로 신탁통치를 배격하는 것이 적당하다고 믿는다. 그런 고로 우리

---

44) 柳致松, 『海公申翼熙一代記』, 海公申翼熙先生紀念會, 1984, p.455.
45) C. Leonard Hoag, *American Military Government in Korea: War Policy and the First Year of Occupation 1941~1946* (draft manuscript), p.343. 번역문은 C. L. 호그 지음, 신복룡·김원덕 옮김, 『한국분단보고서(상)』, p.261.
46) 趙炳玉, 앞의 책, pp.165~167; 『駐韓美軍史(2)』, pp.59~60; XXIV Corps Historical Journal, Jan. 2, 1946, 鄭容郁 編, 『解放直後政治社會史資料集(1)』, 다락방, 1994, p.174.

동포는 곧 직장으로 돌아가서 작업을 계속할 것이며, 특별히 군정청에 근무하는 직원들은 일제히 복업(復業)하고, 또 지방에서도 파업을 중지하고 복업하기를 바란다."[47]

김구의 이 방송은 하지의 강력한 요구에 의한 것이었음은 말할 나위도 없다. 이때는 3,000여명의 군정부 관리 가운데 900여명밖에 남아 있지 않았고, 심지어는 하지 장군의 요리사까지 도망하여 하지는 자기 숙소에서 식사도 할 수 없었다.[48]

하지는 미군 방첩대(Counter Intelligence Corps: CIC)에 신익희를 체포하여 조사하도록 명령했다. CIC요원들은 정치공작대 중앙본부인 낙산장(駱山莊)을 수색하여 정치공작대 서류 일체를 압수했고, 1월3일에는 신익희를 연행하여 신문했다. 그러나 신익희는 이튿날 오후에 무혐의로 방면되었다.[49]

이렇게 하여 임시정부의 정권접수 기도는 어이없이 좌절되었다. 그리고 그것은 미 군정부가 김구의 정치지도자로서의 자질과 능력을 불신하는 요인이 되었다는 점에서 김구의 크나큰 정치적 손실이었다. 이제 그는 사상적으로나 정치적으로 저마다의 아집에 들린 임시정부 인사들의 이러저러한 명분주의를 심각하게 재검토해 보아야 했다.

이때의 일을 미 육군부의 한 연구보고서는 "이 시도는 임시정부의 목적에 돌이킬 수 없는 상처를 입혔으며 정치적 분파주의의 위험성을 증가시켰다. 이러한 상황 전개는 (하지) 사령관으로 하여금 임시정부 그룹의 영향력을 감소시키기 위하여 어떤 특별조치가 필요하다는 확신을 갖도록 만들었다"[50]고 기술했다.

---

47) 《東亞日報》 1946년1월3일자, 「職場에 復業하라」; 《朝鮮日報》 1946년1월3일자, 「從業繼續强調」.
48) 趙炳玉, 앞의 책, p.168.
49) 柳致松, 앞의 책, pp.457~458.
50) C. L. Hoag, op. cit., pp.291~292. 번역문은 C. L. 호그 지음, 신복룡·김원덕 옮김, 앞의 책, p.226.

2. 찬탁대회로 돌변한 좌익의 반탁대회

1

임시정부가 신탁통치 반대 정국을 주도해 나가자 좌익정파들도 대응에 나섰다. 인민공화국은 12월28일에 긴급위원회 회의를 개최하고 신탁통치반대투쟁위원회를 구성했다. 위원으로는 국무총리 허헌(許憲)을 비롯하여 조동호(趙東祜), 홍진유(洪震裕), 최익한(崔益翰), 이만규(李萬珪), 정백(鄭栢) 등 이름이 알려진 각파 좌익 인사들이 망라되었다. 그러나 막상 가장 활동력 있는 박헌영 계열은 포함되지 않았다. 긴급회의는 (1) 각 정당과 단체 대표자대회를 개최할 것, (2) 전국 각 지방 지부를 조직할 것, (3) 연합국에 항의문을 발표할 것, (4) 전국적 시위운동을 전개할 것, (5) 집집마다 "신탁통치절대반대" 등의 표어를 내붙일 것을 결의했다.[51] 긴급회의는 또한 "신탁통치문제는 전 민족의 운명에 관한 문제이므로 중경임시정부와 공동투쟁을 단행할 것"을 결의하고 그 교섭위원으로 정백과 또 한 사람을 선출했다.[52]

인민당은 12월29일에 제2차 긴급집행위원회를 열고 반탁결의문을 의결했다. 이 결의문은 신탁통치를 반대하면서도 "신탁반대투쟁을 이용한 자파의 정치세력화 음모"를 반대하며 반탁투쟁을 당파를 초월한 전 민족의 총력으로 전개해야 한다고 주장했다.[53]

같은 날 조선공산당, 인민당, 서울시인민위원회, 조선노동조합전국평의회(전평), 전국청년총동맹(청총), 조선과학자동맹 등 40여개 좌파단체 대표들은 반파쇼공동투쟁위원회를 결성했다. 이들은 결의문에서 "현하 민족적 자주독립을 획득치 못한 것은 각계각층을 총망라하는 통일전선

---

51) 《中央新聞》 1945년12월30일자, 「中央人民委員會 託治反對委員會設置」.
52) 《朝鮮人民報》 1945년12월30일자, 「託治反對爲하야 臨政과 共同鬪爭」.
53) 《朝鮮人民報》 1946년1월1일자, 「人民黨의 鬪爭宣言」.

을 결성 못한 데 기인한다"고 말하고, "진보적인 계급층에서 이를 열렬히 주장함에도 불구하고 일부의 책동으로 분열을 초래하게 되었으므로, 민족통일전선을 방해하는 일체 파쇼세력에 맹렬한 투쟁을 개시하자"고 주장했다.[54]

이처럼 좌익정파들도 일매지게 신탁통치 반대를 표명하는데도 공산당은 확실한 당론을 결정하지 못하고 있었다. 책임비서 박헌영이 비밀리에 평양을 방문하고 있었기 때문이다. 박헌영은 3국외상회의 결과에 관한 이러저러한 뉴스에 혼란을 느꼈다. 소련영사 폴리안스키(Aleksandre S. Polianskii)는 3국외상회의에 참석하기 위해 모스크바에 가고 없었다. 소련영사관은 본국 훈령이 없다는 말만 했다. 타스통신은 보도도 하지 않았다. 박헌영 자신도 답답한데다가 당간부들이 그의 평양 방문을 제의함에 따라 박헌영은 12월28일 밤에 38선을 넘었다.[55]

박헌영이 평양에 머무는 동안 조선공산당도 신탁통치문제를 놓고 내부적인 논의를 하지 않은 것은 아니었다. 3국외상회의 결정을 지지하자는 의견도 있었다. 공장노동자들이 많은 지역인 영등포지구 공산당상무위원회는 모스크바 결정을 지지해야 한다는 결론을 내리고 중앙에 건의하기까지 했다.[56] 12월30일에 《해방일보(解放日報)》 사장 권오직(權五稷)의 사무실에 모인 조선공산당의 중요 간부들은 신탁통치문제에 대해 토의했으나, 결론은 "민족의 체면상, 또 전 국민이 반대하는데 공산당만이 찬성할 수는 없지 않느냐"는 것이었다.[57]

국민총동원위원회가 주관하는 대규모 반탁시위가 있던 12월31일에 조선공산당 서울시위원회는 "신탁통치를 철폐시키고 완전독립을 전취하기 위하여" 민족통일전선 결성을 즉시 실현시키자는 전단을 발표했는

54) 《朝鮮人民報》 1945년12월30일자, 「各團體網羅 委員會를 組織」.
55) 박병엽 구술, 유영구·정창현 엮음, 『김일성과 박헌영, 그리고 여운형』, 선인, 2010, p.27.
56) 「全鮮黨員同志에게 訴함」, 『朝鮮共産黨文件資料集(1945~46)』, p.143.
57) 박갑동, 『朴憲永』, p.134.

데, 그것은 조선공산당이 처음으로 신탁통치에 대한 반대입장을 표명한 셈이었다.[58] 그러나 그것도 당 중앙위원회의 결정은 아니었다.

인민공화국의 교섭위원 정백, 최익한, 이강국(李康國) 세 사람은 12월 29일 오후 2시에 임시정부 국무위원 조소앙, 김성숙(金星淑), 조완구(趙琬九)를 만나 "신탁통치 반대를 소극적 반대에 그치지 말고" 완전독립을 향하여 "민족통일전선 결성운동을 활발히 전개해야 한다"고 주장했다. 이들은 저녁 8시에 다시 만났다. 30일 오후 1시에는 인민공화국의 중앙인민위원들과 몇몇 임시정부 인사들이 다시 회동했다.[59] 그리하여 31일 밤에는 임시정부쪽의 최동오, 성주식(成周寔), 장건상(張建相) 세 사람과 인민공화국쪽의 홍남표, 홍증식, 정백, 이강국 네 사람이 대좌했다. 이 회담이 정식 대표회담인 셈이었다. 인민공화국 인사들은 민족통일의 저해요인이 인민공화국과 임시정부의 병립에 있으며 국민은 양자의 통일을 바란다고 주장하면서, 두 정부를 해체하고 통일위원회를 구성할 것을 제의했다. 이에 대해 최동오 등은 그 내용을 공문으로 작성하여 줄 것을 요구했다.[60] 그런데 이때에 임시정부쪽에서 나온 세 사람은 임시정부의 주류세력인 한국독립당 소속이 아니라 반대세력인 김원봉의 조선민족혁명당 인사들이었다. 이들은 귀국해서도 좌익 인사들과 더 친근하게 어울리고 있었다.

인민공화국 중앙인민위원회는 1946년 1월1일 오전에 경교장으로 공문을 전달했다. 공문은 "양 정부의 통일이 민족통일의 유일 최선의 방법이라고 인정한다"라고 말하고, 통합의 구체적 방법으로 (1) 양쪽에서 각각 약간명의 위원을 선출하고 교섭에 관한 전권을 위임하여 통일위원회를 구성하고, (2) 그 위원회는 매일 긴밀하게 회합하여 통일정부 수립에

---

58) 李剛秀, 「三相會議決定案에 대한 左派三黨의 대응」, 《한국근현대사연구》 제3집, 한울, 1995, p.305.
59) 《朝鮮人民報》 1946년1월1일자, 「積極的反託展開」.
60) 《서울신문》 1946년1월2일자, 「臨政에 時間附重大提議」; 《中央新聞》 1946년1월3일자, 「人共의 共同解除案再提議로 愼重論議」.

관한 구체안을 토의 결정하며, (3) 위의 임무의 달성은 미소공동위원회 개최 이전에 완수해야 할 시급한 필요에서 1월5일까지 성안에 도달하도록 노력해야 한다고 주장했다. 그리고 이 제안에 대해 1월2일 오전 10시까지 회답해 줄 것을 요구했다.[61]

그러나 "새로운 독립운동"을 공언하면서 「국자」 제1호, 제2호로 정권 접수를 선포한 임시정부로서는 그 존재를 인정하지 않는 인민공화국의 '공문'을 접수하는 것조차 불필요한 일이었다. 그리하여 접수했다는 최동오의 서명까지 받았던 인민공화국의 공문은 "서식상 접수하기 어렵다"는 이유로 1월1일 오후 6시에 홍남표 개인 앞으로 반송되었다. 공문이 홍남표 앞으로 반송된 것은 인민공화국 중앙인민위원회의 주소를 홍남표의 주소로 적었기 때문이었다.

그러자 인민공화국 중앙인민위원회는 1946년1월2일 오전에 그동안의 경위를 밝히고 김구와 임시정부를 맹렬히 비난하는 담화문을 발표했다. 담화문은 임시정부 내무부의 「국자」 포고나 "오직 새로운 독립운동이 있을 뿐"이라는 김구의 발언 등은 "민족분열을 획책하는 음모"라고 매도하고, "소위 임시정부와의 통일을 위하여 우리는 겸허한 성의와 최대의 양보를 아끼지 않았다. 그러나 우리의 노력은 그들의 완명[頑冥: 완고하고 사리에 어두움]으로 인하여 수포로 돌아갔다. 이제야 우리는 민족분열을 획책하고 파쇼화하는 임시정부를 배제하고 배전의 결의와 노력으로 민족통일을 민주주의적으로 완성하는 일로로 매진하려 한다"라고 선언했다.[62] 이렇게 하여 임시정부와 인민공화국의 통합교섭은 결렬되고, 좌익진영은 1월3일에 서울운동장에서 열기로 한 신탁통치 반대 시민대회에 주력하기로 했다.

때를 같이 하여 인민당이 임시정부에 대하여 "참된 임시정부"를 수립

<hr />

61) 《朝鮮日報》 1946년1월2일자, 「戰線統一策을 熟議」.
62) 《서울신문》 1946년1월2일자, 「臨政人共同時解體 統一政府樹立하자」; 《朝鮮人民報》 1946년 1월3일자, 「『人共』, 『臨政』 交涉決裂」.

할 '건국회의'를 소집할 것을 촉구하는 권고문을 보낸 것은 눈여겨볼 만한 일이다. 1월2일에 보낸 이 권고문은 "미소공동위원회의 알선이 아니면 우리 민족은 통일정부를 수립할 수 없습니까? 해방도 타력에서 결정되고 정부도 타력에서 수립된다면 우리는 무슨 자격으로 탁치를 반대할 수 있겠습니까?"라고 묻고, 임시정부는 "인민공화국과 각당 각파를 합쳐서 어서 건국회의를 열고 여기서 참된 임시정부를 수립하도록 권고하는 바입니다. 그것은 절대로 미소회의가 열리기 전에 완수되어야 할 것입니다"라고 촉구했다.[63]

2

그러나 1946년으로 접어들면서 정국은 새로운 국면으로 돌변했다. 조선공산당이 신탁통치를 규정한 3국외상회의의 결정에 대한 지지를 표명하고 나왔기 때문이다. 공산당의 이러한 성명은 박헌영이 평양에 다녀온 직후에 발표된 것이라는 사실에 주목할 필요가 있다. 당시 북한민주청년동맹의 핵심활동가였고 뒷날 조선로동당의 대외정보조사부 부부장 등 중요 기밀직책을 맡아 일했던 박병엽(朴炳燁: 가명 徐容奎)의 증언에 따르면, 이때의 박헌영의 평양일정은 다음과 같았다. 공산당 문화부장 김태준(金台俊)과 경성대 교수 박치우(朴致祐) 등 네댓명을 대동하고 1945년12월28일 밤에 38선을 넘은 박헌영은 29일 오후에 평양에 도착하여 김일성 등 이북지도자들과 만났다. 박헌영과 김일성은 1945년10월의 북부5도당책임자 및 열성자대회를 앞두고 10월8일 저녁에 개성 북쪽의 소련군38선경비사령부에서 처음 만나고 나서 두번째 만나는 것이었다. 박헌영은 평양에 머무는 동안 김일성의 처소에서 묵었고, 동행했던 사람들은 고려호텔에서 묵었다. 박헌영은 12월30일에는 연안파 인사들을 만났고,

63) 「臨政에 보낸 勸告文」, 『人民黨의 路線: 人民黨文獻』, p.62.

이날 오후에 공산당 주요 간부들과도 협의회를 가졌다. 31일에 북조선공산당 집행위원회가 열렸다. 이 회의는 모스크바에 갔다가 12월30일에 돌아온 민정담당 부사령관 로마넨코(Andrei A. Romanenko) 소장과 함께 3국외상회의 결정을 어떻게 실현할 것인가를 토론하기 위하여 열린 중요한 회의였다. 모스크바에 갔던 서울총영사 폴리안스키도 로마넨코와 함께 평양에 돌아와 있었다. 3국외상회의 결정내용을 보고한 사람은 소련파의 허가이(許哥而)였다. 박헌영은 서울중앙당 내부에서 신탁통치문제를 논의하는 과정에서 반탁주장이 거셌다는 점을 설명했다. 회의에서 중점적으로 논의된 것은 조선의 정당 및 사회단체들과 협의하여 임시정부를 구성하는 문제였다. 임시정부 수립에서 전체적인 세력관계를 2대 1로 한다는 것이 중요한 사안으로 부각되었다. 북한의 통합된 세력 하나와 남한의 좌익세력을 합하여 두 세력을 형성하고 남한의 나머지 세력을 하나로 다룬다는 것이었다. 박헌영은 회의에서 여러 문제를 토의한 뒤에 김일성을 단독으로 만나 협의했다. 그는 1946년1월1일에 열린 신년회에 참석하고 평양을 떠나 그날 밤으로 38선을 넘었다.[64]

조선공산당 중앙위원회의 3국외상회의 결정에 대한 확실한 태도가 표명된 것은 박헌영이 평양에서 돌아온 이튿날인 1월2일이었다. 공산당은 "이번 회담은 세계 민주주의 발전에 있어서 또 한걸음 진보한 것"이라고 전제하고, 외상회의 결정 가운데 한국에 민주적 임시정부를 수립한다는 규정은 "금일의 조선을 위하는 가장 정당한 것이라고 우리는 인정한다"라고 선명했다. 이때까지 절대지지한다고 한 인민공화국에 대해서는 한마디도 언급이 없었다. 그러면서 신탁통치문제에 대해서는 다음과 같이 설명했다.

문제의 5년 기한은 그 책임이 3국회의에 있는 것이 아니라 실인즉

---

64) 박병엽 구술, 유영구·정창현 엮음, 앞의 책, pp.27~34; 박갑동, 앞의 책, p.136.

우리 민족 자체의 결점(장구한 일제 지배의 해독과 민족적 분열 등)에 있다고 우리는 반성하지 않으면 안된다. 그럼에도 불구하고 이번 결정의 책임을 의식적으로 3국에 돌리고 이것을 정면으로 반대 배격함에 열중하고, 3국의 우호적 원조와 협력(신탁)을 흡사히 제국주의적 위임통치제라고 왜곡하고 과거의 일본제국주의의 침략과 동일시하여 조선민족을 오도하며 민주주의적 연합국을 적대하는 방향으로 대중을 기만하는 정책을 쓰고 있는 김구 일파의 소위 반신탁운동은 조선을 위하야 극히 위험천만한 결과를 나타낼 것은 필연이다. 이에 대하야 우리는 이번 3국회의의 본질적 진보성을 널리 해석 설명하야 조선민족의 나갈 길을 옳게 보여 주어야 한다. 세계평화와 민주주의와 국제협동의 정신하에서만 조선문제가 해결되어야 한다.…

성명은 결론적으로 민족통일전선의 중요성을 강조했다.

카이로회담은 조선독립을 적당한 시기에 준다는 것인데, 이 적당한 시기라는 것이 이번 회담에서 5년 이내로 결정된 것이다.… 그러므로 우리의 할 일은 무엇보다도 먼저 통일의 실현에 있다. 민족의 통일——이것이 우리의 가장 급무임을 이해하고 하루속히 민주주의 원칙(친일파, 민족반역자, 국수주의자를 제외한)을 내세우고 이것을 중심하고 조선민족통일전선을 완성함에 전력을 집중하여야 한다.[65]

공산당은 이 성명을 기관지《해방일보》의 호외로 만들어 서울시내에 뿌렸다. 그러나 이 성명서로는 신탁통치문제에 대한 설명이 모호했다. 더구나 좌익단체들의 조직을 총동원하여 준비한 1월3일의 좌익계 신탁통치반대 서울시민대회를 신탁통치 지지대회로 급히 돌려놓기 위해서는 좀

---

65) 《서울신문》 1946년1월3일자, 「正當한 民主的決定」;《解放日報》 1946년1월6일자, 「모스크바 三相會議進步的, 朝鮮共産黨支持表明」.

신탁통치 반대대회로 준비되었다가 3상결정 지지대회로 돌변한 1946년1월3일의 서울운동장 집회.

더 구체적인 설득이 필요했을 것이다. 조선공산당 중앙위원회는 1월3일에 선전부 명의로 설명서를 다시 발표했다. 설명서는 3국외상회의의 한국문제에 대한 결정은 여섯가지 점에서 큰 진전이라고 주장하고 한가지씩 설명했다. 가장 중점적으로 설명한 것은 역시 신탁통치문제였다.

이 신탁이 4개국의 신탁하에 두고 또한 이 신탁이 5개년이란 기간 내에 어느 때든지 우리 민족의 역량에 의하여 철폐할 것을 결정한 것은, 조선을 4개국 공동신탁하에 두고 어떤 1국의 식민지화를 방지하는 동시에 조선독립이 늦어도 5년까지는 완성될 것을 결정한 까닭에, 실로 경제적 정치적 모든 관계가 자칫하면 타민족의 노예로 다시 들어갈 수 있는 조선을 이 위험에서 방지하고 우리 민족의 행정적 경제적 준비 여하에 의하여는 단기간에도 이 신탁으로부터 벗어날 조건을 허용한 것이다. 문제는 다만 우리의 실력 여하에 있다. 그러므로 이 신탁은 독립과 대립된 신탁이 아니요 독립을 보장하고 독립을 촉성하는 신탁이다.…[66]

66) 《서울신문》 1946년1월8일자, 「朝共, 信託에 대한 說明書」.

서울시인민위원회, 반파쇼공동투쟁위원회, 서울시 정[町: 洞]연합회 공동주최의 '신탁통치반대 서울시민대회'는 예정대로 1월3일 오후 1시에 서울운동장에서 거행되었다. 주최쪽은 30만명이 모였다고 했다. 그런데 대회는 하룻밤 사이에 반탁대회에서 찬탁대회로 바뀌어 거행되었다. 대회이름부터 '민족통일 자주독립촉성 시민대회'라고 바뀌었다. "신탁통치 절대반대"라고 쓴 플래카드를 들고 나왔다가 주최쪽 사람들과 실랑이를 벌이는 해프닝도 있었다.

애국가 대신에 적기가(赤旗歌) 제창으로 시작된 대회는 인민당 한일(韓鎰)의 경과 보고, 서울시인민위원회 나동욱(羅東旭)의 취지 설명, 조선공산당 이승엽(李承燁)의 모스크바 3국외상회의 결정에 대한 설명, 인민공화국 안성기(安成基)의 임시정부와의 교섭전말 보고 등의 순서로 진행되었고, 대회가 끝나자 참가군중은 "외상회의 절대지지", "인민공화국 사수", "김구 이승만 타도", "철시파업 즉시중단" 등의 구호를 외치며 시가를 행진했다.[67] 그러나 신탁통치반대 대회인 줄 알고 자진해서 참가했던 많은 시민들은 욕설을 하면서 흩어졌다.

공산당과 인민공화국의 이러한 기만적인 행동에 대해 한민당, 국민당, 신한민족당은 "반역적 행동"이라고 비난하는 성명을 발표했고, 일반 시민들도 분노했다. 그뿐만 아니라 공산당 내부에서도 큰 반발을 불러일으켰다. 1946년1월8일자로 작성된 조선공산당의 한 "당외 극비" 문서는 다음과 같이 지적했다.

　　1월2일에 이르러서 "탁치반대"운동의 잘못을 비로소 인식하게 된 좌익은 3일의 서울시인민위원회 주최의 데모에서 아무런 예고도 없이 "3상회의 절대지지"를 돌연히 내걸어서 급각도의 전술 전환을 단행하였는데, 이렇게 함으로써 좌익은 대중에 대한 무책임한 표변적

67) 《朝鮮日報》 1946년1월4일자, 「獨立戰取는 統一로」; 《朝鮮人民報》 1946년1월4일자, 「民族統一促成市民大會盛況」.

배신자로서 자기를 폭로하고 말았던 것이다. "탁치반대"의 예비선전을 통하여 소집된 3일 시위의 군중은 의외에도 "탁치지지"를 보고서 극단의 불평과 불만을 표시하였으며 시민측 동원은 대부분이 탈락하고 말았다.…

그러면서 이 "극비문서"는 1월3일의 시위가 조선공산당이 지닌 근본적인 문제점을 드러낸 것이라고 신랄하게 비판했다.

그리고 무엇보다도 위험한 것은 3일의 시위가 다음과 같은 경향을 노골적으로 표시하였다는 점이다. 즉 데모나 기타 대중동원에 있어서 우리의 영향하에 광범한 대중을 동원하고 그들을 선전 교육 훈련하는 계기로서 그것을 파악하지 못하고, 단순히 대외적으로 반대당에 자기세력을 과시하는 도구로서만 그것을 이용하려는 나쁜 경향이 이것이다. 이 경향은 모든 파시스트운동의 주요한 특징인데, 우리 진영내에 이 모략 시위의 관념이 잠입되는 최근의 경향은 단연코 숙청되어야 할 것이다.[68]

1월3일의 이러한 기만적인 찬탁집회를 계기로 좌익 정파들의 지지와 신뢰는 크게 실추되고 좌우익 정파의 대립은 더욱 첨예화했다. 그러나 인민공화국 중앙인민위원회는 1월4일에 3국외상회의 결의를 지지하는 결정서를 발표했다. 이 결정서는 신탁통치제도의 책임이 우리 민족 자신에게 있다면서 다음과 같이 주장했다.

금반 신탁제도는 그 책임이 3국에 있는 것이 아니라 실로 우리 민족 자신 속에 있다는 점에서 불가피적 필연이라고 본다. 우리는 아직

---

68) 「『託治』問題와 左翼의 自己批判」, 『朝鮮共産黨文件資料集(1945~46)』, pp.78~79.

도 일본제국주의의 잔재를 소탕치 못하여 친일파, 민족반역자가 도량하고 민족은 분열되어 파시스트 데마고그가 민중의 일부를 현혹하고 반역적 자본가의 태업, 모리배의 준동으로 경제부흥은 곤경에 빠져 있다. 이러한 현상이 3국으로 하여금 우리의 갈망하는 완전독립을 천연하지 않을 수 없었다는 것을 깊이 깨달아야 한다.…[69]

인민당도 신탁통치 지지를 공식으로 표명했다. 인민당 총무 이여성은 1월5일에 "우리는 그동안에 이[신탁통치]에 대하여 반대하여 왔다. 그러나 그 후 자세한 정보에 의하야 조선독립을 결코 제약하는 것이 아니라 그의 정치적, 경제적 건전한 발전을 원호하려는 3상회의의 노파적 정신을 알게 된 우리는 감사히 생각할 뿐 아니라 오히려 그러한 원호를 적극적으로 요청하는 바이다. 다만 신탁이란 문구를 사용하게 된 것을 유감히 생각할 뿐이다"라고 주장하고, 신탁통치의 정신을 이해하지 못하고 맹목적으로 반대하는 것은 "민족적 망동"이라고 비판했다.[70]

이렇게 하여 좌익정파들의 신탁통치찬성 방침이 확정되었다. 이때부터 좌익정파들은 "신탁통치 지지"라는 말 대신에 "3상회의 결정 지지"라는 말을 사용했고, 신탁통치라는 말도 "후견"이라는 말로 바꾸어 설명했다.

한편 이날 중국 상해(上海)에 거주하는 동포 8,000여명 가운데 반수 이상이 홍구공원(虹口公園)에 모여 신탁통치반대 결의문을 채택하고 그것을 미국, 소련, 영국 영사관과 중국정부에 전달하기로 했다.[71]

3

김구는 일반 국민의 임시정부 지지 열기를 의식하면서 1월4일에 비상

---

69) 《朝鮮日報》 1946년1월5일자, 「莫府決定을 支持」.
70) 《朝鮮人民報》 1946년1월6일자, 「信託이란 文字를 誤解마라」.
71) 《大東新聞》 1946년1월4일자, 「上海朝鮮同胞結束 信託統治反對決意」.

정치회의를 즉시 소집하자는 성명을 발표했다. 그것은 귀국에 앞서 1945 년9월3일에 발표한 「임시정부 당면정책」 제6항을 실행하자는 제의였다. 김구는 성명에서 먼저 공산당과 인민당 인사들과도 그동안 통일문제를 교섭해 왔다고 다음과 같이 설명했다.

> 우리는 (입국한 뒤에…) 통일공작에 대한 우리의 복안을 세우고 이 복안에 대하여 중요한 정계 영수들과 의견을 교환하였던 바 대체로 차이가 없었으나, 공산당과 인민당 방면과는 약간의 국부적으로 부합하지 못한 점이 있어서 피차에 이에 대한 공통점을 구하기에 계속 노력하던 중 불의에 소위 신탁통치 운운의 설이 유전되어 이에 분노한 전 국민은 맹렬히 반대운동을 일으키게 되었다. 우리는… 또 신탁통치를 방지하는 유일한 방법은 또한 전 민족 통일단결에 있다고 확인하고 오늘까지도 임시정부의 전원은 공산당과 인민당의 영수들로부터 일치점을 구하기 위하여 계속 노력하며 기타 각방으로 노력 중이다.…[72]

김구는 "남의 손을 기대할 것 없이 우리의 손으로 신속히 강고한 과도정권을 수립하기 위하여" 「임시정부 당면정책」 제6항의 규정에 따라 (1) 국내외 혁명당파, 종교단체, 지방대표 및 저명한 민주 영수들로 구성되는 비상정치회의를 소집하여 과도정권을 수립하고, (2) 비상정치회의에 의하여 과도정권이 수립될 때까지는 임시정부를 확대 강화하여 과도정권의 기능을 행사하며, (3) 과도정권의 수립과 동시에 임시정부는 해체하고 과도정권으로 하여금 국민대표대회를 소집하여 독립국가, 민주정부, 균등사회를 원칙으로 하는 신헌장을 만들어 정식정권을 수립하게 하자고 제의했다. 김구의 이러한 제의는 임시정부의 정통성을 다시금 강조한 것

---

72) 《朝鮮日報》 1946년1월5일자, 「臨時政府 戰線統一案을 闡明」.

이었다.

그러나 공산당의 박헌영은 1월5일의 내외신 기자회견에서 김구에 대하여 "김구씨의 반탁데모는 큰 과오를 범하고 있다. 왜그러냐 하면 신탁통치의 본질적 설명을 하지 않고 고의로 일본제국주의의 위임통치제와 혼동시켜 민족을 의혹케 하고 반연합국적 조직을 양성하여 민중을 나쁜 의미에서 혼란케 하고 있다" 하고 비판했다.[73]

그런데 이날의 기자회견에서 박헌영이 《뉴욕타임스(*The New York Times*)》의 존스턴(Richard H. Johnston) 특파원의 질문에 답한 내용이 샌프란시스코 방송을 통하여 뒤늦게 국내에 보도됨으로써 큰 논란을 불러일으켰다. 존스턴이 질문한 내용은 두가지였다. 하나는 소련의 단독 신탁통치문제였고 또 하나는 한국의 소비에트연방 가입 가능성에 대한 것이었다. 박헌영은 영어로 대답하면서 전자에 대해서는 적극적인 반대를 표명하지 않았고, 후자에 대해서는 현재는 불가능하나 10~20년 뒤에는 가능할 것이라는 취지로 대답했는데, 그것이 소련 단독 신탁통치를 희망하며 궁극적으로는 소비에트연방에 가입할 것이라고 확답한 것으로 전해진 것이었다. '매국노징치 전국긴급협의회'가 열리는 등 규탄여론이 비등하자 박헌영은 "언어장벽(language difficulties)" 때문에 와전되었다고 변명했다.[74]

한편 와병 중인 이승만은 1월7일에 윤치영(尹致暎)을 통하여 신탁통치를 왜 반대해야 하는가를 이론적으로 설명하는 성명을 발표했다. 신탁통치를 둘러싼 좌우익의 이론투쟁이 본격적으로 시작된 것이다. 이승만은 먼저 12월31일에 거행된 반탁시위가 탄복할 만큼 "조리 있고 평화적으로" 진행되었고 "과거 수십년 동안 왜적의 악정과 경제적 곤란으로 말미암아 과학문명은 비록 뒤질지언정 우리 단민(檀民)은 우수한 소질과

---

73) 《서울신문》 1946년1월6일자, 「統一엔 共同原則이 必要」.
74) 方善柱, 「美國第24軍G-2軍史室資料解題」, 《아시아文化》 3호, 翰林大學校아시아文化研究所, 1987, pp.185~186 및 정용욱, 『해방전후 미국의 대한정책』, 서울대학교출판부, 2003, pp.171~176 참조.

428   제3부 어떤 나라를 세울까(I)

잠재한 능력을 구비했다는 것이 이번 운동에서 입증되었다"라고 평가한 다음, 과격한 행동은 일부 극렬분자, 곧 공산당의 소행이라면서 다음과 같이 비판했다.

물론 우리는 국제관계에 있어서 세계의 모든 민주주의 선진국과 친목하고 협력하며 또 집중적으로 그 물질적 원조를 받아야 한다. 그러나 이것은 모두 우리가 우리의 자유적 입장에서 진선진미한 성의와 외교로써 용이하게 해결할 수 있는 문제이다. 그러므로 신탁반대는 결코 국제적 고립을 의미하는 것이 아니라 도리어 우리의 역량을 십분 발휘하여 세계민주주의 발전에 기여할 수 있는 최선 유일의 길이다. 그럼에도 불구하고 일부 책동 극렬분자는 우리의 신성한 탁치반대운동을 연합국 반대라 허위선전하고 군정청과 한인 간에 오해를 일으키기 위하여 군정부에 사무집행하는 동포를 다 파업하지 아니하면 반역이라 하여 미국 국기를 떼어서 오해를 일으키고 모든 반역의 행동을 하려 하다가, 이제는 또 다른 음모로 3국회담 지지, 탁치 찬성의 기치를 들고 나섰으니 명석한 동포들은 미리 각오하고 그 간계에 빠지지 않아야 할 것이다.…

그는 신탁통치의 문제점을 국제권력정치의 본질과 관련하여 설명했다.

탁치가 강요된다면 열국의 종속민족으로 우리에 대한 생사여탈권을 타인에게 맡겨 놓은 격이 될 것이니, 어찌 우리의 발전과 행복한 장래를 기필할 수 있겠는가. 그뿐만 아니라 연합4국의 이해와 주장은 결코 완전 일치된 것이 아니며 또 장래에 여하한 파탄이 발생치 않는다고 보장할 수 없을 것이니, 그 주장이 배치되며 그 파탄이 증장할 때마다 그 원인이 어디 있든지, 어디서 발생하든지 이는 곧 우리나라에 반향하여 파쟁을 강화하고 혼란을 작성하며 우리 반도는 열국상쟁의 수라장으로 화할 염려가 있다.…

물론 현하 논의되는 신탁통치는 국치인 을사조약과 성질은 상이하나, 우리의 일을 자력으로 처리하지 못한다는 것은 역시 일종의 치욕이요, 그 결과에 있어서도… 일대 비운을 초래할 것이다.

이승만은 끝으로 1월 3일에 있었던 좌익들의 찬탁대회를 파괴분자들의 "최후의 발악"이라고 말하고, 이들은 통일전선에서 제외해야 한다고 단호히 선언했다.

근자에 소위 인민공화국의 기치 아래 맹동하는 소수 반역분자들은 기왕에도 소련을 조국이라 호칭하고 우리나라를 분열 교란하여 그 연방으로 끌어들여가려고 암약하다가 이 매국적 흉계가 거의 대패로 돌아가려고 할 때에 대한(大韓)신탁문제가 3국외상회담에서 나타나자 반역배들이 자기 구주나 나온 듯이 좋아했다.…

그러나 우리의 현명한 대중이 대한의 행복을 위하여 탁치를 반대할 줄을 알고 명목은 탁치를 반대하여 간사한 수단으로 유도하여 가지고 소위 탁치찬성의 시민대회를 개최하였다. 이는 즉 소수 파괴분자들의 최후의 발악이요… 또 우리가 탁치를 반대하지 않는다는 구실을 소위 탁치를 주장하는 나라에 제공하여 영원히 우리 반도와 국민을 팔아먹으려는 가증한 행실이다.…

여러분! 병든 가지는 꺾어 버려야 한다. 성의껏 충고해도 반성치 못하는 극렬분자와는 동포로서 교제를 끊고 통일전선에서 제외해야 한다.…[75]

---

75) 《朝鮮日報》 1946년 1월 8일자, 「信託統治는 恥辱」; 《東亞日報》 1946년 1월 8일자, 「信託支持는 亡國陰謀」; 《大東新聞》 1946년 1월 13일자, 「託治를 認定하는 徒輩는 同胞가 아니다」.

그러나 박두한 미소공동위원회를 앞두고 정파 간의 행동통일을 이룩해야 한다는 국민 여망은 좌우익 어느 쪽에서나 부담스러운 일이 아닐 수 없었다. 그리하여 1월6일에 인민당의 주선으로 한민당, 국민당, 인민당, 공산당의 대표들이 비공식으로 만나 의견을 교환하고, 인민당이 주동이 되어 정식 회의를 주선할 것을 요청했다. 그리하여 1월7일에는 한민당의 원세훈(元世勳), 김병로(金炳魯), 국민당의 안재홍, 백홍균(白泓均), 이승복(李昇馥), 인민당의 이여성, 김세용(金世鎔), 김오성(金午星), 공산당의 이주하(李舟河), 홍남표가 회동하여 간담회를 열고,[76] 다음과 같은 2개항의 「4당공동성명」을 발표했다.

(1) 모스크바 3국외상회의의 조선문제에 대한 결정에 대하여.
조선의 자주 독립을 보장하고 민주주의적 발전을 원조한다는 정신과 의도는 전면적으로 지지한다.
"신탁"(국제헌장에 의하야 의구되는 신탁제도)은 불원 수립되는 임시정부가 자주독립의 정신에 입각하여 이를 해결함.
(2) 테러행동에 대하여.
정쟁의 수단으로 암살과 테러행동을 감행함은 민족 단결을 파괴하며 국가 독립을 방해하는 자멸행동이다.… 모든 비밀적 테러단체와 결사의 반성을 바라며, 그들이 자발적으로 해산하고 각자 진정한 애국운동에 성심으로 참가하기 바란다.[77]

이 「4당공동성명」은 해방정국에서 한민당과 공산당을 포함한 중요정

---

76) 李如星, 「統一工作과 人民黨」, 『人民黨의 路線: 人民黨文獻』, p.64.
77) 李如星, 위의 글, p.64;《朝鮮日報》1946년1월9일자, 「自主獨立을 目標로 四黨意見一致, 共同聲明」.

당들이 정부수립문제와 관련하여 합의한 유일한 문서였다.[78]

그러나 이튿날 한민당이 긴급간부회의를 열고 「4당공동성명」이 "신탁통치 반대의 정신을 몰각한" 것이므로 승인하지 않기로 했다고 성명함으로써 「4당공동성명」은 없었던 일이 되었다.[79] 한편 임시정부는 느닷없이 1941년에 중경에서 제정하여 공포한 「대한민국 건국강령」을 이 날짜로 새로 공포하여 임시정부의 정통성과 권위를 환기시키고자 했다.

1월9일에는 앞의 4당에 신한민족당을 포함한 5당회의가 열렸다. 그것은 김구가 성명한 비상정치회의 소집을 위한 예비회의로 열린 것이었다. 임시정부에서 조소앙, 조완구, 장건상, 김성숙 4명이 참석했고, 한민당에서 장덕수와 서상일(徐相日), 국민당에서 안재홍과 명제세(明濟世), 인민당에서 김오성, 이여성, 김재영(金在榮), 공산당에서 박헌영, 홍남표, 이주하, 조두원(趙斗元), 신한민족당에서 이규갑(李奎甲), 그리고 인민공화국에서 발언권 없이 이강국과 정진태(鄭鎭泰)가 참석했다. 그러나 5당회의는 회의 성격에 대하여 공산당과 인민당이 1월7일에 열렸던 4당회의의 연장으로 해야 한다고 주장하여 합의를 보지 못하고 유회되었다. 1월11일에 임시정부를 제외한 5당회의가 재개되었으나, 신탁통치에 관한 「4당공동성명」의 자구수정문제로 의견이 대립되어 또다시 산회하고 말았다.[80]

인민당이 1월13일에 인민공화국과 임시정부는 "정부로서 참가하여 간섭하지 말라"는 성명을 발표한 뒤에 국민당의 안재홍의 주선으로 1월14일에 5당회의가 다시 열렸다. 회의는 모스크바 3상결정에 따른 미소주둔군사령부대표회의가 열린 1월16일에도 속개되었으나 좀처럼 진척되지 않았다. 인민당이 "3상회의에서 조선의 자유 독립국가 건설을 원조한다고 결정한 것은 지지하나, 신탁통치는 반대한다"라는 타협안을

---

78) 서중석, 『한국현대민족운동사연구』, 역사비평사, 1997, p.339.
79) 《東亞日報》 1946년1월9일자, 「託治反對로 一貫」.
80) 李如星, 앞의 글, pp.65~66.

제시했으나[81] 공산당은 받아들이지 않았다. 이렇게 하여 5당회의도 무산되었다.

3국외상회의의 애매한 합의문에서 연유한 신탁통치 논쟁은 마침내 한국의 모든 정치집단뿐만 아니라 일반국민까지 찬탁이냐 반탁이냐로 갈라놓고 말았다.

송진우의 뒤를 이어 1월7일에 한민당의 수석총무가 된 김성수는 1월14일에 처음으로 기자들과 만나 다음과 같은 담화를 발표했다. 그것은 당내에서 신중한 논의 끝에 내린 결론이었다.

민족통일이란 말이 사용되고 있지만 나로서는 분열된 것은 민족이 아니요 동지라고 생각한다. 통일에 있어서는 각당 각파가 자아의 고집을 버리고 소이(小異)를 청산하야 대동으로 일치단결함에 있고, (통일의) 방법에는 여러 가지 의견이 많겠으나 임시정부에서 제시한 바의 비상정치회의를 소집하도록 하여 통일을 단행하는 것이 좋을 줄 안다. 즉 비상정치회의가 소집되면 여기에서 우리의 자력으로 임시정부를 수립하는 것이 당연하다고 생각한다. 하지 장군도 임시정부 수립은 조선인의 의사로 하겠다고 언명한 바 있었으며, 우리는 마땅히 우리 의사와 우리 힘으로 비상정치회의를 소집해서 통일된 임시정부 수립에 노력하지 않으면 아니될 것이다. 물론 비상정치회의보다 더 나은 기관을 세운다면 언제든지 그 기관에 참가할 터이다. 그러나 독립의 피안에 건너가는 다리로서 27년간의 역사를 가진 임시정부의 법통 이외에 무슨 신통한 다리가 있겠는가.[82]

그것은 뒤이어 전개되는 정국의 추이를 짐작하게 하는 말이었다. 이승

---

81) 《朝鮮日報》 1946년1월18일자, 「五黨代表會談決裂」.
82) 《東亞日報》 1946년1월15일자, 「臨政의 非常政治會議로 統一된 新政權樹立」; 《朝鮮日報》 1946년1월15일자, 「獨自目標로 邁進」.

만은 김구가 자기와는 상의도 없이 과격한 반탁운동을 벌이다가 미 군정부와 충돌까지 빚자 몹시 못마땅해했는데, 김성수의 이러한 담화가 보도되자 크게 불만을 표시했다. 그는 윤치영에게 독촉중협의 중앙집행위원회 회의를 바로 이튿날 소집하라고 지시했다.

83장

비상국민회의 최고정무위원회가 민주의원으로

1. 독촉중협과 비상정치회의를 비상국민회의로
2. 비상국민회의의 최고정무위원회를 남조선국민대표민주의원으로

1. 독촉중협과 비상정치회의를 비상국민회의로

1

온 국민의 이목이 이틀 뒤에 서울에서 열리는 미소 양군사령부 대표회의에 쏠려 있는 1946년1월14일 오후에 이승만은 불편한 몸으로 돈암장(敦岩莊)의 정례 기자회견장에 모습을 나타냈다. 이 무렵 이승만은 과로와 감기로 20일 가까이 병상에 있었다. 이날의 회견에는 외국 기자들도 참석했다. 이날 이승만이 발표한 담화는 이튿날의 독촉중협 중앙집행위원회를 앞두고 파탄에 직면한 5당회의, 임시정부와의 관계, 미소공동위원회 대책, 그리고 무엇보다도 하지(John R. Hodge) 사령관의 새로운 구상 등을 의식하면서 중요한 당면문제에 대한 소신을 밝힌 것이었다.

이승만은 먼저 "나는 내외국인에 대하야 대한민족이 통일을 실지로나 형식으로나 완성된 것을 선언한다"라는 말로 담화를 시작했다. 그러나 그 통일은 "공산분자", "극렬분자"는 배제한 통일이었다. 이승만은 독촉중협을 통하여 공산주의자들과 협동하려고 그동안 시도했던 일을 외국의 사례를 들면서 길게 설명했다.

중앙협의회 조직 이후로 공산분자와 협동되기로 노력하다가 시일을 허비하였으나, 이것은 사실상 될 수 없는 것을 알고도 성의를 다한 것이다. 중국에서 장개석(蔣介石) 총통 세력과 연안(延安) 세력이 다년간을 두고 성공치 못하였던 것이고, 유럽 각국에서 역시 백방으로 시험하여 보았으나 다 실패한 것이어늘, 유독 우리 한국에서 어찌 홀로 성공하기를 바랄 수 있을까. 그러나 부족한 나로서 한가지 바라던 것은 우리 한인은 지혜나 애국심이 다른 인종과 다른 것을 알고, 그뿐만 아니라 또 한가지는 40년간 왜적의 학대를 받은 반감이 있으므로 과거의 쓰라린 경험에 비추어 나라의 독립을 위하는 때에는 극렬분자까지도 예외없이 한 뭉치가 될 것을 희망하고, 적은 뜻이나마 정성을 다하였다. 그러나 그 결과를 보면 우리도 아직까지는 실패라고 하기에 이르렀나니, 그 이유는 다른 것이 아니다. 극렬분자는 유럽에서나 미국에서나 중국에서나 또한 한국에서까지 자주독립을 저해하고 남의 노예됨을 감심[甘心: 달게 받음]하는 결심이 있는 것을 지금은 세상이 다 알게 되었으니, 파괴자와 건설자가 어떻게 합동되며 애국자와 매국자가 어떻게 한길을 갈 수 있을까. 그러므로 지금은 확실히 결정해서 각 단체나 정당을 물론하고 독립만을 위하여 사생을 우리와 같이 할 사람이라면 우리는 물론 다 함께 제휴하여 한구덩이로 들어갈 결정이고, 그렇지 않은 사람은 저의 원대로 해보라고 방임하는 것이니… 그러므로 한족정신(韓族精神)을 가진 한인들은 모두가 38도 남북을 불관하고 정신적으로도 합동이고 사실적으로도 합동이다.

이승만은 이처럼 독촉중협이 "전 민족을 대표한 기관"으로서 통일을 이루었음을 강조하고, 독립정부가 수립되면 공산주의자들도 "친일분자와 같은 대우 아래" 처벌할 것이라고 공언했다.

중앙협의회가 전 민족을 대표한 기관으로 애국동포를 다 이리로 집중하여 통일을 이루었나니, 일후에 우리가 국권을 회복한 후에는 이 분자들에게도 친일분자와 같은 대우 아래 우리 민족 재판마당에서 우리가 이 사람들에게 물을 말이 있을 것이다. 지금이라도 회개하고 민족자결주의를 지지하여 성충을 다할진대 혹 장차 속죄할 희망은 있을지언정 종시 고치지 못한다면 우리는 독립운동에 장애되는 물건은 다 용납치 않을 결심이다.

이승만의 이날 담화 가운데 가장 돋보이는 점은 소련은 "우리 정부조직에 간섭할 이유가 없다"면서 미소공동위원회에 대하여 반대 입장을 밝힌 점이었다.

그리고 탁치에 대하여서는 한인들이 다만 시위운동에만 한도를 정하는 것이 아니라 어디까지든지 절대독립을 회복하기 위하여 분투하라는 것이니, 미소 양국의 연합위원[미소공동위원회]이라는 것부터 용납할 수 없는 것이다. 미국은 우리 원수를 싸워서 우리를 해방시킨 공로가 있을 뿐 아니라 우리나라에 대하여 무슨 이익을 요구하는 것이 없으므로 우리는 환영하여 합작하는 터이니, 다른 나라는 우리나라에 관계가 없으니 우리 정부조직에 무슨 간섭할 이유가 없을 것이다.[1]

이튿날 오후 3시에 돈암장에서 독촉중협의 제2회 중앙집행위원회가 열렸다. 1945년12월15, 16일 이틀 동안 제1회 회의가 열리고 나서 한달만에 열린 회의였다. 제1회 회의 때와 마찬가지로 조선공산당, 인민당 등 좌익 인사들은 모두 불참하고 김성수(金性洙), 안재홍(安在鴻), 김석황(金錫璜), 김여식 등 한국민주당, 국민당, 신한민족당, 한국독립당 등 우익 정당대표 18명이 모였다. 와병 중인 이승만을 대신하여 회의를 진행한 윤치영(尹致暎)은 회의 소집 목적이 임시정부 산하의 신탁통치반대국민총동원위원회와 임시정부가 추진 중인 비상정치회의를 독촉중협에 "어떻게 연결하느냐" 하는 문제와 독촉중협의 인사문제를 논의하기 위해서라고 설명했다. 안재홍과 장덕수(張德秀)는 하지 사령관이 "민주적 자주정부"를 수립하라고 권유했다고 말했고, 김성수는 "하지가 자주정권 수립에 자신이 있어 보인다"라고 덧붙였다.[2]

---

1) 《大東新聞》1946년1월15일자,「吾族은 統一하였다」;《東亞日報》1946년1월16일자,「民族統一은 完成된다」.
2) 「獨立促成中央協議會中央執行委員會 第2回會議錄」(1946.1.15.),『雩南李承晩文書 東文篇(十三) 建國期文書 1』, pp.184~188.

한민당 총무의 한 사람이었던 백남훈(白南薰)은 이 무렵 이승만은 임시정부가 서둘러 국민총동원위원회를 조직한 것은 임시정부가 독촉중협이 불필요한 것으로 생각하였거나 그렇지 않으면 이를 무시하는 것이라고 하여 독촉중협을 해체할 것을 주장하여 관계자들을 당황하게 했다고 술회했다. 그리하여 대경실색한 한민당 간부들은 돈암장과 경교장(京橋莊) 사이에 무슨 불화나 있는 듯이 전파되고 또 이 소문이 국민들에게 알려지면 큰일이라고 하여 이 문제가 표면화되기 전에 해소시키는 데 전력을 다하기로 했다는 것이다.[3] 백남훈의 이러한 술회는 이때의 임시정부쪽의 동향에 대하여 이승만이 매우 못마땅해하고 있었음을 말해 준다. 한편 한민당의 정략가 장덕수는 이승만에게 경교장을 민족통일전선의 센터로 보고 비상정치회의를 외면하지 말아야 한다고 역설했다고 한다.[4]

독촉중협의 중앙집행위원회 회의는 1월21일까지 계속되었는데, 회의 소집의 배경과 앞으로의 계획에 대해 이승만 자신은 1월18일의 회의에 참석하여 다음과 같이 설명했다.

"우리의 민의가 탁치를 절대 반대하고 공산주의를 원치 않는다는 사실을 이제야 미 국무성과 군정청에서 솔직히 인정하게 되었다. 그리하여 탁치문제에 관하여 미국무장관 번스(James F. Byrnes)씨도 한인이 원치 않는다면 탁치를 실시치 않아도 좋다는 의사를 표명하게 되었으니, 어느 정도 낙관할 수 있다고 할 수 있겠다. 그러나 서울에서 미소 간에 회담이 개최되어 물자교류를 위한 38도선에 대한 협의가 진행 중이며, 또한 소련측에서 3상회의를 이유로 하여 공동위원회의 설치를 요구해 오면 미군으로서는 이를 거부하기 곤란한 입장에 처해 있으므로, 이 공동위원회를 배척하자면 요구가 있기 전에 우리가 먼저 단합하여 우리의 통일을

3) 白南薰, 『나의 一生』, 解愠白南薰先生紀念事業會, 1968, p.165.
4) 李敬南, 『雪山 張德秀』, 東亞日報社, 1981, p.312.

중외에 성명함으로써 미국측에 소련의 요구에 불응할 이유를 제공하여야 하겠다.

이에 대한 양책(良策)이 있다. 그것은 트루먼(Harry S. Truman) 대통령의 의사를 띠고 굿펠로(Preston M. Goodfellow) 대령이 가지고 온 안이다. 즉 우리 힘으로 규합할 수 있는 각 정당과 단체 및 지명인사와 공산주의자까지도 망라하야 국회 같은 국민조직을 완성하고, 회장에 내가 되고 부회장에 김구 주석을 추대하야 그 조직을 임시군정청 고문부와 같은 형식으로 해 나간다면 하지 중장과 러치(Archer L. Learch) 군정장관은 이에 절대 찬의를 표할 것이며, 또한 국내 국외에 선포하면 미 국무성과 중국, 프랑스, 기타 영국까지라도 엄연한 이 사실을 승인하게 될 것인즉, 소련이 아무리 야심이 있다고 하더라도 별 수 없이 양보하게 될 것이다.

이 안에 대하여는 이미 김구 주석과 김규식(金奎植) 부주석과 조완구(趙琬九) 재무부장은 전폭적 찬의를 표하였으니, 이 기회를 놓치지 말고 이 자리에서 이를 가결하여 내일 곧 실행코자 한다."[5]

2

이승만의 이 말은 매우 주목할 만한 내용을 담고 있어서 면밀하게 천착해 볼 필요가 있다. 무엇보다 주목되는 것은 1월 초순에 하지의 정치고문으로 부임해 온 굿펠로 대령의 활동에 대한 언급이다. 이승만이 귀국길에 도쿄(東京)에서 맥아더(Douglas MacArthur) 장군을 비롯한 극동군사령부 장군들과 하지 사령관에게 굿펠로를 주한미군사령부의 고문으로 추천했던 것은 앞에서 본 바와 같다. 하지는 이승만의 추천에 따라 1945년11월11일에 전쟁부[육군부]에 굿펠로의 한국배속을 신청했고,

5) 「獨立促成中央協議會中央執行委員會 第5回會議錄」(1946.1.18.), 『雩南李承晚文書 東文篇(十三) 建國期文書 1 』, pp.291~299.

굿펠로는 12월26일에 워싱턴을 떠났다.6) 이승만이 말한 "국회 같은 국민
조직"이 과연 굿펠로가 "트루먼 대통령의 의사를 띠고" 가지고 온 안이
었는지는 확인할 수 없다. 이와 관련하여 하지의 정치고문 베닝호프(H.
Merrell Benninghoff)가 1946년1월28일에 번스 국무장관에게 보낸 보
고전문에서 굿펠로가 지난 한달 동안 한국의 정치단체들과 접촉하면서
"주목할 만한 성과"를 거두었고 "이미 김구와 이승만은 그들의 '임시정
부'를 해체하고 하지 장군과 공동위원회와 같이 행동할 통합집단(united
group)을 구성하려는 노력에 협조하기로 동의했다"라고 기술한 것은 눈
여겨볼 만하다. 베닝호프는 또 좌익과 공산주의 지도자들도 비슷한 행동
을 취하려고 서두르고 있어서 "우리는 머지않아 한 통합자문단을 발표
할 수 있을 것으로 기대된다"라고 덧붙였다.7)

　　다음으로 주목되는 것은 하지가 장덕수와 안재홍에게 말했다는 "민
주적 자주정부"나 이승만이 말한 "국회 같은 국민조직"이란 모스크바
외상회의 결정에 따라 미소공동위원회가 수립하기로 되어 있는 임시 한
국 민주정부와는 다른 것이라는 점이다. 하지는 미소공동위원회가 성공
할 것이라고 믿지 않았다. 그 징조는 1월16일부터 시작된 당면 경제문제
와 행정통합문제에 관한 양군사령부대표회의에서 드러났다. 하지는 1월
22일에 맥아더에게 현재의 경제문제 토의가 결말이 날 때까지 정치회의의
소집을 미룰 것을 건의했다. 왜냐하면 그때까지는 러시아인들의 태도에
대해 더 잘 알게 될 뿐만 아니라 한국인들에게 과도정부에 대한 모종의
통일전선을 형성할 수 있는 시간을 줄 수 있기 때문이라는 것이었다. 그
러면서 그는 정치회담은 자신의 주도하에서 개최되기보다는 정부 사이
교섭의 결과로 개최하는 것이 낫겠다고 건의했다. 그러한 접근이 한층 더
권위 있는 결과를 낳고, 우리가 한국이나 다른 극동국가들에 대한 공약

6) 정병준, 『우남 이승만 연구』, p.531.
7) Benninghoff to Byrnes, Jan. 28, 1946, *FRUS 1946*, vol.Ⅷ., p.627.

을 얼마나 중시하는가를 소련인들에게 보여 줄 것이라고 그는 말했다.[8]

하지는 이어 2월2일에는 국무부가 자신의 권고를 무시한다고 맹렬히 비난하는 전문을 맥아더에게 보냈다. 그는 자기 추측으로는 한반도 전체가 확실히 공산화할 것이라고 소련인들이 믿기까지는 남북이 통일되기는 불가능하다고 말하고, 국무부에 대해서는 "저는 국무부로 하여금 저의 건의를 무시하도록 조언하고 유도해 온 한국전문가들이 누구인지 알지 못한다. 미국에서 교육받은 한국인들일지도 모른다. 그러나 그들은 전후 한국의 실제 사정을 목격하고 아는 사람이 아님에 틀림없다"라고 재미 한국 지식인들을 의심했다.[9]

그러므로 이승만과 하지가 구상하는 "국회 같은 국민조직", 나아가 "민주적 자주정부"는 미 군정부의 고문부 같은 기능을 하면서 미국, 중국, 프랑스, 영국 등의 승인을 얻음으로써 미소공동위원회를 무력화시키고 소련에 의한 한반도 공산화를 저지할 수 있을 것이었다.

이승만의 발언에서 마지막으로 주의 깊게 살펴보아야 할 점은 임시정부가 추진하는 비상정치회의와 독촉중협의 관계문제이다. 5당회의가 1월16일에 끝내 결렬되자 임시정부는 1월17일부터 경교장에서 연일 비상국무위원회의를 열고 1월4일에 김구가 제의한 비상정치회의 소집 문제를 논의했다. 이승만은 김구, 김규식, 조완구가 자기의 구상에 전폭적으로 찬의를 표명했다고 했지만, 이들이 처음부터 선뜻 동의한 것은 아니었다.

독촉중협 중앙집행위원회 제2회 회의는 외국의 국가건설 때의 사례에 따라 독촉중협을 '비상국민회의(非常國民會議)'로 개칭하기로 합의했는데, 이승만이 직접 주재한 1월18일의 제5회 회의에서 이승만의 제의로 정식으로 결정되었다. 임시정부가 추진하는 비상정치회의와의 통합문제에 대해서는 대부분의 참석자들이 우익세력의 양분을 염려하면서 신중하게

---

8) MacArthur to Joint Chiefs of Staff, Jan. 22, 1946, *FRUS 1946*, vol.Ⅷ., p.613.
9) MacArthur to Joint Chiefs of Staff, Feb. 2, 1946, *FRUS 1946*, vol.Ⅷ., p.629.

추진해야 한다고 주장했지만, 이승만은 언제나 속전속결주의였다. 이승만은 "조리는 그러하다. 그러나 독립이 조리보다 더 중요하다"면서 서둘렀다. 이승만은 또 "독촉중협을 해체하고 비상정치회의에서 결정하는 대로 이행하는 것도 무방하나 임시정부 인사들과 군정부 당국 사이에 호의가 없고, 따라서 비상정치회의를 한다 하여도 또한 군정부의 호의를 얻지 못하고 대치할 것"이므로, "사실상 임시정부가 군정부에 가서 말한다 하여도 별로 신기한 일이 없을 것"이라고 잘라 말했다.[10] 이승만의 이러한 단정적인 주장은 그가 굿펠로와 장석윤(張錫潤)을 통하여 미 군정부의 방침을 정확히 파악하고 있었음을 보여 주는 것이었다. 미육군 전략첩보국(Office of Strategic Services: OSS)에서 한국인 책임자로 활동했던 장석윤은 1945년12월17일에 귀국하여 미군사령부의 정보참모부(G-2)에서 일하고 있었다.[11] 실제로 하지 장군은 1월18일에 러치 군정장관에게 하달한 지시에서, 미 군정부는 이제 임시정부 그룹을 해체해야 할 때라고 말하고, 미군사령부는 임시정부 그룹이 그들 자신의 과도정부를 수립하기 위하여 '비상정치회의(National Congress)'를 소집하는 것을 허용할 생각이 없다고 말했다. 그러면서 하지는 그러나 이승만과 김구는 어떤 과도정부를 수립하기 위해 필요한 인물들이므로 남겨 두어야 한다고 덧붙였다.[12]

이승만은 토요일인 1월19일 오후에도 비상국민회의 집행위원회 회의를 소집했다. 이날은 임시정부가 남북한의 21개 정당 및 사회단체 대표들을 초청하여 비상정치회의주비회를 발족시키기 하루 전날이었다. 그런데 임시정부가 초청한 21개 단체에 독촉중협이 포함되지 않은 것을 보면 임시정부 인사들의 독촉중협에 대한 인식이 어떠했는가를 짐작할 수 있다.

---

10) 「非常國民大會執行委員會 第2回會議錄」(1946.1.19.), 『雩南李承晩文書 東文篇(十三) 建國期文書 1』, pp.319~320.
11) 《中央新聞》1945년12월21일자, 「在美同胞消息傳하는 張錫潤氏談」; 張錫潤, 『먹구름이 일고 간 뜻을 깨닫고: 張錫潤의 격량 한 세기의 증언』(未刊行校正本), pp.72~74.
12) 『駐韓美軍政史(2)』, p.182.

비상국민회의 집행위원회 회의가 열리자마자 이승만은 비상국민회의의 최고기관을 만들자고 제안했다. "각 당대표와 임시정부 각원 중에서 4~5인가량 넣어 가지고 전국인민대표기관으로 선거하는 양으로 해서 저이들[미 군정부 인사들]에게 제시하여야" 되겠다는 것이었다. 임시정부 쪽의 국민총동원위원회 부위원장이기도 한 안재홍이 독촉중협과 임시정부가 분열될 것을 염려하여 주저하자 이승만은 "그러면 독립이라는 말은 폐지하는 것이 가하오" 하고 핀잔했다. 이승만은 자기에게 두가지 방침이 있다면서 하나는 기한 내에 통합이 이루어지지 않으면 발표하는 것이고 다른 하나는 군정부가 정하여 공포하게 하는 것이라고 말했다. 그만큼 그는 단호했고, 또 서두르고 있었다. 그리하여 다른 참석자들은 일어서서 나가고 이승만과 인선보좌역인 한민당의 김성수, 국민당의 안재홍, 신한민족당의 권태석(權泰錫) 세 사람만 남아 다음과 같이 23명을 선정했다.

이승만(李承晚)	김구(金九)	오세창(吳世昌)
권동진(權東鎭)	김규식(金奎植)	이시영(李始榮)
안재홍(安在鴻)	김법린(金法麟)	김동원(金東元)
홍명희(洪命憙)	함태영(咸台永)	조소앙(趙素昻)
조완구(趙琬九)	유동열(柳東說)	조만식(曺晩植)
이영(李英)	김여식(金麗植)	이의식(李義植)
정백(鄭栢)	백남운(白南雲)	원세훈(元世勳)
서상일(徐相日)	김준연(金俊淵)	

한편 임시정부가 소집한 비상정치회의주비회는 1월20일 오전 9시부터 경교장에서 개최되었다. 회의에는 초청된 21개 정당과 사회단체 및 종교단체 가운데 남한의 조선공산당과 인민당, 북한의 독립동맹을 제외한 18개 단체 대표 한 사람씩과 임시정부에서 조소앙, 장건상(張建相), 최동

오(崔東旿) 3명이 옵서버로 참가했다. 그 밖에도 조완구, 성주식(成周寔), 김붕준(金朋濬), 김성숙(金星淑), 유림(柳林) 5명이 각각 중경혁명단체인 한국독립당, 조선민족혁명당, 신한민주당, 조선민족해방동맹, 무정부주의자연맹의 대표자격으로 참석했다. 재미혁명단체 대표로는 재미한족연합위원회의 한시대(韓始大)와 동지회 대표자격으로 장덕수가 참석했다.

조소앙이 임시정부의 의견으로 (1) 비상정치회의는 대한민국의 과도적 최고입법기관으로서 임시의정원의 직권을 계승하고, 임시의정원 의원은 당연직 의원이 되며 (2) 비상정치회의는 정식 국회가 성립할 때까지 존속한다는 등 5개항의 의견을 제출했다.[13] 그것은 비상정치회의가 임시정부의 정통성을 계승한 것임을 다시 한번 강조한 것이었다.

비상정치회의주비회는 안재홍을 회장으로, 한시대를 부회장으로 선출하고 서기로 박윤진(朴允進)과 장준하(張俊河)를 선임했다. 주비회는 이튿날 「조직조례」 기초위원으로 북한의 조선민주당 대표 이종현(李宗鉉)을 포함한 김붕준, 서상일, 유림, 권태석 5명을 선정했다.[14]

그런데 1월21일의 회의에서는 조선민족해방동맹의 대표자격으로 참석한 임시정부의 김성숙이 "좌익을 제외한 우익만의 회합과 통일은… 민족의 분열을 초래하고 그 결과는 연합국으로 하여금 신탁통치를 실시하는 구실을 주는 것"이라면서 탈퇴를 선언하고 퇴장했다. 그러나 회의는 김성숙이 퇴장한 뒤에도 예정대로 진행되어, 회의 명칭을 독촉중협의 새 명칭인 비상국민회의로 개칭하고 이승만과 김구를 영수로 추대하기로 결의했다.[15] 주비회는 이튿날 이승만과 김구의 공동명의로 미 국무부 극동국장 빈센트(John C. Vincent)가 1월19일에 행한 라디오 연설 내용에 대한 성명을 발표했다. 빈센트는 경우에 따라서는 한국에 신탁통치를 실

13) 《朝鮮日報》 1946년1월21일자, 「非常政治會議籌備會議開幕」; 《東亞日報》 1946년1월21일자, 「非常政治會議準備會今日開幕」.
14) 《朝鮮日報》 1946년1월22일자, 「組織條例起草키로」; 《東亞日報》 1946년1월22일자, 「準備會 幹部選定」.
15) 《中央新聞》 1946년1월23일자, 「非常政治籌備會 非常國民會議로 改稱」.

시하지 않는다는 것이 관계열국과 합치된 미국의 견해라고 말하고, 그러나 한국에는 90여개의 정당과 정파가 있어서 임시정부 수립을 곤란하게 만든다고 말했는데, 성명서는 빈센트 발언의 앞부분에 대해서는 환영하면서도 뒷부분은 최근의 현실과 맞지 않는다고 반박했다.[16]

이러한 상황에서 보도된 《동아일보(東亞日報)》의 다음과 같은 전망 기사는 많은 사람들의 눈길을 끌었다.

개인의 자격으로서 임시정부를 옹호하겠다는 이승만 박사의 종전의 태도에서 일보 전진하야 급전하는 국제정세에 대응하여 적극적인 거보를 내어 디디게 되었다. 그런데 지금 임시정부에서 열리는 비상정치회의준비회에는 국제적 요망에 의하여 국민회의의 구상을 가지고 과도정권이 수립될 것이며 이 박사가 중추적인 역할을 하게 될 것같이 보이는데, 금후 수일간의 정계는 극히 주목된다.[17]

이 기사는 이승만과 김구가 빈번한 회동을 통하여 공동행동을 위한 의견 접근이 이루어지고 있음을 시사하는 것이었다.

3

1월16일의 제3회 회의에서 새로 선정된 중앙집행위원들까지 함께 소집된 1월21일 오후의 돈암장 회의는 이승만의 물밑작업이 성공적으로 마무리되고 있음을 보여 준다. 이틀 전인 1월19일 오후에 김구를 비롯하여 김규식, 조소앙, 조완구를 만났을 때만 해도 이승만은 임시정부의 비상정치회의가 독촉중협에 대항하기 위하여 추진되고 있음을 확인했었는데, 1

---

16) 《朝鮮日報》 1946년1월24일자, 「賓氏放送에 對하야 籌備會서 聲明發表」.
17) 《東亞日報》 1946년1월22일자, 「過渡政權樹立에 李博士가 中樞的 活動」.

월21일 오전에 돈암장을 방문한 김구는 "어제 협의한 결과 원만히 결정되었다"라고 말했다는 것이었다.

김구로 하여금 임시정부 내부의 좌익정파들과의 결별을 각오하고 이승만과의 합동을 결단하게 한 데에는 한민당의 노력이 크게 작용했던 것으로 판단된다. 김성수의 다음과 같은 말은 매우 인상적이다.

"이 박사께서 김구 주석은 염려없다 하신 말씀은 여러 번 들었다. 어제 김구 주석의 말씀을 듣고 저는 감격의 눈물이 흐를 듯하였다. 김 주석 말씀이 나는 안악(安岳) 김 존위의 아들로서 오늘 이 이름이 참으로 과람(過濫)한 줄 알고 있다, 나는 이 박사를 영수로 추대하고 나는 둘째, 셋째 아무렇게 해도 좋다 하시더라. 저는 이 말씀을 듣고 이 박사의 말씀과 상조(相照)하야 두분의 합작은 완전무결한 것으로 우리나라의 독립완성은 반드시 되겠다고 확신하였다. 모든 것을 두 선생께서 알아 해주심 바란다.…"[18]

이날 회의에서 이승만은 미소공동위원회와 관련하여 1월18일 회의에서 한 말과 좀 다르게 언급하면서 정부수립문제에 대하여 다음과 같이 말했다.

"이 말은 밖에 누설되어서는 아니된다. 여러분이 궁금해하는 것 같으니 말이지만… 군정사람들의 말한 것은 소련측과 결렬되는 형편은 불가하다 한다. 이는 만약 결렬이 있으면 종내에 있어서 공동위원회라든가 신탁문제가 일어난다는 것이다. 그러니 원컨대 여러분은 일어나서 자기의 정부를 자기가 조직하야 정부를 세운 후에 북쪽을 소청[掃淸: 소제]하여야 하겠다. 우리의 통일은 전에 비하면 사실상 더욱 공고하니까 우리가 직접으로 북선(北鮮)의 관계를 해결하겠다고 했다."[19]

이승만은 모스크바 외상회의의 결정에 따른 임시 한국 민주정부가 미

---

18) 「非常國民大會代表會 第3回會議錄」(1946.1.21.), 『雩南李承晚文書 東文篇(十三) 建國期文書 1』, pp.406~408.

19) 「非常國民大會代表會 第3回會議錄」(1946.1.21.), 위의 책, pp.357~360.

소공동위원회를 통하여 수립되기를 기대할 것이 아니라 자주적으로 남한에 먼저 정부를 세운 뒤에 북한문제를 해결해야 한다고 공언한 것이다. 이것은 소련군사령부가 2월8일에 북조선임시인민위원회를 발족시키면서 북한에 "민주주의의 근거지"를 창설한다고 한 이른바 민주기지론과 비견되는 주장이었다.

1월23일에 속개된 비상국민회의주비회는 "본 회의는 대한민국임시정부에서 발표한 당면정책 제6항에 의한 과도정부 수립에 관한 일체 권한과 대한민국 임시의정원의 기능을 계승함"(제2조) 등 전문 12조로 된 「비상국민회의 조직조례」를 의결하고, 이어 「조직조례」 제9조의 규정에 따라 비상국민회의에 참석할 지방대표와 저명한 민중지도자를 선정할 심사위원으로 만주 독립운동단체인 조선혁명당 대표 김돈(金墩)을 비롯하여 조선민주당의 이종현, 한민당의 서상일, 신한민주당의 김붕준, 신한민족당의 권태석, 기독교 대표 김관식(金觀植), 천주교 대표 남상철(南相喆) 7명을 선정했다. 그리고 비상국민회의를 2월1일에 소집하기로 하고 소집준비위원으로 안재홍, 장덕수, 권태석, 남상철과 유교 대표 이재억(李載億) 5명을 선정했다.[20]

그러나 같은 날 조선민족혁명당과 조선민족해방동맹이 비상정치회의주비회를 탈퇴함으로써 잡다한 이념의 "보자기를 끄르지 않고" 귀국했던 임시정부는 마침내 분열되고 말았다. 조선민족혁명당의 총서기이자 임시정부 군무부장인 김원봉(金元鳳), 임시정부 국무위원인 같은 당의 성주식, 조선민족해방동맹의 총서기이자 임시정부 국무위원인 김성숙 세 사람이 1월23일에 기자회견을 갖고 두 단체는 비상국민회의에서 탈퇴한다는 성명서를 발표한 것이다. 성명서는 "임시정부는 「당면정책」 제6항을 실현하기 위해서는 좌우 양 진영의 어느 한쪽에 편향 혹은 가담하지 않고 엄정 중립의 태도를 취하여 양 진영의 편향을 극복하면서 단결을 실

---

20) 《東亞日報》 1946년1월25일자, 「二月一日에 國民會議召集」.

현하는 것이 가장 정확한 노선임에도 불구하고 우익으로 편향하고 있는 국세(局勢)에 처하게 되었다"고 주장하고, "이번 비상정치회의를 소집할 때에 좌익과는 하등 양해 혹은 타협이 없었다. 오직 우익 각 당파와의 양해만으로 거연히 소집하게 된 것은 임시정부가 우익 편향화하는 가장 명확한 사실이다. 이로부터 임시정부는 전 민족의 영도적 입장, 특히 좌우 양익에 대한 지도적 지위를 포기하게 된 것은 유감이나마 부인할 수 없는 사실이다. 우리 두 단체는 먼저 임시정부의 우익 편향화를 지적하며 반대한다"라고 선언했다.

성명서는 이어 조선공산당과 인민당이 비상정치회의를 거부하고 독자적으로 결성을 준비하고 있는 민주주의민족전선(民主主義民族戰線)에 대해서도 "이것 역시 비상정치회의와 같이 우리 민족의 분열 형태를 더욱 명백히 표시하는 데 불과한 것이므로" 단연 반대한다고 주장했다.[21]

비상국민회의주비회는 그날로 세 사람의 성명서에 대한 반박 성명을 발표했다. 주비회는 좌우양익의 일치협력을 위해 인민당과 공산당 및 북한의 독립동맹에도 초청장을 보냈을 뿐만 아니라 "앞으로 소집될 비상국민회의에도 좌우 양익의 제단체를 초청하여 완전한 민족통일의 결성을 희망하고 있다"고 말했다. 그리고 주비회의 경과에 대해 첫째로 비상정치회의라는 명칭을 비상국민회의로 변경한 것은 비상정치회의의 국민적 성격을 한층 명료하게 하기 위한 것이고, 둘째 독촉중협의 사업을 비상국민회의로 합류하게 한 것은 성질이 대동한 두 기관을 통일하기 위함이며, 셋째로 이승만과 김구를 주비회의 영수로 추대한 것은 "일반민중의 여망에 의함이다"라고 석명했다. 그러면서 두 단체는 속히 복귀하라고 촉구했다.[22]

김원봉, 성주식, 김성숙에 이어 1월24일에는 무정부주의자총연맹 대

---

21) 《朝鮮日報》 1946년1월24일자, 「左右翼團結目標코 兩政黨籌備會離脫」.
22) 《朝鮮日報》 1946년1월25일자, 「"速히 復歸하기 希望"」.

표이자 임시정부 국무위원인 유림도 주비회 탈퇴를 선언했다. 그러나 유림은 바로 복귀하여 비상국민회의의 노농위원장으로 선정되었다.

김원봉, 성주식, 김성숙, 세 사람은 모두 비상국민회의에 뒤이어 결성되는 민주주의민족전선에 참여하여 김원봉은 의장단에, 김성숙과 성주식은 부의장단에 포함되었다.[23]

주비회는 1월24일에 비상국민회의에 참가할 국내외의 15개 혁명단체 및 정당, 남북한의 10개 종교단체, 좌우익을 망라한 6개 청년단체, 교육단체, 5개 노동단체, 4개 부녀단체, 7개 재외 교민단체 및 일반 애국단체 등 61개 단체 대표들과 지방대표, 저명한 민중지도자에게 초청장을 발송하기로 하고 업무를 끝냈다.[24]

같은 날 한국민주당, 국민당, 신한민족당 3당은 공동으로 "비상정치회의를 중핵으로 하는 건국사업"에 좌익정파들이 동참할 것을 촉구하는 성명서를 발표했고,[25] 이튿날에는 독립촉성청년연맹, 국민총동원위원회 등 50여개 사회단체 인사들이 정동교회에 모여 비상국민회의 지지를 결의했다.[26]

좌우익 정파의 확연한 분열과 대립으로 정국이 어런더런한 속에서 1월25일 오후에 반도호텔의 하지 사령관 집무실에서 하지와 김구, 그리고 이승만을 대리한 윤치영 세 사람이 비밀리에 회동한 사실은 정계에 비상한 관심을 불러일으켰다. 그것은 비상국민회의의 준비상황, 특히 좌익단체들의 회의 참가문제 등을 논의하는 회의였을 것으로 짐작된다. 이에 대해 《자유신문(自由新聞)》은 1면 머리기사로 "이번 미소공동위원회에서는 잠정적인 과도정권으로서의 임시정부도 수립할 것을 한 의제로 하는 만큼, 이 과도기적 임시정부를 구성하는 소위 '인망 높고 충실한 조선인'

---

23) 『朝鮮解放一年史』, p.129.
24) 《朝鮮日報》 1946년1월26일자, 「政界依然混沌狀態」.
25) 《東亞日報》 1946년1월26일자, 「左翼에 合流勸告」.
26) 《서울신문》 1946년2월1일자, 「'非國'會議를 支持」.

을 좌우양익에서 총망라하야 미국측에서 이 위원회에 제안할 원안을 상의한 것이 어제 3인회동의 내용이 아닌가 한다"라고 추측하고, "3인회동의 결과는 굿펠로 대령의 동향으로 곧 구체화될 것이 아닌가 하야 정계에 던지는 파문은 또한 커지고 있다"라고 궁금증을 증폭시켰다.[27]

굿펠로는 또 3인회동이 있던 바로 그날 반도호텔에서 박헌영(朴憲永)을 만났다. 굿펠로는 박헌영에게 하지 중장의 자문위원회를 조직하는 데 공산당에서도 대표를 보내줄 것을 요청했다. 이 자문위원회는 여성을 포함한 각 정당 정파 대표 35명으로 구성되는 일종의 고문기관으로서 앞으로 임시정부로 발전할 수도 있고 국민대회를 소집할 수도 있으며, 신탁통치문제도 이 기관에서 결정한다고 그는 말했다고 한다. 이러한 굿펠로의 제안에 대해 조선공산당은 1월28일에 그것은 3국외상회의에서 결정한 임시 한국민주정부 조직과 모순되며, 이 제도는 군정제도를 연장하는 결과를 초래한다는 이유를 내세워 반대한다는 성명을 발표했다.[28]

굿펠로는 이어 여운형에게 하지의 자문위원회에 인민당도 참여할 것을 종용했다. 인민당은 1월28일과 29일 이틀 동안 열린 확대위원회에서 이 문제를 토의하고 간부회에 일임했다. 이어 1월31일에 황진남(黃鎭南)과 여운홍(呂運弘)이 굿펠로를 만나 (1) 자문위원회는 당면한 민생문제에 한해서만 자문하고, (2) 결의제를 택하지 않으며, (3) 임시정부 수립 등의 정치문제는 다루지 않는다는 조건으로 백상규(白象圭), 여운홍, 황진남, 이정구(李貞求) 네 사람이 참가하겠다고 통고했다.[29]

굿펠로의 자문위원회안이 알려지자 반대하는 인사들이 많았다. 이승만을 "매국자"라고 격렬하게 비난하는 의견도 있었다.[30]

---

27) 《自由新聞》 1946년1월26일자, 「金九氏 李博士(代理), 하中將과 重大會談」.
28) 《自由新聞》 1946년1월29일자, 「끈顧問提議에 共産黨反對表明」.
29) 《朝鮮日報》 1946년2월2일자, 「하지中將諮問委員會에 人民黨 代表四氏派遣決定」.
30) 心山記念事業準備委員會 編, 『躄翁一代記: 心山金昌淑先生鬪爭史』, 太乙出版社, 1965, pp.266~268.

이승만은 비상국민회의가 박두한 1월28일 오후에 출입기자단에 "최근에 신문에 보도된 몇가지에 대하여 약간의 견해를 말씀드리겠다"면서 장문의 담화를 발표했다. 그것은 《조선일보(朝鮮日報)》가 "3천만 동포가 나아갈 자주독립의 지침을 표명하였다"라고 보도한 데서 보듯이, 신탁통치문제에 대한 국내외의 새로운 뉴스에 언급하면서, 비상국민회의의 의의를 강조한 내용이었다.

미국무장관 번스씨는 조선의 즉시독립을 주장하라는 대통령의 지시를 받고 과반 모스크바 3상회의에 임하였다는데, 어제 런던으로부터 전하여 오는 모스크바 통신을 보면 미국에서 도리어 5개년 이상의 탁치를 제의하였다 한다. 이에 대해서 나는 미국을 위하여 그 진상을 밝히라는 것도 아니요, 또 그 후 번스 국무장관은 말하기를 조선이 만일 원치 않는다면 탁치를 실시치 않겠다고 이미 표명한 바이며, 미국무부 극동국장 빈센트씨까지도 조선민중의 뜻을 대표한 민주주의 정권이 수립된다면 즉시 독립을 주게 되리라고 말했고, 하지 중장은 조선민중이 탁치를 원치 않는다는 것을 이번에 세계가 다 알았다고 말했다. 소련측 보도도 자기 나라가 먼저 탁치를 주장한 것이 아니고 미국이 제의했다고 전해 오는 이상 지금 와서는 양국의 숙시숙비[熟是熟非: 시비가 분명하지 않음]를 가릴 필요조차 없다.

국제정세가 이같이 유리하게 돌아가는데도 불구하고 아직 탁치를 반대하지 않는 자가 있다면 이는 다시 변명할 여지가 없는 매국분자이다.

이승만은 이어 타스(*Tass*) 통신을 다음과 같이 비판했다.

그러나 내가 더욱 유감되게 생각하는 바는 탁치를 먼저 주장하지 아니하였다고 제창하는 소련의 타스 통신이 우리의 반대운동이 일부 반동분자의 선동에서 나왔다 하였고 또 10년 탁치를 제의한 미 군정청이 도리어 남조선에 반탁운동을 충동 조장했다 하니, 이는 커다란 모순이라 하겠다. 이 왜곡된 타스 통신은 도리어 우리 민족으로 하여금 소련의 성의를 오해케 할 염려조차 있다. 그는 즉 소련은 탁치를 주장하지 않았다 하면서도 보도로써 또는 기타 행동으로써 탁치를 거부하고 자주독립을 완성하려는 우리의 통일운동을 지장있게 함은 실로 기이한 일이라 하겠다.

아직도 우리 민족 중에는 우리의 통일을 방해하려는 소수의 매국적 극렬분자가 있다. 앞에 말한 타스 통신이나 전일 발표된 하와이의 《애드버타이저(The Pacific Advertiser)》지의 논조는 평양과 서울에서 나간 보도이며, 매국분자가 우리 사정에 어두운 순진한 외국기자에게 우리의 국내 사정을 허위 전달하여 소수의 독자적 판단에 자하려는 가증한 모략에서 나온 것이다. 우선 국내사정을 보더라도 비상국민회의주비회가 우리 임시정부의 엄연한 존재 아래 독촉중협과 완전히 일치되고 있으며 경향의 정치 종교 각층 각계를 망라한 전 민족 통일의 장엄한 운동을 전개했음에도 불구하고 동포의 정확한 판단을 방해하고 소수의 음모로써 대중을 끌어보려 하는 퇴보적 민주주의자가 있다. 그들의 악선전의 일례를 들면 과거에는 왜적이 우리 사정을 열국에 허위전달하였고 지금에는 소수 극렬분자가 우리의 사정을 왜곡전파하고 있다. 미 극동부장 빈센트씨가 우리나라에 90여 정당이 난립했다고 한 것도 그들의 악선전에 유인(由因)한 것이다.

이승만은 그러한 현상이 소수의 매국적 극렬분자, 곧 "퇴보적 민주주의자"들의 악선전에 기인한다고 주장했다. 마지막으로 이승만은 김원봉 등의 비상국민회의 탈퇴문제에 대해서는 민주주의의 원칙까지 거론하면서 단합할 것을 촉구했다.

또 민주주의 국가에 있어서는 정당한 대중의 의견이 총의로써 표명되는 것이며 그 표현된 총의에는 모두가 순종해야 한다. 고로 독재와 강권을 사용치 않는다면 그 총의 조성의 과정에서까지 각 구성원의 의견이 완전히 일치될 수는 없다. 그러므로 과반 임시정부에서 몇분이 비상정치회의에서 다소 반대의견을 표명한 것도 하등 기이한 바가 아니며, 그분들의 임시정부 요원으로서의 입장은 확고 불변함에도 불구하고 이 사실을 악선전하고, 마치 임정단체가 분열하였느니, 모씨가 속한 민족혁명당과 그 당원 전부가 총퇴했느니, 이분들이 소위 좌파회합에 참석하였느니 운위하여 목전에 도달한 우리의 통일을 장해하고 망상된 자가 세력을 부식하려 암약하는 것은 가소로운 일이다.

나는 비상국민회의에 다소 불만을 가진 의원도 불원간에 다시 협력하여 궤도에 오른 통일을 조장하고 본회를 선도할 줄 믿는다. 요컨대 우리 민족통일운동은 비상국민회의주비회를 중심으로 이미 원숙단계에 이르렀으며… 대외관계가 이러하고 대내 사정이 이러한 때에 모든 경향의 동포는 시국의 중요성을 깊이 자각하고 위에 말한 바 소수 반동분자의 책동을 봉쇄하여 일로매진하면 우리의 독립완성이 목전에 있을 것이다.[31]

이튿날 하지 사령관도 「조선국민에게 고함」이라는 긴 성명서를 발표했다. "완전 독립한 민주주의 정부를 진실로 희망하는 참된 애국자로서 사욕이 없는 분에게만 드리는 말씀"이라는 이례적인 단서를 붙인 이 성명서는 모멸적인 내용이었다. 성명서는 먼저 "유수한 정치지도자와 거짓 선지자들은 자기네의 개인적 세력과 이익을 얻기 위하여 대중을 그릇 인도

31) 《朝鮮日報》 1946년 1월 29일자, 「自主獨立의 指針을 李承晩博士가 表明」.

하지 않나 하고 나는 걱정한다. 이러한 지도자들은 외국 사정과 국제관계에 대한 지식이 적은 듯하며 더구나 그들의 이기적 행동이 열국에 주는 악영향이 얼마나 될까를 판단하는 능력이 없어 보인다.… 나는 사욕을 가진 정치적 지도자 자신의 반성과 민중의 지도자에 대한 검토를 권한다. 쌍방은 상대방을 신중히 검토하여야 하겠다"라고 전제한 다음, 모스크바 외상회의의 결정에 대하여 다음과 같이 설명했다.

일본통치가 조선에 남긴 모든 훼손을 회복하려면 조선은 국외에서 약간의 원조를 받아야 될 것을 여러분은 잘 아시리라고 나는 믿는다.… 최근의 모스크바회의는 조선의 통일과 진정한 민주주의 수립과 독립에 대한 안을 구비했다.… 이 안은 조선이 붙잡고 올라가면 꼭대기에서 독립을 얻을 수 있는 일종의 넓은 구름다리이다.… (그런데) 최근에 일어난 불합작, 혼란, 무질서의 방법으로 이 구름다리를 파괴하려면 할 수 있는 처지에 여러분은 있다. 만일 사리(私利)만 아는 정치지도자들이 소위 당록(黨祿)이니 정권이니의 쟁탈이 생기면 필연코 불통일, 비협동, 무질서 상태가 올 것이요 이때야말로 완비된 그 구름다리를 조선인들이 파괴하고 불살라 버리는 것이다.[32]

이러한 성명서는 하지가 미소공동위원회를 앞두고 좌익정파들도 참여하는 연합전선적인 자문위원회의 구성을 절실하게 기대하고 있었음을 보여 주는 것이었다.

---

32)《朝鮮日報》1946년 1월 30일자,「朝鮮國民에게 告함」;《東亞日報》1946년 1월 30일자,「朝鮮國民에게 告함」.

2. 비상국민회의 최고정무위원회를
남조선국민대표민주의원으로

1

비상국민회의는 예정대로 2월1일 오전 11시부터 명동 천주교회당에서 열렸다. 「조직조례」에 따른 "저명한 민중지도자"로는 이승만, 김구, 김규식, 오세창, 권동진, 조만식, 김창숙(金昌淑), 홍명희 8명, 임시의정원 의원 14명, 정당 및 단체대표 94명, 지방대표 65명, 주비회 18명 등 209명(자연인의 중복으로 실제수는 201명)의 초청자 가운데 197명이 참석했다. 자주정부 수립의 열의를 짐작하게 하는 참석률이었다.

안재홍의 사회로 개회된 회의는 먼저 김병로(金炳魯)를 임시의장으로 선출하고, 김윤진의 경과보고에 이어, 남상철과 유엽(柳葉)이 각각 임시정부에 대한 감사 결의문과 연합국에 대한 감사 결의문을 낭독하고 만장일치로 가결했다. 러치 군정장관의 축사와 개회 중인 미소군사령부 대표회의에 미국대표로 참석한 아널드(Archibald V. Arnold) 장군의 축사 낭독으로 오전 회의는 끝났다. 러치는 축사에서 "나는 이 모임으로 한국민족의 통일은 완성되었다고 보며, 이것을 세계에 자랑하고 싶다. 오늘의 이 회합은 물론 정치적 회합이겠으나 나는 또 한편 이 회합은 한국 사람의 피로 결합한 정신적 통일을 기했다고 본다"라고 비상국민회의에 대한 미 군정부의 기대를 표명했다.

오후 2시에 속개된 회의가 「의사규정」과 「비상국민회의조직대강」을 가결한 다음, 정부의장 및 「조직대강」

비상국민회의 회의장인 명동성당 정문에 내걸린 현수막.

에 따른 위원선거를 실시할 순서가 되었을 때였다. 권동진을 비롯한 참가자 101명의 연서로 "한국의 자주적 민주주의의 과도정권 수립과 기타 긴급한 제문제의 해결에 관하여 관계 열국과 절충하며 필요한 제조치를 행하기 위하여 최고정무위원회를 두되, 그 위원수와 선정은 이승만 박사와 김구 선생에게 일임함"이라는 긴급결의안이 제출되었다.[33] 이 긴급결의안도 만장일치로 가결되었다. 방금 통과시킨 「조직대강」에도 없는 중대한 기구를 설치하는 결의안이 개회 첫날에 101명이라는 참석자 과반수의 연서로 전격적으로 제출되고, 더구나 그 원수와 인선을 이승만과 김구에게 일임한 것은 사전에 치밀한 준비가 있었음을 말해 준다. 연서한 인사들 가운데는 오세창, 권동진, 김창숙 등 원로들과 안재홍, 허정(許政), 임영신(任永信), 김여식, 남상철, 고희동(高羲東), 송필만(宋必滿), 배은희(裵恩希) 등 독촉중협 인사들, 김성수, 백남훈, 김도연, 김준연, 원세훈, 김병로, 백관수, 장덕수 등 한민당 인사들이 많이 포함되어 있는 것으로 미루어 보아 그것은 굿펠로 대령의 하지 사령관 자문위원회 구성 공작과 깊이 관련된 것이었다.

위의 결의안에 이어 조선어학회 대표 이극로(李克魯)를 비롯한 23명의 연서로 이 회의에 참석하지 않은 인민당, 공산당, 독립동맹 등에 참가 교섭을 하자는 건의안이 제출되어 만장일치로 가결되고, 교섭위원으로 홍진(洪震), 최동오, 이극로 등 7명을 선정했다.

이어 정부의장과 위원 선거에 들어가서 의장에는 임시의정원 의장인 홍진이, 부의장에는 역시 임시의정원 부의장인 최동오가 만장일치로 선출되었다. 비상국민회의가 임시의정원의 직능을 계승한다는 규정의 취지에 따른 조치였다. 다음으로 13개 분야의 위원 선거는 의장 및 부의장과 전형위원 7명을 선출하여 이들로 하여금 이튿날 회의까지 전형해서 발표하게 하고 전형위원으로 김성수, 안재홍, 이종현, 김관식, 김붕준, 김여식,

---

33) 《東亞日報》 1946년2월4일자, 「緊急決議案」.

김법린을 선정했다. 첫날 회의는 이것으로 끝났다.[34]

이틀째 회의는 2월2일 오후 12시15분에 개회했다. 먼저 13개 분야의 위원 103명을 선정했다고 발표했는데, 그 가운데 10개 분야의 위원장격인 책임위원으로 임시정부 인사들이 선정되었다.

2월2일의 회의에서 가장 논란이 된 것은 역시 초미의 관심사인 헌법 기초를 위한 헌법 및 선거법 기초위원 선정방법문제였다. 논란 끝에 신익희(申翼熙)를 책임위원으로 하여 선정된 7명의 법제위원들에게 임시정부의 임시헌장을 기준으로 한 수정위원을 선정하되, 그 선정 방법은 현 대의원 중에서나 또는 사계의 권위자 중에서 선정하도록 하자는 김병로의 제의안이 가결되었다.

이어 한민당의 백남훈, 조선민주당의 김병연(金炳淵) 등 23명의 연서로 현재 진행 중인 미소군사령부 대표회의에 비상국민회의 명의로 38도선 장벽을 철폐할 것을 요망하도록 결의하고 비상국민회의 제1차 회의를 폐막했다.[35]

비상국민회의 제1차 회의가 끝나자 한민당의 선전부장 함상훈(咸尙勳)은 비상국민회의는 각계 각층의 대다수가 일당에 모인 "대한민국임시정부의 법통을 완전히 계승한", "건국적 회의"라고 설명하고, 최고정무위원회의 소임에 대하여 다음과 같이 말했다.

"이에 13위원회가 생겨 각각 소관 사무를 개시할 것은 물론이어니와 그중에도 가장 중요한 것은 헌법 및 선거법의 기초이다. 헌법은 말할 것도 없이 국가의 기본법이요 선거법은 민주정치 실현의 제일 과제이니,…그리고 더 중대한 것은 최고정무에 관한 일체의 권한을 이승만, 김구 두 영수에게 일임하였는데, 이 두분은 최고정무위원을 선임하여 우리 정부

---

34) 《朝鮮日報》 1946년2월2일자, 「三千萬環視속에 非常國民會議開幕」; 《東亞日報》 1946년2월4일자, 「政權樹立에 總力凝結」.
35) 《朝鮮日報》 1946년2월4일자, 「法制委員을 選任」.

수립 및 미소공동위원회와의 교섭의 중대 소임을 다할 것이다."[36]

이처럼 비상국민회의 제1차 회의의 가장 중대한 결정은 최고정무위원을 설치하기로 하고 그 인선을 이승만과 김구에게 위임한 사실이었다. 그 결정의 실질적인 효력은 임시의정원을 계승한 기관에 의하여 임시정부가 해산된 것이나 마찬가지였다. 그 이후로는 임시정부의 국무위원회도 공식으로는 열리지 않았다.

이승만과 김구가 최고정무위원을 선정하는 데에는 열흘이 넘게 걸렸다. 돈암장과 경교장과 임시정부의 숙소인 한미호텔은 정계 인사들과 미군정청 관계자들의 발걸음이 잦았다. 바야흐로 이승만과 김구의 정치적 허니문에 의한 과도정권이 곧 수립되는 듯한 분위기였다.

이승만과 김구의 단합은 독촉중협과 신탁통치반대국민총동원위원회의 통합으로 구체적으로 나타났다. 독촉중협 선전총본부 주최로 2월6일 오후에 서울 인사동의 중앙교회에서 열린 독촉중협 지방도지부 대표회의는 이승만과 김구가 두 단체의 통합문제에 대하여 전폭적으로 찬성한다는 보고를 듣고 만장일치로 무조건 통합할 것을 결의했다. 그동안 독촉중협은 전국에 걸쳐서 80개 지방지부가 조직되어 있었다.[37] 그리고 지방에 따라서는 두 단체 조직원이 겹치는 경우가 많았다. 그리하여 독촉중협과 국민총동원위원회는 이승만, 김구 두 영수의 승인으로 2월8일에 중앙교회에서 다시 열린 독촉중협 지방도지부회의에서 무조건 통합을 단행하고 독립촉성국민회(獨立促成國民會, 이하 독촉국민회)로 새로 발족했다.[38]

독촉국민회는 여러 차례에 걸쳐 회의를 열고 회의 성격을 국민운동 추진단체로 규정하고 진용을 대폭 강화했다. 이승만, 김구 두 영수를 비롯하여 권동진, 김창숙, 함태영, 오하영(吳夏英), 조만식을 고문으로, 김

---

36) 咸尙勳, 「非常國民會議에 對하야」, 《東亞日報》 1946년2월6일자, 7일자.
37) 《東亞日報》 1946년1월11일자, 「八十餘處에 支部設置」.
38) 《朝鮮日報》 1946년2월8일자, 「두 團體完全握手」.

460 제3부 어떤 나라를 세울까(I)

성수, 안재홍, 남상철, 이규갑(李奎甲), 이극로, 김법린, 배은희 등 18명을 참여(參與)로 추대하고, 오세창을 회장으로, 방응모(方應謨)를 부회장으로 선출함과 동시에 11개부 23개과의 책임자들도 선임함으로써 단시일 안에 방대한 조직을 새로 출범시켰다.[39] 독촉국민회는 부회장을 이내 이갑성(李甲成)으로 교체하고, 2월11일부터 새로 마련한 사무실에서 활동을 시작했다.[40]

최고정무위원 선정 작업은 김구가 거의 매일 돈암장을 방문하여 진행되었다. 굿펠로도 이승만을 매일 같이 찾았다.[41] 독촉중협은 앞에서 보았듯이 1월19일의 중앙집행위원회의에서 비상국민회의의 "최고기관"을 구성할 23명의 명단을 작성해 놓고 있었는데, 김구도 별도의 명단을 준비해 가지고 갔다. 두 사람은 양쪽 명단을 놓고 한 사람 한 사람씩 전형해 나갔다. 그 자리에는 이승만과 김구와 붓을 들고 기록하는 윤석오(尹錫五) 비서뿐이었다. 일본점령기 때의 친일행적을 이유로 이승만과 평생동지였던 신흥우(申興雨), 여성지도자 김활란(金活蘭) 등의 이름이 지워져 나갔다.

2

최종적으로 명단을 확정하는 날, 임시정부 인사들을 전형할 때였다. 조소앙의 차례에 이르자 이승만이 주저했다.

"넣읍시다."

김구가 말했다. 그러나 이승만은 선뜻 동의하지 않았다.

"그 사람 믿을 수가 있어야지."

"그래도 ○○○처럼 더럽지는 않지 않습니까."

---

39) 《朝鮮日報》 1946년2월21일자, 「國民運動에 推進力」.
40) 《서울신문》 1946년2월12일자, 「大韓獨立促成國民會서 初委員會를 開催」.
41) 《東亞日報》 1946년2월10일자, 「政界의 軸心은 敦岩莊으로 集中」.

김구의 이 말에 이승만은 말없이 한참 생각하다가 윤석오를 보고 말했다.

"쓰게."[42]

이승만은 일찍이 상해임시정부 시절에 자신의 비밀통신원이었고, 1925년에 임시의정원이 쿠데타적인 방법으로 자신에 대하여 탄핵 결의를 했을 때에는 동지회 상해지부를 결성하고 비상수단을 써서 국면을 뒤엎자고 건의하기까지 했던 조소앙이었지만, 1940년대의 임시정부 외무부장으로서의 그의 행동에 대해서는 불만이 많았다. 임시정부 요인들이 귀국한 뒤에는 조소앙이 "임시정부의 정치포부는 자본주의를 고수하려는 것도 아니고", "영국의 노동당보다 더 진보적"이라는 등 좌경지식인들에게 영합하는 듯한 발언을 하고 있는 것도 이승만은 마뜩지 않았을 것이다.

미 군정부는 비상국민회의의 최고정무위원이 확정되면 바로 그들로 군정부의 자문위원회를 겸할 기관을 발족시킬 계획이었다. 이 기관의 국민대표성을 확보하기 위해서는 여운형을 비롯한 인민당의 참가가 필요했다. 인민당은 이미 조건부로 자문위원회에 인민당의 대표로 백상규, 황진남, 여운홍, 이정구 네 사람을 보내기로 결정해 놓고 있었다.

굿펠러는 2월12일에 여운형을 만나서 여운형 자신도 자문위원이 되어줄 것을 요청하고 자기와 동행하여 이승만과 김구와 협의하자고 종용했다. 여운형은 황진남을 대동하고 굿펠로와 함께 돈암장으로 갔다. 이만규(李萬珪)의 기술에 따르면, 이승만은 여운형에게 자기를 도와 달라고 말했고, 여운형은 "건국정신이 일치하면 국가를 돕는 것이요 개인을 돕는 것이 아니다"라고 말하면서 "사위(四圍)의 의견을 널리 채용하시라"고 권했다. 여운형이 김구가 없는 이유를 묻자 이승만은 "방금 왔다 갔다"고 말하면서, "임시정부는 다 없어졌다. 나를 만났으면 그는 아니 만나도 좋

42) 尹錫五 증언, 孫世一, 『李承晚과 金九』, p.221.

다"고 말했다고 한다.[43] 그러나 여운형과 황진남은 굿펠로와 함께 오후에 경교장으로 김구를 방문하고 자문위원단문제를 협의했다.[44]

이승만과 김구가 고심하여 선정한 비상국민회의 최고정무위원은 임시정부의 주요 인사들을 비롯하여 인민당을 포함한 주요 정당과 종교단체 및 여성계 대표 등 다음과 같은 28명이었다.

임시정부 요인: 이승만, 김구, 김규식, 조소앙, 조완구, 김붕준
한국민주당: 백남훈, 김도연(金度演), 원세훈, 김준연, 백관수(白寬洙)
신한민족당: 권동진, 김여식, 최익환(崔益煥)
국민당: 안재홍, 이의식, 박용희(朴容羲)
인민당: 여운형, 백상규, 황진남
기독교: 함태영
천주교: 장면(張勉)
불교: 김법린
유림: 김창숙
3·1운동 민족대표: 오세창
국학: 정인보(鄭寅普)
여성계: 김선(金善), 황현숙(黃賢淑)[45]

1월19일의 독촉중협 중앙집행위원회의에서 선정된 명단에서 제외된 사람은 김동원, 홍명희, 이시영, 백남운 등 9명이었고, 새로 선정된 사람은 여운형, 김창숙, 김붕준, 장면, 정인보 등 14명이었다.

공산당을 제외한 모든 정파를 망라하기 위하여 각파를 안배한 28명

---

43) 李萬珪, 『呂運亨先生鬪爭史』, pp.253~254.
44) 위의 책, p.254;《朝鮮日報》 1946년2월14일자, 「呂運亨氏臨時政府訪問」.
45) 《朝鮮日報》 1946년2월14일자, 「非常國民會議最高政務委員28人을 選定」.

비상국민회의의 최고정무위원회가 미군사령관의 자문기관인 남조선대한국민대표민주의원이 되었다.

의 최고정무위원은 "인물의 관록과 경중이 너무나 등차 있음"[46]은 사실이었다. 이들의 명단은 정무위원장 안재홍, 외무위원장 조소앙, 산업경제위원장 김성수, 국방위원장 유동열, 법제위원장 김병로, 교통위원장 백관수, 노농위원장 유림 등 새로 선정된 11개 상임위원회 위원장 명단과 함께 2월13일에 발표되었다.[47]

비상국민회의의 선전위원장 엄항섭(嚴恒燮)은 최고정무위원회의 성격과 임무는 다음과 같은 것이라고 설명했다.

"최고정무위원회의 임무는 한국 각 민주주의 정당들과 사회단체로서 구성된 비상국민회의의 의견을 따라서 조국의 독립운동을 위하여 진력할 것은 물론이어니와 동시에 주한미군사령관과 합작하는 의미하에서 한국의 자주적 과도정부 수립을 준비하는 노력에 자문 자격으로 협조할 것이다. 그리하여 이 위원회는 능력과 노력을 다하여 한국인민의 현상을 개선시키며 한국의 완전독립을 촉성함을 그 임무로 한다. 최고정무위원회를 혹은 과도정권으로 오해하는 사람이 없지 아니하나 이것은 과도정권 수립에 한 산파역을 함에 불과하다."

그러면서 엄항섭은 "임시정부는 장래에 자주적 과도정권이 확립될 때까지는 해체되지 않을 것임을 부언한다"라고 임시정부가 존속할 것임을 강조했다. 그러나 엄항섭의 이러한 설명도 정확한 것은 물론 아니었다.

이처럼 "과도정권 수립의 산파역"을 임무로 하고 탄생한 비상국민회의 최고정무위원회는 이튿날로 "하지 미군사령관의 자문기관"인 남조선대한국민대표민주의원(南朝鮮大韓國民代表民主議院, 이하 민주의원)이 되었다.

민주의원의 개원식은 2월14일 오전 10시에 군정청 제1회의실에서 거행되었다. 의장석에는 이승만, 두 부의장석에는 김구와 김규식이 좌정했

---

46) 《東亞日報》 1946년2월15일자, 「社說: 表裏一體의 統一體國議의 最高委員과 民主議院」.
47) 《朝鮮日報》 1946년2월15일자, 「過渡政府의 母體 大韓國民代表民主議院成立」; 《東亞日報》 1946년2월15일자, 「南朝鮮大韓國民代表民主議院成立」.

는데, 이들은 의원들이 선출할 사이도 없이 그렇게 정해져 있었다. 그러나 이에 대해 이의를 제기하는 사람은 아무도 없었다. 개회에 앞서 어처구니없는 해프닝이 있었다. 개회식에서 연설을 하기로 하고 연설문까지 배포했던 여운형이 회의장 문 앞까지 왔다가 몇 사람과 함께 갑자기 발길을 돌린 것이었다.[48] 그리하여 민주의원 결성식에는 선정된 28명 가운데 여운형을 비롯한 김창숙, 조소앙, 정인보, 함태영 다섯 사람이 불참했다. 그러나 여운형과 같은 인민당의 백상규와 황진남은 끝까지 자리를 지켰다.

이날 개원식에서 발표한 이승만과 김구의 연설은 민주의원의 성격과 역할에 대한 두 사람의 인식의 차이를 그대로 드러내고 있어서 눈여겨 살펴볼 필요가 있다.

"동포 여러분! 나는 오늘 이와 같은 영광스러운 기회에 여러분을 대하게 되었습니다. 나의 가슴은 과거 다년간 우리가 지내온 망명과 노예적 생활의 쓰라린 추억으로 가슴이 가득합니다.… 이제야 우리는 오랫동안 고통을 받아온 우리에게 희망 있는 장래와 번영이 약속되었음에 대하야 감축할 수 있게 되었습니다."

이렇게 감격에 찬 소감을 피력한 이승만은 민주의원의 역할을 다음과 같이 강조했다.

"나는 오늘 개인의 자격으로 제위를 대하는 것이 아니외다. 왜 그러냐 하면 나는 국민을 대표하야 국민의 소리를 전하여 달라는 부탁을 받은 까닭입니다.… 오늘이야말로 한국의 발전과 주권국가로서 독립한 자주정부의 복구를 향하야 비약하는 신기원을 짓는 날이올시다. 오늘 나는 남조선대한국민대표민주의원 성립을 발표함에 제하야 깊이 영광을 느끼는 바입니다. 고문 자격으로서 하지 장군에게 협조하려는 이 의원은 한국의 독립과 한국을 급속히 독립국가로 만들려는 여러 정당 수뇌자들과 오랫동안 협의하고 신중히 고려한 나머지에 성립된 것입니다.

---

48) 《大東新聞》 1946년2월16일자, 「呂運亨式場門에서 突變」; MacArthur to Byrnes, Feb. 24, 1946, *FRUS 1946*, vol.Ⅷ., p.640.

이 의원의 성립은 한국에 대하야 지대한 의의와 이익이 있고 우리가 모두 갈망하는 통일된 독립 한국의 목적 달성의 전조가 될 것입니다.… 다같이 우리는 공통한 목적의 공통한 입장에 서 있으며, 다같이 우리는 우리의 상위점을 해결하야 우리의 사랑하는 조국으로 하여금 진보 발전하여 완전히 성장할 수 있게 하려는 유일한 목적을 위하야 우리의 힘을 뭉치었습니다.

민주의원 개원식에서 연설문을 낭독하는 김구 부의장과 이승만 의장. 왼쪽은 3·1운동 때의 33인의 한 사람 오세창.

대동단결하기 위하여서는 우리는 우리를 분열시키는 사소한 논쟁을 배격하고 오직 우리의 국가 자유라는 큰 목적에 헌신하여야 합니다.… 금후 의원에서는 오늘 우리가 직면하고 있는 여러 가지 긴급한 문제에 대하야 하지 중장 및 군정부와 협의하는 데 있어서 한국 국민을 대표할 것입니다.…"

이승만은 의원들에 대한 칭송도 잊지 않았다.

"지금 여기에 참석하신 지도자와 정치가는 우리 국가를 분열시키는 사리사욕을 버리는 데 대하야 위대한 아량을 보여 주었습니다. 이 의원(議院)이 일치단결함으로써 제위는 각자와 각당을 초월하야 한국의 목적을 옹호하기 위하야 이미 우리에게 호례(好例)를 보여 주었습니다.…"

이승만은 마지막으로 국민들에게 민주의원을 지지해 줄 것을 다음과 같이 호소했다.

"한국국민제군에 대하야 우리의 부단의 노력을 맹세합니다. 이 대표들을 배후에서 지지함으로써 대표들로 하여금 그들의 결심을 수행케 하여 주심을 바랍니다.… 세계에 자유국민으로서의 성공의 모범을 보여 줍시다. 제위의 다년간 숙망에 대하야 기대를 가지는 동시에 제위 중 한 사람이라도 이 전무후무한 기회에 실패하였다는 말을 듣도록 하지 마시오. 전도는 다난하나 문제는 명료합니다. 자유와 독립이여!"[49]

이러한 이승만의 연설과는 대조적으로 김구는 이승만이 언급하지 않은 비상국민회의를 강조함으로써 임시정부의 정통성을 강조했다.

"이제 민주주의 민족통일기구로서의 비상국민회의의 결의로 인하여 여기에 대한국민대표민주의원이 성립되었으니, 이로써 국민의 의사를 구전[俱全: 모두 갖추어서 온전함]하게 대표하여 되도록은 빠른 기간에 남북 합치한 통일정권을 수립하여 38도선의 철폐, 교통 행정의 통일, 산업경제의 재건 건설, 사회질서의 재정립 등으로 국민을 도탄에서 건져내는 건국대업을 한걸음 한걸음 실천하여 정식정부의 완성을 지향하는 온갖의 정치적 경제적 문화적 공작을 단행할 것입니다. 그동안에는 공산주의의 편향한 방향과도 견실한 협동이 있을 것이요, 전 민족의 총의와 총역량을 집결하여, 민족자주독립 국가체제를 완성하도록 모든 장해와 기반(羈絆)을 철저히 배제하여야 할 것입니다.

이와 같은 내외에 일이 많고 전도가 험난한 때에는 모든 국민이 참으로 조국애와 동포애와 민족천년의 광명한 앞길을 위하여 조금만 주의주장의 틀리는 것과 당파적인 감정을 떠나서 오직 민족해방과 민주주의 자주독립국가의 완성만에 돌진키로 할 것입니다. 온갖의 아름다운 이론도 실천에서 국민을 도탄으로 밀어 넣는다면 그것은 회복할 수 없는 중대한 과오입니다.…"

김구는 마지막으로 하지 장군과 미소 양국의 군정당국이 우리의 민

49) 《大東新聞》 1946년2월15일자, 「大韓國民代表民主議院宣言式」; 《朝鮮日報》 1946년2월15일자, 「過渡政權의 母體 大韓國民代表民主議院成立」.

주주의 자주독립국가 건설에 많은 원조를 아끼지 않는 것을 감사한다고 말하고, "나는 비록 재덕이 부족하나 이 중대한 시국에 돌아보아 스스로 안위를 탐할 수 없으므로 성심성의로 전력을 기울여 훼예포폄[毀譽褒貶: 꾸짖음과 칭찬의 평정]을 불구하고 이 건국대업에 매진하려고 합니다" 하고 다짐했다.[50]

민주의원의 성격은 김규식이 낭독한 「의원 선언문」에 잘 나타나 있다.

한국의 여러 민주주의 정당과 사회단체에서 피선된 남부한국민주주의대표회의의 의원인 우리는 대표회의의 모든 일을 봉행하며 이 땅에 머무를 미군 총사령관이 한국의 과도정부수립을 준비하는 노력에 자문 자격으로 협조하기를 동의함.

우리는 우리의 모든 활동을 이 대표회의로서 조정하고 우리의 노력을 경주하여 한국인민의 현상을 개선하며 그로써 한국의 완전 독립을 속히 실현하기에 공헌하기를 기함.[51]

한편 조선공산당을 중심으로 하여 통일전선 조직체를 결성할 것을 준비해 온 좌익정파들은 민주의원이 개원한 다음 날인 2월15일과 16일 이틀 동안 서울YMCA 회관에서 회의를 열고 민주주의민족전선을 결성했다.[52]

3

미 군정부가 민주의원을 설립한 가장 큰 이유는 미소공동위원회에 대비하기 위한 것이었다. 그리하여 하지 장군은 민주의원이 예정대로 개원된 것이 만족스러웠다. 그것은 민주의원 설립에 중요한 역할을 한 굿펠로

---

50) 《朝鮮日報》 1946년2월15일자, 「一步一步實踐」.
51) 《朝鮮日報》 1946년2월15일자, 「宣言文」.
52) 《朝鮮人民報》 1946년2월16일자, 「「民線」 結成大會歷史的開幕」.

가 자신의 약력의 하나로 "존 R. 하지 장군의 정치고문으로서 남한에 최초의 임시정부(the First Temporary Government)를 수립하는 임무를 수행했다"라고 기술한 것으로도 짐작할 수 있다.[53]

하지 장군은 맥아더 장군에게 보낸 1946년2월 하순의 남한 정치정세 보고에서 민주의원의 개원과 관련하여 다음과 같이 기술했다.

> 저는 당분간 대한국민대표민주의원의 권위를 유지시켜 한국민의 전폭적인 지지를 얻도록 노력함으로써 공산주의자들의 신뢰성을 실추시킬 계획이다. 이것은 아마 미국의 진보적 또는 핑크색 신문들의 비판을 받겠지만 지금 이곳에서 취할 수 있는 어떤 다른 조치도 그러한 비판은 피할 수 없을 것으로 생각된다.[54]

민주의원의 의사당은 임시로 유서 깊은 덕수궁(德壽宮)의 석조전(石造殿)으로 결정되었다. 이 건물은 그동안 미소공동위원회의 회의장으로 사용하기 위하여 수리 중이었다. 2월18일 오전 10시부터 열린 제1차 회의는 먼저 비상국민회의의 모든 전문위원회를 민주의원으로 계승시키기로 하는 사무처리 방식을 토의한 다음, 민주의원의 성격을 일반에게 천명하기 위한 성명서 기초위원으로 안재홍, 김준연, 정인보, 조완구, 원세훈 5명을 선정했다. 전격적인 민주의원의 출범에 대한 임시정부 인사들의 불만은 계속되어 2월20일에는 숙소인 한미호텔에서 별도의 회의가 열리기도 했으므로, 민주의원의 성격에 대한 명확한 설명이 필요했던 것이다.

다음으로 심각한 현안문제인 쌀값문제를 논의한 끝에 안재홍, 원세훈, 김도연, 최익한, 김여식 5명으로 미곡문제연구회를 구성했다. 회의는 이어 민족독립운동의 기념일인 3월1일을 영구히 기념하기 위하여 3·1절

---

53) 정병준, 앞의 책, p.530.
54) MacArthur to Byrnes, Feb 24. 1946, *FRUS 1946*, vol.Ⅷ., pp.641~642.

을 국경일로 제정할 것을 하지 사령관에게 제의하기로 결의했다. 하지는 이 제의를 바로 승인했다.[55]

이날 부의장 김규식은 지금은 "개인이나 당파적 이해를 위하야 활동할 시기가 아니라고 인정하므로" 탈당한다면서 자기가 주석으로 있는 조선민족혁명당을 탈당했다.[56] 같은 날 인민당 대표의 백상규도 "의견의 불일치"를 이유로 인민당을 탈당했다.[57]

쌀값 및 생활필수품 가격에 대한 대책과 「민주의원규범」 제정과 관련하여 연일 열띤 토론을 벌이던 민주의원은 2월23일의 제5차 회의에서 전문 32조로 된 「대한국민대표민주의원규범」을 만장일치로 결의했다. 이날 회의에는 그동안 칭병하면서 불참했던 외무위원장 조소앙도 참석했다. 조소앙은 전날 한미호텔에서 기자들과 만나 "남북을 점령한 각각의 군정하에서 남북을 통일한 자주독립을 하는 방법은 그 군정과 합작하는 과정이 있어야 한다"면서 군정부와의 협력을 강조했다. 그는 "김일성(金日成) 장군이 소련 점령지역 내의 그 형태 속에서 정권을 수립한 것도 그 군정과의 합작임을 알아야 한다" 라고 주목할 만한 발언을 했다.[58]

제5차 회의는 먼저 전국적인 조직인 민주의원의 정식 명칭에 "남조선"이라는 제한적인 말이 붙는 것은 불합리하다고 하여 삭제했다. 「규범」은 민주의원의 임무를 "한국의 자립적 민주주의의 과도정권 수립과 기타 긴급한 제문제의 해결에 관하여 관계방면과 절충하며 필요한 제조치를 취하기로 함"이라고 천명하고(제2조), 입법부와 행정부와 미 군정부에 대한 자문기구의 기능을 뭉뚱그려서 애매하게 규정하면서 의장 1명, 부의장 1명과 함께 총리 1명을 두되(제3조), 총리는 내무부, 외무부, 국방부, 문교부, 법무부, 치안부, 농림부, 후생부 등 15개 부의 "부장회의의 수반이 되

---

55) 《朝鮮日報》 1946년2월19일자, 「非常國民會議의 專門委員會繼承?」; 《東亞日報》 1946년2월20일자, 「常任·專門委員選定」.
56) 《朝鮮日報》 1946년2월19일자, 「金奎植博士脫黨」.
57) 《東亞日報》 1946년2월19일자, 「白象圭氏人民黨脫黨」.
58) 《朝鮮日報》 1946년2월22일자, 「當面의 南北情勢는 遺憾」.

며 일반행정의 통일"을 담당한다고 하여(제9조), 행정부의 직제를 구체적으로 규정한 것이 가장 큰 특징이었다.[59]

새 「규범」에 따라 의장에는 이승만, 부의장에는 김규식, 그리고 총리에는 김구가 선출되었다.

임시정부 국무위원 겸 국무위원회 비서장이었던 조경한은 김구가 민주의원의 총리가 된 것은 하지가 그에게 5만명의 경비군 조직을 맡길 것을 약속했기 때문이었다고 술회했다.[60] 미 군정부는 해방 이후에 민간군사단체가 우후죽순처럼 난립해 있는 상황과 경찰력의 부족에 따른 치안유지의 어려움 등을 감안하여 일찍부터 군대 조직을 서둘러, 1945년 11월13일에는 군정법령 제28호로 국방사령부(Office of the Director of National Defence)를 설치했다. 국방사령부는 부내에 군사국을 두고 그 밑에 육군과 공군의 2부를 두고, 또 10월21일에 발족한 경무국을 국방사령부 산하로 통합시켰다. 국방사령부는 육군은 3개 보병사단으로 구성된 1개 군단을 편성하고 공군은 2개 비행중대로 편성하여 모두 4만5,000명, 해군 및 해안경비대는 5,000명으로 편성한다는 국방계획을 추진했다. 그러나 이 계획은 미소공동위원회를 앞두고 병력을 2만5,000명으로 축소한 경찰예비대로 수정되고,[61] 1946년1월9일에 합동참모본부의 승인을 받았다.[62] 그리고 군정청 경무국은 1월21일에 국방경비대를 제외한 일체의 사설 군사단체에 해산명령을 내렸다.[63]

중국에 있을 때에 광복군의 창설과 훈련에 열성을 쏟았던 김구는 귀국한 뒤에도 여러 군사단체들의 활동에 특별한 관심을 기울였다. 1945년 12월26일에 좌익계의 국군준비대 전국대회가 열렸을 때에도 김구는 직접

59) 《朝鮮日報》 1946년2월24일자, 「非常國民會議의 政務委員繼承」; 《東亞日報》 1946년2월24일자, 「韓國自主的民主主義의 過渡政權樹立에 邁進」.
60) 趙擎韓 증언, 孫世一, 앞의 책, pp.223~224.
61) 戰史編纂委員會, 『韓國戰爭史(1) 解放과 建軍』, pp.256~257.
62) Joint Chiefs of Staff to MacArthur, Jan. 9, 1946, FRUS 1945, vol.Ⅵ., p.1156.
63) 《朝鮮日報》 1946년1월22일자, 「國防警備隊만은 認定」.

참가하여 축사를 했다.[64]

한편 1946년2월4일에는 중국 각지에 산재해 있던 한국광복군 장정 550명이 전재민 귀환동포들에 섞여 서울과 인천으로 귀국했다.[65] 하지가 김구에게 5만명의 경비군 조직을 맡기기로 약속한 것이 사실이라면, 이러한 상황을 감안해서였을 것이다.

이승만이 민주의원 의장으로서 한 작업 가운데 가장 중요한 것은 국내에서 처음으로 3·1절을 맞으면서 「과도정부 당면정책 33항」을 직접 작성하여 서울중앙방송국의 라디오방송을 통하여 발표한 일이었다.

이승만은 "지나간 몇달 동안을 신병으로 인하여 직접으로 말하지 못하고 윤치영으로 대신 방송하다가 지금은 신병이 거의 다 쾌차되어 방송국의 주선으로 우리 집에서 말한다"라고 말하고, 다음과 같이 덧붙였다.

"3·1기념일이 임박한 이날에 한족의 복리를 위하여 진행할 대정방침의 대략을 설명하는 것이 적합할 줄로 믿는다. 우리 민국이 부강하며 세계의 존경할 만한 나라를 이루자면 우리가 마땅히 행하여야 할 정책이 여러 가지이다. 오늘 저녁에 이 모든 정책의 대강만 말하고 일후에 상세한 조건을 해석하여 알리려 한다."

그러면서 이승만은 "모범적 독립국을 건설하자"는 제목으로 된 「당면정책」을 한가지씩 읽어 내려갔다.

"우리 독립국의 건설은 민중의 빈부귀천을 물론하고 국법상에는 다 평등대우를 주장할 터입니다(제1항)"라는 항목으로 시작되는 이 문서는 「당면정책」이 아니라 그의 국가경영의 비전을 종합적으로 정리한, 말하자면 헌법 초안과 같은 것이었다. 18세 이상자에 대한 선거권과 피선거권, 언론 집회 종교 출판 및 정치운동의 자유 등 국민기본권의 보장에서부터 중요 산업의 국유화, 모든 상공업에 대한 국가검열제, 토지개혁, 쌀

---

64) 《서울신문》 1945년12월27일자, 「新國家軍隊로 訓練」.
65) 《東亞日報》 1946년2월5일자, 「光復軍五百五十名 戰災同胞와 함께 還國」.

값과 생활필수품 가격의 통제, 국비에 의한 의무교육제도, 최저임금제와 8시간 노동제, 의약과 위생상 편의의 국가관할 등의 사회복지제도 등 당시의 국민적 요구를 감안한 사회주의적 평등사회의 구현을 표방한 것이었다. 가장 뜨거운 논쟁점이 되어 있는 토지개혁에 관해서는 세 항목에 걸쳐서 자세히 서술하고 있어서 눈길을 끈다.

"모든 몰수한 토지는 다시 나누어 민간의 이익을 증진시키되, 토지소재지에 있는 농민에게 부쳐서 경작하게 할 것이고 먼데 있는 지주에게 주지 아니하리니, 이는 농민이 자기 땅을 경작하면 소출을 많이 늘릴 수 있는 연고이다(제9항)."

"큰 농장은 나누어 여러 사람이 경작하게 하되 소재지 농민에게 맡겨서 소출이 늘게 장려하며, 그 토지의 가격을 상당하게 마련하여 매년 얼

1946년 2월 21일에 김포비행장에 도착한 프란체스카 여사를 마중하는 이승만.

마씩 분배하여 여러 해를 두고 지주에게 갚기로 계획을 정하려 한다(제10항)."

"다만 적몰(籍沒)한 땅을 농민에게 분배할 때에는 그 보수를 정부에 판납(辦納)하여 국민공용에 보충하리니, 이는 새 국가건설에 많은 경비를 요구하는 이유이다(제11항)."

「당면정책」에는 또 "빈민의 사정에 큰 폐단이 되는" 고리대금과 "일남일부(一男一婦)의 가정법을 보호하기 위하여" 축첩을 금지하는 법 제정도 포함되어 있었다(제12항, 제31항).

이승만은 끝으로 공직자 및 경찰, 군인, 각급 공립학교 교사나 교장이 되는 사람은 취임할 때에 반드시 선서를 해야 한다고 말하면서, "선서의 대지는 대략 다음과 같이 할 것이다"라고 선서문의 내용까지 예시했다. 그것은 "나는 대한시민의 자격으로 이에 선서하노니, 우리 헌법과 국법을 복종하며, 우리 정부를 옹호하며, 국내에 있는 민국의 원수를 항거하여 나라를 보호하기로 맹서함"이라는 것이었다. 그것은 공직자들이 취임할 때에 충성맹세를 하는 미국식 민주주의의 의식을 본뜬 것이었다. 이승만은 하와이에 있을 때에 동지회의 선서문도 직접 작성하여 시행한 것은 앞에서 본 바와 같다.

「과도정부당면정책33항」은 문장만 다듬어서 거의 그대로 3월19일에 민주의원의 「임시정책대강」으로 의결되었는데,[66] 이 「임시정책대강」은 1948년에 대한민국헌법을 제정할 때에 중요한 참고문헌이 되었다.[67] 민주의원은 3월5일부터 회의장을 창덕궁(昌德宮)의 인정전(仁政殿)으로 옮겨서 회의를 계속했다.

기다리던 프란체스카 도너(Francesca Donner)는 1946년2월21일에 서울에 왔다. 프란체스카가 서울에 오는 데도 곡절이 많았다. 미국정부

---

66) 《東亞日報》 1946년3월19일자, 「民主議院의 臨時政策二十七項을 發表」.
67) 柳永益, 「李承晩國會議長과 大韓民國憲法制定」, 《歷史學報》 제189집, 歷史學會, 2006, pp.101~135 참조.

의 출국허가가 나고도 몇주일 동안 줄다리기를 해야 했다. 그녀는 1월22일에 미군 수송선편으로 시애틀을 출발하여 23일 동안 태평양을 항해하여 일본에 도착했고, 2월21일에 항공편으로 서울에 왔다.[68] 부부는 넉달만에 다시 만난 것이다. 3월11일에 임영신의 한국여자국민당 주최로 명월관에서 프란체스카 환영회가 열렸다.[69]

68) Robert T. Oliver, *Syngman Rhee: The Man Behind the Myth*, p.221;《朝鮮日報》1946 년2월23일자, 「李博士夫人 리女史倒着」.
69)《東亞日報》1946년3월13일자, 「朝鮮위해 努力, 李博士夫人歡迎會」.

84장

미소공위 파동 속에 지방순회

1. 3·1절 식전에서 김일성에게 폭탄 던져

1

1946년3월1일은 30대 이상 대부분의 국민들에게 27년 전의 그 만세 시위의 감격이 아스라하게 되새겨지는 순간이었다. 귀국한 뒤에 처음으로 3·1절을 맞는 이승만과 김구의 감회는 남달랐다.

남조선대한국민대표민주의원(이하 민주의원) 주최의 기미독립선언 기념식은 3월1일 상오 9시40분부터 종로 보신각 앞 광장에서 거행되었다. 그 자리는 이승만에게나 김구에게나 평생 동안 뇌리에 잠재해 있는 추억의 장소였다. 1898년3월에 이 나라 역사상 최초의 근대적 대중집회인 독립협회 주최의 '만민공동회'가 열린 곳이 바로 이곳이었는데, 스물네살의 젊은 이승만은 이 집회의 연사로서 러시아의 절영도(絕影島)조차 요구를 규탄하는 연설을 했고 대정부 건의서를 작성하여 전달할 총대로 선출되었다. 1910년10월에 귀국하여 1년 동안 YMCA의 한국인 총무로 일할 때에는 매일같이 이 거리를 지나 다녔다. 김구는 1905년11월에 을사조약이 강제될 때에 진남포(鎭南浦)교회 청년회 대표명의로 서울에 올라와서 조약파기운동의 행동대로 활동했는데, 일본경찰과 투석전을 벌이던 곳이 바로 이 종로 네거리였다. 김구는 이때에 서른살의 장골이었다.

민주의원 의장 이승만은 기념식 개회사를 통하여 3·1운동은 세계 최초의 비폭력 혁명이었다고 역설했다.

"3월1일은 우리나라 역사뿐 아니라 세계 역사에 빛나는 날이다. 27년 전 오늘에 우리나라에서 세계의 처음 되는 비폭력혁명이라는 것이 시작된 것이다. 정신적 능력이 물질적 능력을 이길 수 있다는 것이다.…"

그것은 3·1운동 직후부터 강조해 온 그의 지론이었다. 이승만은 비폭력 불복종운동을 인도의 간디(Mohandas K. Gandhi)가 시작한 것으로 알려져 있지만 3·1운동이 간디의 비폭력운동보다 앞선다고 주장했다. 그러므로 독립운동도 3·1운동의 정신을 계승하여 비폭력으로, 곧 외교와 선전제일주의로 전개해야 된다고 이승만은 줄곧 주장했다. 그 때문에 김구를 포함한 임시정부의 무력투쟁론자들과 대립하여 논쟁을 벌이기도 했다.

이승만은 군중을 향하여 "국내에서 악전고투하던 당신네와 해외에 망명하여 독립운동에 종사하던 우리들이 태극기 밑에서 함께 모여 이 자유일을 자유로 경축하기는 27년 동안 오늘이 처음"이라고 말하고, "이만한 자유를 얻게 된 것은 연합국이 승전한 결과이니, 1945년에 한국에 주둔한 미군장병의 승리한 사실은 우리가 영구히 기념할 것"이라고 덧붙였다. 이승만은 선열들에게 보답하는 길은 "통일된 자유민주국의 기초를 영원 무궁히 세우는 것"이며 그것이 우리 직책이라고 말하고, 다음과 같은 말로 연설을 마무리했다.

"한국의 장래는 우리가 직책을 다하고 못하기에 달렸다. 우리는 우리의 순국열사를 본받아 그들이 시작한 사업을 계속하자. 그들의 죽음이 허사로 돌아가지 않게 하기 위하여 그 사업에 헌신할 결심을 더욱 굳게하자. 한민족이 하나님의 인도하에 영원히 자유독립의 위대한 민족으로서 정의와 평화와 협조의 복을 누리도록 노력하자."

김구 총리의 축사는 뉘앙스가 좀 달랐다. 그는 먼저 "단지 빈주먹밖에 가진 것이 없던 우리 한국민족이 오히려 7~8개월이나 계속하여 총과 칼에 대하여 싸울 수 있었다는 것은 실로 인류의 혁명사상에 감히 가장 빛나는 부분이 되리라고 믿는다"라고 말하고, 3·1운동의 의의는 통일성에 있다고 강조했다.

"3·1운동의 위대한 의의는 실로 그 통일성에 있다. 지역의 동서가 없었고, 계급의 상하가 없었고, 종교 사상 모든 국한된 입장과 태도를 버리고 오로지 나라와 겨레의 독립과 자유를 찾자는 불덩어리와 같은 일념에서 이 운동을 일관했다는 점을 우리는 세상에 자랑할 수 있는 것이다.… 1905년에 보호조약으로 왜적이 우리 한국을 실질적으로 점령하기 전부터 우리 민족은 동학당 혹은 의병 등 여러 가지 형태로 왜적에게 반항하였으니, 이런 개별적, 부분적 운동이 통일된 지도 밑에서 세계적으로 한국민족의 생존권을 요구한 것이 이 운동이다."

일찍이 치하포(鴟河浦)사건으로 감옥생활을 하면서 개화파가 되었고 3·1운동 이후로는 줄곧 외교선전이 주된 활동이었던 임시정부를 떠나지 않았음에도 불구하고, 김구는 그 자신이 젊어서 참여했던 동학농민봉기와 의병운동 등 무력항일투쟁의 전통이 3·1운동에 계승되었음을 강조하고 있어서 흥미롭다.

하지(John R. Hodge) 장군은 축사에서 연합국은 한국의 포부를 실현시킬 구체안을 가지고 있으며 그 진전 여부는 한국인 상호간에 협력하는 능력 여하에 달렸다고 강조했다. 33인의 한 사람인 오세창(吳世昌)이 기미독립선언서를 낭독했고, 민주의원 부의장 김규식(金奎植)이 만세 삼창을 선창했다.[1]

이날 정오에는 서울운동장에서 33인의 생존자들과 유족들, 김구 등 임시정부 요인들을 비롯한 10만 인파가 운집한 가운데 기미독립선언기념 전국대회가 열렸다. 임시정부 내무부장 신익희(申翼熙)가 개회사를 하고 함태영(咸台永) 목사가 기미독립선언문을 낭독했다. 공산당을 중심으로 한 좌익단체들은 남산공원 광장에 5,000여명이 모여 독자적으로 기념식을 가졌고, 파고다공원에서도 민주주의민족전선 주최로 소규모의 기념식이 열렸다. 좌우익 정파들의 대치정국은 이처럼 해방되고 처음 맞는 국경일 행사마저 함께 거행할 수 없는 상황이 되었다.

이승만은 좌익단체들이 3·1운동 기념행사를 별도로 개최하는 것이 불쾌했다. 그는 정례 기자회견일인 3월4일에 비서실장 윤치영(尹致暎)을 통하여 공산당을 질타하는 담화를 발표했다. 이승만은 "누구나 공산분자와 합동을 이루지 못하고는 통일이 될 수 없다는 이가 있다면, 이는 곧 내 집에 불 놓는 자와 함께 일하라는 말과 같으니 될 수 없는 일"이라면

---

1) 《朝鮮日報》 1946년3월1일자, 「感懷깊다 『인경』소리」; 《東亞日報》 1946년3월2일자, 「울려진 鍾·휘날르는 太極旗」.

서 다음과 같이 주장했다.

"우리 각 정당의 두령들이 합동하여 지난 4~5개월 동안을 두고 노력 노심(努力勞心)하며 통일을 이루려고 힘써 보았으나 그 사람들이 백계 (百計)로 활동하야 자기들이 전부를 다 통할하기 전에는 합동이 되지 못 하게 하였으며, 이번에 국민대표의원을 성립할 때는 우리는 이들을 성심 으로 청하였고, 3·1경축식장에도 특별히 청하야 세인 이목에 우리가 통 일된 전면을 표시하려 하였으나, 그 사람들은 끝끝내 퇴각하고 분열 분 쟁의 상태를 드러내려 하니, 그 심장은 누구나 다 알 것이다. 그런즉 이 분 자들이 공산주의를 변치 않고 파괴를 일삼을 때까지는 우리와 합할 수 없고… 지금에도 종시 회개치 못하고 우리 국권회복을 방해하는 자들은 우리 민중이 그 죄상을 기록하여 두었다가 이후 우리 정권을 회복하는 날에는 응당 다른 범죄자들과 같이 국법에 밝힐 것이다."[2]

그것은 공산주의자들과는 타협하지 않겠다는 단호한 입장을 다시 한번 공언한 것이었다.

2

이 시점에 북한에서 있었던 일 가운데 가장 특기할 만한 것은 3·1절 기념식장에서 김일성 암살 미수사건이 발생한 사실이었다. 그것은 신익 희 휘하의 정치공작대와 염응택(廉應澤: 일명 廉東振 또는 廉東震)의 반 공테러단체인 백의사(白衣社)가 밀파한 김정의(金正義: 일명 金濟哲), 이 성렬(李聖烈), 김형집(金亨集), 최기성(崔基成), 이희두(李希斗) 다섯 청 년이 감행한 행동이었다. 이들은 임시정부 내무부장 신익희가 1945년12 월31일에 포고한 「국자(國字)」 제1, 2호와 함께 "임시정부 내무부장(신익 희)" 명의로 된 「승용차 편의 공여에 관한 의뢰장」과 「신임장」을 지니고 2

---

2) 《東亞日報》 1946년3월6일자, 「共産主義者의 猛省을 促求」.

김일성의 80회 생일에 초청된 노비첸코(왼쪽에서 두번째) 일행.

월 중순에 평양으로 갔다.

　평양역 광장에서 거행된 3·1절 기념식은 소련군 진주 이후 두번째의 대규모 집회였다. 3월5일의 토지개혁 실시에 즈음하여 주민들을 대거 동원한 것이었다. 수류탄과 권총으로 무장한 공작원 5명은 군중 속에 섞여 지정된 위치로 산개하는 데까지는 성공했으나, 열아홉살 난 김형집이 흥분한 나머지 예정된 시각보다 빨리 수류탄을 주머니에서 끄집어 드는 바람에 실랑이가 벌어졌고, 황급히 던진 수류탄은 연단 바로 앞에 떨어졌다. 경비담당 소련군 부대장 노비첸코(Ya. T. Novitchienko)가 덮치는 순간 굉음과 함께 폭발하여 노비첸코의 오른쪽 팔이 날아가고 가슴팍과 얼굴에 심한 상처를 입었다. 연설을 막 시작하려던 김일성은 재빨리 피신했다.[3] 노비첸코는 이때에 김일성을 구해 준 보답으로 1949년2월22일

3) I. M. 치스차코프, 「第25軍의 戰鬪行路」, 蘇聯科學아카데미東洋學硏究所, 『朝鮮의 解放』, p.76; 韓國統一促進會 編, 『北韓反共鬪爭史』, 韓國統一促進會, 1970, pp.167~173; 北韓硏究所 編, 『北韓民主統一運動史 平安南道篇』, pp.286~294; 중앙일보특별취재반, 『秘錄조선민주주의인민공화국』, pp.313~324.

에 북한으로부터 제3급 국가훈장을 받았다.[4] 김일성은 오랜 세월이 지난 1992년 4월에 노비첸코를 자신의 80회 생일에 평양으로 초청했는데, 이때에 함께 찍은 기념사진이 《로동신문》에 커다랗게 실렸다. 이 사진에도 노비첸코의 오른쪽 팔이 없다.[5]

북파 공작대원들은 김일성 암살이 실패한 뒤에도 김일성의 최측근들인 최용건(崔庸健), 김책(金策), 강량욱(康良煜) 세 사람의 폭살을 기도했다. 3월5일과 7일 두차례에 걸쳐 수류탄과 다발총 및 권총으로 최용건의 집을 습격했지만 성공하지 못했고, 9일에는 김책의 집을, 11일에는 강량욱의 집을 습격했지만 목적을 달성하지 못했다. 이때의 공작원들 가운데 김정의와 이희두는 체포되고, 최기성은 사살되었으며, 이성렬만 서울로 돌아왔다.[6]

이 사건에 대하여 북한에서 작성된 팸플릿은 그것이 김구와 이승만이 보낸 '파쇼' 무리들의 소행이라고 드세게 비난했다.

만고에 용서할 수 없는, 조선민족을 조선놈 자기들 손으로 살해하는 '파쇼테러' 강도단의 철천의 죄악은 조선민족과 국가를 사랑하는 인민의 가슴속에 영영히 씻을 수 없는 슬픔과 원한과 분노를 남기고 말았다. 이 '파쇼테러' 강도단은 어디서 왔으며 누구의 도당들이냐? 이 '파쇼' 무리들은 일찍이 해외에서 조선민중을 속이고 살해하고 국제 '파쇼'의 종노릇을 하던 소위 '대한임시정부'(임정) —— 조선민중이 승인한 일도 없고 관계도 없는 가칭 정부—— 주석 대통령 김구, 이승만이가 특별 위임해서 보낸 살인방화강도단이다. 김구와 이승만의 '임정'일파는 조선에 와서 친일파의 집단인 한국민주당과 결합하야 '파쇼'반동세력을 만들어 가지고 조선에 자라오르는 민주세력을 없애버리고

4) N. G. 레베데프, 「遂行해야 할 義務를 自覺하며」, 『朝鮮의 解放』, pp.130~131.
5) 《로동신문》 1992년 4월 24일자 1면.
6) 『北韓民主統一運動史 平安南道篇』, pp.294~303.

봉건적 파쇼전제정치를 세우려는 음모를 계획하였다. 파쇼의 상투수단인 '테러'행동으로 조선민주운동의 근거지 북조선의 민주 주도자인 공산당과 북조선인민위원회를 파괴시키려 하였다.

김일성 암살미수사건과 관련하여 김구와 이승만을 맹렬히 매도한 북조선 「5·1」 기념공동준비위원회의 팸플릿.

팸플릿은 이들 행동대원들이 "양심 없는 민족반역자의 부하이며 도당인 김정의, 최기성 등"이라고 밝히고, 이들은 "약 십여 일 전에 뻔뻔하게도 '임정' 내무부의 위임장을 가지고 북조선에 잠복하였다"라고 말했다.

이 팸플릿은 끝으로 김구와 이승만을 다음과 같이 매도했다.

민족반역자 '파쇼' 반동자 김구, 이승만의 '파쇼테러' 행위를 철저히 숙청하고 파쇼 살인방화강도단의 두목 김구, 이승만이를 타도하는 애국운동은 맹화지세(猛火之勢)로 발전하고 있다. 이 민주적 애국운동은 반드시 최후의 승리를 얻을 것이요 파쇼 살인방화강도단의 두목 김구, 이승만은 타도될 것이다. 파쇼 살인방화강도단의 두목 김구, 이승만을 타도하자![7]

이러한 선전문은 앞에서 본 이승만의 담화와 함께 박두한 미소공동위원회가 일반국민들의 막연한 기대와는 달리 필연적으로 실패할 수밖에

---

7) 北朝鮮五一紀念共同準備委員會, 『팟쇼·反民主分子의 正体』, 1946, pp.24~26.

없었음을 시사하는 것이었다.

이때에 파견된 공작대의 책임자였던 김정의에 대한 구소련 무력정치부 제7국의 신문기록은 김정의는 임시정부 정보국의 부국장이었고 평양으로 갈 때에 지녔던 문서들은 임시정부 정보국장 박문(朴文)이 작성해 주었다고 기술했다. 박문은 정치공작대 중앙본부의 정보반 책임자이기도 했다.[8]

김정의는 김구를 대면한 적이 없었고, 자신들의 평양행에 대하여 김구가 알고 있었는지도 자기는 모른다고 했다.[9]

그러나 이보다 앞서 1946년1월 초에 보성전문학교의 윤한구(尹漢九)와 유영배(柳永培), 연희전문학교의 최중하(崔重夏: 일명 崔書勉) 등 반탁전국학생대표들이 '대이북신탁통치반대공작대'를 구성하여 평양으로 밀행할 때에는 김구는 학생대표 세 사람을 경교장으로 불러 저녁을 같이 하면서 격려하고 200원의 활동비도 지급한 것으로 보아 김정의 등의 밀행도 알고 있었을 개연성이 있다. 최중하는 연희전문 동창인 조만식의 친위대원 이성룡(李成龍)의 주선으로 북한인사들의 신탁통치반대 연판장을 받아 가지고 귀환했고, 연금되어 있는 조만식과의 면회를 시도하던 윤한구는 소련군에 체포되어 투옥되었다가 2년6개월이나 지나서 귀환했다.[10]

한편 이승만도 민주의원이 개원하고 얼마 지나지 않은 2월 말께 민주의원의 의사담당 비서 김욱(金旭)을 평양에 밀파하여 조만식 등 민족진영 인사들의 신탁통치반대 결의문에 서명을 받아 오게 했다. 이승만이 이들의 서명을 받아 오게 한 이유는 미소공동위원회가 열릴 때에 북한의 신탁통치 반대자 명단을 제시할 필요가 있다고 생각했기 때문이었다고 한다. 김욱은 어렵사리 조만식을 만날 수 있었다. 그러나 조만식은 자신은 서명을 않고 조선민주당 부당수 이윤영(李允榮)을 만나라고 했다. 이윤

8) 박진희, 「해방 직후 정치공작대의 조직과 활동」, 《역사와 현실》 제21호, p.180.
9) 「김정의 審問調書」, 「세계와 나」, 世界日報社, 1994.8., pp.179~191.
10) 崔書勉 증언; 李哲承, 「全國學聯」, 中央日報社, 1976, pp.160~163.

영은 백지위임으로 서명한 반탁결의문과 함께 이승만과 하지 장군 앞으로 북한의 실상을 알리는 편지 세통을 써 주었다. 한통은 평안남도 인민정치위원회 부위원장 이윤영, 한통은 기독교연합회 회장 이윤영, 한통은 조선민주당 부당수 이윤영 명의로 된 것이었다. 이승만은 이 편지를 신문에 공개했고, 북한에 살 수 없게 된 이윤영은 바로 월남했다고 한다.[11]

3

비상국민회의의 결성을 계기로 민족혁명당 등 좌익정파들이 탈퇴함으로써 임시정부가 사실상 해체됨에 따라 김구 그룹과 임시정부 산하에 집결해 있던 우익정파들은 우익정당 통합을 서둘렀다. 그리하여 3월16일에는 관수동 대관원(大觀園)에서 김구, 조소앙(趙素昻), 조완구(趙琬九), 엄항섭(嚴恒燮) 등 한독당 간부들과 안재홍(安在鴻) 등 국민당 간부들이 회합하여 합당하기로 의견을 모았다.[12] 국민당은 이미 1945년11월에 "우리 당은 민족통일전선의 전면적 완전 통일 정당의 결성이 적정 타당한 형태에서 추진된다면 이에 적응하기 위하여 무조건 해소할 용의가 있다"라고 선언했었다.[13]

국민당은 3월20일에 수표교회(水標敎會)에서 중앙위원회를 열고 한독당과의 합당을 위하여 국민당을 해소하기로 만장일치로 결의하고, 합당실행위원으로 안재홍 등 9명을 선정했다.[14]

한독당과 국민당의 합당작업은 급전직하로 추진되었다. 그리하여 두 당은 이틀 뒤인 3월22일에 다음과 같은 합동선언을 발표했다.

---

11) 李哲承, 위의 책, pp.169~170; 李允榮, 『白史 李允榮回顧錄』, pp.121~123.
12) 《自由新聞》 1946년3월17일자, 「右翼政黨合同?」.
13) 《自由新聞》 1945년11월2일자, 「完全統一政黨되면 無條件解黨을 不辭」.
14) 《朝鮮日報》 1946년3월22일자, 「國民黨發展的解消」.

한국독립당은 3·1운동이 있은 이후 거의 30년 동안 해외에 본거를 둔 민족해방의 지도단체로서 다수한 혁명투사가 집결되어 있다. 그 혁명의 대의는 거론할 바 없고 정강 정책에 있어서도 한독당과 국민당은 대부분이 일치되어 간연[間然: 남의 결점을 지적하며 비난함]한 바 없다. 여기에서 우리는 무조건 합동으로써 그 질과 양에서 앙양(昂揚) 발전함을 기한다.···15)

　　이어 3월26일에는 우익의 주류세력인 한국민주당의 선전부장 함상훈(咸尙勳)도 "한국독립당과 본당과의 합동문제는 임정 환국 당시에 본당에서 제의한 바요 이승만 김구 양씨 영수를 민족적 지도자로서 추대하자는 것은 본당의 지론이다. 해외의 각 민족주의 정당이 대동단결함은 당연한 일로서 방법이 진행될 것이다"라는 담화를 발표했고, 같은 날 신한민족당도 중앙상무집행위원회를 열어 자당의 노선과 합치되는 정강을 내세우고 간부인원을 각당의 당원수의 비례에 따라 배분할 것을 조건부로 하여 합당하기로 결의하고, 권태석(權泰錫), 김여식(金麗植), 최익환(崔益煥)을 합당교섭위원으로 선정했다.16)

　　그러나 우파정당들의 통합은 기대했던 것만큼 쉽게 이루어지지 않았다. 그것은 한독당의 고자세 때문이었다. 3월27일에는 김구, 조경한(趙擎韓), 조완구, 김성수(金性洙), 안재홍, 김려식 등 각 정당대표들이 경교장에 모여 장시간 합동방안을 협의했다. 조경한 등은 한독당의 중앙집행위원 15명 가운데 5명만 귀국하고 10명은 외국에 있기 때문에 소수 위원만으로 「당명」과 「당시(黨是)」, 「당칙(黨則)」을 고칠 수 없다면서 국내 정당들이 무조건 해체하고 한독당의 중앙집행위원으로 들어오면 위원회의 결의로 「당명」과 「당시」를 고칠 수는 있다고 주장했다. 김성수는 이승

15) 《朝鮮日報》 1946년3월23일자, 「無條件合同斷行」.
16) 《東亞日報》 1946년3월29일자, 「活潑化한 政黨合同」; 《서울신문》 1946년3월29일자, 「新韓民族黨의 合同條件決定」.

만과 김구 양 총재 방식으로 통일하는 것이 가장 적절하다면서 한독당의 '아량'을 구했으나 협상은 진척되지 않았다.[17] 그리하여 한민당은 3월 29일에 선전부장 명의로 "그러나 한국독립당이 주장하는 무조건 합동을 수락한다면 이승만 박사의 추대가 곤란할 것이며 무조건 합동의 간판 밑에 한민당의 세력은 배제될 것이다.… 한독당의… 일방적 조건의 고집만으로 우리 당이 열망하는 대동단합은 당분간 무망하다고 보겠다"라는 담화를 발표했다.[18]

그러나 합당협상은 4월7일에 이르러 마무리되었다. 한독당의 조완구, 조경한, 조소앙, 국민당의 엄우룡(嚴雨龍), 백홍균(白泓均), 김굉진(金宏鎭), 한민당의 김성수, 김병로(金炳魯), 김약수(金若水), 신한민족당의 김려식, 권태석, 최익환 등은 경교장에 모여 오전 11시부터 오후 5시까지 마라톤협상을 벌인 결과 (1) 당명은 한국독립당으로 하고, (2) 강령은 한독당의 삼균주의(三均主義)와 국민당의 만민공화(萬民共和), 대중공생(大衆共生)의 이념을 구현하여 정치적, 경제적, 문화적 평권사회(平權社會) 건설을 표방하는 것으로 합의했다. 다만 토지정책은 국민당의 토지정책대로 국유를 원칙으로 하되 농민의 세습적 소유는 허용하기로 했다. 그리고 (3) 중앙위원과 부서를 늘리기로 했다.[19]

4월9일 오후에 김구는 돈암장으로 이승만을 방문하고 우파정당들의 합당문제를 논의했다. 김구는 이승만에게 이승만이 한독당의 중앙집행위원장 자리를 맡아 주기를 요청했다. 그러나 이승만은 오늘의 정정으로 보아 정당에 구애되지 않는 거족적, 초당적인 국민운동이 필요하다고 역설하면서 김구에게도 오히려 한독당을 탈당하라고 종용했다. 그리하여 김구도 한독당 중앙집행위원장을 사임할 뜻을 표명한 것으로 보도되었

17) 《東亞日報》 1946년3월30일자, 「政黨合同에 又一難」.
18) 《朝鮮日報》 1946년3월30일자, 「無條件合同은 不肯」.
19) 《漢城日報》 1946년4월9일자, 「各黨意見一致」.

다.[20] 이튿날 종로 YMCA 강당에서 열린 대한독립촉성국민회 지방지부 결성대회에 김구가 참석하여 "나는 나의 소신이 있으며 또 이 박사와 혼연일체인 만큼 세평의 여하에 구애할 것 없이 국민운동으로서 활발히 발족하기 바란다"라는 축사를 한 것도 그러한 결심의 일단을 보여 주는 것이었다.[21]

이승만과 김구가 회담하고 있는 것과 같은 시간에 열린 한민당 중앙집행위원회는 정부총재로 추대하려던 두 사람이 앞으로 정당과는 일체 관계를 끊을 것으로 보이는 것, 4당합당으로는 우익진영이 단일하다고 볼 수 없는 것 등을 이유로 백지로 돌아가서 강력한 단일당 실현을 도모하기로 결의하고, 교섭위원으로 김성수, 김병로, 김약수, 백남훈(白南薰)을 다시 선정했다.[22]

한편 조선공산당 책임비서 박헌영(朴憲永)은 4월19일에 우파정당들의 합동 움직임에 대해 "우익정당 합동공작은 좌익에 대립하여 전투진용을 재편성하는 책략으로 본다"면서, "이러한 반민주주의적 우익 지도자들의 옳지 못한 노선으로 말미암아 좌우익의 통일과 연합국 협력하에 민주 독립정부를 수립하려면 이러한 완고한 반동적 정객들은 정치로부터 물러가야 하며, 이러한 지도부를 기간으로 하는 합동은 재래의 옳지 못한 방향을 고칠 수 없을 것이요 민주주의 노선을 밟으리라고 보지 않는다"라고 논평했다.[23]

우파정당의 합당 작업은 한민당이 참여를 거부함에 따라 한독당, 국민당, 신한민족당 3당을 중심으로 추진되었다. 그러나 신한민족당이 합당파와 반대파로 분열되어 당론을 결정하지 못함으로써 지지부진하다

20) 《朝鮮日報》 1946년4월11일자, 「李承晩博士와 金九主席, 어떤 政黨에나 不參決意」; 《東亞日報》 1946년4월11일자, 「어떤 政黨이나 團體에도 不參加」.
21) 《東亞日報》 1946년4월11일자, 「어떤 政黨이나 團體에도 不參加」; 《朝鮮日報》 1946년4월12일자, 「獨立促成會支部長會議」.
22) 《朝鮮日報》 1946년4월11일자, 「右翼政黨合同挫折」; 《서울신문》 1946년4월11일자, 「四黨合同遂流産」.
23) 《朝鮮日報》 1946년4월11일자, 「右翼合同工作과 朝共側의 觀測」.

가 4월18일에 이르러서야 신한민족당은 합동파만 합류한 채 급진자유당, 대한독립협회, 자유동지회, 애국동지회의 4개 군소정파를 흡수하여 합동성명서와 진용을 발표했다. 새 진용으로는 이시영(李始榮), 조성환(曹成煥), 권동진(權東鎭), 오세창(吳世昌), 김창숙(金昌淑) 5명을 고문으로, 황학수(黃學秀), 이상만(李象萬), 민필호(閔弼鎬) 등 18명을 감찰위원으로, 그리고 집행위원으로 117명이 선정되었다.[24] 집행위원 명단에는 김구, 조소앙 다음으로 이승만의 이름이 들어 있는데, 그것은 이승만이 하와이에서 한독당에 가입했던 사실을 근거로 일방적으로 발표한 것이었다. 한독당은 이어 김구를 중앙집행위원장으로, 조소앙을 부위원장으로 하는 중앙상무위원 12명을 선정했는데, 중앙집행위원은 합당 전의 한독당 인사 6명과 국민당의 안재홍 등 다른 정당 인사 6명으로 구성되었다.[25]

중앙집행위원장으로 새로 선출된 김구는 4월20일에 당원들에게 보내는 다음과 같은 요지의 격려문을 발표했다.

이에 우리는 모든 혁명적 애국적 진보적인 제세력을 집중 합류하면서 획기적인 신출발을 하게 되었다. 독립당과 각 중앙당부, 지부, 결성 준비 중의 신구 소속 전체 동지당원은 모두 해방전사로서의 새 결심과 재출발로서 독립당 누십년의 혁명전통을 확대 강화시키면서 열렬한 동지애와 조국애에서 단결하여 협진, 정진, 또 용진키로 하자. 우리는 40년 피예속과 40년 감투 끝에 다시 조국성패의 위난한 기로에 섰다. 오직 완전해방만을 대망하고 있다. 우리의 임무는 크고 무겁다![26]

24) 《朝鮮日報》 1946년4월19일자, 「韓國獨立黨을 主軸 右翼七政黨遂合同」; 《東亞日報》 1946년4월20일자, 「金九氏를 委員長으로 民主陣營의 三政黨合同」.
25) 《東亞日報》 1946년4월23일자, 「祖國은 存亡의 岐路」.
26) 《朝鮮日報》 1946년4월11일자, 「韓獨黨의 中央幹部部署決定」.

통합 한국독립당이 미 군정청에 등록한 당원수는 52만3,000명으로서 한국민주당의 4배나 되었다. 이 수는 물론 과장된 것이었겠지만, 한독당의 당원수가 급격히 팽창한 것은 사실이었다. 그러나 당의 실질적인 조직력과 영향력은 미 군정부와 긴밀한 협조관계에 있는 한민당보다 취약했다. 그리하여 이때부터 시작되는 제1차 미소공동위위원회 정국은 이승만과 한민당의 연합이 주도하게 되었다.[27]

27) 도진순, 『한국민족주의와 남북관계』, 서울대학교출판부, 1997, pp.83~84.

2. 제1차 미소공동위원회 파동 속에서

1

1946년 봄은 좌우익 정파의 격심한 대립 속에서 서울에서 열린 미소 공동위원회(이하 미소공위)로 출렁이었다. 모스크바 3국외상회의 결정 제4항에 따라 미소 군사점령지역 사이의 시급한 문제들을 해결하기 위하여 열린 미소 양군사령부 대표회의는 1월16일부터 2월5일까지 15회의 공식회의를 열었으나, 양쪽의 입장차이로 말미암아 이렇다 할 성과 없이 끝났다. 미국대표단장 아널드(Archibald V. Arnold) 소장은 두 지역의 경제적 및 행정적 통합을 주장했다. 그것은 (1) 38도선의 장벽을 제거하고, (2) 운송수단과 공공시설 등의 중요 공익사업을 단일 행정체계로 통합하며, (3) 은행, 통화, 상업활동에 통일된 재정정책을 적용하고, (4) 한반도 전역에 걸쳐서 상품과 사람의 자유왕래를 보장하는 것이었다. 미국대표단은 번스(James F. Byrnes) 국무장관이 모스크바 외상회의에서 제의했던 대로 한국을 시급히 행정적 및 경제적 통합체로 회복시키는 문제를 거듭 제기한 것이었다. 그러나 소련대표단장 슈티코프(Terentii F. Shtikov) 중장은 회의의 주제를 두 군사점령지역 사이의 교류와 협력의 증진문제로 한정시켰다.

소련대표단이 이 회의를 통하여 해결되기를 절실히 바랐던 것은 북한의 극심한 식량난이었다. 소련대표들은 북한산 원자재 및 석탄과 남한산 쌀을 교환할 것을 요구했다. 미국대표단은 남한의 쌀 부족 현상을 설명했지만, 결국 회의는 결렬되고 말았다. 회의는 철도, 자동차, 연해(沿海) 운수의 허용, 한국인의 두 지역 사이 왕래, 우편물 교환, 라디오 주파수 배정, 양군사령부 사이의 연락체계 구축 등 제한적인 문제에 합의하는 것으로 끝났다.[28] 그러나 이러한 합의사항마저도 이후의 실행과정에서 소련쪽의 거부로 우편물의 제한적인 교환을 제외한 다른 사항들은 실행되지 못했다. 회의가 끝나기 하루 전인 2월4일 회의에서 미소공위를 미국과 소련의 각 5명의 대표로 구성하고, 그 소재지는 서울로 하며, 앞으로 한달 이내에 활동을 개시한다고 합의한 것이 가장 큰 성과였다.

폐회를 앞두고 하지 장군은 맥아더(Douglas MacArthur) 사령관에게 "저의 추측으로는 한국 전체가 확실히 공산화할 것이라고 러시아인들이 확신할 때까지는 남북한이 실제로 통합되기는 불가능할 것이다. 최근의 추세로 보아 저는 소련인들의 선전과 그들의 조종에 의한 정치적 책략을 저지하는 우리의 능력을 의심한다"라고 소련의 태도에 대하여 불신을 표명했다.[29]

미국대표단의 한 사람으로 회의에 참석했던 하지의 정치고문 베닝호프(H. Merrell Benninghoff)는 번스 장관에게 보내는 회의보고서에서 소련대표들의 어조와 태도, 그리고 여러 대표들의 부주의한 발언으로 미루어 보아 소련이 적어도 한국의 북부에 대한 장기적인 점령을 기도하고 있는 것이 틀림없고, "그들이 이 나라에서 정치적 우세를 확보했다고 만족하거나 정치적 필요 때문에 그들의 태도를 바꾸어야 할 때까지는 아마도 소련은 이 나라를 개방하고 하나의 경제적 및 정치적 통합체로 다루려는 미국의 모든 노력에 반대할 것이 분명하다"라고 기술했다.[30] 그런 점에서 소련의 요구를 그대로 수용하지 않는 한 뒤이어 개최될 미소공위의 순조로운 진행은 처음부터 기대하기 어려웠다.

미소공위에 대한 미국정부의 기본방침은 3부조정위원회(SWNCC)가 1946년1월28일에 작성한 「한국에 대한 정치정책(SWNCC 176/18)」에 표

---

28) Department of State, *United States Policy Regarding Korea 1834~1950*, 翰林大學校아시아文化研究所, 1987, pp.136~137. 번역문은 한철호 역, 『미국의 대한정책 1834-1950』, 翰林大學校아시아文化研究所, 1998, pp.118~120.

29) MacArthur to Joint Chiefs of Staff, Feb. 2, 1946, *FRUS 1946*, vol.Ⅷ., p.629.

30) Benninghoff to Byrnes, Feb. 15, 1946, *FRUS 1946*, vol.Ⅷ., p.636.

명되어 있다. 이 문서는 2월11일에 맥아더에게 시달되었다. 「한국에 대한 정치정책」은 주한미군사령관은 지체없이 새 정부가 실시할 기본적인 민주 개혁을 포함한 정치적, 경제적, 사회적 정책들에 대하여 한국의 여러 정파들 사이에 기본적인 합의가 이루어지도록 촉구해야 한다고 전제하고, 몇가지 사항을 지침으로 훈련했다. 그 가운데 가장 주목되는 것은 공동위원회가 임시 한국정부 수립을 위한 제안을 준비하면서 협의할 한국의 대표적인 민주적 지도자 그룹을 선정해야 한다는 것이었다. 이 지도자들의 선정은 전 한국의 모든 민주적 정당 및 사회단체와 충분히 협의하여 실시해야 하고, 필요하다면 선거방법도 이용할 수 있다고 했다. 그러면서 "좌우익의 극단주의자가 아닌 강력하고 유능한 지도자들이 확실한 다수가 되도록 각별한 노력을 경주해야 할 것"이라고 강조했다. 또한 "외국세력의 허수아비가 아닌 진정한 한국인 지도자들이 선출되도록" 주의를 기울일 것을 강조했다.[31] 이처럼 임시한국정부의 수립 절차에서 협의대표기구의 매개를 상정했다는 것은 모스크바 외상회의 결정에는 없는 것이었다.

그러나 미소공위에 대처할 방안으로 서둘러 이승만과 김구 등의 우익 민족주의 그룹을 중심으로 한 민주의원의 설립을 추진하고 있던 하지로서는 이러한 훈련을 실행하기는 시기적으로도 불가능한 일이었다.

미 국무부는 민주의원이 개원된 직후인 2월28일에 노골적으로 이승만과 김구 그룹을 배제할 것을 촉구하는 훈련을 맥아더에게 보냈다.

현재로서는 어려운 것이 사실일지 모르지만, 김구 그룹과도 관련이 없고 소련의 조종을 받는 그룹과도 관련이 없으면서 한국을 위한 확실한 진보적 강령을 추진할 지도자들을 우리 지역에서 찾아내기 위하여 모든 노력을 경주해야 한다. 그리하여 이들 그룹이 대다수의 한

---

31) SWNCC, "Political Policy for Korea", *FRUS 1946*, vol.Ⅷ., p.625.

국인들을 설득할 수 있는 4대 자유와 기본적인 토지 및 재정의 개혁을 주창하는 상세한 진보적 강령을 작성하도록 격려해야 한다. 그리고 그 진보적 강령은 지금은 사람들이 자신들에게 가장 좋은 희망을 제시한다고 믿는 공산주의 강령을 능가할 수 있어야 할 것이다.

그러면서 이 훈령은 김구와 이승만 그룹에 대해서는 어떠한 호의도 보여서는 안된다고 잘라 말했다.

그들의 망명자로서의 배경 때문에, 곧 김구 그룹은 중국국민당으로부터 분명히 지지를 받고 있고 이승만은 여러 해에 걸친 교섭에 따른 국무부의 만족스럽지 못한 경험 때문에, 우리는 김구와 이승만 그룹에 대하여 어떠한 호의도 보여서는 안된다. 만일에 그러한 진보적인 지도자 그룹을 찾아내는 일이 불가능한 것이 확실하다면, 김구 그룹으로 하여금 위에서 말한 것과 같은 진보적 강령을 채택하여 실행하도록 압력을 가하기 위한 강력한 노력이 필요할지 모른다. 만일에 김구 그룹이 그러한 강령을 채택하지 않겠다면 그들은 더 이상 미국의 지원을 받을 수 없다는 것을 분명히 해야 할 것이다.[32]

이러한 훈령은 이때의 국무부의 중요 정책 결정자들이 소련과의 협조에 집착한 나머지 이승만과 김구 그룹을 미국정책에 방해되는 극우파라고 인식하고 있었음을 말해 준다.

이에 대해 하지는 이들이 "나이 들고 오만하고 편협한 것은 사실이다. 그러나 그들의 편협은 원칙적으로 공산주의에 대한 것이며, 그들은 남한 국민 다수의 지지를 받고 있으므로 우리는 그들을 우리의 반대편에 서게

---

32) Proposed Message to General of the Army Douglas MacArthur Drafted in the Department of State, *FRUS 1946*, vol.Ⅷ., pp.645~646.

해서는 안된다"라고 반박했다.[33]

「한국에 대한 정치정책」은 문제의 신탁통치문제에 대해서는 한국인들이 효율적인 중앙집권적 행정기구를 조직하고 운영하는 능력 여하에 따라 실시할 수도 있고 않을 수도 있다고 융통성을 보였다.

미국정부가 임시한국정부 수립의 절차와 방법의 논의에 중점을 둔 것에 비하여 소련정부는 외상회의 결정은 한국문제 처리의 최종 결정이며 미소공위의 임무는 외상회의 결정을 충실히 이행하는 것이라는 입장에서 토의를 임시한국정부 수립에 집중하기로 했다. 따라서 미국은 임시한국정부의 각원 선정은 한국인들에게 맡긴다는 입장인 데 반하여 소련의 입장에서는 각원들의 선정도 미소공위의 중요한 임무였다.

2

소련 외무인민위원회 위원장[외무상] 몰로토프(Vyacheslav M. Molotov)는 미소공위 개회 직전인 3월16일에 소련대표단에 「전 한국임시정부 수립과 관련하여 소미공동위원회 소련군사령부에 보내는 훈령」 제1호를 보내어 내각제의 임시한국정부 수립과 내각 분배 등에 관한 구체적인 지침을 하달했다. 이 훈령에 따르면 임시한국정부의 내각구성은 남북에 균등하게 배분하되, 남한 몫의 절반은 좌익이 차지하게 한 것이었다. 그것은 모스크바 외상회의에 다녀온 로마넨코(Andrei A. Romanenko)가 박헌영에게 강조한 2 대 1의 배분원칙을 확인하는 것이었다. 미소공위 소련대표단장 슈티코프는 박헌영과 김일성의 의견을 참조하여 임시한국정부 각료명단을 확정하고 그것을 전연방공산당[볼셰비키] 중앙위원회로 보냈다. 3월15일에는 붉은 군대 총정치국 제7과장

---

33) C. Leonard Hoag, *American Military Government in Korea: War Policy and the First Year of Occupation 1941~1946* (draft manuscript), pp.407~408. 번역문은 C. L. 호그 지음, 신복룡·김원덕 옮김, 『한국분단보고서(상)』, p.300.

부르체프(M. Buruchev)도 각료 후보들에 대한 평가서를 당 중앙에 보냈다. 이들이 구상한 임시한국정부의 내각 명단은 다음과 같았다.

수상　　여운형　조선인민당 당수(남)
부수상　박헌영　조선공산당 당수(남)
부수상　김규식　민주의원 부의장(남)
외무상　허헌　　민주주의민족전선 중앙위 위원장(남)
내무상　최용건　민주당 지도자, 북조선임시인위 보안국장(북)
국방상　김일성　북조선공산당 제1서기, 북조선임시인위 위원장(북)
공업상　김무정　북조선공산당 조직국 간부부장, 북조선임시인위 위원(북)
교육상　김두봉　신민당 지도자, 북조선임시인위 부위원장(북)
선전상　오기섭　조선공산당 중앙위원(북)
노동상　홍남표　조선공산당 중앙위원, 민전 중앙위 부의장(남)
계획경제위원장　최창익　신민당 부위원장, 농림국 차장(북)
농림상　미국 추천　　소련 추천 부상 명재억
재정상　미국 추천　　소련 추천 부상 박문규
교통상　미국 추천　　소련 추천 부상 한희진
체신상　미국 추천　　소련 추천 부상 안기성
보건상　미국 추천　　소련 추천 부상 이성숙
상업상　미국 추천　　소련 추천 부상 이두엽
임시정부예비후보　　김기전(남), 김계림(남), 홍기주, 현창형, 김명희

슈티코프의 명단에는 국방상이 없고 김일성은 내무상으로 추천되어 있었다.[34] 소련은 수상을 비롯한 각료 17명 가운데 북한 6명, 남한 11명을 배정했으나 미국이 추천하도록 한 각료자리는 6개뿐이었다. 소련이 추천

---

34) 정용욱, 『해방 전후 미국의 대한정책』, pp.213~214.

한 11명은 민주의원 부의장 김규식을 제외하고는 전원이 좌익 인사들이었고, 수상, 부수상, 외무상, 내무상, 국방상 등 권력의 핵심자리는 모두 좌익 인사들에게 배정되었다. 소련정부는 임시한국정부의 수립과 함께 신탁통치의 실시도 명확히 했다. 그러나 신탁통치로부터 완전독립에 이르는 과정은 명시하지 않았다.[35]

한편 이승만은 3월11일의 정례기자회견에서 미소공위를 위하여 민주의원이 어떤 준비작업을 하고 있는 듯이 비쳤다. 이날의 기자회견은 이승만의 신병을 이유로 서면 질의응답으로 이루어졌다. 이승만은 먼저 미소공위의 전망에 대해 "나는 낙관도 비관도 아니하나 현재의 형편으로 보면 잘되어 갈 가능성이 있어 보인다"라고 말했다. 임시한국정부 수립과 관련하여 민주의원을 상원으로 하고 따로 하원격의 기구를 설치한다는 항간의 정보가 있다는 질문에 대해서는 다음과 같이 말했다.

"항간의 말은 믿지 않는 것이 좋다. 민주의원은 상원, 하원이라는 그런 계획이 없고 전 민족을 대표하는 기관으로 하지 장군의 고문 겸 우리 전 민족이 원하는 것을 대표하는 것이므로 미소공위가 물론 우리에게 의논이 있을 것이며, 그 의논에 대하여는 다소간 준비가 되어 있다."

이날 기자단의 질문지에는 매우 당돌한 질문이 포함되어 있었다.

"미국 로스앤젤레스에서 조선동포들이 발행하는 《독립》지가 1946년 1월23일자 지상에 보도한 바에 의하면, 이 박사가 재미 시에 중경(重慶)에 있는 김구 주석에게 요구하여 미국인 돌베어(Samuel H. Dolbear)씨를 조선의 광업고문으로 임명케 하여 조선의 광업권에 대한 광범한 권리를 돌베어씨에게 양여한다는 약속을 하였으며, 그 대가로 돌베어씨는 박사에게 미화로 100만달러의 자금을 공급키로 약정되었다고 보도했다. 그리고 더욱 1944년 8월15일에 로스앤젤레스에 전하여진 중경 통신에 의하여 중국 국민정부로부터 일방적으로 폐기한다는 것을 발표한 중국과 임

---

35) 田鉉秀, 「蘇聯의 美蘇共委대책과 韓國臨時政府 수립 구상」, 『金容燮教授停年紀念韓國史學論叢 3: 韓國近現代의 民族問題와 新國家建設』, 지식산업사, 1997, pp.568~572.

시정부와의 9개조 밀약이 있었다 하며, 그 내용으로서 조선이 독립된 뒤에 그 외교정책의 지배권을 중국에 부여한다는 약속과 그 대가로 조선이 열강의 승인을 받을 때까지 중국은 임시정부에 매월 중국화로 300만원을 지불하기로 협정이 되어 있었다고 보도했는데, 그 진상 여하?"

이 질문에 대하여 이승만은 다음과 같이 답변했다.

"김구씨나 나를 아는 사람들은 우리가 나라를 팔아먹을까 의심하지 않고 이런 말을 하는 사람들을 도리어 의심할 것이다. 100만달러를 받거나 주거나 증거를 가지고 있는 사람이 있으면 우리는 그 사람들에게 만사를 허락하겠다. 증거 없이 이런 말을 하는 사람들은 장차 국법이 있어서 이런 것은 징치할 것이다."[36]

《독립》지는 조선민족혁명당 미주지부에서 발행하는 신문으로서 이 무렵에는 박헌영의 이승만 비판문을 전재하고 하지 사령관의 소환을 촉구하는 등 격렬한 좌경 캠페인을 벌이고 있었다. 이 기사의 필자는 이승만의 대표적인 정적으로서 이승만의 활동을 집요하게 방해해 온 한길수(韓吉洙)였다.

3

돌베어는 오랫동안 한국에서 광산업에 종사했고, 1939년 가을까지 동양 최대의 금광인 평안북도의 운산광산(雲山鑛山)을 경영하는 동양광업개발회사의 대리인으로 일한 인물이었다.[37] 대일전이 막바지에 이른 1945년 3월5일에 이승만은 임시정부의 주미외교위원장 자격으로 돌베어를 연봉 1달러의 명목상의 보수로 임시정부의 광산고문으로 임명했다.[38]

---

36) 《東亞日報》 1946년3월12일자, 「民主議院도 準備는 돼있다」; 《서울신문》 1946년3월12일자, 「美蘇共同委員會 잘될 可能性 있다」.
37) 정병준, 『우남 이승만 연구』, pp.539~541.
38) 미국무부문서 895.01/3-1645 Rhee to Dolbear(*Internal Affairs of Korea 1945~1949*).

돌베어는 3월16일에 미 국무부 차관 그루(Joseph C. Grew)에게 외국정부 에이젠트 등록을 신청했고,[39] 미 국무부 극동국장 발렌타인(Joseph W. Ballantine)은 3월28일에 외국정부 에이젠트 등록은 국무부가 아니라 법무부의 소관이라고 회신했다.[40]

귀국한 뒤에 이승만은 하지 장군에게 돌베어를 미 군정부의 고문으로 추천했고 하지도 동의했으나, 돌베어는 1946년2월 초까지 입국허가 신청을 하지 않고 있었다.[41]

독립 이후의 국가건설에 외국의 자본과 기술의 도입이 필요하다는 것을 인식하고 있던 이승만으로서 돌베어와 같은 금광전문가는 꼭 필요한 인물이라고 판단했던 것 같다. 그러나 돌베어로부터 100만달러의 자금을 받기로 약속했다는 말은 근거가 없는 말이었다.

한길수의 기사는 《독립》지의 영문 면에 실린 것인데, 3월11일의 이승만의 기자회견 때까지도 국내에는 보도되지 않았다. 그러다가 이승만의 반대파인 김원용(金元容), 안창호(安昌鎬), 정두옥(鄭斗玉) 등 재미한족위원회 하와이연합위원회 대표단이 귀국하면서 그 기사가 난 《독립》지를 가지고 와서 알려진 것으로 짐작된다. 이들은 1월29일에 선편으로 하와이를 출발하여[42] 2월11일에 인천항에 도착했다.[43]

중경에 있던 임시정부가 독립한 뒤의 외교권을 국민당정부에 인도한다는 9개조의 비밀협약을 맺었다는 이야기도 전혀 근거가 없는 말이었다.

3월12일자 도하신문들은 일제히 이승만의 서면 질의응답을 그대로 보도했다. 논평도 없었고 속보도 없었다. 다만 《조선인민보(朝鮮人民報)》만이 한길수의 기사가 난 《독립》지 영문 면의 제호부분을 배경으로

39) 미국무부문서 895.01/3-1645 Dolbear to Grew, Mar. 16, 1945.
40) 미국무부문서 F. W. 895.01/3-1645 Ballantine to Dolbear, Mar. 28, 1945.
41) Rhee to Hasset, Feb. 5, 1946, *The Syngman Rhee Correspondence in English 1904~1948*, vol.1, p.562.
42) 《國民報》 1946년1월30일자, 「하와이연합위원회대표단 고국을 향하야 발정」.
43 《國民報》 1946년2월20일자, 「대표단입경」; 《自由新聞》 1946년2월14일자, 「在美韓族聯合會側八氏入京」.

깔고 거의 전면에 걸쳐서 보도했다.[44] 배경으로 깐 영문면 기사들은 원래의 지면과는 달리 교묘하게 변조한 것이었다. 특이하게도 조선공산당 기관지《해방일보(解放日報)》는 계속해서 침묵을 지켰다.

그런데 이 뉴스는 즉각 소련공산당 기관지《프라우다(Pravda)》의 3월13일자에 스몰렌스키(V. Smolensky)의 기명기사로 게재되었다. 스몰렌스키란 소련 외무인민위원회 제2극동부의 한국담당 3등서기관 페투호프(V. I. Petuhov)의 필명이었다.[45] 스몰렌스키는 미국의 기업인들과 정상배들이 한국 정권과 광산개발권을 손에 쥐려는 이승만에게 100만달러의 자금을 주었다고《독립》지의 보도를 인용하여 주장했다. 스몰렌스키의 기사는 모스크바발 AP통신을 통하여 3월14일자《뉴욕타임스(The New York Times)》에도 소개되었다.[46] 또한 이《프라우다》지 기사는 앞서 본『팟쇼·반민주분자의 정체』라는 북한 팸플릿에도 전재되어 있는 것을 보면,[47] 북한에서 이승만을 매도하는 자료로서 널리 소개되었음을 짐작할 수 있다.

이승만은 3월14일 저녁에 서울중앙방송국의 라디오방송을 통하여 민주의원의 역할을 좀 더 구체적으로 설명했다.

"우리 민주의원은 하지 중장을 찬조하여 하루바삐 우리 독립회복을 성취하기에 분주히 노력한다. 민국의 헌장을 기초하여 미구에 공포할 것이다.… 이 헌장은 각국인의 이목에 참 모범적 민주자치정부임을 표명하려 한다. 또 민주의원에서 보좌기관으로 고명한 지사들을 몇분 선택해서 미소공동위원회의 모든 의안에 고문으로 협조하려 한다."

이승만은 이어 조만식의 이름을 거론하면서 북한 인사들과 접촉할 의사도 밝혔다.

44)《朝鮮人民報》1946년3월12일자,「李博士, 金九氏의 密約」.
45) 기광서,「소련의 대한반도: 북한정책관련 기구 및 인물분석」,《현대북한연구》, p.120.
46) The New York Times, Mar. 14, 1946, "Accuses Americans in Korea".
47)『팟쇼·反民主分子의 正体』, pp.27~30.

"우리는 38도선을 먼저 철폐하여 정치상 토의에 남북이 간격이 없게 되기 바란다. 우리 남방에 있는 사람들이 북방에 있는 동포들과 자유로 모여서 통창[通暢: 조리가 밝음]히 토론함으로써 원만한 대표적 정부를 성립하게 되기를 원한다. 북도(北道)의 우리 모든 유력한 인도자들 중에 조만식씨와 기타 모모씨와 함께 모여 앉아서 이 중대한 문제를 토의하기를 원한다.…"[48]

이승만은 조만식이 연금상태에 있는 것을 알면서도 그와 만나서 임시 한국민주정부 수립 문제를 상의하겠다고 주장한 것이었다.

이승만은 미소공위가 이틀 앞으로 박두한 3월18일에 건강 악화를 이유로 민주의원에 의장직 사직서를 제출했다. 그러나 민주의원은 그의 사직서는 수리하지 않고 건강이 회복될 때까지 휴가를 주기로 하고, 이승만이 건강을 회복하기까지 부의장 김규식이 의장직을 대행하기로 결의했다.[49] 김규식은 기자들에게 "이 박사의 사임결의는 순전히 건강상의 이유로서 항간의 낭설과 같은 정치상 문제는 아니다"라고 말했다.[50]

제1차 미소공위는 3월20일 오후 2시에 덕수궁 석조전에서 개막되었다. 5명씩의 양국 대표단과 전문기술요원 및 고문이 참가했다. 대표단장은 양군사령부 대표회의 때와 마찬가지로 미국은 아널드 소장, 소련은 슈티코프 중장이었다. 3국외상회의 결정의 제2항과 제3항을 실행하는 것이 회의의 주된 목적이었다.

그러나 회의가 순탄하게 진행되지 못할 것이라는 조짐은 소련대표단장 슈티코프의 개막 연설에서 바로 나타났다. 슈티코프는 먼저 8·15 이후의 남북한의 정치 상황에 대해 다음과 같이 주장했다.

"한국을 민주적이며 독립된 국가로 건설하고자 하는 위대한 목적은 모든 한국인민의 광범한 정치활동을 촉진시켰습니다. 한국인민은 그들

---

48) 《朝鮮日報》 1946년 3월 15일자, 「忍耐하고 結末 보라」.
49) 《朝鮮日報》 1946년 3월 21일자, 「李博士 民主議院議長辭任」.
50) 《東亞日報》 1946년 3월 21일자, 「民主議長을 金博士代行」.

의 민주적 정당과 공공단체와 민주적 자치정부 기관으로서 인민위원회를 결성했습니다.

그러나, 한국인민의 내적 생활을 점차적으로 민주화시키는 과정에는 한국에 민주체제를 굳건히 창건하는 작업을 방해하는 것을 목적으로 하는 반동적 및 반민주적 그룹과 그 일파의 완강한 반항에서 기인하는 많은 심각한 난관들이 가로놓여 있습니다."

그러면서 슈티코프는 미소공동위원회의 임무는 "한국인민들이 국가의 민주화와 재건에서 제기되는 임무를 감당할 수 있는 임시한국민주정부를 수립하도록 지원하는 일"이라고 말하고, "장래의 임시한국민주정부는 모스크바 외상회의 결정을 지지하는 모든 민주 정당과 사회단체의 광범한 통일의 기초 위에서 수립되어야 한다"고 주장했다.

슈티코프의 연설에서 가장 눈길을 끄는 대목은 다음과 같은 소련의 입장 표명이었다.

"소련은 한국이 앞으로 진정한 민주적인 독립국가, 소련을 공격하는 기지가 되지 않을 우호적인 국가가 되는 데 깊은 관심을 가지고 있습니다."

슈티코프는 마지막으로 한국인들의 가장 큰 관심사인 신탁통치문제에 대하여 다음과 같이 단호하게 말했다.

"한국에 관한 3국외상회의의 결정에 근거한 미소공동위원회의 임무는 또한 임시한국민주정부의 참여와 한국의 민주적 단체들의 지원 아래 신탁통치와 관련하여 한국인민의 정치, 경제 및 사회적 발전을 촉진하고 민주적 자치정부의 발전과 한국에 주권적 독립국가를 수립하는 것을 원조하고 지원하는 방안을 강구하는 데도 있습니다. 그러한 잠정적인 신탁통치는 민주적 기초에 입각한 한국인의 독립국가를 재건하고 부흥시킴으로써 한국인의 근본적인 여망에 부응하게 될 것입니다."[51]

아널드는 슈티코프의 개막 연설이 마치 폐막 연설처럼 들렸다고 했

51) Hodge to Byrnes, Mar. 22, 1946, *FRUS 1946*, vol.Ⅷ., pp.652~653.

고, 하지도 이 연설이 한국의 소비에트화와 식민지화를 추구하는 소련의 야심을 잘 나타내었다면서 주한미군사령부의 모든 참모들에게 그것을 숙독할 것을 지시했다.[52]

4

좀처럼 합의점을 찾지 못하던 미소공위는 3월29일에 이르러 가까스로 작업계획에 대한 합의가 이루어졌다. 4월1일에 공표한 공동성명 제3호에 따르면, 작업은 2단계로 나누어 진행하기로 하고, 제1단계에서는 외상회의 결정의 제2항을, 제2단계에서는 제3항을 실시한다는 데 합의했다. 또한 제1단계에서는 (1) 제민주정당 및 사회단체와 협의할 조건과 순서, (2) 임시한국민주정부의 기구 및 조직원칙과 임시헌장에 의하여 조직될 각 기관에 대한 제안의 준비 토의, (3) 임시한국민주정부의 정당 및 적의한 법규의 준비 토의, (4) 임시한국민주정부의 각원에 대한 제안에 관한 토의가 포함되었다. 그리고 이상의 문제에 대응하는 소위원회를 설치하는 것에도 합의했다.[53]

그러나 양국 대표는 제1단계의 (1)의 조건, 곧 미소공위는 어떤 정당 및 사회단체를 협의 대상으로 할 것인가를 두고 벽에 부딪혔다. 미국대표단은 남한의 한국인 대표는 민주의원으로 일원화할 것을 제안했으나 소련대표단은 민주의원을 남한을 대표하는 기관으로 인정할 것을 거부하고 모든 정당과 사회단체는 독자적으로 협의할 권리가 있다고 주장했다. 다만 외상회의 결정에 찬성하는 정당과 사회단체 대표만을 협의 대상으로 삼아야 한다는 것이었다. 이에 대하여 미국대표단의 입장은 모든 한국인에게 언론의 자유를 보장해야 하며 따라서 비록 외상회의 결정에 반대

---

52) X X Ⅳ Corps Staff Conference, 22 Mar. 1946, Historical Journal WNRC RG 332.
53) 심지연, 『미소공동위원회연구』, 청계연구소, 1990, pp.194~195.

를 표명하는 정당과 사회단체라 하더라도 협의 자격을 박탈해서는 안된다는 것이었다.[54]

이 시점에서 미국무장관 번스가 전쟁[육군]부 장관 패터슨(Robert P. Patterson)에게 다음과 같은 편지를 보낸 것을 보면, 주한 미 군정부의 공산주의 그룹에 대한 정책에 대하여 국무부가 얼마나 못마땅하게 생각하고 있었는가를 짐작할 수 있다.

공동위원회의 미국대표단이 하지 장군의 지시에 따라 이제 막 소련대표들과 회담을 시작한 사실에 비추어, 나는 하지 장군이 취한 행동 때문에 적지 않게 동요하고 있음을 고백한다. 나는 그가 매우 어려운 임무에 직면해 있음을 전적으로 인정한다. 국무부는 그 임무를 이행할 수 있도록 전폭적으로 지원할 것이다. 그러나 나는 하지 장군이 회담 벽두부터 실패에 대하여 그토록 확신하고 있지만 않더라도 회담 결과에 대하여 걱정을 덜 할 수 있을 것이다.[55]

4월5일에 이르러 소련대표단은 절충안을 제안했다. 그것은 지금까지 모스크바 외상회의 결정을 반대해 온 정당과 사회단체라도 앞으로 외상회의 결정을 지지하면 협의 대상이 될 수 있다는 내용이었다. 그것은 미소공위에 소극적이었던 하지 사령관과 미국대표단을 당혹스럽게 하는 것이었다.[56]

게다가 4월6일에는 AP통신이 미 군정부가 이승만을 주석으로 하는 남한 단독정부 수립을 본국정부에 제의했다고 보도하여 정국을 더욱 수선스럽게 했다. 이승만은 "미소공동위원회에서 토의할 기간에는 침묵을 지키는 것뿐이며, 동시에 38도선을 철폐하야 남북이 다시 통일을 회복하

54) Hodge to Byrnes, [undated], *FRUS 1946*, vol.Ⅷ., pp.665~667.
55) Byrnes to Patterson, Apr. 1, 1946, *FRUS 1946*, vol.Ⅷ., p.656.
56) 도진순, 앞의 책, pp.80~81.

기로 이 회의에서 결정되기를 바란다"라고 말하고, "남북조선에 따로 정부를 세워서 독립정권을 행케 한다는 보도는 신문상에서 보아 알았으나 이상의 말한 바 소망을 지킬 동안에는 이것이 사실이 아니기를 바라는 고로 이에 대하여는 아직 나의 의견을 발표코자 아니한다"라고 말했다.[57] 한편 김구는 "천만의외의 정보이다. 만약에 통신정보가 근거 있는 것이라고 하면 현재 남북으로 양단된 불행한 상태를 연장하는 데 불과한 것이다. 우리는 오직 남북통일과 좌우협조로 된 자주독립국가 완성을 기원하며 끝까지 노력할 뿐이다"라고 논평했다.[58] 미 국무부도 4월7일에 공식으로 부인하는 성명을 발표했으나, 남한단정수립설의 파장은 컸다.

하지 사령관은 4월8일에 맥아더를 만나러 급히 도쿄를 방문했다. 군정장관 러치(Archer L. Learch)는 하지의 도쿄 방문이 "별다른 의미가 없는 것으로서 긴장할 필요가 없다"라고 했으나, 소련대표단의 새로운 제안에 대한 대응방안을 협의하기 위한 것이었음은 말할 나위도 없다. 하지는 급히 도쿄로 떠나기에 앞서 장시간 이승만과 면담했다.[59]

하지는 4월12일에 돌아왔는데, 그가 돌아온 이튿날 민주의원 부의장 김규식은 이승만이 4월15일부터 3주일 예정으로 남한 지방을 순회한다고 발표했다.[60] 하지가 이승만에게 지방여행을 요청한 것은 좌익세력에 눌려 있던 지방의 우익세력이 신탁통치반대운동을 계기로 활기를 띠게 되자 이들 우익세력의 지지기반을 다지는 데 도움이 될 것으로 기대했기 때문이었을 것이다. 하지의 정치고문 랭던(William R. Langdon)이 이승만의 지방순회에 대하여 "이승만 박사는 전 도(道)에서 좌익이 강한 영향력 아래 있는 지역에 자기의 추종세력을 강화하는 노력의 일환으로" 여행을 한다고 국무장관에게 보고한 것도 그러한 사정을 짐작하게 한다.[61]

---

57)《朝鮮日報》1946년4월9일자,「南朝鮮單獨政府說 말할 수 없다」.
58)《서울신문》1946년4월7일자,「左右協調에 努力」.
59)《東亞日報》1946년4월9일자,「하지中將, 맥아더大將을 訪問」.
60)《大東新聞》1946년4월14일자,「李博士 南鮮地方巡廻」.
61) Langdon to Byrnes, May 14, 1946, *FRUS 1946*, vol.Ⅷ., p.678.

한편 이승만의 비서 윤석오(尹錫五)는 하지가 이승만에게 지방여행을 요청한 것은 미소공위에 참가한 소련대표들에게 이승만의 대중적인 인기를 보여 주기 위해서였다고 말했다. 이보다 앞서 이승만은 소련대표단장 슈티코프에게 이기붕(李起鵬) 비서를 보내어 면담을 요청했는데, 슈티코프는 2~3일 뒤에 회답하겠다고 한 다음 뒤에 거절하는 전갈을 해왔다고 한다.[62] 이승만은 이때까지 신변안전과 또 서울이 정치의 중심이라는 생각에서 서울을 떠나기를 꺼려해 왔다.[63]

62) 尹錫五 증언, 孫世一, 『李承晚과 金九』, p.231.
63) G-2 Weekly Summary no.32(1946.4.24.~26.).

3. 지방순회로 지지기반 강화

1

이승만의 지방순회는 독촉국민회 지방조직을 통하여 이루어졌다. 4월15일 현재의 독촉국민회 지방조직 현황은 38도선 이남의 144개군 가운데 114개군에 지부가 조직되어 있었고, 회원수는 106만8,479명에 이르렀던 것으로 보도되었다.[64]

이승만의 지방순회에는 프란체스카도 동행했다. 첫 방문지는 천안(天安)이었다. 4월16일 저녁에 온양(溫陽)온천에서 일박한 이승만은 이튿날 오전에 천안제일국민학교 교정에 모인 3만여명의 군중 앞에서 50분가량 연설을 했다.[65] 4월18일 오전 11시에 대전(大田) 독촉국민회 주최로 본정(本町)국민학교 교정에서 열린 환영강연회에는 4만여명의 군중이 모였고, 저녁에는 대덕(大德)군수 주최로 유성(儒城) 온천호텔에서 간담회가 열렸다.[66]

이승만이 대전을 방문하기 직전인 4월16일과 19일에 이승만 암살을 노린 일당 7명이 대전에서 체포되었다. 경찰의 발표에 따르면, 범인들은 일제 수류탄과 권총 등을 가지고 있었다.[67] 이때부터 경찰은 이승만의 경호를 강화했다. 4월21일 아침에 갑자기 굿펠로(Preston M. Goodfellow) 대령이 프란체스카의 비서 프라이 부인(Mrs. Frye)과 함께 비행기편으로 대전에 와서 이승만을 2시간 동안 만나고 부산(釜山)으로 갔다. 미소공위 제5호성명에 대한 대책을 협의하기 위해서였다.[68] 교착상태에 빠졌던

---

64) 《大東新聞》 1946년4월24일자, 「獨立促成國民會의 地方組織體」.
65) 《大東新聞》 1946년4월19일자, 「李博士天安서 大熱辯」.
66) 《大東新聞》 1946년4월21일자, 「大田全部歡迎一色」.
67) 《朝鮮日報》 1946년4월24일자, 「李博士暗殺計劃」; 《東亞日報》 1946년4월24일자, 「要人暗殺團大田에서 一網打盡」.
68) 《大東新聞》 1946년4월23일자, 「꿋펠로―博士 李博士와 要談」; 《朝鮮日報》 1946년4월23일자, 「꿋펠러―儒城李博士訪問」.

미소공위는 4월18일에 제5호성명을 발표했는데, 그것은 미소공위의 협의대상이 되고자 하는 정당 및 사회단체는 목적과 방법에서 민주적이어야 하고 외상회의 결정의 목적을 지지하고 이를 실행하기 위하여 협력한다고 서약하는 선언서를 제출해야 한다고 천명한 것이었다.[69] 신탁통치 문제는 해결된 것처럼 막연히 인식하고 있던 민주의원으로서는 여간 큰 충격이 아니었다. 하지는 4월22일에 만일 한국인들이 확실히 '원조'의 필요가 없다는 것을 보여 주든가 혹은 일정한 기간만 4국의 원조를 받겠다고 하고 여기에 4국이 찬동만 하면 원조를 전혀 안 받을 수도 있다면서 민주의원 참가 정당 및 사회단체들의 선언서 서명을 촉구했다.[70] 그러나 이 하지의 성명에 대해서도 민주의원과 비상국민회의는 연일 합동으로 또는 개별적으로 회의를 열었지만 결론은 내지 못하고 이승만의 귀경만 기다렸다.

그러나 이승만은 예정대로 여행을 계속했다. 4월21일 오후에 이승만의 승용차가 유성온천을 출발하여 경북 김천(金泉)으로 이동할 때에는 연도의 주민들이 태극기를 들고 나와 열렬히 환영했다. 충북 옥천(沃川)에 도착한 이승만은 옥천국민학교에서 30분가량 환영 나온 주민들에게 인사말을 했다. 이승만은 영동(永同)과 추풍령(秋風嶺)의 직지사(直持寺)를 거쳐 오후 5시께 김천에 도착했다.[71]

4월22일 오전 11시에 독촉국민회 주최로 김천 동부국민학교 교정에서 열린 환영강연회에는 남녀 학생들과 각 단체 등 군민 4만여명이 모여 이승만을 환영했다. 이승만은 서울에서 열리고 있는 미소공위 진행상황 등 정국 정세에 대하여 열변을 토했다.[72]

23일 오전 10시에 김천을 출발한 이승만은 오후 1시쯤 대구 신동 가

---

69) 심지연, 앞의 책, p.196.
70) 《朝鮮日報》 1946년4월24일자, 「四國贊同하면 援助不要」.
71) 《大東新聞》 1946년4월23일자, 「大田-金泉間沿道同胞, 感激의 歡送」.
72) 《朝鮮日報》 1946년4월24일자, 「李博士 四萬金泉郡民에 講演」; 《大東新聞》 1946년4월24일자, 「李博士金泉서 大熱辯」.

도에 들어섰다. 손에 손에 태극기를 들고 만세를 부르며 환영하는 시민들에게 이승만은 모자를 흔들어 화답했다. 숙소인 경상북도 내무부장 관사에 도착한 이승만은 도지사를 비롯한 지방유지와 미국인 지사 등 미군장교들을 접견하고, 해방 기념식수를 했다.

그러고 나서 오후 4시에는 지방지 기자단과 회견했다. 미소공위 제5호성명에 대한 질문을 받은 이승만의 대답은 명쾌했다.

"첫째 반탁과 찬탁을 막론하고 회의에 참가해야 하고, 둘째 미소공위의 남북을 통일한 각 정당과의 협의가 일치되어야 하며, 끝으로 신탁통치 문제는 임시정부 수립 후에 해결한다는 것이 가장 적당하다고 했으니만큼 우리가 원하는 대로 되었다고 보며, 어쨌든 우리가 회의에 참가해야만 제반문제를 상의하고 토의하야 의견을 진언하게 될 것이 아닌가."[73]

그것은 미소공위 참가문제를 놓고 왈가왈부하고 있는 서울의 우익 민족주의 인사들에게 행동지침을 제시한 것이었다.

이튿날 독촉국민회 경북지부 주최로 대명동 공설운동장에서 열린 경북도민 환영대회에는 10만여명의 군중이 운집했다. 그러나 대회 도중에 갑작스런 기상 악화로 이승만의 연설은 중지되고, 대신에 이날 저녁 7시 반부터 대구방송국에서 30분가량 방송연설을 했다. 25일 오전 10시에 이승만은 시민들의 성대한 환송을 받으며 경주(慶州)로 향했다.[74] 영천(永川)을 지나 오후 2시에 경주에 도착했을 때에는 이승만을 마중하러 나온 사람들로 천년 고도 경주거리가 메워졌다. 이승만은 불국사까지 가서 여장을 풀었다.

26일 오전 11시부터 경주중학교에서 열린 경주, 영천, 영일(迎日), 울산(蔚山) 4개군 연합환영회에는 5만여명의 군중이 모였다. 이승만은 1시간 반에 걸친 정열적인 연설로 청중을 사로잡았다.[75] 이승만은 불국사에

73) 《朝鮮日報》 1946년 4월 26일자, 「五號聲明에 贊意, 李博士大邱에서 言明」.
74) 《大東新聞》 1946년 4월 26일자, 「大明原頭에서 十餘萬群衆을 激勵」.
75) 《大東新聞》 1946년 4월 30일자, 「國父 맞이한 古都, 感激 깊은 五萬聽衆」.

서 이틀 밤을 묵으면서 아름다운 한시 한수를 지었다.

宿泊佛國寺 [76]	불국사에서
小少旣聞佛國名	젊어서 들은 이름 불국사
登臨此日不勝情.	오늘에야 올라 감개를 가누지 못해.
群山不語前朝事	산들은 지난 일 말이 없고
流水猶傳故國聲.	흐르는 물만 옛 왕국 소리 전한다.
半月城中春草合	반월성 안에는 봄풀이 어우러지고
瞻星臺下野花明.	첨성대 밑에는 들꽃이 밝다.
只今四海風塵定	지금은 사해 풍진 다 평정되고
古壘松陰臥戍兵.	옛 보루 솔 그늘에 수병(戍兵)은 잠들었다.

　4월27일 오전 9시40분에 불국사를 출발한 이승만은 오전 11시에 울산읍에 도착했다. 울산에서는 울산제일국민학교 교정에 1만여명의 군중이 집결하여 이승만을 기다리고 있었다. 울산을 떠나 오후 4시쯤에 동래(東萊)를 통과할 때에는 남녀 학생들과 많은 주민들이 연도에 늘어서서 이승만을 환영했다. 이때에 동래 입구에서 이승만의 암살을 기도한 흉한 1명이 경찰에 체포되었다.[77] 이승만은 해운대에 도착하여 송도각(松濤閣)호텔에 들었다.

　해운대에는 서울에서 민주의원의 백남훈 의원과 윤치영 비서가 급히 내려와서 대기하고 있었다. 미소공위 제5호성명과 관련하여 민주의원의 태도를 결정하기 위한 이승만의 지시를 듣기 위해서였다. 이승만은 귀경

76) 《大東新聞》 1946년5월3일자. 뒤에 편집된 詩集에는 제목에서 '宿泊'이 없어지고 '半月城中'은 '半月城邊'으로, '古壘松陰'은 '古壘松風'으로 고쳐졌다.
77) 《大東新聞》 1946년4월30일자, 「李博士 蔚山·東萊서 大歡迎」.

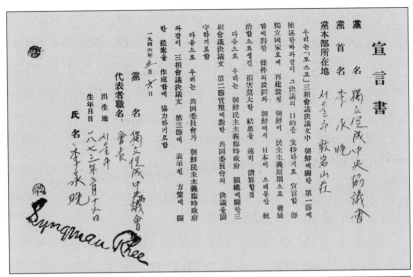

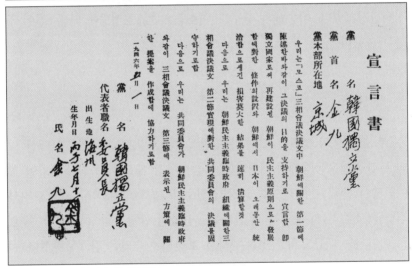

미소공위에 제출한 이승만과 김구의 선언서.

하지 않고 순회여행을 계속하기로 했다. 그 대신에 민주의원에는 미소공위 제5호성명에 따른 선서문에 서명하고 미소공위에 참가하라는 친서를 써서 백남훈에게 주었다. 이승만은 친서에서 신탁통치문제에 관해서 다음과 같이 설명했다.

"민주의원이 서명하는 것은 신탁을 지지하는 것이 아니요 다만 신탁에 관한 문제를 해결할 토의에 협동한다는 뜻을 표함이니, 그 토의에 참여치 않으면 그 문제가 원만히 타결되기 어려울 것이며, 설령 우리가 참가하고도 잘 타협이 못되면 그때는 우리가 다른 보조를 취하기에 늦지 않을 것이다."

그리고 임시정부 수립문제에 대해서는 다음과 같이 말했다.

"지금 내가 알기에는 임시정부를 먼저 수립하고 그 후 임시정부에서 공동위원회와 협의하여 조치하기로 된 것이니, 임시정부만 충분히 된다면 더 문제가 될 것이 없는 줄로 안다."[78]

백남훈이 가지고 간 이 "이 박사 친서"는 신문에도 공개되어 전문이 보도되었다. 이처럼 이승만은 서울을 떠나 있으면서도 우익진영의 최종 정책결정자였다. 이승만과 김구도 미소공위 제5호성명에 따른 「선언서」를 제출했다.

2

부산 방문의 성과는 컸다. 환영연설회는 4월29일 정오에 구덕산 밑의 부산공설운동장에서 거행되었는데, 운동장 개설 이래 최대 인파인 20여만명이 운집했다. 환영회 회장 김철수(金喆壽)의 개회사, 경남도지사 김병규(金秉圭)의 환영사, 부산기독교연합회 합창단의 '환영합창' 등으로 이어지는 대규모의 환영회 행사를 보면서 이승만은 감개무량했다. 이승만은 주최쪽으로부터 '국부(國父)'라는 최고의 존칭으로 소개되었다. 1911년에 밀행하다시피 하며 기독교 관계자들을 만나고 간 지 30여년 만의 부산 방문이었다.

마이크 앞에 선 이승만은 먼저 "나를 위해서 성대한 환영과 더불어 국

---

78) 《大東新聞》 1946년5월3일자, 「李博士親書 信託엔 署名 않으면 고만」.

부라는 가슴에 넘치는 경어를 주어 눈물이 흐를 듯하다"고 말하고, "지금에 하신 환영사와 환영합창 중에 특히 동감되는 것은 '한덩어리로 뭉쳐서 완전한 자주독립을 찾자'라는 구절이었고 내가 지금 말하고자 하는 요지도 이것이다"라면서 단결을 역설했다.

이승만이 순회강연에서 역점을 두고 강조한 것은 공산당 비판이었다. 그 대표적인 것이 부산 강연이었다. 이승만은 공산당을 비롯한 좌익 그룹의 행동을 다음과 같이 비판했다.

"나는 공산주의와 극렬파들이 나와 정치의견이 다르다고 반대하는 것이 아니다. 공산당과 극렬파가 하고 있는 것은 인민의 복리를 위하고 있는 것이 아니라 통일을 지연시키고 자주독립을 방해하고 있을 뿐이다. 정치적으로 보아서 공산당과 과격파들이 하고 있는 것을 들어 말하자면, 그네들은 자본가 타도를 일삼아 부르짖고 있지만 자본과 노동과 토지가 발을 맞춰 가지 않으면 우리나라의 상업도 공업도 발전할 수 없고 민생도 발전할 수 없다."

이승만은 그러면서 공산당 그룹이 노동자들에게 동맹파업을 하도록 선동하는 것은 "하루 일 안 하면 살아나가지 못하는 근로대중을 못살게 하는 것이고 국가에 큰 역할을 하는 산업을 파괴시키는 행위"라고 비판했다.

이승만은 이어 국민적인 쟁점이 되어 있는 토지개혁문제에 대해서도 중론과는 다른 자신의 소신을 분명히 밝혔다.

"일인 토지고 조선인 토지고 이것을 농민들에게 무상분배한다고 하나 이것은… 국민의 재산소유권을 무시함이니, 장차 우리가 민주정부를 수립할 때에 국법을 제정하야 국민의 생활을 옹호함이 지당하다고 생각한다."

이승만은 또 전날 밤에 있었던 굿펠로와의 통화에 근거하여 미소공위에 대한 낙관적인 전망을 피력했다. 그는 임시정부의 내각 구성문제까지 언급했다.

"가까운 장래에 수립될 임시정부의 진용은 아직 확실치는 않지만 북조선 5, 남조선 8 또는 북조선 3, 남조선 5가 되지 않을까 싶다. 여하간 인구로 보아서 북조선보다 남조선이 많으니 임시정부의 진용도 남조선이 많을 듯하다."[79]

늦은 오찬장에서도 이승만은 미 군정부와의 협조관계를 과시하는 듯한 발언으로 참석자들로 하여금 그의 권위를 실감하게 했다. 부산에 와서 서울에 있는 하지 장군의 고문 굿펠로와 전화 통화를 했는데, 미국대통령의 특사인 모씨가 곧 한국을 방문할 것이고 그는 38도선 이북에도 갈 예정이므로 임시정부 수립의 진전도 상상 이외로 급진적으로 전개될 것이라는 소식을 전하더라고 말하여 좌중을 놀라게 한 것이다. 이승만이 말한 트루먼 대통령 특사는 대일배상조사단장으로 일본을 방문 중인 폴리(Edwin W. Pauley)였다. 폴리는 5월16일에 한국에 왔고, 북한도 방문했다.

이승만은 오후 4시에 도청에서 기념 식수를 하고, 숙소인 동래 온천장으로 자리를 옮겼다.[80]

이승만은 4월30일에 동래중학교 교정에 모인 1만여명의 청중에게 강연을 한 다음 마산(馬山)으로 이동했다. 대전에 이어 4월27일에는 동래 입구에서도 암살범 1명이 체포되었기 때문에 경찰은 이승만의 경호를 더욱 강화했다. 이승만이 마산에 도착한 날 저녁에는 경찰 1,000명이 외부에서 투입되었다고 한다.[81]

이승만이 온다는 소식이 전해지자 마산시민들은 물론 멀리 남해(南海)와 거제도(巨濟島)에서도 범선을 타고 모여들었다. 5월1일 오전 11시에 마산중학교 교정에서 열린 환영연설회에는 4만여명의 시민들이 모여 이승만을 환영했다. 마산부윤 옥기환(玉麒煥)의 개회사, 미 군정장관 매

---

79) 《民主衆報》1946년4월30일자, 「老指導者에 歡呼의 人波」.
80) 《大東新聞》1946년5월3일자, 「運動場新設以來처음 四十萬釜山港民慶祝」.
81) G-2 Periodical Report, no.229(1946.5.1.), p.2.

리크 프라이디의 축사가 있었고, 미 해병대 800여명이 군악행진을 하여 이채를 띠었다. 이승만은 연설회를 마친 뒤 오후 3시 반에는 배편으로 진해(鎭海)를 시찰했다.[82]

5월2일 오전에 마산을 떠난 이승만은 오후 2시20분께 함안(咸安)에 도착했다. 함안의 가야국민학교 교정에는 읍민은 물론 의령(宜寧) 등 먼 곳에서도 흰 옷을 입은 촌로들이며 색색 옷가지의 부녀자들과 아이들까지 2만여명이 모여들어 조그마한 함안 촌읍은 무슨 큰 잔치나 벌어진 듯했다.

함안을 출발하여 진주(晋州)에 도착한 것은 오후 5시. 진주에는 고성(固城), 통영(統營), 하동(河東), 산청(山淸) 등 9개 군민이 한꺼번에 몰려들어 진주시민들은 집집마다 친척 손님으로 초만원을 이루었다.[83]

5월4일 오전 10시에 진주를 출발하여 전라도로 향하던 이승만은 섬진강을 건너기 전에 하동에서 차를 내려 하동국민학교에 준비되어 있는 환영회에 들러 참석자들에게 인사말을 했다. 순천(順天)에 도착한 때는 오후 5시 반이었다.[84]

이튿날 오전 11시에 순천남국민학교 교정에서 열린 환영연설회에는 3만여명의 청중이 모였다. 1925년에 《조선일보(朝鮮日報)》 기자로 하와이에서 열린 제1회 태평양회의에 참석했다가 미국에 눌러앉아 이승만의 동지회 일을 도왔던 김양수(金良洙)가 순천군수였고, 1944년에 주미외교위원부 일을 거들었던 배민수(裵敏洙)는 미군과 같이 귀국하여 순천에서 목사로 사역하고 있었다. 감격적으로 두 사람을 만난 이승만은 이들을 청중에게 소개했다.

오후에 중앙교회에서 열린 이승만환영예배에는 800여명의 신도들이 참가했다. 이승만은 그 자리에서 "삼천리 강토의 광복을 위하여 생사의

---

82) 《大東新聞》 1946년5월4일자, 「美港馬山에 軍樂行進, 舞鶴山도 춤추라」.
83) 《大東新聞》 1946년5월5일자, 「九個郡民歡迎裡에 李博士晉州到着」.
84) 《大東新聞》 1946년5월7일자, 「李博士順天到着」.

지경이 수십번이나 있었으나 하나님이 여러분과 나의 기도를 들으시고 오늘날까지 이와 같이 건강을 보호하고 우리 동포에게 좋은 독립할 기회를 허락하신 줄 안다. 우리는 이 기회를 잃지 말고 자주독립을 힘쓰고 자유신앙에 노력하자"라고 말하고, "공산분자는 독재적 정치로 교회를 일정시대보다 더 구속한다"면서 공산주의자들에 대한 비판을 잊지 않았다.[85]

5월6일 오전 8시에 순천을 출발한 이승만은 벌교(筏橋), 보성(寶城), 장흥(長興), 영암(靈巖), 영산포(榮山浦)를 거쳐 목포(木浦)로 이동했다. 벌교를 지날 때에는 그곳 부인회에서 이승만 일행이 그냥 통과하는 것이 섭섭하다고 하여 꿀물을 풀어 가지고 대접했다. 보성에서는 1만여명이 모여 이승만환영대회를 열었고, 이승만은 그곳에서 기념식수도 했다. 오전 11시20분쯤에 보성을 출발하여 장흥에 도착한 것은 오후 2시쯤이었다. 장흥에서는 장흥국민학교 교정에서 환영회가 열렸다. 목포에 도착한 것은 오후 6시40분이었다.[86] 5월8일 오전에 산수국민학교 교정에서 열린 목포환영강연회에는 3만여명의 청중이 모였다.

이승만은 귀경을 서둘렀다. 교착상태에 있던 미소공위가 이날 무기연기되었기 때문이다. 이승만은 이날 오후 2시에 목포를 출발하여 광주(光州)로 향했다. 도중에 나주(羅州)에 들러 독촉국민회 주최의 환영대회에 참석했다. 환영대회에는 1만여명의 사람들이 모였다.

광주에서는 5월9일 오전 11시에 서정(西町)국민학교 교정에서 5만여명의 시민이 운집한 가운데 두시간에 걸쳐서 환영강연회가 열렸다. 강연회에 이어 오후 2시 반에 전남도청 응접실에서 광주지역의 정당, 사회단체 대표들을 접견하고,[87] 오후 4시에는 기자들을 만났다. 미소공위가 무기휴회된 것과 관련하여 이승만은 다음과 같이 소련을 비판했다.

---

85) 《大東新聞》 1946년5월8일자, 「獨裁者共産派는 宗敎의 自由를 否認」.
86) 《大東新聞》 1946년5월10일자, 「湖南沿道歡迎盛大」.
87) 《大東新聞》 1946년5월11일자, 「"大韓사람 大韓으로"」.

"소련인들이 세상의 공론 돌아가는 것을 알고 자기네들의 장래 이해가 어찌될 것을 각오하고 미국대표와 협동해서 순리적으로… 해결할 줄 알았더니, 그 사람들이 그것을 양해 못하고 또 미국대표들이 좋은 기회를 준 것을 이용하지 못하게 된 것은 매우 유감으로 생각한다."

38도선문제에 대해서는 더욱 신랄하게 소련을 비난했다.

"38도선문제도 소련사람들이 자의로 우리 민의와 세계 공론을 따라 해결치 못하면 결국은 소련에 대해서도 이롭지 못할 것이니, 우리의 관계로만 아니라 소련 관계로 보아도 큰 불행으로 생각한다. 따라서 이미 우리는 전 국민의 결심으로 공산당의 제안을 접수치 않기로 하였고, 우리 강토를 단 얼마라도 남에게 양여치 않기로 결심한 만큼 이것을 소련사람들이 하루바삐 각성하기를 바란다."[88]

이승만은 5월10일 오후 1시에 비행기편으로 급거 귀경하여 오후 4시부터 2시간 동안 하지와 요담하고, 이어 용산 성모병원에 입원 중인 김구를 방문했다. 이 무렵 김구는 탈장증으로 입원해 있었다. 그리고 이튿날 아침 9시부터 11시까지 돈암장에서 굿펠로와 요담했다.[89]

3

우파 민족주의 정당들을 통합하여 한국독립당을 확충하는 작업을 마친 김구도 4월14일부터 지방 나들이를 했다. 이승만의 경우와는 대조적으로 김구의 여행은 주로 자신과 인연이 있는 곳을 찾아가는 회상의 '센티멘탈 저니[감성여행]'였다. 맨 먼저 방문한 곳은 인천(仁川)이었다. 4월14일 오전에 인천으로 향하면서 영등포에 있는 조선피혁공장을 둘러보고 직공들과 이야기도 나누었다. 김구 자신이 "의미심장한 역사지

---

88) 《大東新聞》 1946년5월11일자, 「蘇聯의 無理解는 遺憾」.
89) 《朝鮮日報》 1946년5월12일자, 「鄭重한 態度를 取하자」; 《서울신문》 1946년5월12일자, 「歸京後李博士奔忙」.

대"라고 표현했듯이, 김구가 20대 초반에 치하포사건으로 1년10개월 동안, 30대 중반에 안악(安岳)사건으로 4년 반 넘게 혹독한 옥살이를 한 곳이 바로 인천감옥이었다. 인천을 방문한 소감을 김구는 이렇게 적어 놓았다.

구속된 몸으로 징역 공사한 곳이 축항공사장이었다. 그 항구를 바라보니 내 피땀이 젖은 듯하고, 면회차 부모님이 내왕하시던 길에는 눈물 흔적이 남아 있는 듯 49년 전 옛날 기억도 새로워 감개무량하였다.[90]

김구는 내리(內里)예배당에서 간담회를 한 다음 인천 유지 100여명이 동양헌(東洋軒)에서 배푼 연회에 참석하여 산업건설의 시급함을 강조하고, 옥살이하던 옛날이야기도 했다. 인천 방문의 공식 목적은 공장 시찰이었다. 인천에서 하룻밤을 묵고 이튿날 공장을 시찰하고 귀경했다.[91]

4월21일은 부활절이었다. 오전에 명동 천주교회당의 부활절 미사에 참석한 김구는 이시영과 함께 양주군(楊州郡)의 농촌을 둘러보고 밤늦게 귀경했다.[92]

이튿날 김구는 인천감옥을 탈옥하고 한동안 승려 생활을 했던 충남의 마곡사(麻谷寺)를 가보기 위하여 공주(公州)로 갔다. 공주에 도착하자 충남경찰부장과 공주경찰서장이 마중 나와서 공주군민환영회장으로 안내했다. 환영회장에는 가까운 충남과 충북 일원에서 모여든 인파로 발 디딜 틈이 없었다.

이날의 김구의 연설 가운데 특별히 돋보이는 것은 공개적으로 이승만

90) 『백범일지』, p.411.
91) 《大東新聞》 1946년4월16일자, 「金九主席仁川視察」; 《東亞日報》 1946년4월17일자, 「民議金九總理港都仁川을 視察」.
92) 《東亞日報》 1946년4월23일자, 「金九總理農村視察」.

지지를 역설한 것이었다.

"우리는 우리 손으로 우리의 지도자를 선출할 권리를 가져야 한다. 내 의견으로는 이승만 박사가 우리의 가장 훌륭한 지도자가 될 수 있다. 만일 선거가 실시되면 모든 사람이 이 박사에게 투표해 주기 바란다."

김구는 또 이승만이 금광개발권을 외국인에게 팔았다는 비난을 반박했다.[93]

환영회를 마치고 마곡사로 가는 도중에 김구는 한말의 의병장 김복한(金福漢)의 집에 들러서 김복한의 영정에 절하고 그 집에서 차려 주는 점심을 들었다.

마곡사 승려 수십명이 공주까지 마중 나와 있었다. 마곡사로 가는 길에는 각군의 한독당과 독촉국민회 관계자 350여명이 뒤따랐다. 김구는 불경을 배우던 염화실(拈花室)에서 하룻밤 머물렀다. 마곡사에서는 밤에 김구를 위해 큰 재를 올렸다. 이튿날 아침에 김구는 향나무와 무궁화 한 그루씩을 기념으로 심고 마곡사를 떠났다. 청양(靑陽)쪽으로 나온 김구

1946년4월22일에 마곡사를 찾은 김구.

93) G-2 Periodical Report, no.229(1946.5.1.).

는 한말 유학자이자 의병장 최익현(崔益鉉)의 사당에 들러 준비해 온 제문을 읽고 참배했다.[94]

　김구는 그 길로 4월27일에 열릴 윤봉길(尹奉吉) 의거 14주기 추도제에 참석하기 위하여 예산(禮山)으로 가려 했는데, 예정을 바꾸어 급히 귀경하지 않으면 안되었다. 미소공위 제5호성명과 관련하여 민주의원의 긴급회의가 소집되었기 때문이다. 귀경 도중에 천안에서 차를 내려 읍민들의 열렬한 환영을 받고 지방인사들을 만나 좌담회를 가졌다.[95]

　일단 귀경했던 김구는 윤봉길 추도제에 참석하기 위하여 4월26일에 안재홍, 조경한, 권태석 세 사람과 함께 다시 서울을 출발했다. 도중에 온양 온천에 들러 지방인사들을 접견하고,[96] 오후 늦게 예산 시량리(柿梁里)의 윤봉길의 집에 도착하여 거기서 잤다. 기념제는 이튿날 개천가에서 거행되었다. 천막으로 차양을 치고 제단을 만들어 행사를 치렀다.[97]

　김구 그룹의 주동으로 4월29일 오후에 서울운동장에서 거행된 윤봉길 의사 의거기념대회에는 각국 영사를 비롯하여 모처럼 공산당을 포함

1946년 4월27일에 윤봉길 의사 생가를 방문한 김구. 왼쪽부터 김구, 윤봉길 의사의 아버지, 어머니, 부인, 아들.

94) 『백범일지』, p.411 ; 선우진 지음, 최기영 엮음, 『백범선생과 함께 한 나날들』, pp.189~191.
95) 《大東新聞》 1946년4월25일자, 「金九主席」;《東亞日報》 1946년4월26일자, 「金九總理도 禮山行을 中止코 待期中」.
96) 《朝鮮日報》 1946년4월27일자, 「金九氏尹義士義擧記念式參席次禮山에」;《大東新聞》 1946년4월28일자, 「金主席地方人士와 座談會」.
97) 선우진 지음, 최기영 엮음, 앞의 책, p.192.

한 좌우익 정당대표들도 같이 참석한 이채로운 행사였다. 러치 군정장관도 축사를 보내왔다. 김구는 식사에서 "14년 전 오늘 11시40분 고 윤봉길 의사의 거사는 세계를 진동시켰고 우리 조선사람이 살아 있다는 것을 세계에 알린 것이다. 우리는 이 윤 의사의 뒤를 따름은 물론이요 자자손손까지 잊지 말아야 할 것이다"라고 강조했다.[98]

98) 《朝鮮日報》 1946년4월30일자, 「忠節, 靑史에 燦然」; 《東亞日報》 1946년4월30일자, 「이제 祖國의 무릅에 고이 잠들라」.

85장

정읍발언과 민족통일총본부 설치

1. "이승만과 김구를 은퇴시키라"

1

1946년5월의 제1차 미소공동위원회의 무기휴회는 한반도의 분단이 고착되는 중요한 전환점이 되었다. 그것을 계기로 통일정부 수립의 가능성이 사라졌기 때문이다.[1]

이승만은 광주(光州)에서 귀경한 이튿날인 5월11일에 민주의원회의에 참석하고, 그 자리에서 기자회견을 가졌다. 미소공위가 무기휴회된 것과 관련하여 그는 다음과 같이 말했다.

"소련쪽은 한인의 단결력을 숙지하고 있는 줄 알았는데, 소련쪽의 단독행위로 인하야 (미소공위가) 무기휴회되었다는 것은 대단히 유감된 일이다. 지금 미국 국무성과 하지 중장도 소련쪽의 단독행동에 대하야는 아직 별 대책이 없다고 하며, 오직 전 세계의 여론과 미국 공론의 동향을 보아 어느 시기까지 기다리는 수밖에 없다. 더욱이 이런 시기에 한인들은 신중한 태도를 취하여 민족 사이의 불행한 충돌이 없어야 한다."

이승만은 이어 지방순회의 소감으로 "전국 동포들의 사상은 민족적으로 통일성이 완전히 보이며, 민중은 하루바삐 우리 정부가 서기를 바라고 있는 것을 확인했다. 사상적으로 민주진영으로 전향하는 인민당원, 공산당원도 많았다"라고 말하고, 지방의 요청도 있고 하여 다시 며칠 뒤에 예정한 대로 지방순회를 계속하겠다고 말했다.[2]

미소공위가 무기휴회에 들어간 뒤에 발빠르게 행동에 나선 것은 우익정파들이었다. 5월12일 오후에 서울운동장에서 열린 대한독립촉성국민회 주최의 독립전취 국민대회에는 독촉국민회, 한국민주당, 신한민족

---

1) 박명림, 『한국전쟁의 발발과 기원(II)』, 나남출판, 1996, p.240~241.
2) 《朝鮮日報》 1946년5월12일자, 「鄭重한 態度를 取하자」.

당, 조선민주당, 반탁전국학련 등 100여개의 우파 정당 및 사회단체와 각 종교단체에서 동원한 10여만의 군중이 운집했다. "신탁통치는 절대 반대다", "38선을 철폐하라" 등의 플래카드를 내건 대회는 이승만, 김구, 김규식(金奎植)을 명예회장으로 추대하고, 소련을 규탄하는 「대회선언」과 "미소공위정회의 책임을 규명하야 국제여론의 심판을 구함", "자주정부의 자율적 수립을 촉진하야 민의의 귀일을 기함" 등 5개항의 「결의문」을 채택했다.[3]

이날 미 군정부는 흥분한 군중에 의한 불상사를 염려하여 행사에 뒤이은 가두시위를 금지했다. 그러나 대회 주최자들은 이를 무시했다. 대회가 끝나자 일부 참가자들은 소련영사관과 조선공산당 당사 앞으로 몰려가서 미소공위 휴회에 대한 항의시위를 벌였다. 흥분한 시위대는 이어 《조선인민보(朝鮮人民報)》, 《자유신문(自由新聞)》, 《중앙신문(中央新聞)》 세 좌익 신문사를 습격하여 사옥과 인쇄시설을 파괴했다. 이 일로 독촉국민회 부회장이자 대회책임자인 오하영(吳夏英) 등 세 사람이 검거되었다.[4]

그런데 이날 있었던 일 가운데 가장 논란이 된 것은 민주의원 의장대리 김규식의 연설 내용이었다. 김규식은 미소공위가 무기휴회된 경위를 자세히 설명하고 나서 "이제 우리는 양국의 협력을 기대할 것 없다. 우리 민족이 일치단결하여 우리 손으로 정부를 만들어 열국에 자랑해야 한다. 남의 손으로 만든 것은 우리의 정부가 아니다. 38선이 급히 터지면 북측 친구들이 와서 우리를 못견디게 할 것이므로 38선을 그대로 두고 38선이남에서 한인만으로서 정부를 만들면 그 정부는 대구에 있든지 제주도에 있든지 통일정부다"라고 '폭탄선언'을 한 것이다.[5]

---

3) 《東亞日報》 1946년 5월 13일자, 「獨立戰取國民大會盛大히 進行」.

4) 『駐韓美軍史(2)』, pp.157~158; 《朝鮮人民報》 1946년 5월 14일자, 「言論機關等襲擊」.

5) 《大東新聞》 1946년 5월 14일자, 「注目되는 金奎植博士의 爆彈演說」; 《現代日報》 1946년 5월 14일자, 「金奎植氏遂態度表明, 怪! 單獨政權樹立力說」; 《朝鮮人民報》 1946년 5월 15일자, 「社說: 戰慄할 單獨政權說」.

김규식의 연설에 대하여 좌익정파들은 격렬하게 반발했다. 민주주의 민족전선은 서울운동장에서 열린 국민대회는 "개회 전일부터 반소 반공 반민주의 선전을 전주(前奏)로 하고, 개최 후 일체 언설을 이 점에 집중시켜 테러를 직접 선동하였다"라고 규탄했다. 그리고 그 가운데서도 "특히 민족적 전율을 느끼게 하는 것"은 김규식 박사의 남조선 단독정부 수립 계획의 발표라고 몰아붙였다. 그것은 "조선에서 친일파, 민족반역자, 대지주, 자본가의 이익을 테러로 옹호하면서 민족분열을 내분으로 인도하고 극소수의 이익을 위한 정권이라도 세워 보려는 가공가증(可恐可憎)의 음모"라는 것이었다.[6]

그러나 김규식이 5월12일의 국민대회 연설에서 표명한 단독정부 수립 주장은 우익 민족주의 계열 신문에는 보도되지 않았다. 그것은 아마 단독정부설에 대한 일반국민의 거부감을 의식해서였을 것이다. 김규식은 좌익 그룹의 비판에 대해 사실무근이라고 공식으로 부인했다.

"내가 12일에 서울운동장에서 연설한 가운데 남조선 단독정부를 설치하겠다고 말한 것처럼 보도하며 혹은 그리 선전하는 사람이 있으나 그것은 잘못이다. 단독정부란 말은 알지도 못하고 말한 일도 없다. 우익 정부를 의미함도 아니고 좌익 정부를 의미함도 아니다. 남조선에 있거나 어디에 있거나 무슨 정부를 세우거나 나는 통일정부를 말한 것이다."[7]

그러나 이때의 일을 한민당의 지략가 김준연(金俊淵)은 다음과 같이 술회하고 있어서 눈여겨볼 만하다. 그에 따르면, 5월12일의 서울운동장 국민대회에서 김규식은 "우리 정부수립문제는 2주간만 기다리자!"라고 말했다. 군중은 퍽 이상하게 생각했을 것이다. 그런데 발언은 까닭이 있었다. 미소공위가 결렬되던 5월8일 밤에 미국대표 한 사람이 김규식을 찾

6) 《朝鮮人民報》 1946년5월15일자, 「統一民主政府냐 分裂專制政府냐」.
7) 《東亞日報》 1946년5월17일자, 「金奎植博士談, 單獨政府는 浪說」.

아가서 바로 정부를 조직하라고 권고했기 때문이라는 것이었다. 그러면 서 김준연은 "이 미국대표는 미소공위의 사업은 절망적이라고 보고 소련의 협력 없이 정부를 조직할 수밖에 없겠다고 결론을 내린 모양이었다"라고 썼다.[8]

또 한 사람의 우파 민족주의 정치지도자였던 안재홍(安在鴻)도 뒷날 "5월12일의 국민대회에서 김규식 박사는 일시 남조선에서만이라도 정통정권 수립 가능의 이론을 발표한 바도 있었으나…"라고 김규식이 같은 발언을 한 것으로 술회했다.[9]

한편 이승만은 미소공위의 휴회로 중지했던 지방순회의 일환으로 5월17일에 수원을 다녀왔다. 수원 방문 때에는 제1관구 경찰청장 장택상(張澤相)이 안내했다.[10] 이승만은 이어 5월19일에는 독촉국민회 인천지부 주최로 인천공설운동장에서 열린 독립전취 인천시민대회에 참석했다. 프란체스카와 굿펠로(Preston M. Goodfellow), 임영신, 이기붕 비서 등이 동행했고, 경기도지사 구자옥(具滋玉)과 장택상이 안내했다. 6만여명이 모인 시민대회는 이승만 환영회로 이어졌다.[11]

2

미소공위가 무기휴회에 들어가자 미국정부는 새로운 대한정책을 준비했다. 그리고 미소협상에서 지금까지 현지 미군사령부가 임의로 행사하던 권한도 본국정부의 주도로 넘어갔다.[12]

미국정부에서 새로운 대한정책 수립을 위한 본격적인 논의가 이루어

---

8) 金俊淵, 『獨立路線(第六版)』, p.126.
9) 安在鴻, 「民政長官을 辭任하고」, 『民世安在鴻選集 2』, p.271.
10) 《東亞日報》 1946년5월18일자, 「李博士水原에」.
11) 《朝鮮日報》 1946년5월20일자, 「大韓獨立戰取仁川國民大會」; 《東亞日報》 1946년5월21일자, 「李博士仁川獨立戰取國民大會서 熱辯」.
12) 전상인, 「한국의 국가, 그 생성과 역사적 추이」, 《사회비평》 제5호, 나남, 1991, p.394.

진 것은 5월22일의 국무부, 전쟁부[육군부], 해군부의 3부장관회의였다. 국무부의 점령지역담당 차관보 힐드링(John R. Hilldring) 장군은 극동국은 미소공위에 대하여 앞으로 아무런 성과도 기대할 수 없다면서 남한에서 즉시 선거를 실시하는 방향으로 나갈 것을 제의한다고 말했다. 그러나 그 선거는 전국적 정부(a national government)를 위한 것은 아니고 독일에서 실시한 것보다는 더 고위급의 정치 기관(political office)을 설립하기 위한 선거라고 말했다. 힐드링 장군은 김구를 지지하는 것이 말을 잘못 쓴 것이라는 것을 인정해야 할 때가 왔다고 말했다. 김구가 한국에서 대중적 지지를 받지 못하고 있기 때문에 그를 계속 지지하는 것은 미국에 대한 나쁜 감정을 유발한다는 것이었다. "우리의 희망은 우리 지역에서 어떤 정치행동을 고무하는 것이었는데, 지금 그것은 완전히 좌절되었다"라고 그는 말했다. 번스(James F. Byrnes) 장관은 누가 선거를 실시하게 할 것인가고 물었고, 힐드링 장군은 독일에서와 마찬가지로 군정부가 담당하게 될 것이라고 말했다.[13]

서울의 미 군정부는 한결 구체적인 계획을 제안했다. 정치고문 랭던(William R. Langdon)은 미소공위 대표로 와 있는 세이어(Charles W. Thayer)와 공동으로 5월24일에 번스에게 보낸 보고서에서 "미국의 남한 점령에도 불구하고 소련은 전 한국에 걸쳐 유고슬라비아, 불가리아, 루마니아에서 실시했던 것과 거의 다름없는 통일전선 정책을 강요하려고 기도해 왔다는 것이 이제 명백해졌다"라고 단정하고, 만일에 그러한 정책을 우리가 받아들일 수밖에 없게 된다면 그것은 한반도 전체에 대한 소련의 지배를 촉진시킬 것이라고 잘라 말했다.

두 사람의 보고서는 이어 공산주의자들이 지배하는 민주주의민족전선과 인민당, 공산당 및 그 밖의 두 개의 군소정당을 제외한 모든 그룹이 하지 장군을 지지한다고 말하고, 여운형(呂運亨)에 대하여 다음과 같이

---

13) Memorandum on Meeting of Secretaries of State, War and Navy, May 22, 1946, *FRUS 1946*, vol.Ⅷ., pp.681~682.

기술했다.

인민당 당수이면서 민족전선의 의장인 여운형조차도 자신은 신탁통치보다 즉시 독립을 원하지만 공산주의자들의 압력 때문에 마음에 없이 신탁통지를 지지해 왔다고 인정했다. 나아가 그는 최소한 두 사람의 조선인민당 중앙집행위원이 공산당 당원증을 가졌다는 사실을 인정했고, 더 이상 당을 통제할 능력이 없다고 고백했다고 한다.

보고서는 미소공위가 휴회한 뒤에 "좌익을 매우 흔들어 놓은" 사건 세가지가 발생했다고 기술했다. 첫째는 여운형의 동생 여운홍(呂運弘)을 필두로 중앙집행위원 장권(張權), 박한주(朴漢柱) 등 10여명의 간부를 포함한 94명이 연서로 정식 탈당 수속을 하고 인민당을 탈당한 사실이었다. 이들은 5월26일에 여운홍의 집에서 "애국적 좌익정당"을 자처하면서 사회민주당 결성준비위원회를 구성한 데 이어 8월3일에 이르러 이승만, 엄항섭(嚴恒燮), 미 군정부의 버치(Leonard M. Bertsch) 중위 등이 참석한 가운데 종로 YMCA 회관에서 결성식을 거행했다.[14]

둘째는 공산당의 몇몇 간부가 연루된 대규모의 위조지폐사건이 공산당의 당사 빌딩에서 발생한 것이었다. 공산당은 위조지폐사건과 관련이 없다고 주장하면서 드세게 반발했다.[15]

셋째는 "미소공위가 대부분의 한국인들이 소련쪽이 잘못했다고 믿는 상태에서 휴회로 들어간 것"이었다.

보고서는 이 세 사건은 민주주의민족전선에 충격을 주어 민족전선의 중요 멤버들을 동요시켰고, 여운형은 민주의원 의장대리 김규식에게 개인적인 교섭을 제의해 왔다고 적었다. 그것은 이 시점부터 미 군정부가 여

---

14) 심지연, 『人民黨硏究』, pp.95~100.
15) 関丙薰, 「精版社僞造紙幣事件」, 『轉換期의 內幕』, 朝鮮日報社, 1982, pp.248~266; 金敬蘭, 『조선정판사 위조지폐사건 연구』, 誠信女子大學校 석사학위논문, 1999, 참조.

운형과 김규식에게 좌우합작 작업을 벌이도록 종용할 것을 구상하고 있었음을 시사한다. 랭던과 세이어 보고서의 핵심은 다음과 같은 제의였다.

그러나 공산주의자들의 관여 없이 애국적 정당들의 만족할 만한 연합이 이루어진다면 하지 장군은 모스크바 결정에 따른 통일 임시정부가 수립되기 이전에 한국인의 비행정적인 내각(non-administrative cabinet)과 그의 최고권위하에서 규칙과 법률을 제정할 입법기관을 창설하여 그들의 참여를 증진시킬 것을 제안할 예정이다.

하지 장군의 "최고권위하에서"라는 말은 그의 "거부권하에서"라는 뜻이었음은 말할 나위도 없다. 보고서는 끝으로 이승만과 김구를 배제하라는 국무부의 지시에 대하여 다음과 같이 조심스럽게 반론을 제기했다.

미군당국이 이승만과 김구와 같은 보수적인 인사들만을 전적으로 지원하고 있다는 국내로부터의 여론은 발견되지 않는다는 점을 지적해 두고자 한다. 우리는 대체로 김구를 무시해 왔는데, 그는 자신의 부적절한 정치적 언행으로 말미암아 정치무대에서 거의 탈락되었다. 반대로 이승만은 통일에 대한 여러 가지 의견들을 규합하는 데 협조적이었고, 그의 추종자들로 하여금 과격한 반연합국 시위에 휩쓸리지 않도록 견제하는 데 도움을 주었다. 동시에 그는 러시아인들에 대해서도 융화적인 태도를 취해 왔고, 그의 많은 추종자들에게도 그렇게 하라고 촉구해 왔다. 하지 장군은 딱히 이승만이 장래의 임시정부에서 없어서는 안된다거나 바람직한 인물이라고 생각하지는 않지만, 그가 민주 인사 가운데 국민적으로 알려진 지도자의 한 사람이라는

점에서 이제 그의 협조를 거절하기는 어렵다.⋯⋯16)

랭던은 본국에서 근무할 때에는 국무부의 다른 극동문제 담당자들과
마찬가지로 이승만에 대하여 호의적이지 않았다. 1942년의 3·1절을 기
하여 이승만이 한미협회와 재미한족연합위원회와 공동으로 야심차게 준
비한 한인자유대회(The Korean Liberty Conference)를 참관하고도 랭
던은 비판적으로 평가하는 보고서를 썼었다.

그러나 해방된 한국에서의 이승만의 존재는 설화적인 권위에서나, 국
제정치에 대한 통찰력에서나, 대중선동력에서나, 그리고 이른바 정치술
수에서나, 그야말로 족탈불급이었다. 그러한 사정은 1946년 들어 군정청
공보부가 주기적으로 실시한 각종 여론조사에서도 그대로 나타났다. 공
보부는 3월16일에서 21일까지와 22일에서 29일까지 두차례에 걸쳐서 각
정당 및 인물에 대한 지지도를 조사했다. 1차조사에서는 1,908명이, 2차
조사에서는 2,269명이 설문에 응했는데 "다음의 인물 가운데 누가 한국
인 전체의 이익을 위하여 가장 열심히 일하겠는가?"라는 질문에 1차조사
에서는 이승만 32%, 김구 22%, 김규식 9%, 여운형 13%, 박헌영 10%, 김
일성 3%였고, 2차조사에서는 이승만 30%, 김구 20%, 김규식 8%, 여운형
15%, 박헌영 11%, 김일성 2%로 나타났다.17)

3

1946년1월 초에 한국에 와서 하지 장군의 정치고문으로서 민주의원
창설에 산파역을 했던 굿펠로 대령은 5월24일에 귀국했다. 5월22일 오후
에 비원(秘苑)에서 열린 송별연에서 김규식은 "굿펠로씨는 조선에 와서

---

16) Langdon to Byrnes, May 24, 1946, *FRUS 1946*, vol.Ⅷ., pp.685~689.
17) 전상인, 「1946년경 남한주민의 사회의식」, 『고개숙인 수정주의』, 전통과 현재, 2001, p.70.

유쾌하게 일하였다. 입과 귀로 일하였지만 가서는 입으로 일하시라. 그리고 하지 중장 등과 협동하야 조선 초대 공사로 오시기 바란다"라는 요지의 송별사를 했다.[18]

굿펠로는 서울을 떠나기에 앞서 외신기자들과 회견했는데, 국내신문에는 AP통신 특파원 로버츠 기자의 기사가 보도되었다. 로버츠는 굿펠로가 "한국인은 능히 자치를 할 능력을 가지고 있으며, 행정기구를 한국인에게 인도할 시기는 이미 늦은 감이 있다"라고 말했다고 썼다. 그리고 미소공위 문제에 대해서는, "나는 세인의 이목을 생각하더라도 소련이 한국통일 임시정부문제를 교섭하기 위하여 미소공위 재개를 제의할 것으로 생각한다"라고 말했다는 것이었다. 굿펠로는 또 "한국에 총선거가 실시된다면 나의 관측으로는 90%는 민주주의가 차지하고 10%는 공산주의가 차지할 것으로 생각한다"라고 말했다고 썼다.[19]

한편 《뉴욕타임스(The New York Times)》의 존스턴(Richard J. H. Johnston) 특파원은 굿펠로 대령의 기본적인 성과는 민주의원의 조직이었다고 적었다. 그러면서 존스턴은 굿펠로가 자신의 임무는 끝났다고 말하고, "우리는 될 수 있는 대로 빨리 자치정부의 업무를 한국인에게 넘겨 주어야 한다. 한국인은 자치정부를 위한 준비가 되어 있으므로 될 수 있는 대로 빠른 시일 안에 지방선거를 실시해야 된다"라고 주장했다고 보도했다. 그리고 또 "만일 미소공동위원회의 소련대표단이 빨리 이곳에 돌아오지 않는다면 미국은 남한 단독정부의 수립을 추진해야 할 것이다"라고 주장했다고 썼다.[20] 미 국무부는 이 기사에 대해 민감하게 반응했다. 번스 국무장관은 랭던에게 이 기사에 대한 논평을 보내라고 지시

---

18) 《東亞日報》 1946년5월25일자, 「金博士 꾿펠로氏를 激勵」.
19) 《東亞日報》 1946년5월25일자, 「晚時之歎 잇는 行政機構의 引渡」; 《서울신문》 1946년5월25일자, 「「共委」再開를 確信」.
20) The New York Times, May 24, 1946, "Goodfellow Ends His Work in Korea, Political Adviser to Hodge Leaves Today".

했다.[21]

굿펠로가 떠나고 사흘 뒤인 5월27일에 돈암장에서 가진 기자회견에서 이승만은 뜻밖의 담화를 발표하여 사람들을 어리둥절하게 했다. 우리나라도 이제 "국내에 잠겨 있는 모든 자원을 개발함으로써 국제무역권에 참가하여 농업국으로부터 산업국으로 발전 향상하여야 한다"는 내용이었다. 이승만은 미국 전문가의 관측에 의하면 조선의 생사업(生絲業)은 기술적으로 노력하면 1950년에는 일본이나 중국보다도 우수하여 동양에서 으뜸을 차지할 수 있고, 광업도 동양의 2대 광산의 하나가 조선에 매장되어 있다고 말했다. 동양의 2대 광산의 하나란 문제의 운산(雲山) 광산을 지칭하는 것이었다. 이승만은 "굿펠로씨도 이 방면에 대하여 많은 자료를 가지고 귀국했다"라고 말했다. 그는 또 "불원하여 미국에서 시사평론으로 유명하고 실업방면에도 권위자의 한 사람인 올리버(Robert T. Oliver) 박사가 도쿄(東京)를 거쳐 서울에 올 것인데, 한미협상에 대하여 공헌이 많을 줄 안다"라고 올리버의 한국방문 사실을 발표했다. 이승만의 개인 고문으로서 헌신적으로 일해 온 시라큐스대학교(Syracuse University) 교수 올리버는 이승만의 초청으로 한국에 왔다.

이승만은 그러면서 "지금 미국으로서는 여러 가지 정확한 조사와 계획이 되어 있으나 우리 정부가 아직도 수립되지 아니하였으므로 착수하지 못하고 있다"라고 마치 기초조사가 웬만큼 진행된 듯이 비쳤다.[22] 그것은 운산 광산 채굴권을 미국 정상배에게 팔아먹었다는 소련의 《프라우다(Pravda)》지와 북한당국을 포함한 좌익들의 비난에 대한 반격이기도 했다.

이승만의 이러한 담화에 대해 좌익정파들은 격렬히 반대했다. 민주주

---

21) Byrnes to Langdon, May 25, 1946, *FRUS 1946*, vol. Ⅷ., p.689.
22) 《東亞日報》 1946년5월28일자, 「産業國으로 再建設」.

의민족전선은 "대체 이 박사는 누가 부여한 권능을 가지고 조선의 광업권을 정부가 서기도 전에 미국의 기업회사에 팔았으며, 또다시 무역권의 부여를 함부로 말하는가? 안으로는 테러단의 구사, 데마 선포, 욕설적인 언사 등으로 민족분열을 초래하고 밖으로는 소련 공격을 맹렬히 하야 국제분요를 일으키려 하야 갈수록 어지럽게만 해오는 이 박사가 무슨 봉건전제군주와 같은 권능에의 환상을 가지고 국사를 농단하려는 데는 우리는 아연하지 않을 수 없다…"는 담화를 발표했다.[23] 하지는 이승만의 이 기자회견 내용을 굿펠로에게 알리면서 사실여부를 물었다.[24]

국무부가 작성하여 전쟁부와 해군부의 동의를 얻어 6월6일에 확정한 새로운 「대한정책(Policy for Korea)」은 바로 맥아더 사령부에 통달되었다.[25] 이 훈령은 1945년10월13일에 3부조정위원회가 확정했던 「최초의 기본훈령(SWNCC 176/8)」이나 1946년1월28일에 3부조정위원회가 확정했던 「대한국정치정책(SWNCC 176/18)」에 이어 새로이 작성된 미국 대한정책의 기본 문서였다.

「대한정책」은 한국에 대한 미국의 기본 목표는, 첫째 외국 세력의 지배로부터 독립되고 국제연합의 회원국 자격이 있는 자치적인 한국을 수립하고, 둘째 그렇게 수립된 국민정부가 한국인민의 자유롭게 표현된 의사를 충분히 대표하는 민주정부가 되도록 보장하며, 셋째 독립 민주 국가에 필요한 건전한 경제와 적절한 교육제도를 수립하도록 한국인들을 지원하는 것이라고 언명하고, 그러한 목표의 실현 방안으로 다음 두가지를 훈령했다. 그것이 새로운 「대한정책」의 핵심이었다. 그것은 "전 민족적 임시한국정부가 수립될 때까지 주한미군사령관은 남한 행정에 대한 한국인의 참여기반을 확대해야 한다"는 것이었다. 이른바

23) 《朝鮮人民報》 1946년5월29일자, 「李博士의 專制君主夢」.
24) Hodge to Goodfellow, May 30, 1946; 『大韓民國史資料集(28) 李承晚關係書翰資料集 1』, p.81.
25) Hilldring to the Operations Division, War Department, Jun. 6, 1946, FRUS 1946, vol.Ⅷ., pp.692~699.

"한국인화(Koreanization)" 정책이었다. 그것은 (1) 미군점령지역 전체, 각도, 각 지방의 행정기관의 되도록 많은 책임 있는 직위에 능력 있는 한국인들을 기용하고, (2) 광범한 선거 절차를 통하여 현재의 남조선대한국민대표민주의원을 대체할 입법자문기관을 설립하는 일이었다. 이 입법자문기관으로 하여금 임시한국정부가 수립될 때까지 미군사령관이 정치적, 사회적, 경제적 개혁의 기초로 사용할 법률 초안을 작성하게 한다는 것이었다. 그것은 랭던과 세이어가 제안한 내용을 국무부가 수용한 것이었다.

그런데 이 정책문서는 "한국인화" 훈령과 관련하여 "어떠한 한국인도 그의 정치적 소속 때문에 임명직이나 선거직에서 배제되어서는 안된다" 라고 못 박으면서도, 그러나 "일반적인 정책으로서 미군사령관은 일본 지배 기간에 한국 안에 있던 지도자들이 선정되는 것을 고무해야 하고, 일본의 항복 이후에 귀국한 한국 지도자들의 자발적인 정계은퇴를 어떤 방법으로든 반대하지 말아야 한다"라고 강조했다. 그것은 물론 이승만이나 김구 그룹을 배제시킬 것을 노골적으로 지시한 것이었다. 그 이유를 「대한정책」은 다음과 같이 설명했다.

만일 최근 한국의 정치적 논쟁에서 태풍의 눈이 되어 온 몇몇 인사들이 일시적으로 정치무대에서 은퇴한다면, 미국과 소련 당국 사이의 합의뿐만 아니라 남한의 여러 파벌들 사이의 합의도 크게 촉진될 것이다. 미소공위의 협상 결렬을 표현의 자유의 원칙을 존중하는 미국의 주장과 공공연히 반소적인 특정 한국 지도자들을 한국임시정부에 참여시키지 않겠다는 소련의 결정 사이의 의견 충돌의 결과라고 해석하는 근거가 여기에 있다. 이들 지도자들은 일본의 항복 이후에 귀국한 원로 망명 한국인 그룹을 형성하고 있다. 그들은 한국의 정치여론을 완전히 대표한다고 생각되지도 않으며, 한국의 민주주의 건설에서나 한국에서의 미국의 목표를 달성하는 데 필수적이라고도 생각되지 않는다. 그 반대로 그들이 정치무대에 존재함으로써 소련과 합의에 도달하는 데 어려움을 증폭시킬 뿐이다. 이러한 이유 때문에 그들이 한국정치에 참여하는 것은 한국에서 미국의 목표를 달성하는 데 도움이 되기보다는 대체로 방해가 된다고 결론지을 수 있을 것이다.[26]

이승만과 김구에 대해 비판적인 미 국무부 관리들은 이처럼 이들이 소련의 기피인물이라는 이유 때문에 한국 정계에서 은퇴시켜야 된다고 훈령한 것이다.

---

26) *op. cit.*, pp.698~699.

2. 정읍발언으로 독립정부수립 촉구

1

이승만은 미소공위가 무기휴회됨으로써 중단했던 지방순회를 6월 초부터 재개했다. 그는 6월2일 오전 8시30분발 열차로 전라북도 정읍(井邑)으로 향했다. 프란체스카와 이기붕(李起鵬) 비서가 동행했다.

정읍에 도착한 이승만은 3일 아침에 지방유지들을 접견하고 독촉국민회 주최의 환영연설회에 참석했다. 이 연설회에서 이승만은 그동안 미루어 두었던 자율정권 수립에 대한 자신의 소신을 밝혔다. 그것이 유명한 "정읍발언"이었다. 그러나 그것은 그 뒤의 엄청난 파문에 비하여 처음에는 합동통신 기사로 요지만 간단하게 보도되었다.

"이제 우리는 무기휴회된 미소공위가 재개될 기색도 보이지 않으며 통일정부를 고대하나 여의케 되지 않으니, 우리는 남방만이라도 임시정부 혹은 위원회 같은 것을 조직하야 삼팔이북에서 소련이 철퇴하도록 세계공론에 호소하여야 될 것이니, 여러분도 결심하여야 될 것이다. 그리고 민족통일기관 설치에 대하야 지금까지 노력하여 왔으나 이번에는 우리 민족의 대표적 통일기관을 귀경한 후 즉시 설치하게 되었으니, 각 지방에서도 중앙의 지시에 순응하야 조직적으로 활동하여 주기 바란다."[27]

강연을 마치고 정읍을 출발한 이승만은 오후 3시 반쯤에 전주(全州)에 도착했다.[28] 이승만은 이튿날 기자들을 만나 정읍발언과 관련하여 다음과 같은 일문일답을 나누었다.

"어제 정읍에서 연설한 가운데 남조선만의 정부 운운의 말이 있었는

---

27) 《朝鮮日報》 1946년6월5일자, 「共委가 再開 안되면 統一機關卽時設立」; 《서울신문》 1946년6월5일자, 「南方만의 臨時政府 혹은 委員會組織이 必要」; 《自由新聞》 1946년6월5일자, 「李承晚博士井邑서 重大講演」.
28) 《自由新聞》 1946년6월4일자, 「李承晚博士 井邑서 全州로」.

이승만의 정읍발언에 대하여 "단독정부 수립 음모"라고 비판한 《조선인민보》 1946년6월5일자 지면.

데, 그것은 남조선 단독정부 수립을 의미하는 것인가?"

"내 생각으로 말한 것인데, 남방에서만이라도 무슨 조직이 있기를 일반민중이 희망하고 있다."

"이번에 귀경하여 민족통일기관을 설치한다 하였는데, 그 구성은 어떠한가?"

"작년 10월에는 72개 단체를 합동해서 통일을 형성하였던 것인데, 그 뒤에 새 단체가 생겨서 원만한 결과를 보지 못하므로 부득이 하여 다시 협의적으로 통일전선의 성취를 희망한다."[29]

---

29) 《서울신문》 1946년6월6일자, 「單獨政府樹立民衆希望에 同感」.

이승만의 정읍발언은 벌집을 쑤셔놓은 듯한 파장을 불러일으켰다. 민주주의민족전선과 공산당, 조선인민당, 신민당 등 좌익정파들과 조선노동조합전국평의회(전평), 전국농민조합총연맹(전농), 부녀총동맹(부총) 등 좌익단체들은 일제히 "반동거두 이승만은 조급한 정권욕과 광포한 파쇼이념을 더 참을 수 없어 다시 이러한 폭언을 토한 것이다"라는 등 극한적인 언사로 이승만을 공격했다.[30]

좌익단체뿐만이 아니었다. 한독당 선전부장 엄항섭은 "요즘 항간에는 단독정부수립설이 유포되고 있으나 우리 당으로서는 이에 찬성할 수 없다. 38선의 장벽이 연장되는 한 경제상 파멸과 민족이 격리되어 역사적인 큰 비극을 자아내고 있음은 민족통일에도 큰 방해라 아니할 수 없다. 앞으로 이 상태가 그대로 계속되는 때에는 한국민족 자체의 생존을 위하여 그대로 방관할 수 없을 것이다"라는 담화를 발표했다.[31] 신한민족당 선전부장 김희섭(金喜燮)도 "남조선 단독정부 수립을 절대 반대한다"라고 말했다.[32]

그러자 침묵을 지키던 한국민주당이 6월7일에 선전부장 함상훈(咸尙勳) 명의로 이승만을 옹호하고 나섰다. 함상훈은 "이승만 박사의 민족통일기관 설치 운운의 연설을 일부에서는 무슨 역적질이나 한 것같이 선전하니, 그 이유를 이해할 수 없다"면서 다음과 같이 반박했다. 첫째로 좌우가 분열된 것은 독립촉성중앙협의회에서 공산당이 탈퇴하고 그 뒤에 공산당쪽에서 독립 대신에 신탁통치를 받고 소련의 연방이 되기를 희망한 때문이며, 둘째로 정권욕에서 나왔다고 하나 누구나 자주정권 수립을 희망하는 것은 사실인데 왜 공산당은 미리부터 이 통일기관에 참여할 생각을 가지지 않느냐는 것이었다.[33]

30) 《朝鮮人民報》 1946년6월5일자, 「南朝鮮單獨政府樹立의 陰謀를 紛碎하자!」.
31) 《서울신문》 1946년6월5일자, 「單獨政府樹立說에 우리黨은 贊成不能」.
32) 《朝鮮人民報》 1946년6월6일자, 「絕對로 反對」.
33) 《朝鮮日報》 1946년6월8일자, 「韓國民主黨咸宣傳部長談話發表」.

6월4일 오전 10시부터 전주공설운동장에서 열린 이승만 환영강연회에는 전주시민들과 인근 군민 5만명이 모였다. 이 자리에서도 이승만은 정읍에서 한 연설과 같은 내용의 연설을 했다. 강연을 마친 이승만은 전북 미 군정관과 회담을 나누고, 오후 2시부터는 전주지방 유지들을 접견했다.[34] 이승만은 전주에서 하룻밤을 자고 6월5일 오전 9시에 이리(裡里)로 향했다.

이승만의 정읍발언은 사전에 하지 장군과 상의하지 않은 것이었다. 이리에 도착한 이승만은 오후 6시쯤에 하지와 전화로 요담했다. 하지로부터는 책망을 들은 모양이었다. 이승만은 기자들에게 다음과 같이 말했다.

"미소공위가 계속 토의할 희망이 보이지 아니함에 일반민중이 초조하여 지금은 남조선만이라도 정부가 수립되기를 고대하며 혹은 선동하는 중이다. 나의 관찰로는 조만간 무엇이든지 될 것이니, 아직 인내하고 기다려서 경거망동이 없기를 바란다."[35]

이승만이 정읍에서 문제의 발언을 한 바로 그날 올리버 박사는 서울에 도착했다. 올리버는 이튿날 하지 장군과 군정장관 러치(Archer L. Lerch) 장군의 연락을 받고 군정청을 방문했다. 올리버는 이때의 면담 내용을 자세히 적어 놓았다.

나의 메모장 기록: 두 사람은 나와 이야기하는 데 많은 시간을 할애했고, 나를 만나고 싶어 했던 것 같았다. 두 사람은 모두 내가 그들에게 도움이 될 수도 있고 크게 해로울 수도 있다고 느끼는 것이 분명했다. 두 사람 다 이 박사가 과대망상증으로 거의 정신이 나갔다고 말했다. 실제로 하지 장군은 한 정신과 의사에게 이 박사를 다소

34) 《中央新聞》 1946년6월6일자, 「李博士 全州서도 講演 記者會見」.
35) 《서울신문》 1946년6월8일자, 「南朝鮮政府問題, 李承晚博士 또다시 言及」.

은밀하게 만나 보도록 주선하기도 했다고 말했다. 그들은 이 박사가 개인적으로 이야기할 때에는 아주 쾌활하고 훌륭한 인물이지만 공적 집회에서는 한없이 난폭해져서 소련과 한국 공산주의자들을 매도함으로써 자신들의 직무를 어렵게 만든다고 말했다. 하지는 이 박사의 군정부에 대한 유용성이 거의 끝나지 않았는가 생각하며, 자기는 이 박사를 공개적으로 비난하여 그를 '파멸'시켜야할지 모르겠다고 말했다.

그러고 나서 하지 장군은 나를 향하여 진지하게 말했다.

"우리가 당신을 한국에 오게 한 것은 오직 한가지 이유 때문입니다. 우리는 당신이 이 박사를 자제하도록 해주기 바랍니다. 당신이 그렇게 하지 않는다면 그의 생애는 끝나고, 우리가 한국의 통일을 위하여 소련과 합의에 도달할 수 있는 기회도 이미 망쳐 버렸을지 모릅니다. 이 박사는 내가 보기에 한국 정치가 가운데 거의 유일하다고 말할 수 있을 만큼 위대한 정치가입니다. 그러나 공산주의에 대한 공격을 중지하지 않는 한 한국정부에서 어떤 자리도 차지하지 못할 것입니다."[36]

하지의 이승만에 대한 이러한 주장은 미국정부의 대한정책의 전환을 반영한 것이었음을 말할 나위도 없다.

올리버는 이때의 소련문제에 대한 이승만과 하지의 입장 차이를 다음과 같이 기술했다.

소련문제의 경우, 이 박사는 미국이 전쟁을 선포하는 것밖에는 대책이 없다고 생각한다. 그리하여 당장 그렇게 하지 않는 우리가 정말

---

36) Robert T. Oliver, *Syngman Rhee and American Involvement in Korea 1942–1960*, Panmun Book Company LTD, 1978, p.32.

어리석다고 생각한다. 그가 보기에는 지금 소련의 야심을 관대하게 보아 넘기는 것은 우리가 일본에 대해서 그랬던 것과 꼭 같이 공격적인 힘을 길러 주는 일이다. 심각한 문제는 그의 견해가 옳을지도 모른다는 사실이다. 이곳에 있는 미국인들도 한결같이 그러한 의견에 동의하는 것처럼 보인다. 한편 하지 장군과 러치 장군은 물론 소련의 협조를 얻기 위하여 그들이 할 수 있는 모든 대책을 강구하도록 명령을 받았다. 그리하여 그들은 이 박사를 목 안의 가시로 여기게 되었다.[37]

6월5일 오전 11시에 이리공업학교에서 열린 환영강연회에는 7만명의 군중이 모였다. 이 자리에서 이승만은 "우리는 오직 자주독립만을 원한다. 이에 3천만은 이 길을 향하야 매진하지 않으면 안된다"하고 역설했다.[38]

6월6일 오전 9시에 이리를 출발한 이승만은 보리가 익어 가는 김제평야를 거쳐 오전 11시에 군산(群山)에 도착했다. 군산공설운동장에서 열린 환영연설회에는 군산부민, 옥구(沃溝)군민 등 20여만명의 군중이 모였다. 김제 만경평야를 본 소감으로 연설을 시작한 이승만은 임진왜란 때의 이순신(李舜臣) 장군의 정신을 가지고 나아 가자고 말하고, 다음과 같이 강조했다.

"공산극렬분자에 대해서는 가정에서나 사회에서 손을 잡고 말리기 바란다. 미소회담을 기대했으나 소련의 고집으로 무기휴회가 되었다. 우리는 냉정히 참고 참되 끝이 아니날 때에는 내가 명령을 내릴 터이니, 이때는 죽음으로 독립을 찾아야 한다."[39]

이승만은 이제 "내가 명령을 내릴 터이니…"와 같은 언사를 거리낌없

---

37) ibid., p.34.
38) 《東亞日報》 1946년6월9일자, 「李承晩博士 裡里서 獅子吼」.
39) 《大東新聞》 1946년6월8일자, 「李博士群山서 熱論」; 《東亞日報》 1946년6월9일자, 「群山서도 講演」.

이 구사함으로써 그의 대중강요자형 지도자의 풍모를 자연스럽게 드러 냈다.

귀경길도 강행군이었다. 6월7일 오전에 군산을 출발한 이승만은 충청남도 공주(公州)에서 하루를 보내고 충청북도 청주(淸州)로 이동했다. 6월9일 아침 일찍 청주를 떠나 오전 10시30분에 진천(鎭川)에 도착한 이승만은 상산국민학교 교정에서 강연을 하고 오후 1시에 경기도 장호원(長湖院)에 도착했다. 그곳에서도 강연을 하고 돈암장에 도착한 것은 저녁 9시 반쯤이었다.[40]

이승만의 정읍발언이 크게 파문을 일으키고 있던 6월7일과 9일 사이에 군정청 공보부가 실시한 여론조사에서 이승만의 지지율이 매우 높게 나타나고 있어서 눈길을 끈다. 서울시민 1,049명을 대상으로 표본조사를 실시한 것인데, 좌익정파들의 맹렬한 비난과는 반대로 많은 응답자가 이승만의 정읍발언을 긍정적으로 평가했다. 이승만의 단독정부 수립발언이 정치적 통일에 미치는 영향이 긍정적이겠느냐는 질문에 대해 "그렇다"라고 응답한 사람이 58%, "아니다"가 28%, "무응답"이 14%였고, 이승만이 미 군정부의 반공식적인 대변인이냐는 문항에 대해 "그렇다"가 24%, "아니다"가 59%, "무응답"이 17%였으며, 이승만의 활동이 정치적 통일에 기여할 것이냐는 문항에 "그렇다"가 46%, "아니다"가 36%, "무응답"이 18%였다. 그리고 이승만이 최고의 정치지도자이냐는 질문에 대해서는 무려 69%의 응답자가 "그렇다"라고 대답했다.[41]

그런데 올리버의 증언에 따르면 미 군정부의 여론조사는 필요에 따라 변조되는 경우도 없지 않았다. 올리버는 미 군정부의 수석 공보관 그린(Green)으로부터 들은 이야기라면서 1946년7월18일자 일기에 다음과

---

40) 《自由新聞》1946년6월8일자, 「群山에서 公州로」; 《朝鮮日報》1946년6월11일자, 「李博士歸京」; 《東亞日報》1946년6월11일자, 「李博士九日歸京」; 《朝鮮日報》1946년6월15일자, 「李博士講演」, 「李博士歡迎盛大」.
41) G-2 Periodical Report, no.277(1946.7.13.), p.2.

같이 적어 놓았다. 최근에 한국 지도자들에 대한 인기조사를 실시했는데 70%의 한국 국민이 이승만을 선호하는 것으로 나타났다. 그러나 그것은 미 군정부의 정책과 배치되는 것이기 때문에 그린은 러치 장군의 명령에 따라 이승만의 지지율을 과반수가 되지 않도록 고쳤다고 말하더라는 것이었다.[42] 언제의 여론조사를 말하는지는 명시하지 않았다.

이승만 내외는 6월10일 저녁에 올리버를 돈암장으로 초대했다. 지방 순회강연 이야기로 꽃을 피운 끝에 이승만은 올리버에게 정치적 입장에 관계없이 한국의 모든 분야 사람들과 친하게 지내라고 말했다. 그는 또 올리버에게 말을 많이 하지 말고 듣기만 하고, 미소를 지으면서 "베리 굿"이라고만 하라고 자상하게 일러 주었다.

2

6월10일과 11일 이틀 동안 서울 정동예배당에서 열린 대한독립촉성국민회 제2차 전국대표대회는 이승만의 지방순회 강연 성과를 반영한 듯 열기에 넘쳤다. 회의는 전국대표 1,165명(道 21명, 府 16명, 郡 116명, 邑面 712명, 町 294명, 面 5명, 島 1명)과 내빈 및 방청인들로 초만원을 이루었다. 회의 첫날은 6·10만세운동 기념일이어서 특별순서도 마련되었다. 회장 이시영(李始榮)의 개회사에 이어 이승만과 김구와 김규식 세 사람의 훈화가 있을 예정이었으나 모두 사정이 있어서 불참했고, 한국독립당의 안재홍과 신익희(申翼熙)의 축사와 격려사가 있었다.

오후에 속개된 회의는 배은희(裵恩希 : 전북대표), 김철수(金喆壽 : 경남대표), 정해준(鄭海駿 : 전북대표) 세 사람을 임시의장으로 선출하고, "우리 운동은 정당 정파를 초월한 순수한 국민운동임을 선언함" 등 3개항의「선언문」을 채택했다.

---

42) Robert T. Oliver, *op. cit.*, p.38.

이틀째 회의에는 이승만과 김구도 참석하여 연설을 했는데, 한시간에 걸친 이승만의 이날 연설은 그의 대중조작 솜씨를 남김 없이 보여 주었다. 이승만은 지방순회에서 있었던 일부터 화두로 삼았다.

"여러분이 이 자리에 모인 목적은 오직 독립 회복뿐이라고 믿는다. 내가 두어차례 남한 각 고을을 다녀 보니 무엇보다 우리나라를 살려 놓아야만 하겠다는 것이 민성이었다. 모든 동포들이 나를 반가이 맞아 주었고, 어떤 지방에 가니 팔십 노인이 수십리 길을 걸어와서 나를 붙들고 반가워서 눈물을 흘리면서 묻는 말이 '언제나 독립이 되느냐?'고 하기에 나는 그 노인에게 말하기를 '언제고 우리가 합해서 뭉치면 독립이 될 수 있다'고 했다. 오늘 이 자리에서도 내가 말하고자 하는 것은 이 일이다. 우리 3천만이 뭉쳐서 국권을 찾기 위하여 합심합력하고 나가면 국권을 회복하여서 독립을 하게 되나니, 그리 되면 우리끼리 돌아앉아서 나라 살림살이를 의논하여 공의대로 해 나가면 잘살 수 있다. 어떤 정당에서는 독립도 되기 전에 토지와 물건을 균배하라는 등 떠들고 있지만, 지금 우리 것을 우리가 갖지 못하고 외국인의 손에 두고 있는데 어떻게 균배하는가. 먼저 우리는 나라를 찾은 후에 모양과 색채는 그때 결정하자."

이승만은 이어 자신의 독촉국민회 총재 추대문제에 대하여 다음과 같이 말했다.

"여러분이 독립을 속히 해보겠다고 신탁을 반대하고 이 국민회를 만들어서 얼마 전부터 나에게 총재의 책임을 맡아 달라 하니 고마우나, 나는 이것을 경망히 생각할 수 없다. 내가 친히 알고자 하는 것은 이 대표회 석상에서 몇 사람이나 내가 총재되기를 원하는가 하는 것이니, 거수하여 표시하시오."

참석자들은 일제히 손을 들었다.

"만일 이것이 여러분의 원이라면 피하고자 하지도 않고, 통일의 긴요함을 느끼는 만치 내가 마정방종[摩頂放踵: 온몸을 받쳐 남을 위해 희생함]할지라도 모든 단체와 협의해서 통일을 이루도록 힘써 볼 터이지만, 나는 다만 명의만 가지고 일은 다른 사람이 하는 것은 내가 허락할 수 없다."

그러자 여기저기에서 고함 소리가 터져 나왔다.

"그렇지 않습니다."

"절대 총재 명령에 복종하겠습니다."

이승만은 다짐하듯 다시 물었다.

"여러분이 내 지휘를 받아서 '죽자!' 하면 다 같이 한 구덩이에 들어가서 같이 죽을 각오가 있소?"

그의 이 말에 장내에서는 "예" 하는 대답과 열광적인 박수소리가 함께 울려 나왔다.

"그런 각오가 있는 사람은 어디 손을 들어 보시오."

이승만은 회중을 완전히 그의 손 안에 휘어잡고 있었다. 회중은 일제히 손을 들었다.

"한 손을 드는 것을 보니 한 절반쯤 각오가 드는 모양이야."

이 말에 회중은 웃으면서 모두 두 손을 들었다.

"옳지. 전심전력으로 독립운동에 나서겠단 말이지."

그는 만족한 얼굴이었다. 장내는 다시 박수가 터져 나왔다. 흥분한 대표 가운데는 손수건을 꺼내어 눈물을 닦는 사람도 있었다. 이처럼 극적 제스처로 독촉국민회의 총재직 취임을 수락한 이승만은 엄숙하게 말했다.

"통일을 속성하려면 각 정당과 사회단체를 통괄하는 총본부를 설치하여 전 민족이 동일한 보조를 취해야만 될 터이니, 이를 위하야 사지(死地)라도 피하지 않고 복종할 사람이 몇이나 되는지 알고자 하오."

회중은 일제히 다시 손을 들었다.

이승만은 김구와 김규식과의 유대를 강조하는 것도 잊지 않았다.

"김구 주석과 김규식 박사와는 절대로 협의적으로 진행하는 중이니 우리 세 사람의 합동에 대하야는 걱정하지 말고, 다만 각 지방에서도 우리와 같이 협동하야 진행하면 될 것이오."

이승만은 끝으로 통일을 방해하는 자들을 단호히 척결할 맹약을 요구했다.

"만일 이와 같이 통일을 이루어 놓은 뒤에 임원 가운데서나 혹 중요 인도자 가운데서 통일을 방해하는 이가 있으면 나는 이것을 즉시 파면할 것이나, 또 무슨 사회단체나 정당이 새로 생겨서 민족통일을 방해한다면 이것은 어떠한 방법으로 조처할 것인가?"

참석자들은 일제히 손을 들면서 "우리가 진압하고, 포용할 필요가 없습니다" 하고 외쳤다.

이승만은 흡족했다.

"그러면 이것이 우리가 맹약하는 것이니 절대로 준행해야만 될 것이오."

이승만이 자리에 돌아와 앉자 부총재로 추대된 김구가 등단했다.

"여러분이 독립을 찾아보겠다고 교통도 불편한 이때에 불원천리하고 이렇게 모였으니 우리나라는 여러분의 그 열렬한 애국심의 결정으로 독립이 될 것이다. 그런데 우리가 깊이 결심하여야 할 것은 해방은 연합군의 힘으로 되었지만 독립은 우리 힘으로 하여야 한다는 것이다. 독립이란 거저 헐값으로 되는 것이 아니다. 그 독립을 하려면 먼저 우리 민족이 뭉쳐야 한다. 어떻게 뭉치느냐 하면 이 박사를 중심으로 뭉치자. 그래서 뭉치면 이 박사 하나요 나누어 놓으면 3천만이 되도록 하자."

김구의 말이 여기에 이르자 장내에서는 우레와 같은 박수와 함께 환호성이 일었다. 김구는 긴 박수가 끝나기를 기다려 다시 말을 이었다.

"이 박사와 김 박사와 나 세 사람은 단결해 있다. 여러분이 우리 세 사람을 총재, 부총재로 있게 하는 한 우리 세 사람은 퇴축하지 않고 여러분과 같이 운동할 것을 굳게 맹세한다. 삼각산이 무너지면 무너졌지 우리 세 사람의 단결은 무너지지 않을 것이니, 여러분은 안심하고 우리 세 사람과 같이 단결하여 가지고 3천만인이 한덩어리가 되어 독립을 찾아서

우리도 남과 같이 한번 살아보자."⁴³⁾

회의는 정식으로 이승만을 총재, 김구와 김규식을 부총재로 추대했다. 그러자 이승만은 다시 등단하여 "여러분이 열렬한 정신으로 이 자리에서 독립운동 총사령부를 설치하면 나는 낡아진 목숨을 바쳐 여러분과 함께 이 총사령부 제1선에서 독립운동을 하겠다"하고 열변을 토했다.⁴⁴⁾

오후 2시에 속개한 회의는 "1. 미소공위가 최단기간 내에 속개되지 않고 이대로 천연될 때에는 3천만의 총의로 통일정권 수립을 촉진할 것을 결의함" 등 3개항의 「결의문」과 「연합국과 미소공위에 보내는 메시지」를 채택하고 폐회했다.⁴⁵⁾

이 무렵의 김구의 이승만에 대한 태도를 실감나게 하는 에피소드가 있다. 상공회의소 부회두 강익하(康益夏)가 용산 성모병원에 입원해 있는 김구를 찾아와서 300만원짜리 수표를 내놓으면서 말했다.

"선생님께서 정치자금으로 쓰시라고 전국 경제인들이 갹출한 돈입니다. 이 박사께는 따로 500만원을 전달하기로 했습니다."

그러나 김구는 거절했다.

"국사를 하는 데 쓰일 돈이라면 나보다도 이 박사께 드려 외곬으로 쓰이는 것이 나을 거요. 내가 필요한 게 있으면 이 박사한테 가서 얻어 쓰지."

"아니, 명목이 정치자금이지 이 돈은 선생님 개인적으로 쓰시라는 것입니다."

김구는 단호했다.

43) 「大韓獨立促成國民代表大會會議錄摘要」, 『雩南李承晩文書 東文篇(十四) 建國期文書 2』, 延世大學校現代韓國學研究所, 1998, pp.1~6 ; 康晉和 編, 『大韓民國建國十年誌』, 建國紀念事業會, 1956, pp.288~289 ; 《大東新聞》 1946년6월15일자~16일자, 「李博士總裁就任辭」 ; 《東亞日報》 1946년6월12일자, 「統一되어야 獨立한다」.
44) 《朝鮮日報》 1946년6월12일자, 「李博士를 總裁推戴」.
45) 《東亞日報》 1946년6월12일자, 「國民代表會議第二日盛況」.

"개인적으로라면 그렇게 큰돈이 필요없으니 이 박사께 갖다드려 요긴하게 쓰이도록 하시오."

그리하여 그 돈은 돈암장으로 보냈다는 것이다.[46]

이승만의 지방순회는 지지기반의 확충뿐만 아니라 정치자금 모집에도 도움이 되었다. 독촉국민회 전국대표대회가 끝난 직후인 6월12일에 군산에서 고무공장을 경영하는 이만수(李晩秀)와 그의 두 아들이 애국사업과 함께 이승만과 김구에게 100만원씩, 경성대학 이공계에 전해 달라면서 200만원, 모두 400만원을 동아일보사에 보내와서 화제가 된 것도 그러한 보기의 하나였다.[47]

46) 鮮于鎭, 尹錫五 증언; 선우진 지음, 최기영 엮음, 『백범선생과 함께한 나날들』, p.74.
47) 《東亞日報》 1946년6월22일자, 「群山李晩秀氏三父子의 美擧」.

3. 우익세력 중심체로 민족통일총본부 설치

1

이승만은 독촉국민회 제2차 전국대표대회를 통하여 우익 정파들의 주도권을 완전히 장악하게 되었다. 이때의 일을 미군사령부 정보참모부(G-2)는 이승만의 "작은 쿠데타(minor coup d'etat)"가 성공했다고 평했다.[48] 그렇게 된 가장 큰 원인은 1945년12월에 임시정부 내무부의 산하 조직으로 발족하여 반탁운동 과정에서 급격히 성장한 정치공작대가 독촉국민회 지방대표자대회를 계기로 이승만 진영으로 합류했기 때문이었다. 정치공작대는 신탁통치 반대운동을 계기로 미 군정부로부터 해체 압력을 받고 있었고, 또 실제로는 내무부장 신익희의 개인 조직처럼 됨으로써 한독당 인사들로부터도 견제를 받고 있었으므로 새로운 진로를 모색하지 않을 수 없게 되었다.

이승만과 신익희의 협력관계는 이보다 앞서 3월1일에 독촉국민회 산하의 청년행동대로 독촉국민회청년대가 조직될 때부터 나타났다. 독촉국민회청년대는 이승만의 지방순회 때에 경호를 맡는 등으로 "이승만 친위부대" 역할을 했다. 조직역량이 뛰어난 신익희와 정치공작대가 독촉국민회 지방대표대회에서 이승만 진영에 가담함으로써[49] 이승만은 김구로 하여금 "뭉치면 이 박사 하나요 나누어 놓으면 3천만이 되도록 하자"고 외치게 할 만큼 명분에서나 실제에서나 월등한 지도력을 행사할 수 있게 되었다. 이때에 김구가 한 "뭉치면 이 박사 하나요…"라는 말은 자주 인용되는 유명한 말이 되었다. 신익희는 6월13일에 열린 독촉국민회 제1회

---

48) G-2 "Summury of Recent Information Concerning the National Society for Rapid Realization of Independence", G-2 Weekly Summury, no.56 (1946.9.28.).
49) 박진희, 「해방직후 정치공작대의 조직과 활동」, 《역사와 현실》 제21호, pp.197~203 ; 정병준, 「우남 이승만 연구」, p.562.

중앙상무집행위원회에서 이시영(李始榮) 위원장 아래 오하영(吳夏英)과 함께 부위원장으로 선출되었다. 오전 10시부터 운현궁(雲峴宮)에서 열린 이날의 회의는 인선문제로 오후 6시까지 장시간 계속되었는데, 정치공작 대원들은 11개 집행부서 가운데 조직부장과 차장, 조사부장과 차장, 선전부 등의 요직을 차지했다.[50]

김구가 일본에 있는 독립운동가 박렬(朴烈)에게 부탁해 놓았던 윤봉길(尹奉吉), 이봉창(李奉昌), 백정기(白貞基) 세 의사의 유골이 부산에 도착한 것은 1946년6월 초순이었다. 독촉국민회 전국대표대회 등으로 시간을 낼 수 없었던 김구는 6월14일에 특별열차편으로 부산으로 내려갔다.[51] 백정기는 상해에서 육삼정(六三停)의거를 모의하다가 체포되어 무기형을 받고 일본에서 복역하다가 순국한 사람이었다. 백정기와 함께 체포되어 복역했던 이강훈(李康勳)이 세 의사의 유골을 가지고 와서, 부산부립 유골안치장에 보관시켜 놓고 있었다. 김구는 6월15일에 부산공설운동장에서 거행된 추념식에 참가하고, 이튿날 귀경했다. 귀경하는 열차는 세칸이었는데, 첫칸에는 유골을 모시고 나머지 칸에는 김구와 수행원, 기자 등이 탔다. 대구역과 대전역에 임시분향소를 설치하여 지역인사들의 분향을 받았다. 상경하는 기차 안에서 김구는 기자들에게 다음과 같이 말했다.

"그 세 사람을 죽으라고 내보낸 것은 바로 나다. 그러나 그 세 사람을 내보낸 나만이 살아 있으면서 아직 독립을 이루지 못하고 있으니 세 열사에 대하여 부끄럽기 한량없고 회고(懷古)를 금할 수 없다. 조국을 위하여 신명을 바치고 지하에 잠드신 선열과 충의지사가 어찌 세 열사뿐이랴만 대담무쌍히 왜적의 심장을 향하여 폭탄을 던져 조선민족의 불멸의 독립혼을 중외에 떨친 것은 아마 이 세 분이 으뜸일 것이다. 나는 지금 유해

50) 《朝鮮日報》 1946년6월15일자, 「大韓獨立促成國民會」; 《大東新聞》 1946년6월17일자, 「獨促國民會中央執行部選定」.
51) 《朝鮮日報》 1946년6월7일자, 「金九主席十四日釜山에」.

를 모심에 있어 스스로 부끄러운 생각을 억제할 수 없고 그들 지하의 불귀의 손이 된 수만 수천의 동지들의 사심 없는 애국의 지성을 본받아 하루바삐 통일된 우리 정부 수립이 실현되기 위하여 3천만과 같이 분골쇄신 노력하겠다."[52]

세 열사의 유해는 오후 5시에 서울역에 도착하여 바로 수송동의 태고사(太古寺: 지금의 曹溪寺)로 향하였다. 마침 쏟아지는 빗속에서도 인도에는 사람들이 도열하여 머리를 숙였다. 유해가 도착하는 시간에 맞추어 이승만도 태고사에 가서 간단한 안위식에 참례했다. 유골은 국민장을 거행할 때까지 태고사에 안치하기로 했다.[53]

6월18일 아침부터 사흘 동안 종로 YMCA 강당에서 열린 독립촉성애국부인회 전국대표대회는 활기 넘치는 단합대회였다. 이승만은 개회식 축사에서 "나는 여자의 힘을 남자의 힘보다 더 크다고 생각한다.… 여성들도 자기의 주장을 버리고 한데 뭉쳐서 한국을 찾는 것밖에 아무것도 없다고 생각한다"라고 역설했다. 김구는 인사말에 이어 건국 초기에는 여성의 역할이 크고 장함에 비추어 내일 오후에 다시 와서 호소하겠다고 말한 다음, 실제로 이튿날 다시 회의장에 나타나서 의식주 간소화운동을 구체적으로 역설하여 박수를 받았다. 개회식에서는 신익희도 축사를 했다. 조직 확대 강화, 경제 진흥, 직업소개소와 탁아소 설치, 기관지 발행 등의 의안 토의가 진행되는 사이사이에 독창순서도 있었다. 저녁에는 국내외 정세, 민주주의와 여성, 선거법에 관한 강의가 있었다.[54]

독촉애국부인회대회가 끝나자 이승만은 6월22일에 개성을 방문했다. 개성을 방문할 때에는 올리버도 직접 가서 보게 했다. 올리버는 미군정부의 가이신저(Wayne Geissinger) 소령과 경기도 군정관 앤더슨

---

52) 《朝鮮日報》 1946년6월18일자, 「感懷가 새로웁다, 金九氏談」.
53) 《朝鮮日報》 1946년6월18일자, 「安慰式을 執行」.
54) 《大東新聞》 1946년6월18일자, 「獨促愛國婦人會全國代表大會」;《朝鮮日報》 1946년6월21일자, 「獨促愛國婦人會全國大會서」.

(Anderson) 대령과 같이 이승만 일행보다 세시간이나 먼저 떠났다. 그런데도 연도에는 벌써 환영인파가 늘어서 있었다. 프란체스카와 이기붕(李起鵬) 비서를 대동한 이승만은 구자옥 경기도지사와 장택상 제1관구 경찰청장의 안내를 받으며 오전 9시30분에 자동차로 돈암장을 떠났다.

장단(長湍)을 지날 때에는 비가 오는데도 불구하고 그곳 유지들과 수천 시민들이 태극기를 들고 나와 환영했다. 개성에 도착한 것은 오후 3시30분. 두시간 전부터 남대문 주위에 모인 3만여명 시민의 만세 소리는 온 시가를 진동했다. 이승만은 곧 선죽교(善竹橋), 숭양서원(崧陽書院), 박물관, 만월대(滿月臺) 등 고적지를 둘러본 뒤 오후 5시30분부터 독촉국민회와 부인회 등의 공동주최로 명적고녀 강당에서 열린 환영 다과회에 참석했다.

개성은 이승만이 35년 전 YMCA의 한국인 총무로 사역할 때에 전국을 순회하고 마지막으로 윤치호(尹致昊)의 한영서원(漢英書院)에서 열린 제2회 전국학생 하령회(夏令會)를 주재했던 추억이 어린 곳이었다. 이승만은 그때의 일을 언급하고 나서 다음과 같이 말했다.

"우리는 오늘 이와 같이 우리를 자유스럽게 해방시켜 준 미국인에 감사하며 우리 3천만은 합심합력하여 이 산 뒤에서 고생하는 가엾은 동포들까지도 해방의 기쁨이 오도록 노력하고 있으며, 나도 이북을 하루바삐 방문하고 싶어 한다."

"이 산 뒤"는 바로 38선 이북에 해당하는 지역이었다. 연설을 마치고 이승만은 올리버 교수를 소개했다.

송고(松高)실업장 지배인 사택에서 일박한 이승만은 이튿날 오전 10시부터 원정국민학교에서 열린 환영연설회에 참여하고, 오후 5시에 서울로 돌아왔다.[55)]

---

55) 《大東新聞》 1946년6월24일자, 「李博士開城行」.

민족통일총본부 설치를 보도한 1946년6월30일자 《대동신문》 지면.

독촉국민회 전국대표대회에 참가한 지방대표들로부터 민족통일총본부(이하 민통총본부) 결성에 대한 권한을 위임받은 이승만은 6월29일 오전 11시에 기자회견을 갖고 자신이 직접 작성한 관계 문서와 부서 책임자 명단 등을 발표했다. 민통총본부는 정읍에서 밝힌 이승만의 새로운 건국운동을 실천할 전국조직이 될 것이었다.

민통총본부 설치의 취지를 천명하는 「민족통일선언」은 다음과 같은 내용이었다.

　광복대업을 완성하기에 민족통일이 가장 필요하니, 현시국의 정세와 총민의의 요망을 순응하여 민족통일총본부를 성립하고, 이로써 대한민족이 다시 통일됨을 자에 선언한다.

　본부의 주의는 다음과 같으니,

　안으로는 동족단결을 장려하여 파당적 구별이나 분열적 행동이 없기를 함께 도모하며, 밖으로는 연합우방들과 협동공작을 취하여 대업을 속성함.

　금후부터는 모든 정당이나 단체가 다 전 민족의 공의를 존중하여 통일전선에 장애가 되거나 방해하는 폐가 없기를 기대함.

　단 민주의원과 비상국민회의는 정당과 단체를 초월한 기관이므로 예외로 하고 그 밖의 기성 각 정당과 단체는 그 주의와 주장을 물론 하고 다 총본부와 연락하여 통일을 실행함.

단기 4279년 6월 29일

　이처럼 이승만은 미국식 민주정치의 한 양식인 「선서」나 「서약」을 중요시했다. 그리고 최근 들어 다소 불협화음을 내고 있는 민주의원과 비상국민회의는 함께 민통총본부의 관련 단체에서 제외한다고 선언문에서까지 언급하고 있어서 눈길을 끈다. 새로 구성된 민통총본부의 부서는 다음과 같았다.

총재: 이승만　　부총재 : 김구

협의원: 이시영(李始榮), 조성환(曺成煥), 오하영(吳夏英)
　　　　김성수(金性洙), 이범석(李範奭), 윤보선(尹潽善)
　　　　김동원(金東元), 허정(許政), 방응모(方應謨), 이묘묵(李卯默)
　　　　김순애(金淳愛), 노마리아(盧馬利亞)

정경부: 김병로(金炳魯), 김상덕(金尙德), 이윤영(李允榮)

노농부: 고창일(高昌一), 장자일(張子一), 전진한(錢鎭漢)

선전부: 홍성하(洪性夏), 장석영(張錫英), 김선량(金善亮)

청년부: 김철수(金喆壽), 김효석(金孝錫), 김산(金山), 박용만(朴容萬)

부녀부 : 박현숙(朴賢淑), 박승호(朴承浩), 임영신(任永信)

　　　　황신덕(黃信德)

　단, 지방에 계신 유력한 인사는 교섭이 끝나는 대로 추후 선정 발표함.56)

김규식이 부총재에서 제외된 것은 미 군정부의 종용에 따라 여운형과 함께 좌우합작운동을 시작했기 때문이었다. 김규식 대신에 김규식의 부인 김순애를 협의원에 포함시켰다. 협의원으로 선정된 광복군 참모장 이범석은 6월4일에 광복군 500명과 함께 귀국했다.57)

2

이승만은 「민족통일선언」과 민통총본부 부서를 발표하고 나서 다음과 같은 설명을 덧붙였다.

"작년에 귀국한 뒤에 민족통일을 목표로 72개 정당 및 사회단체 대표가 주의주장을 초월하고 광복사업에 합력코자 독립촉성중앙협의회를 결성하고 내외국에 반포한 뒤에 각도 각군에서 동성향응으로 조직이 진전되던 바, 내가 석달 동안 병중에 있을 적에 다소 정객들이 경향에 출몰하여 모략적 수단으로 몇몇 단체를 만들어 분열상태를 이루게 된 고로 이를 조정하려면 자연 분규가 생길 염려가 있으므로 간섭하지 않고 침묵을 지키고 있었던 터인데, 이번에 남도 각처 심방시에 이러한 내정을 더욱 상세히 알게 되었으며, 따라서 보통 요구하는 것이 즉 이 문제를 해결하라는 것이었다. 나는 그 시기가 온 것을 각오하고 방법을 연구하던 중에 독촉국민회 대표자대회에서 나를 청하여 총재의 명의로 지도하는 책

56) 「民族統一宣言」, 『雩南李承晩文書 東文篇(十四) 建國期文書 2』, pp. 19~26.
57) 《朝鮮日報》 1946년6월5일자, 「李範奭將軍과갓치 光復軍五百歸國」; 《東亞日報》 1946년6월6일자, 「李範奭將軍入京」.

임을 부담하여 달라 하는 고로 민족통일총본부를 설립하자 하야 일치하
게 결의가 되었으므로 이를 조직 공포함이니, 이것은 독촉국민회뿐 아니
라 모든 단체가 다 원하는 고로 어떤 단체든지 좌우를 막론하고 자원하
여 우리의 목적을 협찬하는 자는 참가할 것이다. 그런즉 이것은 정치단체
도 아니요 정부의 명의나 색태나 권위를 취하지 않으며, 또는 새 단체를
이루어서 여러 단체 중에 하나가 되거나 모든 단체 위에 최고기관이 되
는 것도 아니며, 다만 기왕에 착수하여 그때에 존재한 72개 단체 좌우익
을 물론하고 다 참가하여 이루었던 민족통일을 완성하려는 단순한 민의
총괄 기관이니, 모든 단체나 개인이 각각 애국적 정신과 희생적 결심으로
광복대업만을 위하여 본부를 전 민족 통일의 중심기관으로 인정하여 본
부의 목적을 달성함으로써 조국광복과 건설에 다소간 공헌이 되기를 바
라는 것이다."[58]

요컨대 민통총본부는 이승만이 귀국 직후에 결성했던 독립촉성중앙
협의회를 계승한 "민의의 총괄기관"이라고 했다. 이처럼 성격이 모호하게
발족한 민통총본부는 우익단체들의 상설연락기구인 애국단체연합회를
흡수하여 이승만의 친위조직으로 급속히 세력을 강화해 나갔다.

애국단체연합회는 5월12일의 독립전취 국민대회가 끝나자 5월14일
에 독촉국민회 회의실에 모여 국민대회 청산회의를 열면서 상설협의체를
설치하기로 합의함에 따라 조직된 것이었다. 이들은 민통총본부가 발족
하자 적극 지지하면서 7월15일에 전국애국단체대표자회의를 열고 민통
총본부로 합류하기로 결의하고 연합회를 해체했다.[59] 그러나 애국단체연
합회가 합류하는 과정에는 논란이 없지 않았던 것 같다. 7월23일 오후에
안국동의 민통총본부 회의실에서 연합회의 건의위원 10명과 민통총본부
대표들의 연석회의가 열렸는데, 이 회의에 이승만과 김구가 함께 참석한

---

58) 《大東新聞》 1946년6월30일자, 「民族統一總本部成立」.
59) 이상훈, 「해방후 대한독립촉성국민회의 국가건설운동」, 《學林》第三十輯, 延世大史學硏究
會, 2009, pp.31~32.

것이 그러한 사정을 짐작하게 한다.[60]

민통총본부 설치에 대한 이승만의 발표와 관련하여 민주의원과의 관계를 묻는 기자들에게 민주의원의 함상훈은 한마디로 "민주의원은 최고정무의원이고 민족통일총본부는 국민운동의 총본부이다"라고 잘라 말했다. 또한 비상국민회의 부의장 최동오(崔東旿)는 "민족통일총본부 설치에 관해서는 사전에 별 이야기는 없었다. 직접 연락관계가 없더라도 일해감에 따라 서로 같은 생각을 가질 수 있을 것이다. 민족통일총본부는 국민운동에 관한 기관이라고 알고 있다"라고 조금 뜨악하게 말했다.[61]

좌익정파들은 이승만과 김구를 맹렬히 비판하고 나섰다. 민주주의민족전선의 이강국(李康國)은 "이 박사 김구씨를 중심으로 하는 민족통일운운은 민족분열을 초래하는 것 외에 아무것도 아닐 것이다. 이 박사나 김구씨는 자신을 위해서나 민족을 위해서나 벌써 당연히 물러나 앉아야 할 것이다"라고 주장했다.[62] 인민당은 "민족분열의 최고책임자로 낙인찍힌 이 박사가 또 그 잔당들과 더불어 '민족통일총본부'라는 명칭을 띠고 나와 진지한 통일공작의 파괴를 기도하고 민중을 기만하고 있음을 언론자유가 악용된 적례(適例)이다"라고 극언했다.[63] 또한 조선공산당은 서기국 명의로 이승만, 김구, 이시영 세 사람을 거명하면서 이들이 민통총본부를 설치한 것은 "또다시 한가지 죄악을 범한 것"이라면서 다음과 같이 매도했다.

동포들! 우리는 참으로 민족통일을 급속히 완성치 아니하면 아니된다. 이것은 오직 친일파 민족반역자를 배제하고, 모든 테러리즘을

---

60) 《東亞日報》 1946년 7월 24일자, 「民統補强策討議」.
61) 《서울신문》 1946년 6월 30일자, 「民主議院側見解」, 「非常國民會議側見解」.
62) 《서울신문》 1946년 6월 30일자, 「民戰側見解」.
63) 《朝鮮人民報》 1946년 7월 1일자, 「李博士 물러서라」.

반대하고, 3상결정을 적극적으로 실천하는 민주주의민족전선의 기치 하에서만 가능할 것이다.…

우리 민족은 3상결정의 민주주의 노선을 중심하여 급속한 원칙적 통일 위에서 이 도배들의 죄악적 음모를 통렬하게 분쇄하자! 그리고 반연합국, 반소련의 수괴이며 모든 분열, 테러, 혼란의 총책임자, 노파 쇼 광신자 이승만을 국외로 추방하자![64]

공산당의 이러한 격렬한 반응은 정판사위조지폐사건을 계기로 미 군 정부가 5월18일에 공산당 기관지 《해방일보(解放日報)》를 폐간시키는 등 공산당에 대하여 일련의 강경조치를 취하는 데 따른 위기감에 기인하 는 것이었다.

조선공산당은 때마침 민주주의민족전선 인천지부장인 공산당원 조 봉암(曺奉岩)이 박헌영(朴憲永)에게 보내는 장문의 비판 편지가 《조선 일보》와 《동아일보》 등 우익신문에 자세히 보도됨으로써 큰 타격을 입었 다.[65] 이 편지는 미군 CIC가 인천 민주주의민족전선 사무실을 수색할 때 에 압수된 것이었다. 조봉암은 6월11일에 인천 CIC에 체포되었다가 열흘 뒤에 석방되었는데, 그는 석방된 이튿날 인천공설운동장에서 열린 미소 공위 재개촉진 인천시민대회에서 "현재 조선민족은 공산당 되기를 원치 않는다"는 등 5개항으로 된 공산당 비판 성명서를 발표했다.[66]

64) 共産黨書記局, 「分裂責任者를 追放하라, 李承晩 金九 李始榮等은 테로魁首」, 《朝鮮人民報》 1946년7월1일자.

65) 《朝鮮日報》 1946년5월7일자, 8일자, 「朴憲永동무에게」; 《東亞日報》 1946년5월7일자~9일 자, 「尊敬하는 朴동무에게」; 《大東新聞》 1946년5월7일자~10일자, 「仁川重要幹部의 朴憲永 에게 보내는 警告文」.

66) 《東亞日報》 1946년6월26일자, 「非共産政府를 세우자」; 《大東新聞》 1946년6월26일자, 「仁川 曺奉岩氏의 聲明書」.

민통총본부의 설치에 대한 공산당의 비판성명에 대하여 이승만보다도 더 격분한 것은 김구였다. 김구는 7월4일에 「동포에게 고함」이라는 성명서를 발표했는데, 그것은 귀국한 뒤에 처음으로 자신의 생각을 종합하여 국민들에게 발표한 메시지였다. 그는 먼저 좌우익의 논란에 관하여 "나의 흉중에는 좌니 우니 하는 것은 개념조차 없다"면서 다음과 같이 언명했다.

건국강령의 요소에 있어서는 좌니 우니 라는 것은 문제도 되지 않는다. 민주주의를 원칙으로 할 것이 이미 국제 공약에서 약속된 것이다. 인류 5천년 역사를 통하여 봉건적 악폐에 시달려 온 우리로서야 누가 또다시 압박자와 착취자의 집단체인 제국주의와 자본주의를 동경하고 구가할 것이냐?… 좌니 우니 하는 것은 민족자멸의 근원이 될지니 생각할수록 오중[五中: 오장]이 찢어질 듯하다.…

내가 일찍이 조국의 광복을 위하야 만리이역에서 풍진천석(風塵天石)을 무릅쓰고 동서에 구치(驅馳)하고 남북에 유락(流落)한 것이 어언 30여년이요, 천령(賤令)이 칠십유일세(七十有一歲)이다. 조모(朝暮)의 여생을 모르는 나로서 어찌 3천만의 중망을 저버리고 일생의 고절(孤節)을 버릴배냐."

그러고 나서 김구는 공산당의 성명에 대하여 다음과 같이 말했다.

7월1일에 공산당 서기국에서 《조선인민보》를 통하여 「분열 책임자를 추방하라」는 제하에 나를 테러의 괴수라 하였으니, 나는 이것을 볼 때에 과연 국중에 우국의 지사와 혁명의 투사가 얼마나 있는가를 십분 생각하여 보았다. 적이 납항[納降: 항복]하던 전날까지 적의 진두에 서서 성전(聖戰)이라고 찬양하고 적의 전승을 위하여 충(忠)을 맹세하고, 청년학도를 일으켜 전지로 내몰고, 적의 주구가 되어 적의 기관에 암약하며 적을 위하고 동포를 고압하던 자와, 적이 납항하고 연합군이 진주할 때까지 적의 통치기관인 총독부에 출입한 자는 모두 애국자이며 사상가이며 정치가이다.

이러한 주장은 여운형 그룹과 일부 공산주의자들의 행적에 대한 김구의 불신감을 토로한 것이었다. 그는 "테러의 괴수"라고 한 말에 대하여 다음과 같이 반론했다.

나를 테러의 괴수라 하였으니 이것은 자신이 부정치 않는다. 이달 6일에 우리 민족 전체가 경의를 다하여 봉장(奉葬)케 된 세 열사 가운데 윤봉길, 이봉창 양 의사의 의거는 김구가 사주하였다는 것은 이미 세계적으로 공표된 것이다. 나는 조국의 광복을 위하여서는 이 이상의 방법이라도 취하였을 것이다. 만일 이것이 우리나라의 독립에 조

이봉창, 윤봉길, 백정기 세 의사의 국민장이 1946년7월7일에 효창공원에서 거행되었다.

금이라도 불리한 조건이 된다면 나는 오늘이라도 단에서 내리어 동포 앞에 솔직히 사의를 표하려고 한다. 친애하는 동포여! 절역(絶域)에서 전전할 때에 고국의 산하를 바라보면서 그리운 동포를 연상할 때에 어찌 오늘과 같은 경우를 뜻하였으랴! 동포여! 반성할지어다. 동포여! 단결하지어다.[67)]

그것은 배신감과 울분에 찬 처연한 절규였다. 이봉창, 윤봉길, 백정기 세 열사의 국민장은 7월7일 오후 2시부터 효창공원에서 장엄하게 거행되었다. 장례식에는 이승만, 김구, 오세창(吳世昌), 이시영 등 우익 민족주의 진영 인사들뿐만 아니라 여운형과 공산당 대표 등 좌익 인사들도 참석하여 추도객은 5만여명에 이르렀다. 세 의사의 유골은 그동안 수송동의 태고사에 안치되어 있었는데, 매일 참배자들이 줄을 이어 6월21일까지 모인 부의금과 향전이 1만2,400여원에 이르렀다.[68)] 이날의 장례식 광경을 김구는 다음과 같이 자세히 적어 놓았다.

장례식에 임하여 봉장위원회(奉葬委員會) 책임자들이 묏자리를 널리 구하였으나 여의치 못하여, 결국 내가 직접 잡아 놓은 용산 효창원 안에 매장하였다. 그것은 서울[漢城] 역사 이래 처음 보는 장례식이었다. 미군정 간부들도 전부 참석하였으며, 미국 군인도 호위차 같이 출동하겠다는 것을 이것만은 중지시켰다. 그러나 조선인 경관은 물론 지방 각지에 산재한 육해군 경비대까지 집합하고, 각 정당 단체와 교육기관이며 각 공장 부문 일반 인사들이 총출동하여 태고사로부터 효창원까지 인산인해를 이루어, 전차 자동차 등 각종 차량과 일반 보행까지 일시 정지하였다. 슬픈 곡조를 연주하는 음악대를 선두

67) 《大東新聞》 1946년7월6일자, 「祖國光復爲핸 「테로魁首」도 좋다」; 《東亞日報》 1946년7월7일자, 「入國後金總理最初聲明」.
68) 《東亞日報》 1946년6월23일자, 「三烈士追悼式」.

로 사진반 기자는 사이사이에 늘어섰고, 그다음은 제전을 드리는 화봉대(花峰隊), 창공에 흩날리는 만장대(輓章隊)가 따랐고, 그 뒤 여학생대가 세 의사 상여를 모시니, 옛날 국왕 인산(因山) 때 이상으로 공전의 대성황을 이루었다.

장지에는 제일 앞머리에 안 의사의 유골을 봉안할 자리를 비워 놓고, 그 아래로 세 의사의 유골을 차례로 모셨다. 당일 임석한 유가족의 애도하는 눈물과 각 사회단체의 추도문 낭독으로 해는 빛을 잃은 듯하였다. 사진반 촬영으로 장례식을 마쳤다.[69]

이때에 맨 윗자리에 써 놓은 안중근의 무덤은 아직도 주인의 유골을 찾지 못하고 빈 무덤인 채로 있다.

---

69) 『백범일지』, pp. 413~414.

86장

중간파 중심으로 좌우합작 추진

1. 이승만이 김규식에게 앞장서라고 권고

1

1946년 서울의 여름은 좌우익 정파들의 소모적인 정치 논쟁으로 더욱 무더웠다. 6월부터 시작된 좌우합작 작업은 기본적으로는 중간우파인 김규식(金奎植)과 중간좌파인 여운형(呂運亨)의 연합을 통하여 미 군정부의 자문기구로 입법기관을 구성한다는 미국정부의 새로운 한국정책에 따른 것이었지만, 한국인들에게 그것은 해방 이후로 줄곧 시도했다가 실패하고만 민족통일전선운동의 새로운 시도로 인식되었기 때문이다.

미 군정부에서 좌우합작 정책을 전반적으로 관리한 곳은 아널드(Archibald V. Arnold) 소장을 중심으로 한 미소공위 대표단과 그 휘하의 정치고문관이었다. 그리고 하지(John R. Hodge) 장군의 "비공식" 지원에 따라 좌우합작에 대한 공작을 담당한 사람은 하지의 고문인 버치(Leonard M. Bertsch) 중위였다.

버치는 오하이오주 애크론(Akron) 지방 출신으로서 성가(聖架)대학(College of the Holy Cross) 철학박사이자 하버드대학교(Harvard University) 출신의 변호사였다. 그는 "세계 최우수 중위"임을 자처했다. 버치는 1946년 초에 한국에 도착했는데, 오는 도중에 샌프란시스코의 한 서점에서 구입한 한국에 관한 책들을 통독했다. 그는 처음에 군정청 공보부에서 "정계 동향(Political Trends)" 집필을 맡았다가 하지와 아널드의 정치고문이 되었다.[1]

1946년10월에 한국에 와서 3주일 동안 한국을 취재한 《시카고 선(*The Chicago Sun*)》지의 마크 게인(Mark Gayn) 기자는 김규식과 버치의 관계를 인상적으로 기술했다.

---

1) 정용욱, 『해방전후 미국의 대한정책』, pp.269~270.

점심을 먹으면서 버치는 흥분하여 김규식에게 닥쳐오고 있는 위대한 운명에 대하여 말했다. 나는 김규식에게는 분명히 결여되어 있는 박력과 정열을 버치가 만들어 내려고 아마도 무의식적으로 노력하고 있다는 인상을 받았다. 두 사람 사이에는 기묘한 관계가 성립되어 있었다. 버치는 마치 예언자 김규식의 제자이기나 한 것처럼 말했다. 그러면서도 이따금 버치 속에 있는 책략가가 머리를 쳐들었고, 그럴 때면 김규식은 정치적 괴뢰가 되었다. 요컨대 두 사람은 자신의 목적을 위하여 상대방을 이용하고 있다고 나는 느꼈다. 김규식은 빈틈없으면서 야심적이다. 그리고 버치가 자신을 한국 공화국의 대통령으로 만드는 일을 도와주기를 바라고 있다. 버치도 신을 가지고 노는 즐거움은 별문제로 하고, 그의 친구 김규식을 수반으로 하는 한국정부의 고문이 되는 것을 고려하고 있는지 모른다.[2]

좌우합작의 예비접촉은 5월25일에 민주의원 부의장 김규식, 한국민주당 총무의 한 사람인 원세훈(元世勳), 민주주의민족전선 공동의장 여

좌우합작 작업 때의 김규식과 여운형. 오른쪽에서 세번째가 김규식, 한 사람 건너 그의 부인 김순애, 여운형, 안재홍.

2) Mark Gayn, *The Japen Diary*, William Sloane Associates, Inc. 1948, pp.357~358.

운형, 조선인민당의 황진남(黃鎭南) 네 사람이 신당동의 버치 집에서 만난 것이 시작이었다. 이 자리에 버치와 아펜젤러(Appenzeller)가 동석했다.[3] 마침 이날은 민주의원 창설의 산파역을 했던 하지의 정치고문 굿펠로(Preston Goodfellow)가 서울을 떠난 이튿날이었다.

이날의 모임에 대하여 원세훈은 다음과 같이 설명했다. 모임이 이루어지기 전에 버치가 자기에게 김규식, 원세훈, 여운형, 허헌(許憲) 네 사람이 회합할 필요가 있음을 역설하는 것을 보고 "그것이 여운형과 허헌쪽에서 요청하는 것이냐 당신이 거중 알선하는 것이냐" 하고 물었다. 버치는 "양씨의 요청이라면 요청이지만 나의 알선이라면 나의 알선이다" 하고 대답했다. 그리하여 단체대표로서가 아니라 개인 자격의 회합임을 전제로 하고 만나게 되었다. 황진남은 허헌을 대신하여 여운형의 통역 겸 비서로 참석했다.

회합은 버치가 주재했다. 그는 먼저 개회사 비슷하게 말을 하면서 "이 것은 당신들의 일이니 당신들 마음대로 잘 타협하시오" 하고 말했다. 이어 원세훈이 "나는 당신 보기가 부끄럽소. 우리 일을 우리가 못하고 외국인 알선으로 이같이 함은 대단히 미안하오"라고 말하고, 참석자들에게 "우리가 여지껏 한 일은 다 덮어 놓읍시다. 다만 완전독립에 좋은 안이 있다면 말씀하시오" 하고 말했다. 여운형은 아무 안이 없다고 했다.

"전적으로 즉시독립을 목적한다면 합작할 수 있다."

김규식의 이러한 말에 여운형은 신탁통치문제를 들고 나왔다.

"독립이야 다 원하는 바이지만, 신탁통치라는 말을 해석해 보자."

그러자 원세훈이 "신탁통치에 대한 해석을 하러 온 것이 아니다"라고 반박했다.

이어 김규식이 38선 이북의 나쁜 실정을 거론하자 여운형과 황진남은

---

3) 鄭秉峻, 「1946~47년 左右合作運動의 전개과정과 성격변화」, 《韓國史論》29, 서울大學校國史學科, 1993, p.252.

부정하는 태도를 보이면서 퇴장해 버려 회합은 무산되었다.[4]

두번째 회합이 열리기까지는 3주일이나 걸렸다. 두번째 회합도 6월14일에 버치의 집에서 열렸다. 중간우파에서는 전번대로 김규식과 원세훈이, 중간좌파에서는 여운형과 허헌이 참석했다. 버치와 다른 몇 사람이 옵서버로 동석했다.[5]

"화기애애한 가운데" 진행된 이날의 회합에서는 세가지 의견일치를 보았다고 원세훈이 6월18일에 개인 자격으로 발표했다. 그것은 첫째로 대내 대외에 관한 기본원칙으로서 대내적으로는 부르주아민주공화국을 채택하고 대외적으로는 국제적으로 불편부당한 선진외교정책이라야 하고, 둘째로 좌우를 막론하고 진실한 애국자이며 진정한 혁명가라면 절대로 배격이나 중상을 금하고 이를 절대로 옹호해야 하며, 셋째로 남북합작은 북조선에서는 공산당 1당 독재를 제외하고 언론, 정치, 사상의 자유가 허여된 후에야 비로소 합작이 가능하다는 것이었다.[6]

이러한 원세훈의 발표에 대해 좌우익 정파들의 반응은 제각각 달랐다. 가장 민감한 반응을 보인 부분은 "부르주아민주공화국"을 건설한다는 대목이었다. 이 말은 1945년9월20일의 스탈린의 비밀지령에 언급된이래 줄곧 논란이 되어 온 용어였다. 민주의원 공보부장 함상훈(咸尙勳)은 6월20일에 기자들에게 "좌우합작문제로 본원 의원 중 개인의 자격으로 누차 회합하여 토의한 일이 있었는데, 아직도 원칙문제에 대한 구체적성안까지에는 이르지 못했다"라고 말하고, "전일 본원 의원 원세훈씨로부터 부르주아민주국가 운운한 것은 공산주의국가가 아닌 것만을 의미한 것이니 하등의 오해할 필요가 없다"라고 말했다.[7]

같은 날 민족전선 사무국장 이강국(李康國)은 원세훈의 발표에 대

4) 《東亞日報》 1946년5월29일자, 「民共合作交涉流會」.
5) 《朝鮮日報》 1946년6월16일자, 「左右合作具象化?」.
6) 《朝鮮日報》 1946년6월19일자, 「三原則에 意見合致」.
7) 《朝鮮日報》 1946년6월21일자, 「뿔조아共和國은 共産안이다」.

해 "그것은 원세훈씨의 개인의 의견을 진술한 것으로서 이 회담에서 결정된 것은 아니다" 하고 좌우익이 합의했다는 말을 부인했다. 그는 "남북통일 좌우합작에는 그보다도 선결되어야 할 원칙문제가 있다"라고 말하고, 그 원칙이란 "3상회의 결정의 지지"라고 잘라 말했다.[8]

이강국의 발표와 관련하여 민주의원의 공보부장이면서 한국민주당 선전부장인 함상훈은 이튿날 다음과 같이 한민당의 입장을 표명했다.

"합작에는 원칙이 필요하다. 좌우합작(원칙)은 즉시 자주독립을 요구할 것과 프롤레타리아 독재 또는 파시스트 독재가 아닌 진정한 민주주의를 신봉할 것과 어떤 한 나라와만 친선하고 그 명령에 따라 행동하는 주종외교(主從外交)를 버릴 것 등이다."

함상훈은 또 남북통일에도 원칙이 있어야 한다면서 다음과 같이 말했다.

"그것은 북조선에도 남조선에서와 같이 언론, 집회, 결사, 출판의 자유가 인정되고 민족적 애국지도자에 대한 중상, 모욕, 구속 등의 언동이 법적으로 금지되어야 할 것이다."[9]

이러한 함상훈과 이강국의 상충되는 담화는 좌우합작 작업이 순탄치 않을 것임을 예고하는 것이었다.

6월22일에 버치 집에서 다시 김규식, 원세훈, 여운형, 허헌 네 사람의 회합이 열렸고, 회합이 끝난 뒤에 네 사람은 버치와 함께 덕수궁의 미소공위 사무실로 가서 아널드 장군과 함께 다시 구수회담을 가졌다. 이에 앞서 아널드는 오전에 한국민주당 수석총무 김성수(金性洙)를 만나서 장시간 회담했다.[10]

하지가 6월23일에 귀국한 굿펠로에게 보낸 편지에 "여운형과 허헌은 김규식과 회담하면서 조금씩 관심을 보이고 있다. 그러나 나는 괄목할

8) 《朝鮮日報》 1946년6월21일자, 「左右合作合意說은 浮說」.
9) 《朝鮮日報》 1946년6월22일자, 「一國만에 主從外交 버리라」.
10) 《東亞日報》 1946년6월23일자, 「注目되는 政界動靜」.

만한 결과는 기대하지 않는다"라고 쓴 것을 보면, 하지도 좌우합작 작업에 처음부터 큰 기대는 하지 않았던 것 같다. 이 편지에서 하지는 이승만과 "격렬한 논쟁을 벌였다"라고도 썼는데, 그것은 좌우합작과 관련된 문제 때문이었을 것으로 짐작된다. 하지는 또 이승만의 반소 캠페인에 대하여 엄중히 단속하고 있다고 말하면서, "그는 모든 한국인들처럼 말은 너무 많이 하면서 생각은 거의 하지 않는다"라고 썼다.[11]

2

6월26일 오후에는 김규식과 여운형 두 사람이 버치 집에서 따로 합작 문제를 협의했다.[12] 같은 날 저녁에는 이승만이 김규식의 집을 방문했는데,[13] 이날 이승만이 김규식의 집을 방문한 것은 하지의 요구에 따라 김규식으로 하여금 좌우합작에 적극적으로 나설 것을 권고하기 위해서였다고 한다. 이날의 이승만과 김규식의 대화에 대해서는 여러 관계자들의 증언이 전해지는데, 내용은 적이 혼란스럽다.

이승만은 김규식을 찾아가서 "돈 50만원인가를 내어 놓으면서" "이 일은 아우님이 해주어야겠소" 하고 말했다고 한다. 그러나 김규식은 "형님은 대통령을 하시오. 나는 대통이나 즐기겠소이다" 하고 거절했다는 것이다. 김규식은 담배 대통을 여러 개 놓고 피우는 애연가였다. 김규식은 "나는 능력도 없고 자신도 없고 또 되지 않을 것도 안다"면서 거절했다는 것이다. 그러자 이승만은 다음과 같은 말로 강권했다고 한다.

"이것이 하지 개인의 의견이라면 모르지만 미 국무성의 정책이오. 우리가 이 정책을 실행해 보지도 않고 어떻게 거절합니까? 아우님이 한번

11) Hodge to Goodfellow, Jun. 23, 1946, 『大韓民國史資料集(28) 李承晚關係書翰資料集 1』, pp.94~95.
12) 《朝鮮人民報》 1946년6월28일자, 「左右要人會談頻繁」.
13) 《朝鮮人民報》 1946년6월28일자, 「李博士 金奎植宅에 訪問要談」.

해 보시오. 독립을 위하여 미국사람들이 한번 해보라는 것을 어떻든 해봐야 안된다는 것이 증명될 것 아니오."

김규식은 나중에야 "좌우합작이 독립을 위한 제1단계요 이 단계를 밟지 않으면 둘째 단계인 독립을 얻을 수 없다면 내가 희생하겠습니다" 하고 응락했다는 것이다.[14]

김규식은 또 이승만에게 이런 말도 했다고 한다.

"내가 나무에 오른 다음에는 당신이 나무를 흔들어서 나를 떨어뜨릴 것도 안다. 또 떨어진 다음에는 나를 짓밟을 것이라는 것도 안다. 그러나 나는 독립정부를 세우기 위해서 나의 존재와 경력과 모든 것을 희생하겠소. 내가 희생한 다음에 그 위의 제2단계에 당신이 올라서시오."[15]

김규식이 이승만에게 "형님은 대통령을 하시오"라고 했다는 말이 눈길을 끈다. 이승만과 김규식은 좌우합작이 모스크바 3상회의 결정에 규정된 임시한국민주정부 수립을 위한 작업이라고 이해한 것이었다. 그것은 6월27일에 굿펠로에게 보낸 이승만의 편지에 잘 드러나 있다.

하지 장군이 시도하고 있는 것은 김규식을 수반으로 하는 과도정부를 소련이 동의하게 하는 것이다. 그는 만일 김구와 내가 제외된다면 소련이 받아들일지 모른다고 생각한다. 그러나 장군은 내가 지지하지 않으면 김규식은 그 지위를 유지할 수 없다는 것을 잘 안다. 그래서 나는 김규식이 연립정부 수립에 성공하고 그 정부가 강대국의 승인을 받은 뒤에는 전국적인 선거를 실시하기로 하고 김규식을 지지하기로 동의했다. 그때는 국민들은 의심할 여지없이 나를 선택할 것이다.[16]

---

14) 宋南憲, 尹錫五 증언, 孫世一, 『李承晩과 金九』, p.445; 姜元龍, 金淳愛 증언, 李庭植, 『金奎植의 生涯』, 新丘文化社, 1974, pp.140~141.
15) 金淳愛 증언, 李庭植, 위의 책, p.141.
16) Rhee to Goodfellow, Jun. 27, 1946, 『大韓民國史資料集(28) 李承晩關係書翰資料集 1』, p.99.

이승만은 이튿날 서울에 와 있는 올리버(Robert T. Oliver)에게도 같은 이야기를 했다. 올리버는 6월28일자 비망록에 다음과 같이 적어 놓았다.

　　이 박사는 나에게 하지 장군이 김규식을 수반으로 하는 모종의 과도정부를 수립할 것 같다고 말했다. 이 박사는 자신은 이러한 일시적인 의사(擬似)정부(quasi-government)의 수반이 될 생각은 없다고 확언했다.

　　한국 국민들의 여론으로 보아 그 정부는 불신임받을 것이 분명하다고 그는 느끼고 있다. 그 정부는 자기가 지지할 동안만 지탱될 수 있다고 그는 확신한다. 따라서 그는 뒷전에 서서 선거를 기다릴 계획인데, 선거를 하면 자기가 압도적으로 당선될 것을 자신한다. 아마 그 말은 옳을 것이다. 그러나 그러한 선거는 몇년이나 연기될지 모른다.[17]

올리버의 이러한 서술로 보아 이승만이나 김규식은 하지의 정치고문 랭던(William R. Langdon)과 세이어(Charles W. Thayer)가 5월24일에 본국정부에 건의한 '과도적 비행정내각(interim non-administrative cabinet)' 수립 계획과 6월6일에 통달된 미 국무부의 새로운 「대한정책」을 알고 있었을 개연성이 크다.

좌우합작을 추진하면서도 명시하지 않았던 입법기구 설치 계획은 군정장관 러치(Arecher L. Lerch)가 하지 장군에게 건의하고 하지가 이를 받아들이는 형식으로 공표되었다. 러치는 6월29일에 하지에게 보낸 공개편지에서 한국민중을 대표하는 입법기관 설치의 필요성을 주장하고, 이 조직체는 "어떤 독립한 정권이 아니라 남한민중을 대표하여 상부행정에

---

17) Robert T. Oliver, *Syngman Rhee and American Involvement in Korea*, p.36.

참여함으로써 군정장관이 직권을 이행하는 데 큰 보조가 될 것"이라고 설명했다.[18] 그리고 이 기관의 성격을 묻는 기자들에게 러치는 "미국의 국회와 같다. 그러나 최고결재권이 하지 중장에게 있는 것이 다를 뿐이다"라고 대답했다.[19] 하지는 7월 9일에 러치의 제안을 받아들인다고 발표하면서 남북한이 임시한국민주정부 아래 통일될 때에는 "이 임시 입법기관은 임시정부에 이관되어 그 존속이 정지될 것"이라고 말했다.[20]

하지는 7월 1일에 "나는 미군사령관으로서 김규식 박사와 여운형씨가 남한에 있는 중요한 정당 사이에 배전의 협동과 통일을 위하여 전력하는 것과 그 노력이 진전이 있다는 보고를 매우 흥미 있게 보고 있다"면서 그 "노력을 전적으로 시인하고 지지한다"라는 성명을 발표했다.[21]

좌우합작을 지지한다는 하지의 공식성명이 있자 좌우익 정파들의 움직임이 부산해졌다. 돈암장에는 7월 1일 이른 아침부터 민주의원 의원들의 출입이 잦으면서 긴장이 감돌았다. 이날 이승만은 기자단에게 "항간에는 췌마억측[揣摩臆測: 남의 마음을 제멋대로 추측함]이 구구하나 김규식 박사와 김구씨와 나 세 사람은 유기적 관련이 있으며 일심동체(一心同體)"라고 강조했다.[22] 또 이승만은 좌우합작을 지지한다고 다음과 같이 말했다.

"내가 지금 대중에게 알리고자 하는 바는 김구씨와 내가 이미 협의하고 김규식 박사의 여운형씨와 교섭하는 것을 지지하기로 언명하였나니, 여운형씨의 협조를 얻으면 우리 민족통일이 좌익파까지 포함되어 더욱 원만한 결과를 얻을 수 있을 것이다.…"[23]

민주의원은 7월 2일 오전 10시부터 이승만과 버치 중위가 참석한 가

---

18) 《서울신문》 1946년 7월 2일자, 「立法機關設置提案」.
19) 《東亞日報》 1946년 7월 10일자, 「美國의 國會와 같다」.
20) 《東亞日報》 1946년 7월 10일자, 「南朝鮮福爲해서 必要」.
21) 《서울신문》 1946년 7월 2일자, 「金呂兩氏努力奏效確信」.
22) 《서울신문》 1946년 7월 2일자, 「敦岩莊緊張」.
23) 《大東新聞》 1946년 7월 2일자, 「金博士의 努力을 支持」.

운데 긴장된 분위기에서 회의를 열었다. 이날의 회의에는 김구와 조소앙 (趙素昂) 등 몇몇 한독당 의원들 말고는 전원이 참석하여 오후 2시까지 계속되었다. 회의를 끝내고 발표한 함상훈 공보부장의 담화는 민주의원 의 미묘한 입장을 짐작하게 한다.

현재 김규식 박사와 원세훈 양씨가 좌익과 교섭하는 것은 이승만, 김구 양씨의 양해 밑에서 진행되는 것이다. 그리고 금일 신문지상에서 보았는데, 비록 개인 자격이나마 여운형씨가 현재 좌우교섭 도중에 있어 아무 구체적 진전이 없는데도 불구하고 무슨 안이 작성된 것처 럼 발표한 것은 유감이다.[24]

그것은 여운형이 7월1일에 모스크바 외상회의 결정과 관련된 그동안 의 우익정파들의 주장과 이승만의 민족통일총본부 결성 등을 싸잡아 비 판하는 긴 담화를 발표한 데 대한 반박이었다.[25]

3

민주의원 회의에 참석하지 않은 김구는 같은 시간에 경교장(京橋莊) 에서 한독당 인사들과 따로 만나 대책을 숙의했던 것 같다. 그리하여 한 독당 선전부장 엄항섭(嚴恒燮)은 같은 날 뼈있는 담화를 발표했다.

좌우합작이 지금 순조로이 진척되어 가므로 우리는 이 일이 재차 실패 없이 꼭 성공되기를 간망(懇望)하고 이를 전적으로 지지하는 바 이다. 그러나 이때에 있어 시의(猜疑)로써 유언(流言)을 만들어 내거

---

24) 《서울신문》 1946년7월3일자, 「民議, 緊張裡에 會議」.
25 《서울신문》 1946년7월3일자, 「統一의 基本問題」.

나 무조건으로 반대하는 것은 금물이다. 통일을 자력에서 구하지 아니하고 외력에서 구하려 하며 심지어 외력에 의하여 우리 동포의 총의를 무시하고 자기의 입장만 유리하게 하려는 일이 있었다 하면 이것은 어느쪽을 물론하고 민족의 치욕을 더할 뿐이다.…[26]

그것은 좌우합작에 대한 김구와 조소앙 등 한독당 간부들의 엉거주춤한 입장을 짐작하게 하는 논평이었다.

이러한 설왕설래 속에서도 좌우합작 작업은 하지의 공식 지지 성명에 힘입어 급속도로 진전되었다. 대표들의 회담도 개인차원의 회담이 아니라 점차 좌우익의 대표기관으로부터 승인된 회담으로 발전했다. 토론을 확대시킬 필요가 있고, 그러기 위해서는 합작위원 수를 늘릴 필요가 있다는 데도 쉽게 합의가 이루어졌다. 원세훈은 우익 5명과 좌익 3명으로 합작위원회를 구성하자고 주장했으나 버치가 좌우 동수를 주장하여 우익 5명, 좌익 5명으로 결정되었다.[27]

우익은 7월7일에 민주의원과 비상국민회의의 연석회의를 열어 한민당의 반대에도 불구하고 18 대 13으로 합작지지를 결의하고 민주의원의 김규식, 원세훈, 김붕준(金朋濬), 안재홍(安在鴻)과 비상국민회의의 최동오(崔東旿)를 대표로 선정했다.[28] 한민당이 좌우합작을 반대한 것은 좌익정파들이 이승만과 김구의 배제를 강력히 주장했기 때문이다.

한편 좌익정파들은 민주주의민족전선이 대표를 선정할 것을 요구했다. 민족전선은 7월12일에 인민당의 여운형, 중앙인민위원회의 허헌, 민족혁명당의 김원봉(金元鳳), 신민당의 정노식(鄭魯湜), 공산당의 이강국 5명을 "비공식 대표(unofficial delegates)"로 "공식적으로" 선정하기로

---

26) 《서울신문》 1946년7월4일자, 「成功되길 懇望」.
27) 『駐韓美軍史(2)』, p.201.
28) 《서울신문》 1946년7월11일자, 「左右兩陣營의 合作交涉委員」; 《獨立新報》 1946년7월17일자, 「合作工作本格化」.

제86장 중간파 중심으로 좌우합작 추진 **579**

동의했다.[29] 그러나 김원봉은 김규식의 반대로 성주식(成周寔)으로 바뀌었고, 정노식은 백남운(白南雲)의 대리인으로 참가했다. 이날 버치는 민족전선을 방문하여 여운형, 성주식, 김원봉, 장건상(張建相) 등 민족전선 의장단과 좌우합작과 입법기구문제를 논의했다.[30]

좌우합작위원회의 첫 회합은 7월12일 오후 6시에 명륜동 어느 집에서 열렸다. 그러나 이 자리에는 우익의 김규식과 원세훈이 참석하지 않아 만찬모임으로 끝났다. 김규식은 지병인 위장병으로 7월9일에 입원했고,[31] 원세훈은 좌우합작을 둘러싼 한민당의 당내 사정 때문이었을 것이다.

이어 7월16일 오후에 버치의 집에서 제2차 화합이 열렸는데, 이 자리에는 입원한 김규식을 제외한 합작위원회 양쪽 대표 9명 전원이 참석하여 합작에 대한 본격적인 토의를 시작했다.[32]

이 시점까지는 조선공산당도 좌우합작을 반대하지 않고 있었다. 공산당은 6월20일에 박헌영(朴憲永)의 기자회견을 통하여 "좌우통일 지연의 원인은 3상결정에 대한 기본태도가 서로 상반되기 때문"이라고 말하고, "현재에도 좌익 지도자들은 우익진영 내 옳은 노선을 바라고 나가는 부분과 협력해야 좌우통일을 달성시키고자 노력하고 있다. 미소공위 재개가 속히 실현되고 그 성공을 위해서는 언제든지 3상결정 전적 지지로 그 출발점을 삼고 나가야만 될 것이다"[33]라고 천명한 이래 자신들의 주장하는 합작3원칙이 인정된다면 합작에 참여하겠다고 말하고 있었다. 합작3원칙이란 (1) 3상결정의 총체적 지지, (2) 친일파 민족반역자 반소 반공적 파쇼 분자의 제외, (3) 일체의 테러행동의 중지와 테러단체의 해산

---

29) 『駐韓美軍史(2)』, p.202.
30) 《獨立新報》 1946년7월13일자, 「뻐취氏民戰訪問」.
31) 《서울신문》 1946년7월11일자, 「金奎植博士入院」.
32) 《獨立新報》 1946년7월17일자, 「合作工作本格化」.
33) 《自由新聞》 1946년6월21일자, 「當面한 우리 義務」; 《中央新聞》 1946년6월21일자, 「共委再開에 總力」.

이었다.[34] 조선공산당은 온건우파와의 합작에 성공한다면 우익의 분열이 광범위하게 이루어지고 또 결정적인 것이 될 것이라는 예상 아래 처음에는 좌우합작을 지지했던 것 같다.[35]

좌우합작위원들은 7월17일 저녁에도 버치 집에서 모였다. 회의는 저녁 9시 반쯤에 산회했는데, 회의를 끝내고 김규식에게 긴급히 전할 편지를 가지고 버치 집 근처에 있는 김규식의 아들 김진동(金鎭東)의 집으로 가던 여운형이 권총을 휴대한 괴한들에게 심한 테러를 당했다.[36]

7월21일에 김규식이 퇴원함에 따라 이튿날 저녁에 좌우합작 대표들의 준비모임이 버치의 집에서 다시 열렸다. 그것이 제1차 좌우합작 정식 예비회담이었다. 회의에는 김규식, 여운형, 원세훈, 최동오, 안재홍, 김붕준, 정노식, 이강국 8명이 참석했다. 김규식은 "우리를 합작으로 인도한 사람이 외국인이라는 점은 슬픈 일이다. 지금까지 우리는 수동적이었다. 이제 우리는 능동적이어야 한다"라고 좌우합작에 적극적으로 임할 것을 역설했다.[37] 이날의 회의에서는 (1) 회의 장소는 미소공위 미국대표단 본부인 덕수궁으로 하고, (2) 회의는 매주 월요일과 금요일에 개회하며, (3) 의장은 김규식, 여운형 두 사람으로 한다는 것이 결정되었다. 한가지 쟁점은 후속회의에 버치를 계속 참석시킬 것인가 하는 문제였다. 여운형은 버치가 양쪽 진영의 합작 중재자로 활동할 것을 제안했다. 이에 참석자들은 위원회가 하지에게 버치를 합작위원회 파견 미국 연락장교로 임명해줄 것을 요청하는 편지를 보내는 한편, 소련에도 옵서버 파견을 요청하기로 결정했다.[38] 이 결정은 이튿날 김규식과 여운형 공동명의의 「성명서」로 발표되었다.[39]

---

34) 《朝鮮人民報》 1946년7월14일자, 「左右合作에 關하여 朴憲永氏放送」.
35) 鄭秉峻, 앞의 글, p.265.
36) 《서울신문》 1946년7월19일자, 「呂運亨氏殺害計劃」; 《東亞日報》 1946년7월19일자, 「呂氏暗殺未遂」.
37) 鄭秉峻, 앞의 글, p.265.
38) 《東亞日報》 1946년7월24일자, 「本格化한 左右合作交涉」.
39) 《서울신문》 1946년7월24일자, 「左右合作工作本軌道에」.

2. "한국의 공산주의는 세계에서 가장 좋은 조건에서 출발"

1

한반도에 친소적인 통일국가가 수립되기를 기대할 수 없게 되자 소련 군사령부는 북한을 이른바 "민주기지"로 건설하는 작업에 힘을 쏟았다. 1946년3월에 미소공위가 열리고 있는 상황에서 벼락치기로 토지개혁을 강행한 데 이어 일련의 경제복구 작업을 추진했다. 소련인 기술자들이 각 공장에 파견되어 공장을 가동했다. 약탈에서 경제복구 지원으로 정책이 바뀐 것이었다.[40]

그동안 소련은 북한에 진주한 직후부터 각종 산업시설을 비롯하여 식량과 원자재 등을 반출했다. 1945년에만 수풍(水豊)발전소의 발전기 3대와 원산 조선석유회사의 기계 일체, 함흥 본궁화학(本宮化學)의 6만킬로볼트 변압기, 청진 닛테츠(日鐵)공장과 미쓰비시(三菱)제련소의 기계 일체 등 주요 설비는 모두 반출해 갔다. 또 진남포제련소에서는 금 2톤과 아연 200톤, 구리 300톤을 반출해 갔고, 조선은행 원산지점에서는 현금 3,000만엔을 약탈했다. 그리고 심각한 식량 부족에도 불구하고 1945년에 244만섬, 1946년에 290만섬의 곡식을 소련으로 가져갔다.[41]

소련의 설명에 따르면, 일본점령기의 모든 시설과 물자는 소련의 '전리품'이므로 소련정부의 재산이었다. 소련군의 북한 광공업 생산품 반출은 1946년에도 계속되었다. 러시아 외무부 공문서관에 소장된 슈티코프(Terentii F. Shtykov)의 보고서에 보면, 1946년1월에서 5월 사이에 소련군은 북한에서 '전리품' 6,753톤과 신제조품 1,782톤을 반출했다. 그 가

---

40) 김학준, 『북한의 역사 제2권』, 2008, pp.333~334.
41) 김영수, 「북한지역의 정치적 동태와 소군정」, 한국정신문화연구원 현대사연구소 편, 『한국현대사의 재인식(1) 해방정국과 미소군정』, 오름, 1998, pp.248~249.

운데는 금 1,500킬로그램과 은 5톤을 함유하는 조동(粗銅)과 아연 4,261톤을 비롯하여 베리리움정광 20톤, 텅스텐 178톤, 형석 1,560톤, 흑연정광 454톤, 전기아연 1,388톤 등이 포함되어 있었다.[42]

소련이 북한의 경제복구를 지원하기로 정책을 전환한 것은 북한의 풍부한 지하자원과 농림자원 및 수력발전 능력과 공업생산 능력을 감안하여 북한의 경제를 복구시킴으로써 소련의 무역상대국으로 발전시키는 것이 소련에 이익이 될 것이라고 판단했을 것이라는 분석도 있으나,[43] 그보다는 직접적인 이익추구에 더 관심이 있었다. 그것은 1946년1월28일에 작성된 「북한에 조소 합작주식회사를 설립하는 문제에 대한 소련인민위원회의 정령」이라는 문서에 명백하게 드러나 있다. 이 문서는 소련이 전력, 흑색 금속, 유색 금속, 화학, 기계 제작, 민간 항공, 석탄, 시멘트, 어업, 철도, 해상운수 등 모든 산업 분야에서 북한과 합작회사를 설립한다는 지침을 시달한 것이었다. 그것은 합작회사라는 형식을 통하여 북한의 물자를 반출하겠다는 것이었다. 회사의 업무관리도 소련이 임명한 지배인에게 맡기도록 했다.

이 지침에 따라 설립된 대표적인 합작회사가 조소해운주식회사(모르트란스)와 조소석유정련주식회사였다. 소련이 모르트란스를 세운 목적은 청진, 나진, 웅기 세 항구를 30년 동안 북한으로부터 조차하는 데 있었다. 소련과 북한은 1947년3월25일에 이 회사설립에 관한 협정을 맺었다. 합작비율은 5 대 5였다. 그러나 소련은 자본금을 내지 않는 대신 화물선 3척과 여객선 1척을 제공하고, 북한은 세 항구와 그 부대시설을 회사에 30년 동안 임대하는 출자형식을 취했다. 소련은 배 4척을 내놓고 그토록 바라던 부동항 세곳을 30년 동안 사용할 수 있게 된 것이었다. 소련이 세 항구를 어떻게 사용했고, 30년 뒤에 조차가 끝났는지는 알려지지

---

42) 木村光彦 編譯, 『旧ソ連の北朝鮮經濟資料集 1946~1965年』, 知泉書館, 2011, pp.30~31.
43) Eric van Ree, *Socialism in One Zone*, pp.175~181; 김학준, 앞의 책, p.334.

않았다.[44]

　연합국에 대한 일본의 배상을 결정하기 위하여 대사급의 트루먼 대통령 특사로 임명된 폴리(Edwin W. Pauley)와 조사단 10명이 한반도의 일본 재산을 조사하기 위하여 5월16일에 서울에 왔다.[45] 트루먼의 친구이기도 한 폴리는 미국의 손꼽히는 석유기업가였고, 민주당의 정치자금 모금에도 크게 공헌했다. 주된 조사대상은 일본군수공업시설이었다. 남한 지역의 조사를 마친 폴리 일행은 5월29일에 북한을 방문했다. 그들은 일본 정부 및 민간기업이 소유했던 공장들과 산업설비 가운데 전쟁배상으로 사용 가능한 기계류가 남아 있는지를 조사하는 한편, 1945년 하반기에 나돌던 소문대로 그 시설들을 소련이 반출해 갔는지도 조사했다.

　소련점령군은 폴리 일행의 입북을 허용하기는 했으나 조사에는 협조적이지 않았다. 빠르고 효율적인 조사를 위하여 조사단을 몇몇 반으로 나누고자 했을 때에도 허용하지 않았다. 또한 비행기 여행과 사진사 대동도 허용하지 않았다. 그뿐만 아니라 폴리 일행이 방문하고자 하는 다섯군데 가운데 평양지역(평양, 겸이포, 진남포, 순천), 수풍지역(신의주, 용암포), 원산지역(원산)만 허용하고, 청진지역과 흥남지역은 허용하지 않았다. 청진과 흥남은 '전리품' 반출이 가장 심했던 곳이었다. 그리하여 폴리 일행은 북한 체류 엿새 만인 6월4일에 서울로 돌아왔다.[46]

　이처럼 폴리의 북한 방문은 단기간이었고 또 방문지도 제한된 것이었지만, 그가 돌아와서 도쿄(東京)에서 트루먼에게 보낸 보고 편지는 트루먼에게 큰 영향을 끼쳤다.

　폴리는 한국은 아시아에서의 미국의 전반적인 성패여부를 판가름할지 모를 이데올로기의 전쟁터라고 단정적으로 썼다.

---

44) 김영수, 앞의 글, pp.247~248.
45)《東亞日報》1946년5월18일자, 「포-레使節團着京」;《朝鮮日報》1946년5월18일자, 「포-레大使의 隨員 十名도 來朝」.
46) 김학준, 앞의 책, pp.319~320.

솔직히 말하여, 한국에서의 우리의 입장이 크게 우려되며 마땅히 받아야 할 관심과 고려를 받고 있지 못하다고 믿는다. 한국은 작은 나라이고 또 우리의 전체적인 군사력으로 미루어 볼 때에 책임이 작은 지역이기는 하지만, 아시아에서의 미국의 전반적인 성패여부를 판가름할지 모를 이데올로기의 전쟁터이다. 이곳은 몰락한 봉건주의의 도전에 맞서 민주주의적 경쟁체제가 적응할 수 있을 것인가 아니면 어떤 다른 체제, 곧 공산주의가 더 강해질 것인가의 시험장이다.

소련인들의 행동으로 보아 다음과 같은 이유에서 그들이 한국으로부터 가까운 시일 안에 철수할 의향은 없는 것이 분명하다.

1. 그들은 신탁통치를 실시하는 일이나, 임시정부와 같은 어떤 체제를 수립하는 일이나, 또는 북한에서 그들 자신의 입지를 확고히 하는 데 무슨 방법으로든지 지장이 될지 모를 어떤 행동도 미국과 공동보조를 취할 것을 명백히 기피하고 있다.

2. 그들은 모스크바에 충성하게 될 공산당과 소비에트형 정강(政綱)이 한국에 충성할 최고의 형태라고 선전하며 고무하고 있다. 이러한 목적을 위해 그들은 그러한 철학에 반대하거나 심지어 의문을 제기하는 모든 정파들까지 탄압한다. 그 보기로 북한의 거리가 소비에트를 선전하는 포스터로 장식되어 있는 것을 들 수 있다. 대부분의 포스터들은 소비에트정부를 선전하는 것이고, 스탈린과 레닌의 커다란 사진도 포함되어 있다. 대부분의 포스터들은 다음과 같은 내용으로 되어 있다.

— 조소우호만세.
— 소비에트정부는 최고의 민주주의 형태이다.
— 우리는 붉은 군대의 명예를 더욱 높일 것이다.
— 조국을 위하여, 당을 위하여, 스탈린을 위하여.
— 승리의 창조자 스탈린 만세.
— 전사는 이역에서 더욱 주의깊고 긴장해야 한다.

―― 붉은 군대 병사의
첫 스승은 하사관이다.…

폴리는 이어 "소련정부는 미
국이 '민주주의'라는 단어의 독
점적인 사용을 허락하지 않을
방침임이 분명하다"라고 기술
하고, 한국인에 대한 소련 선전
의 영향을 고려하는 경우 현재
의 2,700만 한국인 가운데 거의
70%가 영세 농어민임을 잊어서
는 안된다고 강조했다. 그들은
국내 및 국제적인 경제사정에

트루먼의 일본배상문제 특사로 1946년5월에 남북한을 방문
한 폴리. 그는 한국의 공산주의는 세계의 어느 곳에서보다
좋은 출발을 할 수 있었다고 보고했다.

대한 지식이 거의 없고 감언이설에 동요되기 쉽기 때문이라는 것이었다.

다음으로 폴리는 매우 주목할 만한 점을 지적했다.

3. 한국의 공산주의는 실제로 세계의 어느 곳에서보다 좋은 출발을
할 수 있었다. 모든 주요 산업이나 자연자원뿐만 아니라 철도와 동력
및 전등용 전력을 포함한 모든 공익시설을 일본이 소유하고 있었다.
그러므로 만일 이런 것들이 갑자기 "인민위원회(공산당)"의 소유가
된다는 것을 알게 되면 그들은 어떤 종류의 투쟁이나 그것들을 발전
시키기 위한 아무런 노력도 없이 그것들을 차지하게 될 것이다. 이것
이 민주주의적(자본주의적) 정부가 확립되기까지는 미국이 한국에 있
는 일본의 해외자산에 대한 소유권 또는 청구권을 포기해서는 안되는
이유의 하나이다.

폴리는 또 소련이 북한의 경제복구 작업을 지원하고 있는 데 대하여

다음과 같이 언급했다.

5. 그들은 북한의 경제활동을 회복시키기 위하여 상당히 노력하고 있다. 그것은 아마 파탄이 난 일본에 대한 경제적 예속을 소련에 대한 새로운 예속으로 대치시키는 결과를 가져올 것이다.

그러면서 폴리는 "소련군은 명백히 장기주둔을 획책하고 있다. 장교들은 벌써 가족들을 데려다 두고 있다. 군대가 사실상 철도를 운영하고 있다. 고위당국자의 성명에서도 철수에 관한 어떤 계획이나 심지어 철수의 희망마저 찾아볼 수 없다"라고도 썼다.

폴리는 결론으로 한국에 대한 소련의 목표는 다음의 네가지로 예상된다고 기술했다. 첫째 한국을 소련이 동남쪽으로부터 공격을 받는 경우의 한 심층방어진(defense in depth)이 될 "괴뢰국가"로 육성하는 것, 둘째 북중국과 만주에 대한 포위망 또는 협공의 한쪽 축이 되게 육성하는 것. 협공의 다른 한쪽 축은 외몽고가 된다. 셋째 일본이 다른 외국세력이 사용할 반소기지로 건설되는 경우 일본에 대한 협공의 한쪽 축이 되게 육성하는 것. 협공의 다른 한쪽 축은 연해주, 사할린, 쿠릴 열도가 될 것이다. 그리고 넷째 부동항인 청진, 흥남, 원산에 대하여 여순(旅順)항과 대련(大連)항에서와 같은 조차권을 확보하는 것.

이러한 결론에 입각하여 폴리는 다음 네가지 사항을 건의했다. 첫째로 소련이 한국에 관한 모스크바 선언을 이행하도록 강력히 요구해야 한다. 특히 소련은 임시 대의정부를 구성시키는 데 실패하고 38도선에 의한 분할을 유지하는 데 대해 마땅히 비난받아야 한다. 그러기 위한 구체적인 방안으로 문제를 국제연합 또는 4대국에 회부시키는 것 등을 생각할 수 있다. 둘째로 미국은 한국에서 민주주의와 4대 자유를 보급시키기 위하여 선전과 교육 캠페인을 벌여야 한다. 셋째로 한국은 배상의 일부로서 일본으로부터 특정의 필요한 산업시설을 넘겨 받아야 한다. 넷째로 미

국은 한국의 산업경제 재건에 더 많은 기술지원을 해야 한다.[47]

트루먼은 폴리의 이러한 보고 편지의 건의를 매우 관심 있게 받아들였다. 그는 7월16일에 파리에 가 있는 폴리에게 답장을 보내어 "한국이 아시아에서의 미국의 전반적인 성패여부를 판가름할지 모를 이데올로기의 전쟁터라는 데 동의한다"라고 말했다. 트루먼은 폴리의 건의사항들은 대부분 미국정부의 수정된 대한정책에 반영시키고 있다고 말했다.[48] 트루먼은 또 폴리의 보고 편지와 자신의 답장을 동봉한 편지를 8월 초에 전쟁부[육군부] 장관 패터슨(Robert P. Patterson)에게 보내어 "이 편지는 우리 정부가 한국에서 당면한 많은 문제에 대하여 내가 특별한 관심을 가졌다는 것을 귀하에게 밝혀 두기 위한 것이다. 나는 우리가 자유롭고 독립된 정부를 수립하는 것을 돕는다는 우리의 약속을 완수하기 위해서는 상당히 긴 기간 동안 한국에 머물러야 할지 모른다고 확신한다"라고 썼다. 트루먼은 같은 취지의 편지를 해군장관 포리스털(James Forrestal)에게도 보냈다.[49] 국무장관에게는 폴리가 이미 따로 보고 편지를 썼다.

폴리의 편지에 대한 트루먼의 이러한 반응은 이 시점에서 미국정부가 한국 상황을 매우 심각하게 인식하고 있었음을 보여 준다.

2

박헌영은 6월27일께 허성택(許成澤), 박치우(朴致祐), 이호재(李昊滓), 세 사람을 대동하고 비밀리에 평양을 방문했다. 네번째 북행이었다. 그 이전에 두차례 평양을 방문했을 때와는 달리 이번 방문은 극비에 부쳐졌으므로 이때의 박헌영의 행적에 대해서는 조선로동당 고위당료였던

---

47) Pauley to Truman, Jun. 22, 1946, *FRUS 1946*, vol.Ⅷ., pp.706~709.
48) Truman to Pauley, Jul. 16, 1946, *FRUS 1946*, vol.Ⅷ., pp.713~714.
49) Truman to Patterson(undated), *FRUS 1946*, vol.Ⅷ., p.721.

박병엽(朴炳燁: 가명 徐容奎)의 증언 이외에 기록으로 남아 있는 자료는 없다. 박병엽에 따르면, 박헌영은 6월29일께 북한공산당 지도자들과 한 차례 협의회를 가졌다. 협의회는 박헌영이 주로 미소공위 결렬 이후의 남한의 정세를 설명하는 형식이었다.

가장 심각하게 논의된 것은 정판사위조지폐사건이었다. 김책(金策), 허가이(許哥而), 주영하(朱寧河) 등은 미 군정청으로 하여금 정판사사건을 조작할 만한 빌미를 제공한 꼴이 아니냐고 지적하여 논란이 빚어졌다. 일제 때에 일본인들이 근택(近澤)빌딩에 있는 인쇄소에서 지폐를 찍어 냈다는 것은 쉽게 알 수 있었는데도 만약의 사태에 대비하여 화폐 찍는 기계나 원판 같은 것을 치워 버리지 않은 것이 발단이었다는 지적이 있었다. 소련파의 우두머리인 허가이는 박헌영쪽이 남한의 경제를 혼란시키기 위해 실제로 위조지폐를 찍어낸 것이 아닌가 하고 의심했고, 북한공산당 안에서도 이런 식의 이야기가 있었다. 정판사사건에 대해서는 초보적인 논의만 하고 나중에 다시 대책회의를 갖자는 선에서 넘어갔다.

다음으로 좌우합작 문제가 논의되었다. 좌우합작 문제에 대해서는 김일성과 박헌영의 의견이 달랐다. 박헌영은 좌우합작을 야심가 여운형이 자신의 입지가 약해지니까 미국을 등에 업고 새 국면을 주도해 나가려고 하고, 미국의 입장은 정판사사건을 근거로 공산당을 탄압하고 한편 민주주의민족전선을 분열시키기 위하여 여운형을 끌어들여 단독정부 수립을 위한 정치적 기초를 마련하려 한다고 설명했다. 여운형의 태도는 아무리 좋게 보아도 미국의 책략에 말려들어 이용당하고 있다는 것이 박헌영의 설명이었다고 한다.

처음에는 북한에서도 좌우합작을 긍정적으로 보지 않았다. 좌우합작이 버치 중위의 주도로 진행되고 있었기 때문이다. 그러다가 6월 들어 서울에 밀파된 김일성의 심복 성시백(成始柏)이 가져온 여운형의 기자회견

여운형의 기자회견을 보도한 1946년6월12일자 《조선인민보》 기사.

문을 보고 여운형에 대한 평가가 바뀌기 시작했다는 것이다.[50)]

여운형은 6월11일의 기자회견에서 좌익과 우익 사이에는 감정과 이해의 대립이 심각한데 이것을 어떻게 통일하겠는가라는 질문에 다음과 같이 대답했다.

"좌우익 사이에 심각한 대립이 있는 것은 사실이다. 그러나 국내외 정세로 보아 좌익이나 우익이 단독으로 정권을 장악할 수는 없는 것이고, 공산당 하나만 빠져도 안될 것이다. 그러한 정부는 국내적으로도 국제적으로도 승인을 받을 수 없을 것이다. 그러면 결국 여기서 좌우익을 망라한 연합정권만이 있을 수 있을 것이다. 이 정세를 명찰(明察)하고 좌우익 가운데 하나가 단독으로 정권을 농단하려는 생각을 버려야 할 것이고 반드시 버려야만 할 운명에 있다.…

그러나 우익당은 지주, 자본가를 대변하는 당이라고 볼 수 있는데, 우익진영에서도 급속히 통일정부를 수립하고 국회를 성립시켜 투표를 통하여 자기의 정책을 수립해야만 될 것이요, 통일정부의 수립이 선결

---

50) 박병엽 구술, 유영구·정창현 엮음, 『김일성과 박헌영, 그리고 여운형』, pp.65~68.

문제일 것이다. 통일정부와 국회의 확립을 원조하는 미소공위를 급속히 재개하는 것이 필요한 유일의 민족대표기관의 설치에 두 진영에서도 찬성하게 될 것이고, 나 개인은 이를 적극적으로 제창하고 노력할 터이다."

여운형은 그러나 통일기관에 반민주주의자와 파쇼 분자까지 참가시키자는 것은 아니라고 다음과 같이 말했다.

"다만 여기에서 부언할 것은 조선을 망국으로 유도한 양반계급이 그 경제적 토대인 봉건적 토지관계를 유지하려는 반민주주의 분자와 파쇼 분자를 제외하고는 애국자로 자처하는 사람이라면 나의 제창에 찬성할 것이다. 내가 말하는 통일기관에 이러한 반민주주의자까지도 참가시키자는 것은 아니고, 그자들과는 앞으로도 싸워 나가야만 한다. 그럼으로써 조선은 경제적으로 급속히 향상할 것이요 독립도 전취될 것이다."

여운형은 또 통일을 낙관하는 이유를 다음과 같이 덧붙였다.

"또 하나 통일이 될 구체적 가능성은 정국이 오늘과 같이 혼돈하고 현재와 같은 경제상태가 계속되면 될수록 좌익에게는 유리하게 될 것이다. 그것은 생활이 핍박하면 하여 갈수록 민중은 좌익화하고 우익의 테러는 오히려 좌익을 견고히 할 것이다.… 이러한 사실로 보아도 우익은 급속히 타협적으로 나오게 될 것이고, 그러니 민족통일기관의 성립은 나 자신으로는 시간문제가 있을 뿐이라고 생각한다."[51]

이 기사를 본 김일성은 "신문 자체의 내용으로 보아서는 여운형의 견해가 옳다"고 말했다고 한다.[52] 협의회에서는 좌우합작이 미 군정부의 발기와 개입으로 진행되는 것은 분명하지만 여운형이 실제로 미 군정부에 이용당할지는 더 관찰하고 연구해 보자는 쪽으로 의견이 기울어졌다고 한다.[53]

---

51) 《朝鮮人民報》 1946년 6월 12일자, 「左右統一한 代表機關으로 共委再開를 斡旋」.
52) 중앙일보특별취재반, 『秘錄조선민주주의인민공화국』, p.234.
53) 박병엽 구술, 유영구·정창현 엮음, 앞의 책, pp.68~69.

이 무렵에 가장 주목되는 것은 스탈린(Iosif V. Stalin)이 김일성과 박헌영을 함께 모스크바로 부른 일이었다. 그러므로 이때의 박헌영의 방북은 모스크바 방문이 주목적이었던 것으로 판단된다.

소련극동군 총사령관 바실레프스키(Alexander M. Vasilevskii) 원수의 부관이었고 뒤에 소련공산당 중앙위원회 국제부 부부장이 된 코바넨코(Ivan I. Kobanenko)의 증언에 따르면, 박헌영이 김일성과 함께 모스크바로 가서 스탈린을 만난 것은 미소공위가 무기휴회된 뒤에 박헌영이 직접 스탈린에게 김일성과 소련군사령부를 비판하는 장문의 편지를 러시아어로 써서 하바로프스크에 있는 소련국가공안위원회(KGB)의 극동지부로 보낸 것이 계기가 되었다. 박헌영은 이 편지에서 김일성의 민족통일 노선은 급박하게 돌아가는 해방정국에 적합하지 않고 일본점령기에 지하에서 항일투쟁을 한 국내 공산주의자들을 무시하면서 빨치산 활동을 했던 사람들만 앞세우는 등 독재가 심하고, 중앙당을 무시하고 독단적으로 행동하며, 남한 실정에 맞지 않는 정책 등을 일방적으로 주장하고, 자신을 따르는 당원들을 배제하고 당을 분열시키고 있다는 등 김일성을 비판했다. 또 소련군사령부에 대해서도 당의 책임자인 자신을 따돌리고 일방적으로 김일성에게만 적극 협력하고 있어서 당의 권위가 추락하여 혁명사업에 차질이 예상된다는 등 신랄하게 비판했다.

바실레프스키는 심사숙고한 끝에 이 편지를 모스크바의 중앙당으로 보냈고, 중앙당도 고심 끝에 스탈린에게 보고했다. 스탈린은 박헌영의 주장 가운데 상당 부분이 근거가 있어 보이므로 시정토록 조치하라고 KGB본부에 지시했다. 그뿐만 아니었다. 스탈린은 자신이 직접 만나 보겠다면서 김일성과 박헌영을 모스크바로 부르도록 지시했다.[54]

---

54) 중앙일보특별취재반, 『秘錄조선민주주의인민공화국(하)』, pp.210~211.

3

김일성과 박헌영은 북한주둔 소련군 민정사령관 로마넨코(Andrei A. Romanenko)와 함께 6월30일 또는 7월1일에[55] 소련극동군 연해주군관구 사령관 메레치코프(Kirill A. Meretsikov) 원수가 하바로프스크로부터 타고 온 군용기에 편승하여 평양을 출발했다. 김일성은 문일(文日)을, 박헌영은 서울 주재 소련영사관의 부영사 샤브신(Anatolii I. Shabsin)을 통역으로 대동했다.[56] 이들이 떠나기에 앞서 북한주둔 소련군 군사위원 레베데프(Nikolai G. Lebedev)는 스탈린과의 면담에 대비하여 김일성을 꼼꼼히 준비시켰다. 레베데프는 스탈린이 무엇을 물어볼 것인가를 예측하고 예상되는 질문에 대한 답변을 준비했다. 그는 김일성에게 북한의 무장 문제에 각별히 주의를 기울이라고 충고했다고 한다.[57]

스탈린이 김일성과 박헌영을 면접하는 자리에는 외무인민위원[외무장관] 몰로토프(Viacheslav M. Molotorv)와 육군참모총장 안토노프(Aleksey I. Antonov), 평양에서 간 연해주군관구 군사위원 슈티코프와 로마넨코, 그리고 통역들이 동석했다. 슈티코프는 소련공산당 중앙위원회에 참석하기 위하여 일행보다 먼저 모스크바에 가 있었다.

스탈린은 김일성과 박헌영에게 한반도 정세와 남한의 정세, 북한의 정세를 자세히 물었다. 김일성의 대답은 대체로 충실했던 것 같다. 스탈린의 통역관에 따르면 그는 아첨하는 어조로 말했으며, 내내 스탈린의 말에 동의했다. 그는 긴장하고 있었고 언제라도 자기 주인의 명령을 따를 준비가 된 것처럼 보였다.… 대체로 김일성은 스탈린의 마음에 들었다.[58]

김일성의 설명을 듣고 나서 스탈린은 김일성에게 북한에 단일정당을

---

55) 박병엽 구술, 유영구·정창현 엮음, 앞의 책, p.65.
56) 레베데프 증언, 『秘錄조선민주주의인민공화국』, pp.326~327.
57) 레베데프 증언, 가브릴 코로트코프 지음, 어건주 옮김, 『스탈린과 김일성(I)』 p.244.
58) 위의 책, p.237.

결성하라고 지시했다. 그는 "그러한 혁명적 정당 없이는 북한에서의 사회주의 건설에 대해 아무것도 생각할 수 없다. 소련 공산주의자들은 모두를 위한 학습을 수행하였다"라고 말했다고 한다.[59]

스탈린과 김일성의 회견에 대해 레베데프는 다음과 같이 평가했다.

"스탈린은 김일성에게 깊은 감동을 안겨 주었다.… '어린 지도자'는 스탈린의 손에 의해서 그가 차지한 '영웅'의 권위가 '큰 지도자'의 작은 손짓만으로도 순식간에 사라질 수 있음을 분명히 이해했다."[60]

스탈린은 박헌영을 보고는 "어려운 여건 속에서 분투하는 당신의 혁명투쟁을 높이 평가한다"고 말하고,[61] 남한의 좌익정당들도 통합할 필요가 있음을 강조했다. 박헌영이 "그것이 가능하기는 하지만 인민들과 상의를 해보아야 한다"고 대답했다. 그러자 스탈린은 무심코 "인민이라니? 인민이야 땅을 가는 사람들이잖소. 결정은 우리가 해야지" 하고 말했다고 한다.[62]

회담을 마치고 스탈린은 보좌관들에게 조선 지도자들의 전면적인 정치적 준비와 김일성 개인을 위하여 평양으로 경험 많은 군사고문관들을 파견하라고 지시했다.[63] 뒤이어 총참모부에 북한의 군사·기술원조 수행을 위한 구체적 방법을 마련하라는 지시가 떨어졌다. 소련 지도부는 북한에 강력하고도 현대적인 군대를 갖기를 희망했다.[64]

회담이 있던 날 저녁 스탈린은 근교에 있는 소련공산당 서기장 별장으로 김일성과 박헌영 일행을 초청하여 연회를 베풀었다. 이 자리에서 스탈린은 공산당 간부들에게 박헌영을 모스크바에 며칠 머물게 하여 기업

59) 같은 책, p.242.
60) 같은 책, p.245.
61) 『秘錄조선민주주의인민공화국』, p.329.
62) 임경석, 『이정 박헌영 일대기』, 역사비평사, 2004, p.348.
63) 가브릴 코로트코프 지음, 어건주 옮김, 앞의 책, p.237.
64) 위의 책, pp.243~244.

모스크바에 있는 박헌영의 딸 비비안나와
그녀에게 보낸 박헌영의 러시아어 편지.

체와 공장 등을 견학시키라고 지시했다.[65] 이렇게 하여 김일성에 대한 박
헌영의 도전은 좌절되었다.

박헌영은 이때에 모스크바에서 외동딸 비비안나를 만났다. 첫 아내
주세죽(朱世竹)과의 사이에서 태어나 세살 때부터 모스크바의 한 보육
원에서 자란 비비안나는 열여덟살로 소련민속무용단의 발레리나가 되어
있었다.[66]

김일성과 박헌영 일행은 7월10일께 평양으로 돌아왔고, 박헌영은 하
루 반쯤 평양에 머물다가 7월12일께 서울로 돌아왔다. 그는 스탈린이 지
시한 좌익정당 통합작업을 위하여 여운형과 신민당(新民黨) 인사들을
만나 본 다음 7월16일께 다시 평양을 방문했다.[67]

65) 『秘錄조선민주주의인민공화국』, p.329.
66) 위의 책, p.45.
67) 박병엽 구술, 유영구·정창현 엮음, 앞의 책, p.66, pp.73~74.

앞에서 본 대로, 박헌영은 모스크바로 떠나기 전에 박헌영과 북조선 공산당 간부들과 한차례 협의회를 가졌지만, 그것은 공식회의가 아니었다. 그런데 7월에 서울에 왔다가 다시 방북했을 때에는 북조선공산당 조직위원회 상무위원회가 두차례 열렸다. 회의에서는 주로 3당합당문제, 정판사사건문제, 단독정부수립문제, 좌우합작문제, 그리고 박헌영이 제기한 "정당방위에 의한 신전술"문제 등이 논의되었다.

좌우합작문제에 대해서는 김일성과 박헌영의 의견이 달랐다. 박헌영은 미국이 추진하고 있는 좌우합작운동을 철저히 분쇄해야 한다고 주장했다. 북조선노동당 상무위원 가운데도 박헌영과 같은 의견을 보인 사람들이 있었다. 김일성은 신문을 보니까 여운형이 미국의 입장을 좇아가는 것은 아닌 것 같다고 말했다고 한다. 김일성은 또 "좌우합작운동이 우리 의도대로 되지 않고 미국의 의도가 관철된다면 그때 가서 깨버려도 되지 않느냐"고 말하기도 했다는 것이다.[68]

김일성은 박헌영의 "정당방위에 의한 신전술", 곧 합법투쟁과 비합법투쟁을 배합한다는 주장에 대해서도 찬성하지 않았다.[69] 그는 "박헌영 동지가 군중의 힘으로 미군정을 제압하는 정면대결을 주장하는데, 이것은 미군정의 탄압을 부채질할 가능성이 크고 결국 3당합당에도 지장을 초래할 위험이 있다. 3당합당도 합법적으로 해야 한다"라고 말했다고 한다.[70]

이처럼 박헌영은 북한공산당 간부들과의 의견 차이만 확인한 채 7월 22일에 서울로 돌아왔다.[71]

---

68) 위의 책, pp.69~77.
69) 같은 책, pp.81~82.
70) 같은 책, p.82.
71) Langdon to Byrnes, Aug. 2, 1946, *FRUS 1946*, vol.Ⅷ., p.722.

3. "이승만은 필요한 기간 이상으로 오래 살았다"

1

좌우합작에 대한 미 군정부의 생각은 미소공위 미국대표단의 일원으로 서울에 와 있던 세이어가 미 국무부 일본과장 보튼(Hugh Borton)과 나눈 대화록에 잘 드러나 있다.

7월 초에 귀국한[72] 세이어는 7월16일에 국무부로 보튼을 방문했다. 세이어는 군정부가 좌우합작운동을 지원하면서 양 극단, 곧 극우의 이승만파와 소련의 사주를 받는 공산주의자들을 배제시키기를 바란다고 말했다. 그는 인민당 당수 여운형 휘하의 비공산주의 좌익을 좌우합작에 끌어들이려는 시도가 성공적이라는 것이 입증될 것이라고 주장했다. 한편 합작에 대한 우익의 지지를 얻기 위하여 중심적인 지도자의 한 사람으로 고려하고 있는 김규식을 지지하도록 김구를 설득했다고 말했다. 그는 또 머지않아 설립될 입법기관에는 선출직 의원과 임명직 의원의 수가 같도록 할 것인데, 임명직 의원에는 하지 장군의 말대로 "강력한 좌익(strong left)"이 임명되는 것이 바람직하다고 말했다.

이 대화에서 특별히 눈길을 끄는 것은 세이어의 이승만에 대한 언급이다. 세이어는 다음과 같이 말했다.

"한국인들이 느끼는 그(이승만)의 권위의 어느 정도가 군정부의 그에 대한 지지 때문이고 어느 정도가 그의 망명 애국자로서의 명성 때문인지는 잘 알 수 없으나, 점령 초기에 이승만이 귀국한 것이 몇백개나 되는 한국정당들을 어느 정도 통합시키는 데 크게 기여했다고 믿는다. 하지만 현재로서는 이승만은 그의 시대에 유용한 필요한 기간 이상으로 오래 살았고, 한국의 정치무대로부터 조용히 사라져야 한다고 생각한다.…"

---

72) 《서울신문》 1946년7월7일자, 「本國과 協議次 데이어氏歸美」.

세이어는 이어 이승만이 "뒤늦게 자신이 좌우합작에 책임이 있음을 입증하려고 시도하고 있다"고 덧붙였다.[73]

세이어의 이러한 주장은 이 시점의 하지의 생각을 반영한 것이기도 했다. 하지의 좌우합작과 이승만에 대한 생각은 7월7일에 굿펠로에게 보낸 편지에 잘 드러나 있다. 그는 좌우합작문제에 대하여 다음과 같이 썼다.

우리는 아직도 일찍이 한국인들이 관심을 가졌던 것과 같은 만족스럽지 못한 지난날의 기준에서 작업하고 있다. 내가 보기에 이들 이른바 "지도자들" 가운데 이 쓰레기더미에서 개인적으로 무언가를 찾아내려고 관심을 갖지 않는 사람은 아무도 없다.

우리는 지금 진정한(real) 좌우합작을 시도하고 있다. 어느 정도 진전을 보이고 있기는 하지만 종착점이 보이는 길목에 접어들기까지는 아직 한참 멀었다. 김규식과 여운형은 현재 어느 정도 합의에 도달했는데, 다른 사람들도 따라올지 모르겠다.

이어 하지는 이승만에 대해서 다음과 같이 기술했다.

이승만은 갈수록 악성 방해요인이 되고 있다. 그는 지난 주에 1905년에서 1919년 사이에 일어났던 것과 같은 봉기를 획책했다. 본인은 부인하지만 확실한 증거가 있다. 이승만의 문제점은 그의 오스트리아 부인이 야심이 너무 많다는 점이다.…[74]

이승만에 대한 세이어나 하지의 이러한 평가는 다분히 감정적인 것이고 또 비현실적이었다. 그 보기로 바로 이 시점에 실시한 한 여론조사 결

---

73) "Memorandum of Conversation Held in the Division of Japanese Affairs", Jul. 16, 1946, *FRUS 1946*, vol. Ⅷ., pp.715~716.
74) Hodge to Goodfellow, Jul. 7, 1946, 『大韓民國史資料集(28), 李承晩關係書翰資料集 1』, p.120.

과를 들 수 있다. 7월 초에 새로 설립된 한국여론협회는 7월17일에 사람이 많이 다니는 서울의 종로, 남대문, 종로4가 세곳에서 통행인 6,671명을 상대로 여론조사를 실시했다. '제1차 대통령은 누구인가?'라는 질문에 1,916명(29% 약)이 이승만을 꼽았다. 김구가 702명(11% 약)으로 그다음인 것도 변함이 없었다. 이어 김규식의 지지도도 급증했으나 초대대통령으로 그를 꼽은 사람은 694명(10% 강)뿐이었다. 다음으로는 여운형 689명(10% 약), 박헌영 84명(1% 강), 기타 110명(2% 약)의 순이었고, "모르겠다"고 대답한 사람이 2,476명(37% 강)으로 가장 많았다.[75]

좌우합작 뉴스가 연일 지면을 메우고 있는 상황에서 이승만과 김구는 배제되어 있었음에도 불구하고 이처럼 국민들의 상대적인 지지도에는 변함이 없었고, 그럼에도 불구하고 하지를 비롯한 군정부 관계자들이나 국무부의 한국담당자들이 이승만과 김구를 그토록 폄훼한 것은 이후의 미 군정부 정책의 혼선을 더욱 증폭시키는 큰 요인이 되었다.

2

박헌영은 평양에서 돌아오자마자 민족전선 내 공산당들에게 자신의 권위를 거듭 강조하면서 좌우합작을 파탄시키기 위한 활동을 시작했다. 그는 여운형에게 "미국의 장단에 놀아나지 말라"고 경고하고, 합작위원회는 또 하나의 실패작이 될 것이라고 으름장을 놓았다. 그는 또 만일 남한의 좌익이 북한의 좌익으로부터 확고한 지지를 받는다면 한국의 모든 우익 반대파는 단시일 안에 구축될 것이라고 주장했다.

박헌영의 이러한 주장에 대해 여운형은 자기는 합작 노력을 그만두기에는 이미 너무 깊이 김규식에게 개입되어 있고, 또 어떤 결론에 도달하기 전에는 그것을 계속할 것이라고 말했다. 랭던은 "이번 싸움으로 여운

---

75) 《東亞日報》 1946년7월23일자, 「初代大統領은 누구?」.

형의 박헌영에 대한 뿌리깊은 두려움과 필연적인 적개심이 표면에 드러나게 되었다"라고 적었다. 여운형은 군정부의 미국인들에게 7월27일에 열릴 위조지폐사건 공판을 이용하여 징역을 보낸다든가 하여 이번 기회에 박헌영을 단호하게 다루는 것이 미국의 계획을 성공시키는 데 필수적이라고 넌지시 귀띔하기까지 했다. 미국인들이 여운형에게 공산당이 좌우합작을 방해하려 한다는 사실을 왜 자신이 직접 폭로하지 않느냐고 묻자, 여운형은 "남한의 많은 노동자, 농민, 청년들이 자기와 박헌영에게 충성을 나누어 보내고 있는데, 만일 지금 두 사람 사이에 분열이 있는 것이 알려지면 그것은 합작작업에 해가 될 것이다"라고 대답했다. 여운형은 또 이 시점에서 박헌영이 위세를 잃게 되면 이들 세력의 상당부분을 자신이, 따라서 미국이 차지하게 될 것이라고 설명했다. 여운형의 이러한 태도에 대해 랭던은 "여운형은 도덕적 용기가 모자라거나 박헌영을 폭로할 수 없을 만큼 공산주의자들과 비밀스럽게 깊이 연계되어 있으면서 우리가 그러한 처지에서 자기를 구출해 주기를 바라고 있는 것으로 생각된다"라고 분석했다.[76] 그것은 한국의 정치풍토에 밝은 랭던의 형안이었다.

박헌영이 평양으로부터 돌아오고 사흘이 지난 7월25일 오후 2시에 마침내 덕수궁에서 제2차 정식 좌우합작 예비회담이 열렸다. 이날의 회담에는 허헌을 제외한 위원 9명이 모두 참석했다. 회담에서는 이 회담을 제1차 정식회담으로 격상시켜 14개항의 「의사진행규정」을 채택하고, 좌우익에서 각각 비서국을 설치하기로 합의했다. 우익에서는 영문비서로 김규식의 아들 김진동과 국문비서로 송남헌(宋南憲)이 선임되었고, 좌익에서는 영문비서로 황진남과 국문비서로 김세용(金世鎔)이 선임되었다.[77] 채택된 「의사진행규정」에는 "5. 의견을 달리하는 경우 소수의 보고서나

---

76) Langdon to Byrnes, Aug. 2, 1946, *FRUS 1946*, vol.Ⅷ., p.723.
77) 《東亞日報》 1946년7월26일자, 「合作에 最終의 準備; 《獨立新報》 1946년7월26일자, 「合作正式會談」.

성명서는 위원회를 통하여 동일하게 공개한다", "6. 위원회의 모든 성원은 본 위원회의 부칙에 명시된 이외의 특정조직을 통하여 개인적, 집단적으로 독자의 보고서, 성명서, 코뮤니케를 발행하지 않는다는 데 동의한다", "10. 각 진영에서 최소 3명의 대표가 참석하지 않으면 어떤 회합도 공식회합으로 인정되지 않으며, 마찬가지로 각 진영에서 최소 3명의 대표가 찬성하지 않으면 어떤 결정도 구속력을 갖지 못한다"는 등의 규정이 포함되어 있었다.[78]

이어 제2차 정식회담을 7월27일에 개최하기로 결정했다. 제2차 회담부터는 합작원칙을 중심으로 토론하기로 합의했다. 이날의 회담결과는 이튿날 제1호 성명으로 발표되었다.[79]

좌우익의 대표적 정당 및 단체들의 공식적 지지 아래 좌우합작위원회가 정식으로 가동함에 따라 좌우합작 작업은 순조롭게 진행되는 것처럼 보였다.

그러나 이처럼 우여곡절 끝에 궤도에 오른 좌우합작 회담은 이튿날로 벽에 부딪히고 말았다. 7월27일의 정례회담에 좌익대표들이 제출하기로 한 좌익의 「합작5원칙」을 7월26일에 민주주의민족전선이 기습적으로 발표해 버렸기 때문이다. 그것은 다음과 같은 내용이었다.

(1) 조선의 민주독립을 보장하는 3상회의 결정을 전면적으로 지지함으로써 미소공동위원회의 속개촉진운동을 전개하여 남북통일의 민주주의임시정부 수립에 매진하되, 북조선 민주주의민족전선과도 직접 회의하여 전국적 행동통일을 기할 것.

(2) 토지개혁(무상몰수, 무상분여), 중요산업 국유화, 민주주의적 노동법령 및 정치적 자유를 위시한 민주주의 제기본과업 수행에 매진할 것.

(3) 친일파, 민족반역자, 파쑈 반동거두들을 완전히 배제하고, 테러를

---

78) 鄭秉峻, 앞의 글, p.266.
79) 《獨立新報》 1946년7월27일자, 「合作委員會一號聲明」.

철저히 박멸하며, 검거 투옥된 민주주의 애국지사의 즉시 석방을 실현하여 민주주의적 정치운동을 활발히 전개할 것.

(4) 남조선에서도 정권을 군정으로부터 인민의 자치기관인 인민위원회에 즉시 이양하도록 기도(企圖)할 것.

(5) 군정고문기관 또는 입법기관 창설에 반대할 것.[80]

이처럼 변칙적으로 좌익의 「5원칙」이 발표되자 좌우합작위원회의 우익대표인 원세훈은 7월27일에 좌익이 「의사규정」을 위반했다고 비난하는 담화를 발표했고,[81] 이에 대해 민족전선 사무국장 이강국은 "민족전선의 원칙과 합작위원의 원칙이 동일한 경우라도 그 내용이 동일할 뿐 의견발표기관이 동일한 것이 아니"므로 민족전선이 합작위원회의 「의사규정」을 위반한 것이 아니라고 변명했다.[82]

그러나 「의사규정」 위반이 문제가 아니었다. 민족전선의 「5원칙」은 우익정파가 도저히 받아들일 수 없는 조건들이었다. 그리고 그것은 소련이나 북한당국의 방침에 따른 것도 아니었다. 그것은 박헌영의 위기감에 따른 모험주의의 소산이었다. 그리하여 7월27일의 제2차 정례회담도 좌익대표들의 불참으로 유회되고 말았다.

---

80) 《東亞日報》 1946년7월27일자, 「民戰의 五原則提示」.
81) 《朝鮮人民報》 1946년7월28일자, 「五大原則發表는 遺憾」.
82) 《朝鮮人民報》 1946년7월28일자, 「議事規定違反 아니다」.

87장

남북한에 별도의 조선로동당 결성

1. 북조선로동당의 결성과 남한 3당합당작업의 난항

1

우여곡절 끝에 좌우합작위원회의 제1차 정식 회담이 열린 이튿날인 1946년7월26일에 민주주의민족전선이 기습적으로 발표한 「합작5원칙」은 좌우합작 작업을 무산시키려는 조선공산당 책임비서 박헌영(朴憲永)의 위기감에 따른 모험주의적인 공작의 소산이었다. 그 내막을 미군사령부 정보참모부(G-2)는 다음과 같이 파악했다.

7월22일 밤에 평양에서 돌아온 박헌영은 자기가 자리를 비운 한달 사이에 더욱 강력해진 당내 반대파들을 견제하는 강경한 행동을 취했다. 그는 민족전선 간부들을 소집하고 방북하여 얻은 극비 정보라면서 소련은 늦어도 3년 이내에 남한을 점령할 계획이라고 극적으로 설명했다. 점령은 될 수 있는 대로 협상을 통하여 실현될 것이지만 어떤 방법으로든 꼭 이루어질 것이라고 했다. 동시에 그는 우익 인사들과의 합작 회담에서 철수할 것을 요구했다. 그리고 입법기관 설치에는 어떤 협력도 해서는 절대로 안된다고 못 박았다. 그의 이러한 주장에 공산당의 이주하(李舟河)와 홍남표(洪南杓), 그리고 민족전선 의장단의 한 사람인 허헌(許憲)이 동의했다. 그러나 신민당의 백남운(白南雲)은 결정을 보류했고, 인민당의 여운형(呂運亨)과 민족혁명당의 김원봉(金元鳳)은 반대했다. 그러자 박헌영은 그 자리에서 '타협안'을 제시했다. 그것은 자기가 말하는 다섯가지 조건, 곧 민주주의민족전선이 기습적으로 발표한 「합작5원칙」을 받아들인다면 합작운동에 충실히 따르겠다는 것이었다.

이 불가능한 요구는 잠정적으로 거부되었다. 7월25일의 정식 회담에 허헌이 불참한 것은 이러한 경위가 있었기 때문이다. 박헌영은 무대 뒤에서 좌우합작 작업의 파괴 공작을 계속했다. 그는 민족전선 의장단 회의를 소집하여 「합작5원칙」을 민족전선의 기본 정책으로 채택하게 했다. 의

장단의 한 사람인 여운형은 회의에 초청조차 하지 않았다. 박헌영은 여운형이 군정부의 미국인들에게 자기를 매장시킬 것을 넌지시 종용하고 있다는 것을 눈치챘는지 모른다. 이렇게 채택된 민족전선의「합작5원칙」은 바로 우익쪽 의장인 김규식(金奎植)에게 전달되고, 동시에 신문에도 발표되었다.[1]

우익정파들은 7월29일 오전 9시에 창덕궁(昌德宮)에서 민주의원과 비상국민회의의 합동회의를 열었다. 좌우합작위원회에 제출할 우익의 합작 기본대책을 토의하기 위한 회의였다. 회의는 합작위원회의 우익대표들이 작성한 8개항의「합작기본대책」을 약간 수정하여 다음과 같이 확정했다.

(1) 남북을 통한 좌우합작으로 민주주의임시정부 수립에 노력할 것.

(2) 미소공동위원회 재개를 요청하는 성명을 발표할 것.

(3) 소위 신탁문제는 임시정부 수립 후에 그 정부가 자주독립정신에 입각하여 해결할 것.

(4) 임시정부 수립 후 6개월 이내에 보통선거에 의한 전국국민대표회의를 소집할 것.

(5) 국민대표회의 성립 후 3개월 이내에 정식 정부를 수립할 것.

(6) 보통선거를 완전히 실시하기 위하여 전국적으로 언론, 집회, 결사, 출판, 교통, 투표 등의 자유를 절대 보장할 것.

(7) 정치, 경제, 교육의 모든 제도, 법령은 균등사회 건설을 목표로 하여 국민대표회의에서 의정할 것.

(8) 친일파, 민족반역자를 징치하되 임시정부 수립 후에 특별법정을 구성하여 처리케 할 것.

좌우합작위원회의 제2차 회담은 이날 오후 2시에 덕수궁에서 열기로 되어 있었다. 그러나 좌익대표들은 회담장에 나타나지 않고 김세용(金世

---

1) G-2 Weekly Summary no.46(1946.7.21.~28.), pp.8~9.

鎔) 비서만 와서 여운형이 몸이 좋지 않다는 등의 이유로 회담을 다음 회담일인 8월2일까지 연기할 것을 요청했다. 우익대표들은 좌익의「합작5원칙」은 이미 신문에 보도되었으므로 우익도 다음 회담까지 침묵하고 있을 수 없고, 또 상대방에게 검토할 시간을 줄 겸 하여 송남헌(宋南憲) 비서로 하여금 김세용과 함께 좌익쪽 의장인 여운형에게 제출하게 했다. 그리고 바로 신문에 발표했다.[2]

우익의「합작기본대책 8원칙」이 발표되자 민족전선 사무국은 7월31일에 우익의「합작8원칙」은 "이승만 박사의 반동정치노선에서 일보도 전진하지 못한 것"이라는 담화를 발표했다.

우익에서 제시한 합작기본대책 8개 조건에는 행동통일의 원칙이 표명되어 있다고 볼 수 없다.… 그들은 민주주의 정책에 대하여 열성이 없을 뿐 아니라 인민을 위한 진보적 개혁을 태업하고 방해하려는 반동적 기도를 이번 8개 조건에서 명시한 것이다.… 8개 조건의 합작대책은 이승만(李承晚) 박사의 반동정치노선에서 일보도 전진하지 못한 것으로서 우익 자체의 반동성을 고백한 데 불과하다.…

그러면서 이 담화는 우익의 8개 조건 가운데 가장 주목되는 것은 제7항과 제8항인데, 그것은 민주주의적 개혁을 태업하고 친일파, 민족반역자의 숙청을 방해하여 그 토대 위에서 반동정부를 수립하겠다는 것이라고 비판했다.[3]

담화는 좌우합작 작업을 파괴하려는 박헌영의 의도를 노골적으로 나타낸 것이었다.

좌익 인사들이 좌우합작위원회 회담을 8월2일 회담일까지 연기하자

2) 《東亞日報》 1946년7월31일자, 「右翼側의 八大原則, 지난 廿九日正式으로 手交」.
3) 《朝鮮人民報》 1946년8월1일자, 「右翼의 合作八原則은 反動性告白에 不過」.

고 제의한 데는 그럴 만한 이유가 있었다. 그것은 7월31일에 여운형이 은밀히 북한지역인 강원도 연천(漣川)으로 가서 김일성(金日成)과 회담하기로 되어 있었기 때문이다. 이 무렵 김일성은 황해도와 강원도 지역을 시찰하고 있었다. 여운형은 북조선임시인민위원회가 수립된 직후인 2월과 제1차 미소공동위원회가 열리고 있던 4월에도 평양을 방문하여 김일성을 만나고 왔다. 4월19일부터 25일까지의 방북에 대해서는 하지(John R. Hodge) 사령관의 정치고문 랭던(William R. Langdon)이 국무부장관에게 보낸 4월의 한국정세 보고에도 언급되어 있다.[4]

7월31일의 김일성과 여운형 회동은 북조선공산당의 공작원으로 서울에 와 있던 성시백(成始伯)을 통한 편지 왕래 끝에 이루어졌다. 정국이 워낙 급박하게 돌아가는 상황이었으므로 두 사람의 회동은 하루로 끝났다. 두 사람은 연천군 공산당 사무실에서 점심을 함께 들면서 하루 종일 회담했다고 한다.[5]

여운형이 김일성과의 회담을 앞두고 그와 협의할 내용을 정리한 것으로 추정되는 문서가 보존되어 있어서 눈길을 끈다. 이 문서는 여운형이 1947년7월19일에 암살될 때에 가지고 있던 손가방에 김일성과 김두봉(金枓奉) 앞으로 보낸 편지 등 다른 몇가지 문서와 함께 들어 있던 것이다. 원문 사본은 없고 영문으로 번역한 것을 하지의 정치고문 제이콥스(Josehp E. Jacobs)가 국무장관에게 보고한 것이었다. 「인민당의 계획」이라는 이 문서의 「인민당의 요구」 부분은 다음과 같았다.

(1) 2주일 전에 공산당은 합작운동에 찬성했고, 공동위원회를 촉진하는 대중집회를 개최했다. 그들은 미국과 협력해 왔는데, 갑자기 다음과 같이 행동했다.

ㄱ 합작 분쇄와 우익 타도를 주장했다.

---

4) Langdon to Byrnes, May 14, 1946, *FRUS 1946*, vol.Ⅷ., p.678.
5) 박병엽 구술, 유영구·정창현 엮음, 『김일성과 박헌영, 그리고 여운형』, pp.137~139.

ⓛ 전평(전국노동조합평의회) 기념식에서 그들은 공동위원회 촉진 슬로건을 제의했다.

ⓒ 공산당 대표들이 반미강연회를 개최했다.

(2) ○○[박헌영]씨가 서울을 떠나기 전에 인민당은 연막전술에 동의했다. 우리는 인민당이 이 전술계획을 포기하고 적극적인 투쟁방법을 취해야 하는 이유를 알고자 한다.

(3) 우리는 인민당의 전술계획에 대한 솔직한 충고를 원한다.

(4) 우리는 좌익 통합의 실현과 통합의 시기에 대한 성실한 조언을 원한다.

(5) 인민당은 북조선과 모스크바에 정부 설계를 배울 대표를 파견하기를 원한다.

(6) 우리는 또한 북조선과 러시아에 그곳 민주주의를 배울 대표를 파견하기를 원한다.[6]

그것은 여운형이 김일성에게 박헌영의 좌우합작에 대한 태도변화를 비판하면서 자신에 대한 지지와 성원을 간곡히 요망한 것인데, 이러한 요망사항이 두 사람의 회담에서 얼마나 구체적으로 논의되었는지 알 수 없다.

북한 조선로동당의 고위간부였던 박병엽(朴炳燁)의 증언에 따르면, 이날의 두 사람의 회동에서 중점적으로 논의된 의제는 첫째로 남한 좌익 3당의 합당문제, 둘째로 김규식(金奎植)과 여운형이 주도하고 있는 좌우합작 작업, 셋째로 미 군정부에 대한 대응전술문제였다.

남북한의 좌익정당 합당문제는 7월 초에 김일성과 박헌영이 함께 모스크바를 방문했을 때에 스탈린(Iosif V. Stalin)이 제시한 과제였다. 그것은 동부 독일을 비롯하여 소련군이 진주한 유럽 여러 나라에서 실행된 보편적인 현상이었다.

---

6) 方善柱, 「美國 第24軍 G-2軍史室 資料解題」, 《아시아文化》 제3호, pp.233~234.

여운형과 김일성이 만났을 때에는 북한에서 이미 북조선공산당과 조선신민당(朝鮮新民黨)의 합당 절차가 끝나 있었다. 조선신민당은 중국 연안(延安)에서 중국공산당의 지원을 받으면서 활동하던 조선독립동맹(朝鮮獨立同盟)의 김두봉 주석 등 간부들이 1945년12월에 입국한 뒤에 평양에 머물면서 1946년2월16일에 명칭을 바꾼 것이었다. 독립동맹 간부들이 입국한 뒤에 서울에서 마르크스주의 경제학자 백남운을 위원장으로 하여 결성되어 있던 독립동맹경성특별위원회도 7월14일에 남조선신민당으로 명칭을 바꾸었다.[7]

북조선공산당과 조선신민당의 합당작업은 전격적으로 이루어졌다. 먼저 김일성 일행이 모스크바에서 귀국하고 열흘쯤 지난 1946년7월22일에 북조선공산당, 조선신민당, 조선민주당, 천도교청우당(天道敎靑友黨)의 4개 정당과 북조선직업동맹, 북조선농민동맹 등 15개 사회단체가 참가하여 북조선민주주의민족통일전선을 결성했다.[8] 그 이튿날 조선신민당은 중앙상무위원회를 열고 "현단계의 조선신민당의 과업과 목적이 북조선공산당의 과업과 목적들과 합치되므로" 두 당의 합동을 북조선공산당에 제의하기로 결의했고, 그 결의에 따라 신민당 위원장 김두봉은 두 당의 합당을 제의하는 편지를 북조선공산당 책임비서 김일성에게 보냈다. 북조선공산당은 7월24일에 중앙상무위원회를 열어 신민당의 제의를 받아들이기로 결의하고, 그 뜻을 김일성의 편지로 김봉두에게 전했다.

모든 절차는 속전속결이었다. 마침내 7월28일부터 사흘 동안 북조선공산당과 조선신민당의 양당연석중앙확대위원회가 열렸다. 이 회의에서 두 당은 "북조선의 근로대중의 이익을 옹호하는 대중적 정당"으로 합동

---

7) 심지연, 『朝鮮新民黨研究』, 동녘, 1988, pp.76~82.
8) 김학준, 『북한의 역사 제2권』, pp.407~411.

할 것을 결의했다.[9] 두 당의 합당 뉴스는 남한 신문에도 일제히 보도되었다.[10]

신민당의 지식인 당원들은 공산당과 합당하는 것이 불만이었다. 그러한 사정은 김두봉이 양당연석중앙확대위원회에서 양당 합당을 제의하게 된 이유를 다음과 같이 보고한 것으로도 짐작할 수 있다.

"조선신민당의 오늘의 발전은 우당인 북조선공산당의 절대한 원조에 의한 것이다. 그러나 조선신민당의 발전에 따라 거기에는 비록 약간이나마 상호 마찰을 피하지 못하는 양당의 조직체의 결함을 지적할 수 있다. 즉 북조선공산당은 지식분자를 전체적으로 포함하지 못한 데에서, 또 조선신민당은 노동자 농민을 전체적으로 포함하지 못한 데에서 그 원인을 찾을 수 있다. 이상의 점에서 불필요한 분란과 마찰을 절멸하기 위하여 조선신민당은 북조선공산당에 대하여 양당합동문제를 제의한 것이다."[11]

남한의 좌익정당 합당은 조선공산당, 조선인민당, 남조선신민당 세 정당의 합당을 말하는 것이었다. 여운형과 김일성은 이날의 회동에서 합당의 절차를 비롯하여 새 정당의 「정강」, 「정책」 문제 등을 구체적으로 논의했다. 합당작업은 3당 지도부의 완전 합의를 통하여 이루어져야 하고, 그러기 위해서는 인민당이 중요한 역할을 해야 한다는 데 의견이 일치했다. 그리하여 합당의 필요성은 북한에서와 마찬가지로 인민당이 먼저 제의하기로 했다. 김일성은 공산당 프락치를 중심으로 한 3당합당이 되어서는 안되고, 또 합당에 따른 각당의 내부 분열이 없도록 지도력을 발휘해 줄 것을 여운형에게 부탁했다고 한다.[12]

---

9) 위의 책, pp.411~419.

10) 《서울신문》 1946년7월31일자, 「北朝鮮勞農黨(?)으로」; 《東亞日報》 1946년8월2일자, 「新民·共産兩黨 北朝鮮에서合黨」; 《獨立新報》 1946년7월31일자, 「北朝鮮共産黨과 新民黨이 合同!」; 《朝鮮人民報》 1946년8월1일자, 「北朝鮮勞動黨新發足」.

11) 《朝鮮人民報》 1946년8월1일자, 「新民黨主席金枓奉氏報告」.

12) 박병엽 구술, 유영구·정창현 엮음, 앞의 책, pp.151~155.

3당합당의 중요한 목적은 대중정당을 만드는 일이었다. 그러므로 「정강」, 「정책」도 그것에 부합되는 것이어야 했다. 「정강」에 인민공화국 체제의 국체와 인민위원회 제도, 사회주의적 사회개혁의 실시 등이 포함되었을 것은 쉽게 짐작할 수 있다.

두번째 의제인 김규식과 여운형을 중심으로 추진되고 있는 좌우합작 작업에 대해서는 김일성은 부정적이었다. 김일성은 미 군정부가 미소공위가 재개될 경우 임시정부 수립문제를 논의하는 과정에서 활용할 입법기구를 만들기 위하여 김규식과 여운형을 내세워 북조선임시인민위원회와 같은 조직을 이남에서 만들려고 한다고 보았다. 그러기 위하여 여운형을 좌익진영에서 떼어내려 한다는 것이었다.

여운형은 미 군정부가 자신을 이용하려 하는 것은 틀림없지만, 자신과 김규식은 분명히 미 군정부와 다른 목적에서 좌우합작을 추진하고 있다고 말했다. 여운형은 남쪽에서 좌우익이 합작하고 이를 바탕으로 하여 남북이 합작하면 전 민족적인 통일전선이 형성되는 것이 아니냐고 말했다. 그렇게 되면 미소공위에서 임시정부 수립문제를 논의하더라도 쉽게 합의를 끌어낼 수 있을 것이라는 것이었다. 김일성도 이 말에 동의했다.

여운형은 또 박헌영이 좌우합작을 방해하고 있다고 설명하고, 그렇게 하지 않도록 영향력을 행사해 줄 것을 김일성에게 부탁했다. 박병엽은 김일성이 박헌영에게 좌우합작 작업의 독자성을 인정하고 배후에서 도와주도록 계속 종용했으나 박헌영이 그것을 사실상 묵살했다고 말했다.[13]

마지막으로 미 군정부에 대한 대응전술문제에서 여운형은 박헌영의 "신전술"에 북조선공산당도 동의하는지 물었다. 김일성은 공산당의 전술과 인민당의 전술이 같을 수 없다는 점을 인정했다.[14]

---

13) 위의 책, pp.156~158.
14) 같은 책, pp.161~162.

북한에서 북조선공산당과 조선신민당의 합당이 전격적으로 추진된 것과는 달리 남한의 좌익정당 통합작업은 격심한 혼란과 진통을 겪었다. 그것은 박헌영이 다른 좌익정당 지도자들과 협의하여 합당작업을 추진하겠다고 한 김일성과의 약속을 무시하고 조선인민당과 남조선신민당에 심어 놓은 공산당 프락치들을 동원하여 합당작업을 추진하려 했기 때문이다.

　연천에서 김일성과 만나고 온 이튿날인 8월1일에 여운형은 장건상(張建相), 이만규(李萬珪), 이여성(李如星), 김오성(金午星) 등 인민당의 중진급 간부들을 만찬에 초청하여 김일성과의 회담에 대하여 설명했다. 여운형은 자신이 3당합당을 추진할 의무가 있다고 말하고 참석자들의 의견을 물었다. 장건상은 갑작스러운 일이므로 생각할 시간이 필요하다고 말했고, 다른 사람들은 지지했다.

　김오성과 김세용은 8월2일에 합당문제를 논의하기 위한 인민당 중앙정무위원회 회의를 소집했다. 김오성은 공산당 프락치였다. 이상백(李相佰), 이임수(李林洙) 등의 반대도 있었으나, 대다수는 합당에 찬성했다. 같은 날 인민당 안의 공산당 프락치 회의도 소집되었다. 이 회의에는 이주하가 참석했다. 8월3일 오후에 열린 중앙집행위원회 회의에서는 논란 끝에 인민당이 공산당과 신민당에 합당을 제의하기로 결의했다. 회의는 여운형, 장건상, 이만규, 이여성 등 9명을 협상추진위원으로 선출하고, 여운형 명의로 된 합당제안문을 발송했다. 그런데 여운형은 이날의 회의에 참석하지 않았고, 제안문은 김오성이 작성했다.[15] 공산당 중앙위원회는 이튿날로 인민당의 제안을 "승락하며 접수한다"는 회답문을 보냈고, 신중한 반응을 보이던 신민당 중앙위원회는 8월7일에야 3당합당문제를 구체화하는 교섭에 응할 용의가 있다는 백남운의 선언문을 여운형에게

---

15) 김오성, 「인민당의 합당 활동에 대한 보고서」, 전현수 편역, 『소련군정문서, 남조선정세보고서 1946~1947』, 국사편찬위원회, 2003, pp.136~137.

전했다.[16]

　그러나 3당합당 작업은 이내 각당의 내부 분열을 가져왔다. 분열은 조선공산당에서부터 시작되었다. 8월4일의 공산당중앙위원회에서 강진 (姜進), 서중석(徐重錫), 김철수(金綴洙), 이정윤(李廷允), 김근(金槿), 문 갑송(文甲松) 6명은 합당문제는 당대회에서 결정해야 할 중대한 사인인 만큼 당대회를 소집해야 하고 당대회에서는 당 중앙간부도 새로 선거해 야 한다고 주장했다. 이들은 자신들의 의견이 부결되고 합당준비위원 9 명의 선거권도 박헌영에게 위임되자, 「합당문제에 대하여 당내동지제군 에게 고함」이라는 성명서를 《청년해방일보(靑年解放日報)》 호외로 발표 했다. 이 성명서는 당내의 반박헌영파가 박헌영파의 파벌적 전횡을 통렬 하게 비판한 최초의 문서였다.[17] 조선공산당은 8월7일에 중앙위원회를 긴급히 소집하여 이정윤을 당적에서 제명하고, 나머지 5명에 대해서는 무 기정권을 결정했다.[18] 이들은 모두 일본점령기 때부터 공산주의운동을 하다가 투옥되었던 원로 및 중진들이었다. 이때부터 이 여섯 사람은 "대 회파"라고 불렸다.

3

　대회파들은 같은 날 당원대회를 급속히 소집할 것을 제창했다.[19] 대회 파들의 주장에 동조하는 지방 공산당원들도 나타나 대회파라는 큰 반박 헌영 세력이 형성되었다. 8월9일에는 서울, 인천, 영등포, 소사, 부평 등지 의 공산당원 177명이 경인선 부평군의 한 산 계곡에 비밀히 모여 열성자

---

16) 《朝鮮日報》 1946년8월6일자, 「人民黨의 合黨提議 共産黨서 受諾回答」 및 1946년8월8일자, 「左派合黨을 新民黨受諾」.
17) 《東亞日報》 1946년8월7일자, 「朝共合黨으로 分裂」; 《朝鮮日報》 1946년8월8일자, 「朝共黨中 央委員會 合黨意見不一致」.
18) 임경석, 『이정박헌영일대기』, pp.357~360; 《東亞日報》 1946년8월9일자, 「反幹部行動에 除 名과 無期停權」.
19) 《朝鮮日報》 1946년8월13일자, 「一派專橫克服淸算과 黨大會召集提唱」.

대회 준비위원회를 열고 토론 끝에 대회파들에 대한 지지와 박헌영 일파의 반성을 촉구하기로 결의했다.[20]

좌익 3당의 합당문제에 대하여 대표적인 두 우익정당인 한독당과 한민당이 비슷한 내용이면서도 뉘앙스가 다른 논평을 내고 있어서 흥미롭다.

한독당 선전부장 엄항섭(嚴恒燮)은 8월6일에 다음과 같은 담화를 발표했다.

북한에서 공산당과 신민당이 합동하고 남한에서도 공산, 신민, 인민 3당이 합당하게 되는 것은 반가운 일이다.… 북한에서 공산당과 신민당이 해소되고 새로이 로동당이 출현하였다는 것은 특별히 음미할 필요가 있다고 생각한다. 없던 공산당을 새로 조직하는 것이 세계 각국에서 나타나는 현상임에도 불구하고 그들이 기존한 공산당을 해소하는 것은 당 자체로서 현단계의 한국에서는 그 당의 존재의 가능성이나 필요성을 인정하지 아니하는 것이라고밖에 생각할 수 없다.[21]

한민당의 논평은 한결 가시 돋친 것이었다.

북조선에서 공산당과 신민당이 합하여 북조선로동당이 되었다는 보도에 뒤를 이어 남조선에서도 공산당, 인민당, 신민당이 합당하여 남조선로동당이 되리라는데, 이것은 '인민공화국' 창립, 신탁통치 찬성, 위조지폐사건 등 온갖 죄악을 일으킨 공산당이 그 자체의 이름으로는 도저히 민심을 수습할 수 없으므로 로동당이란 미명으로 출현하는 것이다. 민중은 이 계략에 기만되어서는 안된다. 그러나 공산당의 중진들이 반박헌영운동을 일으켜 애국적 공산당으로 전환할 가능

20) 《東亞日報》 1946년8월28일자, 「熱誠者代會內容」.
21) 《朝鮮日報》 1946년8월7일자, 「左翼合黨은 歡迎」.

성이 있는 것은 주목할 현상이다.[22)

조선인민당도 혼란에 빠졌다. 위원장 여운형은, 자신이 결단을 내려
야 할 중대한 문제가 있을 때마다 곧잘 그랬듯이, 요양을 빙자하고 서울
을 떠나 있었다. 인민당의 간부가 되어 있는 공산당 프락치 김오성이 북
한주둔 소련군사령부에 보낸 보고서는 이때의 여운형의 태도에 대하여
다음과 같이 기술했다.

　　현재 여운형은 자취를 감추었다. 이것은 좌우합작운동의 결말을
　　지어야 할 필요성과 미 군정부의 박해에 대한 두려움 때문이다. 그의
　　행동이 확고한 사상성의 결여에 의해 초래된 것이라는 판단도 전적으
　　로 가능하다. 또한 공산당 지도자들의 방자한 행동에 대해 경고하려
　　는 희망에서 나온 행동이라고 할 수도 있다. 이상에서 언급한 바를 노
　　리면서 그는 당수직을 그만두고 좌익정당의 합당을 모든 수단을 동
　　원해서 반대한다는 인상을 주고 있다.…[23)

8월12일에 열린 인민당 중앙집행위원회는 8월16일에 확대위원회를
열어 합당문제에 대한 최종적인 결정을 내리기로 결의했다. 확대위원회
는 전당대회의 권한을 대행하는 최고 의결기관이었다. 확대위원회에 대
비하여 8월14일에는 공산당 프락치 회의가 열려 공산당 정치국원 이승엽
(李承燁)이 참석한 가운데 대책을 숙의했다.

회의가 열리기에 앞서 찾아온 기자에게 부위원장 장건상은 "나의 정
치신념으로는 현단계에서는 미군정 협력과 좌우합작 추진이 당면한 정
치적 과업이라고 생각하고 있는 만큼 이 두 문제가 확대위원회에서 부인

---

22) 《東亞日報》 1946년8월10일자, 「左翼의 無誠意暴露」.
23) 김오성, 앞의 글, 「소련군정문서, 남조선정세보고서」, pp.140~141.

된다면 나 개인으로서는 탈당까지 각오하고 있다"라고 비장한 결의를 표명했다.[24] 장건상의 이러한 말은 여운형의 의중을 반영한 것이었다.

8월16일 오후 1시부터 광화문의 당사 회의실에서 열린 인민당 확대위원회는 긴장이 감돌았다. 회의에는 세가지 제안이 제기되었다. 첫째는 다른 정당들과의 합당을 빨리 추진하는 것, 둘째는 공산당의 내부 분열이 수습될 때까지 합당작업을 중지하는 것, 셋째는 다른 정당들과의 합당을 거부하는 것이었다. 회의는 6시간에 걸쳐 논쟁이 계속되었다.[25] 그러자 의장으로서 회의를 진행하던 장건상이 긴급제의로 여운형의 당수사임문제를 토의할 것을 요구하면서 여운형의 사표를 낭독했다. 그러나 합당파들은 그것은 반동분자의 모략이라고 일축하고 표결을 강행하여 48 대 31로 합당을 결의했다. 그러자 황진남(黃鎭南), 이임수, 이상백 등 26명은 회의장을 떠났다. 회의장이 혼란에 빠지자 장건상도 의장 사퇴를 선언하고 퇴장했다. 그러나 합당파는 현우현(玄又玄)을 의장으로 선출하여 회의를 속개하고 협상추진위원 11명을 선정하는 등의 의사를 진행했고, 합당반대파는 별실에서 긴급대책회의를 열고 여운형의 사임문제에 관한 결의문을 작성했다.[26]

남조선신민당도 적극추진파와 신중파로 양분되었다. 위원장 백남운은 8월17일의 기자회견에서 3당합당문제와 관련하여 "민주역량을 총집중하여 민주연맹 기능을 확대 강화하기 위하여 우리는 이를 원칙적으로 찬성한다"라고 말하고, 그러나 "이는 다수당이 소수당을 병합하는 것이 아니고, 일당이 타당에 흡수되는 것도 아닌, 민주적 협동에 의해야 하며 평등적으로 되어야 한다"라고 주장하면서 그것은 "여운형, 박헌영 양씨가 나와 개별적으로 회합하여 양해가 성립되었다"라고 말했다. 그리고

24) 《東亞日報》 1946년8월17일자, 「呂黨首의 辭任說 뒤이어 張建相氏도 脫黨?」.
25) 찌혼 이바노비치(박헌영), 「합당문제에 대하여」(1946.8.19.), 『소련군정문서, 남조선정세보고서』, pp.132~133.
26) 김오성, 앞의 글, 『소련군정문서, 남조선정세보고서』, p.139; 《朝鮮日報》 1946년8월18일자, 「人民黨도 遂分裂」.

"신민당은 본부가 평양에 있기 때문에 평양과도 연락 중"임을 밝혔다.[27] 백남운은 특히 합당문제를 둘러싼 공산당과 인민당의 내부 혼란이 수습될 때까지 기다려야 한다는 입장이었다. 그러나 부위원장 정노식(鄭魯湜)을 비롯한 몇몇 중진급 간부들은 적극 추진을 주장했다. 백남운을 지지하는 지구당에서는 중앙위원불신임안을 제출하기까지 했다. 그리하여 신민당도 중앙위원회파와 반간부파로 분열되었다.[28]

좌익 3당의 합당작업이 난항을 거듭하자 박헌영은 8월20일에 소련군사령부의 레베데프(Nikolai G. Lebedev) 장군과 로마넨코(Andrei A. Romanenko) 장군에게 세가지 사항을 시급히 지원해 줄 것을 요망하는 편지를 보냈다. 박헌영의 요망사항은 첫째로 북한의 조선신민당 지도부가 남조선신민당에 공산당 반대파와 일체의 관계를 끊고 좌익정당의 합당문제와 관련한 공산당중앙위원회의 노선과 정책을 지지하라는 내용의 지령을 발송해 주고, 둘째로는 북조선공산당 명의로 공산당 반대파의 행동을 비난하는 성명서를 발표해 주며, 셋째는 "남은 것들", 곧 소련군사령부가 남한의 조선공산당에 보내주는 당 활동자금을 보내 주는 것이었다.[29] 이 세번째 요구는 소련군사령부가 남한의 조선공산당에 정기적으로 활동자금을 보내고 있었음을 입증해 준다.

박헌영의 요구에 대한 소련군사령부의 조치는 북조선로동당 창립대회를 통하여 실행되었다. 북조선로동당 창립대회는 8월28일부터 30일까지 사흘 동안 평양에서 개최되었는데, 대회는 마지막 순서로 「남조선에서 삼당이 통일당으로 합동하는 사업진행에 대한 북조선로동당 창립대회 결정서」를 채택했다. 「결정서」는 남조선공산당 중앙위원회가 "종파적 및 분렬적 행동을 감행한" 강진, 김철수 등 6명을 중앙위원으로부터 제명한

---

27) 《朝鮮人民報》1946년8월18일자, 「友黨統一靜觀中」; 《서울신문》1946년8월18일자, 「新民黨 白委員長談」.
28) 김남식, 『南勞黨硏究』, 돌베개, 1984, p.254.
29) 박헌영, 「친애하는 동지들에게(L장군과 R장군에게)」(1946.8.20.), 『소련군정문서, 남조선정 세보고서』, pp.143~144.

618   제3부 어떤 나라를 세울까(I)

결정은 정당한 것이라고 천명했다. 그뿐만 아니라 인민당과 신민당에 대해서도 "진실한 민주주의 역량의 연합을 반대하며 당내의 분열을 책동하는" 자들에 대하여 이러한 "결정적 대책"을 실시할 것을 요구했다.[30] 그러나 북조선로동당 창립대회의 이러한 「결정」은 박헌영 일파의 독단을 강화시킴으로써 좌익 3당의 내부 분열을 더욱 촉진시켰다.

---

30) 「조선로동당 창립대회 회의록」, 『朝鮮勞動黨大會資料集(第Ⅰ輯)』, pp.79~80.

2. 좌절된 임시정부옹립 국민대회 계획

1

좌우합작과 좌익 3당 합당문제로 정국이 어런더런한 동안 이승만과 김구는 침묵을 지키고 있었다. 이승만의 초청으로 서울에 왔던 올리버 (Robert T. Oliver)도 8월14일에 귀국했다.[31] 그러다가 해방 1주년 기념일 직전인 8월12일에 이르러 한독당의 제1회 중앙집행위원회가 인사동의 승동(勝洞)예배당에서 개최되었다. 4월18일에 국민당과 신한민족당과 급진자유당 등 몇몇 군소정당을 통합하여 새로 발족한 뒤 4개월 만에 처음으로 소집된 중앙집행위원회였다. 중앙집행위원 132명 가운데 96명이 참석했다. 위원장 김구의 개회사와 중앙상무위원 안재홍(安在鴻)의 국내외 정세 보고에 이어 각부의 소관사항 보고가 있었다. 토의사항으로 민족패류(民族悖類) 규정, 「당헌」, 「당규」 수정, 토지정책, 노동정책, 미곡대책 등 19개 안건이 상정되어 토의를 진행한 끝에 토의를 일단 중단하고 중앙집행위원 가운데 엄항섭, 이의식(李義植), 이선근(李瑄根), 백홍균(白泓均), 김형원(金炯元), 엄우룡(嚴雨龍) 등 35명으로 의안선정위원회를 구성하고, 그 위원회를 다시 5개 분과회로 나누어 19개 의안을 심사한 뒤에 8월19일 회의에 보고하게 했다.[32]

이승만은 8월14일에 민주의원 의장 명의로 트루먼(Harry S. Truman) 미국대통령에게 승전 기념일 축전을 쳤다. 이 축전에서 이승만은 "카이로선언에 언급된 '적당한 시기'란 바로 지금이므로 이 공약이 즉시 이행되도록 각하에게 절실히 호소한다"라고 말했다.[33] 같은 날 민족통일총본부도

---

31) Robert T. Oliver, *Syngman Rhee and American Involvement in Korea*, p.45.
32) 《朝鮮日報》 1946년8월14일자, 「韓國獨立黨中央執行委員會」.
33) 《朝鮮日報》 1946년8월18일자, 「李博士 美大統領에게 電請」.

귀국한 뒤에 처음으로 해방기념일을 맞아 의병장 유인석의 묘소를 찾아 고축하는 김구.

"지난날의 역사적 전철을 회고하고 각기 자기비판과 반성에 노력할 것"
을 촉구하는 성명을 발표했다.[34]

8월15일에 한미공동주최로 군정청 광장에서 거행된 8·15 세계평화
및 해방 기념식은 질서정연했다. 단상에는 하지 사령관을 비롯한 미 군
정부 간부들과 기념행사 회장 오세창(吳世昌)을 비롯하여 이승만과 김
구 및 우익정당 간부들이 열석했다. 이승만과 김구와 함께 김규식, 여운
형, 허헌 세 사람도 기념사를 할 예정이었으나 세 사람은 참석하지 않
았다. 민족전선 주최의 8·15기념시민대회는 서울공설운동장에서 거행
되었다.

한미합동 기념식에서 눈에 띄는 것은 도쿄(東京)의 맥아더 사령부로
부터 1910년의 한일합병조약문과 구한국정부의 인장과 옥새 여덟개, 그

---

34) 《朝鮮日報》 1946년8월15일자, 「碎身의 精神으로 最大의 勢力緊要」.

밖의 한일병합 관계서류를 오세창에게 반환하는 의식이었다. 이 물품들은 미군정 장관이 보관했다가 한국정부가 수립되면 돌려주기로 했다.[35]

김구는 8월17일에 춘천(春川)의 가정리(柯亭里)에 가서 의병장 유인석(柳麟錫)의 묘소를 참배했다. 김구는 일찍이 평생의 스승 고능선(高能善)을 통하여 유인석의 『소의속편(昭義續編)』에 "의기남아(義氣男兒)"로 소개되기도 했었다. 이날 김구가 읽은 제문도 다음과 같은 말로 끝맺고 있다.

> 구(九)는 후조(後調: 高能善) 선생의 제자로서 일찍부터 선생을 모앙(慕仰)하야 만사일생(萬死一生) 가운데도 항상 붙들고 나아감이 있었으니, 이는 곧 유시(幼時)부터 박히어진 구세필보[九世必報: 자손 대대로 반드시 갚아야 함]의 대의라. 이제 백수잔년(白首殘年)으로 고국에 돌아와 선생의 구앙(舊仰)을 찾으니 감회 어찌 새롭지 아니하오리까. 일현(一炫)의 향(香)으로써 무한한 심사를 하소하노니 영령은 앞길을 가르치소서.

이러한 글귀는 이 무렵의 김구의 착잡한 심경을 잘 드러낸 것이었다.[36] 김구는 그곳에서 점심을 들고 오후에 춘천에서 해방기념강연을 하고 일박했다. 이튿날 서울로 돌아오는 길에 가평(加平)에 들렀을 때에도 그곳 독촉국민회 지부 주최로 강연회가 열렸다.[37]

김구는 8월19일에 한독당 중앙집행위원장 명의로 각 연합국의 원수와 정당 수령에게 "각하 및 각하의 정부가 카이로선언과 포츠담선언에 의하여 공약한 한국의 독립을 즉시 실현하기 위하여 우리 임시정부 수립을 급속히 원조하도록 연합제국과 진력하심을 경촉함"이라는 메시지를

35) 《朝鮮日報》 1946년8월17일자, 「軍政廳廣場慶祝式典莊重」; 《東亞日報》 1946년8월16일자, 「沈痛속에 마지한 八·一五記念日」.
36) 선우진 지음, 최기영 엮음, 『백범선생과 함께한 나날들』, pp.202~203.
37) 《自由新聞》 1946년8월21일자, 「金九總理講演, 加平서 盛況」; 《大東新聞》 1946년8월31일자, 「金九先生講演盛況」.

보냈다.[38]

같은 날 열린 중앙집행위원회 제2일 회의에서는 위원들 사이에 격론이 벌어졌다. 그것은 일부 위원들이 한독당과 민주의원 및 이승만이 주도하는 민통총본부나 독촉국민회와의 관계를 규명하자는 동의가 있었기 때문이다. 이에 대하여 당지도부와 중간간부 사이에 의견이 대립되었다. 지도부는 중앙집행위원회가 자신들을 배척하려는 모략이 있다고 지적했다. 마침내 격분한 김구가 사표를 제출하는 사태까지 벌어졌다.[39] 이날의 회의와 3일째인 8월20일 회의에서 민족패류 규정 등 제출된 의안들을 처리한 다음 4일째인 8월21일 회의에서는 중앙집행위원의 자격을 심사한 결과 민영선(閔泳善) 외 12명을 제명했다. 김구 위원장의 사표처리문제는 안재홍 등 5인 위원으로 하여금 김구의 사표를 반려하도록 했다. 김구는 여러 방면에 걸친 직무를 감당하기 어렵다는 이유로 사의를 고집했으나, 당내외 정세를 감안할 때에 사임이 불가함을 요청하여 유임하게 했다. 회의 5일째인 8월23일에는 전형위원 7명을 선정하여 다음과 같이 간부 인선을 마치고 폐회했다.

위원장 김구　　부위원장 조소앙(趙素昻)
중앙상무위원　김구, 조소앙, 엄항섭, 양우조(楊宇朝), 안재홍
　　　　　　　명제세(明濟世), 최익환(崔益煥), 박용희(朴容羲)
　　　　　　　방응모(方應謨)[40]

이튿날 중앙상무위원으로 김의한(金毅漢), 조헌식(趙憲植), 정형택(鄭亨澤)을 증선했다.[41]

---

38)《朝鮮日報》1946년8월27일자,「臨時政府를 急速援助」.
39)《서울신문》1946년8월24일자,「金九氏辭任? 韓獨中委紛糾」.
40)《朝鮮日報》1946년8월25일자,「韓國獨立黨中執委員會」.
41)《서울신문》1946년8월25일자,「韓獨「中委」委員을 改增選」.

합당 이후 처음 열린 회의이기는 했지만, 한독당의 중앙집행위원회 회의가 이처럼 5일 동안이나 계속되고, 또 김구가 사표를 제출해야 할 만큼 분위기가 격앙되었던 것은 급변하는 국내정국에 대한 대처방안과 관련하여 논란이 격심했을 뿐 아니라 미 군정부로부터의 소외와, 특히 이승만과의 관계에서 김구가 이승만에게 일방적으로 휘둘리고 있다고 생각한 일부 중앙집행위원들의 불만이 표출되었기 때문이다. 한독당은 7월18일에 김구도 참석하여 열린 중앙상무집행위원회에서 이승만이 주동하는 민통총본부와 한독당의 관계를 논의하고, 당원들이 개인 자격으로 민통총본부에 참가하는 것은 무방하나 한독당으로서는 참가하지 않기로 결의했었다.[42]

2

그동안 발언을 자제하면서 활동준비 작업만 해오던 이승만은 운니동의 옛 구왕궁 아악부(舊王宮雅樂部) 자리에 민통총본부 사무실을 마련하고 8월12일에는 다음과 같이 부서를 결정하여 발표했다.

> 총무국장 김상덕(金尙德)
> 선전부장 홍성하(洪性夏)
> 재무부장 김양수(金良洙)
> 정경부장 이윤영(李允榮)
> 노동부장 전진한(錢鎭漢)
> 부녀부장 박현숙(朴賢淑)
> 청년부장 김효석(金孝錫)[43]

---

42) 《서울신문》 1946년7월21일자, 「'民統'加入은 個人資格」.
43) 《朝鮮日報》 1946년8월13일자, 「民族統一本部 各部署決定發表」.

이승만은 이어 8월19일에 민통총본부에서 오랜만에 기자들을 만났다. 그는 기자들에게 "어느 나라나 그 나라의 통일된 공론이 그 나라를 운전하는 것이니, 우리도 각당파가 각각 상이한 기치하에 분열되지 말고 애국정신으로 총집결하여 통일된 공론을 대내적으로나 대외적으로 표현하여야 할 것"이라고 말하고, 각도, 각군, 각면에 민통총본부를 조직하자는 성명서를 발표했다.

경향의 일반동포가 내게서 무슨 발표가 있기를 고대하는 중 혹은 정부를 조직하자, 또는 자율적으로 독립을 전취하자 하여 공론이 자못 비등하나, 아무리 급하더라도 시기를 따라서 계단을 따라 진행하지 못하면 도리어 위험한 경우에 빠지기 쉬운 것이다.

이렇게 전제한 이승만은 그의 지론인 민족통일의 필요성을 다시 강조하고 나서 다음과 같이 주장했다.

그러므로… 모든 동포는 독립이 지체되는 것을 걱정하지 말고 민족통일을 속성하기에 노력하여 각도, 각군, 각면에 총본부 사무소를 조직하여 모든 단체나 개인을 다 화동(和同)해서 다 한덩어리를 만들기로 노력하시오. 사심과 사욕을 버리고 전 민족 통일을 위하여 모든 것을 희생하는 남녀가 참 유공(有功)한 인격자로 인증될 것이다.

성명서 발표가 끝나자 기자들은 민족통일을 달성하기 위하여 좌우합작을 더욱 촉진할 의사가 없느냐고 물었다. 이승만은 공산당의 내분을 거론하면서 다음과 같이 대답했다.

"좌익에서 외부세력의 영도하에서 이탈하여 한민족을 위한 무산운동에 노력하기로 결의한 일부가 있다는 말을 전문하였다. 이것이 사실인지 그 여부는 모르겠다. 과연 사실이라면, 실천적인 인물만 나선다면 지금이라도 나 자신이 솔선해서 심방하여 협력하겠다."

그러고는 민주의원 결성 당시에도 좌익을 대표하여 여운형을 위시한 몇몇 인사가 협력 의사를 표시하고도 실천하지 아니하여 통일의 완성을 기하지 못했다고 덧붙였다.[44]

8월17일에 이르러 독촉국민회 위원장 이시영(李始榮)이 갑자기 독촉 위원장뿐만 아니라 그 밖의 일체의 공직에서 사퇴하겠다는 성명서를 발표하여 사람들을 어리둥절하게 했다. 성명서의 다음과 같은 구절은 원로 정치인 이시영의 노여움이 얼마나 컸는가를 짐작하게 한다. 그는 이승만보다도 여섯살 연장이었다.

민주주의 국가 건설이라는 동일한 정치이념에도 불구하고 각 지도자들의 파지(把持)하고 있는 그 구구한 정견과 방략의 사곡[邪曲: 요사스럽고 삐뚤어짐] 고집을 볼 때에 끝없는 환멸을 느끼지 않을 수 없으며 아울러 합류불능(合流不能)을 통감하는 바이다.… 특히 대한독립촉성국민회 중앙간부를 말하면… 악탁(惡濁)사회에서 생장한 우리로서 누구나 장공속죄[將功贖罪: 죄 지은 사람이 공을 세워 속죄함]할 대결심을 다 가져야 할 것이다. 그러나 가끔 그들의 동작이 법규나 조리에 맞지 못하는 표현이 있을 때에는 물의가 선등[喧騰: 시끄럽게 떠들다]하여 나로 하여금 극도의 불안을 느끼게 할 뿐이요 광정[匡正: 바로잡아 고침]할 도리가 없으므로….[45]

구한국의 평안남도 관찰사, 한성재판소장 등을 역임하고 한일합병 뒤에는 서간도(西間島)로 망명하여 경학사(耕學社)와 신흥무관학교(新

---

44) 《東亞日報》 1946년8월20일자, 「統一돼야 政府선다」; 《서울신문》 1946년8월20일자, 「獨立 遲滯됨을 걱정말라」.

45) 《朝鮮日報》 1946년8월18일자, 「李始榮氏全公職辭退」; 《서울신문》 1948년8월18일자, 「同志 의 反省促求」.

興武官學校)를 설립하여 독립운동을 시작한 이시영은 3·1운동 뒤에 대한민국임시정부 수립 작업에 참여하여 귀국할 때까지 임시정부를 지킨 지조 있는 독립운동가였다. 그가 지적한 독촉국민회 내부의 위험한 "중앙간부"란 부위원장 신익희(申翼熙)를 지칭하는 말이었다.

이시영이 사퇴성명서를 발표한 것도 신익희의 독단적인

갑자기 사임한 독촉국민회 위원장 이시영.

행동 때문이었다. 여운형 피습사건이 발생하자 민주주의민족전선이 독촉국민회를 테러집단이라고 규정하면서 해산을 요구한 데 대해 신익희가 위원장 이시영의 허락도 없이 이시영의 명의로 민족전선의 의장단인 장건상, 김원봉과 사무국장 이강국(李康國) 등을 경기도 검찰부에 고발했다.[46]

이승만은 이시영이 사퇴성명서를 발표하기 이전에도 신익희를 야심가로 경계하고 있었다. 그것은 그의 사설정보조사기관인 K.D.R.K.[Keep Dr. Rhee Korea 또는 R.I.B.K.]의 보고에 근거한 것이었다. K.D.R.K.는 이승만이 미 군정부에서 경원되면서 미군첩보기관도 눈치채지 못할 만큼 은밀하게 운영한 조직이었다. 그 표면기관은 민통총본부의 조사부였다.[47] K.D.R.K.의 책임자는 유산(柳山), 여훈(余勳), 최준점(崔峻點) 세 사람으로 되어 있는데, 가명으로 추측되는 이들이 누구였는지는 구명되지 않았다. K.D.R.K.의 8월13일자 보고서는 신익희의 정치공작대에 대하

---

46) G-2 Weely Summary no.50(1946.8.18.~25.).
47) 金惠水, 「1946년이승만의 사설정보조사기관 설치와 단독정부수립운동」,《한국근현대사연구》제5집, 한울, 1996 참조.

여 다음과 같이 기술했다.

　신익희를 수령으로 김구 선생을 지지한다 하나 사실은 표면(으로만) 김구 선생을 옹호한다 하며, 일편 이 박사 타도를 음모하고 자파 세력을 부식하여 신익희 자신(이) 대통령이 될 야심을 갖고 있다. 신익희의 야심을 김구 선생이 간파하고 재삼 해산을 권고하였으나 신(申)은 이 권고에 불응하고 재벌가 이종회(李鍾會)의 물질적 후원으로 야망 달성에 전력 중이며, 정치공작대원을 백의사(白衣社), 독촉국민회 각 단체에 광범위로 잠입시켜 세력 부식에 활약 중인 바 거듭 신익희의 동작은 특히 경계 주의를 요함.[48]

이러한 비밀 보고를 받고 있던 이승만은 기회를 놓치지 않았다. 그는 8월23일에 독촉국민회 앞으로 "이시영 선생의 성명서에 대하여 무심히 있는 것은 국민회 당국의 체면이 아니다"라는 편지를 보내어 간부 일동의 인책 사임을 권고하고, 이튿날에는 직접 독촉국민회에 가서 사임을 촉구했다. 이에 따라 신익희 부위원장을 포함한 간부 35명은 긴급상무집행위원회를 열고 간부 일동이 사임하기로 결의했다.[49]

3

이승만은 이어 8월24일에 민통총본부에서 김구와 만나 독촉국민회 문제를 협의하고,[50] 9월7일과 8일 이틀 동안 서울에서 독촉국민회 지방대표회의를 소집하기로 했다.[51]

---

48) 「R.I.B.K.報告書」 no.11(1946.8.13.), 『雩南李承晩文書 東文篇(十四) 建國期文書 2』, p.337.
49) 《서울신문》 1946년8월27일자, 「獨促國民會幹部辭任」; 《東亞日報》 1946년8월29일자, 「獨促幹部總辭職」.
50) 《서울신문》 1946년8월27일자, 「'獨促' 問題로 李博士 金九氏會談」.
51) 《朝鮮日報》 1946년8월27일자, 「大韓獨立促成國民會 九月七·八日地方代表者會議開催」.

이 무렵 신익희는 비밀리에 환국정부(還國政府)옹립 국민총본부를 구성하고 8월29일에 서울공설운동장에서 열릴 국치(國恥)기념일 행사를 대한민국임시정부 옹립을 선언하는 국민대회로 진행할 계획을 추진했다. 국민대회 이름으로 미 군정부의 청사를 접수하고 '독립정부'를 선언한다는 것이었다. 미군 방첩대(CIC)의 보고에 따르면, 원래 이 계획은 8월15일로 예정되었던 것인데, 이승만과 김구가 거부하여 실행되지 못하고 8월29일로 연기되었다고 했다. 자금도 신익희가 조달한다고 했다.

CIC는 8월16일에 공산당 간부이자 민족전선 간부인 김광수(金光洙)로부터 이 계획의 제보를 받았다. 이어 8월21일에는 한민당의 장덕수(張德秀)가 CIC본부에 사실을 알렸다. 8월22일에는 이승만 자신이 CIC직원을 만났다. 그는 신익희의 임시정부 결성 계획에 대한 소문을 들었지만 신익희로부터 직접 듣지는 못했다고 말했다. 그는 또 신익희에게 자신은 좌우합작운동을 지원하는 입장이기 때문에 그의 계획에 관여하고 싶지 않다고 말했다고 했다. 같은 날 이승만의 비서장인 윤치영(尹致暎)도 CIC직원에게 신익희의 계획을 자세히 설명했다. 이시영이 사퇴성명서를 발표한 것도 사실은 신익희의 이러한 일종의 쿠데타 음모를 알았기 때문이었는지 모른다.

보고를 받은 하지 장군은 "이 박사는 신익희의 그러한 식의 활동을 밟아 누르겠다고 약속했다. 그는 또 우익청년단체들을 붙들어 놓겠다고도 했다."라고 통렬하게 비평했다.[52]

문제는 이승만이 이 계획에 얼마나 관여하고 있었느냐 하는 점이었다. 이승만은 8월26일에 기자단과 만나 국치일 기념행사와 관련하여 "과도한 흥분으로 불상사가 발생할 우려가 불무하니, 온건한 사상과 질서 있는 행동으로 문화민족의 영예를 보지하며 국제적 환시리에 감탄하리만큼 각

---

52) 『駐韓美軍史(2)』, pp.231~232.

자 애국정신의 진정한 발로가 있기 바란다"라는 담화를 발표했다.[53]

행사 이틀 전인 8월27일에 CIC직원들이 신익희를 만나 합동신문을 벌였다. 신익희는 이승만과 김구도 모든 계획을 알고 있으며, 반대하지 않는다고 진술했다. CIC직원들이 임시정부 요원들의 명단이 있느냐고 묻자 신익희는 자기는 모르며, 아는 사람은 이승만뿐이고, 명단도 그가 가지고 있다고 말했다.[54]

그런데 주목되는 것은 이때의 임시정부옹립 국민대회 계획에 관한 일체의 문서가 이화장(梨花莊)의 이승만 문서에 포함되어 있다는 사실이다. 원고지에 필사된 "한국정부옹립 국민총본부 위원일동" 명의의 「선언서」, 「대한민국임시정부 추대의 이유」, 「추대 후의 임시정부의 임무」 및 한국정부옹립 국민총본부의 조직과 대한민국임시정부 추대식 계획서 등의 문서 및 활자로 인쇄된 "대한민국 국민대회" 명의의 「대한민국임시정부 정식추대 선언문」과 「결의문」, 전단 「대한민국임시정부 각료」, 「대한민국 국무의원」 등의 문서들이 그것이다.

이 문서들의 주장은 요컨대 새로운 임시정부를 수립할 필요없이 기존의 임시정부가 귀국 전에 선포한 9개항의 「당면정책」에 따라 과도정권을 수립하게 한다는 것이었다. "국민총본부 위원일동" 명의로 된 「선언서」는 다음과 같이 천명했다.

우리에게는 1919년 3·1독립운동에서 나온 정부가 있다. 이 정부는 30년에 뻗친 우리 독립투쟁의 계속이며 우리 독립정신의 상징이다. 이승만, 김구 양씨 등 당시의 인물들이 지금까지 생존하야 해방조국에 환국한 일, 이 얼마나 신기한 일이냐. 이제 우리 민족은 약속한 일도 없이 그들을 국부(國父)라고 부른다. 그러면 이제 새삼스럽게 신정

53) 《朝鮮日報》 1946년8월27일자, 「國恥記念日에 李博士談」.
54) 『駐韓美軍史(2)』, pp.220~226.

부를 수립할 필요는 없는 것이다.…

이에 우리 3천만은 일어나서 총의로써 대한민국임시정부를 추대한다. 그리고 우리 3천만은 이 정부에 충성과 복종을 바친다. 이 정부와 그 국민이 있는지라, 이에 우리는 독립국가이다.…

그러면서도 각료들과 국무위원의 명단에, 중경임시정부의 구성을 뼈대로 하기는 했으나, 남북한에 걸친 국내의 여러 사람을 새로 포함시킨 것이 눈길을 끈다. 대통령 이승만, 부통령 김구, 국무총리 김규식을 비롯한 20명의 각료 가운데 좌익 인사는 여운형(우정부 장관), 허헌(공무부 장관), 김두봉(광무부 장관) 세 사람을 포함시켰고, 33명의 국무위원 가운데 좌익인사는 김일성, 박헌영, 김원봉, 장건상 4명이 들어 있다.[55]

신익희는 바로 CIC본부로 연행되어 조사를 받았고, 여러 곳의 그의 거처와 민통본부의 사무실이 수색당했을 뿐만 아니라 그의 서류가방까지 압수되었다.

애국단체연합회 주최로 거행된 8월29일의 국치일 기념행사는 1만명 가량의 주로 우파 정당 관계자들이 모여 큰 소란 없이 거행되었다. 어떤 사람이 임시정부 수립 계획을 소개하려 하다가 바로 경찰에 제지되었다. 그러나 대회장에는 임시정부의 각료 명단이 인쇄된 전단이 뿌려지기도 했다.[56]

이날의 이승만의 축사는 미묘한 뉘앙스를 풍겼다.

"방성대곡(放聲大哭)이라는 말이 있는데, 이 말의 참뜻은 왜놈이 국권을 빼앗고 또한 매국노가 나라를 팔아먹은 것, 그것보다도 2천만 동포가 그때에 가만히 있었다는 것을 탄함이라는 것으로 나는 믿는다. 그러나 이제 우리는 새 사람 새 백성이 되었다.… 남북으로부터 시급히 정부를 세워 달라는 요구의 혈서가 많이 들어왔다. 그러나 나는 현단계에 시

55) 『雩南李承晩文書 東文篇(十四) 建國期文書 2』, pp.465~512.
56) 『駐韓美軍史(2)』, p.229.

급히 정부를 세우는 것을 좋아하지 않는다. 그 이유는 오늘과 같이 우리 민족이 분열되어서는 정부를 세웠다 하더라도 그 정부는 파괴될 우려가 많기 때문이다. 그러므로 우리는 먼저 세포조직을 굳게 하여 그 토대 위에 정부를 세워야 한다. 오늘 국치일을 당하여 우리가 정부를 설립하려면 사색 당파의 정신을 버리고 오늘이라도 정당과 사회단체는 곧 해체하고 먼저 뭉치자. 그리하여 우리와 목적이 같은 연합국과 벗이 되어 합력하자. 내가 이제껏 많은 모둠을 하였지만 성과를 못 이룬 것은 연합국에 앉은 사람이 우리가 해놓은 것을 인정 못한다는 것이지 그 일이 해롭다는 것은 아니다. 독단정부나 임시정부를 설립하지 않은 이유는 국민들이 조직적이 되어야 하는 때문이다."[57]

이승만은 다음날 민통총본부 선전부로 하여금 전날의 기념식장에서 임시정부 각료명단이 실린 전단이 뿌려진 사실에 대해 "일종의 모략 장난에 불과한 것"으로서 민통총본부와는 아무런 관계가 없다는 담화를 발표하게 했다.[58]

김구는 이날 서울공설운동장의 국치일 기념행사에는 참석하지 않았다. 기념식장의 해프닝이 화제가 되자 김구도 "지난 8·29국치일에 내력 불명의 소위 대한민국 국민대회가 임시정부라는 것을 멋대로 조직 발표하여 세인의 이목을 현란케 한 것은 심히 유감으로 생각한다. 그 본의가 자주정부가 하루빨리 출현하기를 갈망하는 데 있다 할지라도 그 수단방법이 정상적으로 되지 못한 이상 그 결과는 일종의 아희(兒戲)에 불과한 것이다"라는 담화를 발표했다.[59]

좌익정파들은 민족전선 주최로 종로 YMCA 회관에서 600여명이 모여 따로 국치일기념식을 가졌다.[60]

---

57)《東亞日報》1946년8월30일자,「含淚憤激의 國恥記念式盛大」;《서울신문》1946년8월30일자,「行政機構移讓을 高調」.
58)《大東新聞》1946년9월1일자,「虛僞造閣 삐라에 對하여 民統서 一般에 注意」.
59)《서울신문》1946년9월3일자,「所謂「組閣」發表에 對해 金九氏談」.
60)《朝鮮日報》1946년8월30일자,「六百餘名一堂에」.

3. 자본주의 14%, 사회주의 71%, 공산주의 7%

1

3당통합문제를 둘러싼 좌익정파들의 분쟁을 지켜보고 있던 미 군정부와 우익정파들은 8월 하순에 이르러 좌우합작문제를 다시 논의했다.

8월19일에 요양 중인 김규식을 중심으로 우익쪽 합작위원들이 화합한데 이에 이튿날에는 민주의원에서 합작문제를 논의했다. 이 자리에는 버치(Leonard M. Bertsch) 중위도 참석했다. 그리하여 8월21일 저녁에는 삼청동의 김규식 집에서 우익대표 전원이 모여 토의한 다음 우익쪽 대표단 이름으로 성명서를 발표했었다.

우리가 희구하는 좌우합작은 정치적 야합이 아니고 역사적 현단계에 의한 행동통일을 하여 현하의 국제적 관련성에서 실천 가능한 타당성을 따르자는 것이다.

물론 우리는 금후로도 우리의 임무를 포기하려고는 아니한다. 다만 어떤 일방의 지령이나 사주를 받아 국가독립을 불원하는 반민족, 비애국적 분자를 제외하고 진정한 좌측 지도자와는 본래의 우리의 종지(宗旨)와 기도(企圖)대로 적극적으로 제휴할 용의를 가졌으며 이렇게 됨으로써 시국의 타개를 희도(希圖)하고 있다.[61]

이러한 성명은 "어떤 일방의 지령이나 사주"에 따라 행동하는 공산당을 제외할 것을 분명히 한 것이었다. 하지 사령관은 기다렸다는 듯이 8월24일에 좌우합작 양쪽 대표인 김규식과 여운형에게 격려하는 편지를 보냈다. 하지도 "나는 좌우를 물론하고 진실로 애국적 지도자라면 소수의

---

61) 《朝鮮日報》 1946년8월23일자, 「眞正한 左側指導者면 積極提携를 要望」.

비애국적 불찬성자를 무시하고 국민의 그 위대한 소리에 귀를 기울여 서로 손을 잡고 이 목적을 완성키 위하여 매진하리라고 확신한다"라고 공산당을 배제하고 사업을 추진할 것을 촉구했다.[62]

그리고 이날 미 군정청은 법령 제118호로 전문 12조로 된「조선과도입법의원의 창설에 대한 법령」을 공포했다. 기존의 남조선국민대표민주의원은 법률에 근거한 기관이 아니었는 데 비하여, 새로 창설될 입법의원은 "임시조선민주정부의 수립을 기하고", "정치적, 경제적, 사회적 개혁의 기초로 사용될 법령 초안을 작성하여 군정 장관에게 제출하는" 직무를 행사하는(제2조) 군정청의 한 기관으로 설치되는 것이었다.

한편 박헌영이 작성한 것으로 보이는 한 남한정세 보고서는 이 무렵의 여운형의 복잡한 정치 행태를 짐작하게 한다. 보고서는 북한의 소련군 사령부로 보낸 것이었다.

8월26일 아침에 여운형은 같은 민족전선 의장단의 한 사람인 김원봉에게 사람을 보내어 김규식의 병세가 몹시 악화되었으므로 한번 문병해 주기 바란다는 말을 전했다. 여운형의 요청에 따라 김원봉이 김규식의 집을 방문하자 그곳에는 이미 여운형과 버치가 앉아 있었고 김규식의 병세는 전혀 악화되어 있지 않았다.[63] 8월28일에는 신민당의 백남운과 인민당의 장건상도 김규식을 집으로 찾아가서 요담을 나누었다.[64]

입법의원 설립을 앞두고 1946년7월에 미 군정부는 미 군정부가 여론조사를 실시한 이래 가장 큰 규모인 1만장의 설문지를 무작위로 배포하여 8,476명의 대답을 받았다. 30개의 문항 가운데는 당시의 국민들의 사회의식을 가늠하게 하는 중요한 내용이 있었다. 중요 문항과 회답 내용은 다음과 같았다.

62)《朝鮮日報》1946년8월28일자,「左右合作에 하지中將書翰」.
63)「합당문제에 대하여, 1946년8월27일」,『소련군정문서, 남조선정세보고서』, p.149.
64)《서울신문》1946년8월29일자,「左右合作은 別無進前」.

(2) 어떤 정부형태를 바라는가?

1. 1인독재	219(3%)
2. 과두제	323(4%)
3. 계급지배	237(3%)
4. 대의정치	7,221(85%)
5. 모르겠다	453(5%)

(3) 어느 것을 선호하는가?

1. 자본주의	1,189(14%)
2. 사회주의	6,037(71%)
3. 공산주의	574(7%)
4. 모르겠다	653(8%)

(16) 한국정부 수립 후 전 일본인 소유 토지를 어떻게 처리해야 하는가?

1. 정부 소유	3,062(36%)
2. 소작농에 매도	2,592(31%)
3. 소작농에 나누어 줌	2,516(30%)
4. 모르겠다	283(3%)

(17) 한국정부 수립 후 조선인 대지주 토지를 어떻게 처리해야 하는가?

1. 현 소유자의 소유로 인정	960(11%)
2. 지주의 소유토지 면적을 제한하고, 나머지 토지는 적당한 가격으로 정부에 매도	4,130(47%)
3. 지주의 소유토지 면적을 제한하고 나머지 토지는 정부가 몰수	2,935(35%)
4. 모르겠다	428(5%)

(18) 남조선에 입법기관 설립을 희망하는가?

1. 예	3,798(45%)
2. 아니오	3,440(41%)
3. 모르겠다	1,225(14%)

(21) 남조선의 임시대통령 선거는 어떤 방법으로 해야 하는가?

    1. 입법기관에서 선출　　　　　　763(8%)

    2. 인민이 직접 선거　　　　　　5,805(69%)

    3. 군정부가 임명　　　　　　　393(5%)

    4. 모르겠다　　　　　　　　　345(4%)

(27) 당신은 자신이 어느쪽이라고 생각하는가?

    1. 우익　　　　　　　　　　　2,525(30%)

    2. 좌익　　　　　　　　　　　1,374(16%)

    3. 중립　　　　　　　　　　　4,554(54%)

(28) 다음의 어느 것을 지지하는가?

    1. 민주의원　　　　　　　　　2,019(24%)

    2. (김구의) 임시정부　　　　　1,144(14%)

    3. 조선민주주의민족전선　　　1,478(17%)

    4. 북조선임시인민위원회　　　174(2%)

    5. 조선민족통일총본부　　　　861(10%)

    6. 어느 것도 지지하지 않음　　2,777(33%)[65]

　그런데 이 여론조사 결과를 이승만의 R.I.B.K.가 재빨리 입수하여 신문보도보다 먼저 이승만에게 보고하고 있어서 눈길을 끈다.[66]

　이 여론조사에서 특별히 눈길을 끄는 것은 응답자의 70%가 선호하는 사회체제로 사회주의를 들고 있는 점이다. 자본주의를 선호한 응답자는 14%밖에 되지 않았다. 이 시기의 일반국민들, 특히 지식인들이 사회주의를 어떻게 인식하고 있었는가는 대표적인 지식인 정치가였던 안재홍의 다음과 같은 문장으로 짐작할 수 있다.

65) 《東亞日報》 1946년 8월 13일자, 「軍政廳輿論調査(一)」; 申福龍 編, 『韓國分斷史資料集 Ⅵ』, 原主文化社, 1993, pp.7~41.
66) 「R.I.B.K.報告書」 no.10(1946.8.10.), 『雩南李承晚文書 東文篇(十四) 建國期文書 2』, pp.309~324.

1789년의 프랑스의 인권혁명, 또 그 산물인 민주주의(미국에 의하여 남조선에 부식되고 있음)는 이미 금권정치화하여 인류는 그 자본적 민주주의(의) 수정 재출발을 요하는 터이요, 1917년의 러시아의 공산혁명도 경제평등의 원칙에서는 프랑스혁명 원칙의 미비한 점의 대수정을 요구하는 것이 명확함을 승인하겠으나, 조선의 국정(國情)과 역사전통과 민족의 본능적인 감정 및 의식(이것은 결코 경시 무시함을 허(許)치 않음)은 이를 그대로 받아들임을 허치 않는 것이며, 우리는 균등사회, 공영국가를 목표로 삼는 신민주주의를 내용으로 하고 토대로 하는⋯ 만민공생의 신민족주의의 신국가를 재건할 경륜 및 포부에서⋯.[67]

자본주의나 사회주의에 대한 한국 지식인들의 이러한 일반적인 인식은 이승만의 그것과는 확연히 차이가 있었다.

2

정판사위조지폐사건 이후로 미 군정부에 대한 공산당의 허위선전과 파괴활동이 격렬해지자 하지 사령관은 드디어 8월31일에 「조선민중에게 보내는 말씀」이라는 긴 성명을 통하여 공산당을 신랄하게 매도했다.

나는 최근에 조선에 있는 어떤 정당이 구두로나 신문, 팸플릿, 벽보 등을 통하여 연속으로 쏟아내는 악질의 선전을 흥미 있게 보고 있다. 특히 그들의 선전 '노선'의 표적은 미합중국과 남조선주둔 미군대표자와 미국인 지도하에 운영되고 있는 미 군정부이다.⋯ 전력을 다하여 한국재건을 원조하는 미국의 전 노력을 불신임하게 하자는 목

<hr>

67) 安在鴻, 「民政長官을 辭任하고」, 『民世安在鴻選集 2』, p.272.

적이 분명히 있다.

이렇게 전제한 하지는 공산당이 미국이 조선인에게 허여한 언론, 출판 등의 자유를 역용하여 조선을 원조하는 미국의 노력을 부당하게 공격하고 미국의 노력에 협조하는 조선 애국자들에 대해 허위의 사실을 선전하고 있다고 규탄하고, 그러한 사실은 「미태평양방면 육군총사령부 포고 제2호」에 규정된 범죄가 될 수 있다고 경고했다. 「포고 제2호」는 미군정부의 법령을 위반한 자는 사형에 처할 수 있었다. 하지는 최근의 몇 가지 사례를 구체적으로 들면서 하나하나 반박했다. 그것은 미국이 한국을 식민지로 만들려 한다는 주장, 입법기관은 군정을 연장하기 위한 것이라는 주장, 식량에 대한 여러 가지 모략과 선동, 경찰에 대한 허위선전 등이었다.[68]

공산당 내 "대회파"들은 8월 말에 조선공산당대회 준비위원회를 구성하고 경남도인민위원회 위원장이며 민족전선 중앙위원인 윤일(尹一)을 위원장으로 선출했다. 그리하여 9월2일에는 준비위원회 대표 2명을 인민당과 신민당의 합당반대파에 파견하여 정식으로 합당교섭을 하게 했다.[69]

이러한 상황에서 이승만이 발표한 다음과 같은 담화는 눈여겨볼 만하다.

정부수립이 지연되는 중 민심이 초조하여 의혹이 생기기에 이른 고로 불평분자들이 이 기회를 이용하여 독립을 전취하자는 언론으로 선동의 파당을 소취[嘯聚: 불러 모음]하는 파동이 있으니 심히 위험한 일이다.

---

68) 《朝鮮日報》 1946년9월1일자, 「하지中將으로부터 朝鮮民에게 보내는 말씀」.
69) 《獨立新報》 1946년9월4일자, 「合黨促進運動을 展開」.

이렇게 서두를 꺼낸 이승만은 정부수립이 늦어지는 것은 한국인이 통일이 되지 못했다는 구실로 연합국이 승인하지 않았기 때문이라고 말하고, 통일을 완성하여 "남이 핑계할 말이 없게 만들어서" 우방의 협조를 얻어 순조롭게 진행되기를 도모하는 것이 유일한 방책이라고 강조했다. 그러고는 공산당 안의 "애국지사"들인 대회파들과는 협조할 필요가 있다고 다음과 같이 말했다.

공산파 중에 애국정신을 가진 인도자들이 반역분자들의 내막을 각오하고 통일을 파괴하는 자들과 대립하여 분투하는 중이니, 우리는 이 애국지사들과 합동하여 민족통일을 촉성하면 외국을 의지하는 매국노 외에는 다 악수병진하여 목적을 달성할 것이니, 선동자를 극히 주목할 것이다.[70]

이러한 이승만의 발언은 공산당의 내분을 의식적으로 부추기는 말이었다. 공산당의 내분은 그러지 않아도 격화되고 있었다. 북조선로동당 결성대회의 「결정서」에 고무된 박헌영은 9월 4일 저녁에 신민당 회의실에서 3당합동 준비위원 연석회의를 열고 합당작업을 일방적으로 강행했다. 참석자들은 공산당 내의 박헌영파와 인민당과 신민당 내의 공산당 프락치 등 합당지지자들이었다. 연석회의는 3당이 남조선로동당으로 합당한다는 「결정서」를 가결하고 기초위원이 제출한 「선언」과 「강령」 초안도 토의하여 결정했다. 그리고 3당의 합동준비위원들로 남조선로동당 준비위원회를 구성했는데, 위원장으로는 회의에 참석하지도 않은 인민당의 여운형이 추대되었다.[71]

이때부터 공산당에 대한 미 군정부의 강경 조치가 시작되었다. 9월 4

---

70) 《朝鮮日報》 1946년 9월 4일자, 「左翼愛國者에 企待」.
71) 《朝鮮日報》 1946년 9월 6일자, 「左翼三黨合同을 決定」; 박병엽 구술, 유영구·정창현 엮음, 앞의 책, p.174.

일에는《조선인민보(朝鮮人民報)》,《현대일보(現代日報)》,《중앙신문(中央新聞)》세 신문이 정간되었다.[72] 이어 9월7일에는 박헌영, 이주하, 이강국 등 공산당 간부들에 대한 체포령이 내렸다.[73] 중앙위원회 서기국장 이주하와 민족전선 부의장 홍남표는 9월8일에 검거되었다.[74] 검거선풍이 시작된 것은 공산당의 투쟁이 폭력화했기 때문이었다. 그것은 박헌영의 이른바 "정당방위의 역공세"라는 '신전술'에 따른 것이었다.

한편 독촉국민회의 제3회 전국대표대회는 예정대로 9월7일과 8일 이틀 동안 정동(貞洞)예배당에서 전국 면단위까지의 대표자들과 중앙위원 등 1,400여명이 참가하여 성황을 이루었다. 대회소집의 주목적은 이시영의 사임을 계기로 총사직을 결의한 중앙위원 대책을 비롯한 인사개편문제였다. 임원 총사직을 만장일치로 결의하고 그 개선은 총재 이승만에게 일임했다. 대회 첫날 이승만은 이례적으로 연설 대신 성명을 발표했다.

오늘까지 독립이 천연된 것은 국제정세에 중대한 관계가 있었고 국내에서는 통일이 못된 데 있는데, 통일이 안된 것은 소수 극렬 공산분자가 정권을 차지하려고 하기 때문에 한편으로 이것을 물리치려고 오늘에 이른 것이다.

그동안 좌우합작으로 통일을 해 보자고 애쓰던 것도 다 헛일이 되고, 지금와서는 이런 분자와는 합할 수 없게 되었다. 미국도 조선문제에 대하여서는 소련과 합작할 수 없는 것을 알게 되었는데, 이로부터 우리의 나갈 일은 오직 한덩어리가 되는 데 있다. 통일되면 정부가 곧 수립될 수 있는 것이니, 조선 애국공산당과는 합할 수 있다. 지령을 받아 가지고 독립을 방해하는 분자는 자멸케 되었다.…[75]

---

72) 《朝鮮日報》 1946년9월7일자, 「三新聞停刊」.
73) 《東亞日報》 1946년9월8일자, 「朴憲永 李康國 等의 朝共幹部에 逮捕令」.
74) 《東亞日報》 1946년9월10일자, 「極左系列에 檢擧의 旋風!」.
75) 《朝鮮日報》 1946년9월8일자, 「統一되면 곧 政府樹立」.

이승만은 이 성명에서도 이처럼 "애국공산당"과 "지령을 받아 가지고 독립을 방해하는 분자"들을 구별해서 언급했다.

이튿날 대회에서 인사말을 한 김구는 이시영 위원장의 후임으로 김규식을 추천했다. 그러나 김규식은 건강과 좌우합작 작업을 이유로 사양했다. 그리하여 중경임시정부의 군무부장이던 조성환(曺成煥)을 위원장으로 추대했다. 그리고 부위원장에는 국학자 정인보(鄭寅普), 총무부장에는 조선일보 사주 방응모가 선임되었다. 대회 의장이었던 신익희와 배은희(裵恩希)는 22명의 중앙상무집행위원에도 포함되지 않았다.[76]

9월12일에는 대한건국청년회, 역도청년회 등 크고 작은 21개 우익청년단체가 통합하여 대한독립청년단을 결성하는 결단식이 오전 10시부터 종로 YMCA 강당에서 거행되었다. 이 자리에는 이승만, 김구, 이범석(李範奭)을 비롯하여 하지 사령관과 러치 장관의 대리인, 조병옥(趙炳玉) 경무부장 등이 참석했다.

그런데 이승만은 이 결성식에 참석하기 위하여 가던 도중에 권총 저격을 당했다. 돈암장을 떠나 창덕궁(昌德宮) 뒤를 거쳐 돈화문 앞 네거리를 지날 쯤에 잠복했던 괴한이 이승만의 승용차 뒷유리창에 네발을 쏘았다. 네발 모두 유리창 변두리에 맞았으나 차체를 뚫지는 못했고, 5명의 동승자는 무사했다.[77] 범인은 10월1일에 체포되었는데, 북한에서 온 김광명(金光明)이라는 젊은 공산당원이었다. 대한독립청년단의 단장으로는 유명한 역도선수였던 역도청년회 회장 서상천(徐相天)이 선출되었다.[78]

김구에 이어 축사에 나선 이승만은 피격 사실을 그 특유의 우스갯소리로 소개했다.

"지금 내가 이곳으로 오는 길에 어디서 땅땅 하는 소리가 나기에 길에

---

76) 《朝鮮日報》 1946년9월10일자, 「中央常務執行委員도 總改選」; 《東亞日報》 1946년9월19일자, 「大韓獨促國民會部署決定」.
77) 《朝鮮日報》 1946년9월13일자, 「李承晚博士被襲」.
78) 《東亞日報》 1946년10월4일자, 「李承晚博士狙擊犯被逮」.

노는 아이들이 딱총을 놓는 줄 알았더니 그것이 나를 향하여 권총을 쏜 모양이다. 그런데 생각하면 네발씩이나 총알을 발사했으면 나를 맞혀야 할 터인데 맞히지 못하는 것을 보면 그 총을 쏜 사람은 나를 사랑하는 사람인 줄 믿는다."

내빈들의 축사가 끝나자 긴급동의로 이승만을 총재로, 김구를 부총재로 추대할 것을 결의했다.[79]

───────
79) 《東亞日報》 1946년9월13일자, 「卄八靑年團體 한데 뭉쳐 大韓獨立靑年團結成」; 鮮于基聖, 「韓國靑年運動史」, 錦文社, 1973, pp.688~689.

88장

총파업과 도시폭동과 슈티코프의 지령

1. 『슈티코프일기』는 말한다

1

1946년 가을의 남한사회를 휩쓴 대규모의 총파업과 도시폭동과 잇따른 농민반란은 남북한의 분단체제를 고착시키는 결정적 사건이었다. 그것은 남한 전역에 걸쳐서 참담한 인명과 재산의 막심한 피해를 가져왔다.

기본적으로는 미 군정청의 식량정책의 실패에 기인한 것이었지만, 폭력적인 민중시위를 조직하고 실행한 것은 박헌영(朴憲永)의 이른바 '신전술'에 따른 조선공산당과 그 산하의 조선노동조합전국평의회(전평)였다. 그리고 더욱 중요한 것은 그러한 대규모의 폭력시위가 북한주둔 소련군사령부의 구체적인 지령과 자금지원에 의하여 전개되었다는 사실이다. 그러한 사실은 소련 붕괴 이후에 공개된 일련의 관계문서에 의하여 구체적으로 밝혀졌다. 대표적인 자료의 하나가 1995년에 발굴된 『슈티코프일기 1945~1948』이다.

북한을 관할하는 소련 제1극동방면군의 군사회의 위원으로서 "그가 조선에 있든 군관구 사령부에 있든 모스크바에 있든 관계없이, 그가 관여하지 않고는 당시의 북조선에서 단 하나의 조치도 취해질 수 없었다"라고 일컬어지는 슈티코프(Terentii F. Shtykov) 중장은 미소공동위원회의 소련쪽 수석대표로 1946년과 1947년에 서울에 왔었고, 북한정권 수립 뒤에는 6·25전쟁 직후인 1951년까지 북한 주재 초대 소련대사로 있었다. 그의 『일기』에는 이 무렵에 북한에서 있었던 일뿐만 아니라 남한 좌익들에 대해서도 그가 세세한 지시까지 하고 있었음을 보여 주는 일들이 자세히 적혀 있다. 그러나 발굴된 『일기』는 아쉽게도 1946년9월6일부터 시

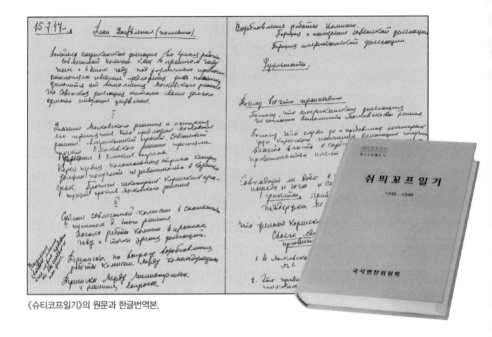

《슈티코프일기》의 원문과 한글번역본.

작하고 있어서 그 이전의 상황은『일기』를 통해서는 확인할 수 없다.[1]

조선공산당 간부들에 대한 체포령이 내리고 이틀 뒤인 1946년9월9일 자『슈티코프일기』에는 "박헌영은 당이 사회단체들을 어떻게 지도해야 하는지를 묻고 있다. 1946년9월8일자 서울의 라디오방송 보도에 의하면 박헌영과 이주하(李舟河) 및 이강국(李康國)은 법률의 보호를 받지 못하는 상태가 되었다"라고 기록되어 있다. 박헌영이 말하는 사회단체들이란 총파업을 준비하고 있는 전평(全評)을 비롯한 공산당의 외곽 단체들을 뜻하는 것이었음은 말할 나위도 없다. 같은 날짜『일기』에는 "김일성 (金日成)에게 제기할 문제들"의 하나로 "남조선 정세를 검토하고 (남조선 좌익들에 대한) 지원정책을 강구한다"라는 내용도 들어 있다. 그리고 9월10일자『일기』에는 김두봉(金枓奉)을 호출하여 "남조선의 정세, 남조

---

1) 전현수,「『쉬띠꼬프일기』가 말하는 북한정권의 성립 과정」,《역사비평》1995년 가을호, 역사비평사, 「한국현대사와 소련의 역할(1945~1948),『쉬띠꼬프일기』연구」,《慶北史學》, 慶北史學會, 2004,「해제: 한국현대사와 소련의 역할(1945~1948)『쉬띠꼬프일기』를 중심으로」,『쉬띠꼬프일기 1946~1948』, 국사편찬위원회, 2004 참조.

선 3당합당문제 및 지원대책에 대하여 의견을 교환하다"라고 씌어 있다. 9월11일에 있었던 정치부서책임자회의에서는 북한주둔 소련군 군사회의 위원 레베데프(Nikolai G. Lebedev) 소장과 민정담당 부사령관 로마넨코(Andrei A. Romanenko) 소장과 함께 남한정세와 지원조치, 향후대책 등과 "누구를 공산당의 지도자로 지명할 것인가?"를 논의했다. 그러고 나서 9월19일에는 "박헌영의 향후 활동 방향에 대한 전문을 작성하여 로마넨코로 하여금 박헌영에게 전달하게 했다"라고 썼다.[2]

박헌영의 독단적인 행동에 따른 좌익 3당 합당작업의 분열, 박헌영에 대한 체포령과 좌익의 미 군정부에 대한 대응책, 좌우합작문제 등과 관련한 소련 군정부와 북한 당국자들과의 협의를 위하여 여운형(呂運亨)은 중년의 농부로 변장하고 38선을 넘어 9월25일에 평양을 방문했다. 1946년2월의 첫 방북 이후 네번째 방북이었다. 이때의 방북과 관련해서는 자세한 보고서가 남아 있어서 상황을 이해하는 데 크게 참고된다.

김일성을 만나자 여운형은 "나는 좌익진영에서 이탈하고 싶지 않지만 북조선과 박헌영이 나를 불신하는 것이 느껴진다. 반면에 미국인들은 나를 신임한다"라고 말하고, 김두봉 등 북한지도자들과 슈티코프 장군이나 소련 군정부의 대표도 만나고 싶다고 말했다. 여운형은 "나에게 생긴 모든 문제에 대하여 분명한 답을 얻지 못한다면 나는 남으로 가지 않겠다" 하고 큰소리쳤다.

이튿날 여운형은 김일성, 김두봉, 주영하(朱寧河), 최창익(崔昌益), 허가이(許哥而) 등 북조선로동당 정치위원들과 회담했다. 회담은 세시간 동안 계속되었다. 먼저 여운형이 두시간에 걸쳐 남한의 정치정세에 대하여 설명했다. 그는 3당합당 작업과 관련하여 "박헌영에게 심한 모욕을 느꼈다"면서, "백남운(白南雲)은 공산주의자들이 나를 정치적으로 강간했다고 말했다"는 말까지 했다. 그리하여 박헌영에게 화가 나서 옆

---

2) 전현수 역주, 『쉬띄꼬프일기 1946~1948』(1946.9.9., 11., 19.), 국사편찬위원회, 2004.

으로 물러섰다고 말했다. 여운형은 "합당이 이루어지면 미국인들의 압박 때문에 남조선로동당은 지하로 들어갈 수밖에 없다"라고 말하고, 그러나 지하로 들어갈 수는 없고, 따라서 현재 합당은 불가능하다고 주장했다.

그러나 김일성은 여운형의 말에 동조하지 않았다. 그는 북한에서 공산당과 신민당의 합당이 어떻게 이루어졌는지 설명하고 나서 다음과 같이 덧붙였다.

"우리는 남조선에서 귀하와 박헌영, 백남운 및 그 밖의 저명한 정치인들의 지도 아래 좌익정당들의 합당이 성공적으로 진행되기를 희망했다. 그러나 미국인들에게 유리한 결과가 되고 말았다. 만일 이 사업이 우리에게 힘겨운 것이라면 일시적으로 중지해야 한다."

그것은 김일성의, 아니 소련 군정부의 질책이었다. 여운형은 당황했다. 그는 의자에서 일어나 방 안을 돌다가 한참만에 이렇게 말했다.

"합당이 우리에게 힘겨운 것이 아니다.… 남조선으로 돌아가면 나는 무슨 일이 있어도 이것을 완수해 낼 것이다. 나는 남조선로동당의 지도자가 될 것이고 우리 당은 남조선에서 가장 강력한 당이 될 것이다. 나는 미국인들이 나를 체포할 수 있다는 것을 두려워하지 않는다. 그들은 나를 체포할 수 없을 것이다. 그들은 지금 9월 총파업의 지도자를 체포하려 한 결과를 보고 있다."

이 말에 대해 김일성은 "남조선 민주주의민족전선이 미 군정부에 박헌영의 체포령을 조속히 취소할 것을 요구할 필요가 있다"라고 강조했다.

여운형은 좌우합작문제와 관련해서도 박헌영을 비판했다.

"박헌영의 제안에 따라 우리는 모스크바 3상회의의 정당한 결정을 인정하는 기초 위에서 좌우합작사업을 수행하고, 정부수립을 위한 미소공동위원회 사업이 신속히 재개되도록 요구하되, 이승만과 김구 등 반동분자들이 정부에 참여하는 것을 허용하지 않기로 결정했다. 그런데 박헌영이 북조선에서 돌아온 이후 그의 제안에 따라 「합작5원칙」을 발표함으로써 좌우합작사업이 정체상태에 빠지게 되었다. 이 때문에 우리의 권위는 현저히 실추되었다. 왜냐하면 우리는 합작을 주창해 놓고 이 합작을 결렬시켰기 때문이다. 나는 좌우합작의 결렬 책임자로 지목되어 매우 곤란한 상황에 처하게 되었다."

여운형은 이어 미 군정부가 추진 중인 입법의원 설치에 대하여 "우리 좌익은 반드시 입법위원에 들어가야 한다"라고 주장하고, 그 이유를 이렇게 설명했다.

"만일 좌익이 입법의원에 들어가지 않으면 우익이 고지를 점령하게 될 것이고 좌익은 곤란한 입장에 처하게 될 것이다. 우리는 입법의원에 들어가서 거기서 우익과 싸우고 누가 누구를 입법의원에서 축출할 것인가 하는 문제를 해결해야 한다. 만일 우리가 입법의원을 거부한다면 입법의원은 반동적 법령들을 발포할 것이고 우리 좌익은 아무것도 못하게 될 것이다.…"

그러나 김일성은 좌익이 입법의원에 참여하는 것에 반대했다. 그는 미국인들이 남한에 입법의원을 창설하려는 것은 첫째로 모스크바 결정에 따른 임시조선민주정부를 수립하는 것으로부터 조선인민의 관심을 돌리고, 둘째로 조선을 영구적으로 두개로 분할하며, 셋째로 입법의원 구성원의 50%를 하지(John R. Hodge) 사령관이 임명하면 조선인 자신의 손으로 민주정당들을 압살하게 되기 때문이라는 것이었다.

김일성이 이렇게 말하자 여운형은 당장 태도를 바꾸어 다음과 같이 말했다고 보고서는 기술했다.

"당신이 입법의원에 좌익이 참여하는 것을 반대한다면 나는 입법의원에 들어가지 않겠다. 서울로 돌아가서 남조선로동당 창립을 위해 힘쓰겠다. 만일 미국인들이 남조선로동당의 합법적인 창당을 허용하지 않는다면 우리는 낡은 간판 아래서 당을 만들 것이다. 그런데 본질상 당은 하나이며 나는 그것을 근로인민당이라고 부를 것을 제안한다.… 내 생각에

당의 향후 전술은 한편으로는 미국인들에게 미소 지으면서 다른 한편으로는 그들을 치는 것이어야 한다."[3]

이러한 서술은 보고자의 과장을 감안하더라도 여운형이 김일성에게 얼마나 무정견하고 타협적인 태도를 취했는지를 보여 준다.

2

여운형은 9월27일에 소련군 민정담당 부사령관 로마넨코 소장과 회담했다. 여운형은 슈티코프와 만나기를 희망했지만 슈티코프는 신병을 이유로 로마넨코로 하여금 대신 만나게 한 것이었다. 그러기는 했지만 슈티코프는 여운형과의 회담을 매우 중요하게 생각했다. 그리하여 그는 로마넨코와 여운형의 회담을 앞두고 9월24일에 스탈린에게 암호전문으로 "여운형에게 어떠한 답변을 주어야 하는지" 묻고, "지령을 요청"했다.[4] 이러한 슈티코프의 행동은 매사에 치밀하고 신중한 그의 성품과 스탈린과의 관계뿐만 아니라 스탈린이 매사를 직접 챙기는 성품이었음을 보여 준다. 『일기』에는 스탈린의 지령에 관한 언급은 없으나, 9월26일에 로마넨코에게 여운형과의 회담에 대비하여 상세한 지시사항을 보낸 것을 보면 스탈린의 지령이 있었던 것이 틀림없어 보인다.[5] 지시사항은 7개항이 있었는데, 개중에는 여운형에게 "(5) 우리는 이승만이나 김구 혹은 다른 우익 지도자들이 당신이나 좌익 지도자들보다 인민들 속에서 신망을 얻고 있지 못하다고 생각한다"고 말해 주라는 항목도 들어 있다.[6]

여운형과 로마넨코의 회담에는 여운형이 희망한 대로 소련영사로 장기간 서울에 주재했던 샤브신(Anatolii I. Shabshin)도 동석했고, 또 김일

---

3) 러시아연방국방성 중앙문서보관소 소장, 「연해주군관구 군사평의회 위원 쉬띄꼬프 상장에게」, 『쉬띄꼬프일기』, pp.174~179.
4) 『쉬띄꼬프일기』(1946.9.24.).
5) 전현수, 『『쉬띄꼬프일기』가 말하는 북한정권의 성립과정』, p.153 주55).
6) 『쉬띄꼬프일기』(1946.9.26.).

성과 그의 부관 문일(文日)도 동석했다. 회담은 좋은 분위기 속에서 세시간 동안 계속되었다.

여운형은 "조선은 해방되었음에도 불구하고 남조선은 아직 해방되지 않아 여기에 오는 데도 비합법적으로 올 수밖에 없었다"는 말로 회담을 시작했다. 여운형은 미 군정부의 "한국인화" 정책을 설명하면서 "미국인들은 좌익정당들에 대해 압박을 가하려고 애썼다. 그러나 그것이 힘겨운 일이라는 것을 깨닫고 모든 타격을 공산당에 집중하기로 결정했다"라고 말하고, 그 동기는 "미국 공산당과 프랑스 공산당이 독립적으로 활동하는 데 반해 조선의 공산당은 모스크바로부터 직접적인 지시를 받고 있다고 보기 때문"이라고 말했다. 여운형은 또 미국이 소련과 싸울 생각이 있는지를 하지 사령관과 러치(Arecher L. Lerch) 군정장관에게 물어볼 기회가 있었는데, 그들은 아니라고 대답하더라는 말도 했다. 그런데도 "이승만은 발언할 때마다 미국이 소련과 싸울 것이며 그때에는 우리가 좌익과 결판을 내야 한다고 주장하고 있다"고 덧붙였다. 여운형은 하지와 그의 고문 랭던(William R. Langdon)과 번스(Arthur C. Bunce)가 "공개적으로 미국은 현재 루스벨트(Franklin D. Roosevelt)의 정책에 이르는 도상에 있다"고 말하더라면서, "루스벨트는 소련을 인정했으며 트루먼(Harry S. Truman)은 루스벨트의 정책 정도까지 실시할 것"이라고 주장했다. 그는 루스벨트 시대에 부통령을 지낸 월레스(Henry A. Wallace) 상무장관이 소련 없는 평화는 가능하지 않다고 주장한 사실도 상기시켰다. 그러나 여운형은 월레스의 이러한 발언이 미국정부의 외교정책과 배치되는 것이라고 하여 트루먼이 9월20일에 월레스를 전격적으로 해임한 사실을 몰랐던 것 같다.

여운형은 마지막으로 미소공동위원회가 언제쯤 재개될 수 있는가에 대해 큰 관심을 표명했다. 그는 슈티코프가 병이 낫는 즉시 서울에 와서 옛 소련영사관에 자리를 잡을 필요가 있다고 주장했다. 그곳에는 정원이 있어서 쉴 수도 있고, 미소공위가 즉각 사업을 시작하지 않는다 하더라도 "소련대표단이 우리를 위해 서울에 왔다는 사실 자체만으로도 가뭄 끝에 오는 비와 같은 의미를 가질 것"이라고 역설했다.[7]

로마넨코는 슈티코프의 지시대로 여운형에게 대답했다. 미소공위 문제에 대해서는 먼저 미소공위 개회식에서 한 슈티코프의 연설을 상기시키면서, 조선의 독립을 보장할 정치권력의 기본 형태는 "일본이 항복한 직후에 이남에서와 마찬가지로 이북에서도 조선인민 스스로가 수립한 인민위원회라야 한다"라고 말했다. 또 그는 "소비에트 군대는 조선을 소비에트화하려고 애쓰지 않는다. 또한 미국인들과 그 앞잡이 반동분자들이 중상하고 있듯이, 조선을 소비에트 연방의 한 공화국으로 만들려고 하지도 않는다"라고 주장했다. 로마넨코는 소련은 언제든지 미소공위를 재개할 준비가 되어 있으나, 그것은 "반동분자 없는 정부를 수립한다는 조건 아래에서"라고 강조했다.

로마넨코는 입법의원문제에 대해서는 김일성이 여운형에게 한 것과 꼭 같은 말로 비판했다. 그러고는 다음과 같이 덧붙였다.

"당신이 이승만이나 김구와 함께 앉아 있는 것은 어울리지 않는다. 왜냐하면 그들은 인민들 사이에서 인기가 없기 때문이다. 그들은 당신에게 낮은 의자를 권유하면서, 자기들은 높은 안락의자에 앉아 있기를 원한다. 그들로서는 당신을 자기 편으로 끌어들이는 것이 중요한데, 그것은 당신이 인민들 사이에 인기가 있기 때문이다. 당신은 조선인민들이 지지하는 다른 민주주의적인 인사들과 동일한 대열에 있어야 하며, 당신들의 나라를 '미국의 상품'으로 인도하는 자들과 함께해서는 안된다.… 좌익진영을 공고히 하기 위하여 당신이 확고한 입장을 취하는 것은 인민들 사이에서 당신의 권위를 훨씬 높여 줄 것이다."

로마넨코와의 회담으로 여운형은 크게 고무되었다. 그는 로마넨코에게 "(오늘의) 회담은 나에게 향후 투쟁을 위한 큰 힘과 결단력을 주었

---

7) 「여운형·로마넨꼬 회담록」(1946.9.27.), 『쉬띠꼬프일기』, pp.179~183.

다"라고 말하고, 1922년에 모스크바의 극동민족대회에 참가하여 레닌
(Vladimir I. Lenin)을 만났던 일을 이야기하면서, "그 면담은 끝까지 투
쟁하도록 나를 고무했으며, 이 투쟁에서 소련이 우리에게 큰 원조를 아끼
지 않고 있다는 점에 힘을 얻었다. 그리고 나는 이 원조를 믿는다" 하고
힘주어 말했다. 회담이 끝난 뒤에 여운형은 연회에 초대되었다. 연회는 따
뜻하고 화기애애한 분위기에서 진행되었다.[8]

이튿날 슈티코프는 남한의 파업투쟁과 함께 여운형과 로마넨코의 회
담 결과를 스탈린에게 암호전문으로 보고했다. 그는 남한 파업투쟁의 진
행과정에 대해서는 9월29일에도 스탈린에게 보고 전보를 보냈다.[9]

여운형은 9월30일에 서울로 돌아왔다.

3

대구폭동이 경상북도 일원으로 확산되기 시작할 때인 10월3일부터 7
일까지 미소공위 미국대표이며 하지 사령관의 경제고문인 번스가 미소
공위 소련대표단의 일원이며 소련군사령부의 정치고문인 발라사노프
(Gerasim M. Balasanov)의 초청으로 평양에 다녀왔다. 번스는 평양에 머
무는 동안 발라사노프뿐만 아니라 소련군사령부의 샤닌(G. I. Shanin)
장군, 김일성, 그리고 8개월째 연금 상태에 있는 민주당 당수 조만석(曺
晩植)도 만났다. 경제전문가인 번스는 일본점령기에 YMCA의 한국농촌
부흥정책에 관여하여 함경도 등지에서 6년 동안 일한 경험이 있어서 한
국어도 능숙했다. 발라사노프가 번스를 초청한 것은 미소공위 재개문제
를 공론화하고 미국의 태도를 탐색하기 위한 것이었다. 그런데 번스와
발라사노프의 회담을 통하여 이승만과 김구에 대한 미국과 소련의 입장

---

8) 「여운형·로마넨꼬 회담록」(1946.9.27.), 『쉬띠꼬프일기』, pp.183~188.
9) 『쉬띠꼬프일기』(1946.9.28., 29.).

이 구체적으로 표명되고 있어서 눈여겨볼 만하다.

번스는 소련의 전후 대외정책 전반과 강대국이 당면한 많은 세계문제들을 해결하는 데 대한 소련의 비협조적인 태도를 강력히 비판했다. 번스는 소련의 이러한 정책이 공산주의와 소련에 대한 미국의 여론을 경직시켰음을 강조하고, 이러한 정책이 계속되면 필연적으로 양대국 사이의 전쟁을 유발할 것이라고 경고했다. 한국문제와 관련하여 번스는 "미국은 어떤 조건에서든지 공산주의자들이 지배하는 임시정부가 수립되어 한국이 소련의 괴뢰국가가 되는 것을 인정할 수 없다"고 말했다. 발라사노프는 소련은 그러한 목적을 가지고 있지 않다면서 소련의 정책을 옹호했다. 그는 미국이 남한의 우익 반동세력을 지지해 왔다고 생각한다고 말하면서, "소련정부는 어떤 방법으로든지 이승만과 김구가 지배하는 임시정부를 받아들이지 않을 것"이라고 말했다. 그러자 번스는 발라사노프에게 다음과 같이 확언했다.

"미국은 이승만과 김구가 통괄하는 임시정부를 수립하고자 하는 의사가 없다. 미국은 처음부터 남한의 모든 좌익그룹과 함께 일하기를 바랐으나 이들은 최근까지도 우리와 함께 일하기를 거부했을 뿐만 아니라 불법적인 수단과 허위선전으로 우리의 정책들을 공격해 왔다."

번스의 이러한 언명은 미국정부가 미소공위를 통한 임시정부수립 정책을 유지하는 한 이승만과 김구는 배제할 것이라는 것을 소련정부에 정식으로 통보한 셈이었다. 그리고 이때의 발라사노프의 말 가운데 가장 주목되는 것은 미소 양군의 철수를 제안한 사실이었다.[10]

번스와 김일성의 회담에는 발라사노프와 샤브신도 동석했다. 샤브신은 발라사노프의 부관이 되어 있었다. 구소련 문서에 따르면, 번스는 남한에서 우익은 좌익을 반대하여 투쟁하고 좌익도 좌우합작을 원하지 않는다고 불만을 토로했다. 번스는 이승만과 김구는 "좋지 못한 사람들"이

---

10) Langdon to Byrnes, Oct. 9, 1946, *FRUS 1946*, vol.Ⅷ., p.744.

며 박헌영도 정당들의 통일을 방해한다고 비난했다. 반면에 김규식은 인민에게 영향력 있는 "훌륭한 사람"으로서 친일파와 투쟁하고 있다고 평가했다. 번스는 김규식과 여운형이 추진하는 좌우합작에 기대를 표명했다. 그는 박헌영과 여운형의 합작은 미 군정부에 대한 반대를 의미하기 때문에 절대로 용납할 수 없다고 잘라 말했다. 그러면서 그는 모스크바결정에 반대한 일부 세력을 용납할 필요가 있다고 주장했다. 번스는 미소공위 재개 조건으로 반탁세력을 용인하되 이승만, 김구, 박헌영으로 대표되는 좌우 양극단이 아니라 김규식과 여운형으로 대표되는 중도 좌우파에 기초하여 임시정부를 수립할 것을 요구했다.[11]

이승만과 김구에 대한 이러한 평가는 이 무렵에 한국근무를 마치고 귀국한 미소공위 미국대표단장 아널드(Archibald V. Arnold) 장군이 국무부 관리들과 나눈 대화에서도 그대로 표명되고 있어서 눈길을 끈다.

9월23일에 한국을 떠난 아널드는 10월9일에 국무부를 방문하여 점령지역 담당 차관보 힐드링(John R. Hilldring), 극동국장 빈센트(John C. Vincent), 일본과장대리 보튼(Hugh Borton) 등과 만나 한국사태에 관하여 폭넓게 의견을 피력했다. 그는 총파업과 폭동에 대하여 다음과 같이 말했다.

"현재의 파업과 폭동은 정치적 통합과 경제질서의 일원화를 위한 미국의 노력을 반대하는 움직임으로 보인다. 폭동이 북한으로부터 지령을 받는 소규모이면서도 극도로 행동적인 한국인 그룹에 의하여 잘 계획되고 조직되었다는 것을 보여 주는 증거는 많다. 만일 방해자들의 계획이 두달 동안 더 계속되면, 미국의 계획은 심각한 차질을 빚게 될 것이고 우리의 현 정책의 두드러진 것, 특히 입법의원의 구성은 실현할 수 없을 것이다."

토의는 장소를 옮겨 가며 계속되었다. 오후에 보튼의 사무실에서 열

---

11) 「번스와 김일성의 대담」, 『쉬띄꼬프일기』, p.24.

린 회합에서 아널드는 한국인들이 자신들의 문제를 처리하는 데 보여
준 능력과 재능에 감명받았다고 말했다. 그러나 그동안 성장해 온 이기
적인 한국 정치인 집단은 매우 무책임하기 때문에 도움이 되지 않는다고
했다. 그는 한국에 대하여 사심 없이 마음으로부터 우러나는 관심을 가
진 한국 지도자는 극소수라면서, 김규식(金奎植)을 첫 손가락에 꼽았
다. 여운형에 대해서는 머리가 뛰어나고 풍채도 좋지만 우유부단하다고
말했다. 김구는 완전히 제외되었다고 했다. 이승만에 대해서는 강력하기
는 하나 완전히 이기적인 인물이라고 말했다.[12] 아널드의 이러한 평가는
하지를 비롯한 이 무렵의 미 군정부의 분위기를 반영한 것이었음은 말할
나위도 없다.

　이승만은 귀국하는 아널드를 위해 9월21일에 창덕궁 인정전(仁政殿)
에서 민주의원 주최로 성대한 송별회를 베풀어 주었고, 9월23일에 그가
떠날 때에는 김포비행장에까지 나가서 배웅했다. 그런데 이승만의 그러
한 행동까지도 아널드에게는 이승만의 권력추구의 집념에 따른 행동으
로 비쳤던 모양이다.

　아널드의 후임으로는 부산주둔 미6사단장 브라운(Albert E. Brown)
소장이 임명되었다.[13]

---

12) Memorrandum of Conversation With Major General A. V. Arnold, Oct. 9, 1946, *FRUS
　　1946*, vol.Ⅷ., pp.741~743.
13) 《朝鮮日報》1946년10월5일자, 「美蘇共委美側首席代表 부라운 少將就任」.

2. 대한노총 위원장 맡아 총파업에 대처

1

9월 총파업은 9월23일 오전 0시를 기하여 부산지구 철도노동자 7,000여명이 파업에 들어감으로써 시작되었다. 조선노동조합전국평의회 (전평)은 서울을 비롯한 전국의 철도노동자 4만명에게 9월24일 오전 9시를 기하여 파업에 돌입하도록 지령했다. 조선공산당은 24일에 「남조선 노동자 제군에게 고함」이라는 전단을 살포하여 파업을 선동했다.

9월25일에는 서울 전평 산하 출판노조가 총파업에 돌입하여 남한의 중요 신문과 출판물의 간행이 며칠 동안 중단되었다. 파업은 서울과 지방의 우편국, 전화국, 전력회사 등으로 확산되었다.

남한에서 노동자들이 총파업에 돌입한 뒤에 로마넨코가 남한의 파업 투쟁을 보고하면서 요구조건 및 요구조건의 관철범위를 어떻게 정할 것인가를 물은 데 대하여 슈티코프는 다음과 같은 지시를 내렸다고 『일기』에 적어 놓았다.

경제적 요구들, 인금인상, 체포된 좌익활동가들의 석방, 미 군정부에 의하여 폐간된 좌익 신문들의 복간, 공산당 지도자들에 대한 체포령의 철회 등의 요구들이 완전히 받아들여질 때까지 파업투쟁을 계속한다. 이 요구들이 충족될 때에 파업투쟁을 중지할 것이다. 인민위원회로 권력을 이양하는 문제에 대해서는 미 군정부와 협상을 계속할 것이라고 성명한다. 파업투쟁의 조직자들과 참가자들에 대하여 미 군정부가 탄압을 가하지 말도록 요구한다.

그리고 파업주동자들이 500만엔[원]의 자금지원을 요청하고 있는 데 대하여 200만엔을 지급하라고 지시했다.[14] 슈티코프의 이러한 기술은 총 파업이나 도시폭동이 북한소련군의 구체적인 지령과 자금지원에 따른 것 이었음을 단적으로 말해 준다. 파업주동자들이 300만엔의 추가지원을 요 청하자 슈티코프는 모스크바로 국방상 불가닌(Nikolai A. Bulganin)에게 전화를 걸어 재가를 받고 실행했다.[15]

전평 산하 노동조합원들의 총파업 사태가 일어나자 전평과 대립관계 에 있는 대한독립노동총연맹(대한노총)은 긴장했다. 9월24일에 열린 대 책회의에서 홍윤옥(洪允玉), 김구(金龜) 등의 소장파 지도부로서는 막강 한 전평과 대결하기 어렵다는 주장이 제기되어 이승만을 위원장으로 추 대하기로 결의했다.[16] 이보다 앞서 이승만은 9월21일에 하지 장군을 방 문하고 요담했는데,[17] 회담내용은 밝혀지지 않았으나 총파업에 대한 협

이승만의 후임으로 대한노총 위원장이 된 독청위원장 전진 한. 그는 초대 사회부 장관에 임명되었다.

의였을 것이다. 이승만은 1945 년12월21일에 대한노총의 실질 적 모체라고 할 수 있는 대한독 립촉성전국청년총연맹(독청)이 조직되었을 때에도 총재로 추 대된 적이 있었다. 이때에 부총 재로는 김구가 추대되었고 위 원장으로는 전진한(錢鎭漢)이 선출되었다.[18]

9월26일에 대한노총위원장 취임을 승낙한 이승만은 이튿

14) 『쉬띄꼬프일기』(1946.9.28.).
15) 『쉬띄꼬프일기』(1946.10.1., 2.).
16) 《朝鮮日報》1946년10월2일자, 「李博士居中調整」.
17) 《朝鮮日報》1946년9월22일자, 「李博士 하지將軍訪問」.
18) 《東亞日報》1945년12월22일자, 「四十三青年團体聯合會議」; 鮮于基聖, 『韓國青年運動史』, pp.652~654.

날 40여 청년단체가 26일에 결성한 파업대책위원회와 대한노총이 합동으로 개최한 대책회의에 참석했다. 회의에서는 전선(全鮮) 파업대책협의회가 결성되었고, 이튿날 이승만은 협의회 간부들과 함께 러치 군정장관과 군정청 운수부장을 만나 대책을 협의했다.[19]

하지는 9월26일 저녁에 중앙방송국의 라디오방송을 통하여 철도파업은 공산당의 사주에 따라 남한주둔 미군을 괴롭게 하며 불신임케 하려고 일으킨 것이라고 공산당을 질타했다. 그는 "최근에 어떤 당이 미군에 대하여 악질선전을 해온 것이나 기타 정보로 보아 파업선동자들의 최종목적이 여기에 있다는 것은 별로 의심할 바가 없다"라고 확언했다.[20] 하지가 정확하게 판단하고 있었던 것은 "미 군정부는 초급 당단체들에 발송된 박헌영의 미 군정반대투쟁 지령문을 몰수했다"는 『슈티코프일기』의 기록으로도 확인할 수 있다.[21]

대한노총은 9월30일에 장택상(張澤相) 수도경찰청장이 지휘하는 2,000명가량의 경찰관과 다른 청년단체들과 함께 용산의 경성철도기관구(京城鐵道機關區) 노조원 2,000여명의 파업농성장에 돌입하여 해산시켰다. 파업노동자들은 10월1일부터 직장에 복귀했고, 파업에 가담했던 1,700여명이 경찰에 연행되어 조사를 받았다.[22]

이렇게 하여 철도파업은 일단 수습되었지만, 그 여파는 바로 대구폭동으로 이어졌다. 급한 상황에서 대한노총 위원장 자리를 맡았던 이승만은 물러났고, 10월14일에 열린 대한노총 중앙집행위원회는 후임자로 독청(獨靑)의 위원장 전진한을 선출했다.[23]

이승만은 또한 민족통일총본부(민통총본부)로 하여금 총파업에 참

---

19) 《朝鮮日報》 1946년10월2일자, 「李博士居中調整」.
20) 《朝鮮日報》 1946년10월2일자, 「鐵道罷業과 "하─지" 中將放送」.
21) 『쉬띠꼬프일기』(1946.10.1.).
22) 《朝鮮日報》 1946년10월4일자, 「鐵道員檢擧者一千七百餘名」; 《東亞日報》 1946년10월4일자, 「千七百餘名을 檢擧」.
23) 조창화, 『한국노동조합운동사(상)』, 한국노동문제연구원, 1978, p.138 ; 한국노동조합총연맹 편, 『한국노동조합운동사』, 한국노동조합총연맹, 1979, p.294.

수도경찰청장으로서 총파업사태를 수습한 장택상.

가한 노동자들의 자제와 직장 복귀를 촉구하는 「격문」을 발표하게 했는데, 그것은 한민당이나 한독당의 성명보다도 훨씬 적극적인 내용이었다. 「격문」은 먼저 "이번 철도 종업원의 파업은 그들의 생활보장을 위한 정당한 요구"라고 일단 인정하고 나서, 다음과 같이 강조했다.

그러나 독립을 위하여 노력할 우리는 모든 문제를 우리의 독립문제와 결부하지 않으면 안된다.… 우리의 일체의 행동이 우리의 독립에 어떠한 영향을 끼치는 것일까 하는 것을 비판한 뒤에 우리의 행동을 결정하여야 할 것이다. 한 사람 한 사람의 이익이 전체의 이익과 부합될 때에만 우리는 그것을 애국적인 행위로서 규정할 수 있을 것이다.… 우리는 우리의 직장을 애국적 양심으로 지키면서 핍박한 민족 전체의 공통적인 생활문제는 함께 우리들이 정당한 방법으로 해결하도록 하자.[24]

이승만은 이어 9월30일의 정례기자회견에서 공산주의자들의 대오각성을 촉구하는 담화를 발표했다. 이 담화는 먼저 트루먼 대통령이 9월20일에 대소유화정책을 주장하는 상무장관 월레스를 전격적으로 해임한 사실을 들어 트루먼 행정부의 대소정책이 루스벨트 행정부의 정책과 어떻게 달라지고 있는가를 설명하고 있어서 눈길을 끈다. 그는 먼저 루스

---

24) 《朝鮮日報》1946년10월2일자, 「民統本部서 檄」.

벨트 행정부가 대한민국임시정부를 승인하지 않았던 것은 임시정부가 공산주의자들과의 연합을 거부했기 때문이었다고 설명했다.

지난 10여년간에 미국인들이 루스벨트 대통령의 공산당을 보호하는 정책하에서 많은 고통을 받으며 참아온 중 우리 독립운동이 따라서 장애를 받았나니, 이는 다름 아니라 미주에 있는 몇명 공산분자 한인과 중국에 있는 소수 공산분자들과 합동하기를 미 국무성에서 고집하는 것을 우리가 응종하지 않으므로 우리 임시정부를 승인하지 아니하고 우리 요구를 불청(不聽)하였으며, 한편으로 얄타 비밀조약으로 소련을 허락하여 삼팔 이북을 점령하게 한 것이다.

그런데 지금은 세계 대세가 변하고 있으므로 공산당도 이를 깨달아 "국외에서 들어오는 지휘를 받지 말고", "동맹파업이나 분란을 일으키려는 공작"은 모두 정지하라고 촉구했다.

지금은 미국의 인심이 크게 변하여 공산파나 공산을 옹호하는 자나 미국에서 점점 배척을 받을 것이니, 이번에 월레스씨의 밀려나간 것도 이 관계이니, 미국이나 중국에 있는 한인공산분자들은 지금 이후로 극히 조심해야 된다. 세계 대세가 이와 같이 변한 터이니, 공산주의가 온 세계를 대혁명시킬 줄로 믿던 한인 공산파들은 지금부터 마음을 고쳐서 민주주의를 가진 외국동포들과 합동하여 독립완성을 위하여 사생을 같이 하기로 하는 것이 지혜로운 일이요, 만일 그렇지 못하면 장차는 우리나라에서 우리와 함께 살 수 있을 줄은 바랄 수 없을 것이다. 극렬 선동자들의 말을 믿던 모든 동포는 불충한 사상을 일절 버리고 모든 파괴행동을 다 정지하기를 나는 간절히 바란다. 국외에서 들어오는 지휘를 받지 말며 동맹파업이나 분란을 일으키려는 공작을 모두 정지하고 독립완성에만 합심 분투하여 먼저 국권을 회복한

후 우리 모든 문제를 우리 힘으로 해결할 것이다.[25]

　이승만의 이러한 주장은 앞에서 본 것과 같은 여운형의 미국 대소정책 인식과는 크게 대비되는 것이었다.

　민통총본부 선전부는 철도파업의 이면적 원인으로 (1) 9월27일을 기하여 서울에서 소집된 공산당(대회파)의 당대회에 참가하는 지방대의원들의 "다리를 끊어서" 대회를 방해하기 위한 박헌영파의 모략, (2) 군정부 당국의 박헌영파 추궁에 대한 반발, (3) 국내 소동으로서 10월적색혁명기념일과 연계시키려는 조선공산당의 음모를 들었다.[26]

　이승만은 위기일수록 더욱 적극적으로 행동하는 행동파였다. 10월1일에는 민통총본부 총재 명의로 또다시 담화를 발표했다. 그는 "미곡문제나 임금문제 등으로 견디기 어려운 정형이 있는" 개인이나 단체는 민통총본부로 연락하면 적극적으로 당국에 소개하여 타협을 도모하겠다고 말하고, 그러나 "극렬분자의 선동에 이용되거나 혹 화심[禍心: 남을 해치려는 마음]을 포장하고 동맹파업을 주장하는 자"는 결코 포용하지 않겠다고 으름장을 놓았다.[27]

2

　그러나 총파업사태는 10월1일에 이르러 대구의 도시폭동으로 발전했다. 그리고 그것은 공산당의 투쟁방법이 폭력전술로 전환하는 계기가 되었다. 대구에서는 9월24일에 대구지구 철도종업원들에 이어 남선전기(南鮮電氣)를 비롯한 대구시내 생산공장 40여개소의 노동자들이 파업에 들어갔다. 이 때문에 대구시내는 식량을 비롯한 생활필수품 공급이 되지 않

25) 《大東新聞》 1946년10월2일자, 「共産派는 大悟하라」.
26) 《大東新聞》 1946년10월3일자, 「鐵道罷業의 經緯(上)」.
27) 《大東新聞》 1946년10월2일자, 「妄動치 말고 合理的으로 解決」.

왔다. 주민들이 동요하자 공산당은 전평과 함께 남조선노동자총파업 대구시투쟁위원회라는 파업지휘부를 조직했다.

10월1일 상오에 부녀자와 아이들을 앞세운 시위대 1,000여명은 대구시청 앞에서 쌀을 달라고 요구하며 소동을 벌였다. 2시30분부터는 이미 파업에 들어간 운수, 금속, 화학노조 등을 중심으로 한 노동자들이 집결하여 대구역을 경비하던 운수경찰 및 형사들과 충동했다. 경찰은 무장 경관을 증파하여 시위 군중을 해산시키려 했지만 군중은 불응했다. 밤 11시에 경찰관의 위협 발포로 시위 군중 한 사람이 사망했다. 10월2일에는 아침 8시부터 대구경찰서 앞 광장에 군중이 몰려들기 시작하여 한시간쯤 뒤에는 수천명에 이르렀다. 군중은 하오 1시쯤에 대구경찰서를 점령한 다음 유치장을 개방하고 무기를 탈취하고 통신시설을 파괴했다. 무기를 가지게 된 군중은 대구시내를 누비면서 대구경찰서 관내 지서와 파출소를 습격하고, 경찰과 그 가족들을 살해했다.

경찰만으로는 치안유지가 어렵다고 판단한 미 군정부는 전차를 동원하여 대구경찰서를 점거하고 군중을 해산시켰다. 그리고 오후 7시에는 계엄령을 선포했다. 원상을 회복한 경찰은 각 지역에서 파견된 경찰 증원대의 지원을 받아 폭동주모자들과 지도급 좌익 인사들의 검거에 나섰다. 대구에서 검거를 피하여 인접 중소도시로 도피한 파업노동자들이나 시위주동자들, 또는 그 지역 공산당 조직원들이 경상북도 각 지역에서 경찰서와 군청 등 관공서를 습격하고 경찰관과 마을 유지의 집을 습격하는 사태가 발생했다. 유사한 사태는 뒤이어 거의 전국적으로 파급되었다. 그리하여 10월20일 현재 경상북도 일대에서만 경찰 63명, 민간인 73명이 사망했다.[28]

폭동이 시작된 지 1주일 뒤인 10월7일에 총파업과 폭동을 지휘하고 있는 전평 위원장 허성택(許成澤)은 평양을 방문하고 앞으로의 행동에

---

28) 정해구, 『10월인민항쟁연구』, 열음사, 1988, p.156.

대한 지시를 요청했다.[29] 허성택은 조선공산당의 중앙위원이기도 했다.

하지가 10월28일에 도쿄의 맥아더(Douglas MacArthur)에게 보낸 다음과 같은 보고는 미 군정부가 총파업과 폭동사태에 대하여 얼마나 당황했는가를 여실히 보여 준다.

소련은 남한을 "해방"시키기 위하여 가을의 추곡 수매 이후에 소련식 훈련을 받은 한국인 군대를 이용하여 남한을 침략할 계획을 세우고 있다는 증거가 증대하고 있다. 북한으로부터의 지속적인 보고뿐만 아니라 지난달에 압수한 공산주의자들의 계획문서들과 지난 몇 달 동안의 공산주의자들의 선전은 그러한 행동을 강력히 시사한다. 이제 남한 민중은 자신들이 6개월 안에 공산주의 지배 아래 놓이게 될 것이며 공산주의자들의 계획에 반대하는 사람들은 살해될 것이라고 말하고 있다.

하지는 한국민중의 미 군정부에 대한 반감이 공공연히 증대되고 있고, 미국인들의 모든 행위는 미군정을 연장시키거나 한국을 미제국주의의 식민지로 만들기 위한 또 다른 행위라는 강한 비판과 선전에 봉착해 있다면서 다음과 같이 덧붙였다.

이와 관련하여 북한에서의 소련의 선전계획은 남한의 공산주의자들에 의한 최근의 소요사태를 더할 나위 없는 자료로 삼아 미국인들을 탱크와 비행기로 순진한 한국인들을 짓밟는 전 세계에서 가장 잔인하고 포악한 제국주의자들로 부각시키고 있다.

그러면서 하지는 끝으로 자신의 경제전문가들은 만일 군정부가 개인

---

29) 『쉬띠꼬프일기』(1946.10.8.).

들로부터 수매하지 않는다면 춘궁기의 심각한 소요사태에 대비하여 15만톤의 곡물수입이 필요하다고 말한다고 적고, 다음과 같은 조치가 취해져야 한다고 건의했다.

(1) 주한미군 병력이 지체 없이 편제상 병력으로 채워져야 한다.

(2) 미곡수매는 개별 농가가 자발적으로 정부에 판매하는 것에 한정해야 한다(그렇게 해서 수매되는 양은 보잘것없을 것이므로 그러한 조치에는 추가수입이 보장되어야 한다).

(3) 점령군과 경찰 및 국방경비대를 증강시키고 지원하기 위하여 우익청년군(Rightist Youth Army)을 건설한다.

(4) 소련이 북한에서 취하고 있는 조치들과 남한에서의 미국의 노력에 대한 훼방과 술책을 고위층에서 공개한다.[30] 그것은 대통령이나 국무장관의 반소성명을 뜻하는 것이었다.

맥아더는 이 보고전문을 합동참모본부로 보냈는데, 이에 대한 국무부의 견해는 (2)항 말고는 모두 부정적이었다.[31]

총파업의 소용돌이 속에서도 좌익 3당의 합당문제를 둘러싼 분란은 해결되지 않았다. 인민당 선전국은 9월24일에 9월4일의 박헌영 그룹의 일방적인 남조선로동당 결성회의에 참석했던 3당합동준비위원 9명 전원을 소환하고 여운형 당수 지명으로 장건상(張建相), 이만규(李萬珪), 조한용(趙漢用), 이임수(李林洙), 이여성(李如星), 송을수(宋乙洙), 이상백(李相佰), 함봉석(咸鳳石), 홍순영(洪淳煐) 9명을 새로 3당합동준비위원으로 선정했다고 발표했다.[32]

남조선신민당 중앙위원회 안의 합당파는 위원장 백남운의 사퇴를 요구했으나, 백남운은 9월25일에 당대회를 소집하고 공산당 지지자들을 모두 당에서 축출했다. 대회는 백남운을 위원장으로 하는 중앙위원을 새

---

30) MacArthur to Eisenhowr, Oct. 28, 1946, *FRUS 1946*, vol.Ⅷ., pp.750~751.
31) Memorandum by Vincent to Byrnes, Oct. 29, 1946, *FRUS 1946*, vol.Ⅷ., pp.751~752.
32) 《獨立新報》 1946년9월25일자, 「人民黨 新準備委員을 決定」.

로 선출했다.[33]

공산당에서는 강진(姜進)을 중심으로 하는 대회파 공산당원들이 9월 28일에 혜화동(惠化洞) 모처에서 오전 11시부터 극비리에 당대회를 개최했다. 대회에는 250여명의 대의원들이 참가했다. 당대회준비위원장 윤일(尹一)의 사회로 진행된 대회는 먼저 박헌영 일파로만 구성된 중앙위원회에 대한 불신임안을 가결하고, 새 중앙위원 27명의 선정은 김철수 등 4명의 전형위원에게 일임했다. 이어 지방정세 보고를 할 때에 갑자기 미군 정보참모부(G-2)의 임검으로 윤일, 강진 등 10여명이 체포되고 회의는 오후 5시쯤에 유회되었다.

둘째날 회의는 장소를 옮겨 9월30일 저녁 8시에 속개되었다. 회의에는 새로 선정된 중앙위원 등 100여명이 참석했다. 회의는 중앙집행부의 부서책임자와 합당준비위원 9명을 선정하고, 책임비서 선정은 선정위원에게 위임했다.[34] 새로 선정된 중앙위원에는 박헌영, 이강국 등 박헌영 그룹도 포함되었다.[35]

윤일과 강진 등이 연행된 이유는 미 군정청의 허락을 받지 않고 집회를 개최했기 때문이었다. 체포된 사람들은 이튿날 모두 석방되어 둘째날 회의에 참석했다.[36]

33) Langdon to Byrnes, Nov. 1, 1946, *FRUS 1946*, vol.Ⅷ., p.755; 『쉬띄꼬프일기』(1946.9.26.).
34) 《東亞日報》 1946년10월4일자, 「朴憲永派不信任案을 決議」; 『쉬띄꼬프일기』(1946.9.26.10.21.). 『쉬띄꼬프일기』에는 참가자 수가 200명 또는 170명이라고 했다.
35) 『쉬띄꼬프일기』(1946.10.21.).
36) Langdon to Byrnes, Nov. 1, 1946, *FRUS 1946*, vol.Ⅷ., p.755; 『쉬띄꼬프일기』(1946.9.26.).

3. 조선공산당에서 남조선로동당으로

1

김일성, 김두봉 등 북한지도자들과의 회담에서 적잖이 실망한 여운형은 서울에 돌아오자마자 3당통합 작업보다는 좌우합작 작업에 더 열성을 기울였다. 10월1일에 서울에 도착한 그는 바로 심장치료를 위하여 미육군병원에 입원 중인 김규식을 찾아가서 요담했다. 10월2일 오후와 10월3일 오전에는 인민당의 긴급회의를 열었다. 뒤이어 가진 기자회견에서 여운형은 합당문제와 좌우합작문제에 대하여 다음과 같이 말했다. 합당문제에 대해서는 "인민당은 인민당이 뜻하는 정당한 합당을 실현하기 위하여 그 공작을 원만한 방법으로 추진하는 것이며 간판개도(看板改塗)식 합당이나 기계구합(器械苟合)식 합당을 해서는 안된다. 그러기 위해서는 각당이 내포하고 있는 상극성을 제거하여야 할 것이다"라고 데면데면하게 말한 다음, 좌우합작에 대해서는 적극적인 의욕을 피력했다.

"좌우합작문제를 처음 제기했을 때의 목적은… 미소공동위원회를 속히 속개시켜 남북이 통일된 정부로서 독립완성을 실현하자는 것과 이를 위하여 미소공위 속개에 지장되는 모든 조건을 제거하자는 것이었다. 이 점에서 좌우쌍방이 매우 접근되다가 그 뒤에 여러 가지 사정으로 그 공작이 정돈(停頓)된 것은 유감이다. 그러나 나의 생각은 불변이다. 민족공동이익을 위하여는 좌우협의가 필요할 줄 알며 나 자신 협의에 나아갈 것이다."[37]

여운형은 또 이튿날의 기자회견에서는 다음과 같이 말했다.

"우익이 싫건 좌익이 싫든 간에 할 수 없이 합작하여 연립내각과 같이 되고 좌우를 통한 합작이 있어야 비로소 통일이 되고 독립이 될 것이

---

37) 《朝鮮日報》 1946년10월4일자, 「合黨과 左右合作 圓滿히 推進시키겠다」.

다.… 남북통일은 언제든지 공동위원회가 열려야 될 것이니, 만일 소련이 속개시킬 수가 없다거든 소련군보고 철수하라고 말하라고 평양에서 선언하고 왔다. 나도 얼마 동안 보다가 속개 아니되면 미소 양군 다 물러가라고 할 것이다."[38]

한편『슈티코프일기』의 다음과 같은 기술은 여운형의 좌고우면(左顧右眄)하는 태도를 여실히 보여 준다.

여운형은 그가 북조선에서 서울로 돌아간 뒤 하지가 그를 불러 좌우합작의 필요성을 인정할 것을 요청했다는 편지를 보내왔다. 여운형은 우리에게 조언을 구하고 있다. 북조선을 방문할 수 있게 해 달라고 요청하고 있다.[39]

10월4일 저녁에 삼청동의 김규식 집에서 회동한 좌우합작위원들은 마침내 좌익의 「5원칙」과 우익의 「8원칙」을 절충한 7개항의 합작원칙에 합의했다. 그리고 10월6일에 열린 인민당의 중앙확대회의는 여운형의 방침에 동의하는 「좌우합작에 대한 결정서」를 채택했다. 그리하여 10월7일에는 김규식과 여운형 두 사람 명의로 「합작7원칙」이 발표되었다.

(1) 조선의 민주독립을 보장한 3상회의 결정에 의하여 남북을 통한 좌우합작으로 민주주의임시정부를 수립할 것.
(2) 미소공동위원회 속개를 요청하는 공동 성명을 발할 것.
(3) 토지개혁은 몰수, 유조건 몰수, 체감매상(遞減買上) 등으로 토지를 농민에게 무상으로 분여하며, 시가지의 대지와 대건물을 적정 처리하며, 중요 산업을 국유화하며, 사회노동법령 및 정치적 자유를 기본

---

38) 《朝鮮日報》1946년10월5일자, 「呂氏의 北朝鮮觀」.
39) 『쉬띄꼬프일기』(1946.10.22.).

으로 지방자치제의 확립을 속히 실시하며, 통화 및 민생문제 등등을 급속히 처리하여 민주주의 건국 과업 완수에 매진할 것.

(4) 친일파, 민족반역자를 처리할 조례를 본 합작위원회에서 입법기구에 제안하여 입법기구로 하여금 심리 결정하여 실시케 할 것.

(5) 남북을 통하여 현 정권하에 검거된 정치운동자의 석방에 노력하고 아울러 남북 좌우의 테러적 행동을 일체 즉시로 제지토록 노력할 것.

(6) 입법기구에 있어서는 일체 그 권능과 구성방법, 운영 등에 관한 대안을 본 합작위원회에서 작성하여 적극적으로 실행을 기도할 것.

(7) 전국적으로 언론, 집회, 결사, 출판, 교통, 투표 등 자유가 절대 보장되도록 노력할 것.[40]

그것은 토지개혁문제나 친일파 처리문제 등에서 좌익의 「합작5원칙」보다 우익의 「합작8원칙」에 더 가까운 것이었다. 토지개혁의 방법에서 제시한 체감매상 방식이란 지주들의 소유토지를 면적이 많으면 많을수록 단위면적의 값을 낮게 책정하여 정부가 매상한다는 것이었다.

그런데 「합작7원칙」이 보도된 10월7일에 여운형이 행방불명되는 사건이 발생했다. 여운형의 측근은 사건경위를 다음과 같이 말했다. 이날 아침에 한 청년이 여운형의 집으로 찾아와서 "박 선생이 홍 선생 댁에서 기다리신다"면서 박의 편지를 전했다. 여운형은 청년을 따라 원남동(苑南洞) 로터리까지 걸어가서 그곳에서 자동차를 타고 박이 피신해 있는 모처로 갔다. 여운형은 박과 격론을 벌인 끝에 흥분한 나머지 뇌빈혈을 일으켰다. 박은 논쟁을 단념하고 직속 청년들에게 여운형을 인계했고, 청년들은 장시간에 걸쳐 여운형을 에워싸고 애원도 하고 공격도 하면서 좌우합작에서 손을 떼라고 했지만 여운형은 거절했다. 청년들은 설득을 단념하고 8일 밤에 자동차로 명륜동(明倫洞)의 김모의 집까지 돌

---

40) 《朝鮮日報》 1946년10월8일자, 「合作原則을 決定」.

려보냈다.[41] 인민당은 납치의 목적이 10월7일 밤에 김규식의 집에서 열린 좌우합작회의에 여운형이 참가하지 못하게 하기 위한 것이었다고 발표했다.[42] 여운형은 바로 서울대학병원 이(李)내과 7호실에 입원했다.

여운형이 만난 '박 선생'이 누구였는지는 알려지지 않았다. 《동아일보(東亞日報)》는 기사제목에서 박헌영을 거명했으나, 이 시점에는 박헌영은 체포령을 피해 월북하고 없었다. 박헌영은 9월29일에 장례를 위장한 영구차 안의 관속에 누워서 서울을 빠져나가 강원도로 가서 원산을 거쳐 10월6일에 평양에 도착했다. 슈티코프는 『일기』에 "박헌영이 남조선을 탈출하여 1946년10월6일에 북한에 도착했다. 박헌영은 9월29일부터 산악을 헤매며 방황했는데, 그를 관에 넣어 옮겼다. 박헌영이 휴식을 취하게 하라고 지시했다"라고 적어 놓았다.[43]

하지는 박헌영의 체포령을 내리기는 했지만 실제로 체포하는 데는 소극적이었다. 수도경찰청장 장택상이 직접 박헌영을 체포하려 하자 하지는 "만일 당신이 박을 체포하면 국제적인 트러블이 일어난다"면서 어물거렸다고 한다.[44] 하지로서는 박헌영을 체포했을 경우 소련쪽으로부터 제기될 항의를 고려하지 않을 수 없었다는 것이다.[45]

2

넉달 넘게 좌우합작 작업이 중단되어 있는 상황에서 갑자기 「합작7원칙」이 발표되자 각 정파들의 반응은 분분했다. 가장 격렬하게 반대한 정파는 박헌영 그룹의 조선공산당이었다. 공산당은 10월8일에 전날 저녁의 회의에 여운형이 참석하지 않았음을 지적하면서, "미증유의 폭압과 테

41) 《東亞日報》 1946년10월11일자, 「逮捕슈바든 朴憲永과 面談, 呂運亨氏拉致는 朝共의 所行?」.
42) 《東亞日報》 1946년10월10일자, 「合作妨害하는 某派所爲」.
43) 『쉬띄꼬프일기』(1946.10.7.).
44) 張澤相, 「나의 交友半世紀」, 《新東亞》, 1970년7월호, p.228.
45) 중앙일보현대사연구팀, 『발굴자료로 쓴 한국현대사』, 중앙일보사, 1996, pp.198~199.

러가 횡행하는 이때에 이 폭압과 테러의 주최측인 우익 반동진영과 합작이 불가능할 것은 명료한 사실이며 이 폭압과 테러의 지지자인 군정의 강화 연장을 기도하여 민주발전과 민족독립을 방해하는 입법기관을 철저히 반대하는 동시에 좌익의 명칭을 오손(汚損)하고 대중의 의사를 배반하는 정치적 브로커배에 대해서는 인민의 위력으로 단호히 배제할 것을 선언한다"는 격렬한 성명을 발표했다. "좌익의 명칭을 오손하는" 정치적 브로커배란 여운형과 그 동조자들을 지목하는 말이었음은 말할 나위도 없다.

대회파 공산당도 「합작7원칙」에 반대했다. 대회파 공산당의 책임비서 강진은 10월9일에 "목하 식량난을 위시한 미증유의 난국에는 일언반구도 언급하지 않은 합작원칙은 민족의 실제적 이익과 유리된 것이며 민중의 기대도 희박한 것이다"라고 말하고, "입법기관문제도 미소공위 속개를 촉진시켜야 할 이때에 군정하 기구의 정비 확대란 민족의 희망하는 바 아니다"라고 못 박았다.[46]

대표적인 우익정당인 한민당도 「합작7원칙」에 다음과 같이 모호한 점이 있다면서 반대했다.

첫째는 제1항에 한민족의 치명상인 신탁통치문제에 아무런 언급이 없다는 것이었다.

둘째는 토지개혁에서 유가매수한 토지를 무상분여한다는 것은 국가의 재정적 파탄을 초래하게 될 것이고, 그것을 면하려면 부득이 국민들에게 중세를 과하게 될 것이며, 또 무상분여한 토지는 결국 경작권만을 인정하고 농민의 소유권은 부정하는 결과가 될 것이라는 것이었다.

셋째는 당초에 민주의원과 비상국민회의 상임위원 연석회의에서 결정한 「8기본대책」과 다른 점이 많다는 것이었다.

그리고 넷째로 이 「합작원칙」은 합작위원회 자체 내의 결정이요 앞으

---

46) 《獨立新報》 1946년10월11일자, 「七原則은 民衆利益無視」.

로 설치될 입법기관이나 그 밖의 정당 및 사회단체에 대한 구속력이 없다는 것이었다.[47]

그러나 한민당의 이러한 반대성명은 이내 중요 간부들의 탈당 사태를 빚고 말았다. 당의 총무의 한 사람으로서 좌우합작이 시작될 때부터 우익대표로 활동했던 원세훈(元世勳)은 10월8일 오후에 한민당의 성명에 반대하여 탈당계를 제출했다. 토지개혁문제에 대한 이념 차이 때문이었다.[48] 이튿날에는 청년부장 박명환(朴明煥)을 비롯하여 송남헌(宋南憲), 현동원(玄東元), 이병헌(李炳憲) 등 중앙위원 16명이 탈당했다.[49] 그리하여 10월14일까지 탈당한 사람은 49명에 이르렀다.

한민당은 10월12일에 긴급중앙집행위원회를 열어 대책을 논의했다. 먼저 기구개혁을 결의하고 총무제를 위원장제로 바꾸어, 위원장에 김성수(金性洙), 부위원장에 백남훈(白南薰)을 선임하고, 중앙상무집행위원제를 채택하여 정원 150명 가운데 30명을 선임하고, 또 중앙집행위원 30명을 보선했다.[50] 그러나 탈당사태는 계속되어 10월21일에는 당 안에서 하나의 큰 세력을 이루고 있던 김약수(金若水)를 중심으로 한 중앙집행위원 50명과 손영극(孫永極) 등 대의원 5명이 함께 탈당했다.[51]

우익정파들의 주장은 한결같지 않았다. 한독당은 "이번 좌우합작의 성립은 민족적 양심과 민족적 열의로 보아 8·15 이후 최대의 수확이다"라고 극찬하고, "더욱이「7원칙」은 민주국가 완성에 타당한 조건으로서 전면적으로 이를 지지한다. 그리하여 이로 하여금 미소공동위원회가 시급히 재개되어 우리 3천만이 요망하는 임시정부 수립이 최단기간에 실현되기를 희망한다"고 덧붙였다.[52]

---

47) 《東亞日報》 1946년10월9일자, 「託治反對를 再聲明」.
48) 《東亞日報》 1946년10월10일자, 「韓民黨元世勳脫黨」.
49) 《朝鮮日報》 1946년10월11일자, 「韓國民主黨中央委員朴明煥等十六氏脫黨」.
50) 《朝鮮日報》 1946년10월15일자, 「韓國民主黨機構 委員長制로 改革」.
51) 《朝鮮日報》 1946년10월22일자, 「韓民黨에 又復大脫黨」.
52) 《서울신문》 1946년10월9일자, 「韓獨黨全的支持」.

한독당의 이러한 성명과 관련하여 주목되는 것은 김구의 동향이다. 김구는 하지의 초청으로 10월11일 오전에 하지의 사무실을 방문하여 요담했다. 하지는 김구에게 「합작7원칙」의 추진과 함께 입법기관 설립에 대하여 김구의 절대적인 협조를 부탁한 것으로 알려졌다.[53]

김구는 10월14일에 좌우합작에 대한 자신의 입장을 천명하는 5개항의 담화를 발표했다.

(1) 좌우합작의 목적은 민족통일에 있고 민족통일의 목적은 독립 자주의 정권을 신속히 수립함에 있다. 그러므로 나는 좌우합작공작의 성공을 위하여 시종 지지하고 협조한 것이다. 앞으로 이것은 계속할 것이다.

(3) 나는 신탁통치를 철두철미 반대하는 바이거니와 「좌우합작7원칙」 작성에 몸소 노력한 김규식 박사도 장래 임시정부 수립 후에 신탁을 반대할 수 있다는 것을 세상에 해석하여 주었다. 그러므로 「7원칙」 중에 신탁반대의 표시가 없다고 해서 신탁에 대한 점이 모호하다고 볼 것은 없다.

그것은 한민당의 「7원칙」 반대 성명을 반박한 것이었다.

(4) 상술한 「7원칙」은 문자 그대로 좌우합작위원회에서 제의한 일종의 원칙에 그치는 것이고, 미비한 점에 이르러서는 장래 임시정부가 수립된 뒤에 상세히 규정하여 시행할 여유가 있으니 과대한 기우는 필요가 없는 바이다.… [54]

---

53) 《朝鮮日報》 1946년10월12일자, 「金九氏合作에 贊成」.
54) 《朝鮮日報》 1946년10월16일자, 「合作目的은 民族統一」.

좌우합작에 대하여 기본적으로 부정적인 생각을 가지고 있는 이승만은 「합작7원칙」에 대해서도 신중했다. 「7원칙」이 발표되던 10월7일에는 다음과 같이 말했다.

"좌우합작의 중요목적은 미소공위를 속개시켜 38선을 철폐하고 남북을 통일한 정부를 수립하자는 데 있었기 때문에 나는 무조건으로 이를 지지하고 과거 5개월 동안 침묵을 지켜 왔다.… 좌우합작이 성립되어 38선이 철폐되면 그 정부가 어떠한 정부든, 그 정부에 들어가는 사람이 어떠한 사람이든 나는 한 시민으로서 이를 무조건으로 지지하겠다."[55]

이승만은 그러나 10월14일에는 다음과 같이 수정된 담화를 발표했다.

5개월을 가지고 토의하던 합작이 오늘에 낙착된 것을 다행으로 알며 그 내용에 몇가지 설명할 바 있으니,

(1) 좌우합작이 되면 공산분자의 파괴공작이 정지되고 민족진영의 국권회복에 같은 보조를 취할 것을 기대하였던 것인데, 지금 공산파는 대다수가 합작을 반대하며 전국적 파괴운동은 더욱 극렬하니 합작의 효력이 의문이며,

(2) 모스크바 3상회의에서 결정된 신탁문제를 나는 부인하여 왔으니 이에 대한 나의 주장은 변동이 없음을 표명하며,

(3) 합작원칙 중에 민주정책(민주의원 민주정책대강)과 모순되는 조건이 있음을 나는 불만족으로 생각한다. 그러나 파괴분자들을 저지하는 우리의 공작은 전 민족이 통일적으로, 조직적으로 계속 진행할 것이며 신탁통치와 토지문제에 관한 것은 임시정부를 수립한 후에 토의될 것이며 우리 민족의 공원(公願)대로 타협되기를 기다릴 것이다. 그러므로 비록 좌익과 소수인만으로라도 진정한 합작이 된다면 민족통

---

55) 《朝鮮日報》 1946년10월9일자, 「左右合作은 絶對支持」.

일에 한 도움이 될 것이다.[56]

　이러한 이승만의 심드렁한 주장은 김구의 주장보다 한민당의 주장에 가까운 것이었다. 이튿날 한민당의 신임 중앙집행위원장 김성수도 "신탁문제와 토지정책 같은 중대한 문제는 임시정부 수립 후에 정식 결정이 될 것이다" 하고 이승만의 담화를 뒷받침했다.[57]

3

　여운형은 「합작7원칙」에 대한 좌익의 반응이 좋지 않자 실망했던 것 같다. 그는 자신의 입원 소식을 듣고 북한에서 파견되어 온 정치연락원들에게 참담한 심정을 토로했다고 한다. 연락원들은 10월15일에 여운형의

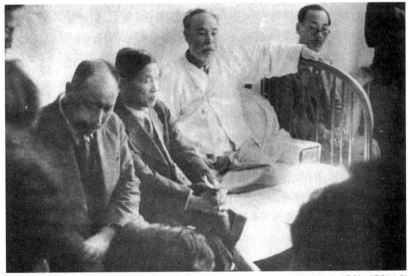

1946년10월16일 여운형이 입원한 서울대병원 병실에서 사회노동당이 결성되었다. 한복차림이 여운형. 여운형의 왼쪽은 남조선신민당 위원장 백남운.

---

56) 《朝鮮日報》 1946년10월15일자, 「多少不滿足한 點있으나 合作을 絕對支持」.
57) 《東亞日報》 1946년10월16일자, 「立法機關成立支持」.

병실을 방문했다. 연락원의 한 사람으로 왔던 박병엽(朴炳燁)은 이때의
일을 다음과 같이 증언했다. 여운형은 「7원칙」 가운데 입법기구문제를 양
보하고 나머지 여섯가지는 좌익의 입장이 관철된 것이라고 주장하고, "설
사 미군정이 입법기구를 만들어 군정자문기구로 전락시키려고 하면 좌익
이 거기에 들어가지 않고 보이콧하면 되지 않는가" 하고 말했다. 3당합당
문제에 대해서는 두개의 당으로 갈라지는 상황에서 자신이 이를 수습할
수 없다는 괴로운 심정도 피력했다. 여운형은 연락원들에게 사회로동당
(이하 사로당)을 발족시키려는 쪽은 자기가 조정해 보겠으니 북조선로
동당(이하 북로당)이 조선로동당 준비위원회쪽을 잘 조정해 보라는 말도
했다고 한다.[58]

그런데 바로 그 이튿날 여운형의 병실에서 사로당이 결성되어 사람들
을 놀라게 했다. 인민당, 남조선신민당, 대회파 조선공산당의 합동교섭위
원 27명은 이날 오전 11시에 여운형의 병실에 모여 회의를 열고 3당을 해
산하고 사로당을 결성하기로 결의하고 「3당합동에 대한 결정서」와 18개
항의 「사회로동당 강령(초안)」을 채택한 것이다.[59] 「강령(초안)」은 9월4
일의 남조선로동당(이하 남로당) 준비위원회가 채택한 12개항의 「강령
(초안)」과 그다지 다른 것이 없었다. 다만 눈에 띄는 것은 남로당의 「강
령」(제2항)이 조선에 민주주의인민공화국을 건설한다고 천명한 것에 비
하여[60] 사로당의 「강령」(제2항)은 조선민주공화국을 건설한다고 하여
"인민"이 빠져 있는 점이다.[61]

사로당의 태도에서 주목되는 것은 좌우합작은 지지한다고 하면서도
10월7일에 발표된 「합작7원칙」은 "우리 민족의 주체적, 독자적 협동 협력
의 면으로보다도 오히려 다른 정치적 효과를 예측하고 그것에 견제되는

58) 박병엽 구술, 유영구·정창현 엮음, 『김일성과 박헌영, 그리고 여운형』, pp.204~205.
59) 《獨立新報》 1946년10월17일자, 「三黨合同遂實現, 社會勞動黨을 結成」.
60) 《獨立新報》 1946년9월6일자, 「勞動黨綱領草案」.
61) 《獨立新報》 1946년9월17일자, 「社會勞動黨綱領草案」.

데에서 출발하였"기 때문에 동의할 수 없다고 한 점이다. 그리고 입법의
원의 설치에 대해서도 "인민의 의사와 인민적 기초 위에 서지 못한 일종의
군정자문기관에 불과한 것"이므로 반대한다고 했다.[62] 이러한 주장은 사
로당 준비위원장인 여운형의 입장을 여간 곤혹스럽게 만드는 것이 아니
었다. 그리하여 11월 1일에 열린 사로당의 임시중앙집행위원 및 감찰위원
선출을 위한 3당연합중앙위원회에도 여운형은 참석하지 않았다. 회의는
사로당의 위원장에 여운형, 부위원장에 백남운과 강진을 선출했다. 그러
나 백남운과 강진도 대회에 불참했는데, 『슈티코프일기』에 보면 두 사람
은 10월 22일 시점에 평양에 있었다.

『슈티코프일기』에는 이때에 김두봉은 백남운에게 왜 좌우합작에 동
조했고 왜 북조선의 지시를 이행하지 않는가고 따져 물었고, 이에 대해
백남운은 "자신은 북조선의 지시를 이행하고 있으며, 그렇기 때문에 사
회로동당을 조직했다고 대답했다"고 씌어 있다.[63]

슈티코프가 강진을 훌닦아 세운 이야기는 훨씬 자세히 적어 놓았는
데, 자기가 직접 그랬다는 것인지 김일성이 그랬다고 슈티코프에게 보고
한 것인지는 문맥상으로 분명하지 않다. 아마 후자일 개연성이 크다.

　　강진과 만났다. 나는 합당사업이 결렬된 모든 책임이 강진에게 있
　　다고 말했다. 또한 그에게 나는 당신이 미제국주의의 주구인지 아닌
　　지는 확증할 수 없지만, 당신이 미국인들에게 커다란 도움을 주고 있
　　다고 말했다.… 당신은 (당)대회를 소집할 자격이 없다. 왜냐하면 당
　　신은 당에서 제명되었기 때문이다.… 박헌영 동지의 결정은 그 자신만
　　의 견해가 아니라 북조선 40만 당원의 견해이기도 하다.…

---

62) 《朝鮮日報》 1946년 10월 18일자, 「左右合作과 立議問題, 社會勞動黨態度注目」.
63) 『쉬띄꼬프일기』(1946.10.22.).

그러고는 다음과 같이 말했다는 것이었다.

여기에 있는 모든 사람들이 당신을 미제국주의의 주구로 욕했다.
미국인들은 박헌영 동지를 체포하려고 하는데, 당신은 분파활동을
하고 있다. 당신은 무슨 목적으로 이곳에 왔는가? 그는 조언을 구하
러 왔다고 대답했다. 사람들이 당신에 대하여 좋게 평가하기를 원한
다면 당신 스스로가 분파활동을 해서는 안 된다. 우리는 전에 이미 당
신을 호출했지만 당신은 나타나지 않았다. 그는 남조선로동당과 사
회로동당을 통합시키겠다고 대답했다.[64]

사로당의 진로는 이처럼 북한공산주의자들에 의하여 운명 지워졌다.
그것은 남로당과 합당하는 것이었다.

『슈티코프일기』에는 이 시점에 슈티코프가 여운형을 어떻게 생각하
고 있었는지 짐작하게 하는 언급도 있어서 눈여겨볼 만한다. 김일성과 한
대화를 적은 대목인데, 김일성이 조선공산당 중앙위원 조두원(趙斗元)이
평양에 와서 앞으로의 행동방침을 묻는다고 말하면서 "여운형과 결정적
으로 결별하는 것이 필요한지" 묻자, 슈티코프는 "여운형을 비판하되 너
무 과격하지 않게 비판하라"고 말했다는 것이다.[65] 슈티코프는 여운형에
대하여 미련을 버리지 않고 있었던 것이다.

여운형은 타협할 수밖에 없었다. 사로당 준비위원장이면서 남로당 준
비위원장이기도 한 그는 11월12일 오전에 인민당 회의실에서 백남운을
포함하여 90여명이 참석한 사로당 중앙위원회에서 남로당과의 합동문
제와 관련하여 세가지 방안을 제안했다. 그것은 첫째 민주역량을 총집결
하기 위하여 사로당을 해체함으로써 남로당과 합동하는 것, 둘째는 합

---

64) 『쉬띄꼬프일기』(1946.10.22.).
65) 『쉬띄꼬프일기』(1946.10.21.).

동교섭위원을 구성하여 남로당과의 합동을 재교섭하는 것, 셋째는 그렇지 않으면 기정방침대로 나가는 것이었다. 회의는 논란 끝에 둘째 방안을 채택하고, 교섭위원을 선정하여 다시 합당교섭을 하기로 했다.[66] 그리하여 11월16일에는 남로당에 무조건 합동하자는 내용의 편지를 보냈다. 남로당에서 회답이 없자 사로당 선전부는 10월19일에 "모든 인민과 함께 회답을 고대한다"는 궁색한 성명을 발표했다.[67]

그러나 11월16일에 북로당 중앙상무위원회가 사로당을 부인하는 「남조선 사회로동당에 관한 결정서」를 발표함에 따라[68] 사로당은 간부들의 탈당성명이 잇따르는 등 급속히 동요했다.

드디어 11월23일에 서울 견지동(堅志洞)의 시천교(侍天教) 강당에서 대의원 585명(공산당 395명, 인민당 140명, 신민당 50명)이 참석한 가운데 남로당 결당대회가 열렸다.[69] 그런데 남로당의 결성은 놀랍게도 위원장은 신민당의 허헌, 부위원장은 공산당의 박헌영과 인민당의 이기석으로 한다는 것을 비롯하여 중앙위원회 위원은 몇명으로 하며, 각당에 중앙위원 자리를 몇명씩 배분한다는 것 등에 이르기까지 평양에서 슈티코프, 김일성, 박헌영 세 사람이 사전에 결정한 대로[70] 추진되었다.

이기석(李基錫: 李傑笑)의 사회로 진행된 대회는 허헌의 개회사에 이어 여운형, 허헌, 이승엽(李承燁), 이기석 등 14명을 임시집행부로 선출했다. 여운형은 대회에 참석하지 않았고, 그의 축사는 조한용(趙漢用)이 대독했다. 이기석의 합당 경과보고에 이어 「강령」과 「규약」을 만장일치로 가결한 다음 중앙위원회와 중앙감찰위원회 선거는 허헌 등 5명의 집행부에 위임했다.

---

66) 《獨立新報》 1946년11월13일자, 「呂氏 社勞黨解體提案」.
67) 《獨立新報》 1946년11월20일자, 「南勞黨側의 回答을 苦待」; 《獨立新報》 1946년11월24일자, 「南朝鮮勞動黨結黨式」.
68) 《獨立新報》 1946년11월27일자, 「共通性認定不能」.
69) 『쉬띄꼬프일기』(1946.12.2.).
70) 『쉬띄꼬프일기』(1946.10.22.).

대회는 이튿날 오전 11시에 속개되었다. 축사순서가 끝난 다음 서울 영등포 15공장 당대표가 "우리 영등포 각 공장 열성자 일동은 사회로동당 해체를 주장하고 남로당의 옳은 노선에 통일한다"는 결의문을 낭독하자 장내에는 박수가 쏟아졌다. 미소공위에 메시지를 보내자는 긴급동의가 채택되고, 9개 사회문화단체 대표의 남로당에 대한 충성맹세선언에 이어 시인 오장환(吳章煥)의 축시낭독이 있었다. 이어 북로당 중앙위원회가 보낸 메시지가 낭독되었다. 메시지는 "오늘 남조선에서 동무들이 선언하는 남조선로동당의 결성은 남조선인민들의 민주승리를 보장하는 선언이다.… 모든 파시스트침략자와 민족반역자의 요소들은 남조선로동당 결성의 선언을 듣고 전율할 것이다"라고 주장했다. 박수와 함께 함성이 장내를 뒤덮었다. 만세 삼창이 끝났을 때에 어떤 대의원이 단상에 뛰어올라 "우리의 위대한 지도자 박헌영 동지는 지금 어디 있느냐?" 하고 외친다음 "박헌영 만세", "허헌 만세"를 외쳤다. 이에 대의원들도 호응했다.[71]

폐회를 앞당겨 12시40분쯤에 대회를 끝내고 대의원들이 스크럼을 짜고 「해방의 노래」를 부르면서 퇴장하는 순강 대회장 서기석에서 수류탄이 터져 취재기자 두명이 부상을 입었다.[72]

결당식이 끝나고 12월10일에 열린 3당합동준비위원 연석회의는 중앙위원 29명, 중앙감찰위원 11명을 선출하고, 평양의 3자회동에서 내정한대로 위원장에 허헌, 부위원장에 박헌영과 이기석을 선출했다.[73] 회의가 끝나자 허헌은 인사차 하지를 방문했다.[74]

그러나 이렇게 결성된 남로당은 여운형의 말대로 공산당이 간판만 바꾸어 단 것에 지나지 않았다.

71) 《獨立新報》 1946년11월26일자, 「南勞黨 結黨式盛大히 終了」.
72) 《獨立新報》 1946년11월26일자, 「南勞黨結成式場에 怪漢이 手榴彈投擲」.
73) 《獨立新報》 1946년12월12일자, 「委員長에 許憲氏」.
74) 《獨立新報》 1946년12월12일자, 「南勞黨許氏 하中將訪問」.

89장

과도입법의원 의원선거에서 압승

1. 김구의 삼남지방 여행

1

김구는 1946년 9월14일부터 10월4일까지 3주일 동안 경상남도와 전라도 일대를 순방했다. 여행의 주된 목적은 한국독립당이 과도입법의원 선거를 앞두고 김구와 안재홍(安在鴻)에게 지방유세를 하도록 한 방침에 따른 것이었다. 안재홍은 강원도 강릉(江陵)지방을 순방했다.[1] 그러나 김구에게 그 여행은 48년 전에 탈옥수의 몸으로 옥중 동료들을 찾아 방랑하던 연고지를 찾아가는 센티멘털 저니[감성여행]이기도 했다. 『백범일지』에는 그러한 이야기만 대충대충 적어 놓았다. 또 이때에 인쇄노조의 총파업으로 신문들이 여러 날 발행이 중지되고 있었으므로 아쉽게도 김구의 지방여행은 전모를 파악하기가 어렵다.

김구는 9월14일에 엄항섭(嚴恒燮), 안우생(安偶生), 선우진(鮮于鎭)과 소설가 김광주(金光洲)를 대동하고 기차로 부산까지 갔다. 부산에 도착하자마자 김구는 전재민수용소를 방문했다. 그곳에서 귀환동포 등 수용자들의 참상을 돌아보고 현금 1만원을 희사했다.[2]

부산에서부터는 자동차편으로 김해(金海)를 거쳐 9월15일 오후 2시에 진해(鎭海)에 도착했다. 독립촉성국민회 지부와 애국부인회 지부 등의 간부들과 지방관공서장들을 포함한 많은 군중의 성대한 환영을 받았다. 이처럼 이때의 김구의 지방순회를 주관한 것은 독촉국민회와 애국부인회 지부를 중심으로 한 지방유지들이었다.

이튿날 김구는 해안경비대 총사령관 손원일(孫元一)의 안내로 해안경비대 열병식을 마치고, 경비선을 타고 통영(統營)으로 가서 한산도(閑

---

1) G-2 Weekly Summary no.56(1946.9.18.~10.6.), p.11; 安在鴻, 「民政長官을 辭任하고」, 『民世安在鴻選集 2』, p.272.
2) 《自由新聞》 1946년10월12일자, 「金九氏와 美談」.

떼어져 있는 "제승당(制勝堂)" 현판 앞에서 기념촬영한 김구.

진주에서는 강연도 하고 촉석루도 구경했으며, 극빈자를 위해 9,000원을 희사했다.

山島)의 제승당(制勝堂)을 찾았다. 충무공 이순신(李舜臣)의 영정에 참배하고 나서 주위를 둘러보았더니 "제승당"이라는 현판이 땅에 떨어져 있었다. 일본점령기에 뗀 것을 아직 달지 못했다고 했다. 김구는 지금까지 남아 있는 것만도 다행이라고 생각하며 당장 달게 하고 진해로 돌아왔다. 진해에서 공작창 등을 돌아보고 오후 1시에 마산(馬山)으로 향했다. 안우생과 김광주는 진해에서 서울로 올라갔고, 김구와 함께 강연을 할 엄항섭과 수행비서 선우진만 김구와 함께 움직였다. 마산에 도착한 김구는 마산부청에서 일반 유지들을 접견한 다음 독촉국민회 마산지부 사무실로 옮겨 관내 사정을 청취했다.[3]

다음 도착지는 진주(晉州)였다. 진주에서는 함(咸) 판사 집에서 하룻밤을 머물렀다. 황해도 출신인 함 판사 부인이 이 무렵 경교장에 드나들고 있었다. 진주에서는 강연도 했고 촉석루(矗石樓)도 구경했으며 또 극빈자들을 위해서 9,000원을 희사했다고 하는데,[4] 정확한 기록이 없다. 김구는 사천(泗川)에 가서 강연을 하고 진주에서 다시 일박한 뒤에 통영으로 나와서 여객선편으로 전라남도 여수(麗水)로 갔다. 여수와 순천(順天)에서도 환영강연회가 열렸다. 순천에서 강연회를 마치고는 송광사(松廣寺)를 둘러보았다.[5]

김구는 전라남도 순회여행 때의 일 가운데 9월22일에 보성군 득량면(得粮面) 쇠실마을[송곡(松谷)]을 찾은 일을 가장 자세히 적어 놓았다. 그것은 김구의 센티멘털 저니의 대표적인 술회였다. 일찍이 방랑생활을 할 때에 김구는 안동 김씨 집성촌인 이 마을의 김광언(金廣彦)의 집에서 40여일이나 머물렀다.

보성군 득량면 득량리는 48년 전 망명할 때에 수삼개월이나 머물렀던 곳이다. 그곳은 나의 동족[族: 동종(同宗)]들이 일군 동족부락인데, 동족들은 물론이고 인근 지방 동포들의 환영 역시 성황을 이루었

3) 《朝鮮日報》 1946년9월19일자, 「金九氏鎭海視察」; 『백범일지』, p.414; 선우진 지음, 최기영 엮음, 『백범선생과 함께한 나날들』, p.199.
4) 《自由新聞》 1946년10월12일자, 「金九氏와 美談」; 선우진 지음, 최기영 엮음, 위의 책, pp.199~200.
5) 『백범일지』, p.415; 선우진 지음, 최기영 엮음, 같은 책, p.200.

48년 전 방랑시절에 머물렀던 보성군(寶城郡) 쇠실마을의 고 김
광언(金廣彦) 집을 방문한 김구.

다. 입구의 도로를 수리하고
솔문을 세웠으며, 환영 나온
남녀 동포들이 도열하여 나
를 맞이하는지라 차를 멈추
고 걸어서 동네로 들어갔다.
　내가 48년 전 유숙하며
글을 보던 고 김광언씨의 가
옥은 옛날 그대로의 모습으
로 나를 환영하니, 불귀의 객
이 된 김광언씨에 대한 감회
를 금할 수 없었다. 그 옛날
내가 식사하던 그 자리에서
다시 한번 음식을 대접하고

자 한다 하여, 마루 위에 병풍을 두르고 정결한 자리에 편히 앉으니,
눈앞에 보이는 산천은 예전 그대로이나 옛 사람들은 별로 없었다. 모
인 동포들을 향하여
　"혹시 나를 아는 이가 있으시오?"
　하고 물으니, 동네 여자 노인 한분이 대답하였다.
　"제가 일곱살 때에 선생님 글공부하시던 좌석에서 놀던 기억이 새
롭습니다."
　그 밖에 동족 중 한 사람인 김판남(金判男)씨가 나와서, 48년 전
나의 필적이 완연한 책 한권을 내보이며 옛일이 어제 같다고 말하였
다. 전에 나와 알던 이는 이 두 사람뿐이었다.
　그중에 또 잊지 못할 한가지 사실이 있다. 다름 아닌 48년 전 동갑
되는 선(宣)씨 한 사람이 있어서 나와 격의 없이 지내다가 내가 그 동
네를 떠날 때에 그 부인의 손으로 만든 필낭 하나를 작별 기념으로 내
게 주었던 일이 눈에 선하다. 그 선씨에 대해서 물으니,

"선씨는 이미 세상을 떠났고, 그 부인과 가족은 보성읍(寶城邑) 부근에 거주합니다. 그 노부인 역시 옛일을 잊지 않고 선생님이 지금 가시는 보성읍으로 마중 나온다 합니다"

하고 소식을 전하였다.

그날 그 동네를 떠나 보성읍에 도달하니, 과연 그 부인이 전 가족을 거느리고 마중 나온 광경은 참으로 감격에 넘치었다. 만나는 자리에서 나이를 물으니 나와 역시 동갑이라, 과거사를 잠깐 토론하며 만나고 헤어지는 예를 마치었다.[6]

김판남이라는 사람이 가지고 온 책이란 김구가 김광언의 집에 머물면서 애독하고 헤어질 때에 정표로 선물했던 『동국사략(東國史略)』이었던 것 같다.

2

보성의 환영강연을 마친 김구는 강진(康津)을 거쳐 목포(木浦)로 이동했다. 목포는 인천감옥에서 같이 탈옥한 양봉구(梁鳳九)를 찾아 지게를 지고 노동자 행색으로 와서 그를 만났던 곳이다. 목포에 도착하자마자 김구는 양봉구의 유가족과 그 밖의 소식을 알아보았지만 아무런 단서를 얻지 못했다. 목포에서는 무안(務安)에 다녀오기도 하면서 이틀 밤을 묵었다.

가는 곳마다 환영 열기는 "이루 언급하기조차 어려울 정도였다. 역로마다 수많은 동포들이 대기하다 환영하니, 어떤 날은 3, 4차를 경유한 적도 있었다"라고 김구는 써 놓았다.[7]

---

6) 『백범일지』, pp.415~416.
7) 『백범일지』, p.416.

목포애국부인회 회원들과 기념촬영을 한 김구.

　목포를 떠나 광주(光州)로 향하는 길에 함평(咸平)군을 지날 때였다. 수많은 군중이 길을 막고 잠시라도 함평읍을 들러 달라고 간청했다. 할 수 없이 함평읍에 들러 학교운동장에서 환영강연을 마치고 날이 저물 무렵에 나주(羅州)읍에 도착했다. 김구는 먼저 방랑시기에 주인의 호의로 보름이나 머물렀던 육모정[六角亭]이 있는 이 진사 집 소식을 물었다. 그러자 이 진사 집은 함평읍이고 아까 강연회에서 만세를 선창한 사람이 바로 이 진사의 둘째 아들이라고 했다. 오랜 세월에 김구는 나주와 함평을 섞바꾸어 기억하고 있었던 것이다.[8] 나주에서는 독촉국민회 나주지부에 "만민일심(萬民一心)"이라는 휘호를 써 주기도 했다.[9]

　김구는 9월24일에 광주에 도착했다.[10] 광주천변에 천막을 치고 열악한 생활을 하는 전재민들과 극빈자들의 참상을 둘러본 김구는 광주부를 방문한 자리에서 그동안 여행하면서 받은 주단, 포목, 해산물, 금품 등의

8) 『백범일지』, pp.416~417.
9) 『백범일지』, p.417 주6).
10) G-2 Weekly Summary no.56(1946.9.29.~10.6.), p.11.

선물들을 서민호(徐珉濠) 광주부윤에게 주면서 전재민들을 돕는 데 보태라고 했다. 서 부윤은 이 돈으로 판잣집 100채를 지어 난민들에게 제공했는데, 김구는 "100가구가 가난하지만 화목하게 살자"는 뜻으로 백화(百和)라는 마을 이름을 지어 주었다.[11] 서민호는 10월16일에 전남지사로 발령이 났다.[12]

광주의 강연회는 다른 어느 곳의 강연회보다 성황을 이루었을 것인데도, 『백범일지』나 선우진의 회고록에도 언급이 없고 짐작할 만한 기록을 찾아볼 수 없다. 김구가 다녀오고 난 뒤 광주에는 10월12일에 한독당 전남지부가 결성되었는데, 이때의 지부 결성식에는 중앙당에서 안재홍, 명제세(明濟世), 박용희(朴容義) 등이 참석했다.[13]

다음 방문지는 전라북도 전주(全州)였다. 전주는 김구가 젊어서 동학농민봉기의 패장으로 숨어 지낸 청계동(淸溪洞)에서 만나 같이 청국 여행을 한 김형진(金亨鎭)과의 사연이 얽힌 고장이었다. 전주를 방문했을 때의 일을 김구는 다음과 같이 기술했다.

전주에 도착하니 무수한 남녀동포들이 출영하여 주었다. 그 가운데서도 김맹문(金孟文)씨와 그 사촌동생 김맹열(金孟悅), 고종사촌형 최경열(崔景烈) 세 사람은 특히 역사적 관계가 두터운 사람들이었다. 그들은 내가 21세 때에 신천(信川) 청계동 안중근(安重根) 의사 부친 안 진사 태훈(泰勳)씨 댁에서 상봉한 김형진씨의 아들, 조카, 생질이었다. 전주 동포들의 성대한 환영이 끝난 뒤에 김맹문 외 세 사람의 전 가족을 상대로 한 특별 환영기념사진까지 촬영하니 피차간에 고 김형진씨에 대한 감회를 금할 수 없었다.[14]

---

11) 《自由新聞》 1946년10월12일자, 「金九氏와 美談」; 선우진 지음, 최기영 엮음, 앞의 책, p.201.
12) 《獨立新報》 1946년10월17일자, 「全南知事更迭」.
13) 《朝鮮日報》 1946년10월13일자, 「韓獨支部結成式」.
14) 『백범일지』, p.418.

김형진의 친족들은 뒷날 따로 경교장을 방문하기도 했다.

9월28일 아침에 전주를 출발한 김구는 김제(金堤)에 도착하여 중앙국민학교 교정에서 성황리에 강연회를 거행하고, 오후에는 이리(裡里)로 갔다. 이리에서는 4만 시민의 환호 속에 이리고녀 교정에서 독촉국민회 주최의 강연회가 열렸다.[15] 이어 군산(群山)으로 간 김구는 9월29일 오전에 군산을 시찰하고, 자주독립전취를 고취하는 강연회를 가졌다. 강연회가 끝난 뒤에 김구는 전재동포들을 위하여 현금 1만5,000원을 희사했다.[16]

군산을 떠나서 대전(大田)으로 가는 길에 충청남도 논산군 강경(江景)에 들렀다. 강경은 김구가 인천감옥 시절에 가까이 지낸 공종렬(孔鍾烈)의 고향으로서 탈옥한 뒤에 찾아갔다가 쓸쓸한 경험을 하고 우울하게 떠나 온 곳이었다. 공종렬의 소식을 탐문해 보니 젊어서 자살하였고 자손도 없었다. 김구가 공종렬의 집에 머물 때에 있었던 괴변은 그 친척 사이에 일어난 일이었다고 했다.[17]

대전에 도착한 김구는 그곳에서 경교장 운전사가 모는 차를 타고 10월4일에 서울로 돌아왔다.[18]

그런데 이때의 김구의 3남지방 순방의 실상은 같은 시기에 강릉을 방문한 안재홍의 동정에 관한 미군 방첩대(CIC)의 보고로 미루어 짐작할 수 있다. 안재홍은 9월20일에 강릉에 도착하여 한국독립당의 목적을 설명하고 한독당 지부를 조직하기 위한 강연회를 열었다. 강연회에는 1,000여명의 사람들이 모였고, 강연이 끝난 뒤에는 강릉중앙국민학교에서 학생들을 상대로 연설을 했다. 그리고 저녁에는 한독당에 관심이 있는 사람들을 모두 호텔의 자기 방으로 초청하여 간담회를 가졌다.[19]

---

15) 《東亞日報》 1946년10월15일자, 「金九總理裡里서 講演」, 「金堤에서도」.
16) 《東亞日報》 1946년10월15일자, 「戰災同胞에 金一封 金九總理群山災民에게」. 《自由新聞》 (1946년10월12일자)은 희사금이 1만2,000원이었다고 했다.
17) 『백범일지』, pp.418~419.
18) 선우진 지음, 최기영 엮음, 앞의 책, p.201.
19) G-2 Weekly Summary no.56(1946.9.29.~10.6.), p.11.

김구는 귀경하고 며칠 지나지 않아서 다시 경상남도를 여행했다. 김해에서 열린 수로왕릉 추향제(秋享祭)에 참석하기 위해서였다. 김구는 『백범일지』에 "그때에 나주를 떠나 김해에 도착하니 때마침 수로왕릉의 추향이었다"라고 술회했지만 이는 착오이다. 수로왕릉의 추향일은 음력 9월15일로서 1946년에는 10월9일이었다. 이때에는 엄항섭은 같이 가지 않고 선우진만 수행했다.[20]

김해에 도착하자 김(金)씨와 허(許)씨들이 많이 모인 자리에서 참배 준비로 김구에게 사모관대(紗帽冠帶)를 갖추어 주었다. 평생 처음으로 사모관대를 갖추고 수로왕릉에 참배하는 김구는 무척 감개무량해했다.

추향제를 마치고 그 길로 창원군 진전(鎭田)을 향해 출발했다. 진전은 상해임시정부의 경상도 책임자로 국내에 파견되어 활동하다가 옥사한 이교재(李教載) 지사의 고향이었다. 이교재 지사의 묘를 참배하고 유가족을 방문하고 돌아왔다. 돌아오는 길에 동래에서 1박했다.[21]

지방순회를 하면서 어느 도시엔가를 방문했을 때의 일이었다. 도시 입구에 들어서자 "국부(國父) 김구 선생 환영"이라고 쓴 플래카드가 길을 가로질러 걸려 있었다. 플래카드를 본 김구는 "우리나라에 국부는 이 박사 한 분이면 돼"라면서 수행하는 선우진에게 플래카드를 걷게 하라고 말했다. 김구는 평소에도 주위 사람들에게 "초대 대통령은 이 박사가 되어야 한다. 나는 부족한 사람이다"라고 말하곤 했다.[22] 김구의 이승만에 대한 의식이 이때까지도 변하지 않고 있었음을 보여 주는 에피소드이다.

지방순회를 마치고 귀경한 김구는 10월11일에 하지 장군의 초청으로 반도호텔로 하지를 방문하여 좌우합작과 입법의원 설립에 대한 설명을 들었다.[23]

---

20) 선우진 지음, 최기영 엮음, 앞의 책, p.202.
21) 『백범일지』, p.417; 선우진 지음, 최기영 엮음, 위의 책, p.202.
22) 선우진 지음, 최기영 엮음, 같은 책, pp.330~331.
23) 《朝鮮日報》 1946년10월12일자, 「金九氏合作에 贊成, 하지中將과 會談注目」.

2. "나의 인민은 나와 함께 있소"

1

좌우합작 세력을 기반으로 하여 운영되기를 기대하면서 설립이 추진되어 온 입법기관 설치문제는 좌우합작 추진 작업이 지지부진함에 따라 연기를 거듭한 끝에 10월7일에 「좌우합작 7원칙」이 발표되자마자 10월12일에 법령 제118호로 「조선과도입법의원의 창설」이 공포되었다. 모스크바 외상회의 결정에 따른 임시한국민주정부가 수립될 때까지 "정치적, 사회적, 경제적 개혁의 기초로 사용될 법령 초안을 작성하여" 미군사령관에게 제시하는 임무를 지닌 입법자문기구(advisory legislative body)를 설치하라는 국무부의 「대한정책」이 시달된 지 4개월이나 지나서야 실현을 보게 된 것이다. 신문들은 일제히 법령 제118호의 전문을 자세히 보도하면서 큰 관심을 보였다. 미 군정부는 10월14일에 군정청 사법부 차장 전규홍(全圭弘)을 입법의원 사무총장으로 임명하고,[24] 입법의원 창설 준비를 서둘렀다. 미소공위의 미국쪽 수석대표 브라운(Albert E. Brown) 소장은 10월14일에 좌우합작위원회의 합의를 환영하는 특별성명을 발표하고, "더 광범위로 합작하여야 한다"라고 다음과 같이 강조했다.

또한 우리는 합작위원회가 더 광범위로 합작하여야 한다는 필요성을 현명하게도 인식하고 있는 것을 기쁘게 생각한다. 아직도 합작의 문이 열려 있으므로 나는 여러분이 합작운동을 전폭적으로 지지하는 데 참가하여 주기 바란다. 나는 합작위원회의 한 일은 커다란 진전이라고 믿는다. 미국쪽 대표를 대신하여 나는 사리사욕을 떠나 진심으로 이 합작을 성공시킨 제씨에게 감사하고 이 합작운동이 계속되어

---

24) 《朝鮮日報》 1946년10월15일자, 「立法議院事務總長全圭弘任命」.

우리의 공동 목적, 즉 통일된 조선의 독립이라는 큰 목적을 하루바삐 달성하기 바란다.[25]

이날 이승만과 김구도 좌우합작문제에 대하여 매우 신중하게 논급한 담화를 발표한 것은 앞에서 본 대로이다.

법령 제118호는 먼저 이 법령의 목적은 과도입법기관을 설립하여 정부에 민주적 요소의 참여를 증대시킴으로써 모스크바결정에 규정한 전 조선의 임시한국민주정부를 조속히 수립하여 민주주의 원칙에 입각한 국가의 발전을 촉진하는 것이라고 천명했다(제1조). 법령 제118호는 이어 조선과도입법의원은 정부의 한 기관으로 설치되고(제3조), 입법의원에서 제정한 법령은 군정장관이 동의하여 합법적으로 서명 날인하고 관보에 공포하는 때에 효력이 있다고 하여(제5조), 입법의원에서 제정하는 법령에 대해 군정장관이 부인권[거부권]을 갖는다는 것을 분명히 했다. 법령 118호는 또 군정청의 권한은 경감되지 않는다고 선언하고, 입법의원의 모든 직무와 권한은 임시한국민주정부가 수립될 때까지 조선군정청의 권한하에서 행사하는 것임을 분명히 했다(제11조). 그리고 군정장관은 입법의원의 해산권도 갖는다고 규정했다. 이러한 점을 들어 조선공산당과 민주주의민족전선 등 좌익정파들은 입법의원이 일본점령기의 중추원(中樞院)과 아무런 차이가 없다고 비판했다.[26]

입법의원의 성격과 관련하여 물의가 분분하자 김규식은 10월16일에 번역에 착오가 있었다는 등 구차한 담화를 발표했지만 별로 설득력이 없었다. 김규식은 입법의원은 미군정을 연장시키거나 미군정의 자문기관으로 행사하지 않을 것이라고 역설하고, 하지 사령관, 미소공위 수석대표 브라운 소장, 버치(Leonard M. Bertsch) 중위, 여운형(呂運亨) 그리고

25) 《朝鮮日報》 1946년10월16일자, 「合作運動을 全幅支持, 委員諸氏에 眞心感謝」.
26) 《朝鮮日報》 1946년10월15일자, 「立法機關法令과 政界見解」; 《獨立新報》 1946년 10월18일자 「立法機關에 對한 朝共談話」.

자신이 회합했던 이야기까지 소개했다. 이 회합에서 하지는 "입법의원이 미 군정청의 공구(工具)가 되지 않기를 원한다"라고 말했고, 이에 자기도 "우리도 역시 행여나 명의로든지 실지로든지 공구나 자문기관의 색채를 갖지 않게 해야만이 합작위원회에서 협조도 할 수 있고 노력할 수도 있다"라고 말했다고 설명했다.[27]

군정장관의 부인권에 대한 물의에 대해서는 러치(Arecher L. Lerch) 장관이 10월18일에 입법의원의 법령제정권을 존중하겠고, 부인권은 세가지 종류의 법률, 곧 (1) 하지 장군과 그의 막료를 조선으로부터 축출시키는 모든 법률, (2) 미곡수집의 책임은 미국인에게 부담시키고 배급사무만 조선인에게 부담시키는 모든 법률, (3) 조선의 경제를 위태롭게 하는 법률에 대해서만 행사하겠다고 발표했다.[28]

법령 제118호가 발표되자 가장 진지한 반응을 보인 것은 한독당이었다. 한독당은 김구의 담화발표에 이어 10월15, 16일 이틀 동안 임시중앙집행위원회를 열고 입법의원 설치 법령에 대하여 신중히 검토한 다음 (1) 과도입법의원이 민의의 대표기관임을 표시할 것, (2) 입법의원이 법률을 제정할 직무와 권한이 있음은 물론 예산 결산을 심의할 권한이 있음을 규정할 것, (3) 군정장관의 입법의원 해산조항을 삭제할 것, (4) 입법의원에서 제정한 법령에 대하여 군정장관이 부동의[不同意: 거부권]로 재의(再議)를 요구할 때에는 입법의원의 법정 출석의원수 4분의 3의 결의로 실시케 할 것이라는 4개 조항의 수정을 요구했다.[29] 이러한 수정요구는 입법의원이 독립국의 의회의 권한을 갖도록 수정하자는 것이나 마찬가지였다. 그것은 오랜 독립운동기간 동안 임시의정원을 운영해 온 경험에 따른 것으로서, 한독당이 입법의원의 설치에 큰 비중을 두고 있었음을 말해 준다.

---

27) 《朝鮮日報》 1946년10월17일자, 「立法議院은 軍政과 別個」; 《東亞日報》 1946년10월19일자, 「敵과 合作한 者는 一切除外」.
28) 《東亞日報》 1946년10월19일자, 「立法院의 否認權限定」.
29) 《朝鮮日報》 1946년10월17일자, 「立議法令修正을 要求」.

한독당은 또 10월15일, 16일 이틀 동안 상임위원회를 열어 10월18일에 개최될 전국지당부 위원회의의 준비문제를 논의했다.[30] 10월18일 오전 10시부터 운니동(雲泥洞) 당사 회의실에서 열린 전국지당부 위원회의는 김구, 조소앙(趙素昻) 정부위원장 및 중앙간부들과 전국 67개 지당부 위원장들이 참석하여, 중앙당에서 결정한 방침을 준수하여 좌우합작은 원칙적으로 추진하기로 하고 입법기관에 대해서는 우리 민족의 자주성을 발휘할 수 있는 기관이 되도록 노력할 것을 결의하고 오후 6시 무렵에 폐회했다.[31]

김구는 10월11일에 이어 18일 오후에도 하지 장군의 초청으로 하지를 방문하여 당면한 민생문제와 테러사건이 속출하는 문제 등에 관하여 요담했다.[32]

2

한편 독촉국민회는 입법의원 법령에 대하여 "입법기관이 전 국민의 의사를 충분히 자유롭게 발표할 수 있는 기관이라면 환영할 바이지만 현재 그렇지 못한 경우임에는 자못 미흡한 생각을 금할 수 없다"라고 전제하고, "그러나 군정청이 우리의 일상생활을 직접 요리하고 있는 현실에 비추어 수수방관할 수는 없다"면서 "당면 생활문제의 개선을 위해서 유능한 의원을 선거하여 국민생활의 도탄의 고통을 면하게 하기를 기대하는 바이다"라고 의원선거에 참가할 의사를 비쳤다.[33]

민주의원을 한국 국민의 대표기관으로 주장하면서 좌우합작운동에는 처음부터 회의적인 입장에서 침묵을 지켜 온 이승만은 입법의원 선거

---

30) 《朝鮮日報》 1946년10월17일자, 「韓獨黨常任委員會」.
31) 《京鄕新聞》 1946년10월20일자, 「韓國獨立黨全國支黨委員會議」.
32) 《東亞日報》 1946년10월20일자, 「金九氏 하中將訪問」.
33) 《朝鮮日報》 1946년10월16일자, 「有能한 議員選出 企望」.

에 대해서는 태도가 달랐다. 그는 10월14일에 이어 18일에는 민통총본부와 독촉국민회의 선거참가와 관련하여 다음과 같은 담화를 발표했다.

민통총본부와 독촉국민회는 이번 입법기구 성립이 아무 층절없이 순조로 속히 완성하여 국권회복에 빨리 성공되기만 바란다. 대표선거에 우리는 한인정신으로 독립을 회복하야 3천만의 복리를 주장하는 애국남녀가 피선되기를 도모하리니, 누가 선택하든지 누가 선택되든지 문제를 만들지 말고, 다만 군정부에서 반포하는 조례를 따라 진행함으로써 분규 문란한 상태를 피하고 공정한 사상과 겸양하는 태도로 혹 자기 개인이나 자기의 단체나 자기 지방 등의 관계로 사호[絲毫: 매우 적은 수량]라도 편사(偏私)를 두지 말고 각각 민국의 권위와 민족의 행복만 위하야 적합한 인격으로 기구가 조직되기를 전력할 것이다.

이승만은 그러나 민통총본부나 독촉국민회는 단체로서는 선거에 참여하지 않는다고 잘라 말했다.

민통총본부와 독촉국민회는 원래 정권을 잡거나 지위를 도모하려는 생각이 없고, 전 민족의 통일로 정부수립과 국권보호에 보좌가 되고자 하는 것뿐이니, 우리는 대표 피선거권이나 대표 선거권을 요구치 않으며 우리 간부 임원이나 회원은 이에 대하여 각각 개인 자격으로 시민의 직책을 행하되 단체 명의로는 참가하는 것을 필요치 않은 줄로 아나니, 각각 자의로 행할 것이며, 어떤 개인이나 단체가 지위를 다투거나 허영을 위하야 입법기관 성립에 지장이 되게 하는 등의 폐단이 없기를 바란다.[34]

---

34) 《大同新聞》 1946년10월19일자, 「立法機關의 完成을 至希」; 《朝鮮日報》 1946년10월19일자, 「立法議員選擧에 對한 民統과 國民會立場」.

이튿날 오전 10시부터 천도교 강당에서 열린 독촉국민회 한성시지부 대의원대회에는 1,000여명의 대의원들이 참가하여 시지부 정부위원장과 감찰위원, 중앙위원의 선거에 이어 민생문제와 시국문제에 대한 토의가 있었다. 이승만은 이 자리에 참석하여 축사를 했다. 그리고 시지부 위원장 선거에서는 신익희(申翼熙)가 선출되었다.[35]

일반국민들의 관심은 이제 어떤 사람들이 입법의원이 될 것이냐 하는데 집중되었다. 법령 제118호는 입법의원은 90명의 의원으로 구성되는데, 그 가운데 45명을 국민들의 선거로 뽑는다고 했다(제3조). 나머지 45명은 "조선의 경제적, 정치적 및 지적 생활의 주요한 민주적 요소를 공평정대하게 대표하도록" 선정하여 군정장관이 임명한다고 했는데(제3조), 그것은 실제로는 좌우합작위원회의 추천에 따라 군정장관이 임명하는 것이었다.

한국 역사상 처음으로 실시되는 이 입법기관 선거는 그러나 민주국가에서 보는 보통선거는 아니었다. 한국인들은 "높은 문맹률과 전국 규모의 선거에 관한 어떠한 정치훈련도 받은 적이 없기 때문에" 보통선거는 불가능하다는 미 군정부의 판단에 따라,[36] 4단계에 걸친 간접선거를 하기로 한 것이었다. 먼저 이(里)·동(洞)에서 대표 2명씩을 선거하고, 그 이·동 대표들이 소속 면(面)·읍(邑)·구(區) 대표 2명씩을 선거하며, 면·읍·구 대표들이 소속 군(郡)·부(府) 대표 2명씩을 선거하고, 군·부 대표들이 소속 도(道)의 인구 할당(인구 55만명당 1명 및 서울시와 각도의 전체 대표 1명씩)에 따른 도 대표[입법의원]를 뽑는 선거였다. 투표는 무기명 비밀투표였다(제8조). 이렇게 하여 결정된 서울시와 각도의 민선의원[선출직의원] 정원수는 서울특별시 3명, 경기도 6명, 강원도 3명, 충청북도 3명, 충청남도 5명, 전라북도 4명, 전라남도 6명, 경상북도 7명, 경상남도 6명, 제주도 2명이었다.

---

35) 《朝鮮日報》 1946년10월18일자, 「獨促國民會漢城市代議會」; 《大東新聞》 1946년10월22일자, 「獨促서울支部 委員長에 申翼熙氏」.

36) Langdon to Byrnes, Aug. 24, 1946, *FRUS 1946*, vol.Ⅷ., p.731.

가장 논란이 된 것은 의원 후보자들의 자격문제였다. 부일협력자가 배제되어야 할 것은 말할 나위도 없었다. 그런데 8월24일에 작성된 법령 초안에는 (1) 일제하에 중추원 참의(參議), 도회의원(道會議員) 또는 부회의원(府會議員)의 지위에 있던 자나 칙임관(勅任官)급 및 그 이상의 지위에 있던 자와 (2) 자기의 이익을 위하여 조선인민에게 손해를 끼치며 일인과 협력한 자는 의원의 자격이 없다고 규정했다. 그랬던 것이 확정된 법령에서는 일제하에서 도회의원 또는 국장급 이상의 지위에 있던 자로 완화되었다(제7조).

친일파 자격 규제 조항에 대한 논란이 끊이지 않자 미 군정부는 10월14일에 각도에 "자기의 이익을 위하야 일본에 협력함으로써 조선동포에게 해독을 끼친 자는 선거될 자격이 없음"이라고 규정한 공문을 보내고, 그 사실을 러치의 성명서와 입법의원 사무총장 전규홍의 담화로 발표했다.[37]

미 군정부는 의원선거를 서둘렀다. 최하급 단위 선거구의 선거인 선거는 도에 따라 10월17일에서 22일 사이에 시작하고 입법의원 의원선거는 10월 말까지 끝내기로 하여 그대로 시행되었다.[38] 군정부가 선거를 서둔 것은 좌우합작 작업의 정체로 말미암아 계획이 크게 지연되었을 뿐만 아니라 11월3일로 예정된 북한의 도·시·군 인민위원회 선거를 의식했기 때문이었다. 북한은 북조선로동당을 창립하고 나서 2개월 동안 이 선거에 대한 대대적인 선전공세를 벌여 왔다. 그러나 그것은 민족통일전선이 추천한 공동입후보자에 대한 찬반만을 투표하는 것이었다. 이 선거는 남한 신문에도 보도되었다.[39]

이때에 실시된 북한의 도·시·군 인민위원회 선거를 북한주둔 소련군 당국이 얼마나 중요시했는가는 11월1일에 있을 '평양시 민주선거 경축대

---

37) 《東亞日報》 1946년10월16일자, 「日帝에 協力·私慾 채운 者 選擧에 除外를 指令」; 《朝鮮日報》 1946년10월17일자, 「親日派·反逆者·謀利輩는 除外」.

38) Langdon to Byrnes, Nov. 3, 1946, *FRUS 1946*, vol.Ⅷ., p.762.

39) 《獨立新報》 1946년10월13일자, 「金日成將軍도 立候補」.

회'에서 김일성(金日成)이 낭독할 연설문 초안을 평양에 있던 슈티코프(Terentii F. Shtykov) 중장이 연해주군관구 사령부까지 가지고 가서 직접 수정해 보낸 사실로도 짐작할 수 있다.[40]

　도시폭동과 농민반란의 여파로 공산당 등 좌익세력의 지방조직 붕괴와 선거 보이콧 때문에 선거 결과는 우익 인사들이 많이 당선될 것이라는 전망도 선거를 서두른 요인이었다. 그러한 사정은 하지의 정치고문 랭던(William R. Langdon)의 다음과 같은 보고로도 짐작할 수 있다.

　　좌익은 초창기부터 군정부에 적대적이었고 사실상 거부해 왔기 때문에 군정부의 행정관리들은 대체로 우익이다. 그리하여 선거를 위한 행정적 준비는 대부분 그들의 손에 의존해 왔다. 그리고 한편으로는 그들의 당파적 성향 때문에, 다른 한편으로는 대부분의 지방 좌익의 조직파괴와 선거에 대한 의도적인 무관심 때문에, 압도적인 다수의 우익 의원들이 당선되리라는 것은 예견되는 결론이다.[41]

　선거가 진행되고 있는 10월26일 시점에서 버치 중위도 비슷한 전망을 했다. 그는 《시카고 선(The Chicago Sun)》지의 마크 게인(Mark Gayn) 기자에게 "선거의 특성 그 자체로 보아서 선출되는 45명은 늙고 반동적인 인물들일 것이다. 지명을 하게 될 45명이 해결책이 될 것이다"라고 말했다.[42]

3

　좌우합작위원회가 미 군정부의 허가를 얻어 각도에 1명씩 파견하는

---

40) 전현수 역주, 『쉬띄꼬프일기 1946~1948』(1946.10.28., 30., 31.) ; 김일성, 「력사적인 민주선거를 앞두고」, 『김일성전집(4)』, 1992, pp.375~386.
41) Langdon to Byrnes, Nov. 3, 1946, *FRUS 1946*, vol.Ⅷ., p.763.
42) Mark Gayn, *Japan Diary*, William Sloane Associates, p.392.

선거감시원들은 10월24일 아침에 김포비행장에서 각각 출발했다. 선거
는 순조롭게 진행되었다. 그러나 투표율은 매우 저조했다. 전국에 걸친
정확한 집계는 알려진 것이 없지만, 일부 보도에 따르면 전라북도의 경우
투표율이 3할이었는데, 그나마 이승만, 김구, 여운형 등의 이름을 기입한
무효표가 1할이었으며,[43] 전라남도의 투표율은 그보다 더 낮아서 2할에
지나지 않았고 무효표가 1할이었다고 한다.[44] 모스크바 방송은 입법의원
선거의 투표율이 3할가량이었다고 보도했다.[45]

미 군정부에 따르면 최종집계 결과는 제주도에서 당선된 2명의 좌익
인사와 12명의 무소속 인사를 제외하면 당선된 후보들은 모두 우익진영
인사들이었는데, 개중에 몇몇은 과거의 부일협력자로 지목되는 사람들이
었다.[46] 당선자들의 명단은 표와 같았다.

당선자들을 정파별로 보면 이승만의 독촉국민회 소속이 17명으로서
가장 많고 한민당 소속이 14명, 한독당 3명, 무소속이 9명, 인민위원회가
2명이었다.[47]

이승만은 민통총본부나 독촉국민회는 단체로는 선거에 참여하지
않고 간부들이나 회원들이 참여하는 경우에는 개인 자격으로 참여하라
고 했는데도 대승을 거둔 것이었다. 이승만은 선거 과정에서 서울의 의
원 후보로 피선되었는데, 이때에 그는 "누가 추천한지 모르거니와 나는
본래 정부에 입참하기는 지위의 고하를 막론하고 원치 아니하며 자유
평등 자격이 가장 소원이니 입법부에 참가되기를 불허한다"라면서 거
부했다.[48]

---

43) 《朝鮮日報》 1946년10월26일자, 「無效投票가 一割」.
44) 《自由新聞》 1946년11월2일자, 「七割이 棄權」.
45) 《서울신문》 1947년1월8일자, 「「立議」와 莫府放送」.
46) Langdon to Byrnes, Nov. 3, 1946, *FRUS 1946*, vol.Ⅷ., p.767.
47) 《서울신문》 1946년11월3일자, 「各道代議員決定」.
48) 《서울신문》 1946년10월31일자, 「立法議員拒否」.

과도입법의원 당선자 명단

서울시(3)
○ 김성수(金性洙) 한국민주당
　장덕수(張德秀)　〃
　김도연(金度演)　〃

경기도(6)
○ 하상훈(河相勳) 한국민주당
　문진교(文珍校) 독촉국민회
　이종근(李琮根)　〃
　유래완(柳來琬) 무소속
　양제박(梁濟博) 한국민주당
　최명환(崔鳴煥) 독촉국민회

충청남도(5)
○ 홍순철(洪淳徹) 독촉국민회
　김창근(金昌根)　〃
　유영근(柳英根)　〃
　이원생(李源生)　〃
　유정호(柳鼎浩)　〃

충청북도(3)
　김영규(金永奎) 독촉국민회
　송종옥(宋鍾玉)　〃
○ 황철성(黃喆性)　〃

전라남도(6)
　홍성하(洪性夏) 한국민주당
　천진철(千珍喆)　〃
○ 최종섭(崔鍾涉)　〃
　고광표(高光表)　〃
　이남규(李南圭) 한국독립당
　황보익(黃保翊)　〃

전라북도(4)
○ 백남용(白南鏞) 무소속
　정진희(鄭鎭熙) 한국민주당
　윤석구(尹錫龜) 한국독립당
　백관수(白寬洙) 한국민주당

경상남도(6)
○ 김철수(金喆壽) 한국민주당
　김국태(金局泰) 무소속
　이주형(李周衡)　〃
　송문기(宋汶岐) 독촉국민회
　하만한(河萬漢) 무소속
　신중목(愼重穆)　〃

경상북도(7)
○ 서상일(徐相日) 한국민주당
　이　활(李　活)　〃
　이일우(李一雨) 독촉국민회
　김광현(金光顯)　〃
　윤홍열(尹洪烈) 무소속
　김용모(金溶模)　〃
　강익형(姜益亨)　〃

강원도(3)
　서상준(徐商俊) 독촉국민회
　조진구(趙軫九)　〃
○ 전영직(田永稷)　〃

제주도(2)
　문도배(文道培) 인민위원회
　김시탁(金時鐸)　〃

자료:《朝鮮日報》1946.11.3.;《서울신문》1946.11.3.; 金赫東,『美軍政下의 立法議院』, 汎友社, 1970, p.39.

선거 직후에 선거 결과를 토의하기 위하여 열린 10개도의 미군지사회의에서 러치 장관은 "우리는 워싱턴으로부터 중간파 그룹의 노선에 따라 행동하라는 지령을 받고 있었다. 그러나 우익의 압도적 승리로 끝난 이번 선거 결과는 워싱턴이 잘못되었음을 보여 주는 것이다"라고 말하면서 기뻐했다고 한다.[49)

입법의원 선거가 진행되고 있는 동안 좌우합작위원회는 남한 각지에서 일어나고 있는 소요사태의 진상을 조사하고 그 해결책을 강구하기 위하여 합작위원회와 미 군정부의 공동대책회의를 개최할 것을 하지 장군에게 제의했는데, 하지는 이에 즉각 동의하여, 10월23일부터 한미공동위원회(Joint American Korean Conference)가 덕수궁에서 열렸다. 한국쪽에서는 합작위원회 대표 김규식, 원세훈(元世勳), 최동오(崔東旿), 김붕준(金朋濬), 안재홍 5명과 중간파에서 사회민주당의 장권(張權), 좌익에서 여운형의 대리로 이임수(李林洙), 박건웅(朴建雄)과 합작위원회 비서 등이 출석했고, 미국쪽에서는 미소공위 수석대표 브라운 소장, 러치 군정장관, 하지의 경제고문 번스(Arthur C. Bunce) 등이 참석했다.[50)

한미공동위원회는 연일 회의를 거듭한 끝에 10월26일에 앞으로 심의할 주제들을 정리했는데, 그것은 (1) 경찰 및 군정부 안의 부일협력자들과 "통역"들의 문제, 한국인 관리들의 부패, 그리고 남한의 복리에 반하는 선동자들에 대한 반감, (2) 미곡수집과 배급계획, 인플레이션과 물가고, 전재민문제, 경제 회복의 부진, (3) 임시정부 수립의 지연, 과거 일본재산의 관리에 대한 불만, 정당의 영향 및 정부를 개선하는 방안이었다.[51) 그러고는 하지의 대리 브라운과 김규식, 여운형 세 사람 명의로 국민을 향하여 다음과 같은 성명을 발표했다.

---

49) Mark Gayn, *op. cit.*, p.424.
50) 《朝鮮日報》 1946년10월24일자, 「朝美聯合委員會 昨日德壽宮에서 第一回會合」.
51) Langdon to Byrnes, Nov. 14, 1946, *FRUS 1946*, vol.Ⅷ., p.767.

동족상잔은 언제나 죄악이다. 이는 다만 민족의 역량을 소모하고 조국의 재건을 더디게 할 뿐이다. 더구나 도에 넘치는 잔인한 행위는 국제적으로 조선민족의 위신을 떨어뜨려 독립을 방해하는 결과를 가져올 뿐이다.… 지금부터 여러분은 정치상 경제상 어떠한 불평불만이 있든지, 또는 좌거나 우거나 어떠한 악질의 선동이 있든지, 그 선동에는 속지 말고 각각 고생스러운 생활을 참고 지켜 나가면서 동포끼리 서로 싸우는 참극은 즉시 그치라!… 여러분은 다만 좌우합작에 의한 고심참담한 건설을 함께 신뢰하고 지지하면서 총역량을 집중하여 이 중대한 시국을 수습키로 하자!… 52)

좌익정파들은 한미위원회가 미 군정부의 실책을 합리화시켜 주는 기관이라고 비난하면서 해체를 주장했지만 회의는 계속 열렸다. 그리하여 일반국민들에게는 한미위원회가 좌우합작위원회의 권위를 크게 제고시켰다. 그것은 미 군정부가 활동비까지 지급하면서 한국인의 공식 자문기관으로 운영하고 있는 민주의원의 존재를 무시하는 처사였다. 11월5일의 한미위원회 회의는 군정청 경무부장 조병옥(趙炳玉), 수도경찰청장 장택상(張澤相), 수사국장 최능진(崔能鎭), 경무부 고문 매글린(William Maglain) 대령 등을 출석시켜 경무부의 운영과 조직에 관하여 논의했다.53) 회의에 앞서 조병옥은 러치 군정장관으로부터 "이번 회담의 결과에 따라 당신의 전퇴문제가 결정될 것이니 출석 전에 만반의 준비를 하라"는 말을 듣고, 태평양전쟁 때의 여운형과 안재홍의 부일협력 사실을 입증하는 사진과 담화, 성명, 논설 등을 영역하여 등사해 가지고 회담장에 내놓고 영어와 한국어로 두 사람을 공박하는 연설을 했다고 한다. 그러자 여운형은 병원에 간다면서 중간에 나가고 안재홍은 체머리만 흔들

---

52) 《朝鮮日報》 1946년10월27일자, 「韓美共同委員會에서 聲明」.
53) 《朝鮮日報》 1946년11월8일자, 「朝美會談週間經過」.

고 앉아 있었다고 조병옥은 써 놓았다.[54]

이렇게 하여 한미위원회는 출범 때의 기대와는 달리 회담만 몇차례 개최했을 뿐 이렇다 할 성과 없이 입법의원이 개원되자 바로 해체되었다.

4

입법의원의 선거결과는 김규식을 크게 낭패시켰다. 격분한 그는 11월 1일에 성명을 발표하고 자신이 한미공동위원회에서 브라운 소장에게 11월4일로 예정된 입법의원 개원일을 12월1일로 연기하고, 좌익진영도 공평하게 참여하도록 하여 선거를 다시 하든지 그것이 여의치 않으면 90명 전원을 좌우합작위원회에서 추천하게 해야 한다는 뜻을 밝혔고, 이에 대해 브라운은 대부분 지역의 선거결과를 보고 결정하자고 대답했다고 주장했다.[55] 그러나 브라운은 11월3일에 한민당의 김성수와 장덕수에게 "피선자가 좌익이 적고 친일파가 많다 하여 무효로 해 달라고 하나 선거된 인물은 조선인이 투표하여 피선된 만큼 이것을 무효로 하기는 곤란하며, 또 파업문제 때문에 애국자가 나오지 못하였다 하여 이를 석방해 달라고 하지만 참다운 애국자라도 법적으로 범죄하였다면 선거 때문에 석방할 수는 없을 것"이라고 답변했다고 한다.[56]

그러나 김규식은 11월4일에 다음과 같은 이유를 들어 하지 장군에게 선거의 전부 또는 일부를 무효로 하고 재선거하든지 다른 방법으로 하든지 할 것을 정식으로 요청했다.

전체적으로 유능한 애국자가 못 나왔고 더구나 좌익진영은 전면적 검거로 말미암아 피선될 기회가 거의 없었으므로 유감이며, 더구나

---

54) 趙炳玉, 『나의 回顧錄』, 民敎社, 1959, pp.172~175.
55) 《朝鮮日報》 1946년11월3일자, 「金奎植博士聲明發表」.
56) 《東亞日報》 1946년11월8일자, 「"議員" 再選 않겠다」.

피선된 자가 극도로 편향적인데다가 친일파라고 지목되는 자가 다수 피선된 것은 입법기관에 대하여 전 민중의 실망을 주었고 충분한 민의를 반영시키지 못한 반민주적 선거라는 것을 국민대중에게 인식케 하여 진정한 입법기구가 아니라는 인상을 주게 되었다.[57]

기대 이상의 압승을 거둔 선거결과에 흐뭇해진 이승만은 같은 날 입법의원의 선거가 "민국 성립의 효시"라고 그 의의를 강조하고, "다소 약점이 있을지라도 점차로 개량 발전시켜" 나가야 한다면서 김규식의 주장을 반박했다.

이번 입법기구에 대한 투표 공선은 민의에 의한 정권수립의 초보이니, 이 기회를 충분히 이용해서 계단을 밟아 점차로 진전시키기를 전국적으로 합심 공도(公圖)할 것이다.
한인들에게 정권을 맡기면 분쟁 분열로 난국을 이루어 안녕과 질서를 유지치 못하리라는 구실로 연맹국이 소위 신탁통치라, 공동위원회라는 욕스러운 조건을 만들어 우리 국권 회복에 지장이 되나니, 이것을 분개히 여기는 우리로는 모든 것을 다 희생하고 일심 합력하여 우리의 자치자주할 능력을 세계에 표명하기로 최대 최급의 목적을 삼아야 될 것이다.
이 입법기구가 우리 민국 성립에 효시이니만치 다소 약점이 있을지라도 점차로 개량 발전시킬지니, 이는 미국정부의 역사를 보아도 가히 증명할 것이다. 그러므로 그 투표 방침이 잘되고 못된 것과 피선인원이 누구임을 불계하고 다만 정권회복으로만 목적하야 호상 제휴함으로써 정당한 기관을 이루어서 외국이 자구[藉口: 구실 삼아 평계함]할 기회를 주지 말아야 할 것이다.

---

57) 《朝鮮日報》 1946년11월6일자, 「無效其他方法을 要請」.

이 기구가 성립되는 대로 일반동포는 성심으로 지지하여 피선 제씨는 각각 사심 편견을 버리고 정권 수립에 전력하리니, 완전정부가 조속히 조직되기만 노력하기를 믿는다. 만일 우리가 이것을 못해서 각각 자기 의견이나 고집하야 한 쟁론기관으로 타락되면 한인은 자치할 준비가 되었다고 러치 장관이 선언한 말이 무효로 돌아가고 신탁통치를 주장하는 외인들의 언론이 크게 되리니, 그 영향이 장차 어디까지 미칠 것을 잊지 말아야 될 것이다.[58]

이승만은 이튿날 게인 기자와 도쿄에서부터 그와 같이 온 《뉴스위크(*The Newsweek*)》지의 여기자 샬럿(Charlotte Ebener)을 저녁식사에 초대했다. 두 사람이 돈암장에 도착하자 먼저 온 손님 세 사람이 있었다. 하지 중장의 부관인 미군장교와 그의 여자친구, 그리고 김성수였다. 하지의 부관은 이승만과 친근한 말투로 이야기했다. 그것을 본 게인은 "적어도 서류상으로는 하지 장군으로부터 접촉을 피하라는 명령을 받은 이승만을 하지 장군의 부관이 이렇게 방문하는 것이 타당한지를 나는 의심했다"라고 썼다.

게인은 자기가 두 도에서 그의 휘하 사람들이 당선되는 것을 보고 왔다고 말하자, 이승만은 봉건군주가 자기 왕국 이야기나 하는 것처럼

"나의 인민은 나와 함께 있소"

하고 말하더라고 적어 놓았다.[59]

---

58) 《東亞日報》 1946년 11월 5일자, 「政權樹立의 第一步」.
59) Mark Gayn, *op. cit*, p.424.

3. 여운형과 한독당원들의 의원직 거부

1

11월6일 오후에 게인과 샬럿 두 기자는 삼청동의 김규식 집을 방문했다. 김규식의 목소리에는 힘과 분노가 들어 있었다. 그는 방금 하지 장군에게 선거결과의 전부 또는 일부를 무효로 하거나 아니면 좌우합작위원회가 입법의원의 45명이 아니라 90명 전원을 선정하도록 제안하는 편지를 보냈다고 말했다. 그는 선거는 사기였다고 말하고, 좌익지도자들이 모두 감옥에 있는 한 공정한 선거는 이루어질 수 없다고 설명한 공동위원장 여운형의 말에 자기도 동의한다고 말했다. 또한 두달 전에 러치 장군에게 공정한 선거를 위하여 특별경위대를 조직하라고 권고했으나 무시되었다는 말도 했다.

김규식은 45석 가운데 40석을 이승만파가 차지했고, 김구파는 3석을 얻었다고 주장했다. 독촉국민회와 한민당과 무소속을 모두 이승만파로 계산한 것이다. 합작위원회의 공동위원장인 여운형은 제주도에서 두 자리를 건졌는데, "그곳 지사는 정직한 사람"이라고 김규식은 말했다. 그래서 좌익이 당선될 수 있었다는 뜻이었다. 그리고 자기 파는 한 사람도 당선되지 못했다고 김규식은 말했다.

김규식은 부정선거의 사례를 다음과 같이 상세히 설명했다. 많은 도에서 누가 투표자격이 있는가를 결정하는 권한은 그곳 이장에게 맡겨졌다. 수백의 마을에서 선거는 이장과 선정된 세대주들 사이의 우호적인 간담을 통하여 이루어졌다. 이장이 "투표를 시작하겠습니다. 나를 뽑아 주시겠습니까?" 하는 식이었다는 것이었다. 이장이나 면장이 지지해 줄 만한 사람에게 사환을 보내어 도장을 빌려 오게 해서 관리들이 이름을 써 놓은 투표용지에 찍는 사례도 허다했다. 선거에 대한 적절한 주의도 없었고, 많은 경우 투표일은 지방관리의 재량으로 결정되었다. 선거의 유효성에 대하여 질문한 사람들이 소란죄로 구속되는 사례도 수십건에 이르렀다. 군정부는 분명히 비밀선거를 요망했음에도 불구하고 수없이 많은 문맹의 투표자들은 투표용지를 이장들에게 맡겨 기입해 받았다. 그러한 이장들의 이름이 당선자들 이름 가운데 많이 들어 있었다. 군정부는 18세이상의 사람들은 모두 투표권이 있다고 밝혔음에도 불구하고 실제로는 세대주만 투표를 할 수 있었다.

김규식은 강원도와 서울의 경우를 강조해서 설명했다.

"강원도에서는 모든 선거는 정부당국에 의해서가 아니라 이승만의 정당[독촉국민회] 지부에 의하여 진행되었다. 당연히 이승만을 추종하는 세 사람이 당선되었다. 이들은 모두 악명 높은 부일협력자들이다."

"서울에서는 선거 당일 아침에 시청 입구가 이승만 정당의 포스터로 메워졌다. 당선된 세 사람은 그 정당[한민당] 사람들이다. 그 가운데 두 사람은 부일협력자로 알려져 있다."[60]

이렇게 하여 김규식은 "이승만의 추종자들"이 당선한 서울과 강원도의 재선거를 강력히 요구하고 나왔다.

게인 기자와 샬럿 기자는 이튿날 경교장으로 김구를 방문했다. 게인은 김구를 만난 일을 아주 간략하게 적어 놓았다. 게인은 경교장 응접실에서 외출한 김구를 기다리면서 이러한 생각을 했다고 썼다.

나는 김구가 이제 타협을 하기 시작했다고 들었다. 한국의 한 '광산왕'이 그에게 제공해 준 이 저택도 아마 그 하나일 것이라고 했다. 그러나 김구와 이승만은 한가지 중요한 점에서 다르다. 이승만이 부일협력자와 지주——극우의 "가진 자"를 대변하는 데 비하여, 김구는 일본인들과의 타협을 거부하고 몇십년 동안 망명생활을 하다가 귀국해 보니까 아직도 부일협력자들이 지배하고 있는 사실을 깨달은 우익

60) *ibid.*, pp.425~426.

의 "못가진 자"를 대변한다. 때때로 협력하여 일을 하는 경우도 있지만 두 진영 사이에 애정은 없다. 이승만 진영에서는 김구를 중국의 앞잡이라고 조소하고, 김구 진영에서는 이승만과 협력하는 부일협력자들의 전력을 들먹이며 쾌재를 부른다.

이윽고 김구가 돌아왔다. 거구에 검은 머리인 김구는 나이보다 훨씬 젊어 보였지만 두 손은 떨렸다. 그는 악수를 깜짝 놀랄 만큼 약하게 했다. 김구는 정치적 이슈에 대한 질문에 대해서는 생각할 시간을 주면 대답하겠다면서 제쳐 놓았다. 그 대신에 자신의 생애에 대한 이야기를 하기 시작했다. 어릴 때에 가난하여 서당에도 제대로 다니지 못한 것부터 시작하여 이야기가 1940년에 임시정부의 국무위원회 주석이 되었을 때까지 이르렀을 때에 창밖에서 군대의 행진소리 같은 것이 들렸다. 창밖을 내다보자 민간인 복장에 흰 완장을 두른 20명쯤 되는 청년들이 군대식으로 행진하고 있었다. 게인 기자가 김구에게 청년들이 무엇하는 사람들이냐고 묻자 김구는 "청년대"라고 대답했다. 더 캐묻자 김구는 자기는 모른다고 대답했다.[61]

게인 기자는 여운형도 만나보고 싶어 했으나 군정부 연락국은 여운형과의 면담 주선을 거절했다고 한다.[62]

좌우합작위원회는 11월8일에 각 지방에 파견했던 선거감시원 9명의 선거상황보고회를 열었다. 회의는 신문기자들에게도 공개되었다. 감시원들은 선거가 일률적으로 활기가 없고 정치적 훈련이 없는데다가 문맹 등으로 4할가량이 기권이었다고 보고했다. 그렇지만 유치하고 부자연하나마 서울시와 강원도를 제외하고는 불법선거는 없었다고 했다. 보고회가 지적한 서울시와 강원도의 불법선거 사례는 김규식이 게인 기자에게 설명

---

61) *ibid.*, pp.433~435.
62) *ibid.*, p.422.

한 것과 같은 것이었다. 서울의 경우 첫째로 20세 이상의 남녀는 모두 선거권이 있다고 규정되어 있음에도 불구하고 세대주만 투표권을 행사했고, 둘째로 어떤 반에서는 반장이 반원더러 도장을 가져오라고 해서 자의로 대표를 선출했으며, 셋째로 선거 포스터에 명의를 개인이나 소속 정당 명의로 하지 않고 "선거유권자일동"이라는 모호한 명의를 썼다는 것이었다. 또 강원도에서는 선거관리를 지방관리가 아니라 독촉국민회 지부장이 "입법의원 선거대책위원회"를 조직하여 관리하는 불법행동을 했다는 것이었다.[63] 하지만 김규식이나 선거감시원들이 지적한 세대주 선거방식은 미 군정부가 각도에 지시한 사항으로서 불법이 아니었다.[64]

2

김규식의 재선거 요구에 대한 정파들의 반응은 다양했다. 서울특별시의 의석을 석권한 한민당은 김규식의 11월1일자 성명을 조목조목 반박하고, "좌우합작위원회는 그 구성상으로 보아 선거의 결과를 심판할 단체가 되지 못한다"라는 긴 성명을 발표했다.[65] 또 거주기간이 1년 이상이라야 한다는 피선거권 자격 규정 때문에 임시정부 요인이었던 중진들이 입후보할 수 없었던 한독당의 선전부장 엄우룡(嚴雨龍)은 11월9일에 다음과 같은 담화를 발표했다.

과도입법의원에 대하여는 한독당 중앙집행위원회 결의의 정신에 준하여 합법적 투쟁의 방법으로 임할 것이다. 그리고 금번 위법 선거된 부분에 관하여는 김규식 박사의 재선거 요구를 우리 당은 엄정 지

---

63) 《朝鮮日報》 1946년11월9일자, 「政治訓練不足으로 四割이 棄權」.
64) 金榮美, 「미군정기 南朝鮮過渡立法議院의 성립과 활동」, 《韓國史論》(32), 서울大學校國史學科, 1994, p.266.
65) 《東亞日報》 1946년11월9일자~10일자, 「立議에 干涉은 排擊」.

지한다. 무엇보다 혁명적 애국자들을 많이 등장시키는 동시에 입법의원 선거 규정을 공정히 실현해야 할 것이다.[66]

이승만도 11월11일에 다시 담화를 발표하고 선거가 정당하게 실시되었으며, 관선의원 선정은 좌우합작위원회와는 관계없다고 김규식 등의 재선거 주장을 거듭 반박했다.

입법위원 선거는 정식으로 되었으니 민주국 정권회복에 기본이 시작된 것만을 우리 민족이 다 축하할 것이다. 관선입법위원은 아직 공포되지 않았으나 불일내로 군정에서 발표가 있을 것인데, 합작위원회와는 관계가 없는 것이요 군정당국이 한국인 직원들과 협의하여 정한다 하니, 또한 공정히 선택되기를 바랄 것이다. 전일에도 누차 말한 바와 같이 우리는 이 기관을 통하여 정권회복이 민의를 따라 속히 진전되기를 주장하나니, 모든 애국남녀는 국권회복만을 주요시하는 정신으로 이의와 편견을 버리고 성심 찬조하여 속히 완성되기만 도모할 것이니, 설령 불충분한 점이 있을지라도 그대로 세워 가지고 점차로 교정할 것이다.…

이승만은 또 자격시비가 되고 있는 부일협력자 논란과 관련해서는 다음과 같이 말했다. 그것은 이 문제에 대한 지금까지의 주장보다 한결 구체적으로 언급한 것이어서 눈여겨볼 만하다.

근래 경향간에 친일파문제로 많은 이론이 생기는 모양이나, 이 문제를 해결할 수 없는 경우에서 미리 제출되는 것은 한갓 민심만 혼란케 하여 통일에 방해를 끼치는 것이니, 공연한 시비를 일으키지 말고

---

66) 《朝鮮日報》 1946년11월10일자, 「韓獨黨宣傳部長談」.

다 한 단결로 국권을 속히 회복한 후에 법률을 세워서 상당히 조처하는 것이 순서적으로 옳을 것이다. 혹은 자기들의 행적을 가리기 위해서, 또 혹은 자기들의 행적을 남이 모르는 줄 알고, 또 혹은 모든 유익한 일에는 친일파들과 밀접히 연락하며 불리한 경우에는 친일파를 부르짖는 등 여러 가지 폐단이 있어서 서로 친일이라 지목하는 중에, 종차(從此)는 친일지목 받지 않는 사람이 몇이 안되는 모양이니, 차라리 아직은 참고 포용하고 있다가 일후 정권을 찾은 후에 정당히 판결하는 것이 가할 것이요, 또는 극렬 친일분자라도 기회를 주어 민족에게 복리될 공효를 세우게 되면 혹 일후에 장공속죄[將功贖罪: 공을 세워 속죄함]할 희망이 있을는지 모를 것이니, 40년을 참아온 여기에 얼마 더 참기가 그다지 어려울 것이 아니다.…[67]

이승만은 이처럼 친일파 배제를 주장하는 인사 가운데 친일행적이 있는 사람이 없지 않다는 사실까지 언급하면서 그의 지론인 국권회복 뒤에 법률을 제정하여 판결해야 된다고 넌지시 으름장을 놓았다.

한편 그 자신도 선거결과를 우려하면서 김규식의 요청을 숙고하고 있던 하지 장군은 11월12일에 "비록 한두 지방은 재선거를 명함이 가할 곳이 발견되더라도 개원은 11월20일부터 12월1일로 되기 바란다"라는 답신을 김규식에게 보내어 일부 지역의 재선거 가능성을 시사하고,[68] 11월13일에 도쿄(東京)로 가서 맥아더(Douglas MacArthur) 장군을 만나고 왔다.[69]

마침내 하지는 11월25일에 이철원(李哲源) 공보부장의 특별발표를 통하여 서울특별시와 강원도의 입법의원 선거는 무효이며 이 두 지구의 선거는 다시 실시한다고 선언했다. 그러나 두 지구의 선거가 왜 무효인지

---

67) 《大東新聞》 1946년11월13일자, 「現下諸問題 李博士談話」.
68) 《朝鮮日報》 1946년11월15일자, 「한두地方再選될지라도 開院은 豫定대로」.
69) 《서울신문》 1946년11월16일자, 「하지將軍 昨日空路歸任」.

는 설명하지 않았다. 무효선언의 이유를 묻는 기자들에게 이철원은 "좌우합작위원회에서 양 지구 선출 의원은 부정당하다고 건의했기 때문"이라고만 대답했다.[70]

이튿날 아침에 서울에서 당선된 김성수, 장덕수, 김도연 세 사람이 방문했을 때에도 하지는 선거무효 선언의 이유를 "피선된 대의원[입법의원]의 자격문제라든지 불법선거 행동에 있는 것이 아니라 말단 선거기구에서 취한 선거수속에 불비한 점이 있었다"라고 막연하게 얼버무렸다. 긴급히 소집된 한민당 중앙집행위원회는 다음과 같은 이유를 들어 하지의 선거무효 선언의 부당성을 지적하면서 재고를 요구하는 성명을 발표했다. 성명은 (1) 말단 선거기구에서 취한 선거수속에 설혹 불비한 점이 있다 할지라도 극소수의 경우를 이유로 하여 선거 전체를 무효로 하는 것은 선거민의 의사를 무시하는 것이고, (2) 선거수속상 불비한 점이 무엇인지 구체적으로 알 수 없으나 원래 이번 선거에 일정한 선거법이 없고 각 지방의 실정에 따라 선거를 행하기 때문에 그 방법도 구구했는데, 그것을 불비라고 하여 무효를 선언하는 것은 사회 실정을 무시한 것이요 하등 법적 근거가 없으며, (3) 입법기구는 행정부와 대립되는 기관이므로 의원선거의 무효 여하는 사법기관에서 결정할 것이요 결코 행정기관에서 결정할 것이 아닌데도 불구하고 군사령관이 무효로 한다는 것은 민주주의 원칙에서 벗어나는 일이고, (4) 좌우합작위원회와 같은 소수 인사의 진정에 의하여 민선의 결과를 파기하는 것은 선거의 권위를 실추시키는 악례를 만들어 앞으로 혼란을 일으킬 위험을 초래하는 것이라고 주장했다.[71]

또한 독촉국민회 강원도지부도 12월3일에 선거무효 선언에 대한 반박성명을 내고 (1) 이번 선거는 일정한 규칙 없이 선거관리인의 지시에 따라 실시된 것으로서 선거비합법 운운은 부당하며, (2) 선거 전체의 관리

---

70) 《朝鮮日報》 1946년11월26일자, 「서울市와 江原道 卽時再選을 實施」.
71) 《東亞日報》 1946년11월28일자, 「民意民選의 破棄는 選擧權威의 失墜」.

인인 도지사가 이번 선거를 합법적인 것으로 인정한 뒤 당선고시를 공포했음에도 불구하고 하등의 이유 없이 중앙행정부에서 이를 무효라고 선언함은 선거인을 무시한 비민주적 조처이고, (3) 강원도 선거를 감시하러 파견된 소위 합작위원회 감시원은 최후선거 완료 직전에야 비로소 춘천(春川)에 도착하여 자기 당파끼리만 일반적인 시야로 선거에 간섭하여 공정치 못했다고 항변했다.[72]

반발이 드세자 하지는 다시 당선자들의 자격에 결격사유가 있는 것도 아니고 선거관리책임자들에게도 책임이 없다는 해괴한 성명을 발표했다. 곧 (1) 두 지구의 선거무효 이유는 법령 제118호를 잘 이해하지 못하였기 때문에 선거에 기술적으로 착오가 있었고, (2) 무효를 선언했다고 해서 선거관리책임자들에게 절대로 잘못이 없고, 만일 그렇게 해석한다면 그것은 오해이며, (3) 일부에서 생각하고 있는 것과는 반대로 의원들의 자격문제가 이 선거를 무효로 하게 된 이유는 아니며, 군정부 당국으로서는 이번에 당선되었던 사람들이 재선되는 때에는 일반의 의사를 대표하느니 만큼 합법적이라고 인정할 것이라고 해명했다.[73] 이러한 해명은 미 군정부의 임기응변이 얼마나 무원칙하고 자의적이었는지를 보여 주는 대표적인 사례였다.

하지의 타협적인 방침 표명에도 불구하고 반발기세는 누그러들지 않았다. 12월5일에는 서울특별시 동회총연합회가 서울시청 회의실에서 임원회의를 열고 재선거를 거부하는 결의문을 채택했다.[74] 서울시는 12월11일에 재선거 협조를 요청하기 위하여 서울시내 동회장회의를 소집했는데, 동회장들도 임원회의의 결의와 같은 결의를 했다.[75] 이러한 물의는 강원도에서도 이어졌다.

---

72) 《東亞日報》 1946년12월4일자, 「獨促江原支部에서 聲明書發表」.
73) 《東亞日報》 1946년12월4일자, 「無效理由는 技術的錯誤」.
74) 《朝鮮日報》 1946년12월6일자, 「洞會總聯合會 再選을 拒否」.
75) 《東亞日報》 1946년12월13일자, 「再選의 理由를 究明안콘 選擧의 協力을 拒否」.

11월4일로 예정했던 입법의원의 개원일은 두어차례 연기되어 12월12일로 최종적으로 결정되었다. 서울과 강원도의 재선거가 발표되자 합작위원회는 관선의원[임명직 의원] 추천자 명단을 작성하여 11월30일에 미군정부에 제출했다.[76] 그리하여 군정부는 12월7일에 서울시와 강원도를 제외한 각도의 민선의원 39명과 관선의원 45명의 명단을 발표했다. 관선의원 명단은 다음 표와 같았다.

관선의원에는 민중동맹 6명, 사회로동당 6명, 한국독립당 5명 등 좌우합작세력이 대거 포함되었다. 이에 비하여 한민당은 2명, 독촉국민회는 1명뿐이었다. 민중동맹은 원세훈, 김약수, 이순탁 등 한민당 탈당파들이 김규식을 영도자로 추대하여 12월22일에 창당한 단체인데, 관선의원 선정 시점에는 10월29일에 민중동맹결성준비위원회가 구성되어 있었다.[77]

그러나 좌우합작위원회의 좌익대표인 사회로동당 위원장 여운형과 같은 당의 장건상, 한국독립당의 조완구와 엄항섭, 문학가동맹의 홍명희, 그리고 제주도의 두 민선의원 문도배와 김시탁은 의원직을 거부했다. 입법의원으로 선출되었거나 임명된 인사들이 의원직을 거부하는 것은 미군정부의 권위에 대한 중대한 도전이 아닐 수 없었다. 특히 여운형의 의원직 거부는 미 군정부가 추진해 온 좌우합작 작업의 실패를 뜻하는 것이었다.

여운형은 이에 앞서 11월23일에 사로당 선전부를 통하여 입법의원에 대하여 반대하는 담화를 발표했다. 그는 "정부가 서지 못한 때에 입법기관을 운운하는 것은 3권분립의 구식 민주주의 원칙에서 보더라도 하나의 탈선"이라고 말하고, 그러나 "남한의 질식상태를 감안하여 민족반역

---

76) 金榮美, 앞의 글, pp.274~275.
77) 宋南憲, 『解放三十年史① 建國前夜』, 成文閣, 1976, pp.357~359.

과도입법의원 관선의원 명단

좌우합작위원회(6)		박건웅(朴健雄)	민족해방동맹
김규식(金奎植)	민중동맹	여운홍(呂運弘)	사회민주당
여운형(呂運亨)	사회로동당	허규(許珪)	〃
원세훈(元世勳)	민중동맹	이응진(李應辰)	천도교청우당
최동오(崔東旿)	한국독립당		
안재홍(安在鴻)	〃	종교계(4)	
김붕준(金朋濬)	신진당	김법린(金法麟)	불교
		장면(張勉)	천주교
우익정당(12)		변성옥(邊成玉)	기독교
김약수(金若水)	민중동맹	정광조(鄭廣朝)	천도교
장자일(張子一)	〃		
고창일(高昌一)	〃	여성계(4)	
이순탁(李順鐸)	〃	황신덕(黃信德)	독촉애국부인회
조완구(趙琬九)	한국독립당	박승호(朴承浩)	〃
엄항섭(嚴恒燮)	〃	박현숙(朴賢淑)	여자국민당
엄우룡(嚴雨龍)	〃	신의경(辛義卿)	여자기독청년회
유진희(兪鎭熙)	〃		
김호(金乎)	신진당	문화계(1)	
김돈(金墪)	〃	홍명희(洪命憙)	문학가동맹
오하영(吳夏英)	독촉국민회		
정이형(鄭伊衡)	독립운동자동맹	언론계(1)	
		하경덕(河敬德)	서울신문사
좌익정당(12)			
장건상(張建相)	사회로동당	법조계(1)	
염정권(廉廷權)	〃	이봉구(李鳳九)	변호사
신기언(申基彦)	〃		
김학배(金鶴培)	〃	기타	
황진남(黃鎭南)	〃	문무술(文武術)	함경남도
탁창혁(卓昌赫)	근로대중당	장련송(張連松)	함경북도
강순(姜舜)	〃	김지간(金志侃)	평안북도
윤기섭(尹琦燮)	민족혁명당	허간용(許侃龍)	평안남도

자료: 《朝鮮日報》 1946.12.8.; 《東亞日報》 1946.12.8.; 金赫東, 『美軍政下의 立法議院』, 汎友社, 1970, p.40; 宋南憲, 『解放三十年史 ① 建國前夜』, 成文閣, 1976, p.319.

자 등의 숙청, 경찰제도의 근본적 개선 등 몇가지를 선행조건으로 요구했는데, 오늘까지의 경과로 보아 나의 그 요구가 무용한 것이 증명되었고", "입법기관은 오늘 남조선의 반대파의 모든 죄악을 호도하기 위한 것임은 입법기관의 선거방법 및 그 선출된 민간의원의 면면으로 보아서 전 인민이 모두 인식할 줄 안다"면서 입법기관을 절대로 반대한다고 밝혔다.[78]

여운형의 이러한 성명에도 불구하고 미 군정부가 그를 관선의원에 포함시킨 것은 여러 가지 추측을 낳게 한다. 그의 우유부단한 성품을 미루어 거부까지는 하지 않을 것으로 생각했는지 모른다.

여운형은 이어 12월3일에는 「좌우합작과 합당공작을 단념하면서」라는 처연한 자기비판문을 발표했다. 그동안 그는 10월28일, 11월10일, 11월16일, 11월30일 네차례나 북한의 김일성과 김두봉(金枓奉) 앞으로 편지를 보냈는데,[79] 이날의 자기비판문은 이 몇차례의 편지에 대한 북한의 반응과 관련이 없지 않았을 것으로 판단된다.

여운형은 먼저 해방 이후 1년 이상 노력했으나 지식과 준비가 부족하여 "본의 아닌 과오를 많이 범하였다"고 말하고, "좌우합작운동을 통하여 무슨 건설적 효과가 있기를 기대했으나 아직까지 소기의 목적을 달할 만한 물질적 조건이 모이지 않으므로 좌익 진영에서는 이를 반대 규탄하여 나의 행동은 제재되었다"고 했다. 좌익 3당 합당문제에 대해서는 "지도층의 경험부족과 기술빈궁으로 일어난 오해와 충돌" 때문에 좌익진영에 큰 분열을 초래했다고 말하고, "이러한 난국에 처하여 역량 없고 과오 많은 내가 이 중책을 지려다가 일보도 전진 못하고 넘어져서 일을 그르치는 것보다는 차라리 민중 앞에 사죄하며 이 중책에서 물러감이 옳다고 생각한다"라고 참회했다. 그리고 미 군정부 당국자들에 대해서는 "미국

78) 《朝鮮日報》 1946년11월24일자, 「呂氏立議反對表明」.
79) 方善柱, 「美國第24軍G-2軍史室資料解題」, 《아시아文化》 제3호, p.16, pp.40~43 참조.

의 친우 중에서는 나의 태도를 소극적이라 하여 불만을 가질런지도 모르지만 무능한 나로서는 이 이상 더 할 수 없음을 이해하기 바란다"라고 말했다.

여운형은 끝으로 "이것은 내가 혁명전선에서 이탈하려는 것이 아니라 지도자의 자리에서 내려서는 것이요 나의 여생을 민주진영의 한 병졸로서 건국사업에 바칠 것을 맹세한다"라고 선명하고, 끝으로 근자에 자기 명의로 발표되는 회담, 성명, 담화의 태반은 자기가 알지 못하는 것이라고 실토하고 있어서 그의 우유부단한 성품의 진면목을 짐작하게 한다.[80]

4

미 군정부는 입법의원의 개원을 서둘렀다. 12월11일에는 제1차 예비회의를 열고 의장을 선출하도록 했다. 의장에는 김규식이 내정되어 있었다. 그러나 한민당은 "서울시와 강원도 의원이 확정되지 않았음에도 불구하고 개원함은 120만 수도시민과 100만 강원도민 전체의 의사를 무시하는 것이다. 우리 당은 이와 같은 비민주주의적 조치의 부당성을 지적하는 동시에 두 지구의 의원이 결정될 때까지 입법의원의 개원을 연기하기를 주장한다"라는 성명을 발표하는 한편 소속의원들의 등원을 거부했다.[81] 의원직을 거부한 7명의 궐석과 한민당 소속의원 21명의 불참으로 성원이 미달되어 회의를 열 수 없게 되자 미 군정부 당국은 그 자리에서 법령 제129호로 법령 제118호의 성원 규정[전 의원의 4분의 3]을 과반수로 개정하여 회의를 진행시켰다. 이처럼 우격다짐으로 진행된 회의에서 김규식이 의장으로 선출되었다.[82]

입법의원 개원식은 57명의 의원들이 참석한 가운데 군정청 안에 마련

80)《朝鮮日報》1946년12월5일자,「左右合作과 合黨工作, 呂運亨氏斷念表明」.
81)《東亞日報》1946년12월12일자,「서울·江原人民의 意思無視」.
82)《朝鮮日報》1946년12월12일자,「立議豫備會談」.

된 입법의원 회의실에서 거행되었다. 김규식 의장은 개회사를 통하여 입법의원의 사명은 빠른 시일 안에 남북이 통일한 총선거로 확대된 입법의원을 산출하는 것이라고 말하고, 입법의원이 "미 주둔군 사령관이나 미군정의 자문기관으로 행사할 것은 아니며 또 미군정을 연장시키기 위한 것도 아니다"라고 주장했다. 하지 장군은 "이 의원의 개원으로 조선민중은 처음으로 입법기관을 갖게 되었다"라고 입법의원 설립의 의의를 강

과도입법의원의 의장으로 당선된 김규식이 입법의원 개원식에서 개회사를 하고 있다.

조했고, 이어 번스 미국무장관과 맥아더 장군의 축사가 낭독되었다.[83]

개원식에 이어 오후 2시 반부터 개회된 제2차 준비회의가 가장 먼저 한 일은 북조선인민위원회 위원 일동에게 "앞으로 우리는 전 민족이 단결하여 목전의 제민주과업과 동시에 미소공위 재개 촉진과 남북통일임시정부의 조속 수립을 위하여 공동분투하자"는 전보를 의원 일동 명의로 보낸 것이었다.[84]

서울시와 강원도의 입법의원 선거가 끝날 때까지 입법의원 개원 연기를 주장해 오던 한민당은 12월17일 오후에 김성수와 장덕수가 하지를 방문하고 요담한 데 이어 19일에는 의원회의를 열어 20일에 개최되는 입

---

83) 《朝鮮日報》 1946년12월13일자, 「過渡立法議院開院式」.
84) 《朝鮮日報》 1946년12월14일자, 「立議像備會議를 續開」.

법의원 본회의에 참석하고 재선거에도 참여하기로 결정했다.[85]

서울특별시의 재선거는 12월19일에 남대문국민학교에서 동대표들에 의하여 의원 후보자 10명이 선출되고, 23일에 같은 장소에서 시행된 최종 선거에서는 전 서울 대표에는 한독당의 조소앙, 갑구 대표에는 신익희가 당선되고, 을구 대표에는 김도연이 다시 당선되었다.[86] 강원도에서 실시된 재선거에서는 독촉국민회의 서상준과 조진구가 다시 당선되고 무소속의 정주교(鄭胄敎)가 새로 당선되었다.[87]

그런데 12월20일에 후보지명을 거부했는데도[88] 김성수를 누르고 전 서울시 대표로 당선된 조소앙은 25일에 다시 당선을 거부하는 성명을 발표했다. 거부 이유는 반탁운동에 큰 성과를 보지 못하고, 남북통일과 좌우합작의 완성을 위해서는 원외에서 자유로운 입장으로 활동하겠다는 것이었다.[89]

과도입법의원 출범과 관련하여 눈길을 끄는 것은 북한에 있는 박헌영(朴憲永)의 동향이다. 그는 12월25일에 소련군 민정사령관 로마넨코(Andrei A. Romanenko) 소장을 만나 김규식에 대하여 어떤 행동을 취할 것인지 물었다. 박헌영은 이승만과 김구의 정체를 대중 앞에 폭로했던 것처럼 김규식의 정체도 폭로해야 한다고 주장했다. 이에 대해 로마넨코는 흥분하지 말고 기회를 기다려야 한다고 지시했다. 구체적인 자료를 통하여 그의 옳지 못한 결정들을 근거로 폭로해야 한다는 것이었다.

박헌영은 12월27일에 다시 로마넨코를 만났다. 그는 로마넨코에게 미국인들에게 어떤 양보를 할 수 있는지 물었다. 만일 미국인들이 도지사를 임명하지 않고 선거하는 데 동의한다면 '인민위원회'라는 명칭은 양보해도 좋겠는지 물었다. 또 만일 50%의 의석을 준다면 입법의원에 들어가

---

85) 《東亞日報》 1946년12월20일자, 「不得已登院을 決定」.
86) 《朝鮮日報》 1946년12월24일자, 「獨促優勢로 終結」.
87) 金赫東, 앞의 책, pp.42~43.
88) 《東亞日報》 1946년12월21일자, 「趙素昻氏立議候補를 拒否」.
89) 《東亞日報》 1946년12월26일자, 「趙素昻氏代議員拒否」.

도 좋은지 물었다. 이에 대해 로마넨코는 "지방권력기관의 선거 후에 인민의원대회를 개최해야 한다"라고 대답했다고 했는데, 뜻은 분명하지 않다. 로마넨코는 박헌영과의 이러한 회담 사실을 그때그때 슈티코프에게 전화로 보고했다.[90]

이승만이 독촉중협의 중앙위원을 선정할 때에도 50%를 요구했던 박헌영은 입법의원에도 50%의 의석을 준다면 들어갈 수 있지 않겠느냐고 생각한 것은 공산당의 배제를 전제로 한 좌우합작이라는 미 군정부의 기본방침을 너무나 안이하게 판단하고 있었음을 보여 준다.

---

90) 『쉬띄꼬프일기 1946~1948』(1946.12.25., 27.).

90장

방미외교로 국내 정파들 조종

1. "유엔총회에 한국문제 제출하러 간다"

1

　　1946년12월에서 1947년4월에 걸친 이승만의 방미외교는 세계정세의 추이에 대한 그의 통찰력과 반공주의 신념, 그리고 본격적인 냉전의 시작인 1947년3월의 「트루먼독트린(Truman Doctrine)」의 선언이라는 절묘한 타이밍이 일치하여 이루어진 큰 성취였다.

　　그런데 이때의 이승만의 방미외교에는 꼼꼼히 살펴보아야 할 의문점이 없지 않다. 우선 방미의 동기나 경위도 정확하게 구명되어 있지 않다. 이승만의 구술을 토대로 그의 전기를 쓴 올리버(Robert T. Oliver)는 하지(John R. Hodge) 사령관의 과도입법의원의 관선의원 선정 작업을 둘러싼 두 사람의 대립을 강조했다. 두 사람이 격렬하게 논쟁을 벌인 끝에 이승만이 직접 미국을 방문하여 국무부와 미국 여론에 호소하기 위하여 방미를 결심하게 되었다고 썼다. 이승만이 하지에게 좌익 인사들을 대거 관선의원에 포함시키려는 계획을 포기하도록 종용하자 하지는 이승만이 "권력을 탈취하도록" 놓아 두지 않겠다고 응답했다는 것이다.

　　올리버에 따르면, 이승만은 하지와 다툰 다음 측근들과 김구진영 인사들과 함께 대책을 상의했다. 김구를 비롯한 많은 사람들이 이승만의 방미계획을 반대했다. 김구는 대한민국임시정부가 사실상 유일한 합법정부임을 선언하고 국민들에게 이 정부를 중심으로 뭉칠 것을 호소하자고 주장했다. 임시정부 그룹과 그 지지자들이 주장하는 이른바 임시정부 봉대론(奉戴論)이었다. 그러나 이승만이 보기에 그것은 2천만 남한 국민들과 5만 주한미군들이 대결하는 상황으로 이어질 수 있었다. 이승만은 반대하면서 미국에 건너가서 국무부와 미국 언론에 직접 호소하겠다고 제안했다. 김구는 이승만이 미국에 가서 당장 목적을 달성하지 못할 경우에는 혁명적 계획을 실천에 옮기겠다면서 이승만의 방미에 동의했다. 이승만은

김구의 계획이 무모한 것임을 알았지만 견제할 방법이 없었다.[1]

　그러나 올리버의 설명과는 반대로 이승만에게 먼저 방미를 제의한 사람은 바로 하지 장군이었다. 이승만이 1946년11월4일에 하지에게 보낸 편지는 그러한 사실을 분명히 보여 준다.

　　나에게 제의한 워싱턴과 런던 여행에 대한 나의 생각을 당신에게 알려야 할 줄 믿는다. 그 제의를 받는 순간 나는 당신이 우리는 연합국들에 대하여 신탁통치에 관한 이른바 모스크바 결정의 철폐를 요구하고 나로 하여금 당신의 지원 아래 미국 및 영국 정부에 러시아와 상관없는 새로운 한국정책을 채택하라고 요구할 만한 때가 왔다고 확신하는 것으로 생각했다. 그러한 기대에서 나는 당신의 제의를 즉시 받아들여 가기로 결심했다.

　　그랬다가 미소공위 수석대표 브라운(Albert E. Brown) 소장을 만나본 뒤로는 생각이 좀 달라졌다고 했다. 브라운은 이승만이 미소공위 재개를 반대하는 전보를 미 국무부로 보내려는 것을 못하도록 했기 때문이었다. 그것은 하지가 그때까지도 확실한 결정을 내리지 못한 것이라고 이승만은 생각했다. 그러므로 하지가 그 정책에 대하여 확실하게 결정을 내리기까지는 여행을 보류하지 않으면 안되겠다는 뜻을 하지에게 통보한 것이다.[2] 이 편지에는 또 이승만의 다음과 같은 비망록이 첨부되어 있다.

　　가장 현명한 정책은 군정부를 한국인 민간정부에 이양한다는 당신의 계획을 전면적으로 실시하고, 모든 미국 관리를 고문 자격으로

1) Robert T. Oliver, *Syngman Rhee: The Man Behind the Myth*, pp.228~230.
2) Rhee to Hodge, Nov. 4, 1946, 『大韓民國史資料集(28) 李承晩關係書翰資料集 1』, p.158.

한국인들에게 협력하도록 남겨 두는 것이다. 당신은 불필요하게 지체하지 말고 입법기구를 완성하여 될 수 있는 대로 빨리 한국인들에게 그들 자신의 독립정부 수립을 허용한다는 당신의 진정한 의도를 보여 주어야 한다.[3]

그것은 과도입법의원의 설립으로 나타나고 있는 이른바 '한국인화(Koreanization)' 정책이 보통선거에 의한 과도정부 수립으로 이어질 것을 촉구한 것이었다. 이승만은 11월18일에도 기자들을 만나 미 군정부의 '한국인화' 정책을 "극히 찬동한다"면서 그 이유를 9개항에 걸쳐서 구체적으로 언급했다.[4]

하지가 이승만에게 미국 방문을 제의한 정확한 시점은 알 수 없다. 1947년1월에 굿펠로(Preston Goodfellow)에게 보낸 편지에는 "지난가을"이라고만 적어 놓았다. 그 편지에서 하지는 이승만이 떠나기 전에 그가 미국에서 "해야 할 일과 하지 말아야 할 일을 꼼꼼히 일러 주었다"라고도 썼다. 그랬다가 굿펠로에게 편지를 쓸 시점에는 이승만을 "늙은 개자식"이라고 호칭할 정도로 이승만과 하지는 감정이 악화되어 있었다.[5] 그것은 미국에 도착한 뒤의 이승만의 행동 때문이었다.

세계인의 관심이 집중된 유엔총회는 10월23일부터 뉴욕에서 개막되었다. 이승만은 유엔총회에서 한국문제가 다루어지기를 기대했다. 이승만은 1945년10월에 귀국해서부터 프란체스카가 올 때까지 자신의 수발을 들었던 여자국민당 당수 임영신(任永信)을 민주의원 대표 자격으로 유엔총회에 파견했다. 임영신은 1946년9월1일에 배편으로 인천항을 떠나서 18일 만에 샌프란시스코에 도착했다.[6] 사업으로 크게 성공한 그녀

3) Rhee, Memo to General Hodge, 위의 책, p.158.
4) 《東亞日報》 1946년11월19일자, 「軍政移讓에 對한 李博士談話發表」.
5) Hodge to Goodfellow, Jan. 28, 1947, 『大韓民國史資料集(28) 李承晚關係書翰資料集 1』, p.234.
6) Louise Yim, *My Forty Year Fight for Korea*, Victor Gollanez LDT, 1952, p.254.

의 오빠 임일(任─)이 로스앤젤레스에 살고 있었다. 이때부터 1948년의 정부수립 때까지 임일의 치원을 받아 임영신이 외교활동으로 사용한 비용은 무려 38만달러에 이르렀다고 한다. 뒷날 그 사실을 보고받은 이승만은 "나라 위해 쓴 돈을 나더러 갚으란 말인가?" 하며 웃어 넘겼다고 윤치영(尹致暎)은 술회했다.[7] 임영신이 초대 상공부 장관에 임명된 것도 임영신의 그러한 공로에 대한 보답의 성격이 없지 않았을 것이다.

이승만은 1946년9월 무렵부터 미육군특수우편(APO)을 이용할 수 있게 되었다. 그것은 이례적인 특권이었다. APO를 통하여 외국에 있는 인사들과의 연락이 훨씬 편리해졌기 때문이다. 그러나 그것은 다른 한편으로는 여간 불편해진 것이 아니었다. 왜냐하면 그가 주고받는 모든 편지를 미군검열관이 읽게 되었기 때문이었다.[8] 미 군정부는 이때부터 이승만이 주고받는 편지를 빠짐 없이 검열했다.

하지의 정치고문 랭던(William R. Langdon)이 번스(James F. Byrnes) 국무장관에게 보낸 1946년12월10일자 전문은 이승만이 얼마나 유엔총회에 집착했는가를 보여 준다. 이승만은 11월10일부터 16일 사이에 유엔총회 미국대표단의 일원인 엘리노어 루스벨트(Anna Eleanor Roosevelt) 여사를 비롯하여 벨기에대표단장이며 총회 의장인 스파크(Paul H. Spaak), 중국대표단장 웰링턴 구(Wellington Koo), 노르웨이 출신의 리(Trygve H. Lie) 유엔사무총장, 필리핀대표단장 로물로(Romulo) 장군, 장개석(蔣介石) 총통, 뉴욕교구 스펠먼(Spellman) 추기경에게 다음과 같은 전보를 쳤다.

중대한 상황이 급속히 진전되고 있습니다. 수천의 적색 테러리스트들이 북한으로부터 침투하여 우리를 굴복시키려고 전국 각지에서 비

---

7) 尹致暎, 『東山回顧錄 尹致暎의 20世紀』, p.178.
8) Robert T. Oliver, *Syngman Rhee and American Involvement in Korea*, p.46.

인간적인 잔학행위와 방화를 자행하고 있습니다. 유엔회의가 한국의 단독정부를 승인하도록 요구해 주시기 바랍니다. 승인을 받으면 우리는 유엔과 직접 협상하는 입장에 놓이게 됩니다. 북한에서 오는 테러리스트들은 상황을 위험하게 만들고 있습니다. 중립적인 미국인들은 사태를 수습할 수 없습니다.… 우리가 지금 승인된 독립정부를 갖지 못한다면 우리는 평화를 유지할 수 없고 남한을 보호할 수 없습니다.

상대에 따라 문면은 조금씩 달랐다. 이승만은 언론기관을 동원하는 작업에도 힘을 기울였다. 11월10일에 그는 《뉴욕타임스(*The New York Times*)》지의 발행인 설즈버거(Arthur Sulzberger)에게 "미국의 중립적 태도는 우리 문제의 해결을 불가능하게 한다"는 전보를 치고, 존슨(Richard Johnson) 기자를 한국에 다시 보내 달라고 요청했다. 이승만은 맥아더(Douglas MacArthur) 장군에게도 개인적으로라도 한국을 방문하든가 또는 자신을 일본으로 초청하여 회담을 갖게 해 달라고 부탁했다.[9]

2

랭던은 이승만이 워싱턴의 한국위원부(Korean Commission) 인사들에게 보내는 지시와 그들의 보고도 그대로 알렸다. 그 가운데 눈에 띄는 것의 하나는 11월13일에 신상근(申相根: James S. Shinn)에게 "재정적으로 가능하거던 나 대신에 전권 우호사절로 런던으로 가시오. 전신으로 회답하면 항공편으로 신임장을 보내겠소"라고 타전한 사실이다.[10] 신상근은 1944년에 이승만이 주미외교위원부를 강화하기 위하여 대규모의 협찬부를 구성할 때에 전무부 부장으로 선임했던 캘리포니아의 내과 의

---

9) Langdon to Byrnes, [Received Dec. 10, 1946], *FRUS 1946*, vol.Ⅷ., p.776.
10) *ibid.*, p.777.

사였다.[11] 이때는 이미 이승만이 미국 방문을 신중히 검토하고 있는 시점이었다. 신상권은 영국에 가지 않았고, 영국에는 이승만이 미국에 가 있는 동안에 임병직(林炳稷)이 다녀왔다.

미국에서 보내오는 보고전문도 고무적이었다. 11월14일에 임병직이 임영신이 훌륭하게 일을 하고 있다고 타전한 데 이어 11월16일에는 임영신이 직접 보고전문을 보냈다.[12] 임병직과 임영신의 전문은 국내 신문에 그대로 보도되었다. 그것은 이승만이 한국위원부의 활동을 얼마나 꼼꼼히 챙기고 있었는가를 짐작하게 한다. 임병직은 다음과 같이 타전했다.

9일과 12일의 전보는 다 잘 받아 감사합니다. 임영신에게 바로 전했습니다. 임은 다대한 성적을 거두고 있습니다. 접촉하는 이마다 극력 협조해 줍니다. 필리핀 대통령의 답전을 받은 바 뉴욕의 자기 나라 대표에게 훈령하여 한국의 제의를 응원하라 했는데, 유엔총회 순서에 우리 문제를 넣어 놓아야 되는 고로 이것을 도모합니다. 국내 동포들이 우리 활동을 듣고 흥분된다니 기쁩니다. 전보로 보내신 선언이 여기서 극히 도움이 됩니다. 모든 신문이 다 열정으로 후원하여 우리 소식을 알려고 합니다.[13]

이승만은 이처럼 유엔총회에 참석한 각국 대표단에 배포할 문서까지 직접 작성해 보냈다.

과도입법의원이 설치되자 이승만은 워싱턴에 있는 한국위원부의 홍보활동과 로비활동도 강화시켰다.[14] 입법의원 선거에서 자기의 추종자들

---

11) 《주미외교위원부통신》(제76호), 1944년6월15일자, 「협찬부 조직」; 리차드 로빈슨 지음, 정미옥 옮김, 『미국의 배반』, 과학사상사, 1988, p.170.

12) Langdon to Byrnes, [Received Dec. 5, 1946], *FRUS 1946*, vol. Ⅲ., p.778.

13) 《朝鮮日報》 1946년11월23일자, 「朝鮮問題UN上程內定」.

14) Dr. Rhee's Lobby in America and its Recent Activities, G-2 Weekly Summary no.69 (1947.1.5.).

이 압승하자 이승만은 한국위원부에 미 국무부가 입법의원을 한국정부로 인정할 것을 요청하라고 지시했다. 실현 가능한 독립방안은 남한에서만이라도 하루빨리 정부를 수립하여 유엔의 승인을 받음으로써 공산주의자들의 위협에 대처할 수 있다는 이승만의 신념은 더욱 확고해졌다. 11월13일에 한국위원부의 임병직 위원장에게 보낸 편지에는 그것이 한국위원부의 기본 활동 지침임이 표명되어 있다.

미국의 민주적 행정부는 아직도 공산주의자들의 투표가 유화정책을 유지시킬 것으로 기대한다. 국무부가 그러한 정책을 따르는 한 유엔은 한국을 위하여 아무런 일도 하지 않을 것이다. 중립적인 군정부는 적색 테러리스트들로부터 우리를 보호할 수 없다.… 사태를 수습하고 평화를 유지하기 위한 우리의 유일한 희망은 유엔이 우리 정부를 즉시 승인함으로써 우리로 하여금 충분한 방어책을 강구할 수 있게 하는 것이다.[15]

한국위원부의 임병직과 스태거스(John J. Staggers) 변호사는 국무부의 점령지역 담당 차관보 힐드링(John R. Hilldring)의 특별보좌관 그로스(Gross) 대령을 만나 이승만의 지시사항을 전했다.[16] 이승만은 또 한국위원부에 모스크바 결정의 폐기를 주장하라는 전보를 열두번이나 잇달아 쳤고,[17] 임병직에게 얄타회담의 비밀협정 전문을 공개할 것을 국무부에 요구하라고 지시했다.[18]

이승만이 1945년의 샌프란시스코 국제연합창립총회에 가서 한국처

---

15) Langdon to Byrnes, [Received Dec. 10, 1946], *FRUS 1946*, vol.Ⅷ., pp.776~777.
16) Excerpts from Conference at Korean Commission(1946.11.18.), 『大韓民國史資料集(28) 李承晚關係書翰資料集 1』, p.163.
17) *ibid.*, p.165.
18) Korital to Koric Washington, Nov. 24, 1947, 『大韓民國史資料集(28) 李承晚關係書翰資料集 1』, p.167.

리문제에 관한 얄타비밀협정설을 터뜨려 물의를 일으킨 것은 앞에서 본 대로이다. 얄타회담에서 한국을 소련의 영향력 아래 두도록 루스벨트(Franklin D. Roosevelt)가 스탈린(Iosif V. Stalin)에게 양보했다는 이승만의 주장은 미 국무부가 부인함으로써 사실이 아닌 것으로 판명되었는데, 1년도 훨씬 지난 1946년10월에 베빈(Ernest Bevin) 영국외상이 의회 연설에서 38도선은 얄타회담에서 결정되었다고 발언한 사실이 공립(共立)통신 보도로 전해지면서 화제가 되었다.[19]

이 뉴스와 관련하여 이승만은 다음과 같은 담화를 발표했다.

대내 대외한 우리의 가장 어렵던 문제가 지금은 순조로 해결될 시기가 왔나니, 소위 신탁통치라는 모욕되던 장애물도 우리만 잘하면 삭제될 기회가 당도하였다.

미 국무성의 정책이 많이 변경하야 동서양 모든 문제에 소련과 여전히 협동하기 어려운 것을 각오케 되었으며, 아널드 소장이 워싱턴에서 며칠 전에 선언하기를 한국문제는 미소 양국의 사령관들로는 해결할 수 없나니 양국정부에서 직접 토의하야 결정하는 것이 가하다 하였나니, 우리의 대외한 대세가 이만치 변경된 것이다.

이승만은 그러므로 한국의 독립을 약속한 카이로선언과 포츠담선언에 위반되는 얄타협약과 모스크바 3상결정은 취소하라고 미국과 영국 정부에 요구하는 중이라고 말했다.[20]

이승만은 마침내 방미를 결심했다. 11월22일에 이르러 이승만은 한국문제를 세계에 알리고 유엔총회에 참석하기 위하여 미국을 방문할 준비를 하고 있다는 담화를 발표했다.

---

19) 《朝鮮日報》 1946년10월26일자, 「三八線은 얄타會談서」.
20) 《朝鮮日報》 1946년10월29일자, 「얄타密約과 莫府決定, 美英兩國에 取消要求」.

이승만의 방미계획를 보도한 《동아일보》 1946년 11월 23일자 지면.

　　우리 문제를 연합국이 결정하기 전에는 한국에 주재한 미소군사
령부에서 자유로 해결할 수 없는 형편인데, 지금 (한국문제가) 유엔총
회에 제출된 이때에 사실을 밝히 설명할 필요가 있는 고로 내가 즉시
도미할 준비를 차리는 중이니, 그동안에는 나의 정책대로 굳게 지켜서
파괴분자의 모략이나 선동에 흔들리지 말고 민주진영이 싸우며 지켜
오던 주의와 정신을 잃지 말며 통일적 조직으로 동일한 보조를 취하
기를 간절히 부탁한다.[21]

　　공식적인 권위를 지닌 국가지도자의 출국성명보다도 더 권위적인 인
상을 주는 이 담화문은 도하 신문에 일제히 머리기사 등으로 크게 보도
되었다. 이때부터 이승만의 방미 뉴스가 연일 신문 지면을 장식했다. 이
승만은 개인 자격으로 도미하는 것이라고 했지만 이내 "한국민족대표",
"민족대표외교사절" 등으로 격상되었다.

---

21) 《東亞日報》 1946년 11월 23일자, 「李博士UN總會에 出席」.

　11월25일과 26일 이틀 동안 민통총본부 회의실에서 조소앙(趙素昻), 신익희(申翼熙) 등을 중심으로 열린 70여개 정당 및 사회단체 대표자 연석회의는 이승만을 한국민족대표 자격으로 파견하기로 결의하고, 위원장 조소앙, 부위원장 신익희, 이윤영(李允榮), 총무부 방응모(方應謨) 외 19명, 재정부 김성수(金性洙) 외 31명, 선전부 엄항섭(嚴恒燮) 외 18명, 동원부 이범석(李範奭) 외 17명으로 된 방대한 조직의 한국민족대표 외교후원회를 결성하고, 가까운 시일 안에 국민대회를 개최하기로 했다.[22]

　이와는 별도로 박종화(朴鍾和), 임병철(林炳哲), 이헌구(李軒求), 염상섭(廉想涉), 김동리(金東里) 등 언론사 간부 및 조선문필가협회, 미술가협회 등 문화단체 대표 20여명도 11월26일에 별도의 회합을 갖고 민족대표외교사절 후원회를 조직하고,[23] 이튿날 금융대책과 전국적 환송행사를 위해 김을한(金乙漢), 심창섭(沈彰燮), 이혜구(李惠求), 구용서(具鎔書), 장봉호(張鳳鎬), 민규식(閔圭植) 등 22명으로 정보부와 재정부를 구성했다.[24]

　한민당 선전부는 11월29일에 "조선민족독립에 대한 신조처를 요구함은 조선민족의 총의"라면서 "이승만 박사가 민족대표로서 유엔총회에 출석키 위하여 근일 중 출발하게 된 것은 거족적으로 찬성하며 그 성공을 기대하는 바이다"라는 담화를 발표했다.[25]

　한독당 선전부장 엄우룡의 논평은 좀 특이했다. 그는 "이 박사가 입국 이래 민족통일에 노력한 것만은 사실이나, 다른 면으로 보아서 큰 성

22) 《朝鮮日報》 1946년11월27일자, 「民族代表外交後援會組織」; 《東亞日報》 1946년11월29일자 「李博士를 聲援하자」; 《서울신문》 1946년11월29일자, 「韓族代表外交後援會組織」.
23) 《東亞日報》 1946년11월28일자, 「李博士壯行激勵, 言論文化人들 蹶起」.
24) 《京鄉新聞》 1946년11월29일자, 「民族代表外交使節後援會의 役員選定」; 《東亞日報》 1946년 11월30일자, 「UN參加推進에 積極活動」.
25) 《東亞日報》 1946년11월30일자, 「李博士成功期待」.

과가 없다. 우리는 일찍부터 이 박사가 해외에서 한국문제를 국제적으로 호소하였던들 성과가 오히려 컸으리라고 믿는 만큼 이 박사의 도미는 늦은 감이 있다"라는 것이었다.[26] 이 논평은 대대적인 환송분위기에 뜨악해하는 한독당 인사들의 분위기를 대변한 것일 것이다.

우익진영의 이러한 환송 분위기와는 반대로 민족주의민족전선 의장 김원봉(金元鳳)은 "이 박사가 조선민족을 대표한다는 것이나 유엔총회에 즉시독립을 요구한다는 것은 어불성설"이라고 잘라 말하고, "이 박사의 도미는 미소공위 속개를 방해하는 것"이라고 매도했다.[27] 남로당 대변인 이걸소(李傑笑)는 "조선문제는 3상회의 결정을 어떻게 실천하느냐에 있다"라고 말하고 "그런데 국제적으로 해결된 문제가 다시 국제회의에 상정되어 논의될 리도 없으려니와 설사 상정 토의 속에서 일치된 의견이 용이할 수 없을 것은 명약관화한 일이다"라고 혹평했다.[28]

이승만은 11월28일에 기자회견을 갖고 여행일정을 발표했다. 프란체스카와의 동반 예정을 바꾸어 단신으로 12월1일에 인천항에서 마린점퍼 호(S. S. Marine Jumper) 선편으로 출발하여 열흘 남짓 뒤에 샌프란시스코항에 도착할 모양이라고 했다. 항공편이 아니라 미국까지 선편으로 간다는 것이었다. 체미기간은 5~6주가량 예정한다고 했다. 도미 자격은 "자신은 개인 자격으로서 가는 것이지만 동포들은 민족대표로 인정해줄 줄 믿는다"라고 했다. 유엔총회가 12월15일쯤에 종료된다는데 도미 사명을 완수할 수 있겠느냐는 질문에 대해서는 민주의원을 대표하여 임영신과 임병직이 활동하고 있음을 상기시키고 "나는 직접 유엔총회에 보다 각국 대표들의 수령들과 개인적으로 접촉하며 남한만이라도 독립정부를 찾아서 국제적으로 발언권을 가지도록 할 작정이다"라고 잘라 말했다. 기자들이 다시 유엔총회 개막 당시에 도미하지 않고 왜 이제 출발

26) 《朝鮮日報》 1946년11월27일자, 「李博士渡美에 期待」.
27) 《서울신문》 1946년11월29일자, 「李博士渡美에 民戰金元鳳氏談」.
28) 《서울신문》 1946년12월1일자, 「李博士渡美에 南勞黨李傑笑氏談」.

하느냐고 묻자 이승만은 "도미 교섭이 늦었고 또 여비 관계로이다" 하고 받아넘겼다.[29]

이승만은 정치자금의 조달과 사용을 투명하게 관리했다. 그러나 이 때의 이승만의 방미외교 활동에 대한 후원금은 그때그때 신문지상에 산 발적으로 보도되고 있었으나 종합적으로 집계된 것은 없다. 유일하게 남 아 있는 증빙자료는 이승만의 영수증철이다. 1946년10월부터 1947년5 월까지 조성된 '특별자금(Special Fund)' 영수증철에 보면 이승만은 이 때의 방미 후원금으로 모두 147만4,820.64원과 미화 350달러가 조달되 었다.[30] 이 액수는 이승만이 1945년10월에 귀국한 뒤에 몇차례에 걸쳐 조 달한 정치자금 가운데 가장 큰 규모였다. 이때의 자금조달에는 강제성 이 논란되기도 했다. 그리고 신문에 보도된 외교후원금이 영수증철에 들 어 있지 않는 것도 있어서 총액은 더 많았을 것으로 짐작된다. 그러나 영 수증철에 따르면 방미자금 모집이 순조롭지는 않았던 것 같다.[31] 출발에 앞서 이승만은 11월25일에 하와이의 한인동지회로 뉴욕에서의 활동자금 으로 1만달러가 필요하다면서 보낼 수 있는 대로 임병직에게 송금하라 고 타전했다.[32]

그런데 이승만의 출발과 관련하여 랭던이 12월27일에 번스 장관에게 보낸 전보도 이승만이 12월1일에 선편으로 인천을 출발할 것이라고 보 고하고 있어서 눈길을 끈다. 그것은 이 시점까지도 이승만의 미군용기 이 용이 결정되지 않았음을 말해 주는 것이다. 랭던은 이 전문에서 이승만이 유엔총회에서 취할지 모를 행동에 대하여 다음 같이 우려했다.

29) 《朝鮮日報》 1946년11월29일자, 「世界輿論에 呼訴할터」.
30) 『雩南李承晩文書 東文篇(十五) 建國期文書 3』, 延世大學校現代韓國學研究所, 1998, pp.126～ 156.
31) 鄭秉峻, 「1945～47년 우익진영의 '愛國金'과 李承晩의 정치자금 운용」, 《韓國史研究》 제109호, 韓 國史研究會, 2000.6., pp.201～226 참조.
32) Langdon to Byrnes, [Received Dec. 10, 1946], *FRUS 1946*, vol.Ⅷ., p.777.

우리는 이승만이··· 소련을 비난하고 미국의 점령을 옹호하며 모스크바결정의 폐기와 즉시 독립을 주장할 것으로 생각한다. 소련인들은 아직도 이승만을 우리의 괴뢰라고 생각할지 모르므로, 그들은 이승만의 주장과 미국정책을 혼돈하여 문제의 공동해결을 훼손하거나 지연시킬지 모른다. 그러므로 국무부는 이 사실을 세심하게 다루어야 할 것이다. 그래야 이승만이 총회에서 걷잡을 수 없는 행동을 하더라도 국무부는 모스크바결정 폐기나 남한 단독정부 승인을 위한 어떠한 운동으로부터도 미국정부를 분리시킬 수 있을 것이다.[33]

이승만이 돈암장에서 기자회견을 한 것과 같은 시간에 종로의 YMCA강당에서는 전국학생총연맹이 이승만의 도미를 지지하는 집회를 열었다.[34] 또 11월30일에 창덕궁 인정전에서 한국민족대표 외교후원회 주최로 열린 이승만의 도미환송회에는 오세창(吳世昌)을 비롯한 각계 유지 300여명이 모였다. 이날 한국민족대표 외교후원회는 또 재미동포들에게 이승만의 활동에 대한 지원을 요청하는 메시지를 보냈다.[35]

이승만의 출국은 극적이었다. 이승만은 12월1일 아침에 입원 중인 김규식(金奎植)을 찾아가 요담하고 와서 조소앙, 신익희 등과 만난 다음 9시 반에 프란체스카와 함께 때마침 부슬비가 내리는 속에 돈암장을 떠났다. 각 청년단체들의 트럭이 애국행진곡을 울리며 선도하고 열대여섯대의 승용차 행렬이 뒤따랐다. 경인가도에는 6만5,000명가량의 인파가 늘어서서 이승만을 환송했다. 인천에 도착한 이승만은 1,200여명의 노동자들이 모인 조선차륜회사 안에 설치된 인천시민 환송대회장에서 열기 찬 배웅을 받았다. 대회가 끝나자 이승만은 경찰과 청년대를 해산시키고 소

---

33) Langdon to Byrnes, Nov. 27, *FRUS 1946*, vol.Ⅷ., p.772.
34) 《京鄕新聞》 1946년11월29일자, 「李博士UN參席을 支持」.
35) 《東亞日報》 1946년12월1일자, 「壯途를 祝禱」.

규모의 경호원들만 데리고 조용히 서울로 돌아왔다.[36] 이승만의 이러한 행동은 마지막 순간에 여행 계획이 바뀌었음에도 불구하고, 예정된 환송 행사를 취소시킬 수 없었기 때문이었던 것 같다.

이승만의 미군용기 이용이 최종적으로 허가된 것은 11월29일과 30일 사이에 주한미군사령부와 맥아더 사령부가 주고받은 전보에 의해서였다.[37] 이승만은 12월2일에 김포비행장으로 나갔으나 오후 내내 기다리다가 돌아와야 했다. 기상조건으로 비행기가 뜰 수 없었기 때문이다.[38] 이승만은 측근에게 항공기 출발이 늦어지는 것은 하지가 자기를 골탕먹이기 위하여 방해하는 것이라고 설명했다.[39] 이승만은 12월4일 오후 1시30분에 비바람이 몰아치는 김포공항을 출발했다. 배웅 나온 사람이라고는 프란체스카와 이기붕(李起鵬), 윤석오 두 비서뿐이었다.

이승만은 12월4일 오후 6시쯤에 도쿄(東京) 근처의 아쓰기(厚木) 미군용비행장에 도착했다. 마중 나온 장교들은 친절했다. 맥아더 사령부는 데이코쿠(帝國)호텔의 스위트룸 하나를 예약해 놓았고, 육군중위가 운전하는 차를 이승만이 쓰도록 준비해 놓고 있었다. 이승만의 군용기 사용허가를 도운 맥아더 사령부의 정보참모장 윌로비(Charles A. Willoughby) 소장도 같은 호텔을 쓰고 있었다. 이튿날 두 사람은 점심을 같이 했다. 이승만의 맥아더 장군 회견은 오후 5시30분으로 잡혀 있었다. 이승만은 이날 밤 10시에 미군용기편으로 하와이로 떠났다. 하지는 굿펠로에게 보낸 편지에서 이승만이 맥아더와 몇분 동안 만나기 위하여 도쿄에서 하루 더 묵었다고 했으나[40] 그것은 사실이 아니었다. 이승만이

---

36) 《朝鮮日報》 1946년12월3일자, 「李博士昨日空路渡美」; 《東亞日報》 1946년12월3일자, 「壯途에 오른 李博士」; G-2 Weekly Summary no.64(1946.12.5.).
37) 정용욱, 「미군정기 이승만의 '방미외교'와 미국의 대응」, 《역사비평》 제30호, 역사비평사, 1995, pp.329~330.
38) G-2 Periodical Report no.395(1946.12.3.).
39) 尹錫五 증언, 孫世一, 『李承晩과 金九』, pp.254~255.
40) Hodge to Goodfellow, Jan. 28, 1947. 『大韓民國史資料集(28) 李承晩關係書翰資料集 1』, pp.234~236.

도쿄에 도착한 저녁에 프란체스카에게 쓴 편지에서 "모든 것이 나의 일이 잘 되느라고 일어났던 일이오"라고 쓴 것은 이승만 내외가 자신들에게 대한 하지의 태도를 핍박으로 간주하고 있었음을 말해 준다.[41]

하와이에 도착한 이승만은 뒷날 주한 유엔군사령관이 되는 헐(John E. Hull) 장군 휘하의 의장대를 사열했다. 이승만은 12월7일에 워싱턴에 도착하여, 각국 정부요인들이 많이 이용하는 칼튼호텔(Carlton Hotel)에 여장을 풀었다.[42]

---

41) Syngman Rhee to Francesca Rhee, Dec. 4, 1946, *The Syngman Rhee Correspondence in English 1904~1948*, vol.1, p.564.

42) Robert T. Oliver, *Synman Rhee: The Man Behind the Myth*, pp.230~231; 林炳稷, 『林炳稷回顧錄』, 女苑社, 1964, p.288.

2. 트루먼 대통령과의 회견을 기대하며

1

　이승만의 방미 외교활동에 대한 선전과 모금 캠페인은 그가 출국한 뒤에도 계속되었다. 한국민족대표 외교후원회는 12월5일부터 열흘 동안 각도에 유세대를 파견했다.[43] 캠페인의 하이라이트는 12월7일에 열린 외교사절파견 국민대회였다. 이날 오후에 서울운동장에서 열린 서울대회에는 독촉국민회, 전국학생총연맹, 서북청년회, 대한노총, 각 동회 등 우익 정당 및 사회단체 소속 1만3,000명가량의 인파가 모였다. 신익희의 개회사와 외교사절 파견 취지에 대한 조소앙의 연설에 이어 선언문과 성명서 낭독이 있었고, 미국에서 개최 중인 유엔총회에 "이승만 박사를 수반으로 한 사절단 파견을 3천만 총의로써 결의한다"라는 결의문과 유엔, 맥아더 장군, 하지 장군에게 보내는 메시지가 채택되었다. 유엔에 보내는 메시지는 "우리는 영도자 이승만 박사를 한국민족 외교사절로서 유엔총회에 파견하는 바이오니 정의에 입각한 각국 대표와 귀 국민의 적극적인 동정과 원조를 절망하는 바입니다"라고 선명했다. 대회는 김구와 조성환(曺成煥)의 축사로 끝났다. 국민대회는 이날 각 도별로 개최되었는데, 12월17일에는 부(府)·군(郡) 단위로 열어 전국적인 국민운동을 전개하기로 했다.[44]

　이때부터 신문지상에는 AP, UP 등의 외국 통신과 이승만 자신이 보내오는 그의 활동과 주장이 사흘이 멀다 하고 보도됨으로써 1945년10월의 이승만 귀국 직후와 같은 분위기를 자아내었다.

　이승만은 워싱턴에 도착하자마자 호텔로 찾아온 미국기자들을 만나서 자신의 미국 방문 목적은 첫째로 긴급한 한국통일문제를 유엔에서 토

---

43) 《東亞日報》 1946년12월6일자, 「李博士와 UN, 地方의 輿論을 喚起」.
44) 《東亞日報》 1946년12월7일자, 「李博士成功을 祝願」; 《朝鮮日報》 1946년12월8일자, 「外交使節後援國民大會盛大」.

의되도록 하며, 둘째로는 미국정부에 대하여 한국인들이 희망하는 한국인 자신들의 정부를 즉시 수립하고 승인하도록 요청하는 것이라고 말하고, 그것을 위해 한달 동안 체재할 예정이라고 말했다.[45]

이에 대해 국무차관 애치슨(Dean Acheson)은 12월10일에 통일된 한국의 자유민주국가를 수립시키려는 미국의 대한정책은 추호도 달라진 것이 없는 동시에 그것이 성공할 때까지 미국은 계속 한국에 주둔할 방침이라고 말했다. 그것은 이승만의 주장에 대한 답변이었다.[46]

그러자 이승만은 같은 날 한시간에 걸친 기자회견을 갖고 애치슨의 말을 반박했다. 그는 한국인이 독립정부를 수립하여 한국의 재통일을 위해 소련과 교섭할 수 있도록 미국은 남한에서 철수해야 한다고 주장했다. 이승만은 한국문제의 최선의 해결방법은 트루먼 대통령에게 제시하려 한다고 말하고, 그러나 "트루먼 대통령과 회견할 때까지는 계획의 내용을 공개할 자유를 가지지 않았다"라고 마치 트루먼 대통령과의 회견이 추진되고 있는 듯이 말했다. 이승만의 이러한 언명은 그가 내심으로 바란 미국 방문의 가장 큰 목적이 바로 트루먼 대통령과의 회견이었음을 시사해 준다. 별도로 방미 중이던 합동통신사의 김동성(金東成) 사장이 12월3일의 백악관 기자회견에 참석하고 공동회견이 끝난 뒤에 트루먼 대통령을 따로 만난 것도[47] 이승만으로 하여금 트루먼과의 회견을 더욱 기대하게 했을 것이다.

미국은 의연히 한국의 통일을 희망하고 있고 이 희망이 실현될 때까지 한국에 주둔하겠다고 한 애치슨의 성명을 어떻게 생각하느냐는 기자들의 질문에 이승만은 능글능글하게 대답했다.

"의연히 희망한다는 말은 대단히 힘을 주는 말이다. 그러나 그러한 기초 위에 입각한다면 한국은 영구히 점령될지 모른다. 한국인은 그와 같

45) 《서울신문》 1946년12월10일자, 「政府樹立에 美援助要請」.
46) 《朝鮮日報》 1946년12월12일자, 「朝鮮統一國家樹立에 美政策毫無變更」.
47) 《朝鮮日報》 1946년12월5일자, 「트大統領金合同社長에게 38線撤廢努力言約」.

이 오랫동안 기다릴 수 없으며 죽음을 걸고라도 그들의 민족정신을 시현 (示顯)하고자 궐기하려 하고 있다. 그러나 나는 한국문제가 미국에 의하여 해결되리라는 희망 아래 그들을 억제하고 있다."

이 말은 서울을 떠나오기 전에 김구와 협의한 계획을 시사하는 말이었다. 기자들의 질문은 집요했다. 어떻게 한국이 폭동을 일으킬 수 있느냐고 물었다. 이승만의 대답은 간단명료했다.

"무기를 가지고 하는 것이 아니고, 그것은 정신적 저항에 의해서나 또는 자결에 의할 것이다."[48]

이승만은 먼저 하지를 공격하는 일부터 시작했다. 12월13일에 임병직으로 하여금 번스 국무장관에게 하지가 입법의원의 관선의원 선정에 좌익을 대거 포함시킨 사실을 지적하고 시정을 요구하는 편지를 쓰게 했다.[49] 그리고 자신은 이튿날 맥아더에게 하지가 관선의원 선정에 공산주의자들을 포함시켰다면서 시정시켜 달라고 타전했다.[50]

이승만은 12월18일에 다시 맥아더와 맥아더의 오른팔인 정보참모장 윌로비에게 같은 내용의 편지를 써 보냈다. 이승만은 맥아더에게 보낸 편지의 서두에서도 "대통령을 회견할 기회를 기다리고 있다"라고 썼다. 임영신이 유엔총회의 스파크 의장에게 교섭하여 자신을 공식으로 총회에 참석시키려고 했으나 미 국무부가 자신이 공식 자격이 아니라고 반대하여 계획이 무산되었다는 것, 하지가 민주의원을 12월20일까지 해산하도록 요구했으나 한국 지도자들의 협조가 없이는 불가능할 것이라는 것, 하지가 지명한 관선의원 45명 가운데 많은 사람들이 공산주의자와 그밖의 좌익들이고 나머지는 일반 대중은 모르는 사람들이라는 것 등을 적고 나서, 마지막으로 "우리는 한국문제를 모스크바결정에서 탈퇴하여 국무부와는 독립적으로 당신이 관할하도록 요구하고 있다. 결과를 당신

---

48) 《朝鮮日報》 1946년12월12일자, 「朝鮮獨立政府樹立하고 美軍은 撤退하라」.
49) Limb to Byrnes, Dec. 12, 1946, 『大韓民國史資料集(28) 李承晩關係書翰資料集 1』, pp.172~173.
50) Rhee to MacArthur, Dec. 14, 1946, 위의 책, pp.174~176.

에게 알리겠다"라고 썼다.[51]

유엔이 이승만의 총회 참석을 검토하고 있던 12월10일에 미 국무부는 이승만이 공식 자격이 아니라는 성명을 발표했다. 그리하여 이승만은 출국할 때에 표방했던 한국문제의 유엔총회 상정이라는 방미 목적은 불가능하게 되었다. 이승만이 유엔총회가 폐회될 때까지 다른 일로 한번 다녀온 것 말고는 뉴욕에 가지 않은 것은 가 보아야 아무런 성과를 거둘 수 없을 것이기 때문이었다.

유엔총회를 상대로 한 활동이 기대할 수 없게 되자 이승만은 두번째 방미 목적, 곧 미국정부에 대한 교섭과 의회 및 언론기관을 통한 여론환기 작업에 주력했다. 칼튼호텔의 이승만의 스위트룸은 비공식적인 한국대사관이 되었다. 이승만의 오랜 친구인 스태거스 변호사와 그의 동서 레이디(Harold Lady), 언론인 출신의 윌리엄스(Jay Jerom Williams), 굿펠로 대령, 우달(Emory Woodall) 대령, 해리스(Frederick B. Harris) 상원목사, 올리버, 임병직, 임영신 등으로 "전략회의"를 구성했다. 이들은 크리스마스 때까지 2주일 동안 정세를 철저히 검토하고, 협조가 기대되는 국회의원, 행정부 관리, 각계 민간인사, 언론인을 점검하고 가능한 행동 방향을 분석했다.[52]

전략회의는 국무부에 제출할 6개항의 한국문제 해결방안을 선정하고 보충자료를 작성했다. 6개항은 다음과 같았다.

(1) 남한과 북한이 재통일되어 즉시 총선거가 실시될 때까지 활동할 남한과도정부를 선출해야 한다.

(2) 이 과도정부는 한국에 대한 미소 간의 일반 협의에 구애됨이 없이 유엔에 가입되어야 하며, 한국 점령과 그 밖의 중요문제에 대하여 미소 양국과 직접 교섭하도록 허용되어야 한다.

---

51) Rhee to MacArthur, Dec. 18, 1946, 같은 책, pp.177~178.
52) Robert T. Oliver, *Synman Rhee: The Man Behind the Myth*, pp.231~232.

(3) 한국의 대일배상요구는 한국의 경제복구를 지원하도록 조기에 고려되어야 한다.

(4) 다른 나라들과 평등하고 또 어떤 특정 국가에 편중되지 않는 전면적인 통상권이 한국에 부여되어야 한다.

(5) 한국의 통화를 안정시키고 국제외환제도를 수립해야 한다.

(6) 두 점령군이 동시에 철수할 때까지 미국치안군이 남한에 주둔해야 한다.[53]

이 6개항은 기본적으로 이승만의 비전을 집약한 것이었다. 특히 (1)항의 과도정부수립안은 자신의 남한단독정부수립안을 미 군정부의 과도정부수립안과 뭉뚱그려서 주장한 것이었다. 그것은 이승만의 기발한 지략이었다. 그리고 6개항 가운데 3개항이 경제관계 항목이라는 점은 이후의 이승만의 경제정책과 관련하여 눈여겨볼 가치가 있다. 이승만은 집권기간 내내 외환관리에 각별한 관심을 가지고 직접 챙겼다. 이 6개항의 건의안은 1947년1월27일에 올리버가 국무부의 빈센트(John C. Vincent) 극동국장을 방문하여 제출하고, 언론에도 발표했다. 이 뉴스는 국내신문에도 크게 보도되었다.[54]

6개항의 한국문제 해결방안의 제출이 늦어진 것은 국내 정국의 동향을 감안했기 때문이었다.

2

이승만은 무엇보다도 먼저 트루먼 대통령과의 회담 가능성을 타진했다. 그는 대일배상특사로 조사단을 이끌고 1946년5월에 남북한을 함께 방문했던 폴리(Edwin W. Pauley)와 연락했다. 폴리는 남북한을 둘러보

---

53) Memorandum by Vincent to Hilldring, Jan. 27, 1947, *FRUS 1947*, vol. Ⅵ., pp.603~605.
54) 《朝鮮日報》 1947년1월30일자, 「南朝鮮에 中間政府, 李承晩博士要望聲明」; 《東亞日報》 1947년1월30일자, 「美蘇와 直接交涉할 수 있는 朝鮮臨政樹立하라」.

고 트루먼에게 제출한 보고서에서 "한국의 공산주의는 세계의 어느 곳에서보다 좋은 출발을 할 수 있었다"라고 했었다. 폴리는 트루먼의 신임이 두터웠다. 이승만은 12월21일에 폴리에게 편지를 보내어 폴리의 보고서 가운데 북한에 대한 내용에 언급하면서 트루먼 대통령을 만나서 한국의 상황에 대한 그의 진정한 희망이 무엇인지 알고 싶은데, 국무부가 방해하고 있는 것 같다고 적었다.[55]

이승만은 1947년1월4일에 트루먼 대통령을 만나면 전해 달라고 작성한 비망록을 동봉한 편지를 다시 폴리에게 보내면서 트루먼 대통령을 30분 동안만 회견하게 주선해 달라고 부탁했다.[56] 그러나 이때는 폴리가 장기휴가로 하와이에 가 있었기 때문에 이승만의 편지를 보지 못했다.[57] 그리하여 결국 트루먼과의 회견은 이루어지지 못했다.

떠나는 번스 전임 국무장관(오른쪽)과 마셜 신임 국무장관. 가운데는 트루먼 대통령.

---

55) Rhee to Pauley, Dec. 21, 1946, *The Syngman Rhee Correspondence in English*, vol.1, pp.569~570.
56) Rhee to Pauley, Jan. 4, 1947, *ibid.*, pp.572~573.
57) Pauley to Rhee, Feb. 21, 1947, *ibid.*, p.556.

마셜(George C. Marshall) 장군이 국무장관에 임명되자 이승만은 바로 이튿날인 1월21일에 마셜에게 편지를 보내어 면담을 요청했다. 그런데 이때에 이승만이 서둘러 마셜과의 면담을 요청하면서 제시한 이유가 특이했다. 자신이 소련정부로부터 개인 경로를 통하여 한국과 소련 사이의 현안문제에 대한 아주 흥미 있는 해결방안을 제안받았다는 것이었다. 이승만은 이 정보를 장관에게 개인적으로 알리고 싶다면서 국무부의 극동국에는 알리지 말라고 덧붙였다.[58] 이승만이 입수했다고 한 정보가 어떤 것이었는지는 알 수 없으나 그러한 편지만으로 눈코뜰 사이 없는 신임 국무장관이 그를 만나 줄 수는 없는 일이었다.

국무장관 특별보좌관 림스(Borden Reams)는 장관이 시급한 업무가 많아서 만날 시간이 없고, 전 주에 올리버가 극동국장 빈센트에게 제출한 이승만의 비망록은 담당 부서에서 검토 중이라고 회신했다.[59]

이승만이 워싱턴에 있으면서 만난 국무부의 고위관리는 점령지역 담당 차관보 힐드링(John R. Hilldring)이었다. 맥아더와 가까운 힐드링은 이승만에게 호의적으로 대해 주었다.

한편 서울 정가는 1947년 새해 벽두부터 어리둥절했다. 도하 신문에 이승만의 신년사가 빠졌기 때문이다. 신문들은 「우익정당 긴장, 이 박사 전보 주목」 등의 제목으로 독자들의 궁금증을 부채질했다. 이승만의 신년사를 미 군정부가 가로채고 신문 게재를 금지한 것이었다.

이승만은 12월28일에 민통총본부 앞으로 자신의 신년사 내용을 타전했는데, 주요 내용은 미국과 거의 모든 유엔 국가들의 여론이 한국을 지지한다는 것, 즉시 독립을 실현시키겠다는 한국인의 결심을 보고 트루먼 대통령도 한국문제를 심각하게 고려한 나머지 어떤 조치가 취해져야 한다고 생각하고 있다는 것, 맥아더 장군도 한국공산주의자들은 우리와

---

58) Rhee to Marchall, Jan. 21, 1947, *ibid.*, p.577.
59) Reams to Rhee, After Jan. 22, 1947, *ibid.*, p.544.

협조하지 않을 것이라는 것을 알고 있지만 국무부 안의 몇몇 유화주의자들이 온갖 방법으로 우리를 방해하려 하고 있다는 것, 그러므로 우리는 민족의 통일과 독립을 위한 우리의 능력을 세계에 증명해 보일 수 있는 적절한 조치를 취해야 한다는 것 등이었다.[60]

이 전문을 본 하지는 노발대발했다. 브라운 소장이 12월30일에 돈암장을 방문하여 프란체스카와 김구, 비상국민회의 의장대리 조완구(趙琬九), 여자국민당의 박현숙(朴賢淑)과 함께 장시간 대책을 숙의한 것은 미군정부가 이승만의 전보를 얼마나 심각하게 받아들였는가를 짐작하게 한다.[61] 이에 대해《동아일보(東亞日報)》는 "미소공위 재개만이 임시정부 수립의 최첩경이라 단정하고 오직 그 촉진에 노력하고 있는 합작위원회 노선과는 별개로 이 박사의 국내에 보내는 지시전보 및 김구씨 중심의 중경요인 등의 입법의원 거부 노선이 병존하야 신년부터 정계는 아연 긴장을 띠고 있다"라고 보도했다.[62]

하지는 트루먼 대통령이 한국에 대하여 어떤 새로운 조치가 취해져야 한다고 생각하고 있다는 이승만의 "민중을 기만하려는" 태도에 격분한 것이었다. 그는 이승만의 전보전문을 번스 국무장관에게 보고하면서, 이승만은 "그 자신의 비현실적인 방법으로 모든 일을 하려고 하며 남한단독정부의 우두머리가 되고자 하는 불쾌한 인물"이라고 말하고, "그러나 우리는 조심스럽게 다루지 않으면 돌이킬 수 없는 손실을 초래할 그의 잠재력을 간과할 수 없고 간과해서도 안된다"라고 적고 있어서 흥미롭다.[63]

하지는 1947년1월4일에 보도되지 않은 이승만의 신년사의 주장을 반박하는 성명서를 발표했다.

---

60) Hodge to Byrnes, Dec. 31, 1946, *FRUS 1946*, vol.Ⅷ., p.785.
61) 《朝鮮日報》1947년1월4일자, 「李博士電報中心으로「뿌」小將金九氏等協議」; G-2 Weekly Summary no.69(1947.1.9.).
62) 《東亞日報》1947년1월9일자, 「右翼政界緊張 李博士電報注目」.
63) Hodge to Byrnes, Dec. 31, 1946, *FRUS 1946*, vol.Ⅷ., pp.785~786.

무지로 인함인지 또는 민중을 기만하려는 악질의 의도인지 모르나 어떤 분자는 (1) 미국은 남조선 단독정부수립을 찬동하야 맹활동을 하고 있다. (2) 남조선과도입법의원은 이 (단독)정권의 전초적인 한개의 완전 독립기관이라는 인상을 주고 있다.

이상 두가지 억측은 전혀 근거가 없는 부정확하고 위험을 초래할 성질의 것으로 일본으로부터 조선을 해방시킨 미국과 그 밖의 연합국이 공약한 근본방침에 상반되는 바이다.…[64]

그러나 이승만은 미국의회가 반공주의적인 공화당이 다수당이 되었으므로 미국의 대소정책도 변경될 것이라고 내다보았다. 그렇게 되면 대한정책도 필연적으로 달라질 것이었다. 또 그렇게 되도록 자신이 노력해야 된다고 생각했다. 그는 1월10일에 민통총본부로 다음과 같이 타전했다.

개최 중에 있는 미국의회의 공화당계 의원이 장래 얄타협정의 폭로와 모스크바 3상회의 결정 중의 신탁통치 조항을 취소하라고 제안할 것이다. 국내의 모든 언론기관과 단체 등은 맥아더 원수로 하여금 조선의 시찰을 요구해서 그가 일본에서 행함과 같은 시정을 조선에도 행하게 해 달라고 요구하라. 일본과 중국에 있는 조선인 재산의 일반적 사정과 계수를 뉴욕에 있는 임영신 여사에게 통지하라. 미국무장관 번스 후임으로 마셜 원수가 피임된 결과 미국 내의 일반 여론은 장차 극동정책에 일대 변동이 있으리라고 예측하고 있다.

이처럼 희망적인 예측에 따른 이승만의 지시 전보도 국내 신문에는 크

---

64) 《朝鮮日報》 1947년1월5일자, 「南北統一의 獨立國家建設 위하야 繼續努力」.

게 보도되었다.[65] 이튿날 미 군정부는 미소공위 재개문제에 대하여 하지 사령관과 북한의 치스차코프(Ivan M. Chistiakov) 사령관 사이에 그동안 주고받은 편지를 공개했는데, 그것은 우익단체들의 반탁시위 계획에 기름을 부었다. 1월9일부터 각 도별로 부(府)·군(郡) 지부장 회의를 열고 있던 독촉국민회는 1월20일까지 회의를 계속하면서 좌익에 대한 규탄 분위기에 휩싸였다.[66]

3

김구는 1월13일에 경교장에서 우익단체 대표들의 회의를 열고 31개 단체 명의로 연합국 원수에게 메시지를 보내기로 결의했다. 이 메시지는 "유엔에 파견한 이승만 박사의 한국에 관한 모든 발언과 발표는 우리 3천만을 대표하는 것"이라고 천명했다.[67] 이튿날 김구는 조소앙과 유림(柳林)과 함께 하지를 방문했다. 두 사령관의 편지문제를 논의한 끝에 김구는 "작년에 반탁운동을 할 때에는 당신이 아직 신탁통치는 오지 않았으니 앞으로 반탁운동을 할 기회가 있다고 하기에 침묵해 왔다. 그러나 이제는 생명을 걸고 반탁을 하겠다"라고 말했고, 이에 대해 하지는 "과히 염려하지 말라"고 설득했다.[68]

1월16일은 이러저러한 회의와 성명서 발표로 수선스러운 하루였다. 민주의원, 비상국민회의, 민통총본부, 독촉국민회, 한독당, 한민당 등 35개 우익 정당 및 사회단체들은 한민당 회의실에서 회의를 열고 (1) 미소공동위원회 「제5호성명」에 대한 서명을 취소함, (2) 하등의 기반과 근거가 없

65) 《東亞日報》 1947년1월11일자, 「託治條項의 取消」; 《朝鮮日報》 1947년1월11일자, 「맥元帥朝鮮視察要求하라」; 《京郷新聞》 1947년1월11일자, 「맥元帥朝鮮視察全國的으로 要求하라」; 《大東新聞》 1947년1월11일자, 「美, 極東政策에 一大變動豫測」.
66) 《東亞日報》 1947년1월8일자, 「獨促支部長會議」; 《朝鮮日報》 1947년1월26일자, 「獨促支部長會議에서 合委와 立議에 對한 決定」.
67) 《朝鮮日報》 1947년1월15일자, 「民族陣營三十一團體聯合國元帥에 메세지」.
68) 《東亞日報》 1947년1월17일자, 「金九氏等要人 하지中將과 要談」.

이 한갓 민족의 분열과 의혹으로 유도하는 소위 좌우합작위원회를 분쇄할 것이라는 2개항의 결의문을 채택했다.[69] 이에 맞서 남로당, 민족전선, 전평, 전농 등 28개 좌익단체들은 같은 날 민족전선 회관에서 회의를 열고 두 사령관이 주고받은 편지를 지지한다고 말하고, 미소공위를 즉시 속개하여 모스크바 3상결정을 완전히 실천하라는 성명서를 발표했다.

하지도 이날 "소위 신탁통치에 대한 불신임뿐 아니라 조선에서의 미국의 노력을 불심임케 하려고 남조선에서 시위를 선동할 광범한 계획이 있다는 것을 알게 되었다"면서 그것을 경고하는 장문의 성명서를 발표했다.[70]

한편 이승만도 같은 날 조만간 있을 것이라는 과격한 반탁 시위의 자제를 촉구하는 다음과 같은 전문을 민주의원으로 보내왔다.

　　조선에는 여하한 데모도 전개되지 않아야 한다. 그 이유는 그러한 행동이 외국배척운동으로 오해될 염려가 있기 때문이다. 그리고 이곳 또는 한국에 있는 우리의 적들은 마치 내가 한국의 배외감정을 선동하고 있는 것 같은 인상을 주려고 기도하고 있다.… 우리는 오해를 받을 원인을 만들어서는 안된다.

이승만의 이 전보는 전국학련 산하 학생들이 대규모의 시위운동을 계획하고 있다는 서울로부터의 전보에 대한 답전이라고 AP통신은 전했다.[71]

전국학련은 반탁궐기대회 1주년인 1월18일부터 20일까지 대대적인 시위 폭동을 준비하고 있었는데, 미 군정부는 그것이 이승만과 김구의 계획에 따른 것이라고 판단했다.[72] 그리하여 하지는 1월11일에 굿펠로에게

---

69) 《朝鮮日報》 1947년1월18일자, 「託治와 民戰等聲明」.
70) 《朝鮮日報》 1947년1월17일자, 「不穩行動에 對해 「하지」中將聲明」.
71) 《朝鮮日報》 1947년1월17일자, 「「데모」展開는 嚴戒」.
72) G-2 Weekly Summary no.69(1947.1.16.).

시위와 폭동을 방지하기 위하여 이승만을 설득해 달라고 타전했다.[73] 하지는 1월13일에도 굿펠로에게 김구 그룹이 이승만의 후원을 얻어 폭동을 일으킬 준비를 완료했는데 이승만으로부터 취소하라는 연락이 없다면서 다급하게 도움을 청했다.[74] 1월16일의 이승만의 전보는 그러한 곡절을 거친 것이었다.

미 군정부는 전국학생총연맹 본부를 수색하며 관련자를 연행했고, 독촉국민회 지부장 회의에 참석한 지방 인사들을 돌려보내는 데 주력했다.[75] 그리하여 대규모 시위가 예상되던 1월18일에는 천도교 강당에서 1,300여명이 참석한 가운데 "매국노소탕대회"와 "탁치반대투쟁사 발표대회"로 행사가 축소되었다.

축사에 나선 김구의 얼굴도 무거웠다. 그는 말없이 장내를 한바퀴 훑어본 뒤에 "모두 일어서시오!" 하고 벽력같이 호령했다. 모두 놀라 일어서자 다시 "앉으시오!" 하고 호령했다.

"내 말에 따를 사람은 손을 들어 보시오."

참석자들은 일제히 손을 들었다. 모두 손을 내리라고 말한 김구는

"오늘만은 과격한 행동을 피하고 조용히 해산해 주기 바라오"

하고 간곡하게 당부했다.[76]

김구는 이러한 신탁통치 반대 기세를 활용하여 독자적인 세력구축에 착수했다. 민주의원은 1월18일에 정례회의를 열고 민주의원 대표로 좌우합작위원회에 파견한 김규식, 원세훈(元世勳), 안재홍(安在鴻), 김붕준(金朋濬) 4명의 소환을 결의했다.[77] 이어 1월20일에는 입법의원이 한민당의 주도로 찬성 44표 대 반대 1표로 신탁통치반대결의안을 통과시켰

---

73) Hodge to Goodfellow, Jan. 11, 1947, 『大韓民國史資料集(28) 李承晚關係書翰資料集 1』, p.203.
74) Hodge to Goodfellow, Jan. 13, 1947, 위의 책, p.215.
75) 《東亞日報》1947년1월18일자, 「美軍當局搜査에 學生總聯聲明發表」; G-2 Weekly Summary no.71(1947.1.23.).
76) 李哲承, 『全國學聯』, 中央日報·東洋放送, 1976, pp.250~251.
77) 《朝鮮日報》1947년1월19일자, 「左右合委代表를 召喚」.

다.[78] 같은 날 민통총본부는 관공리도 민족의 일원으로서 반탁운동에 참여할 것을 촉구하는 성명을 발표했다.[79]

김구는 또 1월19일에는 경교장으로 한민당의 김성수와 독촉국민회의 조성환, 비상국민회의의 이시영, 유림, 엄항섭, 조완구 조경한(趙擎韓) 등을 초치하여 비상국민회의와 민통총본부와 독촉국민회 세 단체의 통합 문제를 논의했다.[80]

이튿날 각 단체의 간부회의가 열렸는데, 민통총본부와 독촉국민회는 이승만이 귀국한 뒤에 결정하기로 했다.[81] 그러나 김구는 자신의 구상을 강행했다. 1월24일에는 반탁운동 재개를 위한 지도기관으로 반탁독립투쟁위원회가 결성되었다.[82] 위원장은 김구 자신이, 그리고 부위원장에는 조성환, 조소앙, 김성수 세 사람이 선정되었다.[83] 반탁투위는 3·1절 기간을 반탁주간으로 선정하고 시위 규모를 전국적으로 확대하기로 했다.[84]

4

이 무렵에 이승만에게 한가지 반가운 일이 생겼다. 미합중국 육해군 연합협회(The Army & Navy Union, USA)라는 퇴역군인 단체의 표창만찬회에 이승만이 금메달 증정 빈객으로 초청된 것이었다. 육해군연합협회는 미국에서 역사가 가장 긴 사회단체였다. 이승만은 이 단체가 증정하는 금메달을 받은 것이다. 이 단체의 60년 역사에서 금메달을 받은 사

78) 『過渡立法議院速記錄』 제16호(1947.1.20.);《東亞日報》 1947년1월22일자, 「立議에서 反託을 決議」.
79)《東亞日報》 1947년1월21일자, 「官公吏도 民族의 一員」.
80)《東亞日報》 1947년1월21일자, 「民族陣營의 統一」.
81) G-2 Periodical Report no.436(1947.1.22.).
82)《東亞日報》 1947년1월22일자, 「反託獨立鬪爭機關을 設置」.
83)《東亞日報》 1947년1월26일자, 「反託獨立鬪爭會를 結成」 및 2월5일자 反託鬪委 공고, 「反託獨立鬪爭에 關한 件」.
84) 李哲承, 앞의 책, p.253 ; G-2 Weekly Summary no.70(1947.1.17.).

미합중국 육해군연합회로부터 금메달을 증정받는 이승만.

람은 마셜 장군, 아이젠하워(Dwight Eisenhower) 장군, 루스벨트 전 대
통령 등 17명밖에 없었다. 협회가 이승만에게 금메달을 증정하는 이유는
"한국민족의 독립과 자유를 위하여 전 생애를 바친 현저한 공로와 제2차
세계대전에서 연합군에 대한 한국민족의 위대한 공헌과 한국과 미합중
국 간의 친선을 위한 귀하의 불변의 노력에 대하여 감사한다"는 것이었
다.[85] 이 뉴스는 국내 신문에 박스 기사로 보도되었다.[86]

　간헐천처럼 분출되는 신탁통치반대 열기는 1947년2월 들어서는 김구
의 주도로 임시정부봉대운동으로 전개되었다. 김구는 2월8일에 감동적인
성명서를 발표하고 "독립운동의 최고방략을 안출하며 또 그것을 운영할
수 있는 유일 최고기구를 설치하지 아니하면 아니된다" 하고 역설했다. 그

---

85) G. H. Maines to Syngman Rhee, Jan. 25, 1947, *The Syngman Rhee Correspondence
　　in English*, vol. 3, p.546.
86) 《朝鮮日報》 1947년2월2일자, 「美陸海軍聯合協會서 李博士에게 名譽勳章」; 《東亞日報》 1947
　　년2월2일자, 「李博士에게 名譽勳章」.

러한 유일 최고기구를 설치하는 방법을 김구는 다음과 같이 주장했다.

우리는 여사한 기구를 구태어 신설할 것이 없이 현존한 민통총본부, 독촉국민회, 비상국민회의 중에서 하나를 선택하면 족할 것이다. 그런데 그중에도 비상국민회의가 수십년래의 독립운동의 법통을 계승하였으니, 나는 민통총본부와 독촉국민회를 이에 합류시켜 먼저 세 기구를 단일화한 후에 그것을 적당히 확대 강화해서 독립운동의 최고기구의 임무를 감당할 수 있도록 개조하기를 주장한다.

그리고 각 정당은 합동을 원칙으로 하되 즉시에 합동이 곤란하거든 상호 긴밀하게 제휴하며 해당 정당들과 그 외 독립운동의 각 부문단체(부문단체도 같은 성질의 것은 원칙상 합동하도록 할 것)들은 각각 권위 있는 대표자를 그 최고기구에 참가시키어 공동노력하는 동시에 그 기구와 그 소속 단체와의 종적 관계를 엄밀히 해서 그 명령에 절대 복종하도록 하지 아니하면 아니될 것이다. 그러한 연후에는 이 최고기구의 지휘하에 민중에 대한 훈련, 선전, 조직을 진지하고 유효하고 신속하게 추진해서 독립진영을 민중의 토대 위에 견고하게 세우지 아니하면 아니된다.…

비상국민회의가 수십년래의 독립운동의 법통을 계승했다는 말은 1년 전에 명동 천주교 예배당에서 열렸던 임시정부 전국대의원대회를 계승했음을 뜻하는 것이었다. 비상국민회의가 대한민국임시정부의 정통성을 계승한 기구라는 뜻이었다. 김구는 독립운동의 최고지도기관으로 대한민국임시정부를 봉대할 것을 조심스럽게 주장한 것이었다. 김구는 마지막으로 다음과 같이 덧붙였다.

긴박한 형세에 부응하기 위하여 내가 평소에 생각하던 원칙을 내용도 구비하지 못하고 조솔[粗率: 거칠고 경솔함]하게 제기함은 심히 유감이다. 그러나 이것은 추후 계속하여 상의할 것을 전제로 하고 우선 이 원칙만이라도 실현하기 위하여 여러분 동지가 나와 공동분투하기를 간망(懇望)하는 바이다.

그리고 현재의 반탁독립투쟁위원회는 반탁운동을 전개하기 위한 임시기구이므로 위에 말한 독립운동 최고기구가 성립될 때에는 당연히 그 산하로 들어갈 것이고, 그럴 필요가 있으면 해산할 수도 있을 것이라고 덧붙였다.[87]

김구는 바로 실천에 들어갔다. 2월14일 오전 10시부터 창덕궁 서향각에서 열린 제2차 전국대의원대회에는 대의원 152명 가운데 반수가 넘는 87명이 참가했다. 명동 천주교 예배당에서 제1차 전국대의원대회를 연지 1년 만에 열린 회의였다. 이틀 동안 비공개회의를 열어 입법의원과 군정청의 부처장 및 고급관리가 된 대의원들의 자격정리문제를 처리하고, 회의 마지막 날인 2월17일 회의에서는 3개 단체의 통합안을 가결했다. 그리고 비상국민회의의 명칭을 국민의회(國民議會)로 바꾸었다. 그것은 대한민국 임시의정원을 계승한 기관이며 과도입법의원과 대치되는 입법기관임을 천명한 것이었다. 국민의회의 의장에는 조소앙, 부의장에는 유림이 선출되었다.[88]

김구는 또한 우익정파의 통합의 필요성을 강조하면서 한독당과 한민당의 합당을 추진했다. 그는 2월26일에 열린 한독당 간부회의에서 3월1일까지 합당이 결정되지 않으면 위원장을 사퇴하겠다고 배수진을 쳤다.[89] 그러나 한독당의 내부 사정과 두 정당의 입장 차이로 합당은 쉽게

---

87) 《朝鮮日報》 1947년2월9일자, 「國議 獨促 民統 政黨 團體 同志에 告함」; 《東亞日報》 1947년 2월9일자, 「民統·獨促을 合流코 機構의 單一化」.

88) 《朝鮮日報》 1947년2월15일자, 「非常國民會議昨日開會」, 2월16일자, 「非常國議第二日」, 2월18일자, 「國民議會로 改稱」.

89) 《朝鮮日報》 1947년2월28일자, 「金九氏韓民과 合黨을 提議」; 《東亞日報》 1947년2월28일자, 「三一節까지 右翼合黨」.

제90장 방미외교로 국내 정파들 조종　755

이루어질 수 없었다.[90]

하지만 임시정부 봉대작업은 일사천리로 진행되었다. 3월1일에 열린 독촉국민회 전국대표자대회는 대한민국임시정부를 법통정부로 추대한 다고 선언하고 이를 실현해 줄 것을 국민의회에 건의했고,[91] 국민의회는 3월3일에 긴급대의원대회를 열어 이승만을 주석, 김구를 부주석으로 추대하고, 사망하거나 민족전선과 입법의원 등으로 임시정부를 떠난 국무위원의 보선을 실시하여 일본에 있는 박열(朴烈), 북한의 조만식(曺晩植)을 포함한 오세창, 김창숙(金昌淑), 이을규(李乙奎), 이청천(李靑天) 6명을 국무위원으로 새로 선출했다.[92] 김구는 또 중국에 있는 주화대표단으로 하여금 5개 연합국(미국, 영국, 중국, 소련, 프랑스)에 대해 한국인민이 자주 정부를 조직하는 것을 승인하라는 등 4개항의 요구사항을 타전하게 했다.[93]

그러나 김구의 이러한 두번째 쿠데타 작업은 3월5일로 끝났다. 이날 이승만은 김구에게 "내가 귀국할 때까지 기다리시오. 그동안 모든 우익 단체들을 우리의 계획에 따라 행동할 준비를 갖추도록 하시오"라고 타전했다.[94] 미군 CIC와 경찰은 경교장과 운현궁 안의 독촉국민회 본부 등을 수색했는데, 독촉국민회 본부에서는 다량의 「대한민국 특별행동대 사령부 포고령」 제1호라는 인쇄물을 압수했다.[95] 김구와 조완구, 이시영, 유림 네 사람은 브라운 소장에게 불려가 두시간 동안 추궁을 받았다. 이들은 포고령건은 모른다고 대답했다.[96] 궁지에 몰린 김구는 김규식 등 중도파의 지원을 받으려 했으나 아무런 성과 없이 위신만 손상되고 말

90) 《朝鮮日報》 1947년3월1일자, 「韓民韓獨의 合堂問題, 韓獨中央常委서 決定?」; 《東亞日報》 1947년3월4일자, 「韓獨韓民合黨 事實上不可能視된다」.
91) 《朝鮮日報》 1947년3월2일자, 「臨政의 推戴를 國民議會에 建議」.
92) 《朝鮮日報》 1947년3월5일자, 「臨政國務委員補選」.
93) 《東亞日報》 1947년3월8일자, 「臨政駐華代表團 五聯合國에 發電」.
94) G-2 Weekly Summary no.78(1947.3.13.).
95) 《朝鮮日報》 1947년3월6일자, 「南朝鮮엔 美國軍政府뿐」.
96) 《朝鮮日報》 1947년3월9일자, 「金九氏等「부」小將會見」.

았다.[97]

이때의 김구의 행동은 1년이 지난 뒤에 자신이 밝힌 다음과 같은 말로 대충 짐작할 수 있다.

"이 박사가 도미하여 단독정부운동을 전개하던 때만 하더라도 나는 공표만 안했을 뿐이고 동지들에 대하여는 그 부당성을 지적하여 사태의 악화를 방지하도록 최선을 다할 것을 역설하였다. 그리고 이 박사가 귀국하면 친히 만나서 그것을 만류하려고 생각한 것이다. 물론 성명서를 발표하고 보다 더 적극적인 반대운동을 전개할 수도 있었지만 그렇게 하는 것은 나에게는 너무나 괴로운 일이다. 그러지 않아도 수백 정당이 난립하여 국정이 극도로 혼란한 가운데다가 나와 이 박사의 충돌이 표면화한다면 대내 대외적으로 지대한 영향을 끼칠 것이 염려되었기 때문이다. 그리고 나는 이 박사의 애국심을 믿었기 때문이다. 이 박사도 평생을 조국해방을 위하여 바친 분이니 일시적 착각으로 인하여 그릇된 길로 들어갔다 할지라도 친히 만나서 사리를 따지고 대의를 밝혀서 간절한 뜻으로 말한다면 잘 깨달으리라고 생각했던 것이다.

나는 이 박사가 돌아오는 즉시로 만나서 나의 뜻을 말하였다. 그뿐만 아니라 이 박사가 비행기에 내려서라도 기자단에게 무슨 말을 하면 안되겠기에 내가 비행장에까지 나갔다. 그러나 이 박사는 나의 권고를 듣지 않고 마침내 단독정부노선으로 돌진한 것이다.…"[98]

그것은 김구가 남북협상을 위하여 평양을 방문하기 한달쯤 전의 시점에 한 말이었다. 이때쯤에는 김구는 이승만의 도미 외교활동이 단독정부수립운동이었고 그것은 민족 분단을 초래할 부당한 활동이었다고 판단하게 되었다.

이승만은 임병직을 2월10일에 런던으로 파견했다. 임병직은 두달 동

---

97) G-2 Weekly Summary no.76(1947.2.26.), no.78(1947.3.13.).
98) 1948년3월《新民日報》社長과의 會談記, 嚴恒燮 編, 『金九主席最近言論集』, 三一出版社, 1948, pp.89~90.

안 런던에 머물면서 영국 정부당국자들과 그곳에 주재하는 외국사절 및 언론인들과 접촉하면서 활동을 벌였다.[99] 이승만은 서울에도 연락하여 한국민족대표 외교후원회로 하여금 조소앙을 중국에 파견하도록 했다.[100] 그러나 조소앙의 파견은 실행되지 않았다.

이승만은 비록 기대한 유엔총회 참석이나 트루먼 대통령 및 마셜 국무장관과의 면담은 이루어지지 않았지만, 그의 방미 시기가 미국의 대소정책의 전환과 새로운 대한정책이 구체적으로 검토되고 있던 시기였다는 것은 그에게 여간 큰 행운이 아니었다. 그 모든 변화가 많은 국민들에게 그의 외교활동의 성과로 인식되었기 때문이다.

5

트루먼 대통령은 1947년3월12일에 의회연설을 통하여 소련의 위협을 받고 있는 그리스와 터키에 대해 4억달러의 경제 및 군사원조 지출 승인을 요구했다. 뒷날 「트루먼독트린」으로 불리게 된 이 선언은 미소관계가 냉전의 단계로 돌입했음을 선언한 것이었다.

이승만은 이튿날 트루먼 대통령에게 편지를 보내어 트루먼의 "역사적 연설"에 대하여 환영을 표시하면서 다음과 같이 썼다.

공산주의에 대한 이 용감한 입장에서, 주한미군당국자들에게 각하의 정책에 따를 것과 민족주의자들과 공산주의자들의 연립과 협동을 추진하는 일을 포기하도록 지시하여 주시기 바랍니다.

이승만은 이어 한국은 그리스와 같은 전략적 위치에 놓여 있다고 말

---

99) G–2 Weekly Summary no.75(1947.2.20.); 林炳稷, 앞의 책, pp.290~294.
100) 《朝鮮日報》 1947년2월12일자, 「中英兩國에 使節派遣」.

이승만과 함께 귀국한 광복군 총사령 이청천. 왼쪽부터 김규식, 김구, 이청천, 이승만, 프란체스카.

하면서, "미군지역에 과도적 독립정부를 즉시 수립하는 것은 밀려드는 공산주의를 차단하는 방벽을 쌓고 남북한의 통일을 가져오게 될 것입니다"라고 썼다.[101]

　이승만은 귀국을 서둘렀다. 그러나 그의 귀국은 1945년 가을에 귀국할 때와 마찬가지로 한편의 코미디였다. 3월27일자로 된 이승만의 여행허가서는 4월2일 전후에 출발하는 미군용비행기를 이용할 수 있게 되어 있었다. 그러나 그 계획은 국무부의 훼방으로 취소되고, 정기항로 개설 준비로 4월5일에 미네아폴리스를 출발하여 도쿄까지 시험 운행하는 노스웨스트 항공편으로 미국을 떠났다.[102] 도쿄에서는 맥아더 장군과 회담을 가졌고, 도쿄에서 상해를 거쳐 남경으로 가서 장개석 총통과 회담한 다음, 광복군 총사령 이청천을 대동하고 장개석이 제공한 군용기 '자강호(自强

---

101) Rhee to Truman, Mar. 13, 1947, *FRUS 1947*, vol.Ⅵ., p.620.
102) Robert T. Oliver, *Syngman Rhee: The Man Behind the Myth*, p.235.

號)'편으로 김포비행장에 도착한 것은 4월21일이었다.[103] 맥아더는 하지의 강력한 반대에도 불구하고 이승만의 귀국을 승인했던 것이다.

전국은 이승만의 방미외교의 성공을 환호하는 분위기로 들끓었다. 미군정부 정보참모부(G-2)에 근무하던 로빈슨(Richard D. Robinson)은 뒷날 이때의 상황을 "이승만의 대중적 인기의 계량기는 거의 폭발 직전에 이르렀다"라고 기술했다.[104]

이승만은 4월23일에 돈암장을 찾아온 기자들에게 다음과 같은 성명서를 발표했다.

내가 미국에 가서 가장 역설한 것은 해방 후 1년 반이 지나도록 한인이 독립정부가 없이 군정청 관리하에서 민생곤란과 국제상 중요문제에 해결책이 없이 고통을 받고 있는 중에서 하루바삐 자치자주하는 정부수립이 필요하며, 따라서 동서양 모든 점령국이 다 총선거를 행하여 정부를 조직하였고, 심지어 패전국인 일본까지 총선거로 정부를 수립하였는데, 우리는 지금까지 군정관리를 받게 됨은 사리상으로도 불공평함이니, 우리 민족 전체는 무슨 방식으로서든지 더 기다리지 않을 결심이란 것을 선언한 바, 미국의 당국과 모든 공론이 다 우리의 주장을 올케 시인하기에 이르렀다.

미국이 전쟁 전후로 소련과 협의 진행을 주장한 것으로 공산분자들을 포용해서 중립 태도를 표시하느라고 동서 각국에 이 정책을 지켜온 것이다.

이승만은 이처럼 자신의 자주정부 수립의 당위성 주장을 미국의 당국과 여론이 인정하게 되었다고 말하고, 특히 「트루먼독트린」을 계기로 미

---

103) 《京鄉新聞》 1947년4월22일자, 「李博士空路로 歸國」.
104) 리차드 로빈슨 지음, 정미옥 옮김, 앞의 책, p.183.

국의 대소정책이 바뀌게 되었음을 강조했다.

3월12일에 미국대통령 트루먼씨가 국회에 보낸 통첩에 이 정책이 전부 변경되어 동서 각국 문제에 소련이 미국과 합작하지 않는 경우에는 미국이 단독진행할 것과 공산세력의 확대를 어디서든지 제지하여야 될 필요를 주장하야 세계에 선포하였나니, 이것이 모든 나라에 한 서광을 비추게 된다.

지나간 1년 동안을 두고 정부수립에 노력하여 인내하여 왔으나 하나도 성공되지 못한 것은 미국의 완화정책으로 인하여 실패된 것인데, 지금은 이 정책이 변한 결과로 우리 총선거에 의하야 정부수립할 계획에 모든 장애가 다 설해(雪解)하게 된 것이다. 트루먼 대통령이 한국에 민주정체 건설을 절대 지지하여 국무성 당국 모씨는 한국에 총선거로 독립정부를 수립함에 극찬성이고 중국은 장 주석 이하 정부당국과 민중여론이 다 동일히 만강열정(滿腔熱情)을 표하며, 맥아더 장군은 나와 두시간 동안 담화에 한인들이 자치자주할 능력 있는 것과 그 권리 사용에 필요는 누구나 인정치 않을 사람이 없다고 말하였다.

이승만이 미국에 머무는 동안 하지 장군이 새로 발족한 부간특별위원회의 소환을 받고 워싱턴을 다녀왔는데, 이승만은 이때에 하지를 만났던 일과 관련하여 다음과 같이 기술했다.

워싱턴에서 하지 중장과 나와 협의된 것이 더욱 충분하야, 입법의원을 통하여 총선거제도 통과의 필요를 역설하므로 나의 회환(回還)이 심히 긴급함을 나는 느낀 것이다. 기왕에 하지 중장이 미국 완화정책하에서 공산분자와의 합작을 부득이 주장하여 왔으나, 지금은 이 정책이 다 변하므로 하지 중장도 절대 우리와 합작할 것을 확실히 믿으며, 우리도 이 방면으로 노력할 것이니, 군정당국 내에서 기왕에 혹 공산분자에게 대하여 동정한 사실이 있다 할지라도 지금은 다 변경하여 이런 폐단이 다시 없기를 바란다. 이번에 마셜 장군이 소련정부에 통첩한 의미도 미국의 새 정책을 표시함이니, 소련이 이에 대하여 호의로 미국과 합작하기를 우리는 바라는 중이며 따라서 합작 여부에 관계를 물론하고 우리는 완정(完定)한 우리 정책을 진행할 결심이니, 이에 대하야 아무 지장이 없을 것을 나는 확신한다.

이승만은 이어 "공산당 동포들"에게 자주정권을 세우기 위하여 "합심합작"하기를 촉구하고, 좌우합작 그룹에 대해서도 "민족통일을 방해하는" 행동을 하지 말 것을 촉구했다.

다시 공산당 동포들에게 부탁할 말은 기왕에 중복 권고한 바와 같이 정치나 경제상 주의를 고집하여 국권수립에 지장이 되지 말고 전 민족의 합심합력으로 속히 자주정권을 회복하여 가지고 만년복리의 기초를 세우기에 합심합작하기를 바라며, 만일 집요하여 일향 파괴를 주장할진대 우리 전 민족은 더욱 포용할 수 없다. 그리고 지금부터는 좌우합작이라는 문제로 민족통일을 방해하는 행동이나 언론은 일절 없기를 갈망한다.

마지막으로 이승만은 남한에 먼저 과도정부를 수립하고 그 과도정부로 하여금 미소 양국과 연합국들과 협의하여 하루바삐 "삼팔이북을 해방하는" 구상을 내비쳤다.

과도정부수립에 대하여 다소 문제점이 있었으나, 우리의 주장하는 바는 남북정부를 수립하기 위하여 우선 남선에서 내치외교상 문제를 해결하며 남북통일을 미소양국과 연합 각국으로 교섭 개방할 계

획이니, 서북동포들도 이것을 절대 지지하는 것이 하루바삐 삼팔이북을 해방하는 첩경이라 한다.[105]

이처럼 이승만의 성명은 새로운 국제정세 변화에 대한 확신과 그에 따른 확고한 결의에 차 있었다.

4월27일에 서울공설운동장에서 열린 환영식에서도 이승만은 "나는 좌우합작의 성공을 믿지 않았다"라고 잘라 말하면서 입법의원이 총선거법안을 급속히 만들어 남한과도정부를 수립해야 한다고 역설했다. 김구를 겨냥해서는 "대한임시정부의 법통을 고집할 필요가 없으며 이 문제는 보류해 두어야 될 것이다"라고 말하고, 김규식에 대해서는 "그리고 김규식 박사도 이제는 합작을 단념하고 나와 같이 보조를 취할 것을 결정하였다"라고 단정적으로 말했다.[106] 도하 신문에는 "국부 이 박사 외교성공 만세(國父李博士外交成功萬歲)" 등의 축하 광고가 봇물을 이루었다.

———
105) 《朝鮮日報》 1947년 4월 24일자, 「南朝鮮問題于先解決 統一은 美蘇와 交涉」; 《東亞日報》 1947년 4월 24일자, 「美緩和政策修正」.
106) 《東亞日報》 1947년 4월 29일자, 「自由立場서 蘇와 折衝」.

91장

다시 열린 미소공동위원회에 참가 거부

1. 다시 열린 미소공동위원회

1946년5월6일에 무기휴회에 들어갔던 미소공동위원회는 1947년5월 21일에 서울에서 재개되었다. 미소공위를 재개하기로 최종적으로 합의된 것은 1947년3월10일부터 모스크바에서 열린 미국, 영국, 프랑스, 소련 4 개국 외상회의에 참석한 마셜(George C. Marshall) 미국무장관과 몰로 토프(Viacheslav M. Molotov) 소련외상의 편지교환에 의해서였다. 그동 안의 경위를 좀 자세히 살펴볼 필요가 있다.

미소공위가 무기휴회된 뒤로 하지(John R. Hodge) 장군은 북한의 치 스차코프(Ivan M. Chistiakov) 소련군사령관과 미소공위 재개문제에 관 하여 편지를 교환하고 있었는데, 1947년1월11일에 이르러 1946년11월과 12월에 마지막으로 교환한 편지 내용을 공개했다.[1] 이 편지가 공개되자 조속한 독립정부수립운동을 벌이고 있던 우익정파들은 벌집을 쑤셔 놓 은 듯한 반응을 보였다. 하지 장군은 국무장관이 경질되는 시점인 1월20 일에 맥아더 장군에게 앞으로 2개월 이내에 미소공위를 속개하거나 정부 차원의 어떤 "적극적인 행동"이 취해지지 않으면 아마도 미국은 한국에 서 스스로의 임무를 완수할 기회를 잃게 되고, 그 결과 폭동이 일어날 위 험성이 증대될 것이며, 한국인들의 신뢰도 상실할 가능성이 있다고 심각 한 우려를 표명하는 보고전보를 보냈다.

그런데 평소에 한국사정에 관한 하지의 보고를 국무장관에게 전하면 서 자신의 의견은 잘 피력하지 않던 맥아더가 1월22일 오전에 하지의 이 전문을 마셜 장관에게 타전하고 나서 오후에 따로 자신의 의견을 제시하 는 전보를 다시 보낸 것은 매우 이례적이었다.

---

1) 《朝鮮日報》 1947년1월12일자, 「共委續開에 關하야 美蘇書翰交換內容」.

이 전문에서 맥아더는 한국문제의 해결 방안으로 네가지를 건의했다. 그것은 (1) 모든 한국문제를 유엔으로 이첩하거나, (2) 현존하는 한국문제를 조사하고 그것을 해결하는 방안을 권고할 목적으로 이해당사국 아닌 국가들을 포함한 위원회를 구성할 것을 미국정부가 요청하거나, (3) 모스크바결정 제3항의 한국 조항의 의미를 명확하게 하여 실행 가능하도록 하기 위하여 미국, 영국, 중국, 소련 정부의 회의를 소집하거나, (4) 하나의 독립국가로 만든다는 계획에 따라 한국이 하나의 정치적 및 경제적 단위로 성공적으로 발전하는 데 장애가 되는 모든 문제들을 해결하기 위하여 미소 간의 최고위급 회담을 개최하는 것이었다.[2]

맥아더는 이처럼 하지가 강조한 미소공위의 재개문제보다도 한국문제를 유엔에 이첩하는 방안을 맨 먼저 꼽았는데, 그것은 방미길에 도쿄(東京)에 들렀던 이승만의 주장이 반영된 것일 수 있다. 앞에서 본 대로 이승만은 이때에 맥아더의 오른팔인 맥아더 사령부의 정보참모장 윌로비(Charles A. Willoughby) 장군과 점심을 같이 하며 대화를 나누었고, 맥아더 장군과도 두시간이나 만났다.

미 국무부 극동국장 빈센트(John C. Vincent)는 1월27일에 신임 마셜 장관에게 하지와 맥아더의 건의를 검토하면서 한국문제에 대한 미국정부의 대응책을 건의하는 비망록을 제출했다. 빈센트는 한국의 독립을 준비하기 위하여 남북한을 통한 행정기구를 수립하는 문제는 미국과 소련의 합의에 달렸고, 맥아더의 처음 세가지 사항은 원칙적이고 또 바람직하기는 하지만 현실성이 없다고 했다. 미국과 소련 사이에 합의가 없는 상황에서 다른 나라를 관여시키는 것은 바람직한 진전을 이룰 수 없을 것이라는 것이었다.

맥아더의 네번째 건의사항, 곧 미소 사이의 최고위급 회담의 개최 문제와 관련해서는, 지난 반년 동안 하지가 미소공위의 재개를 소련쪽에

---

2) Memorandum by Vincent to Marshall, Jan. 27, 1947, *FRUS 1947*, vol. Ⅵ., 1972, p.601.

요구해 왔음에도 불구하고 아무런 성과가 없는 상황에서 또다시 미국쪽이 정부 사이의 접촉을 촉구하더라도 바람직한 성과는 거둘 수 없을 것이라고 했다. 그보다도 그러한 미국정부의 행동이 거꾸로 소련쪽에 미국이 한국에 대한 책임을 빨리 정리하고자 하는 노력의 표시로 잘못 해석될지 모르기 때문에 미국으로서는 소련이 정부 사이의 접촉을 해오기를 기다려야 한다고 빈센트는 건의했다. 그리고 그것이 모스크바결정의 범위 안이건 그 범위를 벗어나는 것이건 소련의 제안을 진지하게 고려해야 한다고 했다.

빈센트는 소련의 제의를 기다리는 동안 국무부는 한국의 내년도 구제 및 복구비 예산을 의회로부터 획득하기 위하여 전쟁부[육군부]에 협력하는 한편, 현재의 예산이 의회에서 승인된 뒤에는 전쟁부의 예상보다 더 확대된 계획을 실행할 수 있도록 5,000만 달러의 한국을 위한 '특별교부금(Grant in Aid)'을 입법화할 것을 검토해야 한다고 주장했다.[3]

마셜은 빈센트의 건의를 받아들여 1월29일에 그에게 남한의 한정적 정부(definite government)를 조직하고 그 경제를 일본경제와 연결시키는 정책 초안을 작성하라고 지시했다. 마셜은 또 전쟁부에 한국을 위한 '특별교부금' 지출을 국무부가 지원하겠다고 알렸다.[4]

같은 날 열린 국무부, 전쟁부, 해군부 장관회의에서 전쟁부 장관 패터슨(Robert P. Patterson)은 전쟁부가 당면한 가장 시급히 해결해야 할 유일한 문제는 한국문제라고 말했는데,[5] 그것은 위에서 본 하지의 보고전문을 근거로 한 것이었다.[6]

마셜 국무부 장관과 패터슨 전쟁부 장관은 2월7일에 앞으로의

3) *ibid.*, pp.601~602.
4) *ibid.*, p.603 주17).
5) Walter Millis ed., *The Forrestal Diaries*, Viking Press, 1951, pp.241~242.
6) 차상철, 『해방전후 미국의 한반도정책』, 지식산업사, 1991, p.127.

대한정책에 관하여 두 장관에게 제출할 건의를 준비할 기구로 두 부의 고위관리로 구성되는 '한국문제에 관한 부간특별위원회(The Special Interdepartmental Committee on Korea)'를 설치하기로 결정했다.[7]

부간특별위원회는 예산국의 존스(J. Weldon Jones), 국무부의 극동국 부국장 펜필드(J. K. Penfield), 미소공위 수석대표였던 아널드(Archibold V. Arnold)로 구성되었다. 부간특별위원회는 서둘러 한국에 대하여 앞으로 미국이 취해야 할 행동 요강을 작성했다. 토의에는 전 국무차관 그루(Joseph C. Grew)도 참가했다. 부간특별위원회가 보고서 작성을 서둔 것은 3월10일부터 열리는 모스크바의 4개국 외상회의에 참가하는 마셜 장관의 일정에 맞추기 위해서였다. 그리하여 2월25일에는 장문의 보고서 초안이 두 장관에게 제출되었다. 이 보고서 초안은 이 시점의 미국정부의 한국에 대한 인식을 종합적으로 집약한 것이어서 꼼꼼히 살펴볼 만한 가치가 있다.

보고서 초안에서 가장 눈길을 끄는 부분은 미국에 대한 한국의 중요성을 평가한 부분이다. 보고서 초안은 먼저 남북한의 현상을 설명하고 나서 한국의 중요성을 전략, 정치, 경제의 세 분야로 나누어 다음과 같이 평가했다.

먼저 전략적으로, 미국이 한국에 군대나 기지를 유지하는 이익은 거의 없다. 왜냐하면 만일 극동에서 전쟁이 발생하는 경우 현재 한국에 주둔하는 군대는 더 증강되지 않는 한 미국으로서 군사적인 약점이 될 뿐 아니라 아시아 대륙에서 공격작전을 전개하는 경우에도 한반도는 우회의 대상이 되고 중요성은 없다. 그러나 만일 적대하는 군대가 한반도에 강력한 공군기지를 설치했을 때에는 미국의 동아시아, 만주, 황해, 동해 및 도서들에서 행하는 수송이나 작전을 방해할 수 있게 된다. 곧 미국에 대하

---

7) Marshall to MacArthur, Feb. 7, 1947, *FRUS 1947*, vol. Ⅵ., pp.605~606.

여 한국은 현재 군사적인 이익을 갖지 못하는 지역이기는 하지만 적대국, 특히 소련이 전 한국을 지배 아래 두는 경우 극동에서의 미국의 이익에 대한 위협이 될 수 있다. 따라서 미국으로서는 이 지역을 항구적인 군사적 중립지대로 만드는 것이 가장 이익에 부합된다.

다음으로 정치적 관점에서는 다음과 같이 평가되었다.

(1) 미국은 장기간에 걸쳐 극동의 피압박 민족들의 독립에 관심을 가져왔다. 만일 한국에 대한 우리의 책임을 실현하는 일에 실패할 경우 종속지역에서의 우리의 지위에 손상을 입히는 것과 함께 이들 지역은 곧바로 소련의 압력에 굴복하게 된다. 그리고 마침내는 전 세계에 걸쳐서 우리의 이익에 심각한 영향을 미치게 된다.

(2) 한국은 미국에 대단히 중요한 정치적 이익이 있는 중국과 일본에 인접해 있으면서 또 소련 영토와 인접해 있어서 소련의 영향을 받기 쉽다. 한국에서의 사태 진전이 이들 중요지역에서의 미국의 정치적 이익에 중요하다.

(3) 현재 한국은 미국과 소련이 직접 대치하고 있는 유일한 지역이다. 그곳은 소련의 이데올로기에 대비한 미국 민주주의 개념의 유효성을 시험하는 지역이다. 한국에서 미국 민주주의의 심판에 대한 충분한 지원이 이루어지지 않는다면 전 세계가 미국과 미국정부 형태의 유효성과 생동력에 대하여 즉각적으로 의심하게 될 것이다.

(4) 한국이 갖는 미국의 으뜸가는 정치적 중요성은 그곳의 상황 진전이 미소관계 전체에 미치는 효과이다. 소련을 봉쇄하는 우리의 단호한 정책에 약점이 있어서는 안된다. 왜냐하면 한 지역에서의 약점은 언제나 소련에 우리가 모든 지역에서 우유부단한 것으로 비치기 때문이다. 한국에서 소련에 양보하거나 피하는 것은 독일이나 다른 훨씬 중요한 지역에서 소련의 태도를 경화시키는 결과가 되기 때문이다.

보고서 초안은 경제적인 면에서는 한국의 중요성을 인정하지 않았다. 다만 한국이 가진 수력발전이나 중금속, 화학산업, 그리고 철도망 등이

비우호국에 의하여 지배되는 경우 미국으로서는 무시할 수 없는 존재가 된다는 것이었다.[8]

2

부간특별위원회는 이러한 인식에 입각하여 소련과의 합의가 이루어지지 않은 상황에서 미국이 취할 수 있는 행동 방안으로 (1) 현재의 정책과 계획을 그대로 유지하거나, (2) 남한의 독립정부를 승인하거나, (3) 한국문제를 외상회의 또는 유엔에 회부하거나, (4) 남한에서 과감하고 적극적인 계획을 추진할 것을 제시했다.

이 네가지 방안에 대하여 보고서 초안은 다음과 같이 평가했다.

첫째로 현재의 정책은 모스크바결정이 곧 실시될 것을 전제로 한 잠정적인 것인데, 재원부족과 한국인의 협력을 얻을 수 없기 때문에 충분한 성과를 거두지 못하고 있다. 그리하여 한국의 현상은 점점 더 악화되고 있고, 한국인은 미 군정부와 미국에 대하여 적대적이 되고 생명을 희생시키는 폭동과 무질서의 혼란을 유발하고 있다. 그러므로 현재의 비효율적인 정책을 유지하는 것은 현명하지 못하다.

둘째로 이승만 그룹이 주장하듯이 미국이 남한의 독립정부를 승인하는 것은 전 한국을 친소그룹의 정치적 지배 아래 두는 결과가 될 것이다. 만일 우리가 남한의 독립정부를 승인하고 미군이 철수한다면 미국과 소련이 직접 대치하고 있는 유일한 지역에서 벌인 미국과 소련의 힘의 비교에서 미국이 완전히 정치적 패배를 당한 것이 세계적으로 분명해질 것이다. 독립된 남한이 소련의 지배 아래로 넘어가지 않도록 보증하는 방위수단을 미국이 일방적으로 설립하는 일은 불가능할 것이다. 그러나 세계적인 힘 관계에 주는 효과는 단지 남한이 미국으로부터 소련의 지배 아래

---

8) 미국무부문서 895.01/2-2547 Memorandum for the Secretary of State and the Secretary of War, Subject: Korea, Feb. 25, 1947, (*Internal Affairs of Korea 1945~1949 IX*), pp.16~19.

로 넘어간다는 사실에 그치지 않는다. 미국의 위신과 영향력의 상실, 그리고 그 결과로 발생하는 소련의 영향력과 힘의 증대는 극동에서의 미국의 이익뿐만 아니라 미국의 세계적인 지위 전체에 불리한 영향을 미칠 것이다.

셋째로 한국문제를 모스크바에서 열리는 외상회의나 유엔에 회부하는 것은 한국에서의 미국의 실패를 자인하는 것이고 위신을 손상시키는 것이다. 그것은 또한 미국이 한국에 관한 국제적 합의의 실행을 거부하려 한다고 소련으로부터 비난받을 것이 틀림없다. 또한 그것은 한국문제에 새로운 참가자를 추가하려는 미국의 일방적인 행위가 문제해결을 앞당기지는 못할 것이므로 결국 이러한 조치를 취하는 것은 적절하지 않다. 그러나 문제해결을 위한 다른 모든 시도가 실패하는 경우 마지막으로 유엔에 상정시키는 것이 바람직한 일일지 모른다. 그러나 그러기 위해서는 소련이 문제해결을 의도적으로 방해하려는 것이 명백해져야 한다.

마지막으로 남한에서 과감하고 적극적인 계획을 실행하는 것은, 이러한 미국의 적극적인 자세가 한국이 소련의 지배 아래로 들어가는 것을 허용할 의사가 없음을 소련쪽에 명백히 보여 주는 것이고, 소련에 미국과 같은 자금과 노력을 요구함으로써 앞으로의 교섭에서 유리한 입장에 설 수 있는 이점이 있다. 또한 한국의 부흥을 위한 새로운 계획은 미소철수 이후의 독립 한국을 유지해 가기 위한 기초가 될 뿐 아니라 한국인의 협력을 얻을 수 있다는 점에서 미국에 유리하다.[9]

부간특별위원회의 이러한 판단은 이 시점까지도 미국이 단독으로 남한 독립정부를 승인하거나 한국문제를 외상회의나 유엔으로 이첩하기보다는 소련과의 직접교섭을 통하여 해결한다는 방침을 견지하고 있었음을 말해 준다. 그리고 지금까지의 정책을 바꾸어 "과감하고 적극적인" 계획을 추진하기로 한 것은 소련과의 교섭에서 유리한 입지를 확보하기 위

---

9) Draft Report of Special Interdepartmantal Committee on Korea, *FRUS 1947*, vol. Ⅵ., pp. 611~614.

한 것이었음은 말할 나위도 없다.

하지가 1947년2월에 워싱턴을 방문한 것은 부간특별위원회가 그의 의견을 듣기 위해 소환한 데 따른 것이었다. 하지는 먼저 2월24일에 백악관에서 트루먼 대통령과 회견했다. 이 자리에서 그는 남한의 경제적 곤란과 정치적 혼란을 자세히 설명하고 미소 사이의 합의만이 한국문제를 해결할 수 있을 것이라고 강조했다. 트루먼은 하지와 맥아더의 이러한 보고를 기초로 하여 미소공위를 재개시켜 협상을 성공적으로 이끌기 위한 노력을 한번 더 시도하겠다는 마셜 국무장관의 계획을 승인했다.[10]

이튿날 하지는 상원 군사위원회에 출석하여 만약 미군이 철수하면 북한정권이 전 한반도를 장악할 것이라고 진술했다. 3월3일에 열린 전쟁부와 국무부의 한국문제 전문가들과의 회의에서도 하지는 한국 상황의 심각성을 강조하면서 적극적인 대책의 필요성을 역설했다. 그는 소련과 사전협정 없이 미국이 철수하면 한국은 소련의 위성국이 될 것이고, 지금과 같이 미국에 대한 평판이 나쁠 때에 물러난다면 한국인들과 동양인들에게 다시 고개를 들지 못할 것이라고 말했다.[11]

부간특별위원회는 위와 같은 판단에 입각하여 한국문제 해결을 위한 두가지 중요한 방안을 제시하고, 이 방안에 따르는 4개항의 구체적인 조치를 권고했다. 한국문제 해결을 위한 방안의 하나는 모스크바 4개국 외상회의가 끝나기 전에 소련정부와 한국문제에 대하여 접촉하는 것이고, 다른 하나는 한국의 경제부흥, 교육과 행정의 개선, 정치 지도를 위한 계획에 필요한 '특별교부금'을 의회에서 법제화하는 것이었다.[12]

이 부간특별위원회가 제출한 보고서 초안에 대하여 2월28일에 전쟁부 차관 피터슨(Peterson), 예산국의 존스, 국무부의 점령지역 담당 차관

---

10) Harry S. Truman, *Memoirs by Harry S. Truman*, vol. Ⅱ., *Years of Trial and Hope*, Doubleday & Company, 1956, p.232.
11) 정용욱, 『해방전후 미국의 대한정책』, p.370.
12) Draft Report of Special Interdepartmental Committee on Korea, Feb. 25, 1947, *FRUS 1947*, vol.Ⅵ., pp.617~618.

보 힐드링(John R. Hilldring), 극동국장 빈센트, 그리고 주한미군사령관 하지 장군이 회합하여 토론한 결과 대체로 승인했다. 그리고 국무장관 대리 애치슨(Dean Acheson)은 보고서의 권고에 따라 3월28일에 전쟁부 장관 패터슨에게 (1) 앞으로 3년 동안 5억4,000만달러를 초과하지 않는 범위 안에서 한국에서 지출하기 위한 법안이 의회에서 승인되도록 요구한다. (2) 1948년도에 2억1,500만달러의 지출금에 대한 의회의 승인을 요구한다. (3) 한국에 있는 우리의 행정부를 개편한다. (4) 경제, 재정, 산업의 부흥을 위한 고위급 경제그룹을 한국에 파견한다는 등의 조치를 시급히 취해야 한다는 점에서 국무부와 전쟁부가 같은 의견이라는 것을 확인하는 편지를 보냈다.[13] 애치슨은 또 4월5일에 모스크바에 가 있는 마셜에게 모스크바 외상회의가 끝나기 전에 국무장관이 소련과 접촉하도록 타전했다.[14]

애치슨의 편지에 대하여 전쟁부 장관 패터슨은 미국은 한국을 소련에 내어 주지 않는 방법으로 한국문제를 해결하고, 될 수 있는 대로 빨리 한국으로부터 철수할 수 있도록 행동해야 한다고 확신한다고 말했다. 패터슨은 한국인들의 독립의욕이 매우 강하기 때문에 점령을 유지하기가 가장 어려운 지역이고, 미국의 안전보장의 견지에서도, 특히 소련과 가까운 장래에 한국을 통일시킨다는 합의가 이루어지지 않는다면 장기적인 점령에 합당한 결과를 획득할 가능성도 희박하므로 조기 철수를 해야 한다는 것이었다. 한정된 인적자원과 재원밖에 인정받고 있지 못한 전쟁부로서 이처럼 전략적 가치가 없는 지역의 점령을 계속하는 것은 부담일 뿐이라는 것이었다. 패터슨은 대안으로 한국문제를 유엔으로 이첩하거나 남한에 독립정부를 수립하는 방안을 신중히 고려해야 한다고 제안했다.[15]

---

13) Acheson to Patterson, Mar. 28, 1947, *FRUS 1947*, vol. Ⅵ., pp.621~622.
14) Acheson to Marshall, Apr. 5, 1947, *FRUS 1947*, vol. Ⅵ., pp.628~630.
15) Patterson to Acheson, Apr. 4, 1947, *FRUS 1947*, vol. Ⅵ., pp.625~628.

국무부도 철수시기 문제를 제외하고는 패터슨의 주장과 같은 입장이었다. 다만 국무부는 적극적인 계획을 추진하는 것만이 결과적으로 한국을 소련에 내어 주는 일 없이 미국의 개입을 감소시킬 수 있는 유일한 방법이라고 생각했다. 빈센트는 4월8일에 애치슨에게 보고한 비망록에서 이러한 견해를 표명하면서 만일 소련과 어떤 합의가 이루어지지 않을 경우에는 한국문제를 유엔으로 이첩하거나 남한에 독립정부를 수립하는 것도 현명한 방법이 될 수 있을 것이라고 건의했다.[16]

마셜 장관은 4월8일에 모스크바에서 소련외상 몰로토프에게 편지를 보내어 "표현의 자유라는 민주적 권리에 대한 존중의 바탕 위에서" 될 수 있는 대로 빨리 미소공위를 재개하자고 제의했다.[17] 마셜의 편지에 대하여 몰로토프는 4월19일에 답신을 보내어 미소공위가 교착상태에 빠진 것은 미국이 모스크바결정에 반대되는 입장을 견지하고 있기 때문이라고 말하고, 그러나 한국을 될 수 있는 대로 빨리 통일된 주권국가로 만들기 위하여 모스크바결정을 "정확하게 이행한다"는 원칙 아래 미소공위를 오는 5월20일에 서울에서 재개하자고 제안했다. 마셜과 몰로토프 사이의 이러한 모호한 합의에 따라 미소공위는 5월21일에 덕수궁 석조전에서 재개되었다.

16) 차상철, 앞의 책, p.138.
17) Marshall to Acheson, Apr. 2, 1947, *FRUS 1947*, vol. Ⅵ., pp.624~625.

2. "임시정부 법통은 잠복한 상태로 두었다가…"

1

이승만이 없는 동안 임시정부 그룹은 임시정부봉대운동을 통하여 세력이 크게 강화되어 있었다. 그것은 입법의원으로 하여금 빨리 보통선거법을 제정하게 하여 남한의 독립과도정부를 수립하는 작업을 추진할 것을 구상하면서 귀국한 이승만을 몹시 곤혹스럽게 만들었다.

그동안에 있었던 임시정부 그룹의 가장 눈에 띄는 행동은 1947년3월3일 하오에 운현궁의 독촉국민회 회의실에서 긴급대의원대회를 열고 대한민국임시정부의 확대 강화를 위한 대책을 토의한 결과 대한민국임시정부 주석에 이승만, 부주석에 김구를 추대하는 동시에 이미 임시정부를 떠난 김원봉(金元鳳), 장건상(張建相), 김성숙(金星淑) 등 6명의 국무위원 대신에 오세창(吳世昌), 김창숙(金昌淑), 박열(朴烈), 이청천(李靑天), 조만식(曺晩植), 이을규(李乙圭) 6명을 국무위원으로 새로 보선한 일이었다. 그리고 각 부장의 개선은 주석과 부주석에게 일임하기로 했다.[18]

이승만은 임시정부 그룹의 이러한 행동을 단호히 배격했다. 그는 귀국성명을 발표한 4월23일 오후에 이 문제에 대한 기자들의 질문에 다음과 같이 대답했다.

"중경으로부터 들어온 임시정부가 조선정부가 아니라는 것은 벌써 김구씨도 서명하고 이것은 국제적으로 알려져 있으니 응당 소멸된 것으로 본다. 그러나 그 기구로써 독립운동을 위한 협의체로는 할 수 있다."[19]

한편 국민의회는 4월26일 오후에 긴급상임위원회를 열어 이승만이 발표한 임시정부의 성격문제에 대하여 토의하고, 이승만의 주석 취임을

---

18) 《朝鮮日報》 1947년3월5일자, 「臨時國務委員補選?」; 《東亞日報》 1947년3월5일자, 「大韓臨政을 强化」.
19) 《京鄕新聞》 1947년4월24일자, 「우리代表參加는 再開共委에 絶對必要」.

촉구하기 위하여 교섭위원으로 조소앙(趙素昻), 김승학(金承學), 박윤진(朴允進)을 선정하여 4월28일에 이승만을 방문하게 했다.[20]

이승만은 4월29일에 열린 민주의원 회의에 참석하여 미국 방문의 보고와 앞으로의 활동방향에 대하여 설명했다. 이승만은 우리가 미국과 합작하여 조선문제를 해결할 수 있을 만큼 현재의 미국정책은 우리에게 호전되고 있는 만큼 임시정부 봉대문제는 보류하고 우선 미군과 합작하여 속히 보선법을 제정하고 총선거를 통하여 과도정부를 수립할 것과 그 정부로 하여금 유엔에 가입케 하여 남북을 통일시키고 자주독립을 촉진시켜야 한다고 주장했다.[21]

국민의회도 같은 날 오후에 국무위원과 상무위원 및 독촉국민회 대표의 연석회의를 열고, 이승만의 임시정부 주석 취임문제에 대하여 토의했다. 이승만은 미국의 대조선정책이 변경된 만큼 임시정부 봉대는 당분간 중지하는 동시에 주석 취임도 보류할 것을 역설했다.[22]

5월2일에는 경교장에서 이승만과 김구를 비롯하여 조소앙, 조완구(趙琬九), 이청천, 김창숙, 조성환(曺成煥), 황학수(黃學秀) 등 국무위원들과 독촉국민회 지방대표들이 모였는데, 이 자리에서도 임시정부 봉대가 필요한 시기가 올 때까지 보류하자는 이승만의 주장과 임시정부 봉대의 필요성을 고집하는 일부 임시정부 인사들의 주장이 맞서 결론을 짓지 못했다.[23] 그러다가 5월6일에 독촉국민회 인사들 가운데 임시정부봉대파들이 임시정부봉대추진위원회를 구성하고 장문의 성명서를 발표했다. 추진위원회는 곧 위원장 김승학, 부위원장 김석황(金錫璜), 정치부장 백홍균(白泓均) 등의 방대한 조직을 구성했다.[24]

마침내 이승만은 5월9일에 총선거를 통하여 정부를 세우는 일이 시급

---

20) 《朝鮮日報》 1947년4월27일자, 「臨政問題로 國議代表李博士訪問豫定」.
21) 《東亞日報》 1947년4월30일자, 「軍政과 合作, 補選法을 制定」.
22) 《朝鮮日報》 1947년4월30일자, 「國民議會臨政連席會議서 李博士臨政奉戴中止力說」.
23) 《漢城日報》 1947년5월3일자, 「法統問題로 妥協難」.
24) 《東亞日報》 1947년5월6일자, 「臨政推進會構成」.

함을 강조하는 동시에 임시정부 봉대문제는 필요할 때까지 보류해 두자는 성명서를 발표했다.

대한민국임시정부에 대한 나의 관계와 처지는 이미 성명한 바와 같이 변동이 없고 다만 어찌하면 그 정부 조직한 최고목적을 최속한 도 내에 성취할까 하는 것만을 절실히 강구할 것이다.

이렇게 전제한 다음 이승만은 자신이 구상하는 과도정부의 성격과 역할을 다음과 같이 설명했다.

소위 해방 이후로 동서양의 모든 해방국들은 다 총선거권을 행하야 정부를 수립하였는데, 오직 남조선만은 남의 군정부하에서 우리 문제를 우리가 해결치 못하고 있어 온 것은 다 통절히 느껴 온 것이다.
그 이유는 세계대세로 인연해서 자유로 해결치 못하고 국제정세를 따라 순조로 해결되기를 노력하며 기다려 온 것인데, 지금에는 이 대세가 변경되어 우리가 과도입법부를 통하여 보선법안(補選法案)을 하루바삐 통과시키면 총선거로 정식 입법부를 조직하고, 헌장[憲章: 憲法]을 제정하야 남북통일인 과도정부수립의 계단이 열렸은즉 지금 정권은 북선에 행하지 못할지라도 이렇게 하는 것이 우리 전 민족의 자유와 독립에 생명의 길을 얻게 되는 것이니 우리가 이 기회를 잘 이용해야만 될 것이다.
그동안 우리가 전국적으로 신탁통치를 반대한 것이 또한 다른 이유가 아니요 신탁통치를 받게 되면 우리는 적어도 5년 이내에는 자유권을 회복키 어려울 것이므로 전국 충애남녀가 결사반대한 것인데, 지금은 이 목적을 달해서 정부수립을 우리에게 맡겼으니 우리의 할 일만 원대로 진행하면 누구나 막을 사람이 없을 것이다. 만일 우리가 우리의 할 일을 못해서 이 기회를 잃으면 그제는 우리 앞이 또 막힐 것이니, 하루가 급하고 한시가 민망한 중이다.

이승만은 이어 미소공위의 재개를 계기로 강력히 주장되고 있는 임시정부봉대론의 문제점에 대하여 조심스럽게 설명했다.

이때에 대한민국임시정부문제가 경향 각처 여러 동포에게 이론을 일으켜서 혹은 임시정부를 봉대하야 총선거를 폐지하자 하며, 또 혹은 총선거를 행할지라도 임시정부 주장으로 하자 하며, 또 혹은 임시정부로 승인을 얻어 그 명의로 통일을 이룬다 하야 언론이 귀일치 못한 형편인데, 이 모든 문제가 아무리 긴중하다 할지라도 이는 말하자면 물에 빠진 사람을 구하여 내는데 그 구하는 방식을 가지고 서로 토론만 하고 있다가 인명을 잃고 마는 것과 같으니, 모든 사람이 입을 닫히고 손을 모아서 나라 운명을 먼저 건져내기로만 노력할 것이다.

지금 우리가 정부수립할 기회를 얻어 가지고 우리끼리 의견 분열로 수립이 못된다면 안으로는 전국 민심이 대낙망이요 밖으로는 우리 민족의 무력한 것을 폭로하야 장차는 신탁문제가 다시 발생될지라도 대답할 말이 없을 것이니 한번 다시 생각하기 바란다.

이승만은 그러므로 임시정부의 법통문제는 당분간 잠복상태로 두자고 다음과 같이 말했다.

그런즉 임시정부 법통관계를 지금 문제 삼지 말고 아직 잠복한 상태로 계속하였다가 정식 정부가 성립된 후에는 의정원과 임시정부의 법통을 정당히 전임(傳任)시킬 수 있을 것이요, 만일 정식 정부에 대한 국제장애가 있어서 지금에 진행하려는 방침이 여의치 못할 때에는 우리 전 민족이 다 같은 보조로 임시정부를 부르고 그 기치하에서 독립을 전취하기가 미만할 것이니, 모든 동포는 깊이 생각하여 정당한 길

로 동일히 나가기를 바란다.[25]

5월9일은 한국독립당 결성 제17주년 기념일이었다. 임시정부 귀국 이후 처음으로 지방대표 등 500여명이 인사동 중앙예배당에 모여 기념식을 가졌다. 그러나 이 자리에 김구를 비롯하여 조완구, 조경한(趙擎韓), 엄항섭(嚴恒燮) 등 한독당 주류인사들은 보이지 않아서 참석자들을 의아하게 했다. 김구과 조완구 등은 신탁통치와 입법의원문제 등으로 국내파 인사들과의 대립 끝에 4월9일에 열린 상임위원회에서 사표를 제출한 상태였다. 이들은 이튿날에 열린 한독당 전국대표자대회에도 참석하지 않았다. 김구는 대회 마지막 날인 5월12일의 비공개회의에 참석하여 분격한 어조로 "내가 위원장을 사임한 동기는 소위 간부들이 임시정부 요인들을 무시하는 행위가 있으며, 선거비용에 부위원장 결재도 없이 거액의 예산을 세우는 등 나로서는 책임질 수 없는 일이 많았기 때문이다. 그러나 최후까지 한 당원으로서 당을 고수하겠다"라는 요지의 발언을 했다. 대회는 지방대표들의 강력한 요구로 모스크바결정을 이행함으로써 독립을 전취할 수 있다고 당론과 위배되는 주장을 해 오던 신한민족당계의 권태석(權泰錫), 김일청(金一淸) 두 사람의 제명처분을 결의했다.[26] 이러한 일은 한독당의 임시정부계와 국내파의 갈등이 얼마나 심각해졌는가를 짐작하게 한다. 이튿날 열린 중앙집행위원회에서 정부위원장 선거를 실시한 결과 위원장에는 김구, 부위원장에는 조소앙이 다시 선출되었다.[27]

25) 《東亞日報》 1947년5월10일자, 「南北統一政府樹立」; 《漢城日報》 1947년5월10일자, 「過渡政府樹立과 臨政奉戴問題」.
26) 《東亞日報》 1947년5월14일자, 「沈默中의 金九氏 爆彈宣言」.
27) 《東亞日報》 1947년5월14일자, 「韓獨黨役員改選」.

미 군정부는 임시정부봉대운동의 확산을 방관하고 있을 수 없었다. 러치(Archer L. Lerch) 군정장관은 5월12일에 일부 인사들이 옛 중경한국임시정부를 재조직하려고 회합을 계획 중이라는 말을 들었다고 말하고, 임시정부 요인들이 귀국할 때에 개인 자격으로 입국한다는 서약서에 서명한 사실을 상기시키면서, "남한에는 단지 한개의 정부밖에 없다. 이 정부에 대립하는 다른 정부를 수립하고자 회합을 계획 중이라는 것은 불법이며 용허하지 못할 일이다"라는 단호한 성명서를 발표했다. 그것은 대한민국임시정부봉대추진위원회가 5월15일에 대전에서 개최하기로 한 6도(강원도, 충청남북도, 경상남북도, 황해도)대표대회를 겨냥한 경고였다. 같은 날 군정청 경무부장 조병옥(趙炳玉)은 이 집회를 금지하는 군정장관의 명령을 공포하고 그 사실을 충청남도와 제3관구 경찰당국에 통달했다.[28] 또한 수도관구경찰청장 장택상(張澤相)은 임시정부봉대추진위원회를 불법단체로 규정하고 해산명령을 내리는 한편 위원장 김승학을 취조하고 해산하겠다는 서약서를 받았다.[29]

이승만은 이날 보통선거법안 통과를 지연시키고 있는 입법의원들을 "국권회복을 방해하는 자"들이라고 질타하는 성명서를 발표했다.

과도입법의원의 책임은 정식 입법의원을 성립하는 데 있거늘 그 직책을 버리고 딴 문제로 세월을 허비한다면 세인 이목에 한인들이 민주정치를 진행할 능력이 없다는 조소를 면치 못하리니, 입법의원은 하루바삐 그 직책을 실행해야만 될 것이요 그렇지 못하면 독립을 지연하는 죄책을 면하기 어려울 것이다.…

---

28) 《朝鮮日報》 1947년5월13일자, 「美軍政府있을 뿐 他政府樹立은 不許」.
29) 《東亞日報》 1947년5월13일자, 「臨政推進會解散」.

이승만은 이어 우방들의 협의로 총선거를 행하기로 작정되어 각국이 그 결과를 기다리는 중이라면서 다음과 같이 으름장을 놓았다.

이런 정세하에서 종시로 각 정당이나 개인 관계로 총선거법안을 통과치 못하면 우리는 좌우익을 막론하고 입법의원 제씨가 국권회복을 방해하는 자로 인정하지 않을 수 없으니, 일반 동포는 이분들에게 방임치 말고 무슨 방법으로든지 하루바삐 보통선거법안을 통과시키기로만을 결심하고 매진하여야 한다.[30]

5월15일에 하지 사령관이 미소공위 재개 사실을 공식으로 발표함으로써 정계는 또다시 요동쳤다. 이승만과 김구는 미소공위에 공동으로 대처해야 하는 절박한 필요에서 임시정부 봉대문제는 일단 접어 두고 다시 협력하지 않을 수 없게 되었다. 이승만과 김구의 지도에 따라 우익정파들이 미소공위 참가를 거부할 것으로 판단한[31] 미 군정부는 미소공위 재개에 앞서 우익정파들을 설득했다. 아널드 장군 후임으로 미소공위 미국쪽 수석대표로 임명된 브라운(Albert E. Brown) 소장은 5월18일에 이승만과 한독당의 김구, 조소앙, 조완구, 한민당의 김성수(金性洙), 백남훈(白南薰), 장덕수(張德秀), 서상일(徐相日) 8명을 덕수궁으로 초청하여 세시간가량 요담했다. 브라운은 신탁통치문제는 임시정부 수립 뒤에 논의될 것이니까 우선 임시정부 수립에 참가하라고 말했다. 그러나 그는 미소공위에서 수립된 임시정부가 신탁통치를 반대할 수 있느냐는 질문에 대해서는 의사표시의 자유는 인정하겠다는 원론적인 대답만 되풀이했다. 이승만은 신탁통치 조항은 삭제하고 의사표시의 자유를 인정해야만 미소공위에 참가하겠다고 말했다.[32]

---

30) 《朝鮮日報》 1947년5월16일자, 「普選法速히 通過하라」.
31) Langdon to Marshall, May 18, 1947, *FRUS 1947*, vol. Ⅵ., p.645.
32) 《東亞日報》 1947년5월20일자, 「하지·뿌라운將軍과 李博士·金九氏等要談」.

이튿날 오후에는 하지 장군이 이승만, 김구, 조소앙, 조완구, 김성수, 장덕수 6명을 초청하여 두시간 넘게 요담했다. 이 자리에서 이승만은 모스크바결정에서 신탁통치 조항을 삭제하고 의사표시의 자유를 보장하는 동시에 통일임시정부를 수립하되 어떤 형태의 민주주의 정부인지 명시하기 전에는 미소공위에 참가할 수 없다고 말했다. 곧 민주주의가 "미국식 민주주의"를 의미하느냐 "소련식 민주주의"를 의미하느냐를 분명히 해야 한다는 것이었다.[33] 하지는 모스크바결정에 규정된 신탁통치의 본질이 원조와 협력에 있다는 성명을 국무부나 미 군정부가 발표하도록 국무부에 건의했다.[34] 이에 대하여 국무부는 이승만의 요구는 소련과의 교섭에서 문제를 일으킨다면서 부정적이었다. 국무부는 미 군정부가 성명을 발표하는 것도 특별한 효과는 기대하기 어렵다면서도, 그러나 군정부가 필요하다면 미소공위에 지장을 주지 않도록 시기와 방법에 유의해서 하라고 지시했다.[35]

브라운과 하지와 회담을 마친 우익정파 인사들은 연일 대책을 협의하느라고 부산하게 움직였다. 이들은 5월20일에 이어 이튿날에도 돈암장에 모였다. 21일의 회합에서는 우선 신탁통치와 민주주의에 대한 해석을 미소공위에 질의하기로 결론을 내렸다. 이승만은 미소공위가 제시하는 민주주의의 해석이 의사표시의 자유를 보장하는 것이고 신탁통치의 내용이 주권을 침해하지 않는 경제원조 정도의 것이라면, 미소공위에 적극 협조할 것이고 그렇지 않으면 참가를 거부해야 한다고 주장했다. 이승만의 이러한 견해를 기초로 하여 한민당과 한독당에서는 각각 상무위원회를 개최하고 미소공위 참가문제를 논의했다. 우선 질의서를 제출한 다음 회답의 조건이 만족할 때에는 미소공위에 참가한다는 것 등은 이승만과 같은 행동을 취하기로 하고, 만일 만족한 해답이 없을 때에는 이승

---

33) 《朝鮮日報》 1947년5월21일자, 「民主主義의 內容明示된 後에 處事할터」.
34) Langdon to Marshall, May 21, 1947, *FRUS 1947*, vol.Ⅵ., pp.646~647.
35) Marshall to Langdon, May 23, 1947, *FRUS 1947*, vol.Ⅵ., pp.648~649..

미소공동위원회의 소련대표단장 슈티코프 장군과 리셉션에서 만난 이승만.

만과 김구 등과 공동행동을 취할 것인지 또는 참가하여 반탁투쟁을 할 것인지는 그때에 우익 각 정파대표가 공동으로 결정하여 행동통일을 기하기로 했다.[36] 그리하여 이승만과 김구는 5월23일에 공동명의로 다음과 같은 성명을 발표했다.

우리는 미소공동위원회가 삼팔선을 철폐하고 독립정부를 수립하는 임무에 속히 성공하기를 기대한다.

공동위원회에서 한인지도자들을 협의에 참가케 하는 데는 개인과 단체에 일임하여 자유로 결정케 하여야 할 것이다. 우리는 공동위원회의 임무수행에 관한 다음의 두가지 조건이 명확히 되기 전에는 양심상 참가할 수 없는 처지를 표명한다.

(1) 소위 신탁통치와 독립정부와는 서로 모순되는 것이므로 신탁통치 조건을 전부 삭제하거나 그렇지 아니하면 신탁통치가 보통 해석되는 바와 같지 아니한 것을 공식으로 충분히 성명하거나 하여 독립

---

36)《東亞日報》1947년5월23일자, 「託治와 民主解釋에 對한 對答 기다려 決定」.

정부 수립과 모순되는 바가 없게 되어야 할 것이다.

(2) 미소 양국이 한국에 민주주의적 독립정부를 수립하기로 목적을 삼는 바 민주주의라는 명사에 2종의 구별이 있으니, 소련이 주장하는 민주정체가 하나이요 미국에서 실행되는 민주정체가 또 하나이다. 이 두가지 중 어느 것을 의미하는 것인지를 우리가 먼저 알아야 되겠으니, 이는 다름이 아니라 이 두 정체를 혼잡해서 정부를 수립하면 장래 정부의 분열과 국내의 혼란을 면키 어려울 것이요 열국의 기대에 어그러지게 되는 까닭이다.

우리는 이상 두가지 조건이 석명되기를 요청하고 있는 중이므로 이 문제가 충분히 해결되기까지 미소공위 협의에 참가하기를 보류하는 바이다.[37]

그러나 그것은 미소공위나 미 군정부가 대답할 수 있는 성질의 질문이 아니었다. 그것은 이승만과 김구가 미소공위에 참가하지 않는 명분이었다. 그러한 사정은 이튿날 반탁투쟁위원회가 중앙집행위원회를 열고 민통총본부 등 59개 참가단체 공동명의로 이승만과 김구의 공동성명을 지지한다는 성명서를 발표하는 한편, 산하단체 전체의 서명날인으로 신탁통치 조항의 삭제와 민주주의의 해석을 명백히 할 것 등이 포함된 미소공위에 보내는 편지를 전달하기로 결의한 사실[38]로도 짐작할 수 있다.

3

5월21일에 재개된 미소공위는 이튿날로 정당과의 협의를 위한 제1분

---

37)《朝鮮日報》1947년 5월 23일자, 「二個條件釋明을 要請」.
38)《서울신문》1947년 5월 27일자, 「「共委」에 對하야 反託陣營聲明」.

과위원회, 임시정부의 구조와 그 조직 및 정강의 검토를 위한 제2분과위원회, 권력의 이양 방법과 인물 선정을 위한 제3분과위원회를 설치하기로 합의하는 등 예상 밖으로 순조롭게 진행되는 듯했다. 그러자 반탁진영은 동요했다. 미소공위에 참가하지 않았다가는 새로 수립되는 임시정부의 권력 배분에서 배제될 것으로 판단했기 때문이다.

5월25일에 돈암장에서 열린 대책회의에서 김성수, 장덕수, 김준연(金俊淵) 등 한민당 인사들은 미소공위에 참가할 것을 강력히 주장했다. 그러나 김구와 조소앙은 시종일관하여 참가를 보류할 것을 주장했다. 이승만은 자신은 참가보류의 입장을 견지하면서도 우익진영의 각 단체가 많이 참가하도록 권유했다고 한다.[39]

이승만은 이날 AP통신 기자와의 회견에서 자신은 미소공위에 반대하는 것도 아니고 다른 지도자들이 협의에 참가하는 것도 반대하지 않지만 자신은 미소공위에 참가하는 데 그다지 관심을 가지고 있지 않다고 말을 더듬거렸다.[40] 이날 저녁에 이승만은 하지의 초청으로 하지를 방문하여 요담했다.[41]

이승만은 5월30일에 장덕수 등 한민당 간부들이 돈암장을 찾아왔을 때에도 미소공위 참가 보류를 강력하게 주장했다.[42]

이때의 일과 관련하여 윤석오(尹錫五) 비서는 주목할 만한 증언을 남겼다. 한민당 간부들과 만난 자리에서 이승만은 말했다.

"하지 말이 내가 자기 일을 방해한다고 하니, 참가하지 말란 말은 하지 않겠소. 나는 참가하지 않지만 각자 자율 의사대로 결정해서 참가하려거든 하시오."

그것은 이승만의 정치술수였다. 지도자가 참가하지 않는데 어떻게 참

---

39) 《서울신문》 1947년5월27일자, 「李博士參加勸誘, 臨政系列은 反對」.
40) 《朝鮮日報》 1947년5월27일자, 「共委反對는 아니다」.
41) 《東亞日報》 1947년5월28일자, 「李博士하中將要談」.
42) 《東亞日報》 1947년6월1일자, 「李博士와 韓民幹部要談」.

가하겠느냐는 반응을 기대하고 한 말이었는데, 그의 기대와는 달리 한민당 인사들이 미소공위에 참가해서 신탁통치를 반대한다는 명분으로 참가를 주장하자 이승만은 크게 실망했다. 그는 한민당 인사들이 돌아가고 난 뒤에 혼잣말처럼

"왜놈들 같으면 내 말이 무슨 말인지 알아들었을 거야"

하고 몇번이고 되뇌었다.

이승만은 이때부터 한민당과 거리를 두었고, 한민당과 협력하여 대한민국정부를 수립하고 나서도, 한민당의 기대와는 달리, 그들을 정권에서 소외시킨 것도 이때의 배신감 때문이었다고 했다.[43]

그러나 미소공위의 성공 가능성이 전망되면서 우익 반탁진영의 동요는 증폭되었고, 그 파동은 이승만과 김구의 지도력을 크게 위협했다.

이승만은 6월2일에 기자들에게 미국사람들이 쿠바나 필리핀을 독립시켜 주었다고 자랑하지만 우리는 필리핀 사람이 아니고 4천년 역사를 가진 한국사람이라고 말하고, "총과 폭탄이 나의 육체를 꺾을 수는 있을지언정 나의 정신과 주장은 꺾지 못할 것이다" 하고 분격한 심경을 털어놓았다. 그리고 임시정부 그룹에 대해서는 "김구씨는 임시정부 추진문제에 관하여 잘 이해하고 있으나, 아직도 몇몇 사람은 양해하지 않는 것 같다"라고 유감을 표시했다.[44]

6월4일에 독촉국민회 회의실에서 열린 우익 반탁진영 59개 단체 대표들의 미소공위대책회의에는 이 시점의 우익 반탁진영의 동요가 그대로 반영되었다. 70~80명의 대표들은 미소공위 참가와 불참의 양론이 반반씩으로 맞서서 결정을 보지 못한 채 양쪽 대표 10명씩으로 미소공위대책위원회를 구성하기로 하고 결정을 그 위원회에 일임했다.[45]

이에 대해 이승만과 김구는 6월5일에 "미소공위 참가 여부는 우리가

43) 尹錫五 증언, 孫世一, 『李承晚과 金九』, pp.269~170.
44) 《東亞日報》 1947년6월3일자, 「參加與否는 自由」.
45) 《朝鮮日報》 1947년6월6일자, 「共委參加에 反託陣營贊否兩論」.

이미 선언한 바와 같이 각 정당이나 사회지도자들이 각각 자의로 결행할 것이요 우리 처지로는 여하간에 공개로 권고할 수는 없는 터이다"라는 공동성명을 발표했다.[46] 그러나 그것은 곤혹스러운 공식 입장 표명에 지나지 않았다. 두 사람은 이튿날 열린 독촉국민회 중앙상무위원 및 도대표 연석회의에 참석해서는 미소공위 참가보류를 역설했다. 회의는 두 사람의 뜻에 따를 것을 결의하고, 전날 구성한 미소공위대책위에서 독촉국민회 대표를 소환했다.[47]

한민당은 조심스러운 과정을 거쳐 미소공위에 참가하기로 방침을 세웠다. 먼저 상임위원회에서 미소공위에 참가하기로 내정한 다음 6월6일에 선전부를 통하여 "공산주의의 지배를 받지 않는 정부가 되고 신탁통치를 반대할 수 있는 정부가 되기 위하여 미소공위와 협조하는 데 참가함이 바람직하다고 생각한다"라는 담화를 발표했다. 그러나 6월7일에 소집된 중앙집행위원회는 우익진영의 공동보조를 위하여 참가를 보류하기로 결정했다. 6월9일에 소집된 긴급상임위원회에서도 장시간 토의했으나 결론을 짓지 못했다. 이날 김성수와 장덕수는 반도호텔로 하지를 방문하여 한시간가량 요담했다. 그런 다음 한민당은 6월10일에 미소공위에 참가한다는 장문의 성명서를 발표했다.[48]

한민당의 성명서는 미소공위에 참가하는 이유를 길게 설명하고 "이는 우리의 영도자 이승만 박사의 주장하는 바 총선거에 의한 통일정부의 수립을 미소공위 내부에서 관철코자 함이다"라고 천명했다.[49] 그러나 이승만은 다음과 같은 성명으로 한민당의 태도를 비난했다.

회의에 참가해서 신탁에 반대할 수 있다는 말은 우리로서는 해석

---

46) 《朝鮮日報》 1947년6월6일자, 「共委參加는 各自意思」.
47) 《朝鮮日報》 1947년6월8일자, 「共委對策會의 獨促側代表召喚」.
48) 《大東新聞》 1947년6월10일자, 「金性洙氏等 하지中將訪問」; 《朝鮮日報》 1947년6월11일자, 「韓民黨共委參加」.
49) 《東亞日報》 1947년6월11일자, 「反託精神은 不變, 臨政樹立엔 參加」.

키 곤란하다. 차라리 신탁을 지지하기로 결심하고 들어갈 것이니, 서명해서 지지하기로 속이고 들어가서 반대하겠다는 것은 자기의 신의를 무시하는 자이니, 이런 인사가 국제회석에 우리 대표로 출석되는 것도 원치 않거니와 설령 자기의 마음을 속이고 남을 속여서 들어간대도 반대할 기회를 허락지 않을 것이니, 공상을 가지고 인심을 현혹케 하는 것은 공사간에 유해무익일 것이다.…[50]

그것은 한민당에 대한 서운한 감정을 그대로 드러낸 평언이었다. 이승만은 또 6월9일에 하지에게도 편지를 보냈다. 이승만은 이 편지에서 신탁통치와 민주주의에 대한 해석을 거듭 촉구하고 나서 다음과 같이 썼다.

내가 귀하에게 한번 더 설명코자 하는 것은 한국 민중이 지금 저희 정부를 자율적으로 수립하여 비록 아직은 북조선에 행정하기를 고집하지 않더라도 남북을 대표한 민주적 기관으로서 관계국과 평화적으로 교섭하여 남북통일을 완수하기로 결심할 것이니, 이것이 귀하와 나 사이에 협동 진행할 수 있는 기본적 문제이다. 만일 우리가 이것으로써 합의되면 이 방법으로 같이 나가기를 협정하고 다른 문제로 이

미소공위 절차를 협의하고 있는 하지 미군사령관(왼쪽)과 슈티코프 소련대표단장(오른쪽).

50)《大東新聞》1947년6월10일자, 「李博士 또 聲明」.

토의에 논의가 되지 않게 한다면 나는 귀하와 다시 합동 진행할 수 있을 것을 언명한다.…[51]

그러자 한민당과 가까운 군정청의 경무부장 조병옥, 사법부장 김병로(金炳魯), 공보부장 이철원(李哲源) 세 사람이 이승만의 미소공위 참가를 권고하는 한편 미 군정부가 이승만이 미소공위에 참가할 만한 조건을 제시하도록 종용하고 나섰다. 이들은 6월12일에 하지를 방문한 데 이어 이튿날에는 이승만을 방문하고 미소공위 참가를 권유했다.[52] 브라운 장군도 6월15일 저녁에 필동 관저로 이승만을 초청하여 이승만의 미소공위 참가를 다시 종용했다.[53]

한민당은 6월19일에 태고사에서 대한노총, 독촉부인회 등 미소공위 참가를 주장하는 20여개 우익단체 대표들을 소집하여 임시정부수립 대책협의회를 결성했다.[54]

미소공위 참가문제로 가장 격심한 분란에 빠진 것은 한독당이었다. 과도정부 민정장관 안재홍(安在鴻)을 비롯한 박용희(朴容羲), 조헌식(趙憲植), 이의식(李義植), 엄우룡(嚴雨龍) 등 국민당계의 중앙위원들과 부차장 등 간부 85명은 6월2일에 미소공위 참가문제를 결정할 중앙집행위원회를 6월5일까지 소집할 것을 요구하면서 그와 관련된 성명서를 발표했다.[55] 부위원장 조소앙 주재로 6월4일에 열린 상무위원회가 그 요구를 거절하자 이들은 중앙간부들에 대한 불신임안을 제출하기로 했다. 또 당대회에서 제명당한 권태석, 김일청 그룹은 신한민정당계 인사들을 규

---

51) Rhee to Hodge, Jun. 9, 1947, 『大韓民國史資料集(28) 李承晚關係書翰資料集 1』, pp.299~300;
   《東亞日報》 1947년6월17일자, 「두 條件 明言 있으면 協同하야 進行할 터」.
52) 《東亞日報》 1947년6월14일자, 「部處長等 李博士에 參加를 勸告」.
53) 《朝鮮日報》 1947년6월17일자, 「李承晚博士 뿌小將訪問」.
54) 《漢城日報》 1947년6월20일자, 「韓民黨等右翼團體 臨政樹立對協結成」.
55) 《朝鮮日報》 1947년6월3일자, 「韓獨黨一部中委召集建議」; 《東亞日報》 1947년6월3일자, 「共委參加問題로 韓獨黨兩分」.

합하여 새로 민주독립당을 결성하기로 했다.[56]

미소공위의 진행에 대응하여 한독당의 분열은 급속도로 진행되었다. 한독당 중앙당부는 6월19일에 안재홍 등 국민당계 중앙위원 37명과 신한민족당계 중앙위원 9명을 제명했다.[57] 그리하여 정식으로 새 정당 결성도 하기 전에 국민당계는 신한국민당으로, 신한민족당계는 민주한독당으로 따로따로 미소공위에 참가하기로 했다. 그리고 임시정부 그룹의 한독당은 부서를 개편하고 미소공위에는 참가하지 않기로 했다.[58] 신한국민당과 민주한독당은 각각 중간우파와 중간좌파의 주요정당이 되어 중간파의 미소공위 참가를 주도했다.[59]

---

56) 《東亞日報》1947년6월5일자, 「韓獨分裂危機直面」.
57) 《東亞日報》1947년6월21일자, 「韓獨中委除名處分」.
58) 《朝鮮日報》1947년6월22일자, 「韓獨黨三黨으로 分立」.
59) 도진순, 『한국민족주의와 남북관계』, p.159.

3. 미소공위가 세우는 정부는 '잡탕정부'

1

미소공위는 6월11일에 「공동성명 제11호」로 그동안의 회의경과를 설명하고 협의규정을 발표했다. 신문들은 주먹만 한 활자로 「임시정부의 수립목표 완성」, 「임정수립기준 결정」 등의 제목을 달아 1면 전면에 걸쳐 협의규정 내용을 보도했다. 협의규정에 따르면 정당 및 사회단체가 협의대상 자격을 얻기 위해서는 모스크바결정을 지지하겠다는 선언서에 서명하여 6월23일까지 미소공위에 제출하고 미소공위가 배부한 임시정부 헌장과 정당에 관한 질문서에 대한 해답을 7월1일까지 제출해야 했다.[60]

이 성명서가 발표되던 날 김성수, 장덕수, 김준연 세 사람은 다시 돈암장을 방문했다. 이 무렵 서울대생으로서 돈암장을 드나들면서 대외연락 업무를 맡아 하던 박용만(朴容萬)은 이날 돈암장에 갔다가 이승만과 한민당의 세 사람이 만나고 있는 장면을 목격했다. 이승만은 흥분하여 어쩔 줄을 모르고 큰 소리를 지르고 있었다. 박용만을 데리고 침실로 들어간 이승만은 박용만의 두 손을 잡은 채 부들부들 떨면서 눈물을 흘렸다. 이승만은 박용만에게 6월23일을 기하여 전국적으로 신탁통치 반대 군중대회를 열도록 은밀히 연락할 것을 지시했다.[61] 6월23일에 전국적으로 대규모의 시위를 벌인다는 계획은 독촉국민회의 배은희(裵恩希)의 제의에 따른 것이었다. 미 군정부는 행정명령 제3호로 미소공위 기간 동안 대중집회를 금지시키고 있었는데, 6월23일은 단오날이었다. 이날을 기하여 3·1운동 때와 같은 시위운동을 벌이기로 한 것이었다. 이 모의에는 김구

---

60) 《朝鮮日報》 1947년6월12일자, 「臨時政府樹立에 目標를 形成」; 《東亞日報》 1947년6월17일자, 「臨時政府基準決定」; 《서울신문》 1947년6월12일자, 「臨時政府의 樹立目標完成」.

61) 朴容萬, 『제1공화국 경무대비화』, 內外新書, 1986, pp.47~49.

미소공위의 「공동성명 제11호」를 보도한 《서울신문》 지면.

도 참가했다. 그리하여 독촉국민회 각도지부장들에게 이승만과 김구의 공동명의로 된 '밀신(密信)'이 전달되었다.[62] 6월 중순에는 배은희, 김석황, 서상천(徐相天), 이종형(李鍾滎) 등이 6월23일에 폭동을 일으킬 준비 중이라는 정보가 미군 정보망에 포착되었다.[63] 미 군정부는 처음에는 김구가 이 폭동을 주도하고 이승만은 폭동을 막으려 한다고 판단했다.[64]

조직의 힘을 소중히 여기는 이승만은 반탁 우익진영의 분열을 염려했다. 특히 6월23일의 대규모 시위계획이 차질 없이 이루어져야 했다. 그는 6월17일 오후에 유진산(柳珍山) 등 우익 반탁투쟁위원회 대표 30명가량을 돈암장으로 초치하여 미소공위 참가파나 불참가파나 반탁의 정신은 동일하니까 불참가파는 참가파를 공격할 것이 아니라 내외호응하여 공동투쟁을 전개하도록 설득했다. 이승만의 지시에 따라 반탁투위는 이튿날 회의를 열고 (1) 신탁조항은 절대 배격할 것, (2) 미소공위 참가문제는 이 박사 태도의 추종을 원칙으로 할 것, (3) 참가파와 보류파는 내외공동투쟁을 전개할 것을 결의했다.[65]

비밀리에 대규모의 시위를 추진하던 이승만은 찾아온 AP통신 기자에게 미소공위에서 세우는 정부는 '잡탕정부'가 될 것이라면서 다음과 같이 말했다.

(1) 현재 서울에서 진행 중인 미소공위는 한국에 정부를 수립할 것이지만, 이는 명확한 공산주의정부도 아니고 미국식 민주주의정부도 아닌 잡탕정부일 것이다.

(2) 현재 한국을 점령하고 있는 미소 양국은 한국인으로 하여금 한국인 자체의 방책으로 정부를 수립하게 해야 할 것이다.

(3) 만약 이렇게 수립된 정부를 운영하는 데 한국인이 2~3년 내에 실

---

62) 裵恩希, 『나는 왜 싸웠나』, 一韓圖書株式會社, 1955, pp.66~70.
63) G-2 Periodical Report no.558(1947.6.17.).
64) G-2 Periodical Report no.559(1947.6.18.).
65) 《東亞日報》 1947년6월19일자, 「內外呼應共同鬪爭」.

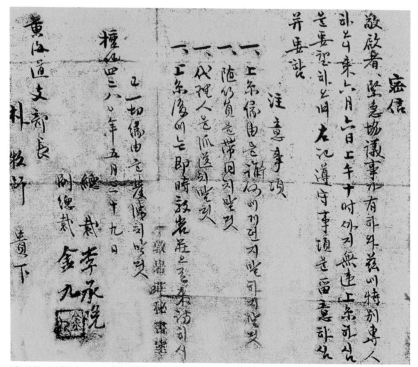

미소공위 저지운동을 앞두고 독촉국민회 황해도지부장 박창빈 목사에게 보낸 이승만과 김구 명의의 밀신.

패한다면 그때에 비로소 열강이 등장하는 것이 선책(善策)일 것이다.
(4) 미국 또는 소련의 어느 일방이 이니시어팁을 취할 때까지 한국으로부터 철수할 것을 주저하고 있는 사실은 한국인으로 하여금 한국문제를 해결하는 것을 저해하고 있다.
(5) 남한에서의 미국의 중립적 불간섭정책은 공산주의세력을 유리하게 하고 한국인 사이의 분열을 조장시키고 있다.[66]

이러한 주장으로 미루어 보면 이승만 자신도 이 시점에서는 미소공위에 의한 임시정부 수립이 성공할지 모른다는 판단을 조심스럽게 하고 있었는지 모른다. 그러나 그렇더라도 그 정부는 좌우합작의 '잡탕정부'가

---

66) 《朝鮮日報》 1947년6월18일자, 「朝鮮人自體의 方策으로 政府를 樹立케 하라」.

될 수밖에 없었다.

김구도 비슷한 판단을 했던 것 같다. 그도 배은희와 함께 대대적인 반탁시위 계획을 논의하는 자리에서 이승만을 보고 "형님, 아마도 탁치정부가 되나 봐요"라고 말했다고 한다.[67]

6월23일에 서울에서는 때마침 4월19일에 열린 보스턴 마라톤대회에서 우승한 서윤복(徐潤福) 선수의 환영대회가 미 군정청 앞 광장에서 열렸다. 이날의 서울시위를 주동한 것은 이철승(李哲承)을 중심으로 한 전국학련이었다. 서울의 10개 지부를 비롯한 전국지부가 총동원되었다. 정오 사이렌과 함께 순식간에 종로 네거리가 인파로 메워졌다. "서윤복 만세!"로 시작된 만세 소리는 이내 "신탁통치 반대!"로 바뀌었다. 서윤복 환영식에 참가했던 군중들이 합세하여 시위 인파는 수만명에 이르렀다고 신문들은 보도했다. 시청 앞 광장에는 미군 장갑차까지 동원되어 삼엄한 경계를 폈고, 경찰은 수도경찰청장 장택상의 진두지휘 아래 시위 진압에 나섰다. 표적은 미소공위가 열리는 덕수궁이었다. 대한문 앞에는 미군헌병이 총에 착검을 하고 늘어서 있었다. 시위대는 "결사 반탁"을 외치며 그들을 밀어붙였다. 장택상이 말에서 떨어졌다. 학련의 돌격조가 대꼬챙이로 장택상이 탄 말의 엉덩이를 찔렀기 때문이다. 애국부인회의 박순천(朴順天)이 군중을 상대로 열변을 토하는 모습도 보였다. 그 순간 미군 탱크 한대가 덕수궁 남쪽 담장길로 천천히 군중을 헤치고 나왔다. 그 뒤로 미소공위 소련대표단장 슈티코프(Terentii F. Shtykov) 일행이 탄 지프차가 붉은 기를 나부끼며 따라 나왔다. 학련의 특공대들이 그 지프차에 돌과 모래를 마구 던졌다. 슈티코프의 차는 돌 두개를 맞고 대한문 안으로 사라졌다.

장택상의 주선으로 이철승 등 학생대표 세 사람이 미소공위 회의장으로 가서 미국수석대표 브라운 장군과 면담했다. 학생대표들은 (1) 신탁

<hr />

67) 裵恩希, 앞의 책, p.68.

통치를 즉시 철폐할 것, (2) 총선거 실시에 대한 보장을 할 것, (3) 김구에 의하여 수립될 독립정부를 조선의 정부로 인정할 것, (4) 우리는 이승만, 김구의 노선을 지지한다는 네가지를 통고했다고 한다.[68] 면담을 마치고 나온 학생대표들은 면담내용을 보고하고 군중을 해산시켰다.

시위를 끝내고 돈암장으로 찾아간 이철승을 끌어안으며 이승만은 "자네는 개국공신이야. 큰일을 했어" 하고 눈물을 글썽거렸다.[69]

반탁독립투쟁위원회의 발표에 따르면 이날 시위는 5만명가량의 시민들이 참가한 광주를 비롯하여 부산, 대구, 전주, 군산, 공주, 음성, 남원, 천안, 경주, 강릉, 춘천 등을 망라한 100여개 도시에서 일제히 거행되었다. 시위의 배후조종자로 김구의 최측근인 엄항섭과 김석황에게 체포령이 내렸다.[70]

이날의 시위준비자금은 군정청의 보건후생부 재해구호과장 조양환(曺陽煥)이 마련해 준 것이었다고 한다. 조양환은 국도극장에서 공연 중인 「춘향전」의 입장료에 10원씩 더 붙여 180만원가량의 자금을 마련해 주었다는 것이다.[71] 또한 이날의 대규모 반탁시위 준비 비용으로는 시위를 주동한 배은희가 알선한 78만원이 지출되었다는 기록도 있다.[72]

이날의 반탁시위에 대하여 민주주의민족전선은 대규모 시위의 주동분자인 이승만과 김구 등을 국외로 추방하고, 그들의 막하에 있는 정당과 사회단체, 청년단체 등을 해체시키며, 이들의 활동의 자유를 법적으로 정지시키라고 촉구했다.[73]

그러나 이러한 시위가 쇄도하는 미소공위 협의대상 참가신청을 막을 수는 없었다. 7월1일로 마감하려던 답신안의 접수는 7월5일까지 연기되

---

68) 《漢城新聞》 1947년6월24일자, 「反託示威 에 뿌少將聲明」.
69) 李哲承, 「全國學聯」, p.287.
70) 《東亞日報》 1947년6월25일자, 「反託은 各地서 繼續」; 「嚴金兩氏逮捕令」.
71) 李哲承, 앞의 책, p.287.
72) 정병준, 「우남 이승만 연구」, p.621.
73) 《노력인민》 1947년6월28일자, 「共委破壞데모에 對하여 民戰聲明」.

었다. 그리하여 모두 463개의 정당 및 사회단체가 미소공위와의 구두협의에 참가할 것을 신청했고, 그 가운데 435개 단체가 서면으로 답신안을 작성하여 제출했다. 남한지역에서 협의참가를 신청한 단체는 425개였고, 그 가운데 답신안을 제출한 단체는 397개였다. 그만큼 일반국민은 독립정부 수립에 목말라하고 있었다. 북한지역에서는 38개 단체가 협의신청을 하고 공동으로 답신안을 작성하여 제출했다.[74]

2

6월23일의 시위가 있은 뒤로 미 군정부 정보망에는 극우파쪽에서 미소공위를 파탄시키기 위하여 여러 가지 테러와 요원 암살 계획을 진행시키고 있다는 정보가 포착되었다. 그 가운데 가장 충격적인 것은 익명의 독촉국민회 회원이 미군 방첩대(CIC)에 보낸 6월19일자 편지였다. 그것은 한독당, 독촉국민회, 반탁투위 안의 임시정부 그룹과 일부 한민당 그룹이 김구의 주도 아래 좌익 지도자들을 암살하고 경찰과 우익 무장단체의 지원을 받아 7월1일에 임시정부를 선포할 계획을 추진하고 있다는 것이었다. 미 군정부는 그 정보를 확인하고, 하지는 6월28일에 이승만에게 다음과 같은 경고편지를 보냈다.

귀하의 정치기구 상층부에서 나온 것으로 짐작되는 보도에 의하면 귀하와 김구씨는 미소공위업무에 대한 항의수단으로서 조속한 시기에 테러행위와 조선경제교란을 책동한다고 한다. 고발자들은 이런 행동에는 몇건의 정치암살도 포함하기로 되었다함을 중복 설명한다.
이러한 성질의 공공연한 행동은 한국독립에 막대한 저해를 끼칠 터이므로 이러한 고발이 사실 아니기를 바란다.

---

74) 沈之淵, 「해방후 주요 정치집단의 통치구조와 정책구상에 대한 분석: 미소공동위원회 답신안을 중심으로」, 《韓國政治學會報》 제20집 2호, 한국정치학회, 1986, pp.151~152.

한국의 애국심 전부가 건설적 방도에 발양되고 아름다운 한국민 중에게 유혈, 불행, 재변을 의미하며, 한국이 독립할 준비가 아직 안되 었다는 것을 세계에 보여 주는 케케묵은 방식을 통하여 발현되지 않 기를 나는 과거에도 바랐고 또 계속하여 바란다.[75]

이러한 하지의 편지를 받고 격분한 이승만은 6월30일에 하지에게 다 음과 같은 답장을 보내고, 하지의 편지와 자신의 답장을 함께 공개했다.

경계자. 김구씨와 내가 테러 및 암살사건에 간여하고 있다고 치의 [致疑: 의심함]하는 6월28일자 귀함은 귀하가 한인들과 지도자들을 이해하지 못한다고 우리가 생각하던 바를 한번 더 깨닫게 한 것이다.

귀함을 받고 처음 생각에는 위신 소관으로 이런 글에 대답하지 않 으려 했으나 이 관계가 가장 중대한 것이니만치 경홀[輕忽: 경박하고 소홀함]히 볼 수 없는 터이다.… 이것이 신탁지지를 강요하기 위하여 위협적이나 함구시키는 방식을 의미하는 것이 아니면 그 고발자의 성 명을 발로(發露)하여 철저히 조사에 편의케 해야 될 것이다. 나는 피 고의 한 사람으로서 귀함에 이른바 나의 정치기구의 이면에 있는 자 로 이 고발을 하였다는 인사의 성명을 지체없이 내게 알려주기를 요 청한다. 내가 유죄한 경우에는 벌을 받아야 하겠고 그렇지 않으면 이 런 중대한 죄명을 내게 씌우는 자가 벌을 받아야 할 것이다.

귀하에게 언명코자 하는 바는 한인들이나 그 지도자들이 귀함에 이른 바와 같이 테러행동을 계획하거나 고대적인 유혈방식을 사용하 는 일이 없다는 것이다. 실로 테러와 암살과 충화[衝火: 불을 지름]하 는 자는 반미하는 공산분자 중 근일에 특사로 석방된 669인의 대다 수 죄범들인데, 그 결과로 일반민중과 특히 경관들이 생명과 가정이

75) 《朝鮮日報》 1947년7월2일자, 「하一지中將에 書翰」.

위태케 된 것이다. 귀함을 김구씨에게 보내니 직접으로 회답이 있을 줄 믿는다.…

그러고는 편지 끝에 "나의 품행상에 관계가 되며 따라서 민중에 영향을 미칠 사정이므로 왕복한 편지를 공개한다"고 덧붙였다.[76] 이승만이 지적한 "공산분자 중 근일에 특사로 석방된 669인"이란 미 군정재판에서 90일 내지 5개년 징역의 판결을 받고 복역하다가 6월에 군정청 특사로 석방된 전평위원장 허성택(許成澤) 등 좌익 수감자들이 대부분이었다.[77]

김구도 7월2일에 하지에게 자기는 이승만의 편지내용을 전폭적으로 지지한다면서 밀고자의 성명을 밝히기를 요청하는 편지를 보냈다.[78]

건강 때문에 귀국 여부가 불명확하던 서재필(徐載弼)이 7월1일에 서울에 도착했다. 갑신정변과 독립협회운동으로 설화적 인물이 되어 있는 서재필은 고국을 떠난 지 50년 만에 하지 사령관의 최고고문과 미 군정청 특별의정관으로 위촉되어 귀국했다. 하지는 모스크바결정을 기본으로 하여 한국문제를 해결하는 작업을 담당해 줄 사람으로 기대하고 있는 김규식(金奎植)의 요청에 따라 서재필을 초청하여 김규식을 돕고 이승만을 견제하는 역할을 함으로써 정국이 안정되기를 기대했던 것이다.[79]

서재필은 이승만의 배재학당 시절에 개화에 눈 뜨게 해준 스승이었다. 그는 이승만보다 11살 위였고 귀국했을 때에는 연설을 할 때에도 통역을 해야 할 만큼 한국어가 서툴렀다. 그러한 서재필을 하지가 초청해 온다는 소식을 듣자 이승만은 "서재필 아니라 서재필 할애비를 불러와 봐라, 되나!" 하고 못마땅해했다.[80]

서재필은 이내 국민들의 관심의 대상이 되었다. 미소공위의 순조로

76) 《朝鮮日報》 1947년7월2일자, 「테로計劃云은 沒理解」.
77) 《朝鮮日報》 1947년6월15일자, 「六六九名을 釋放」.
78) 《大東新聞》 1947년7월4일자, 「金九氏 하一中將에 書翰」.
79) 백학순, 「서재필과 해방정국」, 『서재필과 그 시대』, 서재필기념회, 2003, pp.449~456.
80) 尹錫五 증언, 孫世一, 앞의 책, p.270.

운 진행과 더불어 이 무렵 항간에는 미소공위를 통하여 수립될 정부의 조각 명단이 유포되기도 했는데, 개중에는 대통령 서재필, 부통령 김두봉(金枓奉), 국무장관 김규식, 외무장관 여운형(呂運亨), 내무장관 신익희(申翼熙), 법무장관 허헌(許憲), 재무장관 김성수, 교육장관 안재홍 등으로 된 명단도 있었다. 또 이승만, 김구, 김일성(金日成) 세 사람을 고문으로 하고, 김규식을 대통령, 조만식과 김원봉을 부통령, 신익희를 국무총리로 하는 조각 명단도 있었다. 이 명단에는 서재필은 주미대사로 되어 있다.[81]

서재필이 귀국하고 이틀 뒤인 7월3일에 이승만은 마침내 하지의 정책은 미국 민중의 의사나 미국정부의 정책에 위반되는 것이므로 지지할 수 없다는 폭탄선언을 발표했다.

소위 해방 이후로 작년 겨울까지 우리가 노력한 것은 하지 중장의 정책을 절대 지지해서 한미협동으로 정부를 조직하여 우리 문제를 우리가 해결하기를 바라는 것이었다. 하지 중장은 우리 협의를 얻어 시험하여 본 것이 대여섯가지의 계획인데 다 실패한 것은 공산지도자들의 협조를 얻지 못한 까닭이요 이것을 얻지 못할 동안까지는 무슨 계획이나 다 무효로 만들자는 것이 하지 중장의 유일한 정책이다.

우리가 이 정책이 성공될 수 없는 것을 알고도 협조한 것은 하지 중장이 필경 가능성 없는 것을 파악하고 새 정책을 쓰기를 바라고 기다려 온 것이다. 그런데 작년 겨울에 와서는 하지 중장이 그 계획을 고칠 가망이 없는 것을 확실히 인식한 나로서는 하지 중장에게 우리가 더 지지할 수 없다는 이유를 설명하고 이제부터는 김구씨와 나는 우리의 자유보조를 취하게 된 것이다.

이승만은 이어 자기가 주장하는 한국과도정부수립안은 국무부의 힐

81) CIC Weekly Summary no.12(1947.7.3.).

드링 차관보나 맥아더 장군도 다 지지하는 것이고 하지 자신도 그대로 실행하겠다고 약속했다고 주장하고, 이제 그 계획을 자율적으로 실행해야 할 단계라고 다음과 같이 말했다.

현금에 와서 보면 입법의원에서 하지 중장이 임명한 의원들이 이것을 오늘까지 장해해서 심지어 입법의원을 파괴시키게까지 이른 것을 우익진영에서 모든 것을 양보해서 이름이라도 유지하는 것은 우리 민족의 자주할 능력에 대하여 불미한 감상을 세계에 주기를 피하려 한 것이다. 지금에 와서 부득이 보선법을 통과하였다 하나 미소공위의 효과를 기다리는 하지 중장의 의도하에서는 총선거를 진행할 희망이 아직 망연하고 우리의 정세로는 앉아서 기다릴 수 없는 경우이므로, 우리는 부득이 우리의 자율계획을 진행하지 않을 수 없는 터이니, 동포는 다 이를 양해하고 각각 정당이나 사회단체나 오직 이 정신하에서 합심 용진할 것이다.

이승만은 결론으로 우리가 하지 중장과 협동이 못되는 것은 부득이한 경우이지 개인의 친분이나 정의에 다른 것이 없고 "오직 정치상 노선에 차이가 있을 뿐"이므로 "언제든지 하지 중장이 정책을 변경하여 우리가 참아 온 주장을 지지해 주기까지는 다른 도리가 없는 터이다"라고 말하고, 현재의 하지 중장의 정책은 미국 민중이나 정부에서 행하는 것과 위반된다고 다음과 같이 확언했다.

하지 중장의 정책은 미국 민중이나 정부에서 행하는 바와 위반이므로 우리는 미국의 주장을 우리도 주장해서 한미 동일한 민의를 행하려는 것뿐이니, 일반동포는 이를 철저히 인식하고 언론이나 행동에 일체 악감정을 표시하지 말고 오직 정치상 우리 주장하는 바만 가지

고 정당히 매진할 것이다.…[82]

이승만의 이 성명은 하지를 여간 곤혹스럽게 만들지 않았다. 그러한 주장은 한국인들에게뿐만 아니라 주한미군 장병들에게도 영향을 미칠 수 있었기 때문이다.

성명서의 불똥은 미 국무부로까지 튀었다. 하지는 이 성명서의 전문을 국무장관에게 보고하면서 국무부가 이를 반박하는 성명을 발표해 줄 것을 요망했다.[83] 그러나 국무부의 판단은 달랐다. 국무장관이 이승만의 주장을 반박하는 성명을 발표하면 오히려 이승만의 행동에 권위를 부여하게 된다는 것이 국무부의 판단이었다. 그리고 그것은 남한의 정치 그룹들 사이의 불안한 상황을 강조하는 것이 되고, 결과적으로 소련에만 이익을 주게 될 것이라는 것이었다.[84] 그 대신 하지와 새로 부임한 정치고문 제이콥스(Joseph E. Jacobs)가 이승만을 만나 하지 장군이 트루먼 행정부의 정책을 충실히 수행하고 있다는 마셜의 메시지를 보여 주라고 했다. 그러면서도 국무부는 이승만의 성명이 미국 신문에 보도될 경우에 대비하여 반박 성명을 준비했다.

이승만이 가장 의지하는 조언자이자 친구인 올리버(Robert T. Oliver)는 7월8일에 이승만에게 고통을 참으면서 가능한 대로 미 군정부에 협력하는 것이 좋겠다는 우정 어린 조언을 보내왔다. 올리버는 "저들이 좋든 싫든 선생은 저들의 사람이며 또 그래야만 합니다"라면서 이승만의 울분을 진정시켰다.[85]

---

82) 《朝鮮日報》 1947년7월4일자, 「하지 中將에 協同못함은 不得已한 境遇」.
83) Hodge to Marshall, Jul. 7, 1947, *FRUS 1947*, vol. Ⅵ., pp.691~692.
84) Marshall to Jacobs, Jul. 7, 1947, *FRUS 1947*, vol. Ⅵ., pp.701~702.
85) Robert T. Oliver, *Syngman Rhee and American Involvement in Korea*, p.66.

참고문헌

1. 연대기, 정부기록, 지방지, 신문, 잡지 등

國史編纂委員會 編, 『韓國獨立運動史 資料(27) 臨政篇XⅡ』, 國史編纂委員會, 1994.

─────, 『資料 大韓民國史(1)』, 國史編纂委員會, 1968.

─────, 『大韓民國史資料集(28) 李承晚關係書翰資料集 1』, 國史編纂委員會, 1996.

─────, 『北韓關係史料集XⅡ(1946~1951)』, 國史編纂委員會, 1991.

─────, 『北韓關係史料集 31』, 國史編纂委員會, 1999.

국사편찬위원회 편, 『대한민국임시정부자료집(8) 정부수반』, 국사편찬위원회, 2006.

─────, 『대한민국임시정부자료집(22) 대중국외교활동』, 2008.

─────, 『대한민국임시정부자료집(25) 중국의 인식』, 2008.

전현수 편역, 『소련군정문서, 남조선정세보고서 1946~1947』, 국사편찬위원회, 2003.

전현수 역주, 『쉬띠꼬프일기(1946~1948)』, 국사편찬위원회, 2004.

國家報勳處 編, 『大韓民國臨時政府와 韓國光復軍: 海外의 韓國獨立運動史料(XⅧ) 臺灣篇 ①』, 國家報勳處, 1996.

國土統一院 編, 『朝鮮勞動黨大會資料集(第一輯)』, 國土統一院, 1980.

─────, 『蘇聯과 北韓과의 관계: 1945~1980』, 國土統一院, 1988.

蘇聯科學아카데미東洋學研究所, 『朝鮮의 解放』(1976年版), 國土統一院, 1988.

韓國警察史編纂委員會 編, 『韓國警察史(Ⅰ)』, 內務局治安局, 1972.

戰史編纂委員會 編,『韓國戰爭史(Ⅰ) 解放과 建軍』, 國防部, 1967.

建國靑年運動協議會 編,『大韓民國建國靑年運動史』, 建國靑年運動協議會, 1989.

東亞日報社 編,『東亞日報社史(一)』, 東亞日報社, 1975.

民主主義民族戰線 編,『朝鮮解放一年史(朝鮮解放年報)』, 文友印書館, 1946.

北韓硏究所 編,『北韓民主統一運動史 平安南道篇』, 北韓硏究所, 1990.

서울新聞社 編,『駐韓美軍30年』, 杏林出版社, 1979.

新義州反共學生義擧紀念會,『鴨綠江邊의 횃불: 新義州反共學生義擧眞相記』, 靑丘出版社,
　　　　1964.

李吉相 編,『解放前後史資料集(Ⅰ) 美軍政準備資料』, 原主文化社, 1992.

朝鮮行政學會 編,『南朝鮮過渡政府法令集』, 朝鮮行政學會, 1947.

全國人民委員會 編,『全國人民委員會代表者大會議事錄』, 全國人民委員會, 1946.

중앙일보특별취재반,『秘錄조선민주주의인민공화국』, 中央日報社, 1992.

─────────────,『秘錄조선민주주의인민공화국(하)』, 中央日報社, 1993.

중앙일보현대사연구팀,『발굴자료로 쓴 한국현대사』, 중앙일보사, 1996.

朝鮮人民黨,『人民黨의 路線: 人民黨文獻』, 新文化硏究所, 1946.

朝鮮中央通信社,『朝鮮中央年鑑 1950年版』, 朝鮮中央通信社, 1950.

조선중앙통신사 편집,『해방후 10년일지』, 조선중앙통신사, 1955.

朝鮮産業勞動調査所 編,『옳은 路線을 위하야』, 우리文化社, 1945.

한국노동조합총연맹 편,『한국노동조합운동사』, 한국노동조합총연맹, 1979.

翰林大學校아시아文化硏究所 編,『朝鮮共産黨文件資料集(1945~46)』, 翰林大學校出版部,
　　　　1993.

韓國統一促進會 編,『北韓反共鬪爭史』, 韓國統一促進會, 1970.

合同通信社 編,『合同通信三十年』, 合同通信社, 1975.

民主朝鮮社 編,『解放後四年間의 國內外重要日誌(1945.8.~1949.3.)』, 民主朝鮮社, 1949.

北朝鮮五一紀念共同準備委員會,『꽛쇼·反民主分子의 正体』, 1946.

朝鮮民主黨,『北韓解放直後極秘資料(1)』, 高麗書林, 1998.

太成洙 編,『黨文獻集(一) 黨의 政治路線及黨事業結果』, 正路社出版部, 1946.

U. S. Department of State, *Foreign Relations of the United States 1945, The Confer-
　　　ence of Berlin(The Potsdam Conference)*, vol.Ⅱ., 1960.

─────────, *Foreign Relations of the United States 1945*, vol.Ⅱ., 1967.

─────────, *Foreign Relations of the United States 1945*, vol.Ⅵ., 1969.

─────────, *Foreign Relations of the United States 1946*, vol.Ⅷ., 1971.

─────────, *Foreign Relations of the United States 1947*, vol.Ⅵ., 1972.

G─2 Periodic Report, USAFIK.

G─2 Weekly Summary, USAFIK.

Department of State, *North Korea: A Case Study in The Techniques of Takeover*, 1961.

Ministry of Foreign Affairs of the U.S.S.R, *Correspondence between the Chairman
　　　of the Council of Ministers of the U.S.S.R. and the Presidents of the U. S. A.
　　　and the Prime Ministers of Great Britain during the Great Patriotic War of
　　　1941─1945*, vol.Ⅰ., vol.Ⅱ, Foreign Language Publishing House, 1957.

Department of State, *United States Policy Regarding Korea 1834─1950*, 翰林大學校
　　　아시아文化研究所, 1987.

한철호 역, 『미국의 대한정책 1834─1950』, 翰林大學校아시아文化研究所, 1998.

『駐韓美軍史(1)』(*History of the United States Armed Forces in Korea*, Part Ⅰ), 돌베개
　　　影印版, 1988.

『駐韓美軍史(2)』(*History of the United States Armed Forces in Korea*, Part Ⅱ), 1988.

『駐韓美軍史(3)』(*History of the United States Armed Forces in Korea*, Part Ⅲ), 1988.

秋憲樹 編, 『資料 韓國獨立運動(1)』, 延世大學校出版部, 1971.

─────, 『資料 韓國獨立運動(2)』, 1972.

木村光彦 編譯, 『旧ソ連の北朝鮮經濟資料集 1946─1965年』, 知泉書館, 2011.

森田芳夫·長田かな子 編, 『朝鮮終戰の記錄 資料篇(一)』, 巖南堂書店, 1978.

《京鄕新聞》《國民報》《노력인민》《大東新聞》《獨立新報》《東亞日報》《로동신문》《每日新報》
《民主衆報》《북미시보》《新朝鮮報》《自由新聞》《朝鮮人民報》《朝鮮日報》《朝鮮人民報》

《中央新聞》《平壤民報》《漢城日報》《解放日報》《漢城新聞》《正路》《주미외교위원부통신》
The New York Times

2. 개인자료, 문집, 회고록, 전기 등

雩南李承晩文書編纂委員會 編, 『梨花莊所藏 雩南李承晩文書 東文篇(十三) 建國期文書
　　　　　　　　　　　　1』, 中央日報社·延世大學校現代韓國學硏究所, 1998.
─────────────, 『雩南李承晩文書 東文篇(十四) 建國期文書 2』, 1998.
─────────────, 『雩南李承晩文書 東文篇(十五) 建國期文書 3』, 1998.
雩南實錄編纂會 編, 『雩南實錄(1945~1948)』, 悅話堂, 1976.
李承晩, 「失題」, 《自由新聞》 1945년10월17일자.
───, 「리승만 박사의 고별사」, 《북미시보》(제3권 제6호) 1945년11월1일자.
───, 「人民共和國主席은 受諾할 수 없다」, 《自由新聞》 1945년11월8일자.
───, 「共産黨에 대한 나의 觀念」, 《서울신문》 1945년11월23일자; 《自由新聞》 1945년11월
　　　23일자.
───, 「共産黨에 대한 나의 立場」, 《서울신문》 1945년12월21일자.
───, 「過渡政府當面政策 卅三項」, 《大同新聞》 1946년3월4일, 6일, 7일, 9일자.
朴鍾和, 「獻詩: 民族의 巨人 雩南李承晩先生께」, 《自由新聞》 1945년10월20일자.
曺惠子, 「人間李承晩의 새 傳記(4)」, 《女性中央》 1983년4월호.
《한국일보》 1975년3월18일자, 「人間李承晩百年(7)」.
Young Ick Lew et al. eds., *The Syngman Rhee Correspondence in English 1904~*
　　　　　　1948, vol. 1, Institute for Modern Korean Studies, Younsei
　　　　　　University, 2009.
─────────────, *The Syngman Rhee Correspondence in English 1904~*
　　　　　　1948, vol. 3, 2009.
Robert T. Oliver, *Syngman Rhee: The Man Behind the Myth*, Dodd Mead and
　　　　　　Company, 1960.

――――――――, *Syngman Rhee and American Involvement in Korea*, 1942~1960, Panmun Book Company LTD, 1978.

――――――――, *The Way It Was—All The Way* (unpublished).

Richard J. H. Johnston, "Rhee in Korea, Opposes Division; Urges Unity to Convince World", *The New York Times*, Oct. 18, 1945.

――――――――, "Rhee Calls Korea to Resist Division", *The New York Times*, Oct. 21, 1945.

The New York Times, Oct. 20, 1945, "Korea in Two Peaces".

白凡金九先生全集編纂委員會 編, 『白凡金九全集(5)』, 대한매일신보사, 1999.

도진순 주해, 『김구자서전 백범일지』, 돌베개, 1997.

金九, 「國內外同胞에게 告함」, 국사편찬위원회 편, 『대한민국임시정부자료집(8) 정부수반』, 국사편찬위원회, 2006.

선우진 지음, 최기영 엮음, 『백범 선생과 함께한 나날들』, 푸른역사, 2009.

嚴恒燮 編, 『金九主席最近言論集』, 三一出版社, 1948.

康晉和 編, 『大韓民國建國十年誌』, 建國紀念事業會, 1956.

古下先生傳記編纂委員會 編, 『古下宋鎭禹先生傳』, 東亞日報社出版局, 1965.

金學俊, 『獨立을 향한 執念: 古下宋鎭禹傳記』, 東亞日報社, 1990.

金斗燦, 「吳光鮮將軍」, 《新東亞》 1971년 2월호.

金炳淵 編, 『平壤誌』, 平南民報社, 1964.

김석형 구술, 이향규 정리, 『나는 조선노동당원이오!』, 선인, 2001.

김일성, 『김일성전집(2)』, 조선로동당출판사, 1992.

――, 『김일성전집(4)』, 1992.

――, 『김일성동지회고록: 세기와 더불어(계승본)(8)』, 조선로동당출판사, 1998.

金俊淵, 『獨立路線(第六版)』, 時事時報社出版局, 1959.

金俊燁 編, 『石麟閔弼鎬傳』, 나남출판, 1995.

金綴洙, 『遲耘 金綴洙』, 한국정신문화연구원 현대사연구소, 1999.

金炯敏, 『訥丁 김형민회고록』, 범우사, 1987.

南坡朴贊翊傳記刊行委員會, 『南坡朴贊翊傳記』, 乙酉文化社, 1989.

리차드 로빈슨 지음, 정미옥 옮김, 『미국의 배반』, 과학사상사, 1988.

閔丙薰, 「精版社偽幣사건」, 『轉換期의 內幕』, 朝鮮日報社, 1982.

박갑동, 『朴憲永』, 인간사, 1983.

박병엽 구술, 유영구·정창현 엮음, 『김일성과 박헌영, 그리고 여운형』, 선인, 2010.

朴容萬, 『제1공화국 경무대비화』, 內外新書, 1986.

朴馹遠, 『南勞黨總批判(上卷)』, 極東情報社, 1948.

裵恩希, 『나는 왜 싸웠나』, 一韓圖書株式會社, 1955.

白南薰, 『나의 一生』, 解慍白南薰先生紀念事業會, 1968.

先驅會本部輿論調査部, 「朝鮮指導人物輿論調査發表」, 《先驅》 1945년12월호.

薛義植, 『解放以前』, 東亞日報社, 1947.

愼道晟, 「轉換期의 內幕(37) 韓民黨創黨⑤」, 《朝鮮日報》 1981년2월28일자.

─────, 「韓民黨 創黨」, 朝鮮日報 編, 『轉換期의 內幕』, 朝鮮日報社出版局, 1982.

心山記念事業準備委員會 編, 『躄翁一代記: 心山金昌淑先生鬪爭史』, 太乙出版社, 1965.

安在鴻, 「八·一五 당시의 우리 政界」, 《새한민보》 1949.9.

安在鴻選集刊行委員會 編, 『民世安在鴻選集 2』, 知識産業社, 1983.

夢陽呂運亨先生全集發刊委員會 編, 『夢陽呂運亨全集 1』, 한울, 1991.

呂運亨, 「朝鮮人民共和國發足」, 《白民》 創刊號(1945.12).

呂運弘, 『夢陽 呂運亨』, 靑廈閣, 1967.

吳泳鎭, 『하나의 証言』, 中央文化社, 1952.

柳致松, 『海公申翼熙一代記』, 海公申翼熙先生紀念會, 1984.

윤치영, 「나의 이력서(41)」, 《한국일보》 1981년9월8일자.

─────, 「나의 이력서(44) 敦岩莊시절」, 《한국일보》 1981년9월11일자.

─────, 『東山回顧錄 尹致暎의 20世紀』, 삼성출판사, 1991.

李敬南, 『雪山張德秀』, 東亞日報社, 1981.

李蘭, 「해방 전후의 여운형」, 이정식, 『여운형』, 서울대학교출판부, 2008.

李萬珪, 『呂運亨先生鬪爭史』, 民主文化社, 1946.

李相敦, 「눈부신 政治工作, 쓰러진 巨木」, 《新東亞》 1977년8월호.

이영신, 「비밀결사 白衣社(上)(中)(下)」, 알림문, 1993, 1994.

李允榮, 「白史 李允榮回顧錄」, 史草, 1984.

李仁, 「解放前後片片錄」, 「愛山餘滴 第3輯」, 世文社, 1970.

이정박헌영전집편집위원회 편, 「이정박헌영전집(2)」, 역사비평사, 2004.

─────────────────, 「이정박헌영전집(5)」, 2004.

─────────────────, 「이정박헌영전집(9)」, 2004.

李哲承, 「全國學聯」, 中央日報·東洋放送, 1976.

───, 「대한민국과 나: 이철승의 현대사 증언(1)」, 시그마북스, 2011.

李革 編, 「愛國삐라全集(第一輯)」, 祖國文化社, 1946.

林炳稷, 「林炳稷回顧錄」, 女苑社, 1964.

張福成, 「朝鮮共産黨鬪爭史」, 大陸出版社, 1949.

丁相允, 「建準天下20日」, 《月刊 四月》 제5권제9호, 四月公論社, 1971.10.

張錫潤, 「먹구름이 일고 간 뜻을 깨닫고: 張錫潤의 격랑 한 세기의 증언」(未刊行組版本).

張俊河, 「돌베개」, 禾多出版社, 1971.

───, 「白凡金九先生을 모시고 六個月(四)」, 《思想界》 1966년11월호.

張澤相, 「나의 交友半世紀」, 《新東亞》 1970년7월호.

정상진, 「아무르만에서 부르는 백조의 노래」, 지식산업사, 2005.

鄭芝溶, 「(詩) 그대들 돌아오시니」, 《新朝鮮報》 1945년11월24일자.

趙擎韓, 「白岡回顧錄 國外篇」, 韓國宗教協議會, 1979.

曺圭河·李庚文·姜聲才, 「南北의 對話」, 고려원, 1987.

趙炳玉, 「나의 回顧錄」, 民教社, 1959.

趙靈岩, 「古堂 曺晩植」, 政治新聞社, 1953.

파냐 샤브쉬나 지음, 김명호 옮김, 「1945년 남한에서」, 한울, 1996.

韓根祖, 「古堂 曺晩植」, 太極出版社, 1983.

韓載德, 「金日成을 告發한다: 朝鮮勞動黨治下의 北韓回顧錄」, 內外文化社, 1965.

咸錫憲, 「내가 겪은 新義州學生事件」, 《씨알의 소리》 제6호, 씨알의소리사, 1971.11.

咸尙勳, 「非常國民會議에 對하야」, 《東亞日報》 1946년 2월6일, 7일자.

許政, 『내일을 위한 證言 許政回顧錄』, 샘터, 1979.

George F. Kennan, *Memoirs 1925–50*, Little, Brown & Company, 1967.

Harry S. Truman, *Memoirs by Harry S. Truman*, vol. I., *Year of Decisions*,
　　　　　　　　Doubleday & Company, 1955.

――――――――――, *Memoirs by Harry S. Truman*, vol. II., *Years of Trial and Hope*,
　　　　　　　　1956.

James F. Byrnes, *Speaking Frankly*, William Heinemann LDT, 1947.

Louise Yim, *My Forty Year Fight for Korea*, Victor Gollanez LDT, 1952.

Mark Gayn, *The Japen Diary*, William Sloane Associates, Inc. 1948.

Walter Millis ed., *The Forrestal Diaries*, Viking Press, 1951.

Richard E. Lauterbach, *Danger from the East*, Harper & Brothers Publishers, 1946.

"The Victim of Military Occupation of Korea", *The Voice of Korea*, Sept. 16, 1947.

山名酒喜男, 「終戰前後に於ける朝鮮事情槪要」, 森田芳夫·長田かな子 編, 『朝鮮終戰の記
　　　　録 資料篇(一)』, 巖南堂書店, 1978.

李榮根, 「八·一五解放前後のソウル③ 人民共和國(下)」, 《統一朝鮮新聞》 1970年9月10日字.
　　　　번역문은 《月刊朝鮮》 1990년 9월호.

―――, 「八·一五解放前後のソウル⑤ 統一戰線(中)」, 《統一朝鮮新聞》 1970年9月30日字.
　　　　번역문은 《月刊朝鮮》 1990년8월호.

3. 연구논저 – 단행본

가브릴 코로트코프 지음, 어건주 옮김, 『스탈린과 김일성(Ⅰ)』, 東亞日報社, 1992.

김국후, 『평양의 소련군정』, 한울, 2008.

김광운, 『북한정치사연구 I 건당·건국·건군의 역사』, 선인, 2003.

金南植 編, 『「南勞黨」硏究資料集(第二輯)』, 高麗大學校亞世亞問題硏究所, 1974.

김남식, 『南勞黨硏究』, 돌베개, 1984.

김승태·박혜진 엮음, 『내한선교사총람 1884-1984』, 한국기독교역사연구소, 1994.

金良善, 『韓國基督敎解放十年史』, 大韓예수敎長老會總會敎育部, 1956.

金俊燁·金昌順, 『韓國共産主義運動史(3)』, 청계연구소, 1986.

金昌順, 『北韓十五年史』, 知文閣, 1961.

김학준, 『북한의 역사 제1권』, 서울대학교출판부, 2008.

──, 『북한의 역사 제2권』, 2008.

도진순, 『한국민족주의와 남북관계』, 서울대학교출판부, 1997.

박명림, 『한국전쟁의 발발과 기원(Ⅱ) 기원과 원인』, 나남출판, 1996.

徐大肅 外, 『한국현대사와 美軍政』, 翰林大學校아시아文化硏究所, 1991.

서대숙 지음, 서주석 옮김, 『북한의 지도자 김일성』, 청계연구소, 1989.

서동만, 『북조선사회주의체제성립사 1945~1961』, 선인, 2005.

서중석, 『한국현대민족운동사연구』, 역사비평사, 1997.

鮮于基聖, 『韓國靑年運動史』, 錦文社, 1973.

孫科志, 『上海韓人社會史 1910-1945』, 한울, 2001.

孫世一, 『李承晩과 金九』, 一潮閣, 1970.

宋南憲, 『解放三年史Ⅰ』, 까치, 1985.

申福龍 編, 『韓國分斷史資料集Ⅵ』, 原主文化社, 1993.

신복룡, 『한국분단사연구 1943~1953』, 한울, 2001.

沈之淵, 『韓國民主黨硏究Ⅰ』, 풀빛, 1982.

──, 『韓國現代政黨論(韓國民主黨硏究Ⅱ)』, 創作과批評社, 1984.

──, 『朝鮮新民黨硏究』, 동녘, 1988.

──, 『미소공동위원회연구』, 청계연구소, 1990.

──, 『人民黨硏究』, 경남대학교극동문제연구소, 1991.

──, 『허헌연구』, 역사비평사, 1994.

──, 『이주하연구』, 백산서당, 2007.

C. L. 호그 지음, 신복룡·김원덕 옮김, 『한국분단보고서(상)』, 풀빛, 1992.

안드레이 란코프 지음, 김광린 옮김, 『소련의 자료로 본 북한 현대정치사』, 오름, 1999.

양동안, 『대한민국건국사』, 현음사, 2001.

와다 하루끼 지음, 이종석 옮김, 『김일성과 만주항일전쟁』, 창작과비평사, 1992.

李庭植, 『金奎植의 生涯』, 新丘文化社, 1974.

───, 『대한민국의 기원』, 일조각, 2006.

───, 『여운형: 시대와 사상을 초월한 융화주의자』, 서울대학교출판부, 2008.

李昊宰, 『韓國外交政策의 理想과 現實: 李承晩外校와 美國政策의 反省』, 法文社, 2000.

임경석, 『이정 박헌영 일대기』, 역사비평사, 2004.

장규식, 『민중과 함께한 조선의 간디: 조만식의 민족운동』, 역사공간, 2007.

張俊翼, 『北韓人民軍隊史』, 瑞文堂, 1991.

전상인, 『고개숙인 수정주의』, 전통과 현재, 2001.

정병준, 『몽양 여운형 평전』, 한울, 1995.

───, 『우남 이승만 연구: 한국근대국가의 형성과 우파의 길』, 역사비평사, 2005.

鄭容郁 編, 『解放直後政治社會史資料集(1)』, 다락방, 1994.

정용욱, 『해방전후 미국의 대한정책』, 서울대학교출판부, 2003.

───, 『존 하지와 미군 점령통치 3년』, 중심, 2003.

정진석, 『언론조선총독부』, 커뮤니케이션북스, 2005.

정해구, 『10월인민항쟁연구』, 열음사, 1988.

鄭容郁·李吉相 編, 『解放前後美國의 對韓政策史資料集(10)』, 다락방, 1995.

趙庸中, 『美軍政下의 韓國政治現場』, 나남, 1990.

조창화, 『한국노동조합운동사(상)』, 한국노동문제연구원, 1978.

차상철, 『해방전후 미국의 한반도정책』, 지식산업사, 1991.

崔相龍, 『美軍政과 韓國民族主義』, 나남, 1988.

崔鍾健 編譯, 『大韓民國臨時政府文書輯覽』, 知人社, 1976.

韓鎔源, 『創軍』, 博英社, 1984.

玄圭煥, 『韓國流移民史(上)』, 語文閣, 1967.

胡春惠 著, 辛勝夏 譯, 『中國안의 韓國獨立運動』, 檀國大學校出版部, 1978.

Andrei Lankov, *From Stalin to Kim Il Sung: The Formation of North Korea 1948–*

           1960, Rutgers University Press, 2002.

Bruce Cumings, *The Origins of the Korean War* vol.Ⅰ., *Liberation and the Emergence of Separate Regimes 1945~1947*, Princeton UniversityPress, 1981.

─────────, *The Origins of the Korean War*, vol.Ⅱ., *The Roaring of the Cataract 1947~1950*, Princeton University Press, 1990.

C. Leonard Hoag, *American Military Government in Korea: War Policy and the First Year of Occupation 1941~1946* (draft manuscript), Department of the Army, 1970.

Dae-Sook Suh, *The Korean Communist Movement 1918-1948*, Princeton University Press, 1967.

E. Grant Meade, *American Military Government in Korea*, Kings Crown Press, Columbia University, 1951.

Erik van Ree, *Socialism in One Zone: Stalin's Policy in Korea 1945-1947*, Berg Publishers Limited, 1989.

Michael C. Sandusky, *America's Parallel*, Old Dominion Press, 1983.

Pavel and Anatoli Sudoplatov with Jerrold L. and Leona P. Schecter, *Special Tasks*, Little, Brown and Company, 1995.

Robert A. Scalapino and Chong-sik Lee, *Communism in Korea*, vol.Ⅰ., The University of California Press, 1973.

森田芳夫, 『朝鮮終戰の記錄』, 巖南堂書店, 1967.

西順藏 編, 『原典中國近代思想史(第六冊): 國共分裂から解放戰爭まで』, 岩波書店, 1977.

李圭泰, 『米ソの朝鮮占領政策と南北分斷體制の形成過程』, 信山社, 1997.

和田春樹, 『北朝鮮: 遊擊隊國家の現在』, 岩波書店, 1998.

石源華 編, 『韓國獨立運動與中國』, 上海人民出版社, 1995.

4. 연구논저 – 논문

기광서, 「1940년대 전반 소련군 88독립보병여단내 김일성그룹의 동향」, 《역사와 현실》 28
　　　집, 1998.

─────, 「소련의 대한반도-북한정책 관련기구 및 인물 분석 해방~1948.12.」, 《현대북한연
　　　구》 창간호, 경남대학교북한대학원, 1998.

─────, 「러시아연방 국방성중앙문서보관소 소재 해방후 북한정치사 관련 자료 개관」, 한
　　　국정신문화연구원 편, 『해방 전후사 사료 연구Ⅱ』, 선인, 2002.

─────, 「해방 직후 조선공산당에 대한 소련의 입장」, 《역사비평》 2003년 겨울호, 역사비평
　　　사, 2003.

─────, 「해방 후 김일성의 정치적 부상과 집권과정」, 《역사와 현실》 제48호, 한국역사연구
　　　회, 2003.

金敬蘭, 「조선정판사 위조지폐사건 연구」, 誠信女子大學校 석사학위논문, 1999.

김동선, 「해방직후 《매일신보》의 성격변화와 《서울신문》의 창간」, 《한국민족운동사연구》
　　　63, 민족운동사학회, 2010.

김선호, 「해방직후 조선민주당의 창당과 변화: 민족통일전선운동을 중심으로」, 《역사와 현
　　　실》 제61호, 한국역사연구회, 2006.

김성보, 「북한의 민족주의세력과 민족통일전선운동 : 조선민주당을 중심으로」, 《역사비평》
　　　제18호, 역사문제연구소, 1992.

─────, 「소련의 대한정책과 북한에서의 분단질서 형성 1945~1946」, 역사문제연구소 편,
　　　『분단50년과 통일시대의 과제』, 역사비평사, 1995.

김영수, 「북한지역의 정치적 동태와 소군정」, 한국정신문화연구원 현대사연구소 편, 『한국
　　　현대사의 재인식(1) 해방정국과 미소군정』, 오름, 1998.

김정인, 「임정주화대표단의 조직과 활동」, 《역사와 현실》 제24호, 역사비평사, 1997.

金惠水, 「1946년 이승만의 사설정보조사기관 설치와 단독정부수립운동」, 《한국근현대사
　　　연구》 제5집, 한울, 1996.

남광규, 「해방직후(1945.9.-11.) 정당협력운동의 실패와 이승만, 박헌영의 임정견제」, 《國際
　　　政治論叢》 제46집 1호, 韓國國際政治學會, 2006.

박태균, 「해방직후 한국민주당 구성원의 성격과 조직개편」, 《國史館論叢》 제58집, 國史編
　　纂委員會, 1994.

박진희, 「해방직후 정치공작대의 조직과 활동」, 《역사와 현실》 21호, 역사비평사, 1996.

方善柱, 「美國第24軍G-2軍史室資料解題」, 《아시아文化》 3호, 翰林大學校아시아文化研
　　究所, 1987.

백학순, 「서재필과 해방정국」, 『서재필과 그 시대』, 서재필기념회, 2003.

沈之淵, 「해방후 주요 정치집단의 통치구조와 정책구상에 대한 분석: 미소공동위원회 답신안을
　　중심으로」, 《韓國政治學會報》 20집 2호, 한국정치학회, 1986.

염인호, 「해방후 韓國獨立黨의 中國關內地方에서의 光復軍擴軍運動」, 《역사문제연구》 창
　　간호, 역사문제연구소, 1996.

柳吉在, 「北韓의 國家建設과 人民委員會의 役割 1945~1947」, 高麗大學校 박사학위논문,
　　1995.

柳永益, 「李承晩國會議長과 大韓民國憲法制定」, 《歷史學報》 제189집, 歷史學會, 2006.

李剛秀, 「三相會議決定案에 대한 左派三黨의 대응」, 《한국근현대사연구》 제3집, 한울, 1995.

이상훈, 「해방후 대한독립촉성국민회의 국가건설운동」, 《學林》 第三十輯, 延世大史學硏究
　　會, 2009.

李相哲, 「『蔣介石일기』에 나타난 한국독립운동 관계 사료」, 《月刊朝鮮》 2010년 11월호, 朝鮮
　　日報社, 2010.

이승억, 「임시정부의 귀국과 대미군정관계(1945.8.~1946.2.)」, 《역사와 현실》 제24호, 역사
　　비평사, 1997.

李庭植, 「呂運亨과 建國準備委員會」, 《歷史學報》 第134-135合輯, 歷史學會, 1992.

전상인, 「한국의 국가, 그 생성과 역사적 추이」, 《사회비평》 제5호, 나남, 1991.

전현수, 「소련군의 북한 진주와 대북한정책」, 《한국독립운동사연구》 9집, 독립기념관 한국
　　독립운동사연구소, 1995.

──, 「『쉬띠꼬프일기』가 말하는 북한정권의 성립과정」, 《역사비평》 30호, 역사비평사,
　　1995 가을호.

──, 「蘇聯의 美蘇共委대책과 韓國臨時政府 수립 구상」, 『金容燮教授停年紀念韓國史

學論叢3: 韓國近現代의 民族問題와 新國家建設』, 지식산업사, 1997.

鄭秉峻, 「1946~47년左右合作運動의 전개과정과 성격변화」, 《韓國史論》 29, 서울大學校 國史學科, 1993.

―――, 「주한미군정의 '임시한국행정부'수립 구상과 독립촉성중앙협의회」, 《역사와 현실》 제19호, 역사비평사, 1996.

―――, 「남한진주를 전후한 주한미군의 對韓정보와 초기 점령정책의 수립」, 《史學研究》 제51호, 韓國史學會, 1996.

―――, 「해방직후 李承晩의 귀국과 '東京會合'」, 于松趙東杰先生停年紀念論叢刊行委員會 編, 『于松趙東杰先生停年紀念論叢Ⅱ 韓國民族運動史研究』, 나남출판, 1997.

―――, 「1945~47년 우익진영의 '愛國金'과 李承晩의 정치 자금 운용」, 《韓國史研究》 제109호, 韓國史研究會, 2000.

정용욱, 「미군정의 임정관계보고서」, 《역사비평》 제24호, 역사비평사, 1993

―――, 「미군정기 이승만의 '방미외교'와 미국의 대응」, 《역사비평》 제30호, 역사비평사, 1995.

―――, 「대한민국임시정부의 환국과 백범」, 《백범과 민족운동 연구》 제7집, 백범학술원, 2009.

韓詩俊, 「大韓民國臨時政府의 光復後民族國家建設論 : 大韓民國建國綱領을 중심으로」, 《한국독립운동사연구》 제3집, 독립기념관 한국독립운동사연구소, 1989.

―――, 「대한민국임시정부의 환국」, 《한국근현대사연구》 제25집, 한울, 2003.

Philip H. Taylor, "Military Government Experience in Korea", Carl J. Friedrich et al., *American Experiences in Military Government in World War Ⅱ*, Rinehart & Company, Inc., 1948.

中川信夫, 「8·15解放直後の朝鮮の左翼 : 朝鮮共産黨北部5道黨責任者熱誠者大會を中心に」, 《アジア經濟》 第26-1号, アジア經濟研究所, 1985.

和田春樹, 「朝鮮共産黨北部朝鮮分局の創設」, 『社會科學研究』 第42-43号, 東京大學, 1990.

荊知仁, 『中國立憲史』, 聯經出版事業公司, 1962.

찾아보기

298, 306, 318, 348, 427, 630

임시정부 및 연합군환영준비회 23, 24

임시정부 봉대론 725, 753, 754, 756, 777~780, 782

임시정부 요인들의 귀국 242, 247, 253, 254, 271, 275, 277, 278, 284, 285, 292, 407

임시정부 특별정치위원회 347, 348

임영신(任永信) 24, 66, 75, 157, 185, 200, 217, 328, 403, 408, 458, 476, 530, 559, 727, 728, 730, 735, 743, 748

ㅈ

《자유신문(自由新聞)》 451, 452

장개석(蔣介石) 188, 189, 233, 249, 271, 273, 276, 280, 282, 283, 286~290, 293, 299, 728, 759

장건상(張建相) 267, 348, 418, 432, 445, 580, 613, 616, 617, 627, 631, 634, 665, 715, 716, 777

장덕수(張德秀) 24, 25, 49, 94, 96, 107, 159, 185, 200, 218, 298, 323, 325, 333, 407, 432, 439, 440, 442, 446, 449, 458, 629, 701, 704, 713, 719, 783, 784, 787, 789, 793

장면(張勉) 463, 716

장석윤(張錫潤) 444

장시우(張時雨) 118, 145, 231, 357

장안파공산당 35, 51, 52, 76, 141, 142, 144, 221, 264

장준하(張俊河) 302, 446

장택상(張澤相) 40, 221, 407, 530, 556, 659, 670, 703, 782, 797,

재건파공산당 32, 33, 35, 46, 51, 75, 144

적위대(赤衛隊) 117, 118, 231, 366, 374

전경무(田耕武) 169, 171, 212

전규홍(全圭弘) 692, 698

전국농민조합총연맹(전농) 327, 331, 382, 542, 750

전국인민위원회대표자대회 258~260, 262, 264, 337, 362

전국정치운동자후원회 207

전국학련(학련) 93, 528, 750, 797

전진한(錢鎭漢) 558, 624, 658, 659

정달헌(鄭達憲) 139, 146, 387, 388

정당통합운동 207, 208, 212, 214, 245

정로식(鄭魯植) 25, 323, 579~581, 618

정률(鄭律: 鄭尙進) 129, 383

정백(鄭栢) 28, 29, 52, 81, 139, 144, 416, 418, 445

정순용(鄭珣容) 29

정읍발언 540, 542, 543, 546, 557

정인과(鄭仁果) 205